LE ROYAUME-UNI

LA MER DU NORD

LES PAYS-BAS (m. pl.)

LA BELGIQUE

L'ALLEMAGNE (f.)

LA MANCHE

Dunkerque
Calais
Boulogne
Lille
la Wallonie

NORD-PAS-DE-CALAIS

LE LUXEMBOURG

Cherbourg
Dieppe
Amiens
Charleville-Mézières
PICARDIE

HAUTE-NORMANDIE
Le Havre
Rouen
la Seine

ÎLE-DE-FRANCE

Reims
Verdun
Metz
LORRAINE
Nancy
Strasbourg
ALSACE

Brest
St. Malo
Caen
BASSE-NORMANDIE
le Mont-St-Michel
Versailles
Paris

CHAMPAGNE-ARDENNE

Colmar
LES VOSGES

Chartres
Fontainebleau
Troyes
la Seine

FRANCHE-COMTÉ

BRETAGNE
Rennes
Le Mans
CENTRE
Orléans
la Loire
BOURGOGNE
Dijon
Besançon

LA SUISSE

la Loire
Angers
Tours
Blois
Nantes
LIMOUSIN
Bourges

PAYS DE LA LOIRE
Poitiers

LE JURA
la Saône

AUVERGNE

RHÔNE-ALPES
Lyon
le Rhône
le Val d'Aoste

L'OCÉAN ATLANTIQUE (m.)

La Rochelle
POITOU-CHARENTES
Limoges
Clermont-Ferrand

Grenoble

LES ALPES

L'ITALIE (f.)

Bordeaux
AQUITAINE
Rocamadour
LE MASSIF CENTRAL
le Rhône

PROVENCE-ALPES-CÔTE D'AZUR
Nice
Cannes
MONACO (f.)

la Garonne
Moissac
Albi
MIDI-PYRÉNÉES
Toulouse
Avignon
Nîmes
Montpellier
Arles
Aix-en-Provence
Marseille

Biarritz
LE PAYS BASQUE
Lourdes
Carcassonne
LANGUEDOC-ROUSSILLON
LES PYRÉNÉES (f.pl.)
Perpignan

la CORSE

L'ANDORRE (f.)

L'ESPAGNE (f.)

LA MER MÉDITERRANÉE

Élévation en mètres
2000+
500–2000
200–500
0–200
Niveau de mer

LA FRANCE

0   25   50   75   100 MILLES

0   50   100   150 KILOMÈTRES

la SARDAIGNE

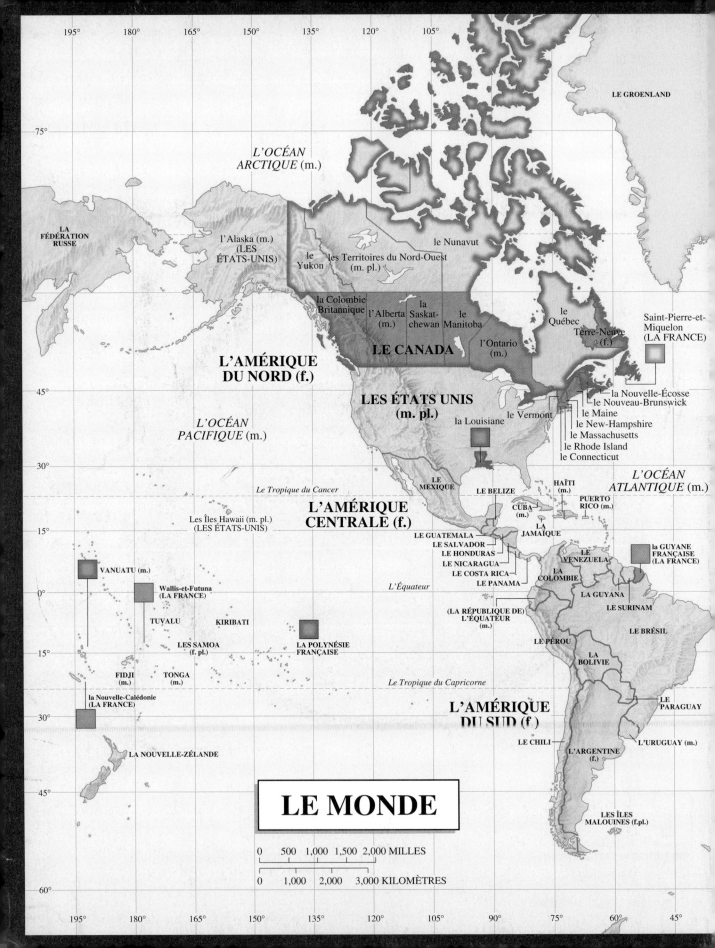

LE MONDE

LA MER
DU NORD

LA FÉDÉRATION RUSSE

Cercle Artique

1	LES PAYS-BAS (m.pl.)	10	LA HONGRIE	
2	LA BELGIQUE	11	L'AUTRICHE (f.)	
3	LA SUISSE	12	LA SLOVAQUIE	
4	LA SLOVÉNIE	13	LA RÉPUBLIQUE TCHÈQUE	
5	LA CROATIE	14	LA FÉDÉRATION RUSSE	
6	LA BOSNIE-HERZÉGOVINE	15	LA GÉORGIE	
7	L'ALBANIE (f.)	16	L'ARMÉNIE (f.)	
8	LA MACÉDOINE	17	L'AZERBAIDJAN (m.)	
9	LA YOUGOSLAVIE			

L'ASIE (f.)

L'ISLANDE (f.)

LA
NORVÈGE

LA
SUÈDE

LA
FINLANDE

LE
ROYAUME-
UNI

LE
DANEMARK

L'ESTONIE (f.)

LA LETTONIE

LA LITUANIE

L'IRLANDE
(f.)

'EUROPE (f.)

14
LA
POLOGNE

LA
BIÉLO-
RUSSIE

1
L'ALLE-
MAGNE
(f.)

13

12

L'UKRAINE (f.)
LA MOLDAVIE

LE
KAZAKHSTAN

LA MONGOLIE

2

11

3

LA FRANCE

4

10

LA
RUMANIE

LA CORÉE
DU NORD

5

6

9

LA
BULGARIE

L'OUZBÉKISTAN
(m.)

LA KIRGHIZIE

LE
PORTUGAL

L'ESPAGNE
(f.)

L'ITALIE
(f.)

7

8

LA TURQUIE

15

16 17

LA
TURKMÉNIE

LE TADJIKISTAN

LA CHINE

LE
JAPON

'ANCIEN
SAHARA
'CIDENTAL
(m.)

LA
TUNISIE

LA GRÈCE

LE LIBAN
L'ISRAËL (m.)

LA
SYRIE

L'IRAK
(m.)

L'IRAN
(m.)

L'AFGHANISTAN
(m.)

LE NÉPAL

LE BHOUTAN

LA CORÉE
DU SUD

30°

GAMBIE

LE
MAROC

L'AFRIQUE (f.)

L'ÉGYPTE
(f.)

LA JORDANIE

LE
KUWAIT

LE
PAKISTAN

L'INDE (f.)

LE LAOS
LE VIÊT-NAM

Le Tropique du Cancer

TAÏWAN
(m.)

L'ALGÉRIE
(f.)

LA LIBYE

LE BAHREÏN
LE QATAR

LA
MAURITANIE

LE MALI

LE NIGER

LE SOUDAN

L'ARABIE
SAOUDITE
(f.)

LES EMIRATS
ARABES UNIS
(m.)

LE
BANGLA-
DESH

LA
THAÏLANDE

15°

LE
SÉNÉGAL

LE BURKINA-FASO

LE
TCHAD

L'ÉRYTHRÉE
(f.)

LE YÉMEN L'OMAN (m.)

L'UNION
DE MYANMAR

LES PHILIPPINES
(f. pl.)

LA GUINÉE

LE
NIGERIA

L'OUGANDA
(m.)

L'ÉTHIOPIE
(f.)

LE SRI LANKA

LE KAMPUCHÉA

LE BRUNEI

GUINÉE-
SSAU

LA
RÉPUBLIQUE
CENTRAFRICAINE

DJIBOUTI
(m.)

L'Équateur

LA FÉD. DE
MALAISIE

LA
PAPOUASIE-
NOUVELLE
GUINÉE

0°

LA SIERRA
LEONE

LE GABON

LE RÉPUBLIQUE
DÉMOCRATIQUE
DU CONGO

LE
KENYA

LA
SOMALIE

Pondichéry

L'INDONÉSIE (f.)

LE LIBERIA
LA CÔTE D'IVOIRE

LE RUANDA
LE BURUNDI

LE CONGO

LE GHANA
LE TOGO
LE BÉNIN
LE CAMEROUN
LA GUINÉE-ÉQUATORIALE

L'ANGOLA
(m.)

LA
TANZANIE

LA ZAMBIE

L'OCÉAN INDIEN (m.)

LE MALAWI

LA RÉUNION
(LA FRANCE)

L'AUSTRALIE
(f.)

LA
NAMIBIE

LE
BOTSWANA

MADAGASCAR
(m.)

Le Tropique du Capricorne

L'ÎLE MAURICE (f.)

L'AFRIQUE
DU SUD (f.)

LE ZIMBABWE

LE MOZAMBIQUE
LE SWAZILAND
LE LESOTHO

45°

Langues maternelles

- Le français langue maternelle majoritaire
- Le français langue maternelle d'une minorité importante
- Le français et un créole français langues maternelles
- Créole français langue maternelle majoritaire

Langues officielles

- Le français est la seule langue officielle
- Le français est une des langues officielles du pays ou de l'état
- Le français sert de langue administrative ou dans l'enseignement
- Le français est la langue de culture ou des affaires pour une partie importante de la population

60°

L'EUROPE

Langues maternelles

- Le français langue maternelle majoritaire
- Le français langue maternelle d'une minorité importante

Langues officielles

- Le français est la seule langue officielle
- Le français est une des langues officielles du pays ou de l'état
- Le français est la langue de culture ou des affaires pour une partie importante de la population

Cercle Arctique

10°

LA FINLANDE

LA SUÈDE

LA NORVÈGE

LA MER BALTIQUE

L'ESTONIE (f.)

LA FÉDÉRATION RUSSE

LA LETTONIE

LA LITUANIE

60°

LE DANEMARK

LA MER DU NORD

LA FÉDÉRATION RUSSE

LA BIÉLORUSSIE

L'IRLANDE (f.)

LE ROYAUME-UNI

LES PAYS-BAS (m. pl.)

L'ALLEMAGNE (f.)

LA POLOGNE

L'UKRAINE (f.)

50°

Bruxelles

LA BELGIQUE

la Wallonie

LA RÉPUBLIQUE TCHÈQUE

LA MOLDAVIE

Paris

LE LUXEMBOURG

LA SLOVAQUIE

L'AUTRICHE (f.)

LA HONGRIE

L'OCÉAN ATLANTIQUE (m.)

LA FRANCE

Genève

Bern

LA SUISSE

le Val d'Aoste

LA SLOVÉNIE

LA CROATIE

LA ROUMANIE

LA BOSNIE-HERZÉGOVINE

LA YOUGOSLAVIE

LA BULGARIE

Monte Carlo

L'ITALIE (f.)

LA MACÉDOINE

L'ANDORRE (f.)

La principauté de Monaco

la CORSE

L'ALBANIE (t.)

LA TURQUIE

L'ESPAGNE (f.)

la SARDAIGNE

LA GRÈCE

LA MER MÉDITERRANÉE

la SICILE

LA CHYPRE

| 0 | 25 | 50 | 75 | 100 MILLES |

| 0 | 50 | 100 | 150 KILOMÈTRES |

20°

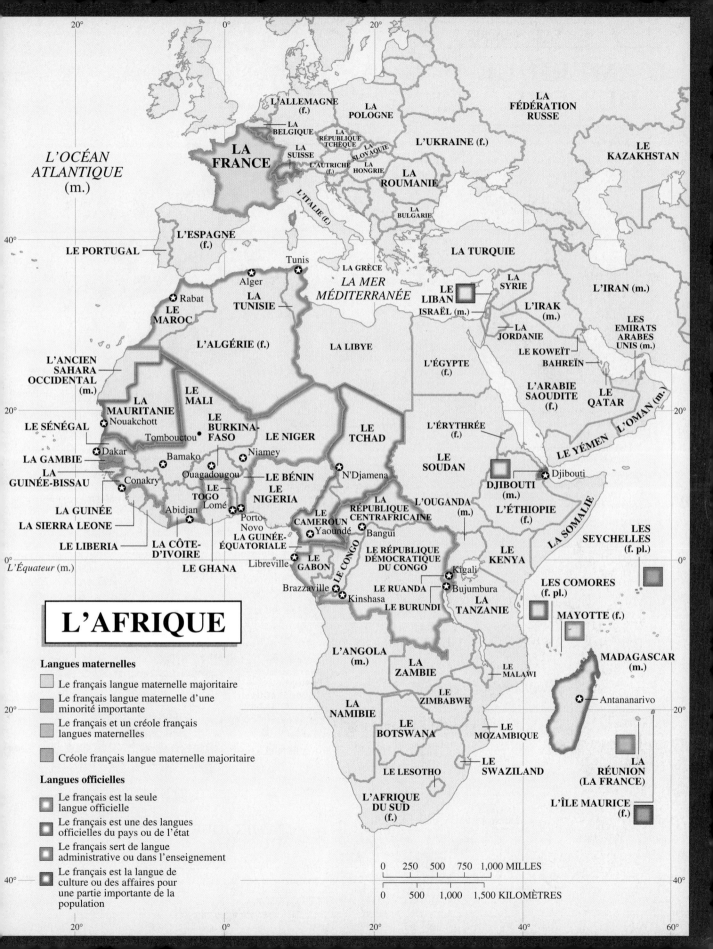

L'AFRIQUE

Langues maternelles

- Le français langue maternelle majoritaire
- Le français langue maternelle d'une minorité importante
- Le français et un créole français langues maternelles
- Créole français langue maternelle majoritaire

Langues officielles

- Le français est la seule langue officielle
- Le français est une des langues officielles du pays ou de l'état
- Le français sert de langue administrative ou dans l'enseignement
- Le français est la langue de culture ou des affaires pour une partie importante de la population

L'OCÉAN ATLANTIQUE (m.)

L'ALLEMAGNE (f.)
LA BELGIQUE
LA RÉPUBLIQUE TCHÈQUE
LA POLOGNE
LA SLOVAQUIE
LA SUISSE
L'AUTRICHE (f.)
LA HONGRIE
LA FRANCE
L'ITALIE (f.)
LA FÉDÉRATION RUSSE
L'UKRAINE (f.)
LE KAZAKHSTAN
LA ROUMANIE
LA BULGARIE
LE PORTUGAL
L'ESPAGNE (f.)
LA GRÈCE
LA TURQUIE
LA MER MÉDITERRANÉE
Tunis
Alger
Rabat
LE LIBAN
ISRAËL (m.)
LA SYRIE
L'IRAN (m.)
LE MAROC
LA TUNISIE
LA JORDANIE
L'IRAK (m.)
LES EMIRATS ARABES UNIS (m.)
L'ALGÉRIE (f.)
LA LIBYE
LE KOWEÏT
BAHREÏN
LE QATAR
L'ANCIEN SAHARA OCCIDENTAL (m.)
L'ÉGYPTE (f.)
L'ARABIE SAOUDITE (f.)
L'OMAN (m.)
LE MALI
LA MAURITANIE
Nouakchott
LE BURKINA-FASO
LE NIGER
LE TCHAD
L'ÉRYTHRÉE (f.)
LE YÉMEN
LE SÉNÉGAL
Tombouctou
Dakar
Bamako
Niamey
LE SOUDAN
Djibouti
LA GAMBIE
Ouagadougou
N'Djamena
DJIBOUTI (m.)
LA GUINÉE-BISSAU
Conakry
LE BÉNIN
LE NIGERIA
LE TOGO
Lomé
Porto-Novo
L'OUGANDA (m.)
L'ÉTHIOPIE (f.)
LES SEYCHELLES (f. pl.)
LA GUINÉE
Abidjan
LA RÉPUBLIQUE CENTRAFRICAINE
Bangui
LA SIERRA LEONE
LE CAMEROUN
Yaoundé
LE KENYA
LA SOMALIE
LE LIBERIA
LA CÔTE-D'IVOIRE
LA GUINÉE-ÉQUATORIALE
LE GHANA
Libreville
LE GABON
LE CONGO
LE RÉPUBLIQUE DÉMOCRATIQUE DU CONGO
Kigali
LE RUANDA
Bujumbura
LES COMORES (f. pl.)
Brazzaville
Kinshasa
LE BURUNDI
LA TANZANIE
MAYOTTE (f.)
MADAGASCAR (m.)
L'ANGOLA (m.)
LA ZAMBIE
LE MALAWI
Antananarivo
LA NAMIBIE
LE ZIMBABWE
LE BOTSWANA
LE MOZAMBIQUE
LA RÉUNION (LA FRANCE)
LE LESOTHO
LE SWAZILAND
L'ÎLE MAURICE (f.)
L'AFRIQUE DU SUD (f.)

L'Équateur (m.)

0   250   500   750   1,000 MILLES

0   500   1,000   1,500 KILOMÈTRES

L'AMÉRIQUE DU NORD

LE GROENLAND

L'OCÉAN ARCTIQUE (m.)

L'Alaska (m.)
(LES ÉTATS-UNIS)

le Yukon

les Territoires
du Nord-Ouest (m. pl.)

le Nunavut

la Colombie
Britannique

l'Alberta
(m.)

la Saskat-
chewan

le Manitoba

LE CANADA

l'Ontario (m.)

le Québec

Terre-
Neuve (f.)

Saint-Pierre-
et-Miquelon
(LA FRANCE)

Québec
Montréal
Ottawa

Île du Prince-Edouard
la Nouvelle-Écosse (f.)
le Nouveau-Brunswick
le Maine
le New Hampshire
le Massachusetts
le Rhode Island
le Connecticut

le Vermont

**LES ÉTATS-UNIS
(m. pl.)**

la Louisiane

*L'OCÉAN
ATLANTIQUE* (m.)

Langues maternelles

Le français langue
maternelle majoritaire

Le français langue maternelle d'une
minorité importante

Le français et un créole français
langues maternelles

Créole français langue maternelle
majoritaire

Langues officielles

Le français est la seule
langue officielle

Le français est une des langues
officielles du pays ou de l'état

Le français sert de langue
administrative ou dans l'enseignement

LE MEXIQUE

*GOLFE DU
MEXIQUE*

LE BELIZE

CUBA
(m.)

**LES CARAÏBES
(m. pl.)**

Les Îles Hawaii (m. pl.)
(LES ÉTATS-UNIS)

**L'AMÉRIQUE
CENTRALE (f.)**

LA
JAMAÏQUE

HAÏTI
(m.)

LA GUYANE
FRANÇAISE
(LA FRANCE)

L'OCÉAN PACIFIQUE (m.)

LE GUATEMALA
LE SALVADOR
LE HONDURAS
LE NICARAGUA
LE COSTA RICA
LE PANAMA

LE
VENEZUELA

LA
COLOMBIE

Cayenne

L'Équateur (m.)

(LA RÉPUBLIQUE DE)
L'ÉQUATEUR
(m.)

LA GUYANA

LE SURINAM

CUBA
(m.)

**LA RÉPUBLIQUE
DOMINICAINE**

LES CARAÏBES (m. pl.)

la Guadeloupe
(LA FRANCE)

PUERTO
RICO (m.)

HAÏTI
(m.)

Port-au-
Prince

LA MER DES CARAÏBES

DOMINIQUE (f.)

Pointe-à-
Pitre

LE
PÉROU

LE BRÉSIL

**L'AMÉRIQUE
DU SUD (f.)**

LA
BOLIVIE

MILLES

la Martinique
(LA FRANCE)

Fort-
de-France

SAINTE LUCIE (f.)

KILOMÈTRES

0   200 400 600 800 MILLES

À 45°
LATITUDE

0   400   800   1,200 KILOMÈTRES

LE PARAGUAY

LE
CHILI

L'ARGENTINE
(f.)

L'URUGUAY (m.)

PAROLES

Troisième édition

Sally Sieloff Magnan
University of Wisconsin—Madison

Laurey Martin-Berg
University of Wisconsin—Madison

William J. Berg
University of Wisconsin—Madison

Yvonne Rochette Ozzello
Late of the University of Wisconsin—Madison

WILEY

John Wiley & Sons, Inc.

Acquisitions Editor   *Helene Greenwood*
Senior Production Editor   *Sujin Hong*
Marketing Manager   *Emily Streutker*
Executive Marketing Manager   *Jeffrey Rucker*
Development Editor   *Elena Herrero*
Senior Designer   *Karin Kincheloe*
Senior Illustration Editor   *Anna Melhorn*
Associate Photo Editor   *Ellinor Wagner*
Cover Photo   Pipe and Newspaper (Fantomas) *by Juan Gris, 1915. National Gallery of Art, Washington.*

This book is typeset in Sabon by Pre-Press Company, Inc. and printed and bound by
Von Hoffmann. The cover was printed by Von Hoffmann.

ISBN-13   978-0-471-46843-1
ISBN-10   0-471-46843-6

Printed in the United States of America

10 9 8 7 6 5 4 3 2 1

About the Cover

The cover painting, *Fantomas* (1915), is by Juan Gris. Although Spanish by birth, Gris moved to France in 1906 and died there in 1927. Gris was thus a Francophone and Francophile, like many students, teachers, and French-speaking people around the world who have embraced the French language and culture. The presence of words in the painting reflects the title of our program, **Paroles** (*words or speech*), and also emphasizes the many forms that language can take: the newspaper (**le journal**), the magazine, and the novel cover bearing the name *Fantomas*. Fantomas is the hero of a series of 32 popular mystery tales by Marcel Allain and Pierre Souvestre (1911–1913), which were turned into a series of famous films directed by Louis Feuillade (1913–1914). Similarly, Gris's painting style suggests several other forms of visual art, including architecture, sculpture, collage, and interior design. Taken together, the allusions to multiple art forms and media point to two main directions of the **Paroles** program: culture and communication.

To the Student

Welcome to *Paroles,* a program for Introductory French that focuses on communication in both speech and writing. The text is based on the various functions and uses of language, with concern for different learning styles and the needs of students in different learning situations.

The textbook's organization is based on the following four principles:

1. Strategy building for reading, writing, listening, and speaking

Learning strategies are given to make authentic French materials (such as newspaper articles, short literary texts, television guides, and bus schedules) easier to understand.

2. Dual-mode presentation of grammar and vocabulary

There are two types of learners: those who like to figure things out and those who like material presented to them. Grammar and vocabulary are presented in ways that will accommodate both learning styles.

Grammar is presented both inductively in examples before rules and deductively in rules before examples. The inductive grammar presentation appears in the section called **L'essentiel** in each **Dossier**. The deductive grammar presentation is found in the **Grammaire** sections.

Vocabulary is also presented in two ways: in context and in thematic groups in the **Expressions utiles** sections and in thematic groups in the **Vocabulaire essentiel** sections.

3. Cultural diversity

Paroles promotes cultural proficiency as well as linguistic proficiency. To explain sociolinguistic and cultural phenomena, the text contains short sections entitled **Aperçus culturels**. These sections provide cultural information and address sociolinguistic notions such as frequency of use and appropriateness of expression.

4. Integrated pronunciation

Explanations and exercises in **Prononciation** are integrated into each **Dossier** to help you learn how to pronounce French and to use proper intonation patterns, as well as to understand how pronunciation expresses meaning and grammatical relations.

Organization of *Paroles*

Paroles has ten chapters, each of which is called an **Ensemble,** and each **Ensemble** is subdivided into four parts, called **Dossiers. Ensemble 1** is preceded by a short **Dossier préliminaire.**

Each **Dossier** consists of four main sections:

- **Point de départ**   An opening section which invites students to think about the content theme of the **Dossier**. It includes authentic texts for reading and listening that are related to the theme of the **Dossier**. Reading and listening strategies help students understand each document or listening text, which are presented with sequenced comprehension activities designed to develop reading and listening skills.

- **L'essentiel**   The core of the **Dossier,** which presents grammar and vocabulary in context and concludes with the **Vocabulaire essentiel,** a thematically organized list of new, productive words and expressions.

- **Prononciation**   A section designed to help students associate French spelling and pronunciation, and to pronounce French correctly with appropriate intonation.

- **Expansion**   An end-of-**Dossier** activity that is strategy-based and related to the theme of the **Dossier**. Skills alternate in the four **Dossiers,** so that each **Ensemble** includes expansion activities in speaking, writing, listening, and reading.

At the end of each **Ensemble,** after **Dossier 4,** there is an explanatory grammar section, **Grammaire,** which presents rules, charts, and examples for all of the grammar points in the **Ensemble**.

In addition, there are four photo-based cultural sections called **Ouvertures culturelles.** Coming after **Ensembles 3, 5, 7,** and **9,** each **Ouverture culturelle** provides an in-depth look at a different part of the Francophone world.

Point de départ : Lire *or* Écouter

This section introduces you to the theme of the **Dossier** and provides strategies for reading and listening. The Audio CD will help you practice these newly learned strategies. Use the strategies to understand what you hear on the Audio CD and what you read in the text.

L'essentiel

This is the core material. In this section new grammar and vocabulary are introduced. **Échanges** present the new grammar and vocabulary in conversations. **Expressions utiles** provide you with more new vocabulary in thematic groups. **Observez** questions help you figure out grammar from the models presented in the conversations. They contain reference numbers to fuller explanations in the **Grammaire** sections at the end of each **Ensemble**. **Activités** provide you with practice of oral skills and also with some reading, listening, and writing practice. At the end of this section, you will find the **Vocabulaire essentiel** which provides a thematic listing of the words and expressions that you need to know. Cultural and linguistic background related to the grammar and vocabulary presentation is provided in the **Aperçus culturels** boxes that appear throughout the textbook.

Prononciation

This section provides explanations and examples of pronunciation and its relation to French spelling, grammar, and speech acts.

Expansion

The skills of reading, listening, writing, and speaking are developed through strategies, preparatory activities, and tasks with a specific purpose. Skills alternate in the four **Dossiers** so that all four skills are covered in each **Ensemble**. The **Expansion** section ends with personalized speaking activities to link all skills with oral language use.

Student Program Components

Student Textbook with Audio CD and Interactive CD-ROM

0-470-00412-6   The textbook includes ten **Ensembles** and a short **Dossier préliminaire** along with four **Ouvertures culturelles** (introductions to French-speaking cultures around the world). Each of the ten **Ensembles** is divided into four **Dossiers** and includes an explanatory or reference **Grammaire**. The text ends with a complete chart of verbs taught in *Paroles* and French-English and English-French glossaries that tell in which **Dossier** each word first appears. *Paroles* comes packaged with a free Audio CD of the listening **Point de départ** and **Expansion** recordings and a free interactive CD-ROM.

The *Paroles* CD-ROM is a text-specific, dialogue-centered, Web-linked CD-ROM. It presents cultural material, listening activities, writing exercises, multiple-choice exercises, and grammar activities through a navigation path that accommodates all types of learners.

Activities Manual

0-470-48257-9   The Activities Manual includes culturally rich, authentic oral and written texts and involves you in the personalized and meaningful expression of ideas. Like the textbook, the Activities Manual is divided into ten **Ensembles**, and each **Ensemble** is further divided into four **Dossiers**.

Each **Dossier** begins with a section of **activités écrites**, which has written activities to link reading and writing, build vocabulary, practice grammar, and develop personal expression and composition skills. For many writing activities, students are directed to write in a **journal** (notebook, folder), which creates a record of language learning progress.

These written activities are followed by a lab manual section called **activités de laboratoire**. Designed to be used in conjunction with the Audio Lab Program, this section contains oral comprehension and culture observation activities; discrimination and repetition exercises; dictations; and some guided, open practice activities.

Many of the **Dossiers** end with a section of DVD activities, which are called **activités pour DVD**. This section provides listening and writing activities that are correlated with the *Visages et cultures* DVD. **Activités pour DVD** are also included for the **Ouvertures culturelles**.

At the end of the Activities Manual there is an answer key for select activities from the **Activités écrites** portions of the manual. (These answers are for activities that tend to elicit only one answer. No answer key is provided for open-ended written activities, audio lab, or DVD activities.)

Paroles Audio Lab Program

0-470-00432-0 These CDs are available for students who do not have access to language laboratory facilities or who would like additional audio practice while using *Paroles*. They correlate to the **activités de laboratoire** portions in the Activities Manual.

Paroles Student Book Companion Web Site

www.wiley.com/college/magnan
The *Paroles* Student Book Companion site offers interactive activities related to the www components of the CD-ROM (**C'est comme ça !** and **Ouvertures culturelles**), Internet Discovery activities with links to sites on the Web, DVD files, and mp3 files of the Audio Lab Program.

Icons for *Paroles*

 The audio icon alerts you to listen to the Audio CD for information you need to complete the accompanying exercise.

The CD-ROM icons appear next to sections that have parallel activities on the *Paroles* CD-ROM.

Each icon will direct you to the appropriate spot on the CD-ROM, which presents authentic video of the dialogue or an interactive illustration of the action or event, as well as follow-up questions, grammar exercises, cultural material, writing exercises, and vocabulary groups that are centered on the material in the textbook.

Acknowledgments

Many people have contributed their time, insights, and creativity to the development of *Paroles*. We would first like to thank the students and graduate teaching assistants at the University of Wisconsin—Madison who initially piloted the material and provided invaluable feedback. In particular, we are indebted to Ritt Deitz, Renée Gosson, Kristin Kirkham, Lise Rempel Hoy, David Harrison, Alex Hertich, Chris Bolander, Sarah Gendron, Scott Lyngaas, Jason Herbeck, and Stephanie Schechner for their help with the pilot sections, and to Anne Theobald for her help in preparing the Lab Answer Key and the index to this edition and Stephanie Spadaro for preparing sample lesson plans. We would like to thank our native French-speaking instructors and consultants: Daniel Audaz, Jacques Arceneaux, Karine Baumander, Alexandrine Chamussy, Laurence d'Alifé, Isabelle Drewelow, Sophie LeCharme, and Mouhamedoul Niang. We are especially grateful to Marcel Tremblay, Édith Mercier, and Carole Devin, our friends and colleagues of the École des langues vivantes at the Université Laval in Québec, for their assistance with the video. We also extend our appreciation to our UW colleagues, especially Nelly Halzen, Édris Makward, and François Tochon, and to colleagues at other institutions who reviewed the manuscript and whose constructive suggestions have helped shape the project. For seeking out French documents, we thank Alexandrine Chamussy, Elizabeth Magnan, Frédérique Bouriant, Jocelyn Bouriant, Nicholas Magnan and Ben Longmier.

We are also grateful to Nancy Levy-Konesky and Frank Konesky of Riverview Productions, who produced the video, to Pat Sinnott and the rest of the Cortex Communications team, who produced the CD-ROM, to Eileen Ketchum of Muhlenberg College for preparing the PowerPoint, to Robert Pierce of SUNY-Cortland for his contribution of the *Ouvertures culturelles* portions of the PowerPoint, with French text by Isabelle Drewelow, to Kathryn Lorenz of the University of Cincinnati and Sarah Gendron of Marquette University for their contributions to the test bank for this edition, and to Caroline Grace for continuing contributions, especially with video / DVD activities. With each new edition we honor the memory of the late Yvonne Rochette Ozzello, co-author of the first edition.

We also want to thank Harriet Dishman and Anastasia Schulz of Elmstreet Publications and Katy Faria and Katherine Snead of Pre-Press Company, Inc. for their work on the development and production of the third edition, as well as the people at John Wiley and Sons who have worked closely with us on this edition: our publisher, Jay O'Callaghan; our acquisitions editor, Helene Greenwood; our development editor, Elena Herrero; our media editor, Sasha Giacoppo; our photo editor, Ellinor Wagner; our photo researcher, Brian Donnelly; our production editor, Sujin Hong; our marketing manager, Jeffrey Rucker; and our permissions researcher, Yolanda Pagan.

Finally, we want to express our gratitude to our families for their perceptions, encouragement, and patience during *Paroles'* journey from idea to reality.

Reviewers of the Third Edition

Ruth Antosh, *SUNY Fredona*

Carol Ann Baily, *Middle Tennessee State University*

Beatrice Bennett, *University of Southern California*

Elizabeth Berglund Hall, *State University of West Georgia*

Sister Marie Lorraine Bruno, *Immaculata University*

Gale Crouse, *University of Wisconsin at Eau Claire*

Elisabeth Donato, *Clarion University of Pennsylvania*

Shirley Flittie, *Minneapolis Community and Technical College*

Sarah Gendron, *Marquette University*

Sarah Gordon, *Utah State University*

Jason Herbeck, *Bowling Green State University*

Hannelore Jarausch, *University of North Carolina*

Sharon Johnson, *Virginia Tech University*

Joyce Johnston, *Stephen F. Austin State University*

Suzanne Kocher, *University of Louisiana*

Kathryn Lorenz, *University of Cincinnati*

Scott Lyngaas, *Beloit College*

George McCool, *Towson State University*

Brigitte Moretti-Coski, *Ohio University*

Hélène Neu, *University of Michigan*

Helene Ossipov, *Arizona State University*

Deb Reisinger, *Duke University*

Sarah Roberts, *University of California at Berkeley*

Holly Tucker, *Vanderbilt University*

Timothy Wilkerson, *Wittenburg University*

Sommaire

Table des matières

France

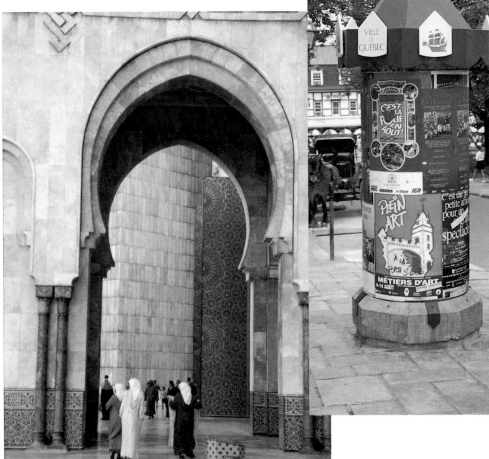

Canada

Maroc

DOSSIER
PRÉLIMINAIRE

Bonjour

This preliminary unit introduces you to French and the French-speaking world and familiarizes you with the format of *Paroles.* You need not master all the material in this unit, because its purpose is to preview what will follow.

Point de départ **Écouter**

*Each **Dossier** begins with a listening or reading activity. Each of these activities is preceded by a strategy designed to help you understand what you hear (**Écouter**) or read (**Lire**). These strategies are first stated in French, relying heavily on words that resemble English words. The strategy is then rephrased in English and followed by a preparation activity (**Avant d'écouter** or **Avant de lire**). The listening or reading activity itself begins after the heading **En écoutant** or **En lisant**. After listening or reading, you will answer questions to show what you understood.*

Stratégie Considérez le contexte et faites attention aux gestes.

You can use the context of a conversation and gestures made by the speakers to figure out the meaning of much of what you hear.

Avant d'écouter *Bonjour*

Your instructor will introduce himself or herself and talk about the course. What *three* things might you expect an instructor to say in this situation?

1. _____
2. _____
3. _____

 **En écoutant**

Now listen to the introduction and watch for gestures as clues to whether the instructor talks about these three things.

Après avoir écouté

1. What did the instructor do after saying **bonjour?**
   a. introduce himself / herself
   b. take roll
   c. ask who is in the wrong class

2. The instructor explained where French is spoken. Which continent was NOT mentioned?
   a. Africa
   b. Asia
   c. Australia

3. The instructor concluded by
   a. telling you to work hard
   b. announcing the next class meeting
   c. wishing you a good semester

À vous la parole

Is this how you expected your class to begin? What helped you understand this first encounter with French?

Learning a foreign language

*The **Aperçus culturels** sections provide cultural and linguistic information.*

When learning a foreign language, you need to work on words you don't yet understand by guessing at the meaning as well as memorizing new words. You must take risks and make mistakes; mistakes are a natural and expected part of learning and will occur as you try out new expressions and the rules that make them fit together. A lot of language learning is hypothesis testing: "I think it might be this way"; "I'll try it and see if I can make myself understood"; "I'll listen and read to see if I notice others using the language this way."

Each student has an individual learning style and uses a variety of learning strategies. Some students prefer to interact with peers and the teacher; others learn well by studying rules, patterns, and connections. To be a successful language learner, you need to identify your preferred learning style. Use strategies that fit your style, but also work to develop strategies that stretch your style, giving you more range in your language-learning techniques.

Paroles is designed to respond to different learning styles and to help you develop a wide variety of strategies. As you work through the book, the following are some ways to facilitate your learning in and outside the classroom:

1. Observe and listen attentively. The most important element of language learning is the linguistic input you receive: what you read and what you hear. Surround yourself with French by reading as much as you can, even when the reading is not assigned; listening to French, using the audio recordings and CD-ROM as often as possible; and watching videos and movies. As you read and listen, don't worry about the words you don't understand; instead, be attentive to what you can figure out and look for examples of points you are studying.

2. Compare and contrast expressions. You can figure out a lot about French through comparison: with English, with other languages you might know, and with other expressions in French you have already learned. For example, **je danse** clearly resembles the English word *dance*; if you know that French verb endings vary according to their subject, you can see the relationship between **je danse** and **vous dansez** and recognize the latter also as a form of *dance*.

3. Guess and make hypotheses. When you read, if you come to part of a text you don't understand, guess at a few words from their context and go on. After you have read more of the text, you can go back and read again, making a second, and perhaps better, guess at the unknown words and unclear points. When you speak, if you don't know the exact word, use synonyms or definition-type explanations to get your ideas across, or

even try "creating" a French word following patterns you know. For example, if you are familiar with the adjective **rapide** and you know that most adverbs resemble adjectives with an added **ment** at the end, try **rapidement** for *rapidly*.

4. Memorize. Although you can learn a lot of French through observation and analysis, you still have to memorize verb forms and certain idiomatic expressions. The following techniques may help. Prepare flash cards with French on one side and English on the other, with verbs on one side and their various forms on the other, or with nouns on one side and their gender on the other. Write words several times and repeat them to associate sounds and written symbols. Arrange words by meaningful clusters that can help you visualize what words mean. Create new contexts to try out the words and expressions you are learning.

5. Work with others. Put all your verbal and social interaction strategies to work. Ask for clarification or correction as needed; experiment and role-play with your peers; think about different ways of interacting in order to understand cultural differences and varied ways of approaching language learning. Be bold and do not worry about your mistakes, particularly in the first few weeks.

6. Review often. Make it a habit to summarize key points in texts you have read and keep track of the grammar you have studied. Use the list **Vocabulaire essentiel** *(Essential vocabulary)* for each **Dossier** *(lesson)* to make sure you are comfortable with all the new words, including the gender of nouns and the conjugations of verbs.

7. Be patient with yourself. Remember that learning a language is a lot like training for a sport or learning to play a musical instrument. You need to practice every day, even if it does not seem like you are making progress. Progress will come in stages, sometimes small gains, sometimes large gains as you get past a plateau. The rate of language learning is different for each student. Work with classmates, but do not compare yourself to them. If you get too frustrated, stop. Just as you risk injury in a sport if you practice when you are too tired, it is not productive to do too much language learning at a time. It is better to work for an hour twice a day than for two hours at a stretch, especially with a task as taxing as listening comprehension. Take breaks as needed, but don't give up. Go back to the lesson with new enthusiasm, new questions, and new goals to achieve. And most of all, enjoy! The world of French is rich. You are beginning an adventure into some of the most exciting countries and cultures in the world.

❯ What do you know about your personal learning style?

L'essentiel

*This section presents new vocabulary and grammar. It introduces you to new expressions in conversational contexts and helps you use your hypothesis-testing strategies to figure out and remember grammatical concepts and new vocabulary. This is the core (the essential) material to be learned and tested in the course. As you study each conversational exchange (**Échange**), ask yourself questions about what the words mean and how the sentences are put together. Consider the questions marked **Observez**. These questions will appear throughout the textbook and on the CD-ROM with related but often different questions. They focus on the new grammar points found in the **Échanges**. Try to answer each question; then verify your understanding by turning to the **Grammaire** at the end of the **Ensemble** (chapter) and reading the section that corresponds to the number in parentheses. When working with **Échanges** on the CD-ROM, you can click on **Grammaire** for immediate access to the relevant grammar point and on **Réponses** to see answers. The grammar explanations grouped at the end of each chapter make it easy to review for tests. If you like to know rules before you encounter the language, read the **Grammaire** section before you work through the **Dossier** and then again as you work on the **Dossier.***

*If you still do not understand all the words in the **Échanges**, you can consult the **Vocabulaire essentiel** at the end of the **Dossier** or the **Glossaire** in the back of the book. You should also check with your instructor or a classmate.*

By working through this discovery process, you will become aware of how language works, you will learn to figure out new expressions, and you will be reminded of material you encountered previously.

Identifier une personne

ÉCHANGE 1   *Échange de noms*

▸ Observez

1. What word (pronoun) does Paul Poireau use to refer to himself? What pronoun does each person use to refer to the other person? **(DP.1)**
2. Look at the two forms of the adjective **enchanté / enchantée.** What determines the spelling of the end of this word? **(DP.2.a)**

Vous êtes Madame... ?

Lambert. Et vous, monsieur... ?

Je suis Paul Poireau

Enchantée, monsieur.

Enchanté, madame.

Read the conversation on page 6 and ask yourself:

1. *What words can I understand because they resemble English words?*
2. *What might other words mean? (Look at the context and guess about **vous êtes** and **je suis**.)*
3. *How do the people address each other? (Look for cultural insights.)*

*Now consider the **Observez** questions on page 6 and their corresponding sections in the **Grammaire** that follows the **Dossier préliminaire** (pp. 15–17). The numbers in parentheses (DP.1 = **Dossier préliminaire**, point 1) indicate which grammar section to look at for each question.*

ACTIVITÉ 1 *Identités* Listen to three conversations acted out by your instructor. For each one, complete the chart to give the first name of the person your instructor meets and whether that person is a man or a woman. The last names are given.

Nom	Prénom	Homme *(man)*	Femme *(woman)*
1. Colin	_____	_____	_____
2. Leduc	_____	_____	_____
3. Ferry	_____	_____	_____

ACTIVITÉ 2 *Je suis...* Circulate among your classmates, asking five people their names and introducing yourself to them.

> **Modèle:**   A: Je suis... Et vous êtes... ?
>
>   B: Moi, je suis... Enchanté(e).
>
>   A: Enchanté(e).

Décrire une ville

ÉCHANGE 2   *De quelle ville êtes-vous ?*

CAMILLE: Êtes-vous de Paris ?
VINCENT: Non, je suis de Genève.
CAMILLE: Ah, Genève ! C'est une belle ville !
VINCENT: Et Paris est une ville magnifique !

Paris avec sa tour Eiffel

Genève avec son grand jet d'eau

> **❯ Observez**
>
> 1. In the statement **je suis**, which word is the subject? the verb? **(DP.3)**
> 2. In the question **êtes-vous**, how is the word order different from the word order in statements? **(DP.3)**
> 3. The noun **ville** *(city)* is modified by two different adjectives. Where are each of these adjectives in relation to the noun? **(DP.2.b)**
> 4. The noun **ville** is also preceded by an article meaning *a*. What is that article? **(DP.4)**

EXPRESSIONS UTILES   *villes*

belle ville	ville splendide	ville polluée
grande ville	ville magnifique	ville laide
petite ville	ville agréable	ville dangereuse
	ville ordinaire	

*Now that you have read the conversation in **Échange 2** and the list of related expressions under **Expressions utiles**, ask yourself:*

1. *What French words that I already know are used in the conversation?*
2. *What other words could I use to describe Paris (e.g., **grande** → **C'est une grande ville.**)?*

Verbe		
être (*to be*)	je suis	vous êtes
	c'est	

*In French, verbs are conjugated (they change forms) to agree with their subjects. Many verbs follow regular patterns; these verbs are referenced by their model verb, such as **parler** (to speak) for regular -er verbs. Other verbs, like **être**, are irregular. Irregular verbs are shown in boxes under their infinitive form (to . . .). In the first few **Dossiers** of this book, only the forms you need for that **Dossier** are presented. Later in the book, irregular verbs are presented with all their forms together. Verb forms should be memorized. For your reference, verbs are listed under their infinitives in the **Vocabulaire essentiel** section of each **Dossier**, and irregular verbs are given with all their forms at the end of the grammar section of each **Ensemble**. Verbs and their conjugated forms also appear in alphabetical order in the verb appendix at the end of the book.*

ACTIVITÉ 3 *Quelle sorte de ville ?*

Use words from the appropriate columns to describe the cities given. Pay attention to the adjectives. Do they come before or after the word **ville** (*city*)?

une	belle	ville	splendide
	grande		polluée
	petite		agréable
			dangereuse
			laide

1. New York est...
2. Paris est...
3. Detroit est...
4. La Nouvelle Orléans est...
5. Montréal est...
6. (your university town) est...

ACTIVITÉ 4 *Vous êtes de... ?*

Greet two classmates sitting near you and find out where each person is from. Either comment on or ask about their hometowns.

Modèle: A: Bonjour, Marc. Vous êtes de (*name of college town*) ?

B: Non, je suis de (*name of hometown*).

A: Ah,... (*repeat hometown*). C'est une... Je suis de... (*name of hometown*).

B: (*comment*).

Pour demander une clarification

ÉCHANGE 3   *Problème de compréhension*

SOPHIE: Je suis d'une petite ville qui s'appelle Curières.
NATALIE: Comment ? Curieux ?
SOPHIE: Non, non, non, Curières.
NATALIE: Ah, Curières !
SOPHIE: Oui, c'est ça.

EXPRESSIONS UTILES   *clarification et compréhension*

Here are four different levels of language for saying "What did you say?,"
ranging from more formal to more familiar.

Pardon, je n'ai pas compris. *(non-familier)*
Vous dites ? *(non-familier)*
Comment ? *(non-familier et familier)*
Quoi ? *(familier)*
Hein ? *(très familier)*

ACTIVITÉ 5 *Vous dites ?* Circulate among your classmates, asking them their
names and where they are from. When they answer, pretend that you need a
clarification and ask for it, trying different ways of doing so with different people.

Pour comprendre et parler en classe

EXPRESSIONS UTILES   *en classe*

Le professeur dit...

Écoutez bien et répondez.

Ouvrez votre livre à la page 10.

Fermez votre livre.

Travaillez deux par deux.

Regardez.

Les étudiants disent...

Répétez, s'il vous plaît.
Parlez plus lentement, s'il vous plaît.
Comment dit-on « sister » en français ?

ACTIVITÉ 6 *En classe* Work with a classmate. Each person chooses one column and covers the other column. Give each command in your column to your classmate, who will do it. You may ask your partner to repeat or slow down as needed.

La personne A	La personne B
1. Ouvrez votre livre.	1. Fermez votre livre.
2. Regardez le professeur.	2. Répétez : « Je suis sincère. »
3. Écoutez et répétez : « Bonjour. »	3. Répondez à la question : « Vous êtes de quelle ville ? »

APERÇUS CULTURELS

Human language

Human languages are complex and creative systems of communication that allow us to express meaning through sounds. There are thousands of languages in the world, each with its own system, but all languages have a set of *sounds*, a set of *words*, and a set of *rules* (grammar) to combine these words into meaningful sentences and discourses. Despite their complexity, human languages are very efficient. When we know a language, we can express anything we want with a small set of sounds. In French, for instance, there are more than *300,000 words*, but to speak French you need only *35 sounds*: 18 vowel sounds and 17 consonant sounds. The variety of what you can do with language is extraordinary. In any language, you can perform a vast array of *speech acts:* You can describe, narrate, argue, give and receive information, agree or disagree, order or suggest, promise or threaten, thank, praise or blame, and express all shades of thought and feeling. Language, therefore, is both form and action.

Each language encodes reality in a different way. There are no pre-given categories of meaning; each language interprets the world in its own way. For instance, in French, you need two different verbs to express the shades of meaning of the English verb *to live:* If you are talking about *where* someone lives (apartment, house, part of town) you use the verb **habiter;** if you are talking about *how* or *how long* someone lives or lived (alone or with someone, in luxury or lack of comfort, until age 12 or 85), you use the verb **vivre.** Thus, learning a new language is more than learning new sounds, new words, and new grammar rules; it also entails learning different ways of perceiving and talking about the world and ourselves.

Language and culture

There is no human culture without one (or several) languages, and language and culture are so closely related that they influence each other. Vocabulary (much more than grammar) carries a heavy load of cultural information. For instance, the French, who are big producers and discriminating consumers of wine, have at their disposal more words to describe the tastes and odors of wines than are available in English. Many words cannot be translated word-for-word from English into French or vice versa because they refer to different historical or cultural realities. For instance, in a French speaker's mind, the word **frontière** can conjure up only the line that divides two different countries. Unlike the American word *frontier,* **frontière** is never used in French to refer to the westward expansion of White American settlements during the nineteenth century. When a word is taken from one language by another, it usually acquires cultural meanings different from those in its source language. For instance, in English the word *parole,* borrowed from French, is used only in the expression "to be (released from prison) on parole." In French, the word **parole** is solely associated with language and never evokes release from prison: It means *word, utterance,* or *speech.* Of course, there is a reason why *to be on parole* means what it does in English: In certain circumstances, reformed criminals can be released, provided they give their "word of honor" to behave well. The French expression for *word of honor* is **parole d'honneur.** Because the French word **parole** includes the many aspects of language and speech, we chose its plural form as the title of this book: *Paroles.*

Beyond vocabulary, what you can say and how you should say it is, in many social situations, culturally determined. Learning French (or any other language) thus entails learning not only how to produce well-formed sentences but also in which social context to use them as culturally appropriate speech acts: **actes de parole.**

▶ What English words do you know that seem to have come from French? Do they relate to things for which the French are well known? Dance? Cooking? Art? Geography? Physics? Other areas?

Vocabulaire essentiel

In this section, vocabulary appears in thematic groups. Within each theme, words and expressions are listed alphabetically. For this preliminary lesson, adjectives are given only in the feminine form, with the exception of **enchanté(e)**, *for which both masculine and feminine forms have been presented. Articles meaning "the" (e.g.,* le *livre,* la *ville) are given with nouns because these articles indicate the gender of the noun. You will learn more about these articles in upcoming* **Dossiers.**

clarification et compréhension

c'est ça	*that's right*
comment ?	*what?*
hein ?	*huh?*
Je n'ai pas compris.	*I didn't understand.*
non	*no*
pardon	*excuse me*
quoi ?	*what?*

en classe

à la	*to the*
Comment dit-on...	*How do you say . . .*
en français ?	*in French?*
deux par deux	*two by two*
dites	*say*
écoutez	*listen*
fermez	*close*
lentement	*slowly*
le livre	*book*
oui	*yes*
ouvrez	*open*
la page	*page*
parlez	*speak*
regardez	*look*
répétez	*repeat*
répondez	*answer*
s'il vous plaît	*please*
travaillez	*work*

personnes

je	*I*
madame	*Mrs., madam*

monsieur	*Mr., sir*
vous	*you*

villes

agréable	*pleasant*
belle	*beautiful*
dangereuse	*dangerous*
grande	*big*
laide	*ugly*
magnifique	*magnificent*
ordinaire	*ordinary*
petite	*small*
polluée	*polluted*
splendide	*splendid*
une	*a(n)*
la ville	*city*

autres expressions utiles

ah !	*ah! (exclamation)*
bien	*well*
c'est	*it's, that's*
de	*from*
enchanté(e)	*delighted to meet you*
et	*and*
être	*to be*
je suis	*I am*
vous êtes	*you are*
c'est	*it's*
plus	*more*
votre	*your*

Prononciation

The section **Prononciation** *explains how to pronounce French sounds, distinguish between French words, link sounds together within words and sentences, and use intonation in statements, questions, and exclamations.*
When you first hear a language you do not know at all, you initially have the impression of hearing a rambling sequence of unfamiliar sounds. As you start to listen carefully to French, you will recognize words that are similar to English, and you will begin to identify pauses between sentences and understand that not all letters in written French are pronounced in spoken French. Beyond the basic sounds, there are three key differences between French and English:

1. **Rhythm of sentence.** In English, speakers generally pronounce each word in a sentence separately. In French, words are run together smoothly so that each sentence or clause is pronounced as if it were one long word.

    Quel est votre nom ?

2. **Difference between syllables.** English words generally have one syllable that is stronger (louder, longer, with higher pitch) than the others. In French, syllables tend to have equal stress, except for the last syllable in a sentence, in which the vowel is slightly longer than the others.

    L'Europe est un continent.   *Europe is a continent.*

3. **Unpronounced consonants.** In English, there are occasional unpronounced consonants (the *k* in *knee*, the *g* in *gnarly*, the *p* in *psychology*), but the final consonant in a word is almost always pronounced. In French, you generally don't pronounce final consonants and you never pronounce the letter **h**.

    Henriette est de Paris.

ACTIVITÉ 7 *Le rythme du français* Cover the following sentences and listen as your instructor reads them. Can you distinguish clearly between words? Next, uncover the sentences and look at them as your instructor reads them again.

1. Enchanté de vous connaître.
2. C'est facile de parler français.
3. Paris est la capitale de la France.

ACTIVITÉ 8 *Attention aux syllabes accentuées !* As your instructor reads these pairs of English and French words and sentences, underline the strong syllables.

1. telephone: The telephone is a great invention.
   téléphone : Le téléphone est une belle invention.
2. government: The Prime Minister is the head of the government.
   gouvernement : Le Premier ministre est le chef du gouvernement.

ACTIVITÉ 9 *Consonnes muettes* Listen to your instructor read the following sentences and cross out the consonants that are not pronounced.

1. Bruxelles est une ville splendide.
2. Robert va dîner au restaurant.
3. Le garage est très petit.

Expansion **Lire**

*Each **Dossier** ends with an activity emphasizing one of the four basic language skills: reading, listening, speaking, or writing. The format of these sections is similar to that of the **Point de départ** section at the beginning of each **Dossier**. There is a strategy and a preparation activity, followed by the main activity of the section.*

> *Stratégie* Cherchez les mots apparentés.

Many French words are similar to English words, at least in spelling. When learning to read French, you can often guess at meaning by looking for these words (called *cognates*) and considering how they are used within the context of the text.

Avant de lire *Cartes de visite*

Underline all the cognates you find in the following business cards from Quebec.

En lisant

Use the cognates and visual aspects of the business cards to figure out what each business is.

Lionel Gionet

HÔTEL · MOTEL
BAIE STE-CATHERINE

Diane Legaré

294, Route 138, Baie Ste-Catherine, Québec, Canada   G0T 1A0
Téléphone et télécopieur (418) 237-4271

TECHNO *Sport* enr.

Gerry Querry
Propriétaire

POLARIS
• Motoneige
• 4 roues
• Moto marine

• Hord bord
  Suzuki

• Pièces
  Kimpex

VENTE et RÉPARATION

1539, boul. Tadoussac, Chicoutimi-Nord, QC G7G 4X9
Tél.: (418) 690-3313   **Fax: (418) 690-1534**

le Tout en *party* inc.

Les spécialistes
de l'événement

735, boul. du Royaume Ouest
Chicoutimi, Qc, G7H 5B1
Tél.: (418) 696-4116
Télécopieur: (418) 696-0250

PIERRE GAUTHIER
PRÉSIDENT

CAA
AFFILIÉ

Garage Louis Labbé

VENTE ET ACHAT D'AUTOS USAGÉES
RÉPARATION D'AUTOS
POSE DE PARE-BRISE

REMORQUAGE 24 HEURES

690, avenue du Palais
Saint-Joseph-de-Beauce
(Québec)   G0S 2V0

Tél.: (418) 397-5950 (jour)
(418) 397-4256 (nuit)

Après avoir lu

Which establishment would you phone to:

1. get help with your car?
2. rent a snowmobile for the weekend?
3. get a room for the night?
4. create a special celebration with your coworkers?

À vous la parole

In small groups, say which establishment you would likely use and ask your classmates which one they would use.

> **Modèle:**   Je préfère *(name from card)*. Et vous ?

*This is the end of the preliminary **Dossier**. In this book, you will have four **Dossiers** in each **Ensemble**. After finishing all four **Dossiers** in an **Ensemble**, restudy the **Grammaire** and summarize each section. Create new conversations using the material you have learned. Finally, ask yourself what you still need to know. What do you expect to learn next? (Be on the lookout for this material as you continue to study. It will gradually appear in the **Observez** questions.)*

Grammaire Dossier préliminaire

DP.1 Personal pronouns

Personal pronouns refer to people: *you, I, he, she, we, they.* Like English, French uses different words to refer to different people. Sometimes different words are also used to refer to the same person in different grammatical contexts.

Les pronoms personnels
1. *As the subject of a verb:* **Vous** êtes Monsieur... ? **Je** suis...   2. *To ask questions without a verb:* Et **vous** ?   3. *After the word* **et** *(and):* et **moi** ?

As the subject of a verb	To ask questions without a verb	After the word *et*
je *(I)*	moi ? *(me?)*	et moi ? *(and me?)*
vous *(you)*	vous ? *(you?)*	et vous ? *(and you?)*

*As is the case here, you may be given slightly more information than you need to answer the **Observez** questions (e.g., **et moi** is not in the **Échange**). This additional information is shown to help you understand general concepts and to preview material that will be presented and practiced later. You should read through the whole explanation when it is first referenced by an **Observez** question, but you should not expect to be totally confident with the whole grammar point until the end of the **Ensemble**. Having comprehensive material together in the **Grammaire** section will also help you review after completing the **Ensemble**.*

DP.2 Adjectives

a. **Form**

Forme des adjectifs
Bernard: Je suis enchanté, madame.   Annette: Je suis enchantée, monsieur.

Here the word **enchanté(e)** is an adjective that describes how the speaker (**je**) feels. Like most adjectives in French, it "agrees with" (has the same number and gender as) that speaker (subject). Because Bernard is a man, the masculine form of **enchanté** must be used. The feminine form, used to refer to Annette, ends with an additional **e** without an accent on it. Because this final **e** is silent, there is no difference in pronunciation between the masculine and feminine forms in the case of **enchanté(e)**.

b. **Placement.** In English, adjectives generally come before the noun to which they refer: *Paris is a magnificent city.* In French, most adjectives follow the noun they modify.

Paris est une ville magnifique.
Nice est une ville splendide.

However, in French, some frequently used adjectives precede the noun they modify. These adjectives that precede nouns often describe beauty, age, goodness, or size (memory aid: BAGS).

> Québec est une belle ville.
> Montréal est une grande ville.

Position des adjectifs

After nouns		Before nouns
agréable	ordinaire	belle
dangereuse	polluée	grande
laide	splendide	petite
magnifique		

When you come across an adjective that precedes the noun it modifies, you should learn its placement as well as its meaning.

DP.3 Word order

To understand word order, you need to know something about parts of speech. Subjects are words that specify who or what is doing the action or experiencing the state. Verbs tell the action or state.

For both French and English, the basic word order is *subject + verb*. For questions, this basic word order can be used with an intonation that indicates that a question is being asked, or this basic word order can be inverted. Note that when it is inverted, there is a hyphen in French between the verb and the personal pronoun subject.

L'ordre des mots

statements *subject + verb*	**Je suis** de Paris.	*(I am from Paris.)*
questions *subject + verb + ? intonation*	**Vous êtes** de Paris ?	*(You are from Paris?)*
verb + subject	**Êtes-vous** de Paris ?	*(Are you from Paris?)*

DP.4 Indefinite articles and gender

The singular indefinite article in English is *a(n)*. In French, indefinite articles in the singular form (**un, une**), like adjectives, agree in gender and number with their nouns.

Les articles indéfinis

feminine article and noun	Paris est **une** belle **ville.**
masculine article and noun	Pointe-du-lac est **un village** ordinaire.

Unlike in English, all French nouns, even inanimate ones, have a grammatical gender: **une ville** *(f)*, **un village** *(m)*. You need to memorize the gender of each noun as you learn it. It might help to know that nouns ending in **e** are often feminine, but this is not always the case, as the preceding example **un village** shows.

DP.5 The irregular verb *être*

In French, verbs change forms according to their subject. Many verbs follow regular patterns, but a few very common verbs are irregular. **Être** *(to be)* is one of these irregular verbs. You need to memorize each verb form with its subject.

Le verbe irrégulier *être*	
Je suis de Genève.	*I am from Geneva.*
Paris est une belle ville.	*Paris is a beautiful city.*
Vous êtes Monsieur Rodin ?	*You are Mr. Rodin?*

Rapports interpersonnels

> ❯ greeting people, introducing yourself or another person, and saying good-bye; counting to 20

> ❯ asking how people are and saying how you feel

> ❯ introducing people, including their nationality, place of residence, and language(s) they speak

> ❯ talking about how your family members are doing and their professions; counting by 10s to 100

With this **Dossier:**

CD-ROM (E1)
Échanges
Comment le dire

ACTIVITIES MANUAL (E1D1)
Activités écrites
Activités de laboratoire

BOOK COMPANION SITE (E1)
www.wiley.com/college/ magnan

Point de départ **Lire**

> *Stratégie* Considérez le contexte social et culturel.

The nature of a relationship between people affects how they address each other. As you read, look for differences between your culture and French-speaking cultures.

Avant de lire *Vous êtes...*

Your instructor will read the following statements. For your culture, say whether each statement is true (**vrai**) or false (**faux**).

1. Vous parlez avec votre professeur d'histoire. Vous utilisez son prénom (par exemple, Marc, Marianne).
2. Vous parlez avec votre camarade de classe. Vous utilisez son prénom.
3. Vous répondez à votre patron. Vous utilisez son nom de famille (par exemple, « Oui, Monsieur Rand. »).
4. Vous parlez avec votre grand-mère. Vous utilisez son nom de famille (par exemple, « Bonjour, Madame Smith. »).

En lisant

As you read, underline clues that suggest whether the people in each situation know each other well.

1.

2.

3. In this dialogue from a short story by Guy de Maupassant, Gontran Lardois is
   greeted by an old school friend, Robert Patience, whom he does not recognize
   at first.

L'Ami Patience

PATIENCE:	Pas possible... C'est bien Gontran Lardois.	
LARDOIS:	Oui, monsieur, mais°...	*but*
PATIENCE:	Ah mon vieux,° comment vas-tu ?°	mon... *old pal/*
LARDOIS:	Mais... très bien... et vous ?	comment... *how are you?*
PATIENCE:	Tu ne me reconnais° pas ?	me... *recognize me*
LARDOIS:	Non, pas très bien...	
PATIENCE:	Allons,° allons, je suis Patience, Robert Patience, ton copain,° ton camarade.	*Come now* / *buddy*
LARDOIS:	Ah, Patience ! Bien sûr !° Comment vas-tu ?	Bien... *Of course!*

Après avoir lu

1. What do the three preceding conversations have in common?
2. What words do the various speakers use to refer to each other (to say *you*)?

À vous la parole

How do these different ways of saying *you* contrast with practices in your culture?

Registres linguistiques

The three conversations you just read illustrate two different modes of address, in French: using the pronoun **tu**, which is the familiar form of address; and using the pronoun **vous**, which is the nonfamiliar form. The use of **tu** or **vous** depends on the nature of the relationship between the speakers, not on the topic or type of conversation.

Use *Tu*

1. With family members and close friends.
2. Among peers. Particularly among young people, students, colleagues, and coworkers, the tendency is to use **tu** and first names from the start.
3. With children, even if you have not met them before.
4. With pets.

Use *Vous*

1. With all adults you meet for the first time and all adults you address as **monsieur / madame / mademoiselle.** You can also use **vous** with adults you know, even if you are on a first-name basis, but you will often be invited to use **tu** in this situation.
2. With people in authority or for whom you need to show respect and social distance (professors, public servants, storekeepers).
3. When in doubt, start with **vous** until you are invited to use **tu.**

➤ How do you express a formal relationship in your language in your country? How do you indicate that you are talking with a friend?

L'essentiel

Saluer une personne

ÉCHANGE 1   *Dire bonjour*

FEMME: Bonjour, monsieur.
HOMME: Bonjour, madame.

EXPRESSIONS UTILES   *salutations non-familières*

non-familier

Bonjour, monsieur.
        madame.
        mademoiselle.

familier

Bonjour, Marc.
Salut, Nicole.

Identifier une personne

ÉCHANGE 2   *Ton nom... ?*

A: Tu t'appelles... ?
B: Je m'appelle Duras, Paul Duras.
A: Et je suis Lise Marichaux.

EXPRESSIONS UTILES   *présentations*

Tu t'appelles ?
Tu es ?

Je m'appelle...
Je suis...

ACTIVITÉ 1 *Variations* For items 1 and 2 tell how to ask each question using different expressions. Then for items 3–6, tell how to make each response using different expressions.

     Modèle: Tu t'appelles ? Tu es ?

1. Tu es ?
2. Tu t'appelles ?
3. Je suis...

4. Salut !
5. Je m'appelle...
6. Bonjour !

ACTIVITÉ 2 *Tu es... ?* Walk around and exchange names with classmates you have not yet met.

     Modèle: A: Bonjour, je suis..., et tu es... ?

                     B: Je m'appelle...

ÉCHANGE 3   *Ils s'appellent... ?*

JEAN-LUC: Et ils s'appellent... ?
   NASIRA: Martin et Antoinette Carrier.

JEAN-LUC: Et la petite ?
   NASIRA: Elle s'appelle Natalie.

▶ **Observez**

1. Which words are the subject pronouns **(you, I)**? Which words are the verbs? Are the verb forms the same or different for the different subject pronouns? **(1.1)**
2. Which expressions are questions? statements? Is the word order in the questions the same as it is in the statements? **(1.2.a, b)**

▶ **Observez**

1. Is the question **ils s'appellent... ?** asking about one person or more than one? **(1.1)**
2. Does **ils** in the question refer to women? men? a mixed group? Look at the answer. **(1.1)**
3. Does **elle** refer to a male or a female? **(1.1)**

ACTIVITÉ 3 *Jeu de mémoire* Each student takes a turn naming as many classmates as he or she can (**Il / Elle s'appelle...**). When a wrong name is given, the next student starts again with the first student identified.

ÉCHANGE 4   *Demande de nom officielle*

AGENT DE POLICE:	Comment vous appelez-vous ?
HOMME 1:	Je m'appelle Le Goff, Roland Le Goff.
AGENT DE POLICE:	Et vous, monsieur ? Votre nom, s'il vous plaît.
HOMME 2:	Mon nom, c'est Le Goff aussi.
AGENT DE POLICE:	Et votre prénom ?
HOMME 2:	Mon prénom ? C'est Robert.

> **Observez**
>
> 1. Instead of **tu**, what word is used when the relationship between the people is not familiar? **(1.1)**
> 2. What is the order of the subject and verb in the question **Comment vous appelez-vous? (1.2.c)**
> 3. What does **c'** in **c'est** refer to here? What is its English equivalent? **(1.1.d)**

Verbe						
s'appeler	*I*	je m'appelle	*we*	nous nous appelons
(to be called)	*you*	tu t'appelles	*you*	vous vous appelez
	he / she	il / elle s'appelle	*they*	ils / elles s'appellent

Verbe			
être *(to be)*	je suis	nous sommes
	tu es	vous êtes
	il / elle / c' est	ils / elles / ce sont

EXPRESSIONS UTILES   *encore des présentations*

	non-familier		**familier**
DANIEL:	Vous vous appelez... ?	MÉGANE:	Tu t'appelles... ?
	ou:		*ou:*
	Vous êtes Madame... ?		Tu es... ?
	ou:		*ou:*
	Votre nom ? prénom ?		Ton nom ? prénom ?
ANNE:	Je m'appelle Anne Jourdan.	PAUL:	Je m'appelle Dupont, Paul Dupont.
	ou:		*ou:*
	Je suis Anne Jourdan.		Je suis Paul Dupont.

ACTIVITÉ 4 *Familier ou non-familier ?* Listen to the **échanges** read by your instructor and tell if each involves people who are on a familiar basis or on a non-familiar basis.

ACTIVITÉ 5 *Considérez le contexte* Add the missing parts to each conversation. Next act them out with a partner. Then change roles and redo the conversations using different ways to introduce yourselves where you can.

1. A: Votre nom, monsieur ?

   B: _____ Archambault.

A: Et votre _____ ?

B: Michel, je _____ Michel Archambault, monsieur.

2. A: Vous _____ Madame... ?

    B: Lambert, et vous, monsieur ? Vous _____... ?

    A: Paul Poireau. Enchanté.

3. A: Bonjour, _____. Je _____ Sylvie Poireau, et vous

        _____... ?

    B: Moi, je _____ Alex Artrand. Enchanté, madame.

4. A: Ah, ce n'est pas possible. Michel ? Tu _____ Michel ?

    B: Oui, oui, je _____ Michel. Et _____ t'appelles... ?

5. A: Salut, Jacques !

    B: Comment ? Je _____ Marc, pas Jacques.

    A: Oh, pardon, Marc. Je _____ Margot.

ACTIVITÉ 6 *Petites conversations* With a partner, have a mini-conversation appropriate to each situation.

1. Two students getting acquainted at a party.
2. A receptionist and a client who has just entered an office.
3. A teacher verifying a student's name from the class list.
4. A police officer asking someone for his or her name.

Pour dire au revoir

ÉCHANGE 5   *À demain*

PROFESSEUR: Au revoir, Pierre.

      PIERRE: Au revoir, monsieur. À demain.

EXPRESSIONS UTILES   *au revoir*

Au revoir	monsieur / messieurs
À demain	madame / mesdames
À bientôt	mademoiselle / mesdemoiselles

Bonjour. *(In Canada, **bonjour** is used as a greeting and for saying good-bye.)*

ACTIVITÉ 7 *Au revoir* Have this conversation with three different classmates.

A: Bonjour. Je _____, et tu es... ?

B: Je _____. Enchanté(e), _____.

A: Enchanté(e). Au revoir, _____.

B: Au revoir, _____. À _____.

APERÇUS CULTURELS

Salutations

The French use names and titles very often in greetings: **Bonjour, papa; Au revoir, madame.** In fact, saying **bonjour** or **au revoir** without the name or **monsieur, madame, mademoiselle** is perceived as very casual.

French men, women, and children alike shake hands each time they are introduced to an unknown person and almost every time they say **bonjour** or **au revoir** to someone they know. This **poignée de main** is one brief but firm up-and-down movement with the right hand. With family members and close friends, the French do **la bise** instead of **la poignée de main. Bises** are usually brief moments of cheek-to-cheek contact where you "kiss" the air rather than the person you are greeting. One light "kiss" on the right cheek, then on the left cheek, may be repeated: two kisses or four kisses per person, or sometimes three (right, then left, then right cheek again). Take your cue from your French friends; each person has his or her preferred number of kisses for **la bise.**

> Where you live, how do you greet family members? close friends? professional acquaintances?

Compter de 0 à 20

0	zéro						
1	un	6	six	11	onze	16	seize
2	deux	7	sept	12	douze	17	dix-sept
3	trois	8	huit	13	treize	18	dix-huit
4	quatre	9	neuf	14	quatorze	19	dix-neuf
5	cinq	10	dix	15	quinze	20	vingt

ACTIVITÉ 8 *Quel pourcentage de Français ?* Your instructor will ask about a type of activity. Use the information below to give the percentage of French people who attend this type of event in a year.

Les sorties des Français

Opéra 3%   Parc d'attractions 11%
Concert de jazz 7%   Galerie d'art 15%
Concert de rock 9%   Théâtre 16%
Concert classique 9%   Cirque 13%

Modèle: **You hear:** Quel est le pourcentage de Français qui vont à l'opéra ?
              You say: trois pour cent (3%).

Vocabulaire essentiel

nombres		il	*he, it*
un	*one, a(n)*	ils	*they*
deux	*two*	madame	*ma'am*
trois	*three*	mesdames	*(pl)*
quatre	*four*	mademoiselle	*miss*
cinq	*five*	mesdemoiselles	*(pl)*
six	*six*	mon	*my*
sept	*seven*	monsieur	*sir*
huit	*eight*	messieurs	*(pl)*
neuf	*nine*	le nom	*name, last name*
dix	*ten*	la petite	*little girl*
onze	*eleven*	le prénom	*first name*
douze	*twelve*	s'appeler	*to be called*
treize	*thirteen*	je m'appelle	*my name is*
quatorze	*fourteen*	tu t'appelles	*your name is (familiar)*
quinze	*fifteen*	elle s'appelle	*her name is*
seize	*sixteen*	il s'appelle	*his name is*
dix-sept	*seventeen*	nous nous appelons	*our names are*
dix-huit	*eighteen*	vous vous appelez	*your name is (nonfamiliar)*
dix-neuf	*nineteen*	ils / elles s'appellent	*their names are*
vingt	*twenty*	ton	*your (familier)*
		votre	*your*
		vous vous appelez ?	*what's your name ?*
		vous vous appelez comment ?	*what's your name ?*

présentations		salutations	
c'est	*it's, he is, she is*	à bientôt	*see you soon*
ce sont	*they're*	à demain	*see you tomorrow*
comment vous appelez-vous ?	*what's your name?*	au revoir	*good-bye*
elle	*she, it*	bonjour	*hello (in Canada, also good-bye)*
elles	*they*	salut	*hi / bye*
être	*to be*		

je suis	nous sommes
tu es	vous êtes
il / elle / c' est	ils / elles / ce sont

autres expressions utiles	
et	*and*

Prononciation **Silent letters at the end of words: *e* and some consonants**

The French vowel **e** without an accent is usually not pronounced at the end of a word. The word **je** is a notable exception: It is usually pronounced **je** when the following word begins with a consonant.

Madam~~e~~ Patienc~~e~~ s'appell~~e~~ Nicol~~e~~.
Je suis Philipp~~e~~ Passy.

A final consonant is also generally silent, with the exception of **c, r, f, l**.
Remember that these are the consonants in the English word *CaReFuL*.

prénom	comment	appelez	à demain
chic	bonjour	chef	Michel

There are some exceptions to the final consonant rules:

1. The **r** at the end of **monsieur** is never pronounced.
2. When a word ending with a consonant is followed by a word beginning with a vowel, that final consonant is often pronounced as if it were the first consonant of the following word. This is called **liaison.** With **liaison,** the letter **s** is pronounced like **z.**

C'est_elle. Vous vous_appelez comment ?

ACTIVITÉ 9 *Petite erreur* Cross out the silent e's and the silent consonants; also mark **liaisons** (_). Then practice this conversation with a partner.

A: Vous êtes bien Marie Lebel, madame ?

B: Je suis Cécile, monsieur.

A: Mais vous vous appelez Lebel ?

B: Oui, monsieur. Et vous, vous êtes... ?

A: Paul Richard, madame.

Intonation

Intonation refers to a sequence of pitches within an utterance. Depending on the type of sentence and the feelings of the speaker, the voice goes up or down, or up then down. As in English, a statement can be made into a question by raising the intonation (higher pitch) on the last word of the sentence.

Elle s'appelle Jeanne Dupré. *(falling intonation)*

Elle s'appelle Jeanne Dupré ? *(rising intonation)*

ACTIVITÉ 10 *Noms célèbres* The following people have the same last names as famous Europeans, but their first names are different. Working with a partner, correctly identify each person. Pay attention to the different intonations for questions and answers.

Modèle: Picasso, Pablo / Dominique

A: Il s'appelle comment ?

B: Il s'appelle Picasso.

A: Il s'appelle Picasso ? Pablo Picasso ?

B: Non, non, c'est Dominique, Dominique Picasso.

1. Pasteur, Louis / Maurice
2. Beauvoir, Simone de / Anne de
3. Colomb, Christophe / Jacques
4. Sartre, Jean-Paul / Michel
5. Curie, Marie / Paulette
6. Zola, Émile / Victor

Expansion **Lire**

Stratégie Utilisez les mots apparentés.

Cognates (**mots apparentés**) are words that look similar and have similar meanings in French and in English (for example, **stratégie** and *strategy*).

Avant de lire *Prénoms*

Guess the English cognates for these French words.

1. considérer
2. contextes
3. enchanté
4. camarade
5. terminer
6. utiliser

En lisant

These excerpts are from a Quebec guide for expectant parents: *Le plus beau prénom pour votre enfant.* Circle cognates as you read.

Jacqueline (F)
Forme féminine de *Jacques.*
Variantes: *Jacoba (angl), Jacobine (écos), Jacomine, Jackie (angl), Jacquette, Line*

1. Prénom féminin d'origine latine qui signifie « noble, patricien ».

2. Prénom masculin qui est une forme archaïque de l'adjectif « français ».

3. Prénom musulman féminin qui est le nom de la fille du prophète Mohamed.

4. Prénom féminin qui est une combinaison moderne d'*Henriette* et d'*Anne*.

5. Prénom masculin qui est dérivé du mot latin qui signifie le nombre huit.

6. Prénom masculin dérivé de l'hébreu *imm-el*, qui signifie « Dieu est avec nous ».

Après avoir lu

Match the following names with the appropriate explanation from the guide in the *En lisant* section.

Noms:
a. François _____
b. Octave _____
c. Rianne _____
d. Fatima _____
e. Patricia _____
f. Emmanuel _____

À vous la parole

In groups, list several names that are commonly found where you live. Do you see any similarities or differences with the French names presented here? Then, at home, use a French search engine such as nomade.fr, yahoo.fr, or google.fr to search for **prénoms** and **garçons / filles**. Learn something about three popular names. Prepare to give these names and their meanings to the class.

DOSSIER 2

In this Dossier, you will learn about these grammatical features

➤ stressed pronouns

➤ demonstrative adjectives

➤ negation

➤ expressions with **aller** to say how you are feeling

With this **Dossier:**

AUDIO CD (Tracks 1, 2)
Point de départ : Le Petit Prince (1)
Expansion : Au téléphone (2)

CD-ROM (E1)
Échange
C'est comme ça !
Comment le dire

ACTIVITIES MANUAL (E1D2)
Activités écrites
Activités de laboratoire

BOOK COMPANION SITE (E1)
www.wiley.com/college/magnan

Point de départ **Écouter**

Stratégie Faites attention aux mots apparentés.

Some words look and sound similar in French and in English (**possible**= *possible*); others differ more, but you can still guess their meaning from the context (**départ** = *departure*; **arrivée** = *arrival*). Recognizing these cognates will help you understand spoken, as well as written, French.

Avant d'écouter *Le Petit Prince*

Look at this picture from *Le Petit Prince*, a story by Antoine de Saint-Exupéry about a little boy who leaves his private planet to explore other worlds. What are the English cognates for the following French words: **planète, bleu, constellation, solitaire** ?

En écoutant

You will hear an excerpt from *Le Petit Prince*. At this point in the story, the little prince is alone on top of a mountain. As you listen, put a check next to the English words in this list whose French cognates you hear.

_____ echo   _____ respond   _____ amiable

_____ prince   _____ solitude

Après avoir écouté

1. Who speaks first?
2. Who answers?
3. What does the little prince want to know?
4. What does he hope to find?
5. Does the little prince get the answers he expects?

À vous la parole

This story is enjoyed by adults as well as children. What is the message for each age group?

L'essentiel

Identifier quelqu'un

ÉCHANGE 1   *En classe*

1.

Jean-Michel ?

C'est moi.

2.

C'est André ?

Oui, c'est lui.

3.

Marianne, c'est vous ?

Ah non, c'est elle.

4.

C'est qui ?

Eux ? Ce sont Charles de Gaulle et Jacques Chirac.

› **Observez**

1. Which pronouns are used after **c'est** ? These are called stressed pronouns. **(1.3.a)**
2. Which stressed pronoun corresponds to each subject pronoun: **je** ? **tu** ? **vous** ? **ils** ? **elles** ? **(1.3.b)**

EXPRESSIONS UTILES *personnes*

C'est toi, Marc ?	Oui, c'est moi.
Et le prof ?	C'est vous.
Ce sont Paul et Jean ?	Oui, ce sont eux.
Ce sont Anne et Marie ?	Oui, ce sont elles.

ACTIVITÉ 1 *Elle et lui* First read the following passage about two people who are quite different. Then answer the questions.

Elle s'appelle Claude. Il s'appelle Jean.
Lui, il est timide. Elle, elle est audacieuse.
Lui, il adore la cuisine italienne. Elle, elle déteste les pâtes.
Lui, il préfère le cinéma. Elle, elle préfère le théâtre.
Elle, elle préfère le jazz. Lui, il préfère la musique classique.
Vive la différence !

1. Comment s'appelle le monsieur ? la dame ?
2. Qui adore la musique de Bach ?
3. Qui est timide ?
4. Qui adore les spaghetti et les ravioli ?
5. Qui adore la musique de Duke Ellington ?
6. Qui adore les films ?

ACTIVITÉ 2 *Qui ?* Add the appropriate stressed pronouns to clarify who is asked or talked about.

1. _Moi_ je m'appelle Stéphane.

2. Et _toi_ , tu es... ?

3. C'est Marianne ? Oui, c'est _elle_ .

4. _lui_ ? Il s'appelle Benoît.

5. Ce sont Gabriel et Luc ? Oui, ce sont _eux_ .

6. Et ~~???~~ ? Elles s'appellent Carla et Lucie.

 # Les Francophones

You are probably already familiar with a number of French and French-speaking celebrities, especially in the arts: painters from the impressionist era such as Claude Monet and Pierre-Auguste Renoir, the French actor Gérard Depardieu, the French-Canadian singers Céline Dion and Jean Leloup, and the Senegalese poet Léopold Sédar Senghor and singer Youssou N'Dour. Learning French will lead you to a greater appreciation of their work and familiarity with other famous French people in many domains.

▶ With which of the French celebrities mentioned here are you familiar? In what context? About which other French or French-speaking celebrities would you like to learn more?

ACTIVITÉ 3 *Personnes célèbres* Bring to class a picture of a famous person
or people that your classmates are likely to know. Show your picture to the class
and answer your classmates' questions about each person's identity.

Modèle:	Questions:	C'est... ?	Ce sont... et... ?
	Réponses:	Oui, c'est elle / lui.	Oui, ce sont elles / eux.
		Non, c'est...	Non, ce sont...

ÉCHANGE 2   *Erreur d'identité*

JULIE:	Qui est cette femme ?
ANNE:	Elle ? C'est Sophie Marioux. Et qui est cet homme ?
MONIQUE:	Lui ? Je ne sais pas.
ANNE:	Je sais. C'est Marc Durand.
MONIQUE:	Ah non, ce n'est pas lui, ce n'est pas Marc Durand.

EXPRESSIONS UTILES   *identités des personnes*

Qui est...   **Qui est...**   **Qui sont...**

ce monsieur ?	cette dame ?	ces personnes ?
cet homme ?	cette femme ?	ces messieurs ?
cet étudiant ?	cette étudiante ?	ces dames ?

> **Observez**
>
> 1. Look at **Échange 2** and the **Expressions utiles.** Which demonstrative adjectives (**ce, cet, cette, ces**) are used for women? for men? **(1.4)**
> 2. Which form is used with a masculine word beginning with a vowel or **h**? **(1.4)**
> 3. Which two words convey negation? Which of these follows the subject? the verb? What happens to the word **ne** when the verb begins with a vowel? **(1.5)**

ACTIVITÉ 4 *C'est qui ?* First identify the demonstrative adjective (**this / these**) needed in each case below.

Qui est...   <u>cet</u> *homme ?*   <u>cette</u> *dame ?*   <u>cette</u> *femme ?*

Qui sont...   <u>ces</u> *hommes ?*   <u>ces</u> *femmes ?*   <u>ces</u> *personnes ?*

Then, with a classmate, identify the person on each stamp, using names from the list. If you don't know, say **je ne sais pas.**

> **Modèle:**   A: Qui est cet homme ?
>
>   B: Lui ? C'est...
>
>   A: Oui, c'est lui.
>
>   *ou:*
>
>   Ah non, ce n'est pas lui. C'est...

Les réponses possibles : le général Charles de Gaulle, le marquis de La Fayette, le président Kennedy, Barbara, Grace Kelly, les princesses Grace et Stéphanie.

ACTIVITÉ 5 *C'est lui ? C'est elle ?* Listen to your instructor ask for verification of the names of well-known people. Tell whether the names given are correct.

> **Modèle:**   Le président des États-Unis d'Amérique, c'est Bill Clinton ?
>   Non, ce n'est pas lui.

1. Le vice-président des États-Unis d'Amérique, c'est... ?
2. La femme du président des États-Unis d'Amérique, c'est... ?
3. Le président de la République française, c'est... ?
4. Le gouverneur de *(votre état)*, c'est... ?
5. Le professeur de français, c'est... ?
6. Le président de l'université, c'est... ?

Demander et donner des nouvelles

ÉCHANGE 3 *Comment vas-tu ?*

A: Comment vas-tu ?
B: Je vais très bien.

› Observez
What verb is used here
to express how someone
is feeling? (**Verbes
irréguliers**)

EXPRESSIONS UTILES *santé*

Comment vas-tu ?
Comment ça va ?

Je vais très bien.   Je vais bien.
Ça va bien.   Ça va pas mal.

Je vais assez bien.   Je vais mal.   Je vais très mal.
Comme ci comme ça.   Ça va mal.   Ça va très mal.   Et toi ?

ACTIVITÉ 6 *Bien ou mal ?* Listen as your instructor tells how people are
feeling. Check the appropriate box for each person.

	Bien	Assez bien / comme ci comme ça	Mal
Jacques	☑	☐	☐
Madame Dupré	☐	☐	☑
Monsieur Fallon	☐	☑	☐
Sophie	☐	☐	☑

ACTIVITÉ 7 *Ça va ?* With a partner, find out how each of you is feeling given
the circumstances indicated.

Modèle: **La personne A**   **La personne B**
             un voyage terrible   un examen difficile

A: Bonjour, _____, comment vas-tu ?

B: Très mal, et toi ?

A: Moi ? Très, très mal.

La personne A
1. une interview pour un job
2. un accident de bicyclette
3. un pique-nique
4. une absence du professeur

La personne B
1. un dîner dans un restaurant chic
2. un A à un test
3. un gain de 500 dollars
4. une leçon au laboratoire

ÉCHANGE 4   *Comment allez-vous ?*

A: Comment allez-vous aujourd'hui, madame ?
B:

Très bien, merci, et vous ?   *ou*:   Je vais assez bien, merci.

Verbe irrégulier			
aller (*to go; used idiomatically to express health*)	je vais		
	tu vas	vous allez	
	ça va	(For ça, 1.1.e)	

ACTIVITÉ 8 *Familier ou non-familier ?* Imagine the relationship between the people in each photo and what they are saying. Complete the printed dialogues.

1. MARIE: Salut, Jeanne !

   JEANNE: _____, Marie. Ça _____?

   MARIE: _____, et _____?

   JEANNE: Comme _____.

2. MME RICHARD: Bonjour, Nicolas.

   NICOLAS: Bonjour, _____.

   MME RICHARD: _____ ?

   NICOLAS: _____, merci.

   Et _____, madame ?

   MME RICHARD: _____.

Vocabulaire essentiel

négation		**santé**	
ne... pas	*not (used to negate a verb)*	aller	*to go (idiomatic use to talk about health)*
non	*no*	je vais	
		tu vas	
personnes		ça va	
ce / cet / cette	*this / that*	vous allez	
ces	*these / those*	bien	*well*
la dame	*woman, lady*	ça va	*I'm feeling fine, things are going well*
elle	*she, her*	comme ci comme ça	*so-so*
elles	*they, them*	comment allez-vous ?	*how are you? (non-familiar)*
l'étudiant *(m)*	*male student*	comment ça va ?	*how's it going?*
l'étudiante *(f)*	*female student*	comment vas-tu ?	*how are you? (familiar)*
eux	*them*	mal	*poorly*
la femme	*woman*	pas mal	*not bad*
l'homme *(m)*	*man*		
lui	*him*	**autres expressions utiles**	
moi	*me*	assez	*rather*
le monsieur	*man*	aujourd'hui	*today*
les messieurs *(pl)*		merci	*thank you*
les personnes *(f pl)*	*people*	très	*very*
le professeur	*teacher (in high school or college)*	(je) sais	*(I) know*
le prof	*teacher (familiar)*		
qui	*who*		
toi	*you*		

Prononciation **Lettres de l'alphabet et accents**

The French alphabet contains the same sequence of letters as the English alphabet: *a b c d e f g h i j k l m n o p q r s t u v w x y z*. Accents and other diacritical marks are part of the French spelling system and must be learned as part of spelling. Accents are generally not used on capital letters except on the Ç, which falls below the printed line. However, to help you learn the appropriate accents, *Paroles* uses them on all capital letters.

l'accent aigu	é
l'accent grave	à, è, ù
l'accent circonflexe	â, ê, î, ô, û
le tréma	ë, ï
la cédille	ç
l'apostrophe	'

ACTIVITÉ 9 *Sigles* The French are very fond of acronyms (**sigles**). Spell out each acronym, match it with a business from the list, and guess the meaning of the name of the business.

a. Régie autonome des transports parisiens
b. Société nationale des chemins de fer français
c. Électricité de France
d. Banque nationale de Paris
e. Télévision française 1

Lettres et sons *a et oi/oy*

Unless it is followed by another vowel, the letter **a** is always pronounced [a], as in the word *father,* not as in *Dad.* The accent does not change the sound.

> ma   oh là là   ça va

> Madame Viala parle espagnol.

The vowel sequences **oi** and **oy** are pronounced [wa].

> moi   toi   québécois

> Mademoiselle Dufoy ? C'est moi !

ACTIVITÉ 10 *À la banque* Underline the sounds for [a] and [wa] in each of the following sentences. Then practice the conversation with a partner.

EMPLOYÉ: Vous vous appelez... ?
CLIENTE: Marie Lafarge.
EMPLOYÉ: Madame ou Mademoiselle ?
CLIENTE: Madame.
EMPLOYÉ: Votre adresse ?
CLIENTE: Trois, Passage Dubois.
EMPLOYÉ: À Paris ?
CLIENTE: Non, non, à Poissy.
EMPLOYÉ: Merci, madame.
CLIENTE: Il n'y a pas de quoi.°   Il... *Don't mention it.*

Expansion **Écouter**

> *Stratégie* Concentrez-vous sur l'essentiel.

Have a specific purpose in mind for each listening task and listen mainly for
information that is essential to meet this purpose.

🔘 Avant d'écouter *Au téléphone*

Before listening to several phone calls in the section En écoutant, listen to one
short conversation. Listen for the essential information:

1. Who does the caller want to speak to? _____

2. Who is the caller? _____

3. Is the person asked for available? _____

🔘 En écoutant

Now you will hear several more phone calls. You need to know in each case if the
person you are calling is available or not. As you listen, check the appropriate
box to indicate whether the person is there (**là**) or not there (**pas là**).

> **Modèle:**   You hear: A: Madame Louise Cloutier, s'il vous plaît.
>   B: Je regrette, madame, mais elle n'est pas arrivée.
>   You check: Pas là *(not there)*.

Là	Pas là
1. _____	_____
2. _____	_____
3. _____	_____
4. _____	_____
5. _____	_____

Après avoir écouté

Report whether or not the people are available.

> **Modèle:**   Madame Cloutier ?   Elle n'est pas là.

À vous la parole

Work with a classmate to role play several phone calls.

Possibilités

_____, s'il vous plaît.   Un instant.

Allô, c'est toi _____ ?   Il / Elle n'est pas là.

_____ est là ?   C'est moi.

Passez-moi _____ s'il vous plaît.

Point de départ **Lire**

Stratégie Considérez les familles de mots.

To guess the meaning of a word, consider other words of the same family, in English or in French: for example, *explain, explanation,* and *explanatory.*

Avant de lire *Cartes de visite*

Look at the following pairs of words and guess their meanings based on their relationship to each other and their similarity to English words.

1. un chiropraticien / la chiropractie
2. un numéro / la numérologie
3. congelable / congelé

4. salin, saline / salé
5. organiser / un organisateur
6. bivouac / bivouaquer

En lisant

Use word families to figure out what each person does.

* CHRISTINE *

Cartes - Tarots
Boule de Cristal
Numérologie

Sur rendez-vous

☎ 02 39 53 23 59

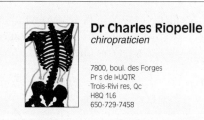

Dr Charles Riopelle
chiropraticien

7800, boul. des Forges
Pr s de l«UQTR
Trois-Rivi res, Qc
H8Q 1L6
650-729-7458

La chiropractie, un choix de sant

OTMANE ALAOUI

Organisateur de 4X4 & De bivouacs (à Dromadaire)

Mobile (00212) 61 98 79 49 / (00212) 68 35 30 77
B.P 187. 52200 Erfoud Maroc
E-mail: otmane.ala.@moncourrier.com

POISSONNERIE DU PÊCHEUR INC.

230, Rte 132, Bonaventure Est
Tél.: (418) 534-2434

Variété de fruits de mer, crustacés, poissons
frais, congelés et salés.

Service de Salle à Manger
Apportez votre vin

Diogène, Irène et Marie-Claude, prop.
Addr. Postale: 63, 4ᵉ ave est, Paspébiac, G0C 2S0

Après avoir lu

1. Comment s'appelle le spécialiste de la colonne vertébrale ?
2. Christine prédit le futur avec quels instruments ?
3. Otmane Alaoui organise quelles sortes d'excursions ?
4. Quel établissement a des escargots et du saumon ?

À vous la parole

Which French-speaking countries are represented by these business cards? How do you know?

L'essentiel

Présenter quelqu'un

ÉCHANGE 1 *Dans la rue*

ANDRÉ: Permettez-moi de me présenter : je suis André Rameau.
ISABELLE: Et moi, je suis Isabelle Tournier. Enchantée.
ANDRÉ: Enchanté, mademoiselle.

EXPRESSIONS UTILES *présentations*

Permettez-moi de me présenter...
Permettez-moi de vous présenter (nom de la personne).

ACTIVITÉ 1 *Présentations* In groups of three, Person A introduces himself or herself to Person B. Then Person B introduces Person A to Person C.

A: Permettez-moi de me présenter...
B: Permettez-moi de vous présenter...
C: Enchanté(e).

Identifier par nationalité et domicile

 ### ÉCHANGE 2 *Ville d'origine*

RICHARD: Ahmed, tu es d'où ?
AHMED: Moi, je suis de Casablanca.
RICHARD: Et Pierre ? D'où est-il ?
AHMED: Il est de Marseille.
RICHARD: De Marseille ? Est-il français ?
AHMED: Oui.

> **Observez**
>
> 1. Look at the questions in **Échange 2**. What differences do you see in how the questions are formed? **(1.6)**
> 2. In the question **Tu es d'où ?**, is the *subject + verb* order of statements used or is there inversion of the subject and verb? This word order is used because the question word is at the end of the question. What is that question word? **(1.6.c)**
> 3. When a sentence starts with a question word such as **d'où**, what is the order of the subject and verb? **(1.6.c, d)**

> **Observez**
>
> 1. How do the endings of the adjectives differ for men and women? What patterns do you see? **(1.7.a)**
> 2. When saying someone's nationality, do you use an article (a word for *a*) with the nationality when the subject is **il** or **elle?** (1.8.)

EXPRESSIONS UTILES *nationalités*

Il est français.

Elle est française.

Il / Elle est...

français(e)

américain(e)

chinois(e)

sénégalais(e)

mexicain(e)

portugais(e)

japonais(e)

allemand(e)

marocain(e)

anglais(e)

espagnol(e)

italien(ne)

canadien(ne)

haïtien(ne)

tunisien(ne)

algérien(ne)

ACTIVITÉ 2 *Homme ou femme ?* Your teacher will tell you the nationality of six people. Circle whether each is a man or a woman.

1. homme   femme   4. homme   femme
2. homme   femme   5. homme   femme
3. homme   femme   6. homme   femme

ACTIVITÉ 3 *Et vous ?* Ask three classmates where they are from and their nationality. Follow the model.

> **Modèle:**   A: Bonjour, je suis (nom), de (ville). D'où es-tu ?
>
> B: Je suis de (ville). Es-tu américain(e) ?
>
> C: Oui, je suis américain(e) *ou* : Non, je suis...

ACTIVITÉ 4 *De quelle nationalité ?* Identify the nationalities of these well-known people.

> **Modèle:**   Michel Tremblay. Il est canadien.

1. Umberto Eco
2. Léopold Sédar Senghor
3. Britney Spears
4. Elizabeth II

5. Wayne Gretzsky
6. Gerhard Schroeder
7. Juliette Binoche
8. Jean-Bertrand Aristide

ÉCHANGE 3   *Nationalités et domiciles*

CLAIRE: Qui sont ces étudiants ?

SOPHIE: Ce sont des Tunisiens. Ils habitent à Tunis.

CLAIRE: Et qui est cet homme ?   CLAIRE: Et cette dame ?

SOPHIE: C'est un Italien de Milan mais   SOPHIE: C'est une Canadienne qui
          il habite maintenant à Paris.   habite à Montréal.

> ❯ **Observez**
>
> 1. What is the plural of **un, une?** (1.8.a)
> 2. Note the use of **c'est** here to give someone's nationality. What word comes before the nationality? When you tell someone's nationality and refer to the person as **il** or **elle**, does an article come before the nationality? (1.8.b)
> 3. What verb means *to live*? In the sentences in **Échange 3,** how do the endings of the verb vary according to the subjects used? (1.9)

APERÇUS CULTURELS

Origines

Traditionally, the French define their identity more through citizenship than national origin. Once someone has French citizenship, he or she is considered French. It is not common to hear statements like "Our family is Italian" in reference to familial ancestors who came to France from Italy long ago. It can even be considered racist to talk about past ancestry when that background might be associated with racial differences. Still, with current attempts to recognize and give a positive presence to the most recent influx of immigrants from Algeria, Tunisia, and Morocco, you now often hear expressions like: *Je suis français(e) d'origine algérienne.*

▶ Where you live, to what extent do you recognize family background in terms of national origins? How do you do that?

ACTIVITÉ 5 *Les drapeaux et les nationalités* Identify the nationalities and the hometowns of these people.

> **Modèle:**   A: Ce sont des Italiens ?

Chicago

> B: Non, ce sont des Américains. Ils habitent à Chicago.

1. Ce sont des Anglais ?

Manchester

2. C'est une Canadienne ?

San Francisco

3. C'est un Sénégalais ?

Dakar

4. Ce sont des Haïtiens ?

Québec

5. C'est une Japonaise ?

Tokyo

6. C'est une Chinoise ?

Lisbonne

ACTIVITÉ 6 *Où habitez-vous ?* Tell what city you are from and where you live now. Note where your classmates are from so you can give that information later.

> **Modèle:**   Je suis de..., mais j'habite maintenant à...

Demander et dire qui parle quelle langue

 ÉCHANGE 4 *Langues parlées*

LÉA: Parles-tu espagnol ?
EMMA: Oui, un peu.
LÉA: Et Cécile, parle-t-elle espagnol aussi ?
EMMA: Non, pas du tout.

EXPRESSIONS UTILES *langues*

sujet	adverbe	verbe	adverbes	langues
je		parle	très bien	anglais
			bien	français
			assez bien	espagnol
			un peu	japonais
			mal	portugais
je	ne	parle	pas	allemand
je	ne	parle	pas du tout	italien

Verbes en -er				
habiter *(to live)*	j' habite		nous habitons	
	tu habites		vous habitez	
	il / elle habite		ils / elles habitent	
parler *(to speak)*	je parle		nous parlons	
	tu parles		vous parlez	
	il / elle parle		ils / elles parlent	

ACTIVITÉ 7 *Trouvez la personne* Choose a name from the chart. Describe the person by saying which language(s) he or she speaks, so that your classmates can guess who the person is.

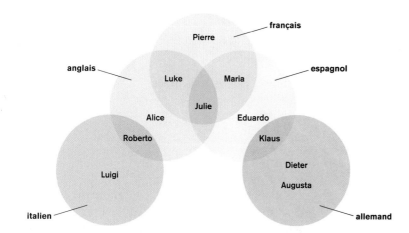

Modèle: A: Cet homme parle espagnol. Il ne parle pas français et il ne parle pas anglais. C'est qui ?

B: Ah, c'est Eduardo.

A: C'est ça.

> **Observez**
>
> 1. In **Échange 4** what changes do you observe in the word order of the questions as compared to statements? **(1.6.b)**
> 2. In questions, when the verb ends with a vowel and the pronoun begins with a vowel, what letter is inserted between them? **(1.6.b)**
> 3. Which expressions tell how well each person speaks Spanish? These are adverbs. When used in a sentence with a verb, where are they located in relation to the verb? **(1.10)**

ACTIVITÉ 8 *Bien ou mal ?* Ask several classmates how well they speak the languages given. When you are asked, answer and offer information on other languages. Be prepared to report to the class.

français   anglais   espagnol   allemand   japonais   italien   portugais

Modèle: A: Tu parles bien français ?

B: Moi, je parle un peu français et je parle bien anglais.

A (to class): Elle parle un peu français et elle parle bien anglais.

ACTIVITÉ 9 *Profiles* Your instructor will describe the four people in the chart. Fill in the missing information. Some people speak more than one language.

Nom	Nationalité	Ville de résidence	Langues
1. Denise Duval	française	_____	français
2. Amine Barka	_____	Montréal	*anglais*
3. Anne Lévy	américaine	*Paris*	*anglais*
4. Roland Rimbaud	*canadien*	Québec	*français, anglais, portugais, allemand*

Vocabulaire essentiel

domicile

à	in, at
de (d')	from
d'où (de + où)	from where
habiter	to live (regular -er verb)

j'	habite	nous	habitons
tu	habites	vous	habitez
il / elle	habite	ils / elles	habitent

où	where

langues

l'allemand *(m)*	German
l'anglais *(m)*	English
l'espagnol *(m)*	Spanish
le français	French
l'italien *(m)*	Italian
le japonais	Japanese
le portugais	Portuguese
parler	to speak (regular -er verb)

je	parle	nous	parlons
tu	parles	vous	parlez
il / elle	parle	ils / elles	parlent

nationalités

algérien(ne)	Algerian
allemand(e)	German
américain(e)	American
anglais(e)	English
canadien(ne)	Canadian
chinois(e)	Chinese
espagnol(e)	Spanish
français(e)	French
haïtien(ne)	Haitian
italien(ne)	Italian
japonais(e)	Japanese
marocain(e)	Moroccan
mexicain(e)	Mexican
portugais(e)	Portuguese
sénégalais(e)	Senegalese
tunisien(ne)	Tunisian

autres expressions utiles

alors	so, thus
aussi	also
bien sûr	of course
des	some
maintenant	now
pas du tout	not at all
permettez-moi de me présenter	allow me to introduce myself
permettez-moi de vous présenter...	allow me to introduce you to one another, allow me to introduce . . . to you
un, une	a(n)
un peu	a little

Prononciation **Lettres et sons *i, u, ou***

i: The letter **i** is pronounced [i] as in **Philippe** (unless it is combined with another vowel, as in **j'ai** or **moi**, or followed by **n**, as in **Martin**). The sound of the French [i] is somewhat similar to the vowel sound in English words like *fee* or *sea* but it is pronounced with more tension. To pronounce a good French [i], spread your lips wide and do not move your tongue while saying [i].

Philippe Petit habite à Paris.

u: The letter **u** is pronounced [y] as in **tu** (unless preceded by another vowel, as in **où** or **beau**, or followed by **n** as in **un**). This sound does not exist in English. To make the sound [y], start by saying the sound [i] with your lips fully spread; do not move your tongue but gradually round your lips until they are puckered and you will be saying a French [y].

C'est **une** étudiante très occupée.

ou: The sequence of letters **ou** is pronounced [u], as in **vous**. The French [u] is somewhat similar to the English vowel sound in *moon* or *do* but is pronounced with more tension. To pronounce a good French [u], round your lips, pull the back of your tongue as far back as you can and hold that position without moving your tongue or lips. Note that an accent does not change the sound of **où**.

Vous êtes d'**où**, Amad**ou** ?

ACTIVITÉ 10 *Où sont Loulou et Lulu ?* Monsieur Ledoux and Madame Michu have several cats each. First, look at the names of each person's cats and determine what they have in common in terms of vowel sounds. Then, with a partner, take turns randomly calling each cat. Your partner will tell where the cat is.

Modèle: A: Loulou ! Loulou !

             B: Monsieur Ledoux, Loulou est ici° !   *here*

Les chats de M. Ledoux	Les chats de Mme Michu
Loulou	Lulu
Bijou	Umar
Minouche	Minute
Moune	Prune
Titou	Tutu
Plouf	Gugusse

Expansion **Discuter**

Stratégie Imaginez votre participation à la conversation.

Before having a conversation, think about what you want to accomplish and rehearse the expressions that you might need.

Avant de discuter *Fiches d'identité*

Complete the chart with expressions to tell about yourself and ask others about themselves.

	Déclaration	Question
Nom	Je m'appelle	
Prénom		Et votre prénom ?
Domicile		
Nationalité		

Discuter

Use these identity cards when doing the following activities.

Nom:	BLOCH
Prénom:	Jean-Michel
Domicile:	10, rue Saint-Lazare, Paris
Nationalité:	française*

Nom:	LATIOLAIS
Prénom:	Paulette
Domicile:	12, Lafitte St., Bâton Rouge, LA
Nationalité:	américaine*

Nom:	STRAUSS
Prénom:	Claudia
Domicile:	6, rue Fontaine, Lorient
Nationalité:	allemande*

Nom:	BOCOUM
Prénom:	Ousmane
Domicile:	8, place Victor Hugo, Dakar
Nationalité:	sénégalaise*

1. **Accident de voiture.** Imagine that the four people named in the identity cards were involved in a car accident. In groups of five, role-play an interrogation by a police officer who needs to obtain the information on the identity cards from each of the four people.
2. **Fiche d'identité.** In pairs, ask a classmate questions that will enable you to complete this blank identity card for him or her. Prepare to introduce your classmate to the class.

Nom: _____

Prénom: _____

Domicile: _____

Nationalité: _____

Après avoir discuté

Introduce yourself to the class using your own personal information.

* The nationalities here are in the feminine form to agree with the word **nationalité**, which is feminine. A man would say **je suis français** or **je suis de nationalité française.**

Point de départ Écouter

> *Stratégie* Faites attention au ton.

The speaker's tone can help you identify the key words in the conversation.

 Avant d'écouter *Bonne ou mauvaise nouvelle ?*

Before listening to three conversations in the section **En écoutant**, listen to four sentences. Listen to the tone and try to identify key words needed to decide if each sentence conveys good or bad news.

Key word(s)	Good news	Bad news
1. _____	_____	_____
2. _____	_____	_____
3. _____	_____	_____
4. _____	_____	_____

En écoutant

You will hear three conversations. As you listen to the tone of each speaker, jot down key words that might suggest whether the message involves good or bad news.

1. _____
2. _____
3. _____

Après avoir écouté

Indicate whether each conversation was about good or bad news.

Good or bad news	Reason for your decision
1. _____	_____
2. _____	_____
3. _____	_____

À vous la parole

In groups, take turns saying something to suggest good news or bad news. Others respond by saying **Ah, bravo** or **Oh non.**

L'essentiel

Demander des nouvelles

 ÉCHANGE 1 *Ça ne va pas bien*

ANNE: Salut, Paul. Ça va bien aujourd'hui ?
PAUL: Non, Anne, ça ne va pas !
ANNE: Qu'est-ce que tu as ?
PAUL: J'ai des problèmes de travail et je suis très fatigué.
ANNE: Moi aussi, je suis un peu fatiguée.

DOSSIER 4

In this Dossier, you will learn about these grammatical features:

▸ all present tense forms of the verbs **avoir** and **aller**

▸ possessive adjectives

▸ number and gender of nouns indicating profession

▸ **c'est un** and **il est** with words indicating professions

With this **Dossier:**

AUDIO CD (Track 3)
Point de départ : Bonne ou mauvaise nouvelle ?

CD-ROM (E1)
Échanges
Petit jeu
Comment le dire
Mise-en-scène

DVD (Track 14)
Situation : En classe

ACTIVITIES MANUAL (E1D4)
Activités écrites et Rédaction
Activités de laboratoire
Activités pour DVD
Situation : En classe

BOOK COMPANION SITE (E1)
www.wiley.com/college/magnan

▸ **Observez**

1. Which verb (**être, avoir, aller**) is followed by adjectives? Look for the agreement. (1.11)
2. Which verb is followed by nouns indicating problems? (1.11)

EXPRESSIONS UTILES   *problèmes et santé*

Il est...

malade

fatigué

Elle est...

très occupée

désagréable

Ils ont des problèmes...

de santé

d'argent

de famille

de travail

Verbe irrégulier				
avoir (*to have*)	j'	ai	nous	avons
	tu	as	vous	avez
	il / elle	a	ils / elles	ont

ACTIVITÉ 1 *Ça va bien ?* Listen to your instructor talk about five women. Tell how each one is doing by saying **elle va bien** or **elle ne va pas bien du tout.**

ACTIVITÉ 2 *Comment ça va ?* Circulate among your classmates and ask how they are. If they say anything less positive than *pas mal,* ask what's wrong. Be prepared to report your findings to the class.

Modèle:	Questions :	Ça va bien aujourd'hui ?	Qu'est-ce que tu as ?
	Réponses :	Très bien, merci, et toi ?	Moi, j'ai des problèmes de travail.

💿 ÉCHANGE 2   *Entre deux amis*

NOAH: Ta mère est toujours malade ?
SALMA: Non, non, elle va bien, mais mon père...
NOAH: Qu'est-ce qu'il a, ton père ?
SALMA: Il a des problèmes de travail et il est très, très fatigué.
NOAH: Et comment vont tes frères ?
SALMA: Ils ont des problèmes d'argent et ils sont très désagréables.
NOAH: Et tes sœurs ?
SALMA: Elles ? Pas de problèmes.

EXPRESSIONS UTILES *famille*

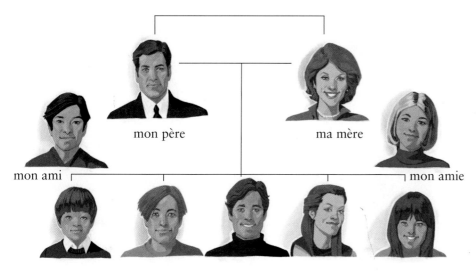

mon ami   mon amie

mon père   ma mère

mes frères   moi   mes sœurs

> **❯ Observez**
> 1. **Ta** means *your.* Is it used with a masculine or a feminine noun? What form is used with a masculine noun? a plural noun? **(1.12)**
> 2. In the **Expressions utiles,** what are the possessive adjectives meaning *my* that follow the same pattern as **ton, ta, tes**? **(1.12.a)**
> 3. What possessive adjective is used with **amie**? Is it like the masculine or feminine form? Why is it used with a feminine noun here? **(1.12.b)**

Verbe irrégulier				
aller *(to go; used with*	je	vais	nous	allons
health expressions)	tu	vas	vous	allez
	il / elle	va	ils / elles	vont

ACTIVITÉ 3 *Précisez* With a partner, take turns describing how people in the pictures are feeling and why they feel this way.

Modèles:

A: Comment va Christian ?

B: Pas très bien.

A: Mais, qu'est-ce qu'il a ?

B: Il est très fatigué.

A: Comment vont les Pelletier ?

B: Assez mal, aujourd'hui.

A: Mais, qu'est-ce qu'ils ont ?

B: Des problèmes de famille.

1. les Matisse

2. Madame Cloutier

3. Samuel Dufour

4. les Rougon

5. Amadou

6. Ariane

ACTIVITÉ 4 *Ta famille et tes ami(e)s ?* Circulate among your classmates, asking how their family members and friends are doing. If someone is not doing well, ask what is the matter. If someone asks you about a family member you don't have, say **Je n'ai pas de...**

> Modèle: A: Comment va ton père ?
>
>   B: Il va mal.
>
>   A: Qu'est-ce qu'il a ?
>
>   B: Des problèmes de travail.
>
>   A: Et ton frère ?
>
>   B: Je n'ai pas de frère, mais ma sœur va bien.

Demander et dire la profession

ÉCHANGE 3   *À une réception*

FABIO: Qu'est-ce que vous faites dans la vie ?
LAURENT: Je suis étudiant.
FABIO: Et Marc ?
LAURENT: Il est étudiant aussi.

EXPRESSIONS UTILES   *quelles professions ?*

Qu'est-ce que vous faites dans la vie ? (personnel)   Je suis...
Quelle est votre profession ? (non-personnel)   Je suis...

ACTIVITÉ 5 Read each conversation and select where it takes place. Then practice it with your partner.

1. à une réception ou à l'agence de police ?
   A: Bonjour, madame. Votre nom, s'il vous plaît.
   B: Pelletier, Antoinette Pelletier, monsieur.
   A: Merci, et quelle est votre profession, madame ?
   B: Je suis commerçante.

2. à la banque ou à une réception ?
   A: Je m'appelle Paul. Enchanté, madame.
   B: Enchantée, Paul. Qu'est-ce que vous faites dans la vie ?
   A: Je suis professeur d'anglais. Et vous, madame ?
   B: Moi, je suis journaliste.

3. dans une agence de placement ou à une surprise-partie ?
   A: Monsieur, quelle est votre profession ?
   B: Je suis acteur, madame. Avez-vous du travail pour moi ?
   A: Je regrette, monsieur, mais j'ai du travail pour un secrétaire.

ÉCHANGE 4   *Identifier par la profession*

SARAH: Qui est cet homme ?
CLÉMENT: C'est un acteur.
SARAH: Et ces femmes, ce sont des actrices aussi ?
CLÉMENT: Mais non, ce sont des journalistes.

> **Observez**
>
> Remember how you described nationality (**elle est française**)? What similarity do you see with how you talk about professions? **(1.8.b, c)**

> **Observez**
>
> 1. Look at the questions in **Échange 4**. To what question does **C'est un acteur** reply? **(1.8.b)**
> 2. **C'est un...** is used when talking about one person. What expression is used to talk about more than one person? **(1.8.b)**

❯ Observez

1. Which nouns have different masculine and feminine endings? **(1.13)**
2. What different patterns for masculine and feminine endings do you see? **(1.13)**

🔵 **EXPRESSIONS UTILES** *professions*

C'est...

un ingénieur	un ingénieur	un médecin	un médecin

un professeur   un professeur   un secrétaire   une secrétaire

un fonctionnaire   une fonctionnaire   un journaliste   une journaliste

C'est...

un
avocat

une
avocate

un
étudiant

une
étudiante

un commerçant

une commerçante

un homme
au foyer

une femme
au foyer

un homme
d'affaires

une femme
d'affaires

un
informaticien

une
informaticienne

un chanteur

une chanteuse

un acteur   une actrice

un agriculteur   une agricultrice

un danseur   une danseuse

Les professions au féminin

Historically, some terms to identify professions were found only in masculine forms, for example, **un professeur** and **le ministre**. These masculine terms were used even for women who had that profession, making odd expressions such as « Madame le ministre » et « le professeur est enceinte° » ! But now in France there is a law that recommends feminine versions for these historically masculine forms for professions. And in Québec, it is common to find « une professeure » and « une écrivaine ».

pregnant

> Are there similar gender issues in the English expressions for professions? What changes have or haven't been made in English?

ACTIVITÉ 6 *Profiles* You will hear descriptions of the following four people. Listen carefully and complete the chart with the missing information. Next, assume the role of one of the four people and introduce yourself to the class using the information in the chart.

Il / Elle s'appelle...	est...	habite à...	est...
Marie-Claire Bartel	française	Paris	*commerçante*
Amine Bakechi	*tunisien*	Ottawa	danseur et chanteur
Martha Smith	américaine	*Paris ~~New York~~*	*professeur de ~~théâtre~~ étudiant de théâtre*
Claude Riopelle	*canadien*	Québec	*étudiant en ~~la~~ médecine*

ACTIVITÉ 7 *Qui est cette personne ?* Identify these people, whom you do not know, by their professions.

Modèle: A: Qui est cette femme ?

B: Je ne sais pas, mais c'est une femme d'affaires.

1. Qui est cette femme ?

a.

b.

c.

d.

2. Qui est cet homme ?

a.

b.

c.

d.

3. Qui sont ces femmes et ces hommes ?

a.

b.

c.

d.

Compter par dix

10 dix	40 quarante	70 soixante-dix	100 cent
20 vingt	50 cinquante	80 quatre-vingts	
30 trente	60 soixante	90 quatre-vingt-dix	

ACTIVITÉ 8 *Décades de 1920 à 1990* Tell in which decade each event occurred.

> **Modèle:**   la victoire du Parti québécois dirigé par René Lévesque
> les années 70

1. l'unification européenne
2. la naissance du rock and roll
3. la vogue du charleston
4. la Deuxième Guerre mondiale
5. la fin du conflit au Viêt Nam
6. le bicentenaire de la Révolution française

APERÇUS CULTURELS

Variations géographiques

The words for 70, 80, and 90 vary throughout the Francophone world.

France / Canada	Belgium	Switzerland
70 soixante-dix	septante	septante
80 quatre-vingts	quatre-vingts	huitante / quatre-vingts *(by region)*
90 quatre-vingt-dix	nonante	nonante

▶ What things have different regional names in English? Green beans? Soft drinks? Others?

Vocabulaire essentiel

famille

la famille	*family*
le frère	*brother*
la mère	*mother*
le père	*father*
la sœur	*sister*

nombres

trente	*thirty*
quarante	*forty*
cinquante	*fifty*
soixante	*sixty*
soixante-dix	*seventy*
quatre-vingts	*eighty*
quatre-vingt-dix	*ninety*
cent	*one hundred*

possession

ma / mon / mes	*my*
ta / ton / tes	*your (familiar)*

problèmes et santé

aller   *to go; used also with health expressions*

je vais	nous allons
tu vas	vous allez
il / elle va	ils / elles vont

l'argent *(m)*	*money*
avoir	*to have*

j' ai	nous avons
tu as	vous avez
il / elle a	ils / elles ont

beaucoup (de)	*a lot (of)*
désagréable	*unpleasant*
fatigué(e)	*tired*
malade	*sick*
occupé(e)	*busy*
le problème	*problem*
qu'est-ce que tu as ?	*what's wrong with you?*
qu'est-ce qu'il a ?	*what's wrong with him?*

la santé	*health*
le travail	*work*

professions

l'acteur *(m)*	*actor*
l'actrice *(f)*	*actress*
l'agriculteur *(m)*	*farmer*
l'agricultrice *(f)*	*farmer*
l'avocat *(m)*	*lawyer*
l'avocate *(f)*	*lawyer*
le chanteur *(m)*	*singer*
la chanteuse *(f)*	*singer*
le commerçant *(m)*	*shopkeeper*
la commerçante *(f)*	*shopkeeper*
le danseur *(m)*	*dancer*
la danseuse *(f)*	*dancer*
faites (vous faites)	*(you) do (non-familiar, plural)*
la femme au foyer	*housewife*
la femme d'affaires	*businesswoman*
le fonctionnaire *(m)*	*government employee*
la fonctionnaire *(f)*	*government employee*
l'homme *(m)* au foyer	*househusband*
l'homme *(m)* d'affaires	*businessman*
l'informaticien *(m)*	*computer specialist*
l'informaticienne *(f)*	*computer specialist*
l'ingénieur *(m)*	*engineer*
le / la journaliste	*journalist*
le médecin	*doctor*
la profession	*profession*
qu'est-ce que vous faites dans la vie ?	*what do you do for a living?*
le / la secrétaire	*secretary*

autres expressions utiles

l'ami(e)	*friend*
dans	*in*
mais	*but*
quelle	*what*
toujours	*still; always*
la vie	*life*

Prononciation **Nombres suivis par un nom**

Many numbers are always pronounced the same way. Others (for example, 1, 2, 3, [5], 6, 8, 10, 20) have different pronunciations according to the first sound of the word that follows them.

Number alone	Number + word with vowel	Number + word with consonant
un	un_étudiant [n]	un commerçant
	une étudiante	une commerçante
deux	deux_étudiants [z]	deux commerçants
trois	trois_étudiants [z]	trois commerçants
vingt	vingt_étudiants [t]	vingt commerçants
cinq [k]	cinq_étudiants [k]	cinq commerçants (option: cinq[k])
six [s]	six_étudiants [z]	six commerçants
dix [s]	dix_étudiants [z]	dix commerçants
huit [t]	huit_étudiants [t]	huit commerçants

ACTIVITÉ 9 *Nombres et liaisons* Work with a partner. Each person covers one column. In the column you have not covered, first cross out silent consonants and indicate **liaison** (_). Then, while your partner still has the column you worked with covered, read the column as your partner writes down the numbers he or she hears.

La personne A
1. un homme et deux femmes
2. deux Anglais et trois Américains
3. six danseurs et dix agriculteurs

La personne B
1. quatre professeurs et huit étudiants
2. vingt acteurs et huit journalistes
3. dix-sept hommes et sept femmes

Expansion Écrire

Stratégie Faites une liste de mots-clés.

To organize your thoughts and find appropriate vocabulary, list key words pertinent to your topic.

Avant d'écrire *Moi dans dix ans*

You are going to write about your professional self ten years from now.

1. To prepare, list words in the categories below to describe your future professional self.

   Nom: _____

   Profession: _____

   Années d'expérience: _____

   Langues parlées: _____

   Adresse: _____

   Numéro de téléphone: _____

2. Using the list, design an ad about your future professional self. Look at the ads at the beginning of **Dossier 3, page 40,** for models.

Écrire

Now use your ad to write a paragraph about yourself to be published in the alumni newsletter for your high school reunion ten years from now.

Après avoir écrit

Reread your paragraph and consider if you . . .

1. gave enough details about yourself (for example, where you live, family, profession).
2. made subjects and verbs agree.
3. made possessive adjectives and their nouns agree.

À vous la parole

Listen as your instructor reads your classmates' paragraphs out loud. Guess which students might have written each description and tell why you think so.

Grammaire 1

1.1 Subject pronouns

Subject pronouns, shown here with the verb **être** *(to be)*, function essentially the same way as in English, but be alert to the specifics given in the notes following the chart.

Pronoms sujets				
singular				
First person		**je**	suis	*I*
Second person	familiar	**tu**	es	*you*
	non-familiar	**vous**	êtes	*you*
Third person	masculine	**il**	est	*he / it*
	feminine	**elle**	est	*she / it*
	indefinite	**c'**	est	*it / he / she*
plural				
First person		**nous**	sommes	*we*
Second person		**vous**	êtes	*you*
Third person	masculine	**ils**	sont	*they*
	feminine	**elles**	sont	*they*
	indefinite	**ce**	sont	*they*

a. **Je** refers to the person who is speaking. Before a verb form beginning with a vowel or **h**, **je** becomes **j'**, as in **j'ai** *(I have)* or **j'habite** *(I live)*.

b. **Tu** and **vous** refer to the person or people addressed.

c. **Il, ils, elle, elles** refer to people or things. The different masculine and feminine forms indicate the gender (physical or grammatical) of the person or thing. When a third-person plural pronoun refers to a group of both feminine and masculine nouns, the masculine pronoun **ils** is used.

d. **C'** is used in the expression **c'est** *(it is)*. **C'** can refer to a masculine or a feminine noun and is used to point out or identify a person, object, or idea. It is used only as the subject of a sentence.

> C'est Monique.

C'est can also be used *optionally* to repeat a subject for emphasis.

> Mon prénom, c'est Georges.

When several people or things are identified, you use **ce sont**.

> Ce sont Monsieur et Madame Dupont.

e. **Ça** literally means *it* or *that / this:* **ça va bien ?**, or it can be used for emphasis: **ça, c'est Louise Urbain**. However, with the verb **être**, use **ce** instead of **ça**.

1.2 The basic French sentence

a. The basic French sentence is composed of a subject, a verb, and a complement to the verb.

La phrase française				
sujet	+	verbe	+	complément
Je		suis		Paul Dupont.
Paris		est		une belle ville.

b. When the sentence is a statement or a question made with intonation only, the word order is the same as in English.

Ordre des mots				
sujet	+	verbe	+	complément
Il		s'appelle		Amadou.
Vous		êtes		Madame Curie ?

c. Another way to make questions is to invert the pronoun subject and the verb and connect them with a hyphen. This type of question is explained in more detail later in this **Grammaire (1.6)**.

Êtes-vous Mme Colbert ?
Comment vous appelez-vous ? Comment t'appelles-tu ?

1.3 Stressed pronouns

a. Stressed pronouns (**les pronoms accentués**) are used:

1. to emphasize the subject.

Lui, il s'appelle Pierre.

2. after **c'est** and **ce sont**.

C'est Anne ? Oui, c'est **elle.**
Ce sont Monique et Nicole. Oui, ce sont **elles.**

3. after the word **et**.

Ça va bien, et **toi ?**

4. alone, in a one-word answer.

Qui est le prof ? **Moi.**

5. with more than one subject. When two people are referred to, the one referred to by a pronoun normally comes last.

Jean et **elle** sont étudiants.

When **moi** is used in a sequence of nouns or pronouns, it also comes last.

Lui et **moi** sommes américains.

b. Summary of pronouns

Pronoms accentués	Pronoms sujets
moi	je
toi	tu
lui	il
elle	elle
nous	nous
vous	vóus
eux	ils
elles	elles

1.4   Demonstrative adjectives

Demonstrative adjectives are used to single out people or things: *this woman* or
that man. In French they do not distinguish most of time between *this* and *that*,
or between *these* and *those*, as do their English equivalents. Demonstrative
adjectives agree in number (singular or plural) and gender (masculine or feminine)
with the nouns to which they refer.

Qui est **ce** monsieur ?	*Who is this / that man?*
Cette dame s'appelle Leduc.	*This / That woman is named Leduc.*
Quel est le nom de **cet** homme ?	*What is this / that man's name?*
Ces étudiants sont de Montréal.	*These / Those students are from Montreal.*

Les adjectifs démonstratifs		
	masculine	feminine
Singular this / that	ce before a consonant cet before a vowel or **h**	cette
Plural these / those	ces	ces

Note that **cet** and **cette** are pronounced alike.

1.5   Negating a verb

To negate a verb, use two words: **ne** *(verb)* **pas.** Put **ne** after the subject and **pas**
after the verb.

> Je **ne** parle **pas** français.

Use **n'** before a vowel.

> Dick **n'**est **pas** anglais.

Both **ne / n'** and **pas** are necessary to negate a verb in standard style. However, in
conversation, the **ne** may be dropped and the **pas** alone expresses the negation:
C'est pas mal.

1.6   Question formation

In French, questions can be asked in several ways, including *intonation* and *simple inversion.*

> Vous êtes français ? *(intonation)*
> Êtes-vous français ? *(inversion)*

a. **Intonation.** As in English, intonation is an oral feature that allows us to distinguish between different meanings of grammatically similar sentences. The speaker raises the pitch of his or her voice to transform a statement into a question. When an intonation question is written, only the question mark distinguishes it from an assertion.

> Vous êtes professeur ?

b. **Inversion with a pronoun subject.** Inversion involves reversing, or inverting, the order of the subject and the verb in a declarative sentence so that the verb comes before the subject. When the subject is a pronoun, this pronoun is connected to the preceding verb by a hyphen.

> Vous parlez français. → Parlez-vous français ?

With **il** or **elle,** when the verb ends with a vowel, a **t** is inserted with hyphens between the verb and the pronoun.

> Il parle français. → Parle-t-il français ?
> Elle habite à Lyon. → Habite-t-elle à Lyon ?

Note, however, that with most verbs inversion is not used when **je** is the subject. In this case, you have to use intonation or another way of forming questions that will be taught later (e.g., **Est-ce que je parle bien français ?**)

c. **Question words.** Some of the more frequent question words are given in the following chart.

Mots interrogatifs		
comment	*what / how*	Comment vous appelez-vous ? Comment allez-vous ?
d'où	*from where*	D'où sont vos parents ?
où	*where*	Où habitez-vous ?
qui	*who*	Qui parle français ?

These question words can come at the beginning or end of the question or can stand alone, depending on the type of question, the social context, and the style level. Intonation questions are the most informal, and are therefore usually found in spoken style.

Position des mots interrogatifs	
Intonation	Vous vous appelez **comment** ?
Inversion	**Comment** vous appelez-vous ?
Alone	**Comment** ? *(What?)*

d. **Question types with pronoun and noun subjects.** In most cases, questions are formed the same way whether the subject is a pronoun or a noun, except that inversion can be used with noun subjects only if there is a question word. In this case, there is no hyphen between the inverted noun subject and verb.

Formation des questions		
	yes / no questions	question words
Intonation with pronoun	Vous parlez français ?	Vous habitez où ?
Intonation with noun	Jacques parle français ?	Jacques habite où ?
Simple inversion with pronoun	Parlez-vous français ?	Où habitez-vous ?
Simple inversion with noun	[cannot be used]	Où habite Jacques ?

1.7   Adjectives

Adjectives qualify nouns. They agree in gender (masculine, feminine) and number (singular, plural) with the nouns they qualify.

Paul est **français** et Paula est **américaine**.

a. To form the feminine adjective, you most frequently add the letter **e** to the masculine form.

français / française
américain / américaine

Because the last letter of a word is usually silent, the spoken masculine form often ends with a vowel sound, and the spoken feminine form often ends with a consonant sound. If the spelling of the masculine form ends in an **e**, the feminine form is the same as the masculine.

Paul est **agréable** et Paula est **agréable** aussi.

If the spelling of the masculine form ends in **ien**, you write a second **n** before adding the final **e** to make the feminine.

Elle est **italienne**. Elle est **haïtienne**.

b. To form a plural adjective, you usually add the letter **s** (or, less often, **x**), unless the singular form already ends with an **s** or **x**. This **s** or **x** is not pronounced.

Ils sont américain**s** et elles sont françaises.
Jacques et Anne sont français.
Les Berry sont mes beaux-parents.°   *in-laws, step-parents*

c. When an adjective qualifies a group of feminine and masculine nouns, use the masculine plural form.

Anne et Joseph sont canadien**s**.

d. Adjectives referring to nationality are not capitalized in French, but nouns (with articles) referring to nationality are capitalized.

Elle est **t**unisienne. C'est une **T**unisienne.

1.8   Indefinite articles

a. An indefinite article *(a(n), some)* presents a noun in a nonspecific way, as in *a Frenchman* (**un Français**) or *some Frenchmen* (**des Français**).

Les articles indéfinis		
	singular	plural
masculine	un	des
feminine	une	des

b. A common use of indefinite articles is with professions and nationalities. In this case, they are used only with the expression **c'est / ce sont...**

   C'est une Française. Ce sont des dentistes.

   The choice to use **c'est un Français** or **ce sont des dentistes** instead of **il est français** or **ils sont dentistes** (without indefinite articles) relates to the context. You use **c'est un(e) / ce sont des** in answer to questions that ask you to identify someone.

		Article	Noun
Qui est-ce ?	C'est	un	Français.
Qui sont ces hommes ?	Ce sont	des	acteurs.

   Note that when you use **c'est / ce sont...**, the nationality is expressed by a noun. This noun is preceded by an article (**un / une / des**) and is capitalized.

   C'est une Italienne.

   You use **il / elle est** or **ils / elles sont** in answer to questions when the person or thing you are talking about has already been identified and mentioned in the conversation:

Permettez-moi de vous présenter Henri.	Il est canadien.
Quelle est la nationalité de Marie ?	Elle est française.
Quelle est sa profession ?	Elle est actrice.
Et Jim et Paul ?	Ils sont américains.
Et Jeanne et Renée ?	Elles sont professeurs.

   Note that when the expression **il / elle est** or **ils / elles sont** is followed by a word denoting nationality or profession, that word is not capitalized.

c. Other subjects function similarly, that is, an article is not used with words expressing nationality and profession after the verb **être** when the subject is not **ce**.

   Je suis professeur.
   Tu es italien.
   Paul est canadien.

1.9   Regular *-er* verbs

a. Most verbs whose infinitives end in **-er** are *regular verbs* that follow the same pattern of conjugation. To conjugate an **-er** verb, drop the **-er** from the infinitive form (**parl-** / **habit-**) and add the highlighted endings.

	parler *(to speak)*	**habiter** *(to live)*
je (j')	parl**e** *(I speak, I do speak, I am speaking)*	habit**e** *(I live, I do live, I am living)*
tu	parl**es**	habit**es**
il / elle	parl**e**	habit**e**
nous	parl**ons**	habit**ons**
vous	parl**ez**	habit**ez**
ils / elles	parl**ent**	habit**ent**

Note also that English has three ways of expressing actions in the present: *I speak a lot; I am speaking now; I do speak loud enough.* In French, there is only one present tense, **je parle**, which conveys all three types of action in the present. You distinguish among them by context.

b. **S'appeler** is also an **-er** verb, but with a spelling variation involving the letter **l**: a double **l** is used when the following syllable is not pronounced (**-e, -es,** and **-ent**). Also, **s'appeler** always includes a second pronoun between the subject and the verb. (This spelling variation is explained more fully in **Grammaire 7.**)

je	m'appe**ll**e	nous	**nous** appelons
tu	t'appe**ll**es	vous	**vous** appelez
il / elle	s'appe**ll**e	ils / elles	s'appe**ll**ent

1.10 Adverbs

Adverbs modify verbs. They specify "how" the action described by a verb is done.

Je parle **bien** français.   *I speak French **well**.*

In French, adverbs typically follow the verb, especially when the adverb is short: **bien, assez bien, un peu** *(well, rather well, a little)*. Longer adverbs may also appear at the beginning and end of a sentence.

Remember that for adverbs expressing negation, the word **ne** occurs after the subject in addition to the adverb (for example, **pas du tout,** *not at all*) that comes after the verb.

Je **ne** parle **pas du tout** allemand.   *I don't speak German **at all**.*

1.11 Verbs *aller, avoir, être,* to talk about health

The three irregular verbs **aller** *(to go)*, **avoir** *(to have)*, and **être** *(to be)* can all be used to talk about health in ways that are different from how their corresponding English verbs are used. To ask how someone is (how they are feeling), you use **aller,** e.g., **Comment allez-vous ? Je vais bien. Je vais mal.** Note that, in the answers, **aller** is used here with adverbs, words that show how the person is feeling *(well, poorly)*.

The verb **être** is used with adjectives or words that work like adjectives because they do not have an article (e.g., **elle est malade**). Note how adjectives agree with the person talked about: **Elle est fatiguée.** The verb **avoir** is used with nouns, that is, words with articles such as **des problèmes** : **Elle a des problèmes de santé.**

1.12 Possessive adjectives

a. A possessive adjective (**adjectif possessif**) indicates that something or someone "belongs" to someone or something.

mon, ma, mes	*my*
ton, ta, tes	*your (when you use the familiar form to address the person who is the possessor)*
votre, vos	*your (when you use the formal form to address the person who is the possessor, or are talking to more than one person as the possessor)*

Unlike in English, the French possessive adjective agrees in gender and number with the person / thing possessed, regardless of the gender of the possessor.

mon père   *my father*

The masculine singular form **mon** is used because **père** is a masculine singular word.

ma mère   *my mother*

The feminine singular form **ma** is used because **mère** is a feminine singular word.

mes parents   *my parents*

The plural form **mes** is used because **parents** is plural. **Mes** is used with both masculine and feminine plural nouns.

b. For feminine singular nouns that begin with a vowel, the masculine singular form is used and **liaison** is made with the **n.**

C'est **mon_amie.** C'est **ton_étudiante.**

Les adjectifs possessifs			
	singular		plural
masculine	*feminine*		
	before consonant	*before vowel*	
mon père	ma mère	mon amie	mes parents
ton père	ta mère	ton amie	tes parents
votre père	votre mère	votre amie	vos parents

1.13 Gender and number of nouns

As you know, French nouns have a grammatical gender, for things and abstract concepts (**la patience** = *patience*), as well as people. The grammatical gender of a noun does not necessarily correspond to a physical gender identity. Grammatically, gender is indicated by the article or adjective accompanying a noun.

une belle ville *(feminine gender)*
un village splendide *(masculine gender)*
un ingénieur *(always masculine gender even if a woman)*
un médecin *(always masculine gender even if a woman)*

Occasionally, the gender is also shown by the ending of the noun itself. This is the case for many nouns indicating nationality and profession, where the spelling of the masculine noun tends to end with a consonant and the spelling of the feminine noun often ends with an **e**.

un Français et une Française   un étudiant et une étudiante

Sometimes there are different forms for masculine and feminine, which follow predictable patterns.

homme → femme	un homme d'affaires	une femme d'affaires
-eur → -rice	un agriculteur	une agricultrice
	un acteur	une actrice
-eur → -euse	un chanteur	une chanteuse
	un danseur	une danseuse
-ien → -ienne	un informaticien	une informaticienne

To form the plural of a noun, add **s** or **x** to the noun, except when the word already ends in **s** or **x**. The **s** or **x** is not pronounced, unless with a **liaison**.

Singular	**Plural**
C'est un médecin.	Ce sont des médecins.
C'est une Anglaise.	Ce sont des Anglaises.
C'est un Japonais.	Ce sont des Japonais.

Note: So far, you do not know any words that form their plurals in **x**. In **Ensemble 2,** you will learn some of these nouns. Nouns that form their plurals in **x** often end in **l** or **au** in the singular. Here are some examples from **Ensemble 2.**

C'est un animal.	Ce sont des animaux.°	*animals*
C'est un oiseau.	Ce sont des oiseaux.°	*birds*

* *

Verbes irréguliers *aller, avoir* et *être*

Because these three common verbs have irregular forms, they must be memorized individually, although you can note some similarities in their endings, especially for **aller** and **avoir**.

aller *(to go)*	**avoir** *(to have)*	**être** *(to be)*
je vais *(I go, I am going)*	j' ai *(I have, I am having)*	je suis *(I am)*
tu vas	tu as	tu es
il / elle va	il / elle a	il / elle / c' est
nous allons	nous avons	nous sommes
vous allez	vous avez	vous êtes
ils / elles vont	ils / elles ont	ils / elles / ce sont

Un dimanche d'été à la Grande Jatte (1884),
Georges Seurat (1859–1891), French.

ENSEMBLE 2

Famille et amis

> - talking about families and living arrangements
> - expressing opinions: agreeing or disagreeing
> - describing yourself and others: appearance, age, and personality
> - expressing preferences: people, sports, and activities

DOSSIER 1

In this Dossier, you will learn about these grammatical features

> the definite article **(le, la, les)**

> **de** + noun to express possession **(le frère *de* mon père)**

> an expression of quantity **(combien de)**; indefinite articles **(un, une, des)** and their negative **(de)**

> more possessive adjectives **(son, sa, ses, notre, nos, votre, vos, leur, leurs)**

> the prepositions **avec** and **chez**

With this **Dossier:**

AUDIO CD **(Track 4)**
Point de départ : Violette Leduc

CD-ROM **(E2)**
Petit jeu
Comment le dire

ACTIVITIES MANUAL **(E2D1)**
Activités écrites
Activités de laboratoire

BOOK COMPANION SITE **(E2)**
www.wiley.com/college/ magnan

Point de départ **Écouter**

> *Stratégie* Faites attention aux idées préconçues.

We all make assumptions about the world in which we live. These preconceptions may lead us to expect to hear certain things during a conversation. When what is said doesn't match our assumptions, we may think we don't understand and thus hesitate to believe, or even reject, what is said.

Avant d'écouter *Violette Leduc*

1. How many people do you imagine in a traditional family? Who are they?
2. Compare your answers with two classmates.

En écoutant

You will hear a conversation taken from an autobiographical text by Violette Leduc (1907–1972). Violette, who has just arrived at school, is talking to one of her classmates. Violette's classmate begins the conversation.

1. Which family members does Violette's classmate presume Violette to have? **Un père ? Une mère ?**
2. Which family members does she have?

Après avoir écouté

1. Why does the classmate call Violette **folle°** and **idiote°** ?   *crazy / idiotic*
2. What might Violette mean when she insists:
   Ma mère, c'est mon père and **Ma mère, c'est tout ça ?**

À vous la parole

Draw a tree diagram of part of your family. Use the terms for family members that follow in the **Expressions utiles** to identify these members of your family for a classmate.

L'essentiel

 Parler de la famille

EXPRESSIONS UTILES   *la famille*

Dans la famille, il y a...

les grands-parents	le grand-père	la grand-mère
les parents	le père	la mère
les enfants	le fils	la fille

Il y a aussi...

le mari et la femme = les époux

l'ex-mari ; l'ex-femme

l'enfant unique = l'enfant qui n'a pas de frères ou de sœurs

le frère et la sœur = les enfants de mêmes parents

le demi-frère et la demi-sœur = les frères et les sœurs   *half-brother / sister or*
 par mariage   *stepbrother / sister*

le petit-fils et la petite-fille = les petits-enfants =
 les enfants de vos enfants

la tante = la sœur de votre père ou de votre mère

l'oncle = le frère de votre père ou de votre mère

le cousin et la cousine = les enfants de vos oncles et tantes

le beau-frère et la belle-sœur = le frère et la sœur
 de votre mari ou de votre femme

le beau-père et la belle-mère = les parents de votre mari ou de votre femme

❯ Observez

1. **Le**, **la**, **les** are definite articles that mean *the*. Which is masculine? feminine? plural? **(2.1)**
2. What happens to **le** or **la** when it comes before a vowel? **(2.1)**
3. To say *Pierre's sister* in French, you say **la sœur de Pierre**. In the **Expressions utiles**, find other examples of this way of expressing relationships. **(2.2)**

Fête de famille

APERÇUS CULTURELS

Liens de parenté

The adjectives **petit(e)** and **grand(e)** literally mean *small* and *big/tall*. When used in hyphenated nouns referring to family members, however, both **grand** and **petit** are equivalent to the English expression *grand*, as in **grand-mère** (grandmother) or **petit-fils** (grandson). The adjective **beau / belle** literally means *beautiful*. When talking about families, **beau / belle** is used to designate a legal, not biological, relative: **Beau-père** indicates either *father-in-law* or *stepfather*. **Demi** (half) is no longer limited to biological relationships, however. Both half-brothers / sisters and stepbrothers / sisters are referred to as **demi-frères / demi-sœurs** or even just **frère** and **sœur**. So **beau-frère / belle-sœur** now designate only brother / sister-in law.

❯ What confusion, or jokes, can you imagine based on the dual meaning of **petit(e)** and **grand(e)** when talking about families? How might context clarify them?

ACTIVITÉ 1 *Combien ?* Listen to your instructor ask about people. Focus on the article **le, la,** or **les** to tell whether your instructor is talking about one person or more than one person.

> **Modèle:**   You hear: Qui ? Le frère de Pierre ?
> You mark: Une personne

Une personne   Plus d'une personne

1. _____   _____

2. _____   _____

3. _____   _____

4. _____   _____

5. _____   _____

6. _____   _____

ACTIVITÉ 2 *Définitions* For each family member on the left, select the appropriate definition from the right column.

1. votre grand-père   a. la sœur de votre mère
2. votre sœur   b. le frère de votre mari
3. votre tante   c. le mari et sa femme
4. votre beau-frère   d. le père de votre père
5. votre oncle   e. la fille de votre père et votre mère
6. les époux   f. le frère de votre père

ACTIVITÉ 3 *Liens de parenté* Work with a partner. Each of you describes the family in the picture and talks about the relationships between the people. Point to each person as you describe him or her.

> **Modèle:**   Il y a... Cet homme est le... de...

ÉCHANGE 1   *Combien de frères et sœurs?*

PAULINE: Combien de frères et de sœurs as-tu ?

ANNE: J'ai trois frères mais je n'ai pas de sœurs. Et Bruno ?

PAULINE: Lui, il n'a pas de frères et sœurs. Il est fils unique.

ACTIVITÉ 4 *Petit entretien* Find out as much as you can about a classmate's family. Then, tell the class three facts that you have learned.

Questions possibles: As-tu des frères ? As-tu des sœurs ? As-tu des cousins ? Combien ? Comment s'appelle(nt)... ? Où habite(nt)... ?

> ▸ **Observez**
>
> 1. What does the expression **combien de** mean? **(2.3)**
> 2. What is the negative form of **J'ai une sœur?** **(2.4)**
> 3. Both **combien de** and **pas de** use the same preposition. What is it? **(2.3, 2.4)**

ÉCHANGE 2   *Mon oncle et ma tante*

JULIE: Qui est ce monsieur ?

MONIQUE: C'est mon oncle Marcel.

JULIE: Ton oncle Marcel, c'est le frère de ta mère ?

MONIQUE: Oui, c'est son frère.

JULIE: Et cette femme ?

MONIQUE: C'est ma tante Lucie.

JULIE: C'est la sœur de ton père ?

MONIQUE: Oui, c'est sa sœur.

> ▸ **Observez**
>
> 1. Find the possessive adjectives **mon, ton.** What does each mean? **(1.11)**
> 2. When do you use **mon** and **ma?** **(1.11, 2.5)**
> 3. Both **son** and **sa** mean *her*, *his*, or *its*. How do you know which to use? **(2.5)**

ACTIVITÉ 5 *Arbre généalogique* Work in pairs and use the family tree to do each activity below.

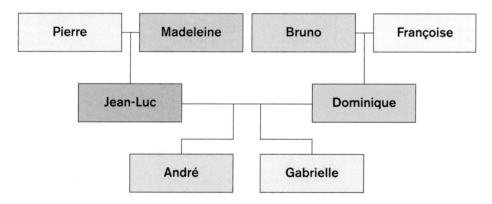

1. Take turns imagining you are one of the members of this family and tell your partner the relationship of each family member to you.

   Modèle: Jean-Luc, c'est moi. Dominique est ma femme.

2. Person A asks questions about Pierre's family. Person B is Pierre.

   Modèle: A: Pierre, Jean-Luc est ton frère ?

   B: Mais non, Jean-Luc est mon fils.

3. Person A describes Pierre's family members.

   Modèle: Madeleine est sa femme.

4. Person B describes Françoise's family.

   Modèle: Bruno est son mari.

▶ Observez

1. What two forms are used here to say *your* in French? Which is singular? plural? **(2.5)**
2. What are the two forms used to say *our* in French? Which is singular? plural? **(2.5)**
3. What word means *their*? What is the feminine singular form? the masculine singular form? What do you think the plural form is? **(2.5)**

ÉCHANGE 3   *Les grands-parents*

FEMME: Votre sœur habite à Montréal ?

HOMME: Oui, pour elle, la grande ville, c'est très agréable.

FEMME: Et vos grands-parents habitent à Saint-Boniface ?

HOMME: Nos deux grands-pères, oui, et une de nos grands-mères, mais la mère de notre mère est morte.

FEMME: Et les grands-parents de Nicole et d'Henri ?

HOMME: Leur grand-mère habite à Québec. Leur grand-père est mort.

ACTIVITÉ 6 *Les familles* Work with a partner and use the family tree from Activité 5.

1. Take turns describing the relationship of other people in the tree to André and Gabrielle.

   Modèle: Bruno et Françoise sont leurs grands-parents.

2. Imagine you are André and Gabrielle. Tell who the other people are in relation to the two of you.

   Modèle: Dominique et Jean-Luc sont nos parents.

ACTIVITÉ 7 *Faire-part de naissance* Read this birth announcement and fill in each box of the family tree with the appropriate family member.

CARNET DU **Monde**

Naissances

Henri et Hélène RENAUD,
née° Rigot,
Sandrine et Marie
sont heureux d'annoncer la naissance
d'
Amélie,

le 21 juin 2005.

*maiden name
(lit. born as)*

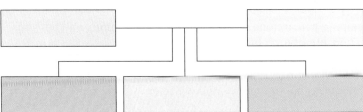

Then, imagine you are the people listed below and describe each family member's relationship to you.

> **Modèle:**   Vous êtes Henri. Qui est Sandrine ? Sadrine est ma fille.

1. Vous êtes Hélène. Qui est Marie ?
2. Vous êtes Sandrine. Qui est Henri ?
3. Vous êtes Amélie. Qui sont Sandrine et Marie ?
4. Vous êtes Sandrine et Marie. Qui est Amélie ?
5. Vous êtes Henri et Hélène. Qui est Amélie ?
6. Vous êtes Henri et Hélène. Qui sont Amélie, Sandrine et Marie ?

ACTIVITÉ 8 *Hommes et femmes célèbres* Here is a list of well-known French people. Tell who these people are for the French.

> **Possibilités:**   acteurs / actrices, chanteurs / chanteuses, poètes, musicien(ne)s, hommes / femmes politiques, athlètes
>
> **Modèle:**   A: Qui est Victor Hugo pour les Français ?
>
>   B: C'est un de leurs poètes.

1. Claude Debussy	4. Édith Piaf
2. Zinedine Zidane	5. Victor Hugo
3. Audrey Tautou	6. Charles de Gaulle

Décrire où vous habitez

ÉCHANGE 4   *Où habitez-vous ?*

BENOÎT: Votre grand-mère habite chez vos parents ?
CLAIRE: Non, elle habite chez elle, dans sa maison, à Bordeaux.
BENOÎT: Et vous ? Vous habitez chez vos parents ?
CLAIRE: Non, pas chez eux. J'habite avec une amie. Nous avons un appartement.

EXPRESSIONS UTILES   *résidence*

habiter   avec des amis
               chez ses parents
               dans un appartement
               dans une maison
               dans une résidence universitaire

> **❯ Observez**
> 1. What does **chez** mean? **(2.6a)**
> 2. How is the meaning of **chez** different from the meaning of **avec**? **(2.6)**
> 3. What type of pronoun is used after **avec** and **chez**? **(2.6)**

ACTIVITÉ 9 *Chez qui ?* Work with a partner to do each activity based on the drawings below.

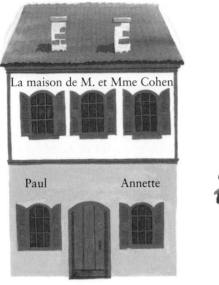

La maison de M. et Mme Cohen

Paul   Annette

La maison de Lise

Sophie   Lionel

La maison d'Henri

Frédérique   Marie-Claude

La maison d'Anne et Nicole

Nicolas

Sandrine

1. Look at the houses and take turns describing them using **chez** + a pronoun.

   Modèle: Chez M. et Mme Cohen ?
   Oui, chez eux.

2. Person A asks whether one of the people listed on a house lives in one of the homes. Person B answers according to the information in the drawing.

   Modèle: A: Paul habite chez M. et Mme Cohen ?

   B: Oui, il habite chez eux.

ACTIVITÉ 10 *Où habitez-vous ?* Move around the room to talk with
4–5 classmates. Ask where each person lives and write down the answers to
report to the class.

Modèle: A: Où habites-tu ?

                 B: J'habite chez / dans / avec...

Vocabulaire essentiel

famille

le beau-frère (les beaux-frères)	*brother-in-law*
le beau-père (les beaux-pères)	*stepfather / father-in-law*
les beaux-parents	*stepparents / parents-in-law*
la belle-mère (les belles-mères)	*stepmother / mother-in-law*
la belle-sœur (les belles-sœurs)	*sister-in-law*
le cousin / la cousine	*male / female cousin*
le demi-frère (les demi-frères)	*half-brother / stepbrother*
la demi-sœur (les demi-sœurs)	*half-sister / stepsister*
l'enfant *(m / f)* (les enfants)	*child*
l'époux / l'épouse	*spouse*
l'ex-femme *(f)* (les ex-femmes)	*former wife*
l'ex-mari *(m)* (les ex-maris)	*former husband*
la femme	*wife, woman*
la fille	*daughter*
le fils	*son*
la grand-mère (les grands-mères)	*grandmother*
le grand-père (les grands-pères)	*grandfather*
les grands-parents *(m pl)*	*grand-parents*
l'oncle *(m)*	*uncle*
les parents *(m pl)*	*parents, relatives*
le petit-fils (les petits-fils)	*grandson*
la petite-fille (les petites-filles)	*granddaughter*
les petits-enfants *(m pl)*	*grandchildren*
la tante	*aunt*

possession

son, sa, ses	*his, hers, its*
notre, nos	*our*
votre, vos	*your (sing. non-familiar or plural possessor)*
leur, leurs	*their*

quantités

combien de... ?	*how many . . . ?*
il y a...	*there is / there are*
unique	*only (child)*

résidence

l'appartement *(m)*	*apartment*
la maison	*house*
la résidence universitaire	*dormitory*

autres expressions utiles

avec	*with*
chez	*at / in / to the home, office, or shop of*
encore	*still*
même	*same*
mort(e)	*dead*

Prononciation **Les articles**

The French articles **le, la, l', les, un, une, des** indicate gender and number. Therefore, each of them must be pronounced clearly and distinctly. Note that both **un** and **une** contain sounds not found in English. Neither rhymes with *run* in English. **Un** rhymes with **demain.**

The **liaison** *must* be made after **les, des,** and **un** before a vowel.

les‿enfants   des‿enfants   un‿enfant

ACTIVITÉ 11 *Attention aux articles* With a partner, practice these dialogues, pronouncing distinctly the different highlighted words.

Dialogue 1

A: Comment s'appellent **les** parents de Georges ?
B: **Le** père... je ne sais pas.
A: Et **la** mère ?
B: **La** mère, je sais : c'est Georgette.

Dialogue 2

A: Vous avez **des** enfants ?
B: Oui, deux, **une** fille qui habite chez moi, et **un** fils à Paris. Et vous ?
A: Je n'ai pas **de** fils. J'ai **des** filles, et **un** beau-fils et **un** petit-fils.

Expansion **Lire**

> *Stratégie* Faites attention aux stéréotypes.

Presuppositions are often based on stereotypes. In order to understand the social message of some texts, you need to understand the stereotypes they are based on.

Avant de lire *Tout le monde,° il est beau*   Tout... *everyone*

Can you determine someone's nationality by his or her first name? Relying on traditional names that could evoke a stereotypic image of nationality, list two common first names that you might associate with each nationality below.

Prénoms	Féminins	Masculins	
américains	_____	_____	
français	_____	_____	
algériens	_____	_____	
espagnols	_____	_____	
russes°	_____	_____	*Russian*
grecs°	_____	_____	*Greek*

En lisant

This song by Zazie reflects the fact that France today includes people of many cultural origins. As you read the song, note names that you might associate with certain national origins and identify them for the class.

Modèle: François est un nom français.

Tout le monde, il est beau

—Zazie

Michèle, Marie, Jamel, Joanie,
Tout le monde, il est beau (bis x 4)
Victor, Igor, Muña, Nastasia,
Miguel, Farid, Marcel, David,
Grégor, Soleil, Antonia, Pasqual
Tout le monde, il est beau (bis x 4)
François, Franco, Francesca, Pablo
Daïs, Elvis, Chantal, Névida,
Salman, Johan, Peter, Günter,
Martine, Debbie, Tatiana, Zorba.
Tout le monde, il est beau (bis x 4)
Quitte à faire de la peine à° Jean-Marie
Prénom, Zazie, du même pays°
Que Simoun, que Sally, qu'Alex et Ali.
Tout le monde, il est beau (bis x 7)

Quitte... *even if it will hurt*
même... *same country*

Après avoir lu

1. Quels prénoms sont typiquement français ? typiques d'autres pays ?
2. D'après le refrain, quel est le message de la chanson ?

À vous la parole

With a partner, identify first names that you could use to create an adaptation of this song for your country.

Zazie en concert

DOSSIER 2

In this Dossier, you will learn about these grammatical features

> ➤ definite articles with abstract nouns (**le célibat**)

> ➤ the irregular verb **vivre**

> ➤ questions formed with **Est-ce que...**

> ➤ more regular -**er** verbs: **penser, trouver** and the conjunction **que**

Point de départ **Lire**

> *Stratégie* Étudiez les tableaux et la typographie.

Charts and other visual elements often reveal the topic and main focus of a document.

Avant de lire *La famille en évolution en France*

Before reading about how the notion of family is evolving in France, look at the graph.

1. Which words give the topic of the graph?
2. What do the lines on the graph suggest?
3. Given the trends revealed by the graph, what would you expect for the year 2010?
4. What information does the graph suggest that you will find in the text?

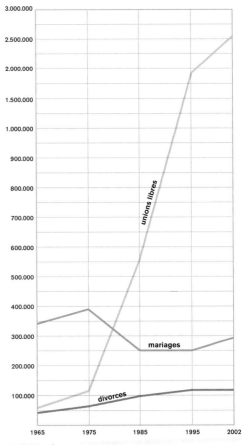

Évolution des couples en France

With this **Dossier**:

CD-ROM (E2)
Échanges
C'est comme ça !
Comment le dire

ACTIVITIES MANUAL
  (E2D2)
Activités écrites
Activités de laboratoire

BOOK COMPANION
  SITE (E2)
www.wiley.com/college/
  magnan

 En lisant

While reading, pay attention to the sub-headings and guide your reading by looking for the answers to these questions.

1. Will the text talk about traditions or recent changes?
2. Find an acronym. It identifies a law instituted in 1999.
3. What statistic will be discussed in the last section?

La famille en évolution en France

La famille française se transforme progressivement. Le nombre
de divorces et le nombre de couples qui vivent en union libre
continuent à augmenter tandis que le nombre de mariages est
plus ou moins stable après une légère hausse° vers l'an 2000 et   *rise*
de nouvelles baisses° en 2001 et encore en 2002. L'âge du   *declines*
premier mariage est plus tardif. L'âge moyen d'une femme qui
se marie pour la première fois est 28 ans ; pour un homme,
c'est 30 ans.

Un changement récent

En 1999, la France a inauguré une mesure qui accorde
des droits,° jusque là° réservés aux couples mariés, aux   *rights / previously*
personnes non-mariées vivant ensemble : le Pacte civil de
solidarité (PACS).

Qu'est-ce que le PACS ?

Le PACS est un contrat conclu entre deux personnes majeures,
de sexe différent ou de même sexe, pour organiser leur vie
commune. Exception : Il n'est pas possible de signer un PACS :

1. entre parents et alliés proches : grands-parents et petits-
   enfants ; parents et enfants ; frères et sœurs ; tante et neveu,
   oncle et nièce ; beaux-parents et gendre° ou belle-fille.   *son-in-law*
2. si l'une des deux personnes est déjà mariée.
3. si l'une des personnes a déjà conclu un PACS avec une
   autre personne.
4. si l'une des personnes est mineure (même émancipée).
5. si l'une des personnes est majeure sous tutelle°.   sous... *under*
                                                                   guardianship

Combien de Français ont conclu un PACS ?

Entre 1999 et 2001, 50 000 couples se sont « pacsés ». En 2003,
21 000 couples ont conclu un PACS dans les neuf premiers mois
de l'année, et 15% des Français de 18 à 35 ans déclarent avoir
l'intention de conclure un PACS un jour ou l'autre.

Après avoir lu

1. In the section **La famille en évolution,** find the words for the official and
   nonofficial status of couples.
2. According to that first section, what is the average age at which women get
   married for the first time in France? And men?
3. Based on the section **Un changement récent,** explain what a PACS is.
4. Looking at the section **Qu'est-ce que le PACS,** tell who can enter into one.
5. According to the statistics in the last section, do many couples make a PACS
   agreement?

À vous la parole

In groups, draw a chart of what you think the rates might be for marriage,
divorce, and living together where you live. Then at home, confirm with an
internet search and present your findings by showing your chart and describing it
using expressions in this reading.

L'essentiel

Décrire votre état civil et avec qui vous vivez

EXPRESSIONS UTILES   *personnes et rapports*

les personnes	les rapports officiels	l'état civil
l'homme / la femme	le célibat	un célibataire / une célibataire
le mari / la femme	le mariage	un homme marié / une femme mariée
l'ex-mari / l'ex-femme	le divorce	un (homme) divorcé / une (femme) divorcée

ACTIVITÉ 1 *Famille de mots* Your instructor will tell you about three people. In the first column, write what you instructor says. Then fill in the other columns of the chart with the appropriate corresponding terms.

Personnes	Rapports officiels	État civil
Modèle: l'ex-femme	le divorce	une divorcée
1. _____	_____	_____
2. _____	_____	_____
3. _____	_____	_____

ACTIVITÉ 2 *Statistiques familiales* In groups, ask classmates about themselves. Tabulate the results and report to the class.

> **Modèle:**   A: Tu es marié(e) ou célibataire ?
>
> B: Je suis célibataire, etc.
>
> A (to class): Dans notre groupe, trois sont célibataires et un(e) est marié(e).

1. Es-tu marié(e), célibataire ou divorcé(e) ?
2. As-tu des frères ou des sœurs mariés, célibataires ou divorcés ?

 ÉCHANGE 1   *Vivre et habiter*

HOMME: Êtes-vous française ou canadienne ?

FEMME: Je suis française mais je vis à Montréal avec mon mari.

HOMME: À Montréal ? Où habitez-vous là-bas ?

FEMME: Nous avons une grande maison et nous vivons bien.

Verbe irrégulier				
vivre *(to live, share one's life)*	je	vis	nous	vivons
	tu	vis	vous	vivez
	il / elle	vit	ils / elles	vivent

APERÇUS CULTURELS

Habiter *and* vivre

French has two verbs for *to live*: **habiter** and **vivre**. **Habiter** refers to living quarters, and, if you say **J'habite avec un(e) colocataire**, there is no implication of close friendship or romance. **Vivre** is the verb that corresponds to **la vie** *(life)*. It is used to express not only where you live but also with whom you share your life (**Je vis avec mes parents**) and what the quality of your life is (**Nous vivons bien ensemble**).

The terms **union libre** and **cohabiter** are legal terms to describe a "couple" relationship. You talk about such a relationship by saying: **Je vis avec mon copain / ma copine / mon fiancé / ma fiancée**.

❯ How does your culture use language to differentiate types of relationships among people who live together?

~~EXPRESSIONS UTILES~~ *outdated*   *résidence et mode de vie* (used interchangeably)

habiter	seul(e)	vivre	seul(e)
	ensemble		ensemble
	avec mon / ma colocataire		avec un(e) ami(e)
	chez quelqu'un		mon copain / ma copine
	dans une résidence universitaire		mon compagnon /
	dans une maison		ma compagne
	dans un appartement		en union libre
			avec vos parents
			avec votre mari / femme
			bien / mal

ACTIVITÉ 3 *Qui vit avec qui ?* With a partner, take turns asking and answering questions about the typical living arrangements of various groups.

> **Modèle:**   les grands-parents
> En général, les grands-parents, vivent-ils seuls ou avec leurs enfants ?

1. les étudiants
2. les fiancés
3. les enfants
4. une femme mariée
5. un homme divorcé
6. une célibataire

 ÉCHANGE 2   *Avec qui vivez-vous ?*

ÉLISE: Est-ce que vous vivez avec vos parents ?
DENIS: Non, je ne vis pas avec eux, j'habite chez des amis.
ÉLISE: Où est-ce que votre sœur habite ?
DENIS: Elle vit avec son fiancé.

ACTIVITÉ 4 *Déclaration ou question ?* Listen to your instructor make remarks. Tell whether each remark is a question or a statement.

1. statement   question
2. statement   question
3. statement   question
4. statement   question

❯ **Observez**

1. **Est-ce que** indicates a question. Is there inversion of the subject and verb after **est-ce que**? (2.7.a)
2. **Est-ce que** can be used both for questions asking for a *yes / no* answer and questions asking for information using question words like **où**. Where is **est-ce que** placed in each of these types of questions? (2.7.b)

ACTIVITÉ 5 *Loto* Circulate among your classmates, asking yes / no questions with **est-ce que.** Find four different people who respond **oui** to four items in a line to win this game of **loto** (bingo).

Modèle: A: Est-ce que tu as un frère ?

B: Oui, j'ai un frère. Il s'appelle Richard.

A: (*Write B's name in the box **avoir un frère**.*)

L	O	T	O
avoir un frère	avoir une sœur	avoir un fils	avoir une fille
parler anglais	parler espagnol	parler français	parler allemand
être marié(e)	être célibataire	vivre seul(e)	vivre en union libre
habiter dans une maison	habiter dans un appartement	habiter dans une résidence universitaire	vivre chez ses parents

Exprimer une opinion personnelle

ÉCHANGE 3   *Différences d'opinion*

PROFESSEUR: Que pensez-vous des animaux domestiques ?

ÉTUDIANT(E) A: Pour moi, avoir un chat, c'est super.

ÉTUDIANT(E) B: Mais non, mais non ! Je ne suis pas du tout d'accord. Je trouve que les chats sont désagréables, et les chiens aussi.

ÉTUDIANT(E) C: Mais les lapins sont fantastiques.

ÉTUDIANT(E) D: Des lapins dans une maison, c'est une idée ridicule !

> **Observez**
>
> 1. What verbs are used here to ask for or express an opinion?
> 2. When these verbs are followed by a clause (subject + verb), what word links these verbs to the clause? **(2.8)**

Verbes en -er (conjugated like parler)	
penser *(to think)*	trouver *(lit. to find; also, to consider, believe, judge)*

EXPRESSIONS UTILES   *animaux domestiques*

un chien   **un chat**   **un lapin**   **un poisson**   **un oiseau**   **un serpent**

ACTIVITÉ 6 *Décrivez les animaux* Finish the following sentences by stating which animal, in your opinion, fits each description.

1. Un animal dangereux, c'est un _____.
2. Un animal tranquille, c'est un _____.
3. Un animal qui vit dans l'océan, c'est un _____.
4. Un animal difficile, c'est un _____.
5. Un animal qui vit dans une cage, c'est un _____.

Les animaux domestiques en France

One of every two French households has a pet; 46% have both a cat and a dog. Dogs are most popular: 53% of households have at least a dog, 26% have at least a cat. Fish, reptiles, and recently birds are also common. The most common name for a dog is *Médor*; for a cat, *Minou*. In French, there are also expressions referring to animals:

Appeler un chat un chat.	*To call a spade a spade.*
Ils sont comme chien et chat.	*They fight like cats and dogs.*
Avoir un chat dans la gorge.	*To have a frog in your throat.*

❯ How does the French preference for certain pets compare to preferences where you live?

EXPRESSIONS UTILES *opinions*

Je pense qu'avoir un chat, c'est   super.
                                 agréable.
                                 génial.
                                 facile.
                                 cool.

Je trouve qu'un serpent dans la maison, c'est   désagréable.
                                                              difficile.
                                                               horrible.
                                                               terrible.
                                                                galère / la galère.

C'est une idée   fantastique.
                       ridicule.
                       idiote.

Es-tu d'accord ?
Oui, je suis d'accord.
Non, je ne suis pas d'accord.

ACTIVITÉ 7 *C'est horrible ou c'est génial ?* In groups of three, take turns making statements about the following situations and asking if the other two members of your group agree.

    Modèle: avoir un chien

                A: Je pense qu'avoir un chien, c'est horrible ! Et toi ?

                B: Je suis d'accord, je n'aime pas du tout les chiens.

                C: Mais non ! Avoir un chien, c'est génial.

1. avoir huit enfants
2. être célibataire
3. vivre à Dakar
4. vivre seul(e)
5. habiter dans une résidence universitaire
6. avoir cinq oiseaux

ACTIVITÉ 8 *Les animaux, rois de la France ?* Your instructor will ask if the following services for different pets exist in France. Say you don't know and then give your opinion of each service.

> Modèle: PROFESSEUR: Est-ce qu'il y a des cimetières pour les oiseaux en France ?
>
> ÉTUDIANT(E):   Je ne sais pas, mais je trouve que c'est une idée ridicule.

1. les concerts
2. les centres de massage
3 les agences matrimoniales
4. les cimetières
5. les salons de beauté
6. les restaurants

Les chiens, rois du café

Vocabulaire essentiel

animaux domestiques

l'animal domestique *(m)* les animaux domestiques	*pet*
le chat	*cat*
le chien	*dog*
le lapin	*rabbit*
l'oiseau *(m)* (les oiseaux)	*bird*
le poisson	*fish*
le serpent	*snake*

état civil et rapports personnels

le / la camarade	*friend*
le célibat	*single life*
le / la célibataire	*single person*
le / la colocataire	*co-renter, suggests "roommate"*
le compagnon / la compagne	*partner*
le copain	*boyfriend*
la copine	*girlfriend*
le divorce	*divorce*
le divorcé / la divorcée	*divorced person*
divorcé(e)	*divorced*
la femme mariée	*married woman*
le fiancé / la fiancée	*fiancé(e)*
fiancé(e)	*engaged*
l'homme marié *(m)*	*married man*
le mariage	*marriage*
l'union	*(f) union*
l'union libre *(f)*	*living together*

opinions

agréable	*nice*
cool *(invariable)*	*fun, cool (slang)*

difficile	*difficult*
facile	*easy*
fantastique	*fantastiç*
la galère	*awful, difficult (slang)*
génial(e)	*brillant, fun*
horrible	*horrible*
idiot(e)	*idiotic*
ridicule	*ridiculous*
super *(invariable)*	*super*
terrible	*terrible*

autres expressions utiles

une idée	*an idea*
ensemble	*together*
être d'accord	*to agree*
là-bas	*there (over there)*
pour	*for*
que	*that, what*
quelqu'un	*someone*
seul(e)	*alone*

autres verbes

penser (que + sujet + verbe)	*to think (that)*
trouver (que + sujet + verbe)	*to find / consider (that)*
vivre	*to live*

je	vis	nous	vivons
tu	vis	vous	vivez
il / elle	vit	ils / elles	vivent

Prononciation **L'égalité syllabique**

In English, every word of more than one syllable has at least one syllable that is pronounced with more emphasis than the other(s). In French, each syllable of a word is pronounced with about equal emphasis, and none is stressed as strongly as in English. However, the vowel of the last syllable of a French word tends to be a bit longer (but not louder) than the other(s). Compare:

English	French
fam-i-ly	fa-mille
fan-**tas**-tic	fan-tas-tique
in-sti-**tu**-tion	in-sti-tu-**tion**

When words are combined in sentences, each English word keeps its stress, but in French only the last syllable of the last word of the sentence is slightly lengthened or stressed. Compare:

My **fam**ily is **su**per.   Ma famille est su**per**.

ACTIVITÉ 9 *Votre opinion* First, practice saying the words in the following lists without stressing syllables as you would in English. Then, with a partner give your opinion of each institution or family group, using the opinion expressions provided.

Modèle: Pour moi, le mariage, c'est la permanence.

Les institutions et les personnes	Les opinions
le mariage	l'affection
l'union libre	la liberté
le célibat	la passion
les enfants	une nécessité
les parents	la permanence
les frères et sœurs	un scandale

Expansion **Discuter**

> *Stratégie* Avant de commencer une conversation, imaginez des questions et réponses possibles.

Before entering into a conversation, it helps to imagine what might be said in that situation.

Avant de discuter *Trouver un(e) colocataire*

Imagine you are looking for someone to share an apartment or house with you next year. How might you respond to each of these questions?

1. Où est-ce que tu habites maintenant ?
2. Quelle sorte de résidence désires-tu ?
3. Es-tu étudiant(e) ?
4. Est-ce que tu es fiancé(e) ?
5. As-tu des animaux domestiques ?

Discuter

1. Walk around the room and interview as many potential apartment / house mates as possible. So that you can identify the two people who are the most compatible with you, take notes on the chart, expanding it as necessary.

1. **Nom, Prénom**   _____   _____

   Similarités   _____   _____

   Différences   _____   _____

2. **Nom, Prénom**   _____   _____

   Similarités   _____   _____

   Différences   _____   _____

3. **Nom, Prénom**   _____   _____

   Similarités   _____   _____

   Différences   _____   _____

4. **Nom, Prénom**   _____   _____

   Similarités   _____   _____

   Différences   _____   _____

2. Based on your conversations, propose several people to share an apartment or house with you. Make a group with some of them, review together whether you are compatible, and select one person.

Après avoir discuté

1. Describe the person you have selected and tell how you are similar and different.

   Similarités: nous sommes... / nous avons... / nous pensons que...

   Différences: Moi, je... mais lui / elle...

2. Write a paragraph to describe your ideal apartment / housemate (**il / elle est...**).

Point de départ **Écouter**

> *Stratégie* Précisez pourquoi vous écoutez.

When listening, it helps to focus primarily on the details that tell you what you want to know.

Avant d'écouter *Qui est le fiancé de Françoise ?*

You will hear two women talking. One of them, Françoise, is describing her fiancé to her friend. Before listening to her description, complete the chart by putting the following words in the appropriate categories in the chart.

Descriptions: grand, intelligent, moustache, yeux bleus, charmant, brun, petit, idiot, de taille moyenne, désagréable

taille	_____	_____	_____
traits physiques	_____	_____	_____
traits de caractère	_____	_____	_____

🔘 En écoutant

Work in groups. Each person in the group concentrates on hearing information related to one category from the previous chart. As you listen, circle the words from your category that you hear Françoise use to describe her fiancé and note other words that apply to your category.

Après avoir écouté

1. Qui est le fiancé de Françoise ?

  a.   b.   c.

2. Décrivez le fiancé de Françoise.
3. Décrivez les deux autres hommes.

À vous la parole

Décrivez votre fiancé(e) ou compagnon / compagne idéal(e).

DOSSIER 3

In this Dossier, you will learn about these grammatical features

❯ more patterns of masculine and feminine adjectives

❯ adjectives that go before the noun

❯ articles used with parts of the body

❯ **avoir + ans** to indicate age

❯ more regular **-er** verbs: **aimer, adorer, détester, chercher, préférer**

With this **Dossier:**

AUDIO CD (Track 5)
Point de départ : Qui est le fiancé de Françoise ?

CD-ROM (E2)
Comment le dire

ACTIVITIES MANUAL (E2D3)
Activités écrites
Activités de laboratoire (avec enregistrement)

BOOK COMPANION SITE (E2)
www.wiley.com/college/ magnan

L'essentiel

Préciser la taille, les traits physiques et l'âge

> **Observez**
> 1. In **Échange 1,** what noun does the adjective **moyenne** qualify? **(2.9.a)**
> 2. What words do the adjectives **brun** and **mince** qualify? **(2.9.a)**

ÉCHANGE 1   *Deux amis à l'aéroport pour trouver Paul Duménil*

RICHARD: Paul Duménil ? Paul Duménil ?
AUDREY: Regarde le monsieur là-bas. Il est brun, mince et de taille moyenne.
RICHARD: Brun... de taille moyenne... Mais, c'est bien lui. C'est l'homme de la photo.

EXPRESSIONS UTILES   *taille et traits physiques*

Paul Duménil

Il est gros.
Elle a les cheveux longs et roux.

Elle est grosse.
Il a les cheveux courts et bruns.

les yeux verts.

les yeux bleus.

Ils sont de taille moyenne.

Il est petit et mince.

Elles sont petites et minces.

un joli nez.
une petite bouche.
des lunettes.

un grand nez.
une grande bouche.
une grosse moustache.
une jolie barbe.

> **Observez**
> 1. Most adjectives follow the noun, but a few common ones come before the noun. Which adjectives come before the noun? **(2.9.b)**
> 2. With parts of the body, when do you use definite articles (**le, la, les**) and when do you use indefinite articles (**un, une, des**)? **(2.10)**

ACTIVITÉ 1 *Homme ou femme ?* Your instructor will read descriptions of people whose names could be either masculine or feminine. Based on the adjectives you hear, say whether each person described is a man or a woman or if you cannot tell.

Possibilités: Ça, c'est un homme. / Ça, c'est une femme. / Ce n'est pas évident.

ACTIVITÉ 2 *Jeu du portrait* Your instructor will think of a student in the class,

APERÇUS CULTURELS

Gestes

Some gestures use parts of the body as the basis of their expressions.

To express disbelief

Mon œil !

To express boredom

La barbe !

> Describe a situation in which you might use these gestures.

and you have to guess who it is. Form two teams and take turns asking your instructor questions that can be answered with **oui** or **non.**

> **Modèle:**   C'est un homme ? Il est grand ? Il a les yeux bleus ?
> Il a les cheveux noirs ?

ÉCHANGE 2   *Quel âge ?*

AHMED: Quel âge as-tu ?
FATIMA: Moi, j'ai vingt-cinq ans.
AHMED: Et tes frères et sœurs ?
FATIMA: Ma grande sœur a trente-trois ans : je trouve qu'elle est vieille ! Ma petite sœur a vingt ans. Et mon frère est jeune ; il a dix-sept ans.

EXPRESSIONS UTILES   *nombres de 21 à 100*

21 vingt et un	70 soixante-dix	89 quatre-vingt-neuf
22 vingt-deux	71 soixante et onze	90 quatre-vingt-dix
29 vingt-neuf	72 soixante-douze	91 quatre-vingt-onze
31 trente et un	79 soixante-dix-neuf	92 quatre-vingt-douze
41 quarante et un	80 quatre-vingts	99 quatre-vingt-dix-neuf
51 cinquante et un	81 quatre-vingt-un	100 cent
61 soixante et un	82 quatre-vingt-deux	

> **Observez**
>
> 1. What verb is used in French to express age? (2.11)
> 2. When telling your age, what word follows the number? (2.11)
> 3. What words in the **Échange** mean *old* and *young?* Are their masculine or feminine forms used here? (2.9.b,c)

ACTIVITÉ 3 *Les âges de la vie* Say what physical age you associate with each period of life listed below. Ask if another student agrees with you.

> **Modèle:**   L'âge de la tendresse
>
> A: Pour moi, 10 ans, c'est l'âge de la tendresse. Et pour toi ?
>
> B: Je ne suis pas d'accord. Je pense que l'âge de la tendresse, c'est 60 ans.

1. L'âge de la passion
2. L'âge de la liberté
3. L'âge de la révolution
4. L'âge de la richesse
5. L'âge de la réflexion
6. L'âge de l'innocence

ACTIVITÉ 4 *Vieux ou jeune ?* Work in pairs. Student A will read each sentence giving the age of a person or animal. Student B will say whether that person is old or young.

> **Modèle:**   A: Ce lapin a 15 ans.
>
> B: Je trouve que ce lapin est vieux.

1. Madame Durand a 69 ans.
2. Mes grands-parents ont 80 ans et 81 ans.
3. Ma petite sœur a 15 ans.
4. Ce gros chien a 12 ans.
5. Ce petit chat a 1 an.
6. Ces étudiantes ont 70 ans.

ACTIVITÉ 5 *Les membres de la famille* Work in groups of three. Each student describes a member of his or her family to the others in the group, who take notes on the chart. Prepare to tell the class what you have learned.

Modèle: *Description:*   J'aime bien mon frère. Il a vingt ans...
            Rapport: Le frère de X a vingt ans. Il...

	Étudiant(e) 1	Étudiant(e) 2	Étudiant(e) 3
lien de parenté	_____	_____	_____
âge	_____	_____	_____
taille	_____	_____	_____
couleur des cheveux	_____	_____	_____
couleur des yeux	_____	_____	_____
autres traits physiques	_____	_____	_____

Exprimer les préférences et les désirs

ÉCHANGE 3   *Qui préfère les chiens, et qui les chats ?*

ÉTUDIANT 1: Est-ce que les Français préfèrent les chiens ou les chats ?
ÉTUDIANT 2: Ils aiment les deux : 53% des familles ont un chien et 26% ont un chat.
ÉTUDIANT 1: Ah bon ? Et toi ? Préfères-tu les chiens ou les chats ?
ÉTUDIANT 2: Je préfère les lapins. Ils sont adorables !

> **› Observez**
>
> 1. Look at the second accent of the verb **préférer** in both **Échange 3** and the verb box. Which four forms are alike? **(2.12)**
> 2. Which two forms are like the infinitive? Note that the accent changes when the **é** is not followed by a pronounced syllable. **(2.12)**

Verbes en -*er* (variations d'orthographe)				
préférer (*to prefer*)	je	préfère	nous	préférons
	tu	préfères	vous	préférez
	il / elle	préfère	ils / elles	préfèrent

ACTIVITÉ 6 *Je préfère...* Work in groups of three. Person A says which element in each pair he or she prefers and why. Person B agrees or disagrees and says why. Person C makes a comment to describe their opinions.

Modèle: chiens / chats

A: Je préfère les chiens. Ils sont intelligents.

B: Je ne suis pas d'accord. Je préfère les chats. Ils sont petits and adorables.

C: A préfère les chiens, mais B préfère les chats. Ils ne sont pas d'accord.

1. lapins / oiseaux
2. serpents / poissons
3. moustaches / barbes
4. yeux bruns / yeux bleus
5. appartements / maisons
6. mariage / union libre

❯ Observez

1. Look at the adjectives in **Échange 4** and the **Expressions utiles.** Are they before or after the noun? **(2.9.b)**
2. Note that some adjectives that precede nouns have two different masculine singular forms. Look at the first letter of the words that follow them. How are they different? **(2.9.c)**

ÉCHANGE 4   *Désirs et réalités*

ÉLISABETH: Tu cherches un nouvel appartement ?
SORAYA: Oui, mais trouver un bel appartement, c'est difficile.
ÉLISABETH: Ah oui... et avec un chien, en plus !
SORAYA: Avec un chien, un beau, nouvel appartement est impossible !

Verbes en *-er* (*conjugated like* parler)	
adorer *(to like a lot)*	chercher *(to look for)*
aimer *(to like)*	détester *(to dislike strongly)*

EXPRESSIONS UTILES   *descriptions*

Je cherche	un bel appartement.	une belle résidence universitaire.
J'aime	un vieil appartement.	une vieille maison.
J'adore	ce bel / vieil homme.	cette belle / vieille femme.
Je déteste	ce beau / vieux chien.	
Je préfère	les beaux hommes.	les belles femmes.
	les bons / mauvais acteurs.	les bonnes / mauvaises actrices.
	les jeunes / vieux hommes.	les jeunes / vieilles femmes.
	les grands / petits enfants.	les grandes / petites filles.
	les gros animaux.	les grosses barbes.

ACTIVITÉ 7 *C'est vrai ?* Answer these questions in the affirmative according to the model. Pay attention to the adjectives.

Modèle: Cet homme est vieux ?
              Oui, c'est un très vieil homme.

1. Cet appartement est nouveau ?
2. Cet oiseau est beau ?
3. Cet homme est jeune ?
4. Cet oiseau est grand ?
5. Cet enfant est petit ?
6. Cet étudiant est vieux ?

Now, in pairs, redo the activity in the plural.

Modèle: Ces hommes sont vieux ?
              Oui, ce sont des très vieux hommes.

ACTIVITÉ 8 *Où habiter ?* Imagine that you are looking for a place of your own to live after graduating from college. Tell what kind of place you are looking for, using words from the list.

Possibilités: beau, petit, grand, vieux, nouveau

Modèle: Je cherche un bel appartement.

ACTIVITÉ 9 *Vos préférences* Tell what kind of people you tend to like and dislike, using an element from three of the columns to express your feelings. Make all necessary agreements.

Modèle: J'aime les enfants agréables.

A	B	C	D
aimer bien	les hommes	beau	agréable
aimer	les femmes	mauvais	désagréable
préférer	les professeurs	jeune	difficile
détester	les enfants	bon	intelligent

Vocabulaire essentiel

descriptions			
adorable	*cute*	la bouche	*mouth*
beau / bel / belle / beaux / belles	*beautiful, good-looking*	les cheveux *(m pl)*	*hair*
		les lunettes *(f pl)*	*eyeglasses*
		la moustache	*mustache*
bleu(e)	*blue*	le nez	*nose*
blond(e)	*blond*	l'œil *(m)* (les yeux)	*eye*
bon(ne)	*good*	mon œil !	*(exclamation of disbelief)*
brun(e)	*brown / dark-haired*	la taille	*size*
court(e)	*short*	les yeux *(m pl)*	*eyes*
grand(e)	*big, tall*		
gros(se)	*big, fat*	**autres expressions utiles**	
jeune	*young*	l'an *(m)*	*year*
joli(e)	*pretty*	ça	*that*
long(ue)	*long*	comme	*like*
mauvais(e)	*bad*	en plus	*too, also, in addition*
mince	*slim*	je ne sais pas	*I don't know*
moyen(ne)	*average*	la photo	*photo*
noir(e)	*black*	quel(le)	*which*
nouveau / nouvel / nouveaux / nouvelles	*new*	vrai(e)	*true*
petit(e)	*small*		
roux / rousse	*redheaded*	**autres verbes**	
le roux / la rousse	*redheaded person*	adorer	*to like a lot, adore (conj. like parler)*
vert(e)	*green*		
vieux / vieil / vieille / vieux / vieilles	*old*	aimer	*to like (conj. like parler)*
		chercher	*to look for (conj. like parler)*
taille et traits physiques		détester	*to dislike (conj. like parler)*
l'âge *(m)*	*age*	préférer	*to prefer (conj. like parler with accent variations)*
la barbe	*beard*		
la barbe !	*(= exclamation to indicate boredom)*		

Prononciation **La lettre *l***

 The letter **l** is generally pronounced [l]:

le livre de Liliane

But when two **l**'s are preceded by the letter **i**, the resulting sound is usually similar to a strong *y* in the English word *yes*.

une **fille** [fij]   une **vieille** [vjɛj]   dame de **taille** [taj] moyenne

Note also that **vieil** is pronounced like **vieille**, despite having only one **l**. In English, the letter *l* is pronounced differently at the beginning and end of words: Compare *lap* and *pal*. The French [l] always sounds like the letter *l* pronounced at the beginning of English words: with the tip of the tongue touching the back of the front teeth.

Nicole est très belle.

ACTIVITÉ 10 *Attention à vos l* Practice this conversation with a partner, paying attention to the pronunciation of the letter **l**, especially at the end of words.

A: Isabelle ! Isabelle ! Où est Isabelle ?
B: Isabelle, la belle Isabelle ! Elle est chez Nicole ?
A: Elle n'est pas au bal ?
B: Isabelle ? Elle danse mal, et elle déteste les bals.

Expansion **Écrire**

> *Stratégie* Décrivez avec précision.

When you use adjectives to paint a verbal portrait, these words can create a vivid impression of the person or thing you are describing.

Avant d'écrire *Petit poème en diamant*

1. You are going to write a poem to list differences between teachers and students. First look at this poem about children and adults. What shape does it have? How does the shape of the poem and the adjectives used make the comparison between the two groups? Do you agree with the images presented?

Enfants
petits   jeunes
agréables   adorables   faciles
difficiles   terribles   désagréables
vieux   grands
Adultes

2. To prepare to write a **diamante** poem about teachers and students, list adjectives to describe and contrast these two groups.

Professeurs	Étudiants
a. _____	a. _____
b. _____	b. _____
c. _____	c. _____
d. _____	d. _____
e. _____	e. _____

Écrire

Select from among the adjectives in your list and others to make a **diamante** poem. You do not have to use rhymes.

Professeurs

_____ _____

_____ _____ _____

_____ _____ _____

_____ _____

Étudiants

Après avoir écrit

Reread your poem and make sure you . . .

1. put contrasting images or messages in opposite halves of the poem.
2. selected words to convey the contrast you wish to make.
3. made adjectives agree with nouns.

À vous la parole

Read your poem aloud.

1. Classmates describe the image presented.

   Modèle: L'image des professeurs est optimiste / pessimiste / neutre / réaliste.
   L'image des étudiants est optimiste / pessimiste / neutre / réaliste.

2. Classmates then say whether they agree or disagree with this characterization.

   Modèle: Je suis d'accord / Je ne suis pas d'accord avec l'interprétation de X. Je trouve que...

Point de départ **Lire**

Stratégie Utilisez les mots de la même famille pour comprendre les mots nouveaux.

You can guess the meaning of new words based on words you already know from the same word family (e.g, **l'intelligence** *intelligence*; **intelligent(e)** *intelligent*.)

Avant de lire *Annonces personnelles*

Find adjectives in the ads in **En lisant** that come from the same family as the nouns already given. Then, guess the equivalent English adjectives and write them in the last column.

Noms en français	Adjectifs en français	Adjectifs en anglais
la sincérité	sincère	sincere
l'ambition	_____	_____
le charme	_____	_____
l'honnêteté	_____	_____
le sport	_____	_____
la timidité	_____	_____
l'élégance	_____	_____
la patience	_____	_____

En lisant

As you read, underline French adjectives that describe each person.

Fatima
est médecin. Elle a 42 ans et c'est vraiment une femme charmante. Assez grande, mince, des yeux bleus et des cheveux noirs. Intelligente, honnête, ambitieuse, mais aussi simple, naturelle. Elle adore s'occuper de son intérieur, bricoler, lire. Elle est assez sportive, aime le ski, le tennis, la danse. C'est une bonne vivante, une sensuelle, qui aime toutes les bonnes et belles choses de la vie.

Sabine
est une belle femme de style assez élégant. Intelligente, profession libérale, bonne situation. Elle ne cherche pas un homme pour la vie. Mais plutôt une amitié très forte. Sabine a 52 ans, elle est divorcée, sans enfants. Ses loisirs: les antiquités, les voyages, la grande musique, le ballet. Elle aime les personnes positives ayant de l'humour.

Kateb
a 38 ans. Bel homme, taille moyenne. C'est un homme viril et sportif. Des responsabilités dans la vie professionnelle, une maison et un enfant. Il se dit un homme facile à vivre, pas compliqué, patient. Ses loisirs: le ski, le foot, le patinage, la natation et le bricolage. Il aime de temps en temps faire des bêtises.

Philippe
cherche sa "femme idéale". Il a 26 ans, une petite barbe et un bon physique. Ayant une bonne situation, il est d'une nature sympathique et sincère. Philippe est positif mais timide et il a toujours des idéaux. Un grand sportif et danseur de rock, il adore le ski, la musique, les voyages, la nature, la vie de famille, les enfants.

Après avoir lu

1. Pour vous, quels sonts les traits de caractère les plus positifs chez Fatima ? chez Philippe ? chez Sabine ? chez Kateb ?
2. Imaginez un couple composé de deux de ces personnes. Expliquez.

À vous la parole

Vous avez la possibilité de rencontrer une de ces personnes. Pour vous, quel homme est le plus intéressant ? quelle femme est la plus intéressante ? Pourquoi ?

L'essentiel

Commenter l'apparence physique et les traits de caractère

ÉCHANGE 1   *Tu n'as pas bonne mine*

PAUL: Salut, mon vieux ! Tu as l'air très fatigué aujourd'hui.

DANIEL: Tu trouves ?

PAUL: Oui, tu n'as pas bonne mine du tout.

DANIEL: Tu exagères !

PAUL: Mais non. Qu'est-ce que tu as ?

DANIEL: J'ai beaucoup de travail.

EXPRESSIONS UTILES   *apparence*

Elle a l'air   sympathique.
           dynamique.
           élégant.

Elle a bonne mine.

Il a l'air   frivole.
          timide.
          fatigué.

Il a mauvaise mine.

APERÇUS CULTURELS

Les compliments

When greeting a friend in France, it is common to remark on how the person looks, especially if the person looks particularly well, not well, or different. When the remark is a compliment, the French often simply return the compliment, if appropriate: **Toi aussi.** If the remark surprises the person, he or she might respond with an expression such as **Tu trouves ?** or **Tu aimes ça ?** The other person may then reiterate the compliment: **Ah oui ! C'est très beau.**

> If someone says to you, **Tu as les cheveux courts !**, what could you answer?

EXPRESSIONS UTILES *réactions*

Confirmer	**Contredire**
Tu as raison.	Tu as tort.
Vous avez raison.	Vous avez tort.
Tiens, c'est vrai !	Mais non, voyons !
Je trouve que oui.	Je trouve que non.
Évidemment !	Tu exagères ! / Vous exagérez !

ACTIVITÉ 1 *Il a l'air comment ?* With a partner consider these statues from **Notre Dame** and **la place Stravinsky** in Paris. Take turns making statements about the figures and reacting to these opinions.

    Possibilités: le démon / l'oiseau / l'éléphant

    Modèle: A: Regarde le démon sympathique. Il a l'air sympathique.

                      B: Mais non, voyons !

ACTIVITÉ 2 *Après « bonjour »* The class is divided into two groups: one seated, one standing. Each person who is standing (those in group A) greets and makes a comment on the appearance of several people who are seated (those in group B), who answer appropriately. Then the two groups switch roles.

> **Modèle:** A: Bonjour, X. Tu as bonne mine aujourd'hui.
>
> B: Toi aussi.

 ÉCHANGE 2   *Aimer et détester*

HOMME: Pourquoi est-ce que tu n'aimes pas Pierre et Monique ?
FEMME: Elle, je l'aime bien, je la trouve intéressante. Mais lui, je le déteste parce que je le trouve bête.

EXPRESSIONS UTILES *qualités et défauts*

-e / -e	consonant / -e	-if / -ive	-eux / -euse
adorable	charmant(e)	actif / active	ambitieux / ambitieuse
aimable	impatient(e)	passif / passive	ennuyeux / ennuyeuse
agréable	intelligent(e)	sportif / sportive	paresseux / paresseuse
bête	intéressant(e)		sérieux / sérieuse
calme	patient(e)		
honnête	méchant(e)		
sincère			
sympathique			
timide			

> **Observez**
>
> 1. How does the woman say "I like *her*?" "I don't like *him*?" What pronoun replaces the singular direct object Monique? the direct object Pierre? **(2.13)**
> 2. Where does the direct object pronoun go? **(2.13)**
> 3. What singular pronoun is used before a verb beginning with a vowel? **(2.13)**
> 4. Guess what the plural pronoun used to say "I like *them*," might be. **(2.13)**

ACTIVITÉ 3 *Aimez-vous ces hommes ?* Your teacher will ask you about imaginary men. Use the cues to say whether you like them or not and why.

> **Modèle:** You read: oui / honnête
> You hear: Est-ce que vous aimez Pierre ?
> You say: Oui, je l'aime parce qu'il est honnête.

1. oui / intelligent
2. oui / ambitieux
3. non / paresseux
4. non / ennuyeux
5. non / méchant
6. oui / sportif

ACTIVITÉ 4 *Tu les aimes bien ?* Choose a well-known couple and ask three of your classmates if they like this couple and why or why not. Then report the results of your survey to the class.

> **Modèle:** A: Est-ce que tu aimes bien le président et sa femme ?
>
> B: Oui, je les aime bien. *ou:* Non, je ne les aime pas.
>
> A: Pourquoi ? *ou:* Pourquoi pas ?
>
> B: Parce qu'ils sont intelligents. *ou:* Parce qu'ils ne sont pas sincères.

ACTIVITÉ 5 *Votre opinion* With a partner, take turns commenting on people you know from the list. Use two adjectives for each person and pay attention to all words indicating gender.

Personnes:	mère, père, sœur, frère, ami(e), professeur de français, copain / copine / compagnon / compagne / mari / femme
Qualités:	sympathique, sincère, sérieux, intelligent, charmant, actif, méchant
Modèle:	A: Ma mère est sérieuse et sympathique.
	B: Mon père est actif et intelligent.

ACTIVITÉ 6 *Votre idéal* With a partner, take turns asking each other what your ideal is for different types of people. Use at least two qualities for each person, and pay attention to all words indicating gender.

Possibilités:	**Personnes**	**Qualités**
	la femme	sportif
	l'homme	patient
	le / la colocataire	aimable
	le médecin	dynamique
	le professeur	intéressant
	l'étudiant	pas paresseux
Modèle:	A: Comment est-ce que tu imagines le professeur idéal ?	
	B: Je l'imagine intelligent et sympathique.	

Parler de préférences : sports et activités

▶ Observez

1. What word asks "what" or "which" sports? What do you think is its masculine singular form? **(2.14)**
2. What two types of words are used in **Échange 3** after **aimer**? **(2.15)**
3. Which verb in **Échange 3** has a g before the ending in the *-ons* form? The verb **voyager** has similar spelling in the **nous** form (nous voyageons). **(2.16)**

ÉCHANGE 3   *Nous préférons...*

Madame Chamussy: Votre mari et vous, quels sports préférez-vous ?
Madame Bouriant: Nous aimons beaucoup la danse et la natation. Ce sont nos activités préférées. Nous dansons et nageons souvent ensemble. Et nous aimons aussi voyager.

EXPRESSIONS UTILES   *sports et activités*

le voyage ; voyager   **la natation ; nager**   **la danse ; danser**

le ski ; skier

le patinage ; patiner

le travail ; travailler

le bricolage ; bricoler

ACTIVITÉ 7 *Qui aime quoi ?* Work with a partner. For each pair of activities, find out which one your partner prefers and how well he or she does it.

Possibilités:	bien, assez bien, un peu, assez mal, mal, très mal, ne... pas du tout
Modèle:	A: Quelle activité préfères-tu : le ski ou le patinage ?
	B: Je préfère le ski.
	A: Tu skies bien ?
	B: Oui, assez bien.

1. le ski ou la danse
2. le patinage ou la natation
3. le bricolage ou la danse
4. la natation ou le ski
5. la danse ou la natation
6. le patinage ou le bricolage

ACTIVITÉ 8 *Quel sport ? Quelle activité ?* Work in pairs. Follow the model to talk about sports and activities that your friends prefer.

Possibilités:	**Sports**	**Activités**
	danser	travailler
	nager	voyager
	skier	bricoler
	patiner	parler avec mes amis

Modèle:	A: Et tes amis, quels sports préfèrent-ils ?
	B: En général, ils préfèrent skier. Ils skient assez bien.

ACTIVITÉ 9 *Loto* Circulate among your classmates. Ask each person one question to find out who likes each activity or situation. The first person to find four people says "Loto."

Modèle: A: Est-ce que tu aimes patiner ?

B: Oui, j'aime ça. *ou:* Non, je n'aime pas ça.

L	O	T	O
patiner	nager	skier	travailler
danser	bricoler	voyager	parler français
avoir un chat	avoir un serpent	avoir un chien	avoir un lapin
habiter dans une maison	vivre en union libre	habiter dans un appartement	vivre seul(e)

Vocabulaire essentiel

apparence
avoir l'air — *to have the appearance of, to look*
la mine — *appearance*
  bonne / mauvaise mine — *healthy / sickly look*

qualités et défauts
actif / active — *active*
aimable — *friendly*
ambitieux / ambitieuse — *ambitious*
bête — *stupid, silly*
calme — *calm*
charmant(e) — *charming*
dynamique — *dynamic, vivacious*
élégant(e) — *elegant*
ennuyeux / ennuyeuse — *boring*
frivole — *frivolous*
honnête — *honest*
impatient(e) — *impatient*
intelligent(e) — *intelligent*
intéressant(e) — *interesting*
méchant(e) — *nasty, mean*
paresseux / paresseuse — *lazy*
passif / passive — *passive*
patient(e) — *patient*
sérieux / sérieuse — *serious*
sincère — *sincere*
sportif / sportive — *athletic*
sympathique — *nice*
timide — *shy*

réactions
avoir raison — *to be right*
avoir tort — *to be wrong*

tiens ! — *hey! (expresses surprise)*
voyons ! — *come on! let's see now*

sports et activités
l'activité *(f)* — *activity*
le bricolage — *tinkering, handiwork*
bricoler — *to do handiwork, to tinker with (conj. like* parler*)*
la danse — *dance*
danser — *to dance (conj. like* parler*)*
nager — *to swim (conj. like* parler *with spelling variation* nous nageons*)*
la natation — *swimming*
le patinage — *skating*
patiner — *to skate (conj. like* parler*)*
le ski — *ski*
skier — *to ski (conj. like* parler*)*
le sport — *sport*
travailler — *to work (conj. like* parler*)*
le voyage — *voyage, trip*
voyager — *to travel (conj. like* nager*)*

autres expressions utiles
autre — *other*
évidemment — *evidently*
la (l') — *(as direct object pronoun) her, it*
le (l') — *(as direct object pronoun) him, it*
les — *(as direct object pronoun) them*
parce que — *because*
pourquoi — *why*

autres verbes
exagérer — *to exaggerate (conj. like* préférer*)*

Prononciation **Intonation**

You need to control whether and where your voice goes up or down in a sentence, because this intonation pattern is an important part of oral expression. You already know that you can turn a statement into a question just by raising your voice at the end of the sentence. However, when you ask a question with **est-ce que** or with **inversion,** two different intonations are possible: Your voice can go up at the end of the question, or it can go down.

Est-ce que vous aimez le sport ?

Est-ce que vous aimez le sport ?

Pourquoi es-tu fatigué ?

Pourquoi es-tu fatigué ?

Both of these intonations are used frequently. Note that when you raise your voice at the end of these questions you sound more friendly or concerned than when you lower it. And, in French, as in English, a very low pitch at the end of a question may sound curt, whereas a moderately falling intonation sounds more matter-of-fact than a rising intonation in a question.

ACTIVITÉ 10 *Attention à l'intonation* With a partner, ask and answer these questions. Practice each exchange several times, varying the content by substituting different expressions from the list of possibilities.

1. A: Est-ce que tu aimes danser ?
   B: Oui, j'aime bien danser. *ou* Évidemment.

   Possibilités: bricoler, travailler, patiner, nager

2. A: Tu trouves que notre professeur est méchant ?
   B: Mais non, voyons !

   Possibilités: bête, ennuyeux, intéressant, aimable

3. A: Pourquoi es-tu fatigué(e) ?
   B: Je ne suis pas fatigué(e). Je vais bien.

   Possibilités: malade, occupé(e), désagréable

Expansion **Écouter**

> *Stratégie* Créez des tableaux pour noter les éléments importants.

When taking notes, it helps to organize key words and ideas in a table in terms of what you need to find out.

Avant d'écouter *Les candidats*

You are going to hear someone describe two job candidates, Pierre Laffond and Cécile Dubois, and decide which candidate best fits a job. Consider the following categories for evaluating the candidates and put each category next to the phrase that describes it.

Catégories: *leur expérience, leur diplôme, leur personnalité
nos hésitations*

Catégories	Descriptions
_____	Ils ont un diplôme en pharmacie.
_____	Considérons leur expérience administrative.
_____	Lui, il est extroverti et enthousiaste.
_____	Mais cette question d'autorité est très importante.

  ## En écoutant

Listen to the director of a pharmaceutical firm who reports on the two candidates. Take notes on the grid.

Pierre Laffond

Cécile Dubois

Comparer les candidats

Candidats	Diplômes	Expérience	Personnalité	Hésitations
Cécile Dubois	_____	_____	_____	_____
Pierre Laffond	_____	_____	_____	_____

Après avoir écouté

1. Sous quels aspects est-ce que les deux candidats se ressemblent ?
2. Sous quels aspects sont-ils différents ?
3. Comment est Madame Dubois ?
4. Comment est Monsieur Laffond ?

À vous la parole

En groupes, discutez de quel(le) candidat(e) vous préférez et pourquoi.

Grammaire 2

2.1   The definite article

A definite article qualifies a noun in one of two ways: specifically, as in **le professeur parle français** *(the professor speaks French)*, or generally, as in **les femmes préfèrent les blonds** *(women prefer blond men)*. Note that in English, the article is often left out in such general statements or with abstract nouns like *divorce*. In French, there are very few cases in which no article is used.

L'article défini			
	singulier		**pluriel**
	+ consonne	*+ voyelle*	
masculin	le	l'	les
féminin	la	l'	les

2.2   Possession with *de* + noun

a. To express possession or family relationship, you use **de** between two nouns. This is the equivalent of *'s* in English.

> C'est le livre **de** Jeanne. *(Jeanne's book)*
> C'est la mère **de** mes amis. *(my friends' mother)*

b. When the noun following **de** begins with a vowel, use **d'**.

> le père **d'**Annick

2.3   Expressions of quantity and *de*

Expressions of quantity like **combien** *(how much / how many)* and **beaucoup** *(a lot of)* are followed by **de** before a noun. There is no article. Use **d'** before a noun beginning with a vowel.

> Combien **de** sœurs avez-vous ?
> Elle a beaucoup **d'**amis.

2.4   Negation and *de*

When expressing negation, use only **de** (rather than **un, une, des**) before the noun.

> Je n'ai **pas de** frères.
> Je n'ai **pas d'**enfants.

However, **un, une, des** are used in negative expressions after the verb **être**.

> La Peugeot n'est pas **une** automobile japonaise.
> Mes enfants ne sont pas **des** monstres.

2.5   Possessive adjectives

You have already studied some possessive adjectives. The following chart reviews those forms and adds the rest of the forms of possessive adjectives. Note that a possessive adjective agrees in gender and number with the person or thing it refers to, regardless of the gender of the possessor.

> Marc ? **Son** père est français, mais **sa** mère est italienne.
> Lise ? **Son** père est français, mais **sa** mère est italienne.

Son père thus can mean either *his* or *her father*, depending on the context.

Les adjectifs possessifs				
	singulier			pluriel
	masculin	*féminin*		
		+ consonne	*+ voyelle*	
my	mon	ma	mon	mes
your	ton	ta	ton	tes
his / her / its	son	sa	son	ses
our	notre	notre	notre	nos
your	votre	votre	votre	vos
their	leur	leur	leur	leurs

2.6 Prepositions *chez* and *avec*

A preposition (*in, at, to, by, for*, etc.) precedes a noun or a pronoun and defines a relation between various elements of the sentence. For example, in "I have a letter *for* you" the preposition *for* relates the pronoun *you* to the subject-verb group "I have a letter." Few prepositions have straightforward equivalents between languages; thus, it is best to memorize them with examples of their usage.

a. **chez**

> meaning *at the home of*: Vous habitez **chez** vos parents ? Non, pas **chez** eux.
> meaning *to the office of*: Allez-vous **chez** le médecin aujourd'hui ? Oui, je vais **chez** lui.

Chez is followed by a noun or by a stressed pronoun referring to a person. In spoken French, when the word following **chez** begins with a vowel, the **liaison** must be made: **chez‿elle.**

> Tu vas **chez‿une** camarade ? Oui, chez Monique, je vais **chez‿elle.**

b. **avec**

> meaning *with*: Vous habitez **avec** une amie ? Non, **avec** ma sœur.

Like **chez**, **avec** is followed by a noun or a stressed pronoun.

> avec mes amis   avec eux

2.7 Question formation with *est-ce que*

a. You have already learned that a question can be formed by intonation or inversion. Another way of forming a question is to add the fixed expression **est-ce que** (literally, *is it that*) before a statement.

> **Est-ce que** vous êtes médecin ?
> **Est-ce que** tu as une sœur ?

Before a vowel, use **qu'**.

Est-ce qu'elle vit avec son fiancé ?

When you ask a question using **est-ce que,** the word order in the question is the same as the word order for a statement *(subject + verb).*

b. When **est-ce que** is used in questions beginning with a question word, **est-ce que** is placed after the question word.

Où **est-ce que** vos parents habitent ?
Combien d'enfants **est-ce qu'**ils ont ?

Résumé des questions		
	réponses *oui / non*	questions d'information
intonation	Vous êtes acteur ?	Vous habitez où ?
est-ce que	Est-ce que vous êtes acteur ?	Où est-ce que vous habitez ?
inversion	Êtes-vous acteur ?	Où habitez-vous ?

2.8   The conjunction *que*

The conjunction **que** is used to link two clauses *(subject + verb)* in the same complex sentence.

clause 1	conjunction	clause 2
I think	*that*	you are smart.

In English, the conjunction *that* may be dropped. In French, the conjunction **que** is mandatory when verbs of opinion, such as **penser** and **trouver,** are followed by a clause.

Nous pensons	**que**	les chats sont fantastiques.
Je trouve	**qu'**	André vit bien dans son appartement.

Note that **que** becomes **qu'** before a word beginning with a vowel.

2.9   Adjectives

a. You know that in French, adjectives agree in gender and number with the nouns or pronouns they qualify. Adjectives follow different patterns of distinguishing between masculine and feminine forms, several of which are shown here. The plural forms usually end in **s.** When an adjective ends in **au** or **eau**, the plural is marked by an **x** (généraux, beaux).

Here are six of the most common patterns of adjectives in their masculine / feminine and singular / plural forms. An example adjective for each form is given. Other adjectives that fit that model follow.

▸ There is no difference between the masculine and feminine forms when the masculine form ends in **e.**

m. s.	m. pl.	f. s.	f. pl.
mince	minces	mince	minces

Other adjectives of this type: **agréable, aimable, bête, calme, désagréable, honnête, sincère, sympathique, timide.**

> The feminine has a final **e** that is not in the masculine form.

m. s.	m. pl.	f. s.	f. pl.
grand	grands	grande	grandes

Other adjectives of this type: **bleu, blond, brun, charmant, court, (im)patient, intelligent, joli, méchant, noir, petit.**

> The feminine form ends in **ue** when the masculine form ends in **g.**

m. s.	m. pl.	f. s.	f. pl.
long	longs	longue	longues

> The feminine has a double consonant and ends in **e** when the masculine form has a single final consonant.

m. s.	m. pl.	f. s.	f. pl.
gros	gros	grosse	grosses
roux	roux	rousse	rousses
moyen	moyens	moyenne	moyennes

> The masculine ends in **if** and the feminine ends in **ive.**

m. s.	m. pl.	f. s.	f. pl.
passif	passifs	passive	passives

Other adjectives of this type: **actif, sportif.**

> The masculine ends in **eux** and the feminine ends in **euse.**

m. s.	m. pl.	f. s.	f. pl.
sérieux	sérieux	sérieuse	sérieuses

Other adjectives of this type: **ambitieux, ennuyeux, paresseux.**

b. In English, adjectives precede nouns *(an intelligent woman)*. In French, most adjectives follow the noun.

C'est une femme **intelligente.**

However, some frequently used adjectives precede the noun.

C'est une **jeune** femme.

These adjectives that precede the noun relate to:

Beauty: beau(x) / belle(s) ; joli(s) / jolie(s)

Age: jeune(s) / jeune(s) ; vieux / vieille(s) ; nouveau / nouvel / nouveaux / nouvelles

Goodness: bon(s) / bonne(s) ; mauvais / mauvaise(s)

Size: grand(s) / grande(s) ; gros / grosse(s) ; petit(s) / petite(s)

However, there are many other adjectives implying these traits that come after the noun (such as **splendide**). Therefore, you need to memorize the relatively small group of prenominal adjectives.

c. Two of these adjectives that precede nouns have two masculine singular forms, one used before nouns starting with a consonant and one used before nouns starting with a vowel. You have already seen this pattern with the demonstrative adjective.

> Qui est **ce** monsieur ? Qui est **cet** homme ?

Les adjectifs qui précèdent le nom				
singulier			**pluriel**	
masculin + consonne	*masculin + voyelle*	*féminin*	*masculin*	*féminin*
beau nouveau vieux	bel nouvel vieil	belle nouvelle vieille	beaux nouveaux vieux	belles nouvelles vieilles

2.10 Articles with parts of the body

In English, no article is used when referring to a part of someone's body that is "plural" *(He has blue eyes)*, and an indefinite article is used with a singular noun *(She has a small nose)*. In French, an article is used when referring to both singular and plural body parts, but the choice of the type of article (definite or indefinite) depends on the position of the adjective describing the body part.

> ❯ When the adjective describing the body part is placed *after* the noun, use a *definite article*.
>
> > J'ai **les** cheveux **longs** et **le** nez **court**.
>
> ❯ When the adjective describing the body part is placed *before* the noun, use an *indefinite article*.
>
> > Il a **une grande** bouche et **des petits** yeux.

2.11 Telling someone's age

In French, you tell age with the verb **avoir** + a number + **ans**. You cannot use the verb être as in English *(I am twenty years old)*, and you must *always* use the word **ans** after the number, unlike in English *(I am twenty)*.

> Quel âge avez-vous ? J'ai vingt ans.

2.12 Verbs like *préférer* with accent variations

Préférer *(to prefer)* has regular -er endings, but also has certain spelling variations involving accents. The first accent is always é; it does not vary from the infinitive form to its conjugated form. The second accent is è when its syllable is at the end of the pronounced word, that is, when it is not followed by another pronounced syllable. Note that the accents in the **nous** and **vous** forms are like those in the infinitive because -**ons** and -**ez** constitute pronounced syllables.

je	préfère	nous	préférons
tu	préfères	vous	préférez
il / elle	préfère	ils / elles	préfèrent

2.13 Direct object pronouns

A direct object (**le complément d'objet direct**) is a noun or pronoun that is affected by the action conveyed by the verb. In French, as in English, a direct object that is a noun comes directly *after* the verb.

> J'aime bien **tes parents.**

But, in contrast to English, a direct object that is a pronoun comes *before* the verb in French.

> Tu aimes **les enfants** ? Oui, je **les** aime.
> Vous avez **votre livre** ? Oui, je **l'**ai.

The French third-person direct object pronouns are identical in form to the definite articles (**le, la, l', les**).

Les compléments d'objet direct			
	singulier		**pluriel**
	+ *consonne*	+ *voyelle*	
masculin	le	l'	les
féminin	la	l'	les

2.14 The interrogative adjective *quel*

Quel, an interrogative adjective, is the equivalent of *which* or *what* in English. It must be followed by a noun, with which it must agree in gender and number.

L'adjectif interrogatif		
masc. sing.	quel	**Quel sport** préfères-tu ?
fém. sing.	quelle	**Quelle danse** aimes-tu ?
masc. pl.	quels	**Quels animaux** aimes-tu ?
fém. pl.	quelles	**Quelles grandes villes** préférez-vous ?

When speaking, make the **liaison** after the plural forms, **quels** and **quelles.**

> **Quels_animaux** aimez-vous ?

2.15 Infinitive constructions

Verbs like **aimer, détester,** and **préférer** can take two different types of complements:

> 1. a noun: **J'aime** *la danse*
> 2. a verb in the infinitive form: **J'aime** *danser.*

Note that similar constructions exist in English, but that the infinitive is usually preceded by *to (I prefer **to travel** alone),* or the second verb is a participle rather than an infinitive *(I prefer **traveling** alone).* With the French verbs shown here, the infinitive is used with no preposition before it.

2.16 Verbs like *nager* and *voyager* with spelling variations

Verbs that have the letter **g** before the **-er** ending of the infinitive add an **e** before the **ons** in the **nous** form. This is for consistency of pronunciation throughout the verb paradigm. The letter **g** has two pronunciations: [g] as in English *go* before the vowels **a**, **o**, and **u** and [ʒ], as in French **je**, before the vowels **i** and **e**. To maintain the sound [ʒ], an **e** is added in **nous nageons** and **nous voyageons**. The **e** itself is not pronounced.

je	nage	nous	nageons
	voyage		voyageons
tu	nages	vous	nagez
	voyages		voyagez
il / elle	nage	ils / elles	nagent
	voyage		voyagent

* *

Verbe irrégulier: *vivre*

Vivre *(to live)*			
je	vis	nous	vivons
tu	vis	vous	vivez
il / elle	vit	ils / elles	vivent

La pendule à l'aile bleue, 1949
Marc Chagall (1887–1985), Russian.

ENSEMBLE 3

Le temps qui passe, le temps qu'il fait

> ❯ stating preferences, intentions, and obligations
>
> ❯ asking about and giving the time and arranging to meet
>
> ❯ extending and responding to invitations
>
> ❯ describing weather and seasons, and responding to suggestions for activities

DOSSIER 1

In this Dossier, you will learn about these grammatical features

▸ adverbs of frequency and negation (**ne... jamais, ne... rien**)

▸ irregular verbs **faire, lire** and regular **-er** verbs **regarder, écouter, jouer**

▸ three ways to talk about your intentions for the future: **aller +** infinitive, **avoir besoin de, avoir envie de**

▸ contractions of **de** and **à** with the definite article

With this **Dossier:**

CD-ROM (E3)
Échanges
C'est comme ça !
Comment le dire

ACTIVITIES MANUAL (E3D1)
Activités écrites
Activités de laboratoire

BOOK COMPANION SITE (E3)
www.wiley.com/college/ magnan

Point de départ **Lire**

> *Stratégie* Lisez le titre et les sous-titres pour deviner le sujet et l'organisation du texte.

In order to anticipate the subject and organization of a text, read the title and subtitles first.

Avant de lire *Test sur les intelligences multiples*

Based on the title and subheadings in the following "test," answer the following questions.

1. What is the purpose of this text?
2. How is it organized?
3. Given what you know already about different types of intelligence, match the personal preferences to the types of intelligence below.

Préférences	Intelligences
J'aime beaucoup	
_____ les maths	a. langagière
_____ les cours de langues	b. logico-mathématique
_____ le sport	c. spatiale
_____ les labyrinthes et les puzzles	d. kinesthésique
_____ lire des magazines seul(e)	e. interpersonnelle
_____ parler avec mes amis	f. intrapersonnelle

En lisant

As you read, circle key words in the following descriptions under each subheading that typify that type of intelligence. Then check the choices that describe you.

Test sur les intelligences multiples

—D'après Colette Samson, (d'après Wingate)

Intelligence langagière

_____ J'aime composer des poèmes, jouer avec les mots.
_____ Mes matières préférées sont le français, l'histoire ou les langues étrangères, plutôt que° les maths et les sciences.

plutôt... *rather than*

Intelligence logico-mathématique

_____ Je bats° souvent mes amis aux échecs, aux cartes ou à d'autres jeux° de stratégie.
_____ Je pense que tous les phénomènes ont une explication rationnelle ou scientifique.

beat
games

Intelligence spatiale

_____ J'aime bien garder une trace d'événements particuliers : un dessin, une photographie ou une vidéo.
_____ J'adore les puzzles, les jeux de labyrinthe et autres jeux visuels.

Intelligence kinesthésique

_____ Je trouve mes meilleures idées quand je suis en train de faire du jogging ou de pratiquer une activité.

_____ J'accompagne souvent mes paroles avec des gestes ou d'autres formes de « langage corporel ».

Intelligence interpersonnelle

_____ Je préfère les sports collectifs aux sports individuels.

_____ Je me considère comme un « leader ».

Intelligence intrapersonnelle

_____ J'aime être seul(e) pour méditer ou pour réfléchir à des questions importantes.

_____ Je suis assez indépendant(e).

Après avoir lu

1. D'après° le test, combien de sortes d'intelligence avez-vous ?   *according to*
2. D'après vous, dans quels domaines êtes-vous « intelligent(e) » ?
3. Devinez l'intelligence préférée de votre professeur.
4. Quelle est votre opinion de ce test ?

À vous la parole

Demandez à deux camarades de classe le genre d'intelligence qu'ils ont et le genre d'intelligence qu'ils trouvent le plus important.

> **Modèle:**   Aimes-tu composer des poèmes ? parler français ? As-tu une grande intelligence langagière ? Quel genre d'intelligence trouves-tu le plus important ? Pourquoi ?

L'essentiel

Indiquer ses préférences et activités

 ### ÉCHANGE 1   *J'aime... je n'aime pas...*

MADAME MISRAN: Aimez-vous faire du sport ?

SAMIA: Oh non ! Je n'aime pas faire du sport. Je préfère faire les magasins. Et vous ?

MADAME MISRAN: Moi non plus, je n'aime pas le sport. Je préfère lire.

EXPRESSIONS UTILES   *sports et activités*

faire du sport
       du jogging
       du football
       du tennis
       du bateau
       du snow(board)
       du roller
       du skate
       de l'aérobic
       de la natation
       des courses
       les magasins

> **Observez**
>
> The verb **faire** is followed by the preposition **de** before nouns referring to sports or other activities. What happens when **de** is combined with the article **le**? (3.1.a)

lire un magazine
      un poème
      un roman
      un journal / des journaux
      une bande dessinée (une BD)

ACTIVITÉ 1 *Préférences* Using a word from each column, tell what sports people do or what they read.

faire	de l'	skate
lire	de la	jogging
	du	journaux
	des	aérobic
	un	natation
	une	bateau
		bande dessinée
		roman

1. J'aime...
2. L'homme idéal aime...
3. La femme idéale aime...
4. Mes amis et moi, nous préférons...
5. Mes amis préfèrent...
6. Mon professeur aime...

L'équipe de France, victorieuse de l'Euro 2000

Le sport en France

Le sport occupe une large place dans la société française : au niveau individuel, des clubs ou professionnel. Il n'existe pas d'équipes° de lycée° ou d'université mais les élèves° et les étudiants peuvent faire du sport dans les clubs en dehors de leurs cours.°

    Un Français sur deux fréquente aujourd'hui de façon régulière ou occasionnelle un lieu° consacré au sport, contre un sur trois au début des années 90. Les sportifs sont les héros de l'époque. *L'Équipe* est le premier journal quotidien français. Les jeux vidéo basés sur le sport sont plus populaires que les jeux d'action ou d'aventure.

    Les sports individuels sont les plus pratiqués (le jogging, l'aérobic, le tennis, l'équitation, le ski, la natation) et beaucoup s'adonnent en groupe à des activités individuelles (la randonnée,° la gymnastique, le vélo,° le roller). Parmi les sports collectifs, le football est le plus populaire surtout après les victoires de l'Équipe de France (championne du monde en 1998 et championne d'Europe en 2000). Tous les Bleus de cette époque sont des stars : Zinedine Zidane, Fabien Barthez, Thierry Henry, Marcel Desailly, Bixente Lizarazu. Mais même le football n'arrive qu'° à la septième place des sports les plus pratiqués, derrière les sports individuels.

❯ Quelle place est-ce que le sport occupe dans votre société ? Quels sports sont les plus pratiqués ?

teams / high school
high school students

en... outside of their classes

place

walking, hiking
biking

ne... only

ACTIVITÉ 2 *Quelle activité ?* List four activities in French. Then ask several classmates if they like to do these activities.

Modèle: faire du tennis

A: Aimes-tu faire du tennis ?

B: Oui, et j'aime aussi lire des romans.
            ou:
Non, je préfère lire des romans.

ÉCHANGE 2   *Souvent ou jamais ?*

JEAN-PIERRE: En général, qu'est-ce que tu fais le week-end ?
NATALIE: Ça dépend. Je regarde souvent la télévision. Et toi ?
JEAN-PIERRE: Moi, je ne fais rien le week-end.
NATALIE: Rien ? Mais tu exagères ! Tu ne regardes jamais la télé ?

EXPRESSIONS UTILES   *fréquences*

je ne fais	rien	
	jamais	de sport
je lis	rarement	
je regarde	quelquefois	la télévision (la télé, la tévé)
j'écoute	parfois	la radio
je travaille	souvent	
	beaucoup	

▶ **Observez**

1. Which words indicate how often the activities are done? What type of word do they follow? **(3.2)**
2. The negative expression has two parts. What are they, and where do they go in relation to the verb? **(3.3)**

Verbes réguliers en *-er* (conj. like *parler*)	
écouter *(to listen to)*	regarder *(to look at)*

Verbes irréguliers

faire *(to do)*	je	fais	nous	faisons
	tu	fais	vous	faites
	il / elle	fait	ils / elles	font
lire *(to read)*	je	lis	nous	lisons
	tu	lis	vous	lisez
	il / elle	lit	ils / elles	lisent

ACTIVITÉ 3 *Qui fait quel sport ?* State which sport each person does on weekends.

Modèle: Mon père.   Mon père fait du football le week-end.

1. mon frère
2. ma sœur
3. mes cousins

4. mes amis et moi
5. mon père / ma mère et moi
6. mes camarades de classe

ACTIVITÉ 4 *Souvent ou rarement ?* Tell how often you and your family or friends do each activity on weekends.

Modèle: regarder la télévision
Nous regardons parfois la télévision le week-end.
ou:
Nous ne regardons jamais la télévision le week-end.

1. faire des courses
2. lire des romans
3. lire des magazines
4. écouter la radio
5. faire du bateau
6. regarder la télévision

ACTIVITÉ 5 *Qu'est-ce que les Français lisent ?* Use the chart to tell what the French read. Then say whether you read this type of material.

Modèle: Dix-huit pour cent des Français lisent des livres d'histoire et de géographie. Moi, je lis souvent des livres d'histoire, mais je ne lis jamais de livres de géographie.

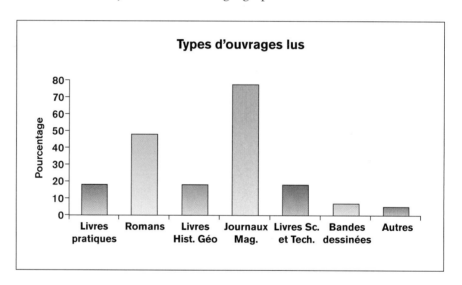

Types d'ouvrages lus

ACTIVITÉ 6 *Rien et jamais !* Take turns role-playing a positive-active person and a negative-passive one. The positive-active person makes an affirmative statement and the negative-passive person says the opposite using **ne... rien** and **ne... jamais.**

Possibilités: lire des journaux, jouer aux cartes, travailler, écouter la radio, regarder la télévision, faire du sport

Modèle: POSITIVE PERSON: Moi, je lis souvent des journaux, et toi ?

NEGATIVE PERSON: Moi, je ne lis jamais de journaux.

À la fac

L'université est composée de **facultés** (Faculté de sciences, Faculté de médecine, etc.). Dans la conversation, les étudiants français disent « Je suis **à la fac** de lettres » *(I'm a Humanities student at the university)* ou « Cet après-midi, je vais **à la fac** » *(This afternoon, I'm going to campus)*. En Belgique, en Suisse et au Canada, les étudiants disent « Je vais **à l'université** ».

❯ Quelles similarités voyez-vous entre cette scène et une scène typique de votre université ?

Des étudiants attendent l'heure de l'examen.

Dire ses intentions et obligations

ÉCHANGE 3   *Projets*

JENNIFER: Qu'est-ce que tu vas faire demain ?
THOMAS: Je vais aller à la fac. Et toi ?
JENNIFER: J'ai envie d'aller au ciné, mais j'ai besoin de travailler. Je n'ai pas d'argent.

EXPRESSIONS UTILES   *projets et endroits*

intentions et endroits

Je vais aller   à la bibliothèque / à la fac.
                 au musée / au match de football / au cinéma (ciné).
                 à l'opéra / à l'église / à l'université.

obligations et désirs

J'ai besoin de   travailler.
J'ai envie de   jouer aux cartes.
                jouer aux échecs.

situer l'action dans le temps

ce matin / cet après-midi / ce soir / ce week-end
aujourd'hui / demain / le week-end prochain

❯ **Observez**

1. Does this conversation refer to the present, the past, or the future? Which expressions are used to suggest this time frame? **(3.4)**
2. What verb is used in the expressions **j'ai besoin de** and **j'ai envie de**? **(3.5)**

❯ **Observez**

What happens when **à** is used with the definite articles **le** and **les**? **(3.1.b)**

ACTIVITÉ 7 *Quoi faire ?* Listen to your instructor tell what he or she will do in the near future. Make notes in the chart. Then report what the instructor will do.

Modèle:	You hear:	Aujourd'hui, je vais aller à la bibliothèque.
	You write:	aller / à la / bibliothèque
	You report:	Aujourd'hui, mon professeur va aller à la bibliothèque.

Quand	Verbe à l'infinitif	à + article	endroit
1. demain	_____	_____	_____
2. cet après-midi	_____	_____	_____
3. ce soir	_____	_____	_____
4. ce week-end	_____	_____	_____
5. demain soir	_____	_____	_____
6. le week-end prochain	_____	_____	_____

ACTIVITÉ 8 *Ce week-end* Say what you plan to do this weekend and then ask a classmate what he or she hopes or needs to do.

Modèle:

A: Ce week-end, je vais jouer aux échecs. Et toi, qu'est-ce que tu vas faire ?

B: Moi (aussi) j'ai envie de jouer aux échecs.
ou:
Moi, j'ai envie de lire un roman.
ou:
Moi, j'ai besoin de travailler.

ACTIVITÉ 9 *Le week-end prochain* Circulate in the classroom and ask different classmates if they plan to do these activities next weekend. If they do, write their names in the boxes of this bingo game. The first person to fill in a line declares **loto**.

Modèle:

Vas-tu faire du jogging le week-end prochain ?
Non, je ne fais jamais de jogging.
ou:
Oui, le week-end prochain, je vais faire du jogging.

L	O	T	O
faire du jogging	faire de l'aérobic	faire de la natation	faire du skate
lire des romans	lire des poèmes	lire des bandes dessinées	lire le journal
écouter la radio	regarder la télévision	écouter des CDs	jouer aux échecs
voyager	travailler	danser	bricoler

Vocabulaire essentiel

endroits

la bibliothèque	*library*
le cinéma (le ciné)	*movies, movie theater*
l'église *(f)*	*church*
la fac (faculté)	*university (campus)*
le musée	*museum*
l'opéra *(m)*	*opera*
l'université *(f)*	*university*

fréquence et situation dans le temps

l'après-midi *(m)* (les après-midi)	*afternoon(s)*
demain	*tomorrow*
jamais	*ever*
ne... jamais	*never*
le matin	*morning*
parfois	*sometimes*
prochain(e)	*next*
quelquefois	*sometimes*
rarement	*rarely*
le soir	*evening*
souvent	*often*
le week-end	*weekend*

lectures

la bande dessinée	*comic strip*
le journal (les journaux)	*newspaper(s)*
le magazine	*magazine*
le poème	*poem*
le roman	*novel*

obligations, désirs

avoir besoin de	*to need to*
avoir envie de	*to want to*

sports et activités

l'aérobic *(m)*	*aerobics*
le bateau	*boat*

la carte	*card*
les courses *(f pl)*	*(grocery) shopping*
les échecs *(m pl)*	*chess*
le football	*soccer*
le jogging	*jogging*
les magasins *(m pl)*	*stores, shopping*
le match	*game*
la radio	*radio*
le roller	*rollerblading*
le skate	*skateboarding*
le snow(board)	*snowboarding*
la télévision (la télé, la tévé)	*television, TV*
le tennis	*tennis*

autres expressions utiles

ça dépend	*it depends*
en général	*in general*
moi non plus	*me neither*
qu'est-ce que	*what*
rien, ne... rien	*nothing*

autres verbes

écouter	*to listen to (conj. like* **parler***)*
faire	*to do*

	je	fais	nous	faisons
	tu	fais	vous	faites
	il / elle	fait	ils / elles	font

jouer	*to play (conj. like* **parler***)*
lire	*to read*

	je	lis	nous	lisons
	tu	lis	vous	lisez
	il / elle	lit	ils / elles	lisent

regarder	*to look at (conj. like* **parler***)*

Prononciation *e, a, u* avec un accent grave

L'**accent grave** is used with three vowels: è, à, ù. On the letter è, the grave accent indicates the pronunciation [ɛ], as in **mère**. An **accent grave** on à or ù does not change the vowel's pronunciation: **a** sounds like **à, ou** sounds like **où**. In these cases, the **accent grave** just distinguishes visually between two words that have the same pronunciation but different meanings.

Il **a** un frère qui habite **à** Paris.
Où est Dakar, au Sénégal **ou** au Congo ?

ACTIVITÉ 10 *Petite dictée* Work with a partner. Each person dictates three sentences to the other, who writes them down without looking at the book.

1. Marie a son vieux père qui vit seul à Paris.
2. Et a-t-elle des sœurs ou des frères ? Où sont-ils / elles ?
3. Ils vivent à Rome où ils ont une belle maison.
4. Et sa mère, où est-elle ? Est-elle à Paris ou à Rome ?
5. Mais non, sa mère est à Nancy où elle a son fils Henri.
6. Et toi, tu habites où ?

Expansion **Lire**

> *Stratégie* Pour comprendre une chanson, identifiez le refrain et réfléchissez aux idées associées.

When first hearing a song, it helps to focus on the refrain and think about different ideas that it brings to mind.

Avant de lire *Les musiciens de la rue°*   Les... *street musicians*

Before reading this song, consider the refrain, which is a repetition of the title. Categorize the words in the following list according to the ideas conveyed by two main words in the refrain and title.

le rock, le boulevard, les grands espaces, le blues, le chanteur, le banjo, la route, le voyageur

Les musiciens	La rue
_____	_____
_____	_____
_____	_____
_____	_____

Musicien de la rue à Montréal

En lisant

Troubadours (strolling minstrels) were lyric poet-musicians from the eleventh to thirteenth centuries, chiefly in Provence in the south of France and in northern Italy. This song from Quebec is about a modern-day troubadour. As you read it, circle the words that relate to *music and musicians* and underline words that relate to the *places they sing or play*.

Les musiciens de la rue

—Manuel Brault

Sur les quais des gares°   quais... *train platforms*
Aux portes des métros
À Paris ou à Hambourg
Ils grattent° leurs guitares   *strum*
Brassent le tempo
Du midi au petit jour
Les musiciens de la rue. (bis × 2)

Ils chantent pour quelques sous°   *cents*
Un vieil air de Dylan,
Les Beatles ou Donovan
Ils remplacent les oiseaux
Qui ont déserté les rues
Parce qu'on ne les écoutait plus.°   ne... *no longer listened to them*

Tambour et banjo
Basse et clarinette
C'est le New Orléans quartet.
Ragtime, boogie
Mmm... Tutti frutti.
Ils jouent des blues, du rock aussi
Les musiciens de la rue. (bis × 3)

Au milieu des gens qui s'entassent°   *crowd*
Ils chantent les grands espaces°   grands... *wide-open spaces*
Que tu les écoutes ou non
Il suffit que tu t'arrêtes°   Il... *You only have to stop*
Et ils valent bien des vedettes°   ils... *they're as good as the stars*
En restant° simplement comme ils sont.   En... *By staying*

Montréal, Vancouver,
Genève ou New-York
C'est pas la ville qui importe.
Ils sont tous les mêmes°   tous... *all the same*
C'est de l'amour qu'ils sèment,°   *sow*
Les troubadours de notre époque,°   *generation*
Les musiciens de la rue. (bis × 4)

Après avoir lu

1. Pour chaque catégorie, faites une liste de mots et d'expressions de la chanson.

   Sortes de musique : _____

   _____

   _____

   Instruments : _____

   _____

   _____

   Villes : _____

   _____

   _____

   Qu'est-ce que cette diversité suggère pour l'identité des musiciens de la rue ?

2. *Premier couplet :* Qu'est-ce que ces musiciens remplacent ? Pourquoi ?

3. *Deuxième couplet :* Selon le poète, est-ce que ce sont des musiciens de qualité ?

4. *Troisième couplet :* Qu'est-ce que les musiciens de la rue contribuent à la vie ?

À vous la parole

En groupes, posez ces questions à vos camarades de classe :

Quelle sorte de musique préfères-tu ? Pourquoi ?

Aimes-tu écouter les musiciens de la rue ? Pourquoi ou pourquoi pas ?

Expliquez les préférences de vos camarades à la classe.

Point de départ Écouter

Stratégie Utilisez l'ordre chronologique pour comprendre la suite des actions.

Thinking about normal chronological order will help you understand a sequence of events.

Avant d'écouter *Une journée chargée*

You will hear a man tell his wife about his plans for the day. How might the following events be realistically ordered? Make two different schedules.

aller au concert, déjeuner° au restaurant,
rentrer° à la maison, travailler au bureau,
avoir rendez-vous avec un client

have lunch
return

Ordre 1

a. _____

b. _____

c. _____

d. _____

e. _____

Ordre 2

a. _____

b. _____

c. _____

d. _____

e. _____

💿 En écoutant

Listen twice to the conversation in which a woman asks her husband if he expects to have a busy day. The first time, note the chronological order of his activities by putting a number (1–5) in the blank to the left of each activity. The second time, add the hour he plans to do each activity in the blanks to the right.

Activités		Heure	
_____	voir Monsieur Gauthier pour discuter d'un projet	_____	heures
_____	déjeuner au restaurant avec deux collègues	_____	midi (12 heures)
_____	aller au concert avec sa femme	_____	heures et demie
_____	avoir rendez-vous avec un client important	_____	heures et demie
_____	rentrer à la maison le soir	_____	heures

Après avoir écouté

1. Utilisez vos réponses de la section **En écoutant** pour raconter les activités de l'homme dans leur ordre chronologique.
2. La femme s'intéresse à quel moment de la journée ? Pourquoi ?

À vous la parole

Qu'est-ce que vous allez faire demain ? Décrivez votre journée.

L'essentiel

Demander et donner l'heure

▶ Observez

1. What is the French equivalent of *o'clock*? **(3.6)**
2. When is this word used in the singular? in the plural? **(3.6)**

ÉCHANGE 1 *Quelle heure ?*

FEMME: Pardon, monsieur, avez-vous l'heure ?
HOMME: Oui, il est une heure dix.

EXPRESSIONS UTILES *heure*

To ask when you are certain the person knows the time

Quelle heure est-il, s'il vous plaît ?
Il est quelle heure, s'il te plaît ?

To ask when you aren't certain the person knows the time

Pardon, monsieur, avez-vous l'heure ?
Vous avez l'heure ?

To respond to a request to give the time

Il est une heure
Il est une heure   dix.
Il est deux heures   et quart.
Il est trois heures   et demie.
Il est midi   moins vingt.
Il est minuit   moins le quart.

Je regrette. Je n'ai pas de montre.

ACTIVITÉ 1 *Quelle heure ?* Listen to your instructor tell the time of different activities. Write the time for each activity. Be prepared to report to the class.

1. Le professeur va à la fac à _____.

2. Les étudiants déjeunent à _____.

3. Les hommes d'affaires vont au bureau à _____.

4. Les vieux jouent aux cartes à _____.

5. Les jeunes chantent à _____.

6. Les médecins travaillent à _____.

ACTIVITÉ 2 *Demander l'heure* Work with a classmate. Person B is the person in the drawing. Person A uses a question appropriate for the circumstances to ask Person B what time it is. Person B answers.

Modèle: A: Excusez-moi, madame.
                 Vous avez l'heure?

              B: Non, je regrette,
                 je n'ai pas de montre.

La personne B

Modèle: A: Excusez-moi, monsieur.
Il est quelle heure ?

               B: Il est trois heures.

               A: Trois heures ! Merci
beaucoup, monsieur.

La personne B

1.

3.

2.

4.

ÉCHANGE 2   *Départs et arrivées*

ANNE: À quelle heure est-ce que le train part ?
AGENT: À dix-neuf heures quarante-cinq. Et il arrive à minuit.

Verbe				
partir (de)	je	pars	nous	partons
to leave (from)	tu	pars	vous	partez
	il / elle	part	ils / elles	partent

ACTIVITÉ 3 *L'heure officielle et l'heure conventionnelle* Work with a classmate. Person A tells the time of an event using official time (24-hour clock). Person B re-states the time using conventional time (12-hour clock) and agrees that this time is convenient.

Modèle: A: Le film est à treize heures.

             B: Bon, à une heure cet après-midi, ça va bien.

1. Le film est à 14h00 / à 15h15 / à 18h20 / à 19h30 / à 23h05.
2. Le train part à 9h15 / à 12h00 / à 13h15 / à 15h45 / à 0h00.

> ❯ **Observez**
>
> 1. Note the examples of two systems for telling time in **Échange 2.** How does the 24-hour clock differ from conventional time? **(3.6)**
> 2. Which system is used for official time? **(3.6.b)**
> 3. Of the two verbs **partir** and **arriver,** which is a regular **-er** verb and which follows a different pattern? **(3.7)**

ACTIVITÉ 4 *Moi, je pars !* Work with a classmate. Using the cues, Person A says what he or she is going to do and then asks about what someone else is doing. Person B says that the other person is leaving at that time.

> Modèle: je / regarder la télévision / 8h / Lise ?
>
> A: Je vais regarder la télévision à huit heures. Et Lise aussi ?
>
> B: Non, pas Lise. Elle part à huit heures.

1. je / faire de l'aérobic / 9h / Pierre ?
2. Paul / lire le journal / 10h / Anne ?
3. mes amis / faire des courses / 11h / vos amis ?
4. ma sœur et moi, nous / aller au cinéma / 6h / vous deux ?
5. je / travailler / 5h / toi ?

ACTIVITÉ 5 *À quelle heure part le train ?* Work in pairs and use the **Aller** section of the train schedule. Person A covers the **Départ** column. Person B covers the **Arrivée** column. Take turns asking what time the train leaves from and arrives at various destinations using the 24-hour clock. Write down the times and compare what you wrote with the train schedule.

> Modèle: A: À quelle heure part le train Paris–Hambourg ?
>
> B: Il part à vingt et une heures trente-cinq.
>
> A: Et il arrive à quelle heure ?
>
> B: À sept heures quarante-cinq.

	Aller		Retour	
	Départ	Arrivée	Départ	Arrivée
PARIS–HAMBOURG	21 H 35	7 H 45	22 H 43	8 H 38
PARIS–VINTIMILLE	20 H 30	9 H 24	17 H 30	6 H 25
PARIS–BRIANÇON	21 H 17	8 H 29	19 H 55	6 H 53
METZ–NICE	20 H 48	9 H 23	20 H 07	8 H 21
REIMS–NICE	20 H 39	9 H 43	20 H 07	8 H 41
PARIS–STRASBOURG	0 H 10	6 H 02	0 H 12	6 H 03
PARIS–BREST	22 H 33	6 H 28	22 H 30	6 H 14
PARIS–QUIMPER	22 H 00	6 H 23	22 H 25	6 H 46
PARIS–BORDEAUX	23 H 56	6 H 19	19 H 24	6 H 10

Horaire de train

Dire ce que vous faites pendant la journée

 ÉCHANGE 3   *À quelle heure es-tu libre ?*

ANDRÉ: À quelle heure es-tu libre demain ? J'ai envie d'aller au cinéma.
MONIQUE: Une minute, je regarde mon agenda.

> 11h   *cours de français*
> 13h   *déjeuner avec Martine*
> 15h   *cours d'histoire*
> 16h30   *laboratoire de langues*
> 17h45   *bibliothèque*
> 20h00   *dîner chez les Petit*

MONIQUE: Avant onze heures du matin, je suis libre. J'ai mon cours de
français de onze heures à midi, je déjeune entre une heure et deux
heures et après, je suis occupée. À huit heures, je dîne chez les
Petit, et je vais rentrer vers dix heures du soir. Après, je suis libre.

ANDRÉ: Il y a un film à minuit.

MONIQUE: Je regrette, minuit c'est trop tard.

EXPRESSIONS UTILES   *situations dans le temps*

10h du matin est	**avant** midi
midi est	**entre** 11h et 1h
2h de l'après-midi est	**après** midi
8h05 du soir est	**vers** 20h00

Verbes réguliers (*conj. like* **parler**)

arriver *(to arrive)*
commencer *(to begin; with spelling
    variation,* **nous commençons**)
déjeuner *(to eat lunch [in France],
    breakfast [in Canada])*

dîner *(to eat dinner [in France],
    lunch [in Canada])*
rentrer *(to return home)*
regretter *(to regret)*

APERÇUS CULTURELS

L'heure des repas

Les heures de repas varient en fonction de la culture. Par exemple, les Français prennent en général les repas de midi et de soir plus tard que les Canadiens et les Américains. Les noms des repas varient aussi selon le lieu.

	France	Canada
le petit déjeuner	le matin	
le déjeuner	à midi	le matin
le dîner	le soir	à midi
le souper		le soir

▶ À quelle heure déjeunez-vous ? À quelle heure dînez-vous ? Est-ce que le nom des repas varie selon la région des États-Unis° ?

United States

ACTIVITÉ 6 *Quand faites-vous ça ?* Survey your classmates to find out at what times they typically do each of these activities.

> Modèle: A: En général, à quelle heure regardes-tu la télévision ?
>
> B: Je regarde la télévision après huit heures du soir.

1. partir de chez toi
2. dîner
3. travailler
4. déjeuner
5. arriver à la fac
6. rentrer chez toi le soir

ACTIVITÉ 7 *Votre journée* Work with a classmate. Using the 12-hour clock, Person A tells Person B at what time he or she does each activity. Person B writes down A's schedule. Afterwards, Person B reports to the class using the 24-hour clock.

> Modèle: rentrer
>
> A: Je rentre chez moi à huit heures du soir.
>
> B writes: 8h00 du soir.
>
> B reports: La personne A rentre chez elle à vingt heures.

La personne A dit : son activité	La personne B écrit : l'heure conventionnelle	La personne B dit : l'heure officielle
1. arriver à la fac	_____	_____
2. commencer ses cours	_____	_____
3. déjeuner	_____	_____
4. aller à la bibliothèque	_____	_____
5. rentrer	_____	_____
6. dîner	_____	_____

ACTIVITÉ 8 *Quand ?* Use one of the time expressions below to verify the approximate time of each activity.

> Possibilités: avant midi, après midi, vers quinze heures, entre vingt heures et minuit
>
> Modèle: travailler à onze heures du matin.
> Alors, tu travailles avant midi.

1. partir de la maison vers dix heures et quart du matin
2. faire des courses à trois heures moins le quart de l'après-midi
3. jouer aux cartes vers onze heures du soir
4. déjeuner entre midi et quart et une heure
5. rentrer après dix heures du soir
6. aller à la bibliothèque à une heure de l'après-midi

ACTIVITÉ 9 *Tu es libre ?* Work with a classmate. Each person selects one of the schedules and covers up the other one. Find out when you can get together.

| Modèle: | A: Tu es libre à trois heures ? |
| | B: Non, je suis occupé(e) mais je suis libre après, à cinq heures. |

Vocabulaire essentiel

cours

le cours	course, class
l'histoire *(f)*	history
le laboratoire	laboratory
les langues *(f pl)*	languages

heure

demi(e)	half
et quart	quarter past (the hour)
l'heure *(f)*	hour, time, o'clock
midi *(m)*	noon
minuit *(m)*	midnight
la minute	minute
moins	minus
moins le quart	quarter to (the hour)
la montre	watch
quart *(m)*	quarter (of an hour)
tard	late

situation dans le temps

après	after
avant	before
entre	between
vers	toward, around

autres expressions utiles

l'agenda *(m)*	schedule
le film	film
libre	free
s'il te plaît	please (familiar)
le train	train
trop	too

autres verbes

arriver	to arrive (conj. like **parler**)
commencer	to begin (conj. like **parler**, with spelling variation)
déjeuner	to have lunch (in France), breakfast (in Canada) (conj. like **parler**)
dîner	to have dinner (in France), lunch (in Canada) (conj. like **parler**)
partir	to leave

	je pars	nous partons
	tu pars	vous partez
	il / elle part	ils / elles partent

| regretter | to regret, be sorry (conj. like **parler**) |
| rentrer | to return home (conj. like **parler**) |

Prononciation **Le son [e]**

The French [e] resembles the English vowel in *say* or *gray* but is *not* followed by the slight glide often found in English words. To pronounce the French [e], say [i] with your lips fully spread, then open your mouth slightly, and say [e] without moving your lips and tongue at all.

The French [e] corresponds to the following spellings:

1. the letter é with an **accent aigu:** André, désagréable, fatigué
2. the verb endings **-er** and **-ez:** travailler, vous allez
3. the noun and adjective ending **-er:** le dîner, premier
4. the vowel of these words: **chez, et, j'ai, les, mes, c'est**

ACTIVITÉ 10 *Bien dire les sigles* Repeat these sayings and names of organizations after your instructor and then give their acronyms by reading the boldfaced letters.

> **Modèle:**   Repeat: le **t**rain à **g**rande **v**itesse
> Give the acronym: C'est le TGV.

1. la **C**onfédération **g**énérale du **t**ravail
2. un **p**résident-**d**irecteur **g**énéral
3. une **r**éponse **s**'il vous **p**laît
4. la **B**anque **N**ationale de **P**aris
5. le **b**on chic **b**on **g**enre

Boutique BCBG à Québec

Expansion **Écouter**

> *Stratégie* Utilisez un tableau pour organiser les renseignements que vous entendez.

Graphic organizers, like charts, help you listen for and remember information that you hear.

Avant d'écouter *Où allez-vous ?*

You need information from a radio announcement about activities in Paris. Study the following chart. For what four places are activities given? Which words tell the information you need to know?

	Événement	Heure	Prix
Salle Pleyel	_____	_____	_____
Jardin du Luxembourg	_____	_____	_____
Cinéma Médicis	_____	_____	_____
Palais Royal	_____	_____	_____

En écoutant

Use the preceding chart to take notes as you listen to the announcements.

Après avoir écouté

1. Vous voulez écouter de la musique classique. Où allez-vous ?
2. Votre budget est limité à 10 euros. Où allez-vous ?
3. Vous avez envie de voir un spectacle amusant. Vous êtes libre après sept heures du soir. Où allez-vous ?
4. Vous êtes libre l'après-midi et le soir et vous avez 11 euros ; à quel spectacle allez-vous et pourquoi ?

À vous la parole

Travaillez par deux. Quelle activité préférez-vous faire ensemble ? Pourquoi ?

Aller au théâtre du Palais Royal

Assister au spectacle Guignol au Jardin du Luxembourg

Aller au cinéma

Écouter de la musique classique à la Salle Pleyel

DOSSIER 3

In this Dossier, you will learn about these grammatical features

▸ days of the week to express routine events (with definite articles) and single, specific events (without definite articles)

▸ the pronoun **on**

▸ irregular verbs **pouvoir** and **vouloir** and regular **-er** verbs **inviter** and **retrouver**

▸ more direct object pronouns (**me, te, nous, vous**)

With this **Dossier:**

CD-ROM (E3)
Échanges
Petit jeu
Comment le dire

ACTIVITIES MANUAL (E3D3)
Activités écrites
Activités de laboratoire (avec enregistrement)

BOOK COMPANION SITE (E3)
www.wiley.com/college/ magnan

Point de départ **Lire**

Stratégie Considérez l'étiquette culturelle.

Cultural conventions of conduct often determine the form and content of certain kinds of texts, such as letters. You can therefore often anticipate the gist of such texts, their subject matter, and the order of their specific elements.

Avant de lire *Lettre de Madame Sidonie Colette au mari de sa fille, la célèbre romancière*

1. In a letter in which you decline a written invitation, which three elements are you most likely to include?
   a. a complaint or reproach
   b. a thank-you acknowledging the invitation
   c. a request for more information
   d. a polite refusal with regret
   e. an explanation of why you can't accept
2. In what order would you place these three elements?
3. How would you close the letter?

In French, the content of a letter written to decline an invitation would be similar to such a letter in English, but the closing would likely be different. Closings of letters in French are typically one rather long formulaic sentence, such as the closing of Madame Colette's letter.

En lisant

1. While reading, look for the elements you selected above: acknowledgement of the invitation, polite refusal, and an explanation. Underline each of them.
2. In the closing sentence (*Veuillez...*), underline the words that express emotion related to having to decline an invitation.

Colette, ca. 1900

Lettre de Madame Sidonie Colette au mari de sa fille, la célèbre romancière

—Colette, *La Naissance du jour* (1928)

Monsieur,

Vous me demandez de venir° passer une huitaine de jours chez vous, c'est-à-dire auprès de° ma fille que j'adore. Vous qui vivez auprès d'elle, vous savez combien je la vois rarement,° combien sa présence m'enchante, et je suis touchée que vous m'invitiez à venir la voir. Pourtant,° je n'accepterai pas votre aimable invitation, du moins° pas maintenant. Voici pourquoi : mon cactus rose va probablement fleurir.° C'est une plante très rare qui ne fleurit que tous les quatre ans.° Je suis déjà une très vieille femme, et, si° je m'absentais pendant que° mon cactus rose va fleurir, je suis certaine de ne pas le voir refleurir une autre fois...

come
auprès... *close to*
vous... *you know how infrequently I see her*

Nevertheless
du... *at least*
bloom
ne... *blooms only every four years /
if /* pendant... *while*

Veuillez donc accepter, Monsieur, avec mon remerciement sincère, l'expression de mes sentiments distingués et de mon regret.

Après avoir lu

1. Qu'est-ce que le beau-fils invite sa belle-mère à faire ?
2. Pour quelle raison est-ce que Madame Colette refuse l'invitation ?
3. Quelles phrases expriment ces éléments : mentionner l'invitation, remercier, accepter ou refuser, expliquer ?

À vous la parole

Quelle est votre réaction à la décision de Madame Colette ?

L'essentiel

Prendre rendez-vous

ÉCHANGE 1   *Quel jour ?*

GABRIELLE: Tu vas dîner au restaurant samedi ?

MARC: Non, pas samedi... je ne suis jamais libre le samedi. Mais vendredi, c'est possible.

GABRIELLE: Dommage. Je travaille le vendredi soir. Dimanche peut-être ?

MARC: Oui, d'accord.

GABRIELLE: À dimanche alors. À 21 heures à L'Escargot. J'aime ce restaurant et il est ouvert le dimanche.

> **Observez**
> 1. Are days of the week capitalized in French? **(3.8)**
> 2. What is the diff[...] in meaning b[...] samedi an[...] samedi?

EXPRESSIONS UTILES *jours de la semaine*

lundi
mardi
mercredi
jeudi
vendredi
samedi
dimanche

ACTIVITÉ 1 *Radio Méditerranée* Work with a partner. Person A says that he or she listens to the radio program listed. Person B gives the day and time, and Person A confirms.

Modèle:　　A: J'écoute toujours *Le Cénacle de la plume.*

B: Vous écoutez la radio le mercredi entre onze heures et midi, alors ?

A: Oui, oui, toujours, le mercredi entre onze heures et midi.

1. *Les Artistes d'ici et de là-bas*
2. *Connaissance de l'Islam*
3. *France Méditerranée Politique*
4. *Musique non stop*
5. *Tribune libre*
6. *Voix de Femmes*

RADIO MEDITERRANEE

LA RADIO DES DEUX RIVES

La Radio des 2 Rives

Du lundi au vendredi :
6h-7h
Anfès assabah (le souffle de l'aube)
7h - 9h
tout infos & chroniques
9h-10h
Petites Annonces
10h-11h
Voix de Femmes
Mercredi 11h-12h
Le Cénacle de la plume
Jeudi 11h-12h
Les Artistes d'ici et de là-bas
Vendredi 12h-15h
Connaissance de l'Islam
Samedi 12h-13h
France Méd. Politique
Dimanche 7h-12h
Musique non stop
Dimanche 12h-14h
Tribune libre

★ ★ ★ ★ ★

RADIO MÉDITERRANÉE
7, Bd d'Algérie - 75019 Paris
tel : 01.40.18.99.50 - Fax : 01.40.18.33.55

ACTIVITÉ 2 *Interview* Work with a partner. Ask each other questions to find out what days each of you do these activities.

> **Modèle:**   avoir des cours
>
> A: Quels jours est-ce que tu as des cours ?
>
> B: J'ai des cours le lundi, le mercredi et le vendredi.

1. aller à la bibliothèque
2. regarder la télévision
3. faire du sport

4. dîner au restaurant
5. lire le journal
6. travailler

ÉCHANGE 2   *Rendez-vous : quand et où ?*

> FEMME: On fait quelque chose ensemble demain après-midi ?
> HOMME: Quelle bonne idée ! Qu'est-ce que tu veux faire ?
> FEMME: On peut faire une promenade à la campagne ?
> HOMME: Je veux bien. À quelle heure ?
> FEMME: À trois heures, rendez-vous chez moi.
> HOMME: Entendu, à demain.

> **Observez**
> 1. What pronoun is the subject in **on fait quelque chose ensemble?** (3.9)
> 2. To whom does **on** refer? (3.9)
> 3. What form of the verb is used with **on?** (3.9)

Verbes irréguliers				
pouvoir (*to be able*)	je	peux	nous	pouvons
	tu	peux	vous	pouvez
	il / elle / on	peut	ils / elles	peuvent
vouloir (*to want, wish*)				
	je	veux	nous	voulons
	tu	veux	vous	voulez
	il / elle / on	veut	ils / elles	veulent

EXPRESSIONS UTILES   *sports et activités*

On va jouer...

au basket(ball)

au tennis

au volley

au foot(ball)

On va faire...

une promenade en vélo

de la planche à voile

On va aller...

à la campagne

à la chasse

à la plage

à la pêche

au parc

à la piscine

au lac

au gymnase

en boîte / à la discothèque / au club

ACTIVITÉ 3 *Tu veux ? Tu peux ?* Work with a partner. First, each person marks the activities below that they would like to do if they had time. Then follow the model to discuss whether or not you can do them.

    Modèle: A: Je veux dîner chez des amis.

                    B: Tu peux dîner chez des amis aujourd'hui ?

                    A: Oui, je peux.
                          ou:
                    Non, pas aujourd'hui, j'ai trop à faire.

1. _____ dîner chez des amis   4. _____ lire un bon roman
2. _____ faire du sport   5. _____ jouer aux cartes
3. _____ aller au concert   6. _____ regarder la télévision

ACTIVITÉ 4 *Sondage* Indicate whether or not you participate in these sports by making a statement to the class. One student will keep a tally and figure the percentages for your class to compare to the percentages of Quebecers aged 15 and older.

    Modèle: Je nage, je fais du ski, je joue au tennis et je fais des promenades en vélo, mais je ne vais pas souvent à la pêche et jamais à la chasse.

Les sports	Les camarades de classe	Pourcentage des camarades	Pourcentage des Québécois (15 ans+)
nager	_____	_____	8 %
faire du ski	_____	_____	15 %
jouer au tennis	_____	_____	2 %
faire une promenade en vélo	_____	_____	16 %
aller à la pêche / chasse	_____	_____	24 %

ACTIVITÉ 5 *Où aller ?* Tell where you would go to do each activity.

    Modèle: nager
                    Quand je veux nager, je vais à la piscine.

1. faire de l'aérobic   4. danser
2. aller à la chasse   5. faire une promenade en vélo
3. jouer avec mes petits cousins   6. faire de la planche à voile

ACTIVITÉ 6 *Veux-tu aller avec moi ?* Ask if your partner wants to do one of the activities pictured. If so, suggest a time to meet.

Modèle: A: Veux-tu aller à la
plage avec moi ?

B: Oui, je veux bien. J'ai
envie de nager.

A: Alors, rendez-vous à
la plage à onze heures.

1.

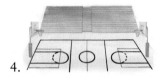
3.

2.

4.

Inviter quelqu'un

▶ **Observez**
1. What direct object pronouns are used here with the verb **inviter?** (3.10)
2. Where do you put the direct object pronouns in relation to the verb in a sentence? (3.10)

 ÉCHANGE 3 *Invitation*

NASSIRA: Je t'invite à aller au cinéma jeudi soir.
ROGER: Oui, avec plaisir. Je te retrouve au ciné ?
NASSIRA: D'accord. Et mes parents nous invitent à dîner chez eux samedi soir.
ROGER: Je regrette, je suis pris samedi.

EXPRESSIONS UTILES *invitations*

inviter

Je t'invite   chez moi.
Je t'invite à   déjeuner chez nous.
Je vous invite à   dîner au restaurant.
                    aller au théâtre / au concert / à l'opéra.
                    aller danser.

accepter	**décliner**
Je veux bien.	Je regrette, mais je suis pris(e) vendredi.
Oui, avec plaisir.	Je suis désolé(e), je ne suis jamais libre le vendredi.
Très volontiers.	Dommage, une autre fois, peut-être.
Rendez-vous quand et où ?	

APERÇUS CULTURELS

Qui paie ?

Comme l'expression **je vous invite** ou **je t'invite** implique que c'est vous qui allez payer, on utilise souvent d'autres expressions pour prendre rendez-vous avec des amis : **Tu veux aller au concert ? On va au cinéma ensemble ?** Pour les jeunes en France, il est normal que chaque personne paie sa part pour les sorties en couple ou en groupe.

❯ Qui paie quand vous sortez en couple ? en groupe ?

ACTIVITÉ 7 *Accepter ou refuser ?* Your instructor will read six short conversations in which Person A invites Person B to do something. For each, write **A** if Person B accepts or **D** if Person B declines.

1. _____   4. _____

2. _____   5. _____

3. _____   6. _____

ACTIVITÉ 8 *On va à l'île de Gorée ?* A ferry (**une chaloupe**) runs between the Island of Gorée and Dakar, Senegal's capital city. Invite your partner to visit the island on the days given. Discuss times for the ferry and arrange to meet.

Modèle: le lundi matin

A: Je t'invite à aller à l'île de Gorée avec moi lundi matin.

B: Très volontiers. À quelle heure part la chaloupe ?

A: Le lundi matin il y a des départs de Dakar à six heures trente, à sept heures trente, à dix heures et à onze heures.

B: À onze heures alors. Rendez-vous à la chaloupe.

1. le mercredi vers midi
2. le vendredi après-midi
3. le samedi soir
4. le dimanche matin
5. le dimanche après vingt heures

HORAIRE DE LA CHALOUPE

Du Lundi au Samedi		Dimanche & Jours fériés	
Départ de Dakar	Départ de Gorée	Départ de Dakar	Départ de Gorée
06 h 30	07H 00	07 h 00	07 H 30
07 H 30	08 H 00	09 H 00	09 H 30
10 H 00	10 H 30	10 H 00	10 H 30
11 H 00	12 H 00	12 H 00	12 H 30
12 H 30	14 H 00	14 H 00	14 H 30
14 H 30	15 H 00	16 H 00	16 H 30
16 H 00	16 H 30	17 H 00	17 H 30
17H 30 (jours de semaine)	18H 00	18 H 30	19 H 00
18 H 30	19 H 00	19 H 30	20 H 00
20 H 00	20 H 30	20 H 30	21 H 00
22 H 30	23 H 00	22 H 30	23 H 00
00 H 30 (jeudi)	01 H 00	24 H 30	01 h 00
00 H 45 (samedi)	01 h 15		

☎ 23.80.06 - 23.80.09

ACTIVITÉ 9 *Je vous invite* Work in groups of three. Person A invites the other two people to do something. Person B accepts; Person C declines. Then switch roles.

Modèle: A: Je vous invite à dîner au restaurant samedi soir.

B: Oui, avec plaisir.

C: Désolé(e), mais je suis pris(e).

ACTIVITÉ 10 *Veux-tu ?* Work with a partner. Person A invites Person B to do something. Person B accepts or declines. Follow the options in the model.

Modèle: A *(suggests activity)*: Veux-tu aller dîner au restaurant dimanche soir ?

B *(accepts)*: Volontiers !
      ou:
      (declines): Désolé(e), mais je ne peux pas.

A *(extends invitation)*: Bien, et je t'invite.
      ou:
      (suggests another time): Alors, une autre fois peut-être.

Vocabulaire essentiel

endroits

la campagne	*country*
le club	*nightclub*
la discothèque	*nightclub for dancing*
le gymnase	*gymnasium*
le lac	*lake*
le parc	*park*
la plage	*beach*
le restaurant	*restaurant*
le théâtre	*theater*

invitations

désolé(e)	*sorry*
dommage, c'est dommage	*that's too bad*
inviter (à)	*to invite (to) (conj. like **parler**)*
je suis pris(e)	*I'm busy (lit., taken)*
je veux bien	*I would really like to*
volontiers	*with pleasure*

jours de la semaine

lundi *(m)*	*Monday*
mardi *(m)*	*Tuesday*
mercredi *(m)*	*Wednesday*
jeudi *(m)*	*Thursday*
vendredi *(m)*	*Friday*
samedi *(m)*	*Saturday*
dimanche *(m)*	*Sunday*

sports et activités

le basket(ball)	*basketball*
la chasse	*hunting*
le concert	*concert*

la pêche	*fishing*
la planche à voile	*windsurfing*
la promenade	*walk*
la promenade en vélo	*bike ride*
le vélo	*bike*
le volley	*volleyball*

autres expressions utiles

entendu	*understood*
ensemble	*together*
la fois	*time (occurrence in a series)*
me	*me*
nous	*us*
on	*we / you / they / one*
possible	*possible*
quand	*when*
quelque chose	*something*
le rendez-vous	*meeting*
te	*you (familiar, singular)*
vous	*you (formal singular, plural)*

autres verbes

pouvoir   *to be able*

je	peux	nous	pouvons
tu	peux	vous	pouvez
il / elle / on	peut	ils / elles	peuvent

retrouver   *to meet (conj. like **parler**)*

vouloir   *to want (to)*

je	veux	nous	voulons
tu	veux	vous	voulez
il / elle / on	veut	ils / elles	veulent

Prononciation **Le son [ə] et le [ə] muet**

The sound [ə] is spelled **e** without an accent. It can be pronounced or silent. When pronounced, [ə] resembles the vowel sounds of the English word *put:* **mercredi, je regrette.** Whether the [ə] is pronounced or silent is generally a matter of style: In careful, formal speech, more [ə]s are pronounced than in rapid, familiar speech. Whether or not an [ə] is pronounced also depends on where it occurs in the word or sentence.

1. The [ə] is *always* silent:

   a. at the end of a sentence.

   Bonjour, madamé. Comptez par quatré.

   b. when it follows a vowel.

   L'amié d'Annié est jolié.

   c. when it is preceded by a single pronounced consonant or a double written consonant.

   uné bonné phrasé

2. The [ə] is *frequently* silent in words like **ne, le,** and **de,** if the preceding word does not end in a pronounced consonant sound:

   Tu lé veux ?

   pas dé sœurs

3. The [ə] is pronounced:

   a. in the first syllable of a sentence or clause.

   Demain, je travaille.

   b. when it is preceded by two pronounced consonants.

   vendredi
   quatre jours

4. Also note that these two common words also have the [ə] sound with different spellings:

   monsieur
   nous faisons

ACTIVITÉ 11 *Qu'est-ce que tu aimes ?* With a classmate, take turns asking each other's opinion of the people, things, and days listed.

Modèle: ton cours de maths

A: Est-ce que tu aimés ton cours de maths ?

B: Oh oui ! Je l'aimé bien.
              ou:
     Ah non ! Je lé détesté.

1. ton prof de géographié
2. ton cours de français
3. ton livre dé biologié

4. le vendredi
5. le samédi
6. le mercredi

Expansion **Écrire**

Stratégie Considérez quelles expressions conviennent au message.

Before beginning to write, think about what expressions you know fit with what you need to write about.

Avant d'écrire *Une belle lettre*

1. You are Paul. You have received the following invitation. Check whether or not you will accept it and indicate your reasons.

Cher Paul
Nous donnons une fête pour Anne
le samedi 16 juin
de 17 heures
à 20 heures
chez Jacques et Marie
tu viens ?
réponse s.v.p. 01.40.18.20.10

_____ Oui, j'accepte. _____ Non, je n'accepte pas.

Pourquoi ? _____

2. Think about writing a letter to accept or decline the invitation. Consider the expressions below and decide in which type(s) of letter each expression would be appropriate.

a. a letter to accept an invitation
b. a letter of regret

_____ Je regrette, mais je ne peux pas accepter votre aimable invitation.

_____ J'accepte votre invitation avec plaisir.

_____ Je vous trouve désagréable ; je n'ai pas du tout envie de vous voir.

_____ Je suis désolé(e), mais cette date n'est pas possible pour moi.

_____ Je vais être malade et je ne peux pas accepter votre invitation.

Écrire

1. First list some expressions that you will use to acknowledge the invitation, to politely accept or refuse, and to close your letter.
2. Then write your letter by expanding on the expressions and linking them together.

Après avoir écrit

Reread your letter and check to see if you . . .

1. put the city and date at the top of the letter.
2. made it clear whether you are accepting or declining the invitation.
3. used appropriate, polite expressions and, where necessary, gave explanations.
4. made verbs agree with their subjects and adjectives with their nouns.
5. ended your letter with an appropriate closing and signed it.

À vous la parole

1. En groupes, lisez et comparez vos lettres. Combien de personnes ont accepté l'invitation et pourquoi ? Combien de personnes ont décliné et pourquoi ?
2. Travaillez par deux et faites un jeu de rôle. La personne A téléphone à la personne B pour l'inviter à dîner. La personne B accepte l'invitation. Après, changez de rôles, et la personne B décline l'invitation.

DOSSIER 4

In this Dossier, you will learn about these grammatical features

> expressions for weather conditions and forecasts

> the impersonal pronoun **il**

> definite articles and prepositions with months and seasons

> the verb **sortir**

Point de départ **Écouter**

Stratégie Utilisez l'image et le contexte.

Images can help you figure out information, but in order to use them well you need to know their cultural context.

Avant d'écouter *Bulletin météorologique*

In this weather map from France in February, locate the cities, look at their weather, and note the words used to describe it. Mark the cities on the map for reference.

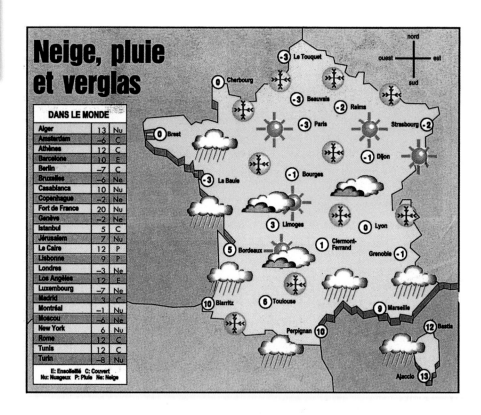

Neige, pluie et verglas

DANS LE MONDE		
Alger	13	Nu
Amsterdam	−6	C
Athènes	12	C
Barcelone	10	E
Berlin	−7	C
Bruxelles	−6	Ne
Casablanca	10	Nu
Copenhague	−2	Ne
Fort de France	20	Nu
Genève	−2	Ne
Istanbul	5	C
Jérusalem	7	Nu
Le Caire	12	P
Lisbonne	9	P
Londres	−3	Ne
Los Angeles	12	E
Luxembourg	−7	Ne
Madrid	3	C
Montréal	−1	Nu
Moscou	−6	Ne
New York	6	Nu
Rome	12	C
Tunis	12	C
Turin	−8	Nu

E: Ensoleillé C: Couvert
Nu: Nuageux P: Pluie Ne: Neige

1. **Paris,** dans le centre-nord de la France où il y a du soleil.
2. **Le Touquet,** dans le nord de la France où il neige.
3. **Toulouse,** dans le sud de la France où il fait six degrés.
4. **Marseille,** dans le sud de la France près de la mer Méditerranée.
5. **Ajaccio,** en **Corse,** une île de la Méditerranée, où il y a des nuages et de la pluie.

En écoutant

While you listen, follow on the map on p. 150, focusing on the cities that you marked, and select the best completion of each statement.

1. Dans le Nord et le Centre

   a. il fait assez froid, avec de la neige et des températures de 1 à –3 degrés.
   b. il y a du soleil avec des belles éclaircies et des températures vers –3 degrés.
   c. il y a des nuages, avec de la pluie et des températures d'environ 12 degrés.
   d. il fait mauvais, avec de la pluie et des températures de 6 à 10 degrés.

2. Dans le Sud

   a. il fait assez froid, avec de la neige et des températures de 1 à –3 degrés.
   b. il y a du soleil avec des belles éclaircies et des températures vers –3 degrés.
   c. il y a des nuages, avec de la pluie et des températures d'environ 12 degrés.
   d. il fait mauvais, avec de la pluie et des températures de 6 à 10 degrés.

3. Dans la région parisienne

   a. il fait assez froid, avec de la neige et des températures de 1 à –3 degrés.
   b. il y a du soleil avec des belles éclaircies et des températures vers –3 degrés.
   c. il y a des nuages, avec de la pluie et des températures d'environ 12 degrés.
   d. il fait mauvais, avec de la pluie et des températures de 6 à 10 degrés.

4. En Corse

   a. il fait assez froid, avec de la neige et des températures de 1 à –3 degrés.
   b. il y a du soleil avec des belles éclaircies et des températures vers –3 degrés.
   c. il y a des nuages, avec de la pluie et des températures d'environ 12 degrés.
   d. il fait mauvais, avec de la pluie et des températures de 6 à 10 degrés.

Après avoir écouté

Quelles activités peut-on faire...

1. dans le Nord et le Centre ?
2. dans le Sud ?
3. dans la région parisienne ?
4. en Corse ?

À vous la parole

Quel temps fait-il aujourd'hui ? Quel temps préfères-tu ? Qu'est-ce que vous faites quand il y a du soleil ? quand il fait mauvais ?

L'essentiel

Discuter le temps qu'il fait

ÉCHANGE 1   *Activités et temps*

MÉLANIE: J'ai envie de faire du sport. Quel temps fait-il ?
BERTRAND: Il fait beau, environ vingt degrés, et il y a du soleil. On peut faire une promenade en vélo si tu veux.
MÉLANIE: Quelle bonne idée !

> **Observez**
>
> 1. What two verbal expressions are used here to talk about the weather? **(3.11)**
> 2. Is the pronoun **il** in the expressions **il fait beau** and **il y a du soleil** more like the **il** in **il est huit heures** or in **il aime faire du ski**? **(3.12)**

Quel temps fait-il ?

Il y a du vent.

Il y a un orage.

Il y a une éclaircie.

Il y a beaucoup de nuages.

Il y a du soleil.
Il fait beau.

Il y a des averses.
Il y a de la pluie.
Il pleut.
Il fait mauvais.

Il y a de la neige.
Il neige.

Quelle est la température ?

Il fait très froid.
Il fait moins dix degrés.

Il fait froid.
Il fait zéro (degré).
Il gèle.

Il fait frais.
Il fait dix degrés.

Il fait chaud.
Il fait trente degrés.

APERÇUS CULTURELS

La météo

Le climat de la France est tempéré, divers et variable, surtout dans les Alpes, les régions de l'Atlantique et la région parisienne.

La météo (le bulletin météorologique) a une place importante à la radio et à la télévision en France. Les Français parlent beaucoup du temps qu'il fait et de la température. Il est fréquent de commencer une conversation par :

Quel beau temps, c'est rare pour la saison !
Quel temps de chien !
Oh là là, il fait froid, hein ? Et quel vent !

❯ Quel est le climat de votre région ? Quel climat préférez-vous ?

ACTIVITÉ 1 *Activité et temps* In what weather would you do each activity?

Modèle: aller à la plage
     quand il fait chaud

1. jouer au tennis
2. jouer aux échecs
3. faire de la planche à voile
4. faire des courses
5. faire du ski
6. aller à la pêche

ACTIVITÉ 2 *Le temps en France* Listen as your instructor tells you about the weather in a French city he or she is visiting. Use the map on page 150 to tell where your instructor is.

Modèle: You hear: Je suis dans le sud-ouest de la France. Il pleut
          et il fait dix degrés.
     You say: Vous êtes à Biarritz, alors.

ÉCHANGE 2   *Prévisions météorologiques*

SUBHA: Veux-tu faire du ski avec moi demain ?
TATIE: Quel temps va-t-il faire ? Je n'aime pas faire du ski quand il fait
     très froid.
SUBHA: Il va faire beau... beau... moins deux degrés. Pour faire du ski,
     c'est parfait, et il va y avoir de la neige fraîche !

EXPRESSIONS UTILES   *prévisions météo*

Il va   neiger / pleuvoir.
     faire beau / mauvais.
     faire chaud / frais / froid.
     y avoir de la neige / de la pluie / du vent / des averses / des orages / des nuages.

❯ **Observez**

1. Are these statements about the weather talking about the present or the future? **(3.4, 3.11)**
2. What is the present-tense form corresponding to the future **il va y avoir de la neige**? **(3.11)**

ACTIVITÉ 3 *Prévisions pour demain* Use the words listed to predict tomorrow's weather.

Modèle: très beau
     Demain, il va faire très beau.

1. froid
2. chaud
3. dix degrés
4. neige
5. pluie
6. nuages, vent

ÉCHANGE 3   *Il fait beau*

PAPA: Quelle belle promenade !

MAMAN: Ah oui, et il fait beau. Il y a du soleil. J'aime beaucoup l'été, surtout le mois de juillet.

EXPRESSIONS UTILES   *saisons et mois*

les saisons	**les mois**
l'hiver	décembre, janvier, février
le printemps	mars, avril, mai
l'été	juin, juillet, août
l'automne	septembre, octobre, novembre

En hiver, et surtout en janvier, il neige à Québec.
Au printemps, et surtout en avril, il fait frais à Paris.
En été, et surtout en août, il fait chaud et humide à Fort-de-France.
En automne, et surtout en novembre, il pleut à Bruxelles.

> **Observez**
>
> 1. What preposition is used with all months? **(3.13)**
> 2. Which season uses a preposition other than **en**? **(3.13)**

ACTIVITÉ 4 *Quel temps ? Quelle saison ?* According to the month or season given for each place, indicate the appropriate weather expressions from the choices below.

Temps: Il fait chaud et humide, il neige, il pleut beaucoup, il y a beaucoup d'orages, il fait beau

1. au Sénégal en été
2. en Belgique en automne
3. en Russie en hiver
4. en Californie au printemps
5. en Floride en avril
6. en Martinique en septembre
7. au Québec en février
8. en Louisiane en juillet

ACTIVITÉ 5 *Les beaux paysages* Work with a classmate. Pretend that you are taking a walk in one of the three landscapes on the following page and discuss the weather and temperature. Repeat your conversation for classmates, who will identify the landscape.

Modèle: A: Il fait frais, hein ?

B: Oui, pour le mois de mai, je trouve.

A: Mais ici, il fait toujours frais au printemps.

B: Et il y a des nuages. Est-ce qu'il va y avoir une averse ?

A: C'est possible ; il pleut souvent au printemps.

Rive de l'Oise, 1878, Camille Pissaro (1830–1903), French.

1. *Rue de Paris, jour de pluie,* **1877, Gustave Caillebotte (1849–1893), French.**

3. *La neige à Louveciennes,* **1878, Alfred Sisley (1839–1899), French.**

2. *Coquelicots,* **1873, Claude Monet (1840–1926), French.**

Donner une réponse conditionnelle à une suggestion

ÉCHANGE 4   *On sort ce week-end ?*

THIERRY: On fait quelque chose ensemble ce week-end ? J'ai envie de sortir de la ville.

AMEL: On peut faire du ski s'il ne fait pas trop froid.

THIERRY: Bonne idée, mais s'il fait très froid, je préfère aller au cinéma.

AMEL: Et si on va au cinéma, on peut inviter Jacqueline aussi ?

THIERRY: Peut-être, si elle ne sort pas avec son fiancé.

> **Observez**
>
> 1. When is the letter **i** in the word **si** replaced with an apostrophe? This is an example of elision. **(3.14)**
> 2. When does **si** not elide with the word that follows it? **(3.14)**

Verbe				
sortir *(to go out)*	je	sors	nous	sortons
(conjugated like partir*)*	tu	sors	vous	sortez
	il / elle / on	sort	ils / elles	sortent

EXPRESSIONS UTILES   *réponses conditionnelles*

S'il ne fait pas trop froid.
Si elle ne sort pas.
D'accord, si j'ai le temps.
Seulement si tu m'invites.
Ça dépend...
Peut-être...

ACTIVITÉ 6 *Qui sort quand ?* Interview four classmates to find out who goes out often at the times shown in the chart and what they do at each of these times. Then report to the class.

Questions: Sors-tu souvent le vendredi soir ? Qu'est-ce que tu fais ?

nom	le vendredi soir	le samedi après-midi	le mardi soir	le jeudi matin
1. _____	_____	_____	_____	_____
2. _____	_____	_____	_____	_____
3. _____	_____	_____	_____	_____
4. _____	_____	_____	_____	_____

ACTIVITÉ 7 *Seulement si...* Give a conditional answer to each question, by using **seulement** and an expression from the list.

Possibilités: si je n'ai pas de courses à faire   si elle m'invite
s'il ne pleut pas   si nous partons avant midi
s'il neige   s'il y a un bon film

Modèle: Veux-tu sortir ce week-end ?
Je peux sortir ce week-end seulement si je n'ai pas de courses à faire.

1. Veux-tu faire une promenade ?
2. Vas-tu au théâtre avec Christine ?
3. Vas-tu à Nice avec nous ?
4. As-tu envie d'aller faire du ski samedi ?
5. Veux-tu aller danser avec Roseline ?
6. As-tu envie d'aller au cinéma ?

ACTIVITÉ 8 *On va faire du sport ?* Work with a classmate. Person A thinks of a sport, and Person B thinks of a weather condition. A invites B to participate in his or her sport. Based on the weather condition chosen, B accepts or declines and suggests an alternative. Finish the conversation by deciding where to meet.

Modèle 1: La personne B accepte.

A: On va nager cet après-midi ?

B: Quelle bonne idée, s'il fait chaud.

A: Alors, rendez-vous où ?

B: Je te retrouve à la piscine, à trois heures.

Modèle 2: La personne B décline.

A: On va nager cet après-midi ?

B: Comment ? Nager ! S'il neige, je préfère faire du ski.

A: D'accord. Je te retrouve où ?

B: Chez toi, à une heure.

Vocabulaire essentiel

météo

l'averse (f)	sudden shower
chaud	hot
le degré	degree
l'éclaircie (f)	clearing
frais	cool
froid	cold
humide	humid
il gèle	it is freezing
il neige	it is snowing
la neige	snow
neiger	to snow
le nuage	cloud
l'orage (m)	storm
pleuvoir	to rain
il pleut	it is raining
la pluie	rain
le soleil	sun
la température	temperature
le temps	weather; time
le vent	wind

mois

le mois	month
janvier	January
février	February
mars	March
avril	April
mai	May

juin	June
juillet	July
août	August
septembre	September
octobre	October
novembre	November
décembre	December

saisons

l'automne (m)	fall
l'été (m)	summer
l'hiver (m)	winter
le printemps	spring
la saison	season

autres expressions utiles

environ	about
frais / fraîche	fresh
seulement	only
si	if
surtout	especially
trop	too

autres verbes

sortir — to go outside; to go out socially [with friends or dates]

je sors	nous sortons
tu sors	vous sortez
il / elle / on sort	ils / elles sortent

Prononciation Récapitulation : la lettre *e* avec ou sans accent

Consider the contrasting pronunciations of these different sounds for the letter e. Remember that for [e], as in **été**, your mouth is less open than for [ɛ], as in **mère**. Remember also that the letter e, as in **samedi** or **je le sais**, is often silent.

[e]	et	[ɛ]		[e]	et	[ə]		[ɛ]	et	[ə]
mes		mais		Brésil		Bretagne		mais		me
parler		projet		pétition		petit		fête		faisons
Mémé		m'aime		tes		te		mère		monsieur

ACTIVITÉ 9 *Re ou ré ?* **Ré** [e] and **re** [ə] are prefixes used with verbs to indicate repetition. With a partner, practice the distinction following the model.

> **Modèle:**   dire / redire
>
> A: Tu vas dire ça ?
>
> B: Oui, je vais le dire et le redire.

1. faire / refaire
2. expliquer / réexpliquer
3. lire / relire

4. arranger / réarranger
5. composer / recomposer
6. taper / retaper

ACTIVITÉ 10 *Comment répondre ?* Ask a partner questions from column 1. Your partner gives answers that rhyme and are logical responses from column 2.

1	**2**	
1. Il fait frais ?	a. Non, je suis fauché(e).°	*broke*
2. Tu pars en juillet ?	b. Très, pour le mois de mai.	
3. Tu vas m'inviter ?	c. Oui, je vais au Touquet.	
4. Où est Brest ?	d. Au restaurant pour déjeuner.	
5. Où veux-tu aller ?	e. Oh, elle n'est pas bête !	
6. Comment est Colette ?	f. C'est à l'ouest.	

Expansion **Discuter**

> *Stratégie* Parlez de vous-même pour faire parler les autres.

In a social situation, one way to obtain information is to give information about yourself before soliciting comments from another person.

Avant de discuter *Compagnons de voyage ?*

Prepare to look for a travel companion and plan a trip together.

1. Working with a partner, plan to talk about how you like to travel by completing these thoughts.
   a. J'aime beaucoup voyager en... (mois / saison) quand...
   b. Quand je suis en voyage, j'aime... (activités / sports).
   c. S'il... (temps qu'il fait), je préfère... (activités / sports).
   d. Je ne suis pas... / Je n'aime pas... / Je déteste...

2. Working with a different partner, plan to ask your potential travel companion questions by completing these ideas.
   a. Quand préfères-tu... ?
   b. Qu'est-ce que tu aimes faire ? Est-ce que tu aimes... (activités / sports) ?
   c. Et s'il... (temps qu'il fait), est-ce que tu aimes... (activités / sports) ?
   d. Es-tu... (caractère) ?

Discuter

Circulate and talk with your classmates until you find a compatible travel companion.

Modèle: Moi, j'aime beaucoup voyager en hiver quand je n'ai pas de travail. Et toi, quand préfères-tu voyager ?

Then, with that person, plan a trip that you can describe to the class.

Modèle: Nous pouvons... ou... parce que nous aimons...

Use these photos, if you need them, to give you specific ideas about where to travel and what to do, but don't limit yourselves to these places or activities.

Québec au Canada

Sidi Bou Siad en Tunisie

Ste-Anne en Guadeloupe

Marseille en France

Après avoir discuté

Avec votre compagnon de voyage, décrivez à la classe pourquoi vous voyagez bien ensemble et vos activités pendant le voyage.

Grammaire 3

3.1 Contractions of the prepositions *à* and *de* with the definite article

a. The preposition **de** (*of, from,* and with no English equivalent in many idiomatic expressions) combines with the definite articles **le** and **les** to form the contractions shown in the chart. Note that **de** does not contract with **la** or **l'**.

Contractions de la préposition *de* avec l'article défini		
masculin	de + le → **du**	Je fais **du** sport.
féminin	de + la	Je fais de la natation.
devant une voyelle	de + l'	Je fais de l'espagnol.
pluriel	de + les → **des**	Je fais **des** exercices.

Note that after a verb in the negative, you use **de** or **d'** rather than **du, de la, de l'**, or **des**.

> Je ne fais pas **de** ski et pas **de** natation.
> Vous ne faites pas **d'**espagnol et pas **de** sciences.

However, if the negation relates to a preceding verb rather than to the **de** expression, the **du, de la, de l'**, or **des** is used.

> Je n'aime pas faire **du** sport.

b. The preposition **à** *(to, in, at)* contracts in the same circumstances as **de**.

Contractions de la préposition *à* avec l'article défini		
masculin	à + le = **au**	Je vais **au** cinéma.
féminin	à + la	Je travaille à la fac.
devant une voyelle	à + l'	Nous allons à l'opéra.
pluriel	à + les = **aux**	Vous jouez **aux** cartes ?

These same forms are also used after a verb in the negative.

> Je ne joue pas aux cartes. Je ne vais pas à la fac.

3.2 Adverbs of frequency

Adverbs are used to indicate when, where, how often, in what manner, the action expressed by the verb is done. The following adverbs of frequency indicate how often. They come directly after the verb.

Adverbes de fréquence	
souvent (often)	Je lis **souvent** le journal.
parfois / quelquefois (sometimes)[1]	Je vais **parfois** à Montréal.
rarement (rarely)	J'écoute **rarement** la radio.

[1] Both are used.

3.3 The negative expressions *ne... jamais* and *ne... rien*

You already know the basic negative adverb **ne... pas.** The following chart shows other negative expressions that go in the same position in sentences: *subject* + **ne** + *verb* + *negative expression*. Remember that with negative expressions, **du, de la, de l', des → de.** Compare:

> Je fais **du** sport.
> Je ne fais pas **de** sport.

Expressions négatives	
pas (not)	Je **ne** fais **pas de** sport. *(I don't do any sports.)*
jamais (never)	Je **ne** fais **jamais de** sport. *(I never do sports.)*
rien (nothing)	Je **ne** fais **rien.** *(I do nothing.)*

Some negative adverbs can be used without **ne** or a verb when they stand alone as responses.

	Réponses négatives
Qu'est-ce que tu veux faire ?	**Rien.**
Quand regardez-vous la télévision ?	**Jamais.**

3.4 The immediate future

The **futur proche** is one way of conveying future time. It is commonly used to express an intention, as in English: *I am going to do something.* The **futur proche** is formed by using the conjugated form of **aller (je vais, tu vas,** etc.) followed by an infinitive. In negative sentences and questions, you negate or invert the conjugated form of **aller.**

Le futur proche	
phrase affirmative	Nous allons travailler demain.
phrase négative	Nous n'allons pas travailler demain.
question avec inversion	Allons-nous travailler demain ?

When there is a direct object pronoun (**le, la, les**) in the sentence, it goes immediately before the infinitive.

> Vas-tu voir ce film ? Oui, je vais **le** voir demain.
> Vas-tu faire ces exercices ? Non, je ne vais pas **les** faire.

3.5 Idiomatic expressions with *avoir*

Like the expression **avoir l'air** *(to appear)*, which you already know, the expressions **avoir envie de** *(to want to)* and **avoir besoin de** *(to need to)* are based on the verb **avoir,** which is conjugated to go with the subject. These latter two expressions both include the preposition **de** and are followed by an infinitive.

Expressions avec *avoir*					
sujet	+	expression	+	adjectif	
Il		a l'air		intelligent.	
sujet	+	expression	+	de + infinitif	
Nous		avons besoin		de travailler.	
Vous		avez envie		d'aller au musée ?	

Remember that when you use these expressions, you conjugate the verb **avoir.**

> *Affirmative sentence*: **Ils ont l'air fatigué.**

> *Negative sentence*: **Je n'ai pas envie de lire ce journal.**

> *Question*: **Avez-vous besoin de lire ce journal ?**

3.6 How to tell time

The French word **heure,** which literally means *hour,* is the equivalent of the English terms *time* (**à quelle heure**) and *o'clock* (**à une heure**). It is used in the plural for numbers greater than one (**à deux heures**). There are two systems for telling time in French: one for conventional time, the other for official time.

a. **Conventional time.** The time of day is expressed according to the following formulas. Note how minutes are given by using the appropriate fixed expression.

	Nombre	Heure(s)		
	une	heure.		1h00
	trois	heures	cinq.	3h05
			et quart.	3h15
Il est +			et demie.	3h30
	quatre	heures	moins vingt-cinq.	3h35
			moins le quart.	3h45

There are two exceptions.

> Il est   midi.   *(12h00 noon)*

> Il est   minuit.   *(12h00 midnight)*

With these two times, you add the minutes as with any other time.

> Il est   midi   et quart.   *(12h15 = 15 minutes after noon)*

> Il est   minuit   et demie.   *(12h30 = 30 minutes after midnight)*

b. **Official time.** Official time is used when referring to schedules and is based on a 24-hour clock and a 60-minute hour. Note that the expressions with **et** and **moins** are not used with official time.

L'heure conventionnelle	L'heure officielle	
il est six heures (du matin)	il est six heures	6h00
il est midi	il est douze heures	12h00
il est trois heures (de l'après-midi)	il est quinze heures	15h00
il est huit heures moins le quart (du soir)	il est dix-neuf heures quarante-cinq	19h45
il est minuit	il est zéro heure	0h00

Note that the **il** in these expressions is impersonal, like *it* in English; its verb is always conjugated in the third-person plural.

3.7 Regular *-ir* verbs like *partir* and *sortir*

There are two groups of regular verbs whose infinitives end in **-ir.** In this **Ensemble,** you are working with one type, verbs that are conjugated like **partir.**

Verbe				
partir (*to leave*)	je	pars	nous	partons
	tu	pars	vous	partez
	il / elle / on	part	ils / elles	partent
sortir (*to go out*)	je	sors	nous	sortons
	tu	sors	vous	sortez
	il / elle / on	sort	ils / elles	sortent

Because final consonants are generally not pronounced in French, the three singular forms of these verbs sound alike. In the plural forms, you hear the pronounced **t** of the stem (**nous sortons, ils sortent**), also found in the infinitive. Thus, **il part, il sort** and **ils partent, ils sortent** are distinguished in spoken French by the absence or presence of the pronounced **t.**

3.8 Days of the week and times of day

The definite article **le** is used with a day of the week or time of day to indicate that you habitually do an activity at this time: **le vendredi** *(on Fridays);* **le soir** *(in the evening).* In contrast, to indicate a specific time period, use the demonstrative adjective **ce** before the noun indicating the time of day. With days of the week, **ce** is optional.

Activités habituelles

Je travaille **le** soir.	*(evenings, in the evening)*
Je travaille **le** samedi.	*(on Saturdays)*

Activités uniques

Je travaille **ce** soir.	*(this evening)*
Je travaille **(ce)** samedi.	*(this Saturday)*

In either case, the days of the week are not capitalized unless they begin a sentence.

3.9   The pronoun *on*

On is an indefinite personal subject pronoun that is sometimes collective in meaning, but always singular grammatically. Most often it is used where English would use *we*, such as when talking about the activities of a group.

> On travaille beaucoup   *We work hard in this class.*
>   dans ce cours.

This usage is common for making suggestions.

> On va au cinéma ce soir ?   *How about going to the movies tonight?*

It is also used to convey the sense of *you* in expressions such as:

> On ne parle pas anglais ici.   *You don't speak English here.*

This sense can also be expressed in English by *one*. In generalizations, **on** corresponds to English *they* as well as *one* and *you*.

> On dit cela en France.   *They say that in France.*
>   *One says that in France.*
>   *You say that in France.*

Regardless of its implied collective subject, the verb accompanying **on** is always conjugated in the third-person singular, while any accompanying adjective shows agreement.

> **On** ne **va** pas à la plage en hiver.
> **On est** fatigué(e)(s).

3.10 Direct object pronouns

You have already studied the direct object pronouns **le, la, les (2.13).** The following chart gives more direct object pronouns.

Pronoms compléments d'objet direct			
me (m')	*me*	nous	*us*
te (t')	*you*	vous	*you*
le (l')	*him, it*	les	*them*
la (l')	*her, it*		

All direct object pronouns have the same position in the sentence: They come before the verb for which they are the complement. In practice, this almost always means:

❯ before the conjugated verb for single verbs.

> Il **me** regarde. *He sees me.*

❯ before the infinitive if there is one.

> Je vais **vous** inviter. *I am going to invite you.*

> Elle a envie de **t'**inviter. *She wants to invite you.*

Position des compléments d'objet direct	
au présent	
phrase affirmative *phrase négative* *question avec inversion*	Tu m'aimes. Tu ne m'aimes pas. M'aimes-tu ?
au futur proche	
phrase affirmative *phrase négative* *question avec inversion*	Tu vas m'aimer. Tu ne vas jamais m'aimer. Vas-tu m'aimer ?

3.11 Weather expressions

There are three basic ways to make statements about weather. To put them in different time frames, you change the tense of the verb.

	Présent	Futur
neiger / pleuvoir	Il neige. Il pleut.	Il va neiger. Il va pleuvoir.
il + fait + adjectif	Il fait beau.	Il va faire beau.
il y a + de la / du / *d' + nom*	Il y a de la pluie. Il y a du vent.	Il va y avoir de la pluie. Il va y avoir du vent.

Consistent with other usage, negation uses **ne... pas** with the verb. Questions either invert the **il** subject and the verb or begin with **est-ce que**.

	Négatif au présent	Question au présent
neiger / pleuvoir	Il ne neige pas.	Neige-t-il ? Est-ce qu'il neige ?
il + fait + adjectif	Il ne fait pas beau.	Fait-il beau ? Est-ce qu'il fait beau ?
il y a + de la / du / *d' + nom*	Il n'y a pas de vent.	Y a-t-il du vent ? Est-ce qu'il y a du vent ?

The immediate future also follows these rules.

	Négatif au futur	**Question au futur**
va neiger / pleuvoir	Il ne va pas pleuvoir.	Va-t-il neiger ? Est-ce qu'il va neiger ?
il +va + faire + adjectif	Il ne va pas faire beau.	Va-t-il faire beau ? Est-ce qu'il va faire beau ?
il + va + y avoir + de la / du / d' + nom	Il ne va pas y avoir de vent.	Va-t-il y avoir du vent ? Est-ce qu'il va y avoir du vent ?

3.12 *Il* as an impersonal pronoun

You already know **il** as a personal pronoun when it refers to a specific masculine noun: **Il a trois sœurs.** There is also an impersonal pronoun **il**, which does not refer to a specific masculine noun. Rather, it is a grammatical term meaning *it*. You have seen the impersonal **il** in **Il est trois heures.** As with the personal pronoun **il,** the impersonal pronoun **il** is always used as the subject of a verb in the third-person singular form.

> **Il** fait frais. **Il** pleut. **Il** neige. **Il** fait beau.
> **Il** est quelle heure ? **Il** est dix heures. **Il** est minuit.

3.13 Articles and prepositions with seasons and months

Remember the following rules about seasons and months:

a. They are all masculine.

b. Use a definite article (**le, l'**) with seasons but not with months.

> Je n'aime pas l'hiver, surtout pas janvier.

c. To say *in*, use **en** with all months and with seasons except for **au printemps** (the only season beginning with a consonant).

> Je fais de la natation en été, surtout en juillet.
> Au printemps, surtout en mai, je vais souvent à la pêche.

d. Neither the seasons nor the months of the year are capitalized in French except as the first word of a sentence.

3.14 Elision with *si*

The word **si** meaning *if* elides with the pronoun **il** or **ils**.

> **S'il** fait beau, je vais à la plage.
> Je veux sortir avec Jacques. Nous allons aller au cinéma, **s'il** est libre.
> Je vais sortir avec mes amis **s'ils** ont le temps.

It does not elide with other pronouns or with nouns.

> **Si elle** est libre...
> **Si on** m'invite...
> **Si Élisabeth** est là...

* *

Verbes irréguliers : *faire, lire, pouvoir* et *vouloir*

faire *(to do)*	lire *(to read)*	pouvoir *(to be able to)*	vouloir *(to want, wish)*
je fais	je lis	je peux	je veux
tu fais	tu lis	tu peux	tu veux
il / elle / on fait	il / elle / on lit	il / elle / on peut	il / elle / on veut
nous faisons	nous lisons	nous pouvons	nous voulons
vous faites	vous lisez	vous pouvez	vous voulez
ils / elles font	ils / elles lisent	ils / elles peuvent	ils / elles veulent

Ouverture culturelle
La France et les Français

La vendange en Bourgogne

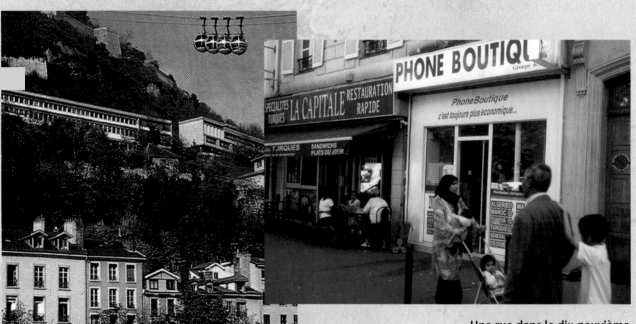

Le téléphérique à Grenoble

Une rue dans le dix-neuvième
arrondissement à Paris

ACTIVITÉ 1 *Carte d'identité de la France* Use the information in this chart to answer in English the questions that follow.

Population 61,7 millions d'habitants (comparés aux 6,4 milliards° dans le monde,° 286 millions aux États-Unis et 31 millions au Canada).

billions
world

Superficie de la France métropolitaine 550 000 km², comparés aux 9 679 245 km² des États-Unis (la superficie de la France est approximativement 3/4 de celle du Texas) et aux 9 970 610 km² du Canada.

Départements et territoires d'outre-mer° (DOM-TOM) La France n'est pas limitée à l'Hexagone, qui est la France métropolitaine. Elle a conservé de son empire colonial neuf territoires (pour la plupart des îles), dispersés aux quatre coins du monde. Ces territoires comprennent les DOM (Départements qui ont une administration semblable à celle des départements et régions métropolitains) et les TOM (Territoires qui ont un statut spécial). Exemples : la Guadeloupe dans la mer des Caraïbes (DOM) et la Polynésie française dans l'Océan Pacifique (TOM).

overseas

Gouvernement république constitutionnelle, gouvernée par un président et un Premier ministre ; il y a aussi des ministres responsables de domaines comme la défense et l'éducation, une assemblée nationale et un sénat.

Présence mondiale un des sept pays les plus industrialisés du monde, membre de l'Union européenne (UE), participation active à l'aide au Tiers Monde, droit de véto à l'Organisation des Nations unies (ONU).

Économie L'économie de la France est parmi les plus fortes du monde : quatrième après les États-Unis, le Japon et l'Allemagne.°

Germany

Emblème national le drapeau tricolore : bleu, blanc, rouge

Symbole de la République française une jeune femme qu'on appelle Marianne, inventée vers 1880, souvent représentée sur les timbres-poste, présente sous forme de statue dans les 36 000 mairies° de France.

town halls

With this Ouverture culturelle:

CD-ROM
WWW
    La France
DVD (Track 7)
    Vignette culturelle :
    l'Europe francophone

ACTIVITIES MANUAL
    Activité pour DVD
    Vignette culturelle :
    l'Europe francophone

Devise nationale Liberté, Égalité, Fraternité

1. What do the population and land surface figures tell you about the number of inhabitants per square kilometer in France as compared to the United States and Canada?
2. Why are some French regions and territories not located in Europe?
3. Who shares the executive power with the **Président de la République**?
4. What are the colors of France, and in what order do they appear on the French flag?
5. What does the figure of **Marianne** represent? Where is she portrayed? Does she have an American equivalent?
6. What is the motto of the French nation? Do you know when and in what circumstances this motto was adopted?

ACTIVITÉ 2 *Une géographie diverse* Avec un(e) camarade de classe, regardez la carte de France et la situation géographique de chaque endroit numéroté (1–6).

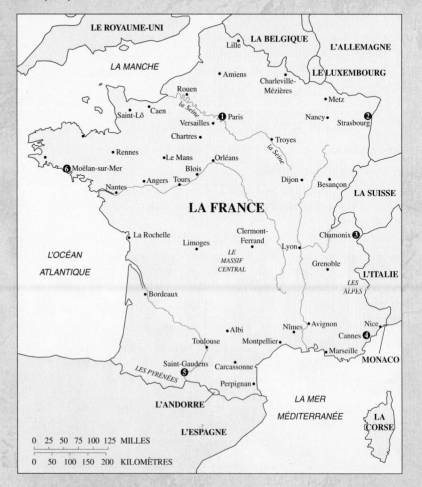

1. Associez chaque photo (A–F) avec un de ces endroits.

2. Indiquez les activités ou les sports qu'on peut faire dans chaque endroit.

A.

D.

E.

B.

C.

F.

ACTIVITÉ 3 *Comment sont les Français ?*

1. Make a list of six traits commonly attributed to French people.

   a. _____   d. _____

   b. _____   e. _____

   c. _____   f. _____

2. Consider the following characteristics, circling those that match traits from your list.

Caractéristiques

a. l'amabilité
b. la diversité et l'individualisme
c. la rationalité
d. la clarté

e. l'art de bien parler
f. la vanité
g. la confiance et la persévérance

3. Scan the following remarks made by various French writers or politicians, matching each remark with the characteristics that it suggests from the list in no. 2, above.

Citations

1. « Comment gouverner un pays° qui produit 365 sortes de fromage° ? » Charles de Gaulle (1890–1970), général et président de la République.   *country* *cheese*

2. « Impossible n'est pas français. » Napoléon Bonaparte (1769–1821), général et empereur.

3. « Le peuple° français est aimable, léger, facile. » Gabriel Sénac de Meilhan (1736–1803), écrivain.°   *people* *writer*

4. « Ce qui n'est pas clair n'est pas français. » Antoine de Rivarol (1753–1801), journaliste et écrivain.

5. « On pardonne aux Français un peu de folie en faveur de leur raison. » Pierre-Augustin Caron de Beaumarchais (1732–1799), auteur dramatique.

6. « Ce qu'on appelle l'art de la parole° est éminemment le talent des Français. » Joseph de Maistre (1753–1821), philosophe et écrivain.   *speech*

7. « En France, ce qu'il y a de plus national, c'est la vanité. » Honoré de Balzac (1799–1850), écrivain.

4. Discuss how your own image of the French corresponds with what these French people have said about their compatriots, keeping in mind that most statements about national character are generalizations that should be taken with a grain of salt.

ACTIVITÉ 4 *Vacances d'été*   The following table shows what activities the French did in 2000 during their summer vacations. With a partner, consider the percentages of vacationers who did each type of activity and fill in each blank with an environment from the following choices.

Environnements:

mer°   ville°   *sea, city*
campagne°   montagne°   *country, mountains*

Activités	Environnements			
Sports nautiques, natation, plage	49	14	9	10
Promenades	38	36	26	19
Visites de monuments, musées	16	18	14	25

Then discuss with your partner what you like to do when vacationing in each of these environments.

    Modèle: Quand je vais à la _____, j'aime...

ACTIVITÉ 5 *Faire du sport* First, circulate among your classmates and take a poll on their attitudes and habits regarding sports. Take notes on their answers.

Demandez:

1. Est-ce que le sport occupe une large place dans la société de ton pays ?
2. Préfères-tu pratiquer un sport individuel ou collectif ? Et tes amis ?
3. Quelle équipe de sport est la plus populaire dans ta région ?
4. Quelles équipes principales sont associées d'une façon officielle avec notre université ?
5. As-tu tendance à changer souvent le type de sport que tu pratiques ?

Then read the following statements about French attitudes and habits.

Finally, work with a partner to compare what you learned. Make five comparisons, each with two statements as in the model.

    Modèle: Mes camarades pensent que... En général, les Français...

1. Un Français sur deux fréquente de façon habituelle ou occasionnelle un lieu dédié au sport. Les deux tiers (67%) font du sport au moins une fois par semaine.
2. Les sports individuels (le tennis, le judo, le ski, le cyclotourisme, la randonnée,° la gymnastique) sont plus   *long walks* pratiqués que les sports collectifs (le football, le basket).
3. 200 000 Français (dont 90% sont des hommes) vont aux matchs de l'équipe nationale de football, les Bleus, chaque année.
4. En France, les universités et les lycées n'ont pas d'équipes officielles comme aux États-Unis. Pour faire du sport, on fait partie d'un club.
5. Aujourd'hui, les Français pratiquent une activité sportive plus régulièrement et plus longtemps qu'avant. Ils ont tendance à changer de discipline dans le but de diversifier leurs expériences.

ACTIVITÉ 6 *C'est ça, la France ?* With a partner, consider the scenes and images that you associate with France and answer the following questions.

1. Quelles images associez-vous avec la France ? Donnez trois exemples.
2. Quand vous pensez aux Français, à quelles caractéristiques physiques pensez-vous ? D'où viennent vos idées ?

3. Maintenant, regardez chaque photo. Est-ce que cette photo montre la France et des Français ?

Modèle: Oui, la photo est prise° en France.   *taken*
Non, la photo n'est pas prise en France.

A.

B.

C.

D.

E.

F.

4. Quelles photos de la question 3 correspondent à vos impressions données à la question 1 à la page 173 ?
Comment est-ce que les photos de la question 3 vous encouragent à modifier vos impressions ?

ACTIVITÉ 7 *La renommée de la France et des Français* Classify each achievement into one of the following categories:

(a) art, (b) sciences, or (c) industrie.

1. _____ Le projet connu aux États-Unis sous le nom « Human Genome Project » est basé à Paris.
2. _____ Les Français ont reçu plus de Prix Nobel en littérature que tout autre pays au monde.
3. _____ Le virus du SIDA° a été isolé pour la première fois par des médecins français.

SIDA = Syndrome Immunodéficitaire Acquis (AIDS)

4. _____ La France est 4ème au monde en production d'automobiles, avec les entreprises Renault, Peugeot et Citroën.
5. _____ La France est le premier pays visité au monde, grâce en partie à ses musées d'art, ses monuments et sa variété de spectacles culturels.

ACTIVITÉ 8 *La France d'Outre-Mer* The term **France d'Outre-Mer** designates world areas that are under the administration of France. Their inhabitants are French citizens. Look at the maps of these overseas departments **(Département d'outre-mer, DOM)** and territories **(Territoires d'outre-mer, TOM)** and answer the questions.

1. Combien de départements et territoires d'outre-mer y a-t-il ?
2. Combien de DOM-TOM se trouvent dans le Pacifique ?
3. Quel DOM se trouve en Amérique du Sud, au nord du Brésil ?
4. La forme de quelle île ressemble à la forme d'un bel insecte ?
5. Quel endroit se trouve le plus près de chez vous ?

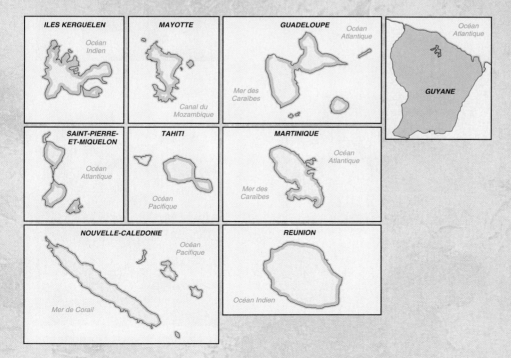

ACTIVITÉ 9 *La France à travers l'histoire* Look at six monuments and structures in France. Thinking about their architecture and appearance, place them in chronological order by when they were built.

A.

Le Pont du Gard, pont-aqueduc, Languedoc-Roussilon

D.

Le château de Versailles, Île-de-France

B.

Alignements, Bretagne

E.

La place de la Bastille, Paris

C.

Le château de Chambord, Loire

F.

Le château Beynac, Dordogne

ACTIVITÉ 10 *Explorons la France sur internet* Explore the internet to see the wealth of information available from France.

1. Go to a French search engine, like yahoo.fr, nomade.fr, or google.fr.
2. Search for **France diplomatie** using the box marked **recherche** (search). What internet site did you reach ?

Internet address (URL) :

3. Choose a category like **Actualités**° on the site shown here. Rely on cognates to identify three topics that might interest you. Write these topics in French and their English equivalents here.

news

a. _____

b. _____

c. _____

4. Click on one of the topics and write a brief observation of what you can figure out from the site.

Observations _____

_____

_____

Une classe au Sénégal

ENSEMBLE 4

Histoires et histoire

> **›** saying what you have done, recounting past events, and making excuses

> **›** indicating dates, prices, and other information relating to numbers

> **›** stating your preferences and sharing opinions about TV shows

> **›** talking about your courses and explaining your academic strengths and weaknesses

DOSSIER 1

In this Dossier, you will learn about these grammatical features

➤ two more prenominal adjectives, **nouveau** and **ancien**

➤ adverbs of past time

➤ the **passé composé** to express past time in the affirmative, negative, and questions

➤ past participles of regular **-er** verbs and of irregular verbs **être, avoir, faire, lire**

With this Dossier:

AUDIO CD (Track 10)
Expansion : Le Petit Chaperon rouge

CD-ROM (E4)
Comment le dire
Mise-en-scène

ACTIVITIES MANUAL (E4D1)
Activités écrites
Activités de laboratoire

BOOK COMPANION SITE (E4)
www.wiley.com/college/magnan

Point de départ **Lire**

Stratégie Pour bien comprendre une histoire, identifiez les relations entre les personnages.

Traditional narratives share basic elements: a hero or heroine, an opponent, and a conflict. When first reading such a narrative, identify the main characters and the nature of their conflict before you concentrate on the details of the story. Then, guess who will triumph.

Avant de lire *L'Hyène et le Peul*

Vous allez lire un conte africain du Mali. Il s'appelle *L'Hyène et le Peul*.

1. Quel mot, **l'Hyène** ou **le Peul,** indique un animal ? une personne ?
2. Cet animal mange des choses mortes. Quel est probablement le conflit dans ce conte ?

En lisant

Répondez aux questions pour identifier le conflit entre les personnages et anticiper la fin du conte.

1. Qui sont les deux personnages principaux ?
2. Qu'est-ce que l'animal désire ? Quel est le conflit entre l'animal et l'homme ?
3. Quel personnage est probablement plus intelligent ? Soulignez° les expressions qui suggèrent que l'un des personnages est plus intelligent que l'autre.   *Underline*

L'Hyène et le Peul

Un jour, l'Hyène, toujours à la recherche de quelque chose à manger,° a rencontré le Peul, avec son gros bâton° bien solide.   *eat / stick*
L'Hyène, qui préférait les cadavres aux vivants, a eu très
peur° et a demandé stupidement :   *a… got very frightened*
  — « Hé Peul, quand vas-tu être mort ? »
  — « Je vais être mort vendredi » a répondu le Peul.
« Viens chez moi vendredi si tu veux mon cadavre. »
  L'Hyène a dit à sa famille :
  — « Le Peul va être mort vendredi, nous allons aller le manger. »
  Vendredi, Monsieur Hyène, sa femme et ses enfants ont trouvé le Peul dans son lit,° immobile et les yeux fermés,   *bed*
avec son gros bâton.
  — « Ah, bon !, Il est bien mort » a dit le père Hyène.
« Femme, qu'est-ce que nous allons faire ? »
  — « Je ne sais pas mais j'ai peur ! » a dit la femme.
  — « Attachez le Peul sur mon dos° » a dit le père Hyène,   *back*
« nous allons le manger chez nous. »

La mère Hyène et les enfants ont attaché le Peul sur le dos
du père Hyène, qui a commencé à courir.°   *run*
ouvert les yeux et les enfants Hyène ont dit :
    — « Papa ! Papa ! Il n'est pas mort ! Il n'est pas mort ! »
    — « Impossible ! » a dit l'Hyène. « Je vous assure qu'il
est bien mort. »
    Alors le Peul a commencé à taper le père Hyène avec son
gros bâton. Il l'a tapé et tapé et, finalement, la mère et les
petits Hyène lui ont rendu sa liberté.
    Samedi matin, le Peul, toujours avec son gros bâton, a fait
une visite à Monsieur Hyène, pour lui demander comment il   *comment... how*
allait.° L'Hyène a encore eu peur et a supplié° le Peul :   *he was / begged*
    — « S'il te plaît, ne me tape plus. S'il te plaît, ne
recommence pas avec ton bâton. »
Le Peul a répondu :
    — « Alors, tu ne vas plus jamais manger de Peul... »
    — « Non, je le promets,° jamais, jamais ! Je ne vais plus   *promise*
jamais manger de Peul. »
    C'est pourquoi, aujourd'hui, l'Hyène ne mange
jamais de Peul et le Peul n'a jamais peur de l'Hyène.

Après avoir lu

1. Qu'est-ce que le Peul propose quand l'Hyène suggère de le manger ?
2. Qu'est-ce que l'Hyène pense quand il observe le Peul qui a les yeux fermés ?
3. Qu'est-ce que les enfants Hyène observent à propos du Peul quand le Peul est sur le dos de leur père ?
4. Qu'est-ce que le Peul fait quand il est sur le dos de l'Hyène ?
5. Quelle est la conclusion de ce conte ? Qu'est-ce que la conclusion suggère sur les rapports entre les êtres humains et les animaux ?

À vous la parole

Travaillez avec un(e) camarade de classe et créez une autre fin pour ce conte.
Qui triomphe dans votre conte ? Pourquoi ?

APERÇUS CULTURELS

Les Peuls

La République du Mali est une ancienne colonie française (le Soudan français) qui a conservé le
français comme langue officielle. Les Peuls sont un peuple africain semi-nomade. Ils vivent dans des
régions rurales du Mali et du Niger. Ils sont souvent spécialistes de l'élevage° des animaux. L'histoire   *breeding, raising*
de la famille Hyène est typique de la tradition orale peule.

❯ Pensez à une autre histoire où il y a un conflit entre un animal et une personne. Dites qui
triomphe de qui.

L'essentiel

Pour décrire ce que vous avez fait

ÉCHANGE 1   *Hier et avant*

ARIANE: Qu'est-ce que tu as fait hier soir ?
MARC-OLIVIER: J'ai mangé dans un bon restaurant. Et toi ?
ARIANE: J'ai regardé la télévision chez moi.

EXPRESSIONS UTILES   *temps et actions au passé*

Qu'est-ce que vous avez fait ...

hier soir ?	J'ai écouté la nouvelle chanson de Zebda.
le week-end dernier ?	J'ai cherché un nouvel appartement.
la semaine dernière ?	J'ai trouvé un nouveau job.
le mois dernier ?	J'ai mangé dans un bon restaurant.
l'année dernière ?	J'ai commencé mes études à la fac.
l'été dernier ?	J'ai rencontré un ancien ami à la plage.

ACTIVITÉ 1 *Maintenant ou hier ?* Votre professeur va parler de ses activités. Pour chaque activité, dites **maintenant** ou **hier** pour indiquer quand il fait, ou a fait, chaque activité.

ACTIVITÉ 2 *La dernière fois* Circulez parmi vos camarades de classe et demandez à plusieurs personnes quand ils ont fait les activités données.

Modèle: A: Quand est-ce que tu as regardé un film à la télé ?

B: Moi ? J'ai regardé un film la semaine dernière.

1. manger dans un restaurant
2. travailler le week-end
3. dîner dans un bon restaurant
4. rencontrer un ancien ami
5. trouver un nouvel appartement
6. commencer un nouveau job

ACTIVITÉ 3 *En août* Travaillez par deux. Utilisez les mots de chaque colonne. La personne A pose des questions sur les activités de la personne B en août au commencement du semestre. La personne B répond.

1	2
nouveau / nouvel	appartement
vieux / vieil	ami
beau / bel	chien
ancien	oiseau
bon	restaurant
petit	étudiant

Modèle: A: En août, as-tu cherché un nouvel appartement ?

B: Oui. J'ai trouvé un bel appartement dans une vieille maison.

> **Observez**
>
> 1. The **passé composé** is a tense used to recount events in the past. It has two parts: a conjugated form of an auxiliary verb and a past participle. What is the auxiliary verb? How do the past participles for **-er** verbs end? **(4.1.a,b)**
>
> 2. Identify the expressions that indicate time frames in the past. What word is used in several of them? **(4.2.a)**
>
> 3. Look at the **Expressions utiles.** Where do the adjectives **nouveau (nouvelle)** and **ancien(ne)** go in relation to the noun? Which of these two adjectives uses a different masculine singular form with nouns beginning with vowels? **(4.3)**

ÉCHANGE 2   *D'abord, ensuite, après, enfin*

MARLISE: Qu'est-ce que tu as fait samedi soir ?

BERTRAND: D'abord, j'ai téléphoné à mon ami et ensuite, nous avons dîné dans un bon restaurant. Dans le restaurant, nous avons rencontré l'ex-copine de mon ami, et après, mon ami et moi avons beaucoup parlé de nos amours perdus. Fatigués et tristes, nous avons enfin regardé la télévision pendant deux heures, jusqu'à minuit.

ACTIVITÉ 4 *Dans quel ordre ?* Imaginez une journée où vous avez fait les quatre activités données. Indiquez l'ordre dans lequel vous avez fait ces activités. Pour la première activité, mettez « 1 ».

_____ regardé le journal   _____ parlé avec un(e) ami(e)

_____ écouté la radio   _____ mangé mon petit déjeuner

Après, racontez ce que vous avez fait en utilisant **d'abord, ensuite, après, enfin.**

ACTIVITÉ 5 *Qui a fait ça le week-end dernier ?* Circulez et parlez avec quatre camarades de classe de ce qu'ils ont fait le week-end dernier. Trouvez une personne qui a fait trois ou quatre des activités données. Ensuite, demandez à cette personne l'ordre dans lequel elle a fait ces activités. Enfin, dites à la classe ce que cette personne a fait.

    Questions possibles :   Est-ce que tu as regardé la télévision le week-end dernier ? Est ce que...

                      Dans quel ordre est-ce que tu as fait ces activités ?

_____ regardé la télévision   _____ écouté la radio

_____ rencontré des amis   _____ joué au tennis

_____ parlé avec ses parents   _____ nagé à la piscine

_____ mangé dans un bon restaurant   _____ exploré un musée

_____ visité une autre ville   _____ assisté à un spectacle

_____ travaillé beaucoup   _____ invité des amis à dîner

Pour donner une excuse

ÉCHANGE 3   *Les bonnes excuses*

PROFESSEUR: Pourquoi avez-vous été en retard ce matin ?

ÉTUDIANT 1:   Excusez-moi, madame, mais mon réveil n'a pas sonné.

ÉTUDIANT 2:   Désolé, madame, je n'ai pas regardé l'heure.

ÉTUDIANT 3:   Euh... j'ai eu un accident de bicyclette.

PROFESSEUR: Et vous, vous n'avez pas lu le texte. Pourquoi ?

ÉTUDIANT 4:   Mais, madame, j'ai bien lu le texte, et moi, je n'ai pas été en retard.

EXPRESSIONS UTILES   *excuses*

je n'ai pas lu le texte   j'ai eu un accident de voiture / de bicyclette

je n'ai pas lu les questions   j'ai oublié

je n'ai pas fait les devoirs   je n'ai pas regardé l'heure

j'ai été malade   mon réveil n'a pas sonné

je n'ai pas été en retard   vous n'avez jamais demandé notre travail

je n'ai pas eu le temps   je n'ai jamais fait mes exercices

je n'ai pas eu envie

> ## Observez
> 1. What is the past participle of the irregular verb **faire?** (4.1.b)
> 2. Which words indicate the order in which the actions occurred? (4.2.b)

> ## Observez
> 1. What are the past participles of **être, avoir,** and **lire?** (4.1.b)
> 2. In the **passé composé,** where do the two parts of the negation go in relation to the form of **avoir?** (4.1.c)
> 3. When asking a question with inversion in the **passé composé,** where is the subject pronoun in relation to the two parts of the verb? (4.1.d)

ACTIVITÉ 6 *Bonne ou mauvaise excuse ?* Votre professeur va raconter six excuses données par les étudiants qui n'ont pas fait leur travail. Écoutez et dites si chaque excuse est une bonne ou une mauvaise excuse.

> **Modèle:**   Vous entendez: Je n'ai pas fait mes devoirs parce que j'ai oublié.
> Vous dites: C'est une mauvaise excuse.

ACTIVITÉ 7 *Excusez-moi mais...* Travaillez par deux. À tour de rôle, jouez le rôle de la personne qui pose la question et de la personne qui donne une excuse.

> **Modèle:**   Votre mère vous demande pourquoi vous êtes en retard pour le dîner.
>
> MÈRE: Pourquoi es-tu en retard ?
> VOUS: Excuse-moi, mais je n'ai pas regardé l'heure.

1. Votre ami(e) vous demande pourquoi vous avez été absent(e) hier.
2. Votre père vous demande pourquoi vous ne travaillez pas.
3. Votre mère vous demande pourquoi vous avez eu un F en maths.
4. Votre professeur vous demande pourquoi vous n'avez pas fait vos exercices.
5. Votre mari / femme vous demande pourquoi vous êtes toujours en retard.

ACTIVITÉ 8 *Elle, toujours. Lui, jamais.* Vous expliquez les activités de deux camarades : une femme et un homme. Dites que la femme a toujours fait les activités données, et que l'homme n'a jamais fait ces activités.

> **Modèle:**   être en retard
>
> Elle a toujours été en retard, mais lui, il n'a jamais été en retard.

1. être à l'heure	4. faire ses exercices
2. avoir envie de faire ses exercices	5. faire des courses
3. avoir le temps de lire le texte	6. lire le texte

ACTIVITÉ 9 *Qu'est-ce qu'il a fait ?* Travaillez en groupes de trois : un professeur et deux étudiants. Le prof demande ce qu'une personne célèbre a fait. Un(e) étudiant(e) dit qu'il / elle ne sait pas et donne une excuse. L'autre étudiant(e) donne une réponse de la liste.

> **Modèle:**   Charles de Gaulle
>
> PROFESSEUR: Qu'est-ce que Charles de Gaulle a fait ?
> ÉTUDIANT(E) 1: De Gaulle ? Euh, je ne sais pas. Je n'ai pas fait les devoirs.
> ÉTUDIANT(E) 2: Il a été président de la France.

Personnes	**Professions**
1. Charles de Gaulle	a. aviateur / aviatrice
2. Christophe Colomb	b. poète
3. Claude Debussy	c. acteur / actrice
4. Amelia Earhart	d. explorateur / exploratrice
5. Léopold Sédar Senghor	e. musicien / musicienne
6. Marilyn Monroe	f. professeur à la Sorbonne
7. Marie Curie	g. président de la France

ACTIVITÉ 10 *Mais, il n'a jamais fait ça, maman !* Travaillez par deux.
Jouez les rôles d'une mère et de sa fille adolescente. La mère dit à sa fille qu'elle
ne peut pas sortir avec ce jeune homme. Il a fait quelque chose qu'elle n'aime pas.
La fille répond que son copain n'a jamais fait ça.

Modèle: avoir un ø en anglais

MÈRE: Tu ne peux pas sortir avec lui. Il a eu un zéro en
anglais.

ADOLESCENTE: Mais, maman, il n'a jamais eu de zéro ! Il est
intelligent.

1. oublier ses devoirs
2. avoir un accident de voiture
3. lire les magazines en classe
4. manger toute la pizza
5. être méchant avec moi
6. refuser de répondre à mes questions

Vocabulaire essentiel

études

la chanson	*song*
les devoirs *(m pl)*	*assignments, homework*
les études *(f pl)*	*studies*
l'exercice *(m)*	*exercise*
la question	*question*
le texte	*text*

série d'actions

après	*after*
d'abord	*first*
ensuite	*then*
enfin	*finally*

temps

l'année *(f)*	*year*
dernier / dernière	*last*
en retard	*late*
hier	*yesterday*
la semaine	*week*

transports

l'accident *(m)*	*accident*
la bicyclette	*bicycle*
la voiture	*car*

autres expressions utiles

amours perdus *(m pl)*	*lost loves*
ancien(ne)	*former, long-time*
le copain / la copine	*boyfriend / girlfriend*
excuse-moi / excusez-moi	*excuse me*
euh...	*um . . .*
le job	*job*
nouveau / nouvel / nouvelle / nouveaux / nouvelles	*new*
pendant	*during*
le réveil	*alarm clock*
sur	*on*
triste	*sad*

autres verbes

demander	*to ask (conj. like **parler**)*
manger	*to eat (conj. like **nager,** with spelling variation)*
oublier	*to forget (conj. like **parler**)*
rencontrer	*to meet unexpectedly (conj. like **parler**)*
sonner	*to ring (conj. like **parler**)*
téléphoner à	*to telephone (conj. like **parler**)*

Prononciation **Les voyelles nasales**

One of the distinguishing features of the French sound system is a set of three nasal vowels, [ɔ̃], [ɛ̃], [ɑ̃], whose pronunciation involves air passing through the nasal cavity.

Nasal vowels correspond to the following spellings:

1. a vowel + **n** or **m** at the end of a word

   b**on** [ɔ̃]   v**in** [ɛ̃]   **an** [ɑ̃]

2. a vowel + **n** or **m** + a consonant other than **n** or **m**

   c**om**bien [ɔ̃]   v**in**gt [ɛ̃]   **en**f**an**ts [ɑ̃] [ɑ̃]

La voyelle nasale [ɔ̃]

The spelling of [ɔ̃] is always **on** or **om**, at the end of a word or immediately followed by a consonant other than **n** or **m**.

   m**on**, **on**cle, c**om**bien

Note that the **on** in **monsieur** is an exception. As you know, it is pronounced [ə] as in **le vendredi**.

ACTIVITÉ 11 *Poème* Avant de lire ce poème à haute voix, entourez les lettres qui correspondent à la voyelle nasale [ɔ̃].

Quel jour sommes-nous
Nous sommes tous les jours
      Mon amie
Nous sommes toute la vie
      Mon amour
Nous nous aimons et nous vivons
Nous vivons et nous nous aimons [...]

Jacques Prévert, « Chanson »

Expansion **Écouter**

> *Stratégie* Faites attention à vos préjugés culturels.

When listening to a folktale, you can be misled by assuming it is the same version of the story as in other cultures.

Avant d'écouter *Le Petit Chaperon rouge*

—d'après Charles Perrault

Regardez l'illustration et pensez à la version de l'histoire qui est populaire chez vous. Répondez aux questions suivantes.

1. Comment s'appelle « Le Petit Chaperon rouge » en anglais ?
2. Qui est l'héroïne ? le personnage dangereux ? la ou les victime(s) ?
3. Mettez ces actions principales dans l'ordre du conte.
   a. Dans la forêt, la petite fille rencontre le loup.°   *wolf*
   b. La maman dit à sa petite fille d'aller chez sa grand-mère.
   c. La petite fille parle avec le loup déguisé en grand-mère.
   d. Le loup dévore la grand-mère.

 **En écoutant**

Le Petit Chaperon rouge

—d'après Charles Perrault

Faites attention à qui parle à qui. Répondez aux questions suivantes.
Indiquez qui dit chaque phrase, et à qui.

1. « Ta grand-mère est malade, va la voir... »
   Qui parle ? _____
   À qui ? _____

2. « Entre ! »
   Qui parle ? _____
   À qui ? _____

3. « Grand-mère, vous avez des grands yeux ! »
   Qui parle ? _____
   À qui ? _____

4. « C'est pour mieux te manger. »
   Qui parle ? _____
   À qui ? _____

Après avoir écouté

1. Est-ce que la conclusion de Perrault est différente de la conclusion que vous avez anticipée ? Expliquez.
2. Aimez-vous la version française ? Pourquoi ou pourquoi pas ?

À vous la parole

En groupes, devinez les titres en anglais de ces deux contes et racontez leur fin. Est-ce que tous les membres du groupe ont raconté la même fin ?

La Belle et la Bête : Une belle jeune fille habite chez un homme-animal.

Blanche-Neige : Une belle fille habite avec sept petits hommes.

Point de départ **Écouter**

> *Stratégie* Dégagez d'abord les faits principaux et ensuite concentrez-vous sur les détails.

When listening to a presentation that conveys a lot of information, you need to understand the main facts before you can relate them to details.

Avant d'écouter *Jeanne d'Arc*

Vous allez entendre deux fois une présentation sur **Jeanne d'Arc,** une héroïne militaire de la France. Avant d'écouter cette présentation, travaillez avec un(e) camarade de classe. Utilisez vos connaissances de l'histoire pour répondre aux questions suivantes.

Jeanne d'Arc

1. À quelle période historique est-ce que Jeanne d'Arc a vécu° ?   *lived*
   a. au 12ᵉ siècle
   b. au 15ᵉ siècle
   c. au 19ᵉ siècle
2. Qu'est-ce qu'elle a fait de remarquable ?
   a. Elle a été religieuse.
   b. Elle a travaillé à la campagne.
   c. Elle a libéré la ville d'Orléans.
3. Comment est-elle morte ?
   a. Elle a été brûlée.°   *burned*
   b. Elle a été tuée° dans une   *killed*
      bataille.
   c. Elle a été pendue.°   *hanged*
4. Comment célèbre-t-on Jeanne d'Arc aujourd'hui ?
   a. comme héroïne nationale et comme sainte.
   b. comme chef d'état et comme héroïne nationale.
   c. comme sainte et comme chef d'état.

🔘 En écoutant : Première écoute

D'abord, concentrez-vous sur les faits principaux. Écoutez la présentation et vérifiez vos réponses aux questions de la section **Avant d'écouter.**

🔘 En écoutant : Deuxième écoute

Ensuite, concentrez-vous sur les détails. Prenez des notes dans chaque catégorie indiquée.

1. dates importantes
   a. de naissance° _____   *birth*
   b. de décès   _____
   c. de la guerre° _____   *war*

2. les inspirations de Jeanne d'Arc _____

3. la raison de sa condamnation à mort_____

4. les raisons pour lesquelles on la considère une héroïne nationale _____

Après avoir écouté

1. Pendant quelle guerre est-ce que Jeanne d'Arc a été héroïque ?
2. Comment est-ce que Jeanne d'Arc a eu l'idée d'aller faire la guerre ?
3. Pourquoi est-ce que le tribunal ecclésiastique a condamné Jeanne à mort ?
4. À quel âge est-ce qu'elle est morte ?
5. Pourquoi Jeanne d'Arc est-elle une héroïne nationale ?

À vous la parole

Quels sont les héros nationaux de votre pays ? Racontez leur histoire.

L'essentiel

Faire des projets

> **Observez**
> 1. In a date, what comes first, the day or the month ? What article precedes the date? **(4.4 a,b)**
> 2. Are dates given with a cardinal (23) or ordinal (23rd) number? Note that **premier** (1st) is an exception. **(4.4.a)**
> 3. What are the English equivalents for the words **cent** and **mille**? **(4.5.a)**

ÉCHANGE 1   *Anniversaire oublié*

MADAME PICARD: Quel jour sommes-nous aujourd'hui ?

MADAME ROLAND: Nous sommes mardi.

MADAME PICARD: Mais, la date... quelle est la date ?

MADAME ROLAND: C'est le trois avril.

MADAME PICARD: Le trois avril ! Mais l'anniversaire de mon mari est le premier avril. J'ai oublié.

MADAME ROLAND: Pars tout de suite chercher un cadeau !

EXPRESSIONS UTILES   *dates*

1 mai	le premier mai
2 mai	le deux mai
30 mai	le trente mai
1986	Mille neuf cent quatre-vingt-six
	Dix-neuf cent quatre-vingt-six
2000	Deux mille
2006	Deux mille six

ACTIVITÉ 1 *Quelles fêtes célébrez-vous ?* Donnez les dates des fêtes suivantes.

Modèle: le nouvel an
Le nouvel an, c'est toujours le premier janvier.

Pâques°   *Easter*
Pâques, c'est en mars ou en avril. Cette année,
c'est le _____.

1. Noël
2. Yom Kippour
3. la fête des Mères
4. la fête nationale où vous habitez
5. Halloween
6. votre anniversaire

ACTIVITÉ 2 *Quel jour ?* Travaillez par deux. Utilisez le calendrier. La personne A indique une date et pose les trois questions données à la personne B. La personne B répond.

juillet

lundi	mardi	mercredi	jeudi	vendredi	samedi	dimanche
7	8	9	10	11	12	13

Questions: Quel jour sommes-nous ? Quelle est la date ? Et c'est quel jour demain ?

ACTIVITÉ 3 *En quelle année ?* Indiquez l'année où vous avez fait chaque activité pour la première fois. Si vous n'avez pas fait une des activités, répondez « **je n'ai jamais fait ça** ».

Modèle: avoir un fils
          J'ai eu un fils en 1980.

1. commencer vos études universitaires
2. avoir un A en maths
3. lire un livre tout seul

4. parler français
5. avoir cent dollars
6. nager dans une piscine

ÉCHANGE 2   *Combien ça coûte ?*

MONSIEUR XAVIER: Combien coûte un beau cadeau ? C'est aujourd'hui l'anniversaire de ma femme.
MONSIEUR TOMAH: Pour un anniversaire oublié... cinq cents à mille euros !

EXPRESSIONS UTILES   *nombres et prix*

100€	cent euros
101€	cent un euros
500€	cinq cents euros
501€	cinq cent un euros
1 000€	mille euros
1 500€	mille cinq cents euros
2 000€	deux mille euros
2 510€	deux mille cinq cent dix euros
1 100 000€	un million cent mille euros
3 000 000€	trois millions d'euros

> **Observez**
> 1. When does **cent** take a plural **s**? and **mille**? and **million**? (4.5.a)
> 2. What punctuation is used in numbers 1000 and higher? (4.6.a)
> 3. What word follows **million**, but does not follow **cent** or **mille** before a noun? (4.5.b)

ACTIVITÉ 4 *Faire des courses en euros* Travaillez par deux. La personne A lit à haute voix le prix donné. La personne B devine quel produit on peut avoir à ce prix.

Prix en euros	Produits	
4,12 euros	un DVD	
12,99 euros	cognac Rochebois	
13,37 euros	automobile de luxe	
280,15 euros	café moulu°	*ground*
50 450,41 euros	appartement à Paris	
315 669,43 euros	téléviseur	

L'euro

Le premier janvier 1999, l'euro est devenu la monnaie officielle de la France et de la plupart des pays d'Europe (300 millions d'habitants). À cette date,° sa valeur en francs, l'ancienne monnaie de la France, a été définitivement fixée : 6,55957 francs français. Il y a sept billets° de couleurs et de tailles différentes : 5 euros (gris°), 10 euros (rouge°), 20 euros (bleu), 50 euros (orange), 100 euros (vert), 200 euros (brun), 500 euros (pourpre°). Sur les billets, on trouve des images qui montrent les styles architecturaux caractéristiques des différentes époques de l'histoire européenne. Les billets et les pièces° ont une face européenne commune et une face nationale.

La création de l'euro est l'élément le plus visible de l'intégration monétaire et économique de l'Europe.

À... *From that date*
bills
gray / red
crimson

coins

> Est-il difficile pour un pays de changer de monnaie officielle ? Pourquoi ?

ÉCHANGE 3   *Venir et devenir*

HOMME: Tu viens chez moi dimanche pour ma fête ?

FEMME: Je regrette, mais je vais être à l'hôpital. Si je veux devenir médecin, j'ai besoin de travailler et, bien sûr, d'étudier mes gros livres.

Verbes					
venir *(to come)*		**devenir** *(to become)*		**revenir** *(to come back)*	
je viens	nous venons	je deviens	nous devenons	je reviens	nous revenons
tu viens	vous venez	tu deviens	vous devenez	tu reviens	vous revenez
il / elle / on vient	ils / elles viennent	il / elle / on devient	ils / elles deviennent	il / elle / on revient	ils / elles reviennent
je suis venu(e)		je suis devenu(e)		je suis revenu(e)	

ACTIVITÉ 5 *Origines et professions* Circulez et demandez à quatre camarades de classe d'où ils viennent et ce qu'ils veulent devenir. Rapportez les réponses de deux de ces personnes à la classe.

Questions: D'où viens-tu ? Qu'est-ce que tu veux devenir ?

ACTIVITÉ 6 *Départs et retours* Regardez les dates des vacances de ces amis. D'abord, indiquez la date de départ et la date de retour de chaque personne.

Modèle: Jacques : 5 mai – 10 juin.
Jacques part d'ici le 5 mai et il revient le 10 juin.

1. Fatima : 28 juillet – 5 août
2. Abdul et Samia : 1 janvier – 20 janvier
3. Natasha et moi : 9 mars – 14 mars

Ensuite, calculez le nombre de jours de vacances pour chaque personne. Qui a les vacances les plus longues ?

Raconter une vie

ÉCHANGE 4   *Deux écrivains célèbres*

PROFESSEUR: Aujourd'hui nous allons lire les biographies de deux grands écrivains francophones.

Léopold Sédar Senghor

Gabrielle Roy

> **Observez**
>
> 1. Some verbs take an auxiliary verb other than **avoir** in the **passé composé**. What is this auxiliary? **(4.6.a)**
> 2. What is the past participle of the verb **partir**? **(4.6.b)**
> 3. What letter is added to the past participle of verbs conjugated with **être** when the subject is feminine singular? How is the past participle spelled when the verb has a masculine plural noun as subject? a feminine plural noun? **(4.6.c)**
> 4. What preposition comes between the verbs **commencer** and **continuer** and an infinitive? **(4.7)**

1 Léopold Sédar Senghor est né en 1906. Il a d'abord fait des études à Dakar. Puis, en 1928, il est allé en France pour étudier les lettres
5 classiques. Ensuite, il a été professeur et il a commencé à écrire de la poésie. Après la Deuxième Guerre mondiale, il est rentré au Sénégal. En 1960, il est
10 devenu le premier président du Sénégal et il est resté président pendant vingt ans. Il est mort en France en 2001. Senghor a été un homme politique remarquable.
15 C'est aussi un très grand poète.

16 Gabrielle Roy est née en 1909. Elle a fait ses études au Manitoba, et elle est devenue institutrice. Puis, en 1937, elle est
20 partie pour l'Europe et elle a commencé à écrire en France. Ensuite, elle est rentrée au Canada et, en 1945, elle a publié son premier roman. En 1950, elle
25 est retournée en Europe et elle a continué à écrire des romans. Gabrielle Roy est morte à Québec en 1983. Elle a eu une vie assez discrète. C'est une très grande
30 romancière.

EXPRESSIONS UTILES *verbes avec être au passé composé*

ACTIVITÉ 7 *Racontez une vie* Complétez les phrases suivantes pour raconter la vie de Léopold Senghor et Gabrielle Roy. Après, racontez la vie d'une personne que vous admirez.

Il / Elle est né(e) en...
Il / Elle a fait ses études à...
À l'âge de..., il / elle a commencé à...
Il / Elle est devenu(e)...
Il / Elle a publié / joué / changé / inventé...
Il / Elle a continué à...
Il / Elle a eu une vie...
Il / Elle est mort(e) en...

ACTIVITÉ 8 *La journée d'hier* Complétez cette histoire de la journée difficile de Solange, une étudiante française. Utilisez les verbes de la liste suivante qui prennent **être** au **passé composé**.

> **Verbes:** arriver, aller, partir, passer, rester, monter, retourner, sortir, rentrer

Solange _____ à son cours de français à onze heures du matin. Le cours a été intéressant mais elle _____ rapidement de la salle de classe pour retrouver son copain, Roland. Elle a cherché Roland pendant une demi-heure sans succès. Déçue, elle a décidé d'aller à la bibliothèque et elle _____ là pendant des heures. À cinq heures, Solange _____ de la fac pour rentrer chez elle. En route, elle _____ par mon appartement mais elle n' _____ pas _____ me voir. Enfin à cinq heures et demie, Solange _____ chez elle et elle a commencé tout de suite à faire ses devoirs de français. Mais elle n'a pas pu trouver son livre. Alors, elle _____ à la bibliothèque pour le chercher. Quelle journée difficile !

Êtes-vous d'accord que la journée de Solange a été difficile ? Expliquez pourquoi ou pourquoi pas.

ACTIVITÉ 9 *À quelle heure ?* Demandez à un(e) camarade de classe à quelle heure il / elle fait les choses suivantes, et ensuite à quelle heure il / elle a fait ces choses hier.

> **Modèle:**   partir de chez toi
>
>   A: En général, à quelle heure pars-tu de chez toi ?
>
>   B: Vers huit heures.
>
>   A: Et hier, tu es parti(e) à huit heures ?
>
>   B: Hier, je suis parti(e) à huit heures dix.
>   *ou:*
>   Hier, je suis resté(e) à la maison le matin.

1. aller à la fac
2. arriver à la salle de classe
3. sortir de la salle de classe
4. aller à la bibliothèque
5. partir de la fac
6. rentrer chez toi le soir

ACTIVITÉ 10 *Quand êtes-vous né(e) ?* Circulez et posez la question suivante à vos camarades de classe. Identifiez les personnes dont° les anniversaires tombent dans le même mois que votre anniversaire.   *whose*

> **Modèle:**   A: Quand es-tu né(e) ?
>
>   B: Je suis né(e) le trois mai mille neuf cent quatre-vingt-huit. Et toi ?
>
>   A: Je suis né(e) en mille neuf cent quatre-vingt-sept, le cinq novembre.

ACTIVITÉ 11 *Vos activités* En utilisant des mots de chaque catégorie, faites des phrases pour parler de vos activités d'hier.

sujet + verbe	préposition	infinitif
j'ai commencé	à	étudier
j'ai continué	de	lire
j'ai eu envie		écrire
j'ai regretté		travailler
je suis allé(e)		aller
		être

Modèle: J'ai commencé à lire mes textes après huit heures du soir.

Vocabulaire essentiel

dates

l'anniversaire *(m)*	*birthday*
le cadeau	*gift*
la date	*date*
le jour	*day*

nombres

premier / première	*first*
deuxième	*second*
mille	*thousand*
un million	*million*

professions

l'homme politique *(m)*	*politician*
l'instituteur *(m)* / l'institutrice *(f)*	*grade school teacher*
le poète	*poet*
le président	*president*
le romancier / la romancière	*novelist*

provinces et pays

le Canada	*Canada*
l'Europe *(f)*	*Europe*
la France	*France*
le Manitoba	*Manitoba*
le Sénégal	*Senegal*

autres expressions utiles

discret / discrète	*discreet, private*
l'euro *(m)*	*euro*
francophone	*French-speaking*
la guerre	*war*
l'hôpital *(m)*	*hospital*
les lettres classiques *(f pl)*	*classics*
mondial(e)	*world*
pendant	*for, during*
la poésie	*poetry*
puis	*then*
remarquable	*remarkable*

verbes avec être au *passé composé*

participe passé seulement

descendu(e)	*(past participle of **descendre**, to go down)*
né(e)	*(past participle of **naître**), to be born*

participe passé et verbe conjugué

devenir	*to become (conj. like **venir**, je suis devenu(e))*
entrer	*to enter (conj. like **parler**, je suis entré(e))*
monter	*to go up (conj. like **parler**, je suis monté(e))*
passer	*to pass by (conj. like **parler**, je suis passé(e))*
rester	*to remain, stay (conj. like **parler**, je suis resté(e))*
retourner	*to return (conj. like **parler**, je suis retourné(e))*
revenir	*to come back (conj. like **venir**, je suis revenu(e))*
tomber	*to fall (conj. like **parler**, je suis tombé(e))*
venir	*to come*

je viens	nous venons
tu viens	vous venez
il / elle / on vient	ils / elles viennent
je suis venu(e)	

autres verbes

continuer à	*(+ inf.) to continue (conj. like **parler**)*
coûter	*to cost (conj. like **parler**)*
écrire	*to write*
étudier	*to study (conj. like **parler**)*
passer	*to spent time (conj. like **parler**)*
publier	*to publish (conj. like **parler**)*

Prononciation **La voyelle nasale [ɑ̃]**

The French nasal vowel [ɑ̃] has no exact equivalent in American English, but the British English pronunciation of the letters *an* in *can't* is very close to the French [ɑ̃] sound.

The sound [ɑ̃] has several different spellings. Note that in all cases, the [ɑ̃] corresponds to the vowel **e** or **a** or the combination **ea**, followed by **n, m,** plus another consonant that is not **n** or **m** or by the end of the word.

en / em	**en** France, t**em**ps, impati**en**t
an / am	enf**an**t, l**am**pe, extravag**an**t
ean	J**ean**

Note that in **examen, en** is pronounced [ɛ̃] like in **fin.** Note that the spelling **ent** in third-person plural verb endings is not pronounced at all: **elles parlent** is pronounced like **elle parle.**

ACTIVITÉ 12 *Qu'en pensez-vous ?* Travaillez avec un(e) camarade de classe. Comparez vos opinions sur les sujets suivants.

Modèle: les enfants

A: Qu'est-ce que tu penses des enfants en général ?

B: Les enfants, moi, je pense que c'est fantastique. Et toi ?

A: Moi, je trouve les enfants terrifiants.

Adjectifs possibles: terrifiant, choquant, extravagant, permanent, charmant, amusant

1. les accidents
2. les polluants
3. les éléphants
4. la politique du gouvernement
5. les problèmes d'environnement
6. être adolescent

Expansion **Lire**

Stratégie Distinguez les événements et les descriptions.

To understand a narrative, you need to distinguish between the series of events that are reported in the text (actions, reactions, changes) and the parts of the text that contain descriptions (commentaries or background information on settings and circumstances).

Avant de lire *Rue Deschambault*

1. Think about your French class on the first day of this semester and answer the following questions in English.

Events	Descriptions
What happened?	Who was there?
What did people do or say?	How did you feel?

2. In French, the events would be told using the **passé composé.** The descriptions of circumstances would be told using another tense, the **imparfait,** that you will learn in **Ensemble 8.** Now write four sentences in French using the **passé composé** to retell only the events of that first day of French class.

En lisant

Distinguez bien entre les événements et les descriptions des circonstances. Pour identifer les événements, posez-vous la question **Qu'est-ce qui est arrivé ?** *(What happened?)* et entourez les six verbes au **passé composé** dans le texte qui répondent à cette question. Ensuite, répondez aux questions suivantes.

1. La journée a commencé par quelle leçon ?
2. De quels produits a-t-on parlé ?
3. Les enfants ont eu l'air comment ?
4. Vers quelle heure est-ce que la narratrice est rentrée chez Madame Toupin où elle habite ?
5. Qu'est-ce que Madame Toupin a fait ?
6. Est-ce que les enfants ont dévoré (ont été très difficiles avec) le jeune professeur ?

Rue Deschambault

—Gabrielle Roy, (1955)

Il n'y avait pas° beaucoup d'enfants, ce premier   Il... *There weren't*
jour de classe : presque uniquement des petits.
J'ai commencé par la géographie. Ce n'est pas
comme l'histoire. Dans la géographie, on n'a pas
à juger les peuples ; il n'est pas question de guerres;°   *wars*
on n'a pas à prendre partie.° [...] J'ai parlé des   prendre... *take sides*
cultures dans les divers coins du monde,° d'où   *world*
viennent le sorgho, le tapioca, les bananes, les
oranges, le sucre, la mélasse... Les enfants ont eu
l'air très heureux d'apprendre d'où proviennent
les choses que justement ils aimaient° le mieux   *liked*
manger [...]

     Quand je suis revenue, vers midi, Mme Toupin m'a
questionnée avidement :
— Alors ? Ils ne vous ont pas dévorée ? [...] Votre
misère va commencer quand les grands viendront°   *will come*
à l'école. Pour le moment, ils aident leurs parents
aux battages,° aux labours d'automne. Mais vers   *threshing*
le mois d'octobre, vous allez voir arriver les *tough.*
Je vous plains,° ma pauvre petite fille !   Je... *I pity you*

Après avoir lu

1. Quelle est la profession de la narratrice (la personne qui dit « je ») ?
2. Dans ce texte, il y a deux « scènes ». Où se passe la première scène et qui sont les personnages ? Où se passe la deuxième scène et qui sont les personnages ?
3. Qu'est-ce que Madame Toupin pense des grands enfants de l'école ?
4. Quelle prédiction est-ce que Madame Toupin fait pour le mois d'octobre ?

À vous la parole

Travaillez par deux.

1. Racontez les événements de l'histoire *Rue Deschambault* en utilisant des verbes au **passé composé.** D'abord, notez les sujets et les verbes, au **passé composé** qui figurent dans le texte.

sujets	verbes
_____	_____
_____	_____
_____	_____
_____	_____
_____	_____
_____	_____

2. Maintenant, imaginez une journée à la fin d'octobre quand les **tough** retournent à l'école. Racontez les événements de cette journée-là, en utilisant des verbes au **passé composé.**

With this **Dossier:**

CD-ROM (E4)
Échanges
C'est comme ça !
Comment le dire
DVD (Track 9)
Situation : Au magasin vidéo

ACTIVITIES MANUAL (E4D3)
Activités écrites
Activités de laboratoire (avec enregistrement)
Activités pour DVD Situation : Au magasin vidéo

BOOK COMPANION SITE (E4)
www.wiley.com/college/ magnan

Point de départ **Lire**

Stratégie Utilisez autant de stratégies que possible.

You can increase your understanding of a text by applying several reading strategies to it.

Avant de lire *Programme télé*

Consultez le programme télé et identifiez les types d'émissions. Dans le tableau suivant, mettez un X sur les lignes des stratégies que vous avez utilisées pour comprendre les mots français de la colonne de gauche.

Mots en français	Stratégie : considérer les mots apparentés en anglais	Stratégie : considérer les familles de mots	Stratégie : considérer le contexte du mot
1. le journal	_____	_____	_____
2. la série	_____	_____	_____
3. le jeu	_____	_____	_____
4. le magazine	_____	_____	_____
5. le documentaire	_____	_____	_____
6. le téléshopping	_____	_____	_____
7. la météo	_____	_____	_____
8. les sports	_____	_____	_____

En lisant

Trouvez un exemple de chaque type d'émission dans le programme télé, et notez son heure et sa chaîne.

Émission	Heure	Chaîne
1. le journal	_____	_____
2. une série	_____	_____
3. un magazine	_____	_____
4. un documentaire	_____	_____
5. un film	_____	_____
6. les sports	_____	_____

Journée 2e partie

TF1	France 2	France 3	Canal+	La 5e	M6
13.00	**13.00**	**11.40**	**12.30**	**13.00**	**12.20**
Journal 18287	Journal 61287	Journal 3834707	L'hebdo de Michel Field En clair.	Philosophies 4349	Madame est servie
13.15 Reportages Le bonheur des dames. Rediffusion : mardi 1er vers 0.35. 893165 Voir texte ci-dessous	**13.35 Consomag** 5145097 **13.40 Les grandes énigmes de la science** Une énigme nommée Jésus. ST. Rediffusion : dimanche 30 vers 2.00. 4437207 Voir texte ci-dessous	**13.00 Couleur pays** Programmes régionaux. 66981 **14.00 Keno** 24523 **14.10 Montagne** T Magazine proposé par Pierre Ostian et Jean-Pierre Locatelli. Tinée : chronique d'une menace annoncée. Rediffusion : lundi 31 vers 16.10. 637423 Voir texte ci-contre	Rediffusion : jeudi 3 à 15.05. 56504 **13.30 Cyberculture** En clair. L'Etat et la souris. 4691 **14.00 Rugby** Championnat de France. 15e journée. Bègles/Perpignan. A Bègles. En direct. 884707	**13.30 Marie de La Soudière** 7436 TT Voir texte page 107 **14.00 Fête des bébés** 8165 **14.30 Les fronts de la tolérance Le sens de l'Histoire** TT L'apartheid. 4718504 Voir texte page 107	Série américaine. Ta grand-mère est une poule. 8645233 **12.55 55 pour Vatoo** Jeu. 682610 **13.25 Manimal** Série américaine. La nuit du scorpion. 907726
13.55 MacGyver Série américaine. Avec Richard Dean Anderson, Dana Elcar, Steven Keats. Le gang anti-drogue. 8239829	**14.55 Les géants tranquilles** Documentaire de Rick Rosenthal. 1442875	**14.40 Couleur pays** Programmes régionaux. 25160875	**16.00 Surprises** 41252 **16.05 Le journal du cinéma** 625610	**15.10 Les fronts de la tolérance** Débat Présidé par Elie Wiesel. Invités : Yehudi Menuhin et Jorge Semprun. 9467964	**14.20 Robocop** Série américaine. Les fantômes. 346691 **15.15 Surfers détectives** Série américaine. Petite fille modèle. 3167243
14.55 K 2000 Série américaine. Avec David Hasselhoff. Le retour de K.A.R.R. 6342875	**15.45 Samedi sport** 5168417 **15.50 Tiercé** En direct de Vincennes. 4071639	**18.10 Expression directe** UDF. 6808542	**16.30 Alien, l'univers des insectes** Documentaire de Steve Nicolls et Rupert Barrington. Les armes de la survie. Rediffusion : mercredi 2 à 14.30. 1440436	**16.00 Mélanie, enfant du sida** T Documentaire. 1829 Voir texte page 107	**16.10 Les Têtes brûlées** Série américaine. Le massacre de Fort Apache. 5725829
15.50 Savannah Série américaine. ST. Avec Robyn Lively. Vengeances. 1109542	**16.10 Cyclisme** Critérium international de la route. 1re étape : Blaye-Les-Mines- Rabastens (188 km). En direct. 2512720	**18.20 Questions pour un champion** Jeu. Présentation : Julien Lepers. 67233	**17.05 Les superstars du catch** En clair. 815469	**16.30 Le plein des sens** 8146 Voir texte page 107	**17.00 Chapeau melon et bottes de cuir** Série britannique. L'oiseau qui en savait trop. 86928
16.40 Vidéo gag 9168320	**17.40 La fête à la maison** Série américaine. Amis pour la vie. 19766	**18.50 Un livre, un jour** T Magazine. Présentation : Olivier Barrot. New York années 30, de Samuel Fuller (Hazan/Lumières). 7093788	**17.55 Fundole** En clair. Funboard. Fundole Euro Tour 1997. A Lyon. 7713287	**17.00 L'enfant hors taxes** 9875 Voir texte page 107	**18.00 Amicalement vôtre** Série américaine. Des secrets plein la tête. 86964
16.50 Football T Coupe de France. Quart de finale. Bordeaux/Montpellier. Au Parc Lescure, à Bordeaux. En direct. 58390374 Voir texte ci-dessous	**18.10 Urgences** T Série américaine. Dans la chaleur de Chicago. 2299558	**Suite** ► **18.55 19/20**	**18.50 Flash infos** En clair. 6981829	**17.30 Peut-on tout tolérer ? État des lieux** 9823875 **18.20 Peut-on tout tolérer ?** Débat 31320	
Suite ► **19.00 Beverly Hills**	**Suite** ► **19.00 Télé qua non**		**Suite** ► **19.00 T.V.+** En clair.	**Suite** ► **19.00 Arte**	**Suite** ► **19.00 Turbo**

Après avoir lu

1. À quelle heure commencent les émissions ? Comparez ce programme télé avec un programme télé typique de chez vous.
2. Est-ce qu'il y a des émissions que vous avez déjà vues chez vous ? Quelles émissions ? Aimez-vous ces émissions ?
3. Vers quelle heure commencent les films le soir ? Quelles sortes de films y a-t-il ?
4. Quels sports trouvez-vous ?

À vous la parole

Quelles sortes d'émissions préférez-vous ? Quelles émissions de ce programme télé avez-vous envie de regarder ? Pourquoi ?

L'essentiel

Exprimer ses préférences

> **Observez**

1. Look at the expressions **Quelle sorte de film, un film d'aventures** and **un film de guerre.** What is the purpose of the second noun in these constructions using a noun + **de** + noun? (4.8)

ÉCHANGE 1   *Télévision ou DVD ?*

FLORENCE: Tu viens regarder la télévision chez moi ce soir ?

MARIUS: Mais non, il n'y a jamais de bonnes émissions le jeudi. Regarde le programme de TF1. Tu vois, il n'y a pas de sports !

FLORENCE: Alors, on loue un DVD ?

MARIUS: D'accord, mais quelle sorte de film veux-tu voir ? Il y a beaucoup de différentes sortes de films au magasin vidéo.

FLORENCE: Voyons... peut-être un film d'aventures ou un film de guerre.

TF1	
15.55	**Série.** Les aventures de Tintin
16.30	**Feuilleton.** Le destin du docteur Calvet
17.35	**Magazine.** Notre Seine
18.15	**Téléshopping.**
19.25	**Jeu.** Le juste prix
20.00	**Journal.**

Verbe irrégulier					
voir *(to see)*	je	vois		nous	voyons
	tu	vois		vous	voyez
	il / elle / on	voit		ils / elles	voient
	j'ai	vu			

EXPRESSIONS UTILES   *émissions télévisées et films*

une série	un drame	un film d'horreur	un thriller
un feuilleton	un documentaire	un film d'aventures	le téléshopping
un magazine	un western	un film de guerre	le journal
un jeu (des jeux)	une comédie	un film de science-fiction	la météo
un dessin animé	un conte de fées	un film policier	les sports

APERÇUS CULTURELS

 ## La télévision et les films en France

La télévision et les films en DVD jouent un rôle important dans les loisirs° des Français. En France, la télévision a des chaînes publiques, subventionnées° par le gouvernement, des chaînes privées et des chaînes câblées. Beaucoup de Français ont des antennes paraboliques pour recevoir les émissions par satellite et ils regardent beaucoup plus de films à la télévision qu'au cinéma. Le public au cinéma est plutôt jeune, aisé et urbain, mais avec l'essor° des complexes multisalles, le public devient de plus en plus diversifié. En 2001, les films français représentaient 41,5% des films vus en salle en France. En effet, la production cinématographique française est la plus importante en Europe. Les films des autres pays du monde sont aussi populaires. Ils passent parfois en version originale et parfois en version doublée° ou avec des sous-titres.

> Quelles sortes de films préférez-vous ? Pourquoi ?

leisure time
subsidized

rise in popularity

dubbed

ACTIVITÉ 1 *À la télévision ou au cinéma ?* Expliquez où on trouve chaque type d'émission : (a) à la télévision, (b) au cinéma ou (c) à la télévision et au ciné.

> **Modèle:** le journal
> Le journal, on le trouve à la télévision.

1. la météo
2. un film policier
3. des jeux
4. un feuilleton
5. un thriller
6. un dessin animé

ACTIVITÉ 2 *Les émissions préférées* Avec un(e) camarade de classe, analysez le programme de télévision qui suit.

1. Comment s'appellent les trois chaînes nationales subventionnées par le gouvernement ? Devinez les mots qui sont représentés par les lettres TF.
2. Quand commencent les émissions ?
3. Quelles sortes d'émissions y a-t-il pendant la journée ?
4. Y a-t-il des émissions américaines ? Comment s'appellent-elles en anglais ?
5. Quelles sortes de sports y a-t-il ?

Ensuite, imaginez que les personnes suivantes veulent regarder la télévision ce lundi. Dites quel type d'émission chaque personne préfère et quelle chaîne elle va probablement regarder.

> **Modèle:** Paul aime regarder les jeux à la télévision et il est libre de midi à deux heures. Alors, il va regarder TF1 ou France 2.

Personne	Genre d'émission préféré	Heures libres	Chaînes
1. Paul	les jeux	12h00–14h00	_____
2. Georges	les feuilletons	16h00–18h00	_____
3. Sophie	les séries américaines	11h00–15h00	_____
4. Moustafa	les documentaires	11h30–12h00	_____
5. Christine	les sports	13h00–15h00	_____
6. Brigitte	les dessins animés	7h00–11h00	_____

Lundi 5 juillet

TF1

- **6.45** TF1 Info.
- **6.50** TF1 Jeunesse. Dessins animés. Tweenies.
- **8.30** Téléshopping.
- **8.55** TF1 Jeunesse. Dessins animés. Hé Arnold. Poochini.
- **11.25** Nat Géo hebdo. Archéologie. L'Egypte des tombes oubliées.
- **12.00** Julie cuisine.
- **12.05** Attention à la marche. Jeu.
- **13.00** Journal. Météo.
- **13.55** Coup de foudre au Plaza. Téléfilm.
- **16.20** New York, Section Criminelle. Feuilleton.

France 2

- **6.30** Télématin. Magazine.
- **8.40** Des jours et des vies. Série.
- **9.05** KD2A.
- **11.00** Friends.
- **14.30** Flash info.
- **11.35** Sport: Tennis. À Wimbledon.
- **12.50** Millionnaire. Jeu.
- **13.00** Journal. Météo.
- **13.55** La légende du Tour. Magazine.
- **14.25** Urgences.

France 3

- **6.00** Euronews.
- **7.00** Décrochez vos vacances. Jeu.
- **8.00** Dessins animés.
- **10.40** Sur la route du Tour.
- **11.35** Bon appétit, bien sûr. Magazine.
- **12.00** Le 12H/14H. Météo.
- **12.55** Patates et dragons. Mondial La Marseillaise à pétanque.
- **13.20** Keno.
- **13.25** C'est mon choix pour l'été. Magazine.
- **14.25** L'île fantastique. Série.

ACTIVITÉ 3 *Loto* Circulez et demandez à vos camarades de classe s'ils aiment les types d'émissions et de films mentionnés dans la carte de loto. Quand vous trouvez quelqu'un qui aime ce genre d'émission ou de film, demandez-lui pourquoi et notez son nom sur la carte. Quand vous avez un LOTO, annoncez votre victoire.

Questions: Quelles sortes d'émissions de télévision est-ce que tu préfères ?
               Quelles sortes de films est-ce que tu préfères ?

L	O	T	O
films de science-fiction	documentaires	films d'horreur	contes de fées
sports	météo	téléshopping	westerns
comédies	feuilletons	jeux	dessins animés
drames	séries	journal	films d'aventures

ACTIVITÉ 4 *Qu'est-ce qu'on voit ?* Considérez la situation de ces personnes, et expliquez ce qu'elles voient.

Modèle: Catherine est au zoo.
          Catherine est au zoo où elle voit des animaux.

1. Le professeur Bariou est dans sa salle de classe.
2. Mes amis sont à la plage.
3. Nous sommes au cinéma.
4. Je suis à la discothèque.
5. Lydia est au stade de France.

❯ Observez

1. To which noun(s) in the questions do the direct object pronouns in the answers refer? **(4.1.e)**
2. Where is the direct object pronoun placed in relation to the two parts of the verb in the **passé composé**? **(4.1.e)**

Demander et donner une opinion

ÉCHANGE 2   *Opinions différentes*

KARINE: Quel film as-tu vu récemment ?
SÉBASTIEN: Voyons... moi, j'ai vu *La Belle et la Bête* avec mes petits cousins.
KARINE: Comment l'as-tu trouvé ?
SÉBASTIEN: Je l'ai trouvé tout à fait médiocre. Tu l'as vu ?
KARINE: Mais oui. Je l'ai beaucoup aimé. L'histoire est belle et la musique est formidable.

EXPRESSIONS UTILES   *appréciations*

	+	–
C'est	excellent(e)	médiocre
Je le / la trouve	passionnant(e)	stupide
	amusant(e)	bête
	génial(e), géniales, géniaux	sans intérêt
	super *(argot)*	moche *(argot)*
	formidable	nul(le)

ACTIVITÉ 5 *Aimé ou pas tellement ?* Vous allez entendre la réaction de six personnes à un film. Indiquez si ces personnes ont aimé le film.

1. aimé   pas tellement aimé   4. aimé   pas tellement aimé
2. aimé   pas tellement aimé   5. aimé   pas tellement aimé
3. aimé   pas tellement aimé   6. aimé   pas tellement aimé

ACTIVITÉ 6 *Qu'est-ce que tu as fait ?* Travaillez par deux. À tour de rôle, posez les questions données et répondez aux questions de votre partenaire. Quand vous répondez par l'affirmative, ajoutez une appréciation.

> **Modèle:**   A: As-tu regardé le journal télévisé ce matin ?
>
>   B: Oui, je l'ai regardé. Je l'ai trouvé sans intérêt.
>   *ou:*
>   Non, je ne l'ai pas regardé.

1. As-tu regardé les dessins animés dimanche ?
2. As-tu loué un DVD hier soir ?
3. As-tu aimé le film *Casablanca* ?
4. As-tu lu le roman *Notre-Dame de Paris* ?
5. As-tu vu la nouvelle comédie avec Gérard Depardieu ?

ÉCHANGE 3   *Déjà vu ? Déjà écouté ?*

LÉA: As-tu vu le dernier film de Denys Arcand ? C'est un film vraiment génial !
FÉLIX: Génial ? Mais non, tu as tort. Je l'ai vu. C'est un film nul, sans intérêt !
LÉA: Eh bien, as-tu écouté les dernières chansons de Zachary Richard ?
FÉLIX: Oui, mais tu vois, je les ai trouvées excellentes.
LÉA: Là, mon ami, tu as raison.

EXPRESSIONS UTILES   *opinions*

J'ai raison, non ?	Non, pas du tout, tu as tort.
Tu es d'accord ?	Oui, tout à fait d'accord.
	Non, je ne suis pas d'accord.
Tu ne trouves pas ?	Tu as raison.

> **Observez**
> 1. How does the spelling of the past participle vary according to the direct object pronoun? (4.1.e)
> 2. What would be the equivalent English expressions for **avoir tort** and **avoir raison**? (4.9)

ACTIVITÉ 7 *De quoi parlez-vous ?* Travaillez par deux. La personne A dit les phrases données. La personne B utilise l'information entre parenthèses pour expliquer ce que la personne A a dit.

> **Modèle:**   A: Je les ai trouvées très intéressantes. (les dernières chansons de Zebda ou le dernier film d'Isabelle Adjani ?)
>
>   B: Ah, vous parlez des dernières chansons de Zebda.

1. Médiocre. Je l'ai trouvé tout à fait médiocre et bête. (les émissions à la télé, l'opéra en ville)
2. Je ne l'ai pas vue, mais mon frère m'a dit que c'est vraiment génial. (le dernier dessin animé de Disney, la série *Les aventures de Tintin*)
3. Je les ai vus tous, et je les ai trouvés nuls. (les westerns de John Wayne, les séries américaines)
4. Je ne l'ai pas encore écoutée, mais on m'a dit qu'elle est excellente. (la nouvelle chanson des Nubians, le journal de vingt heures)
5. Tu as tort, mon ami. Je ne l'ai pas du tout aimé. (la dernière comédie de Jean-Pierre Jeunet; le dernier roman de Pauline Julien.)

ACTIVITÉ 8 *D'accord ou pas d'accord ?* Dites si vous êtes d'accord ou pas avec les phrases suivantes. Expliquez en ajoutant votre opinion de ces émissions télévisées et de ces films.

1. J'ai trouvé le film *Le Seigneur des Anneaux* sans intérêt.
2. Le téléshopping est passionnant !
3. Le feuilleton américain *Urgences* est bête.
4. Je trouve que la musique rap est formidable.
5. C'est amusant de regarder la télé le samedi soir.
6. De toutes les sortes de films, je trouve les films de science-fiction les plus géniaux.

ACTIVITÉ 9 *Il est bon ce film ?* Circulez et parlez avec vos camarades de classe. Trouvez quelqu'un qui a vu le même film que vous. Ensuite, discutez de vos impressions. Avez-vous la même opinion du film ?

Vocabulaire essentiel

appréciations

amusant(e)	*funny*	le magazine	*documentary-type program*
excellent(e)	*excellent*	la météo	*weather forecast*
formidable	*wonderful*	le programme télé	*TV schedule, program*
génial(e) géniaux / géniales	*fun, amusing*	la série	*series*
médiocre	*mediocre*	les sports *(m pl)*	*sports*
moche	*awful, ugly (slang)*	le téléshopping	*shopping channel*
nul(le)	*extremely bad*	le thriller	*thriller*
passionnant(e)	*gripping*	la vidéo	*video*
sans intérêt	*without interest*	le western	*western*
stupide	*stupid*		

opinions

avoir raison	*to be right*
avoir tort	*to be wrong*

émissions télévisées et films

la comédie	*comedy*
le conte de fées	*fairytale*
le dessin animé	*cartoon*
le documentaire	*documentary*
le DVD	*DVD*
le drame	*drama*
l'émission *(f)*	*TV show*
le feuilleton	*soap opera, show with on-going story line*
le film	*film*
d'aventures	*adventure film*
de guerre	*war film*
d'horreur	*horror film*
de science-fiction	*science fiction film*
policier	*detective film*
l'histoire *(f)*	*story, history*
le jeu (les jeux)	*game*
le journal	*news show*

autres expressions utiles

différent(e)	*different*
le magasin	*store*
la musique	*music*
récemment	*recently*
la sorte	*sort, type*
tout à fait	*completely*
voyons	*let's see*
vraiment	*really*

autres verbes

louer	*to rent (conj. like **parler**)*
voir	*to see*

je vois	*nous voyons*		
tu vois	*vous voyez*		
il / elle / on voit	*ils / elles voient*		
j'ai vu			

Prononciation **La voyelle nasale [ɛ̃]**

The pronunciation of the nasal vowel [ɛ̃] resembles—but is not quite identical to—that of the vowel sound in American words like *hand* or *lamp*, but without the sound of the n or m after the vowel.

The sound [ɛ̃] corresponds to different spellings.

un, um	in, im	ain, aim	yn, ym	oin	ien, yen
un	feminin	américain	synthèse	point	bien
commun	Martin	mexicain	syntaxe	loin	moyen
parfum	important	faim	sympathique	(preceded by [w] as in *way*)	(preceded by [j] as in *yes*)

ACTIVITÉ 10 *Comment trouvez-vous ça ?* Travaillez par deux. La personne A exprime les opinions suivantes. La personne B contredit cette opinion en utilisant l'antonyme donné.

Modèle: C'est une opinion partiale. (**im**partiale)

A: C'est une opinion partiale.

B: Voyons... moi, je la trouve **im**partiale.

1. C'est une lettre personnelle. (**im**personnelle)
2. C'est un homme poli. (**im**poli)
3. C'est une décision juste. (**in**juste)
4. C'est une solution pratique. (**im**praticable)
5. C'est un travail possible. (**im**possible)

Expansion **Discuter**

> *Stratégie* Pour arriver à une décision de groupe, isolez des éléments qui sont importants pour vous et demandez aux autres leurs opinions.

To make a group decision, identify what you consider important and then discuss with your group.

Avant de discuter *Choisir un film*

1. En groupes de trois ou quatre, considérez les critères suivants pour choisir un film. Pour vous, quels critères sont les plus importants ? Pourquoi ? Classez les critères par ordre d'importance.

Critères: le titre du film, le sujet du film, la sorte de film, le réalisateur / la réalisatrice, les acteurs / actrices, l'impression donnée du film par la publicité

2. Chaque membre du groupe suggère un film et donne une appréciation du film selon deux des critères considérés. Les autres membres du groupe expriment leur accord ou leur désaccord.

Modèle:	*Gladiator*
Critères	**Appréciations**
Titre	Je préfère voir *Gladiator*.
Sujet	C'est l'histoire d'un homme et de ses aventures.
Sorte de film	C'est un film historique et un film de guerre.
Réalisateur / -trice	C'est un film de Ridley Scott. Il a fait des films excellents.
Acteurs / actrices	J'aime Russell Crowe. Je trouve que c'est un acteur de talent.
Impression	Ce film a l'air sérieux et dramatique. Je veux le voir.

Discuter

Avec les membres de votre groupe, considérez ces publicités. Imaginez le sujet de chaque film et décidez quel film votre groupe veut voir.

Après avoir discuté

Expliquez votre choix à la classe en quatre ou cinq phrases.

Point de départ **Écouter**

Stratégie Pour comprendre le compte-rendu d'un événement, commencez par trouver les expressions qui résument l'action.

When listening to someone recount an event, it is useful to remember that people often start with a summary statement that can help you understand the details in their account.

Avant d'écouter *Le bac annulé, pas possible !*

Vous allez entendre une conversation au téléphone entre Philippe et sa grand-mère au sujet de l'examen national, le bac (le baccalauréat). Le bac se passe à la fin des études secondaires et il est obligatoire pour faire des études universitaires.

1. Philippe a entendu quelque chose de surprenant° au sujet du bac.   *surprising*
   Il va résumer ce compte-rendu. Imaginez : Qu'est-ce qu'il va dire à sa grand-mère ?
2. La grand-mère va demander des détails. Quels détails peut-elle demander ?

🔊 En écoutant **Première écoute**

Écoutez le début de la conversation entre Philippe et sa grand-mère (Mémé). Quand vous pouvez répondre à une des questions suivantes, levez le doigt.°   *levez... raise your hand (lit., finger)*

1. Philippe et Mémé, sont-ils calmes ? contents ?
2. Qu'est-ce qui est arrivé de surprenant ?

🔊 En écoutant **Deuxième écoute**

Maintenant, écoutez la conversation entière, du début à la fin. Concentrez-vous sur les détails et répondez aux questions suivantes.

1. À quelle heure est-ce que Philippe est arrivé dans la salle d'examen et à quelle heure est-il parti ?
2. Quand est-ce que Philippe va avoir son examen ?

Après avoir écouté

1. Pourquoi est-ce qu'il n'y a pas eu d'examen ce matin ?
2. Qui est le voleur° ? Qu'est-ce qu'il a fait avec les questions ?   *thief*
3. Est-ce que Philippe est content d'attendre° ?   *to wait*
4. Qu'est-ce que la grand-mère suggère à Philippe de faire ?

À vous la parole

1. Imaginez que vous êtes Philippe. Quelle est votre réaction au vol ?
2. Dans votre région, y a-t-il un examen aussi important que le baccalauréat ? Est-ce que c'est une bonne idée d'avoir cette sorte d'examen ?

DOSSIER 4

In this Dossier, you will learn about these grammatical features

- the use of articles in naming fields of study

- the irregular verbs **suivre** *(to take a course; to follow)* and **comprendre** *(to understand)*

- the distinction between the adjectives **bon(ne)** and **mauvais(e)** and the adverbs **bien** and **mal**

With this **Dossier** :

AUDIO CD (Track 12)
Point de départ : Le bac annulé, pas possible !

CD-ROM (E4)
Échanges
Comment le dire

ACTIVITIES MANUAL (E4D4)
Activités écrites et Rédaction
Activités de laboratoire

BOOK COMPANION SITE (E4)
www.wiley.com/college/ magnan

APERÇUS CULTURELS

Le bac

En France, le système d'éducation comprend trois ans d'école maternelle, cinq ans d'école primaire, quatre ans de collège, trois ans de lycée et ensuite les études universitaires. Le baccalauréat (le bac) est un examen national à la fin des études de lycée. Il y a plusieurs bacs (général, technologique, professionnel) correspondant aux différentes filières scolaires. Pour entrer à l'université, il faut être reçu à° cet examen : environ 80% des candidats sont reçus. Pour les lycéens qui ne sont pas reçus au bac, c'est un drame personnel et familial, mais ils ont la possibilité de repasser l'examen l'année suivante. Le bac est vraiment un événement national : en juin, la presse discute des sujets et des résultats. La conversation entre Philippe et sa grand-mère est basée sur un vrai cas de fraude.

être... *to pass*

▶ Comparez le système d'éducation de votre pays avec le système français. Quel système préférez-vous et pourquoi ?

▶ **Observez**

1. To talk about courses or areas of study, what verb is used in **Échange 1** before the articles **le, la, l'**, and **les?** (4.10.a) What verb is used with **du, de la, de l'**, and **des?** (4.10.b)
2. What expression is used to convey the idea *take a course?* (4.10.c)
3. What expression is used with the preposition **en** + academic discipline? Is there an article when **en** is used? (4.10.d)

L'essentiel

Pour décrire vos études à la fac

ÉCHANGE 1   *Les cours*

ABDUL: Quelle sorte d'études fais-tu ?

CAROLE: Je suis étudiante en lettres. Je fais des études de langues et de littérature. Quels cours suis-tu ce semestre ?

ABDUL: Je suis plusieurs cours d'anglais et des cours de littérature anglaise et française. Tu vois, j'aime beaucoup l'anglais et la littérature.

Verbe irrégulier					
suivre *(to take*		je	suis	nous	suivons
a course;		tu	suis	vous	suivez
to follow)	il / elle / on		suit	ils / elles	suivent
		j'ai	suivi		

Et après le bac... à la fac

EXPRESSIONS UTILES *matières et cours*

les lettres et sciences humaines	les sciences économiques et sociales
le français	les sciences politiques
la littérature	les sciences
la philosophie	la chimie
les langues étrangères (le latin,	la physique
le grec, l'italien, l'anglais, etc.)	la biologie
la musique	les mathématiques
l'histoire	le calcul
la géographie	l'algèbre
la sociologie	la géométrie
la psychologie	le droit
les beaux-arts	l'informatique
l'art	

ACTIVITÉ 1 *Quelle sorte d'études ?* Identifiez les deux cours de la même matière.

> **Modèle:**   l'anglais, l'espagnol, la musique.
> L'anglais et l'espagnol sont des exemples de cours de lettres.

1. le calcul, l'algèbre, le droit
2. la biologie, la géographie, l'histoire
3. la chimie, la psychologie, la physique
4. le grec, la littérature, la géométrie
5. l'art, l'histoire, la sociologie

ACTIVITÉ 2 *Préférences et cours* Indiquez si vous aimez chaque matière et si vous suivez un cours dans cette matière ce semestre ou trimestre.

> **Modèle:**   la biologie.
> J'aime assez la biologie, mais je ne suis pas de cours de biologie ce semestre / trimestre.

1. les mathématiques	4. la physique
2. la psychologie	5. la chimie
3. la littérature	6. l'informatique

ACTIVITÉ 3 *Quelles études ?* Circulez et parlez avec vos camarades de classe. Découvrez ce qu'ils étudient.

> **Modèle:**   A: Quelle sorte d'études fais-tu ?
>
>   B: Je suis étudiant(e) en sciences.
>
>   A: Alors, tu fais de la biologie ?
>
>   B: Oui, et de la chimie.

Pour expliquer vos choix et vos notes

ÉCHANGE 2 *Explication*

HOMME: Pourquoi fais-tu des maths ce trimestre ?
FEMME: Parce que j'aime les maths.
HOMME: Tu es intelligente, toi. Je suis nul en maths !

> ❯ **Observez**
>
> 1. Why is **des** used in the question: **Pourquoi faites-vous des maths ?** (4.10.b)
> 2. Why is **les** used in the answer: **J'aime les maths ?** (4.10.a)
> 3. Why is there no article used in the sentence **Je suis nul en maths ?** (4.10.d)

EXPRESSIONS UTILES   *explications*

Pourquoi ?
Parce que   j'aime les maths.
je suis bon(ne) en chimie.
je suis mauvais(e) en histoire.
je suis nul(le) en maths.
je veux être médecin.
c'est obligatoire pour mon diplôme.
c'est utile / facile / intéressant.

ACTIVITÉ 4 *Pourquoi ? Parce que.* Travaillez par deux. D'abord identifiez quel élément dans chaque paire suggère une question et quel élément suggère une réponse. Ensuite, la personne A pose une question en utilisant *pourquoi*, et la personne B répond en utilisant *parce que*.

> Modèle: suivre un cours de maths / être facile
>
> A: Pourquoi suis-tu un cours de maths ?
>
> B: Parce que c'est facile.

1. étudier les sciences / vouloir devenir médecin
2. suivre ce cours de français / être obligatoire pour le diplôme
3. être intéressant / suivre un cours de calcul
4. adorer jouer du piano / faire de la musique
5. faire de la physique / être bon(ne) en sciences

ACTIVITÉ 5 *Pourquoi ce cours ?* Avec un(e) camarade de classe, discutez de vos cours : les cours, pourquoi vous suivez ces cours, and vos opinions de chaque cours.

> Questions possibles: Quels cours suis-tu ce semestre ?
> Pourquoi fais-tu du / de la / de l' / des... ?
> Aimes-tu le / la / l' / les... ?
> Comment trouves-tu ton cours de... ?
> Comment trouves-tu ton professeur de... ?

> ❯ **Observez**
> 1. What are the adjective equivalents of **bien** and **mal**? (4.11.a,b)
> 2. In **j'ai bien préparé mes leçons** and **j'ai mal révisé**, what type of word do **bien** and **mal** qualify? (4.11.b)
> 3. Where do **bien** and **mal** go in relation to the verb in the **passé composé**? (4.1.f, 4.11.c)

ÉCHANGE 3   *Bonnes et mauvaises notes*

PÈRE: Félicitations, Marguerite. Tu as eu « très bien » en histoire. Je suis fier de toi.

MARGUERITE: Merci, Papa. Cette fois, tu vois, j'ai bien préparé mes leçons. Mais... en maths, c'est une autre histoire.

PÈRE: Comment ça ? Tu comprends bien les maths.

MARGUERITE: C'est que j'ai mal révisé avant l'examen et j'ai eu une mauvaise note.

Verbe irrégulier				
comprendre *(to understand)*	je	comprends	nous	comprenons
	tu	comprends	vous	comprenez
	il / elle / on	comprend	ils / elles	comprennent
	j'ai	compris		

EXPRESSIONS UTILES *explications des notes*

J'ai eu une bonne note parce que...   J'ai eu une mauvaise note parce que...

je suis toujours allé(e) à mes cours.   j'ai souvent manqué mes cours.
j'ai bien préparé mes devoirs.   j'ai mal fait mes devoirs.
j'ai bien étudié mes leçons.   je n'ai pas étudié les textes.
j'ai bien révisé avant l'examen.   j'ai triché à un contrôle.
j'ai bien participé en classe.   je n'ai jamais parlé en classe.
j'ai bien compris la leçon.   je n'ai pas compris les questions.

ACTIVITÉ 6 *Bon ou mauvais ?* Le professeur va jouer le rôle des étudiants qui parlent de leurs cours. Écoutez, identifiez le cours et dites si l'étudiant(e) est bon(ne) ou mauvais(e) dans cette matière.

Cours décrit	Bon(ne) ou mauvais(e) étudiant(e) ?
1. _____	_____
2. _____	_____
3. _____	_____
4. _____	_____
5. _____	_____

ACTIVITÉ 7 *Qui comprend bien ?* Observez les notes et expliquez si l'étudiant comprend bien le contenu du cours. Les notes françaises sont basées sur 20 points : 16 = très bien, 10 = passable / assez bien.

Adverbes possibles: très mal, assez mal, assez bien, très bien

Modèle: Pierre, calcul, 16
Pierre comprend très bien le calcul.

1. Lise, psychologie, 8   4. Samia, sociologie, 10
2. Azouz, chimie, 14   5. Pierre et Yves, histoire, 15
3. Vous, philosophie, 6   6. Sophia et vous, français, 17

ACTIVITÉ 8 *Quelle note ?* C'est la fin du semestre. Avec un(e) partenaire, utilisez les expressions suivantes pour expliquer vos succès ou vos problèmes dans vos cours. Votre partenaire va suggérer si vous méritez une bonne ou une mauvaise note.

Modèle: toujours participer aux discussions

A: En histoire, j'ai toujours participé aux discussions.
B: Alors, tu vas avoir une bonne note en histoire.

bien faire mes devoirs   bien réviser avant l'examen
manquer trois ou quatre contrôles   ne pas étudier les textes obligatoires
tricher à l'examen   ne pas comprendre les questions

ACTIVITÉ 9 *Les bonnes excuses* Le professeur va faire des commentaires et poser des questions sur votre travail et votre conduite dans son cours. Formulez des excuses.

Modèle: PROFESSEUR: Dix erreurs sur ce travail !

ÉTUDIANT(E): Excusez-moi mais... euh... je n'ai pas compris les questions.

1. Vous n'avez pas fait vos exercices de grammaire ?
2. Un D à ce petit contrôle, mais voyons !
3. Vous avez manqué le cours hier, pourquoi ?
4. Regardez ces réponses. Est-ce que vous avez triché ?
5. Je ne vois pas votre devoir pour aujourd'hui.

Vocabulaire essentiel

cours et matières

l'algèbre *(m)*	algebra
l'art *(m)*	art
les beaux-arts *(m pl)*	fine arts
la biologie	biology
le calcul	calculus
la chimie	chemistry
le droit	law
la géographie	geography
la géométrie	geometry
le grec	Greek
l'informatique *(f)*	computer science
la langue étrangère	foreign language
le latin	Latin
les lettres *(f pl)*	letters, arts
la littérature	literature
les mathématiques (les maths) *(f pl)*	math
la musique	music
la philosophie	philosophy
la physique	physics
la psychologie	psychology
les sciences *(f pl)*	science
les sciences humaines *(f pl)*	social sciences
les sciences économiques *(f pl)*	economics
les sciences politiques *(f pl)*	political science
les sciences sociales *(f pl)*	social science
la sociologie	sociology

système scolaire, examens, notes

le bac	baccalaureat exam in France
la classe	class
le contrôle	quiz
le cours	course
le diplôme	diploma
l'examen *(m)*	test
la leçon	lesson
la note	grade
obligatoire	obligatory, required
le semestre	academic semester
suivre	to take (a course); to follow

je suis		nous	suivons
tu suis		vous	suivez
il / elle / on suit		ils / elles	suivent
j'ai suivi			

le trimestre	academic quarter

autres expressions utiles

différent(e)	different
félicitations	congratulations
fier / fière	proud
plusieurs	several
utile	useful

autres verbes

comprendre	to understand

je comprends		nous	comprenons
tu comprends		vous	comprenez
il / elle / on comprend		ils / elles	comprennent
j'ai compris			

manquer	to miss (conj. like **parler**)
participer	to participate (conj. like **parler**)
préparer	to prepare (conj. like **parler**)
réviser	to review (conj. like **parler**)
tricher	to cheat (conj. like **parler**)

Prononciation **Récapitulation des voyelles nasales**

The three French nasal vowels [ɔ̃], [ɑ̃], and [ɛ̃] are pronounced like the equivalent oral vowels, but with the air coming through the nose. Remember that the written **n** or **m** is *not* pronounced after nasal vowels, except with a few rare **liaisons** such as **un** followed by a word beginning with a vowel.

[ɔ̃] **bon:** lips fully rounded, mouth almost closed, tongue pulled toward the back of the mouth as for [o] **beau.**

[ɑ̃] **Jean:** lips neither rounded nor spread, mouth fully open, tongue flat in mouth as for [a] **Jeanne.**

[ɛ̃] **fin:** lips spread, mouth mid-open, tongue bunched toward the front of the mouth as for [ɛ] **fête.**

ACTIVITÉ 10 *Ne confondez pas* With a classmate, practice reading the following series of words aloud, paying particular attention to your lip position as you pronounce the nasal vowels.

[ɔ̃]	[ɑ̃]	[ɛ̃]
Key vowel: o	**Key vowels: a, e**	**Key vowels: i, u**
1. bon	banc	bain
2. font	enfant	fin
3. allons	l'an	l'Inde
4. avons	le vent	le vin
5. comble	semble	humble

ACTIVITÉ 11 *Tant pis pour toi !* Avec un(e) camarade de classe, travaillez cette conversation. Faites attention aux voyelles nasales.

A: C'est quand ton contrôle d'économie ?
B: Demain matin, à onze heures.
A: Tu as bien préparé ?
B: Pas très bien, enfin... pas assez bien.
A: Pourquoi ?
B: Pas eu le temps !

A: Mais tu as encore un jour pour réviser.
B: Pas envie, mon vieux, pas envie...
A: Alors, bonjour, la mauvaise note !

Expansion **Écrire**

> *Stratégie* Pensez à l'effet de la répétition des sons dans la poésie.

Words that sound alike (rhyme, alliteration) often produce a powerful effect.

Avant d'écrire *Petit poème*

Avant de créer un poème, considérez ce petit poème écrit sur les murs de la Sorbonne (Université de Paris III) en mai 1968 pendant les manifestations qui ont donné lieu à une grève° générale des étudiants et des travailleurs en France.

strike

Je suis venu
J'ai vu
J'ai cru°   *I believed*

Le résultat de cette grève a été une réforme massive du système universitaire.

1. Identifiez les participes passés des trois vers du poème. Ils sont inspirés par les mots de Jules César :

   veni (I came)
   vidi (I saw)
   vici (I conquered)

2. Quel est l'effet de la rime dans les deux textes, latin et français ?

3. Le lecteur peut imaginer une version plus longue et complète. Avec un(e) camarade de classe, écrivez une phrase pour compléter chacun des trois vers du poème. Lisez vos textes à haute voix.

   > **Modèle:**   Je suis venu(e) à la Sorbonne.
   > J'ai vu...
   > J'ai cru...

4. Quel est l'effet de la rime au centre des phrases de la version complète ?

En 1998, les lycéens ont repris le thème de 1968 en manifestant pour une réforme de l'Éducation nationale au niveau secondaire.

Écrire

1. Choisissez les participes passés de trois verbes dans l'une des listes suivantes pour faire la rime.

   [e]: aimer / aller / chercher / danser / détester / être / inviter / jouer / manger / manquer / penser / regarder / rentrer / rester / travailler / tricher / trouver / voyager

   [y]: avoir / devenir / lire / venir / vivre / voir / vouloir

   [i]: comprendre / partir / sortir / suivre

2. Mettez les participes passés dans un ordre qui suggère une histoire ou un message.
3. Ensuite, développez votre poème.
4. Enfin, écrivez en prose une version du poème plus longue et complète. Écrivez trois phrases complètes.

Après avoir écrit

Relisez votre poème et vos phrases pour vérifier que vous avez...

1. arrangé vos idées de façon logique pour suggérer une histoire.
2. terminé chaque vers du poème par un participe passé qui rime avec les autres participes passés.
3. fait les accords nécessaires des participes passés.

À vous la parole

À tour de rôle, lisez vos poèmes à haute voix. Les camarades de classe suggèrent des versions plus longues pour compléter les idées exprimées dans les poèmes. Ensuite, l'auteur du poème lit sa version complète.

Grammaire 4

4.1   Past tense with *avoir*

a. **Formation.** The **passé composé** is a tense used in French to report actions or events that took place in the past. As its name indicates, the **passé composé** *(compound past)* is composed of two parts.

Passé composé	
forme conjuguée d'*avoir* +	participe passé
J'**ai**	**parlé** avec le professeur.
Tu **as**	**invité** nos amis.
Il / Elle / On **a**	**regardé** la télé.
Nous **avons**	**écouté** la radio.
Vous **avez**	**dîné** à huit heures.
Ils / Elles **ont**	**joué** aux cartes.

Past participles of **-er** verbs are pronounced like their infinitive forms:
parlé [e]= **parler** [e]

b. **Past participles.** The forms of past participles vary according to verb type. The past participle of regular **-er** verbs is formed by adding **é** to the infinitive's stem (the infinitive without the final **-er**).

Participe passé des verbes réguliers en *-er*	
infinitif	participe passé
travailler	travaillé
parler	parlé
rencontrer	rencontré

Irregular verbs tend to have irregular past participles.

Participe passé des verbes irréguliers	
avoir	eu
comprendre	compris
être	été
faire	fait
lire	lu
pleuvoir	plu
pouvoir	pu
suivre	suivi
vivre	vécu
voir	vu
vouloir	voulu

c. **Negation in the *passé composé*.** To negate a verb in the **passé composé**, place **ne** before the conjugated auxiliary verb and **pas, jamais,** or **rien** after the conjugated auxiliary verb. Therefore, **pas, jamais,** or **rien** is placed before the past participle.

La négation aux temps différents		
passé composé	présent	futur proche
je n'ai **pas** parlé	je **ne** parle **pas**	je **ne** vais **pas** parler
tu n'as **jamais** nagé	tu **ne** nages **jamais**	tu **ne** vas **jamais** nager
il n'a **rien** fait	il **ne** fait **rien**	il **ne** va **rien** faire

d. **Questions in the *passé composé*.** Questions are formed in the **passé composé** in the same three ways as in the present tense.

Questions au passé composé	
Intonation	**Tu as parlé** avec tes amis hier soir ?
Est-ce que	**Est-ce que tu as parlé** avec tes amis hier soir ?
Inversion	**As-tu parlé** avec tes amis hier soir ?

In inversion, the auxiliary verb (conjugated form of **avoir**) and subject pronoun are inverted, and the past participle follows. In the written form, a hyphen is placed between the conjugated form of **avoir** and the subject pronoun. In the third-person singular forms of the verb, where the inversion would result in two vowels pronounced in succession, such as with combinations **a + il, a + elle,** and **a + on,** a -**t**- is inserted between the auxiliary verb and the subject pronoun. This **t** is pronounced.

A-**t**-il visité l'Europe l'été dernier ?
A-**t**-on fait le travail ?

e. **Object pronouns in the *passé composé*.** As in the present tense, direct object pronouns come before the conjugated verb in the **passé composé**. That is, they come before the form of **avoir**. The distinction between **le** and **la** is not shown before a vowel: **l'** is used to replace both masculine and feminine nouns.

As-tu vu **ce film** avec Anne ? Non, je **l'**ai vu avec Paul.
As-tu lu **ces livres** ? Oui, je **les** ai lus.

When a direct object precedes the past participle, the past participle agrees in gender and number with that preceding direct object. There is thus always agreement of the past participle with direct object pronouns in the **passé composé**—because direct object pronouns always come before the verb—and also with direct object nouns whenever they come before the verb in the **passé composé**.

J'ai lu les poèmes de Senghor. Je **les** ai trouvés très bons.
Quels **films** avez-vous vus ?

Accord du participe passé avec le complément d'objet direct	
Pronom	Ces chansons ? Oui, nous **les** avons chantées ensemble. Le professeur **nous** a invités au restaurant. As-tu fait la dictée ? Je l'ai faite.
Nom	Quelle émission as-tu regardée ? Quels livres avez-vous lus ?

Only in cases where an **e** is added to a past participle ending with a consonant (e.g., **tu *l'*as faite ?**) does the addition of **e(s)** to the past participle affect how that word is pronounced.

f. **Position of adverbs in the *passé composé*.** Adverbs of frequency, like **souvent** and **toujours**, and adverbs of manner, like **bien** and **mal**, follow the conjugated auxiliary verb (**avoir**) and precede the past participle.

> J'ai **souvent** dîné chez mes parents l'année dernière.
> J'ai **bien** préparé mon examen de français.

In contrast, adverbs indicating a *precise* moment of time, like **hier** and **aujourd'hui**, are placed at the beginning or end of clauses. They are never placed between the auxiliary verb and the past participle.

> **Hier**, j'ai regardé la télévision.
> J'ai regardé la télévision **hier**.

4.2   Adverbs and adverbial expressions

a. **To indicate time frame.** As in English, certain adverbs in French are generally associated with certain time frames: present (**aujourd'hui**), past (**hier**), or future (**demain**). The time frame can also be expressed by noun / adjective expressions (**le week-end dernier, la semaine prochaine**) that function as adverbs.

Adverbes et noms qui indiquent le temps		
passé	présent	futur
hier	aujourd'hui	demain
hier matin / soir	ce matin / soir	demain matin / soir
le week-end dernier	ce week-end	le week-end prochain
la semaine dernière	cette semaine	la semaine prochaine
l'année dernière	cette année	l'année prochaine

Note that in these expressions, the adjectives **dernier / dernière** and **prochain(e)** have different masculine or feminine forms depending on the gender of the noun they modify (**le week-end dernier** vs. **la semaine dernière**).

b. **To indicate order or sequence.** As in English, adverbs can be used to indicate chronological order:

d'abord	*first*	après	*after, following*
ensuite / puis	*next, then*	enfin	*finally*

Any of these adverbs can be placed at the beginning or at the end of a sentence or clause. They are also found in typical adverb position, that is, right after the verb.

> **D'abord** je prépare le déjeuner et **après** je le mange.
> On va **d'abord** au labo, et on fait **ensuite** les exercices écrits.
> Tu vas à la bibliothèque maintenant ? Qu'est-ce que tu fais **après** ?

4.3   More prenominal adjectives

Here is a summary of the prenominal adjectives you already know along with the new ones introduced in this **Ensemble**. Note that **nouveau** means *new* to the speaker but not necessarily *brand new;* **ancien** means *former,* in contrast to **vieux,** which means *aged.*

Adjectifs qui précèdent le nom				
masc. sing.		masc. pl.	fém. sing.	fém. pl.
+ *consonne*	+ *voyelle*			
nouveau	nouvel	nouveaux	nouvelle	nouvelles
beau	bel	beaux	belle	belles
vieux	vieil	vieux	vieille	vieilles
	ancien	anciens	ancienne	anciennes
	bon	bons	bonne	bonnes
	petit	petits	petite	petites
	jeune	jeunes	jeune	jeunes
	gros	gros	grosse	grosses

The pre-vowel masculine singular forms **nouvel, bel, vieil** are pronounced the same way as their feminine singular counterparts **nouvelle, belle, vieille.**

4.4   Dates

a. The French system of giving dates uses the same four basic components as the English system, but in a different order. Note, however, that French uses the article **le** before the day. (It may also occur before the date, if separated by a comma: **dimanche, le 15 avril**).

Dates				
	jour de la semaine	jour	mois	année
	le dimanche	15	avril	1990
	le mardi	31	janvier	1995
	le vendredi	1er	mai	2020

Thus, in French, the abbreviation 5/3/01 indicates **le 5 mars 2001.** Note also that in giving dates in French, the cardinal number (2, 3, 4) is used as opposed to the ordinal number (2nd, 3rd, 4th). The exception is the first of each month, which is always called **le premier** and abbreviated as **le 1er** or 1/3/01 : **le premier mars 2001.**

b. The definite article **le** is used with dates and precedes the day of the week.
    If the day is not given, **le** precedes the date itself. There is no elision between
    le and **onze** or **huit.**

> C'est **le** vendredi 19 juillet.
> C'est **le** onze novembre.
> Je suis né **le** huit juin.

4.5   Numbers over 100

a. In French, numbers over a hundred are easy to say and understand because
    they are formed by combining smaller numbers, much as in English. An
    exception is that *one* is not used before *hundred* or *thousand.* The number **un**
    is, however, used before **million.**

Nombres après 100

150€	cent cinquante euros
1 500€	mille cinq cents euros
1 550€	mille cinq cent cinquante euros
1 000 000€	un million d'euros

In spelling numbers over a hundred, you need to remember the following
details:

1. **Cent** takes an **s** in the plural only when it is the last word of a number.

    > 500   cinq cents   550   cinq cent cinquante

2. **Mille** never takes an **s.**

    > 5 000   cinq mille   5 050   cinq mille cinquante

3. **Million** takes an **s** whenever it is plural.

    > 2 000 000 deux millions
    > 2 300 000 deux millions trois cent mille

4. The use of commas and periods in French numbers is the opposite of
    English usage.

French	English
quinze virgule six (=15,6)	fifteen point six (=15.6)
mille (=1.000)	one thousand (=1,000)
mille virgule un (=1.000,1)	one thousand point one (=1,000.1)

    A space is now often used instead of a period: **1 000   20 000 000**

b. All numbers, except **million,** are followed directly by the items being counted.
    When counting in round millions, use the preposition **de** before the items
    being counted.

> quatre cents livres
> sept mille automobiles
> trois millions d'euros ; cinq millions d'enfants

However, when **million**(s) is followed by another number, **de** is not used.

> 2 500 000€   deux millions cinq cent mille euros

4.6   Past tense with *être*

a. There is a small group of verbs that are conjugated with **être** instead of **avoir** as the auxiliary verb in the **passé composé**. They are shown in **Dossier 2 page 194**. You need to memorize these verbs, because there is no "logical" rule to differentiate between them and verbs that take the auxiliary **avoir**. However, it may help to realize that many of these **être** verbs indicate "motion to" or "motion away from."

   The word order in affirmative and negative statements and questions is the same with verbs that use **être** and verbs that use **avoir** in the **passé composé**.

Passé composé avec *être*	Passé composé avec *avoir*
Phrase affirmative Je **suis allé(e)** au club hier.	J'**ai dansé** jusqu'à minuit.
Phrase négative Je **ne suis pas né(e)** en France.	Je **n'ai pas travaillé** en France.
Questions avec inversion **Es-tu né(e)** en France ?	**As-tu travaillé** en France ?

b. The past participle of verbs like **partir** is formed by adding **i** to the infinitive's stem.

Participe passé des verbes comme *partir*	
infinitif	participe passé
partir	parti
sortir	sorti

c. The past participle of verbs whose auxiliary is **être** always agrees in gender and number with the subject of the verb.

   Accord du participe passé avec *être*

Je suis parti(e) de Paris.	Nous sommes rentré(e)s chez nous.
Tu es revenu(e) en Amérique.	Vous êtes arrivé(e)(s) avec eux.
Il est retourné au Canada.	Ils sont retournés à Paris.
Elle est restée en Afrique.	Elles sont sorties ensemble.

When the past participle ends in a vowel, the agreement does not change its pronunciation. However, when the past participle ends in a consonant, adding an **e** results in the final consonant being pronounced.

   Il est mort.   Elle est mor**te**.

4.7   Verbs that take *à* before an infinitive

Certain verbs require the preposition à when they are followed by an infinitive, others require the preposition **de**, and still others require no preposition before an infinitive. As you learn each verb, therefore, you must memorize whether a preposition is required and, if so, whether it is à or **de**.

Verbe + *à* + infinitif	Verbe + *de* + infinitif	Verbe + infinitif
je **commence** à parler	je **regrette** d'être en retard	je **vais** dîner
je **continue** à lire	j'**ai envie** de partir	j'**aime** lire

4.8   The preposition *de* to indicate relationship

You know that to indicate possession and family relationships, you use the following construction.

article	+	noun	+	de	+	noun	
le		livre		de		Pierre	*Pierre's book*

This construction is also used to indicate another type of relationship, where the meaning of the first noun is generally modified or made more precise by the second noun. In such cases, there is not an article before the second noun.

quelle sorte **de** film   *what type of film*
un film **d'**aventures   *an adventure film*
un cours **de** mathématiques   *a math course*
un livre **de** chimie   *a chemistry book*

4.9   Idiomatic expressions with *avoir*

There are a number of French idiomatic expressions that use **avoir** where the equivalent English expression uses *to be*. Two of these expressions follow.

1. avoir raison   *to be right (See* **Ensemble 2, p. 106***)*

   J'ai toujours raison.
   Nous avons eu raison.

2. avoir tort   *to be wrong*

   As-tu eu tort ?
   Ils n'ont jamais tort.

4.10 The use of articles in naming fields of study

a. You already know that in French, you use an article in some cases where you would not use one in English, such as with abstract nouns.

   Le mariage est la base de **la** société.   *Marriage is the basis of society.*
   J'aime **les** sciences et **la** chimie.   *I like science and chemistry.*

b. This rule also applies to nouns that follow the expression **faire de**.

   Je fais **de la** biologie et **du** français.   *I'm studying biology and French.*

c. You also know that an article is not used after **de** before a noun used to modify another noun.

> un cours **de** littérature
> un livre **d'**histoire

This way of talking about courses is used with either the verb **suivre** or **avoir**.

> Je **suis un cours de** biologie.
> J'**ai un cours de** biologie ce semestre.

d. Another case in which you use no article before a noun is after the preposition **en.**

> Je suis étudiant(e) **en** lettres et vous **en** sciences.
> Je suis bon(ne) **en** maths et mauvais(e) **en** histoire.

4.11 The adjectives *bon / mauvais* and the adverbs *bien / mal*

a. The words **bon** and **mauvais** are adjectives, and they qualify nouns.

> J'ai eu une **bonne** note.   *I had a good grade.*
> C'est une **mauvaise** raison.   *That's a bad reason.*

b. The words **bien** and **mal** are adverbs, and they qualify verbs.

> Je fais **bien** mes exercices.   *I do my exercises well.*
> Il prépare **mal** ses devoirs.   *He prepares his homework poorly.*

c. When the verb is in the **passé composé, bien** and **mal** are placed immediately after the conjugated auxiliary verb **avoir** or **être**—that is, before the past participle.

> J'ai **mal** étudié mes leçons.
> Nos amis sont **bien** arrivés à Paris.

* *

Verbes irréguliers : *comprendre, devenir, revenir, venir, suivre* et *voir*

comprendre *(to understand)*			
je	comprends	nous	comprenons
tu	comprends	vous	comprenez
il / elle / on	comprend	ils / elles	comprennent
j'ai	compris		

Notice the similarities in the conjugations of **devenir, revenir,** and **venir.**

devenir *(to become)*			
je	deviens	nous	devenons
tu	deviens	vous	devenez
il / elle / on	devient	ils / elles	deviennent
je suis	devenu(e)		

revenir *(to come back)*			
je	reviens	nous	revenons
tu	reviens	vous	revenez
il / elle / on	revient	ils / elles	reviennent
je suis	revenu(e)		

venir *(to come)*			
je	viens	nous	venons
tu	viens	vous	venez
il / elle / on	vient	ils / elles	viennent
je suis	venu(e)		

suivre *(to take a course, to follow)*			
je	suis	nous	suivons
tu	suis	vous	suivez
il / elle / on	suit	ils / elles	suivent
j'ai	suivi		

voir *(to see)*			
je	vois	nous	voyons
tu	vois	vous	voyez
il / elle / on	voit	ils / elles	voient
j'ai	vu		

La Lune habitée, 1964, Préfète
Duffaut (1923–), Haitian.

ENSEMBLE 5

Invitation au voyage

> - telling why, where, and how you travel
> - making choices based on advantages and disadvantages
> - making travel arrangements; complaining and expressing satisfaction
> - asking for and giving directions to locations

Point de départ **Lire**

Stratégie Cherchez l'élément commun à plusieurs textes pour comprendre leur relation.

Looking for common elements in different texts will help you to understand each text and the relationships among them.

Avant de lire *Voyager : Proverbes et citations*

Lisez les trois exemples suivants de proverbes ou de citations.

a. La vie est un voyage. (chanson traditionnelle)
b. Si tu n'as pas voyagé, étudie. (proverbe camerounais)
c. Les voyages forment la jeunesse. (proverbe français)

Quel est le thème commun : voyager c'est changer ? voyager c'est s'amuser ? voyager c'est apprendre° ?   *learn*

En lisant

Classez les six proverbes et citations selon les trois thèmes suivants. Expliquez vos choix.

> Thèmes: a. voyager = changer ;
>   b. voyager = s'amuser ;
>   c. voyager = apprendre

Voyager : Proverbes et citations

_____ 1. La grande erreur, c'est de croire° qu'on   *to believe*
voyage quand on regarde une carte de
géographie. (René Daumal)

_____ 2. Partir, c'est mourir un peu. (proverbe)

_____ 3. Mais les vrais voyageurs sont ceux-là° seuls   *those*
qui partent pour partir. (Charles Baudelaire)

_____ 4. Le plus souvent, je voyage pour mon
plaisir. (Michel de Montaigne)

_____ 5. L'homme complet est celui qui° a beaucoup   celui... *he who*
voyagé, qui a changé vingt fois la forme de sa
pensée et de sa vie. (Alphonse de Lamartine).

_____ 6. La perception commence au changement
de sensation : d'où la nécessité du voyage.
(André Gide)

Après avoir lu

1. Quelle citation représente le mieux° vos idées sur le voyage   le... *the best*
en général ? Pourquoi ?
2. Écrivez un proverbe qui représente vos idées sur le voyage.

À vous la parole

Quels proverbes, quelles chansons ou quelles citations de votre culture traitent du thème du voyage ? Précisez le sens de ce thème.

L'essentiel

Pour dire où aller et pourquoi

ÉCHANGE 1   *Pourquoi voyager ?*

FILS: J'ai décidé. L'année prochaine, je vais voyager, rencontrer des gens, voir le monde.

PÈRE: Mais pourquoi voyager ?

FILS: Voyager, c'est génial. J'ai envie de voir d'autres paysages et de visiter des belles villes.

PÈRE: Ah oui, et de dépenser beaucoup d'argent...

EXPRESSIONS UTILES   *paysages et attractions touristiques*

On voyage pour...

   des raisons de famille.
   le plaisir.
   ses affaires, son travail.
   rencontrer des gens.
   explorer le monde.
   voir ou faire autre chose.

On a envie de...

voir   d'autres paysages.
      la mer.
      la campagne.
      la montagne.

visiter   des monuments.
      des belles villes.
      des châteaux.
      des cathédrales.
      des musées.

> **Observez**
> Look at the words that follow the preposition **pour**. What two types of words are these? **(5.1)**

ACTIVITÉ 1 *Explications* Dites pourquoi ces personnes voyagent en général.

1. votre père ou votre mère
2. votre professeur de français
3. le président des États-Unis
4. les explorateurs
5. les étudiants
6. vos amis et vous

ACTIVITÉ 2 *Des voyages possibles* Dites ce que vous avez envie de faire pendant un voyage dans les villes mentionnées.

    Modèle: San Diego
              À San Diego, j'ai envie de voir la mer.

1. Denver
2. Paris
3. Prague
4. New York
5. la Nouvelle-Orléans
6. Versailles

ÉCHANGE 2   *Quels pays ?*

PROFESSEUR: Quels pays avez-vous visités ?

ÉLÈVE 1:   J'ai visité l'Allemagne, le Sénégal et les Pays-Bas.

ÉLÈVE 2:   Moi, j'ai vu l'Espagne, la France et le Japon.

ÉLÈVE 3:   Et moi, je suis allé en France, en Israël et au Sénégal, et je veux aller aux Pays-Bas.

> **Observez**
> 1. With country names, definite articles (**le, la, les**) are used after which verbs? Prepositions (**en, au, aux**) are used after which verbs? **(5.2)**
> 2. Which preposition is used for countries with a feminine name? with a masculine name beginning with a consonant? with a plural name? **(5.2.b)**

La France, destination touristique

Les Français voyagent souvent, pour leur travail et pour leur plaisir. Ils profitent de beaucoup de vacances : plusieurs semaines en été (y compris° souvent tout le mois d'août) et des périodes de trois ou quatre jours fériés quand on fait le pont° pour une fête nationale. Ces fêtes nationales viennent souvent de la tradition catholique du pays, par exemple, Pâques et l'Ascension qui sont des fêtes religieuses. Les Français fêtent aussi les dates historiques, par exemple la fête nationale française (le 14 juillet) et l'armistice de 1918 (le 11 novembre). Et il ne faut pas oublier la fête du travail en reconnaissance des travailleurs, le premier mai.

Les Français partent de plus en plus à l'étranger, mais en 2001, neuf vacanciers sur dix sont tout de même restés en France, où il y a beaucoup de sites touristiques et de paysages variés. Et la France est le premier pays visité dans le monde, grâce à l'attrait de Paris, la ville la plus visitée au monde, et de nombreux sites historiques et culturels. Le premier site touristique en France est le Mont–Saint–Michel en Normandie, une ancienne abbaye qui devient une île à marée haute.° C'est beau à voir, mais il y a beaucoup de touristes dans ses petits passages étroits° en été !

> Les gens de votre pays voyagent-ils souvent ? Où aiment-ils voyager, et pourquoi ? Votre pays est-il une grande destination touristique ?

y... including
fait... literally to make the bridge (that is, extend the weekend, such as when Thursday is a holiday and workers take off Thursday to Monday.)
marée... high tide / narrow

Voyage organisé au Mont-Saint-Michel en Normandie

EXPRESSIONS UTILES *pays*

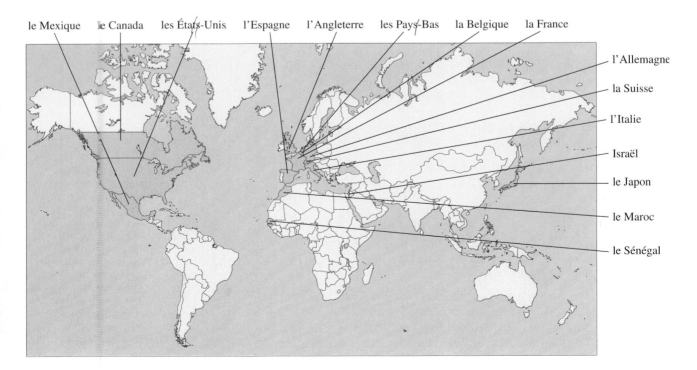

le Mexique   le Canada   les États-Unis   l'Espagne   l'Angleterre   les Pays-Bas   la Belgique   la France

l'Allemagne

la Suisse

l'Italie

Israël

le Japon

le Maroc

le Sénégal

ACTIVITÉ 3 *Quel continent ?* Indiquez quels pays ne se trouvent pas sur le continent donné.

1. l'Afrique : le Maroc, Israël, le Sénégal
2. L'Amérique du Nord : le Mexique, les États-Unis, les Pays-Bas
3. L'Asie : l'Allemagne, le Japon, la Chine
4. L'Europe : La Belgique, la Suisse, le Maroc

ACTIVITÉ 4 *Pourquoi visiter ce pays ?* En groupes de trois ou quatre, dites pourquoi vous avez envie (ou n'avez pas envie) de visiter ces pays. Donnez au moins trois raisons pour chaque pays.

> **Modèle:**   J'ai envie de visiter la France pour voir des monuments, pour visiter ses belles villes et pour parler français.

1. la France	3. la Suisse	5. l'Angleterre
2. le Japon	4. la Russie	6. Israël

ACTIVITÉ 5 *Comparez vos voyages* Travaillez par deux. Chaque personne choisit un cercle et imagine qu'elle est allée dans les pays inclus dans ce cercle. Posez des questions pour découvrir quels pays vous avez visités tous les deux.°   tous... *both*

le Maroc
le Sénégal
l'Angleterre
le Mexique
les États-Unis
le Canada
la France

l'Italie
l'Allemagne
les Pays-Bas
le Sénégal
la France
les États-Unis
l'Espagne

> **Modèle:**   A: As-tu visité le Maroc ?
>
>   B: Moi, non, mais j'ai vu le Sénégal. Et toi ?
>
>   A: Moi aussi. As-tu vu... ?

Pour expliquer comment y aller

ÉCHANGE 3   *À l'agence de tourisme*

EMPLOYÉ: Êtes-vous déjà allé à Giverny pour visiter le musée Monet ?
CLIENT: Non, je n'y suis jamais allé.
EMPLOYÉ: Ah, c'est magnifique ! J'y retourne toujours avec plaisir. Vous pouvez prendre le train et ensuite un taxi ou vous pouvez y aller en car.

> **Observez**
>
> 1. In **je n'y suis jamais allé, j'y retourne,** and **vous pouvez y aller,** what does the pronoun **y** refer to? **(5.3.a)**
> 2. Where is the pronoun **y** placed: in relation to the auxiliary verb in the **passé composé?** to the conjugated verb? to the infinitive? **(5.3.b)**
> 3. What preposition is used with the mode of transportation **le car?** **(5.4)**

EXPRESSIONS UTILES *moyens de transport*

On va...

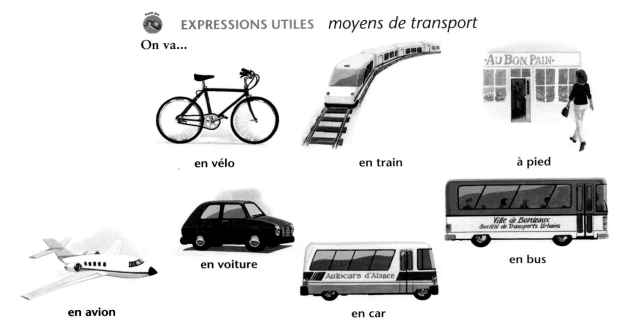

en vélo   en train   à pied

en voiture   en car   en bus

en avion

ACTIVITÉ 6 *Vous, le grand voyageur* Imaginez que vous êtes un grand voyageur / une grande voyageuse. Dans la liste, choisissez deux pays que vous visitez souvent et pensez à pourquoi vous y voyagez. Circulez et parlez avec cinq camarades de classe pour découvrir où ils voyagent souvent et pourquoi. Donnez un compte-rendu des voyages de vos camarades.

Possibilités: en France, en Chine, en Israël
au Mexique, au Canada, en Angleterre

Modèle: Allez-vous souvent en Chine ?
Oui, j'y voyage souvent pour mes affaires.
ou:
Non, je n'y voyage pas très souvent.

ACTIVITÉ 7 *Où es-tu allé(e) ?* Travaillez par deux. En utilisant les éléments correspondants des deux listes, posez des questions pour découvrir où votre partenaire a voyagé.

Villes	Site / Attraction
Casablanca	la mosquée Hassan II
Paris	la tour Eiffel
Londres	l'abbaye de Westminster
Québec	le château Frontenac
New York	la statue de la Liberté
Orlando	Disneyworld

Modèle: A: Es-tu déjà allé(e) à Casablanca pour visiter la mosquée Hassan II ?

B: Oui, c'est magnifique.
ou:
Non, je n'y suis jamais allé(e).

ACTIVITÉ 8 *Je ne veux pas. Je ne peux pas.* Travaillez avec un(e) camarade de classe. La personne A invite la personne B à sortir. La personne B refuse et explique pourquoi.

> **Modèle:**   au musée Picasso
>
>> A: Tu veux aller au musée Picasso ce soir ?
>> B: Non, je ne veux pas y aller. Je n'aime pas Picasso.
>>> *ou:*
>> Je regrette. Je ne peux pas y aller. Je vais... ce soir.

1. au cinéma	3. chez des amis	5. à la bibliothèque
2. à la mer	4. au théâtre	6. à la campagne

ACTIVITÉ 9 *Comment y aller ?* Indiquez quels moyens de transport vous pouvez utiliser dans les cas suivants.

> **Modèle:**   Montréal / Trois-Rivières
>> Pour aller de Montréal à Trois-Rivières, je peux aller en car ou en voiture.

1. Toronto / Miami
2. Chicago / Milwaukee
3. Paris / Lyon
4. bibliothèque universitaire / votre résidence, appartement ou maison
5. votre ville / la ville de vos parents

ACTIVITÉ 10 *En train ou en avion ?* Vous êtes à Paris et vous voulez aller dans une autre ville de France. Demandez à un(e) agent(e) de voyages comment vous pouvez y aller. Avec un(e) camarade de classe, jouez les rôles du / de la touriste et de l'agent(e) de voyages.

Temps moyens de parcours Paris–Province

	En train **de gare à gare**	**En avion** **d'aéroport à aéroport**
Rennes	2h57	40mn
Bordeaux	3h54	1h
Lyon	2h (TGV)	1h
Marseille	3h40 (TGV)	1h15
Strasbourg	3h48	55mn
Lille	1h59	35mn

> **Modèle:**

TOURISTE:	Bonjour, monsieur. Comment est-ce que je peux aller de Paris à Rennes ?
AGENT(E) DE VOYAGES:	Vous pouvez prendre le train ou l'avion.
TOURISTE:	Et c'est un voyage de combien d'heures en train ?
AGENT(E):	En train, ça fait un voyage de deux heures cinquante-sept minutes.
TOURISTE:	Et en avion ?
AGENT(E):	En avion, cela fait un voyage de quarante minutes.
TOURISTE:	Je vais prendre l'avion. Merci, monsieur.

Vocabulaire essentiel

attractions touristiques	
la cathédrale	cathedral
le château (les châteaux)	castle
le monument	monument

moyens de transport	
l'avion (m.)	plane
le bus	bus (for travel within a city)
le car	interurban bus

pays	
l'Allemagne (f)	Germany
l'Angleterre (f)	England
la Belgique	Belgium
la Chine	China
l'Espagne (f)	Spain
les États-Unis (m pl)	United States
Israël (m)	Israel
l'Italie (f)	Italy
le Japon	Japan
le Maroc	Morocco
le Mexique	Mexico
le pays	country

les Pays-Bas (m pl)	Netherlands
la Russie	Russia
la Suisse	Switzerland

paysages	
la mer	sea
la montagne	mountain
le paysage	landscape

autres expressions utiles	
les affaires (f pl)	business
autre chose	something else
déjà	already
les gens (m pl)	people
le monde	world
le pied	foot
la raison	reason
y	there

autres verbes	
décider	to decide (conj. like **parler**)
dépenser	to spend money (conj. like **parler**)
visiter	to visit (conj. like **parler**)

Prononciation **Ne vous arrêtez pas entre les mots**

You already know that in French, you should not stop between words within a sentence or clause. In fact, one of the distinguishing features of spoken French is that words are linked together so that each sentence or clause sounds like one long word.

> Jevoyagepourmesaffaires / etjeprendssouventletrain.

One way to be sure you link words smoothly is to make appropriate **liaisons.** When a word ends with a pronounced consonant *(CaReFuL)* and the following word begins with a vowel sound, you pronounce the final consonant of the first word as if it were the first consonant of the following word.

> Vous_êtes déjà allé en_Allemagne ?
> Mes_enfants préfèrent voyager en_avion.

When a word ends with a silent e preceded by a pronounced consonant, you do the same linking of words. This phenomenon is called **enchaînement.**

> Je retourn¢_en Franc¢_avec plaisir.

ACTIVITÉ 11 *Différences* Travaillez par deux. Indiquez les enchaînements et les liaisons (‿) et les lettres finales qui ne sont pas prononcées (/). Comparez vos indications. Ensuite, faites les trois échanges. Ne vous arrêtez pas entre les mots.

> **Modèle:**   A: Moi, je voyagé‿uniquement pour le plaisir.
>
>   B: Moi, je voyagé‿uniquement pour les‿affaires.

1. A: Quand j'ai le temps, je visite un musée.
   B: Moi, je préfère aller au cinéma.
2. A: En général, je voyage en avion.
   B: Et moi, je voyage en voiture, en général.
3. A: Je trouve que voyager, c'est agréable.
   B: Pour moi, c'est désagréable et difficile.

Expansion **Lire**

> *Stratégie* Cherchez les synonymes.

The main message of a song is often announced by a key word in the title, which is then nuanced or developed by synonyms throughout the song.

Avant de lire *Voyager* : Chanson des Nubians

Vous allez lire une partie d'une chanson qui s'appelle *Voyager*.

> D'après le titre, l'idée de voyager est importante dans cette chanson. Parcourez la chanson pour chercher le mot **voyager**. Combien de fois trouvez-vous ce mot ?

En lisant

Encadrez les infinitifs utilisés dans cette chanson. Quels infinitifs servent de synonymes de l'infinitif **voyager** ?

Les Nubians

Voyager

—Célia et Hélène Faussart (« Les Nubians »)

Refrain

Partir loin et découvrir
Quel air l'humanité respire
Comment nos contemporains vivent
Sous d'autres lumières.°   *lights*
Voyager

Couplet 1

Voyager, rien ne m'est plus essentiel
Plier° bagages, en quête° d'autres images plus réelles   *fold / en... in search*
Que celles des vitrines° actuelles,   *windows*
Miroirs° d'ignorance et de suffisances extrêmes.   *mirrors*
Je me déclare citoyenne° universelle,   *citizen*
Je m'offre le passeport de Terrienne,
Décide que toute terre° est mienne.   *land, earth*
Rio, Yaoundé, Paris c'est la même.
Chacun° son karma, le mien° d'être nubienne.   *each one / mine*

Refrain

Partir loin et découvrir
Quel air l'humanité respire
Comment nos contemporains vivent
Sous d'autres lumières.
Voyager

Couplet 2

Voyager.
Aller loin, aller toujours plus loin.

Après avoir lu

1. Couplet 1 : Quels reflets de l'humanité voit-on quand on voyage ?
2. Couplet 1 : La chanson suggère que le voyage donne une nouvelle identité au voyageur. Quels mots décrivent cette identité ?
3. Couplet 2 : Quel est le critère le plus important d'un bon voyage ? (Citez un verbe et un adverbe.)
4. Refrain : Pourquoi voyager, selon cette chanson ?

À vous la parole

En groupes, discutez de vos opinions sur le voyage : Pour vous, voyager est-il en général positif ou négatif ? Expliquez votre position aux autres membres du groupe.

Point de départ **Écouter**

Stratégie Trouvez le comique dans l'inattendu.

Humor often stems from unexpected occurrences in seemingly predictable circumstances. Therefore, part of the listener's appreciation of comic effects comes from his or her expectations of what will occur in certain situations.

Avant d'écouter *Exercices de conversation*

Imaginez que vous êtes dans une agence de voyages et que vous voulez acheter un billet de train. Écoutez les questions et les remarques de l'agent de voyages. Dans le tableau, indiquez si chaque question ou remarque est attendue° ou inattendue.°

expected
unexpected

Questions / Remarques	attendues	inattendues	
1. Pour quelle... ?	_____	_____	
2. Tout est pris°...	_____	_____	Tout... *Everything is taken*
3. Il n'y a pas....	_____	_____	
4. Tous les trains°...	_____	_____	Tous... *All the trains*
5. Pour quel... ?	_____	_____	

En écoutant

Exercices de conversation

—Eugène Ionesco

Eugène Ionesco est un des auteurs dramatiques français les plus célèbres. Les *Exercices de conversation et de diction françaises pour étudiants américains* (1969) sont des parodies de leçons de français qui présentent de façon comique des situations banales.

Cette conversation a lieu entre un employé d'une agence de voyages à Paris et un client et sa femme qui veulent voyager à Cannes. En écoutant, mettez un numéro à côté de chaque moyen de transport suggéré et de chaque ville suggérée pour indiquer l'ordre de ces suggestions.

Moyens de transport suggérés		Villes suggérées		
__1__	train	__1__	Cannes	
_____	voiture	_____	Chamonix	
_____	chevaux°	_____	Strasbourg	*horses*
_____	avion	_____	Bayonne	
_____	(à compléter : moyen de transport choisi)	_____	(à compléter : destination finale)	

DOSSIER 2

In this Dossier, you will learn about these grammatical features

- superlative adjectives
- the indirect object pronouns **me, te, nous, vous**
- **suggérer** and **répéter** (other -er verbs with accent variations)
- **tout** as a pronoun and an adjective
- the irregular verb **prendre**

With this **Dossier:**

AUDIO CD (**Tracks 13, 14**)
Point de départ : Exercices de conversation (13)
Expansion : Deux publicités (14)

CD-ROM (E5)
Échange
Comment le dire

DVD (**Track 11**)
Situation : À l'agence de voyages

ACTIVITIES MANUAL (E5D2)
Activités écrites
Activités de laboratoire
Activités pour DVD
Situation : À l'agence de voyages

BOOK COMPANION SITE (E5)
www.wiley.com/college/magnan

Après avoir écouté

1. Qu'est-ce que le client veut au commencement ?
2. Qu'est-ce qui ne va pas ?
3. Qu'est-ce que le client demande à la fin ?
4. Pourquoi est-ce que cette scène est comique ?

À vous la parole

Quel moyen de transport préférez-vous pour vos voyages ? Pourquoi ?

L'essentiel

Faire un choix

ÉCHANGE 1   *Dans une agence de voyages*

CLIENT: Qu'est-ce que vous me suggérez pour aller à Bruxelles ?
AGENT: Ça dépend, monsieur, si vous êtes pressé ou non.
CLIENT: Je suis toujours pressé. Pour moi, le meilleur moyen de transport est le moyen le plus rapide et le moins cher.
AGENT: Alors, je vous suggère de prendre le train.

EXPRESSIONS UTILES   *avantages et désavantages*

quelques avantages		quelques désavantages	
Le train est	rapide.	Le car est	lent.
	confortable.	L'avion est	cher.
	pratique.		
Le train part	presque toujours à l'heure. (almost)	L'avion part	
arrive	quelquefois en avance.		arrive souvent en retard.

ACTIVITÉ 1 *Superlatifs* Lisez ces réflexions écrites sur un poster au Québec.

Le plus beau jour... AUJOURD'HUI
Le plus grand défaut... L'ÉGOÏSME
Les meilleurs professeurs... LES ENFANTS
Le plus grand besoin... LE BON SENS
Le plus grand moment... LA MORT
La plus belle chose au monde... L'AMOUR

Ensuite, écrivez un mot différent pour chaque superlatif (« le plus beau jour... LE DIMANCHE »). Après, en groupes de trois, comparez et expliquez vos réflexions.

❯ Observez

1. Which adjectives in **Échange 1** express a superlative opinion (*the most / the least*)? Which words are used before the adjective to indicate *the most*? *the least*? Which superlative doesn't follow one of these patterns? (5.5)
2. In **je vous suggère**, what is the function of the pronoun **vous**? (5.6)
3. Look at the accents in **vous me suggérez** and **je vous suggère**. What other verb do you know that has similar accent variations? (5.7)

Le système de transports en France

La France a un excellent système de transports publics et des bonnes routes et autoroutes. Comme les distances entre les villes et les pays ne sont pas très grandes en Europe de l'ouest — en comparaison avec l'Amérique — les Français voyagent beaucoup en train, en moyenne quatorze trajets en train par an. La SNCF (Société Nationale des Chemins de fer Français) a bonne réputation en ce qui concerne la rapidité, la ponctualité et la sécurité de ses trains. Ils sont propres, rapides, confortables, fréquents et vont dans presque toutes les villes, même les petites villes. Le TGV (train à grande vitesse), qui va à plus de trois cents kilomètres à l'heure, est populaire pour voyager entre les grandes villes. Le Thalys facilite la mobilité au cœur de l'Europe, et l'Eurostar assure un service direct entre Paris, Lille ou Bruxelles et Londres.

Des TGV dans une gare en France

❯ Avez-vous déjà voyagé en train ? Si oui, comment avez-vous trouvé ce train ?
Si non, pourquoi pas ?

ACTIVITÉ 2 *Le meilleur moyen de transport* Choisissez le meilleur moyen de transport selon le critère donné.

Modèle: le plus rapide : le train, l'avion ou aller à pied ?
   C'est l'avion qui est le plus rapide, bien sûr !

1. le plus pratique : l'avion, le train ou le vélo ?
2. le plus confortable : le car, le bus ou la voiture ?
3. le plus lent : aller en avion, aller en bus ou aller à pied ?
4. le plus cher : aller à pied, aller en voiture ou aller en avion ?
5. le meilleur moyen de transport pour vous : l'avion, la voiture ou le car ?

ACTIVITÉ 3 *Choix difficiles* Vous avez le choix entre deux possibilités. Demandez des conseils à un(e) camarade de classe.

> **Modèle:**   aller en France cet été ou suivre des cours à la fac
>
> > A: Cet été, je peux aller en France ou suivre des cours ici à la fac. Qu'est-ce que tu me suggères ?
> >
> > B: Ça dépend. Est-ce que tu aimes voyager ?
> >
> > A: Oui, quelquefois, mais je déteste les avions.
> >
> > B: Alors, je te suggère de suivre des cours ici cet été.

1. lire un roman pour mon cours d'anglais ou sortir avec mes amis
2. louer un appartement ou vivre chez mes parents
3. passer un mois au Maroc ou quinze jours en Italie
4. voyager en Europe en train ou en car
5. avoir un job ou avoir un(e) camarade de chambre

ÉCHANGE 2   *Au guichet de la gare*

VOYAGEUR: Pourriez-vous me donner un billet pour Troyes, s'il vous plaît ?

AGENT: Un billet, oui, monsieur, mais où voudriez-vous aller ?

VOYAGEUR: À Troyes. Je vous répète : je veux un billet pour Troyes, et en première classe.

AGENT: Pour trois, bien, monsieur, mais chaque voyageur a besoin de son billet, et je ne peux pas faire un billet pour trois sans destination, même en première classe !

EXPRESSIONS UTILES   *train et billets*

choix de billets

prendre   un aller-retour (un aller et retour) ou un aller (un aller simple)
          un TGV (train à grande vitesse) ou un rapide
voyager   en première ou en deuxième classe
          dans une voiture fumeurs ou non-fumeurs

expressions plus polies / moins polies

Pourriez-vous / Pouvez-vous me donner un billet ?
Voudriez-vous / Voulez-vous prendre un aller-retour ?
Je voudrais / Je veux voyager en première classe.

ACTIVITÉ 4 *Choix de billet* Imaginez-vous dans les situations suivantes. Consultez la carté à la page 241 et, selon les choix donnés, dites quelle sorte de billet de train vous allez prendre.

> **Modèle:**   Vous avez beaucoup d'argent. Vous allez de Paris à Marseille. Je vais prendre un TGV en première classe dans une voiture non-fumeurs.

1. Vous êtes étudiant(e), vous fumez et vous allez de Marseille à Nice.
2. Vous êtes un homme / une femme d'affaires et pour votre travail vous allez de Paris à Brest.
3. Vous habitez à Strasbourg, n'avez pas beaucoup d'argent et avez besoin d'aller à Nancy pour le week-end.
4. Vous cherchez le moyen le plus pratique et le moins cher pour aller de Bordeaux à Lyon.

> **Observez**
>
> 1. In the expression **pourriez-vous me donner un billet**, the direct object is **un billet**. What word is the indirect object *(to someone)*? **(5.6)**
> 2. What other indirect object occurs in this **Échange**? **(5.6)**
> 3. The infinitive of **je répète** is **répéter**. What other verbs do you know that have similar accent variations? **(5.7)**

ACTIVITÉ 5 *Pardon, je ne vous comprends pas* Vous demandez un billet mais l'employé(e) ne vous comprend pas. Devenez de moins en moins poli(e).

Possibilités: (plus polies → moins polies) : Pourriez-vous me donner ? → Pouvez-vous me donner ? ; Je voudrais → J'ai besoin de → Je veux

Modèle: A: Monsieur / Madame, pourriez-vous me donner un billet pour Sète,° s'il vous plaît ?   *a town in southern France*

B: Pardon, monsieur / madame, mais je ne vous comprends pas.

A: *(Continuez en employant des expressions de moins en moins polies et ajoutez **je vous répète**.)*

ACTIVITÉ 6 *Pourriez-vous…* Complétez ces petites conversations selon les circonstances données.

1. Vous voyagez seul et vous demandez à l'employé de gare : Pourriez-vous
_____ donner un aller _____ pour _____ ?
L'employé vous répond : Je regrette, il n'y a plus de _____ pour _____
aujourd'hui.

2. Vous voyagez avec vos amis et vous demandez à l'employé de gare : Pourriez-vous _____ donner un billet pour _____ ?
L'employé vous répond : Oui, je peux _____ donner un billet pour _____ .
Ça fait cinquante euros.

3. Vous dites à votre meilleur ami. Je n'ai pas assez d'argent. Peux-tu _____ donner cinquante euros ?

Votre ami vous répond : Non, pas cinquante, mais je peux _____ donner dix euros.

Résoudre des problèmes de voyage

› Observez
1. **Tout** and its various forms can be adjectives or pronouns. Find an example of each. **(5.8)**
2. What would you expect the feminine form of the adjective to be? **(5.8)**

ÉCHANGE 3   *Problèmes de voyage*

CLIENT: Avez-vous deux places pour Milan pour le 8 août, le vol du soir ?
AGENT: Je regrette, il n'y a plus de places pour le 8.
CLIENT: Pour le 9 alors ?
AGENT: Pour le 9, tous les vols sont complets le 9 aussi. Et tout est pris le 7. Mais pour le 6, je peux vous donner deux places dans l'avion de 18h35.
CLIENT: Le 6 août à 18h35, ça va. On prend deux places, alors.

Verbe					
prendre *(to take;*		je	prends	nous	prenons
conjugated like		tu	prends	vous	prenez
comprendre)	il / elle / on		prend	ils / elles	prennent
	j'ai		pris		

EXPRESSIONS UTILES   *avion*

Je vais vérifier	l'heure de départ du vol.	Je regrette, mais	il n'y a plus de places.
	l'heure d'arrivée du vol.		tout est pris.
	le prix du billet.		le vol est complet.
	s'il y a des places.		il n'y a jamais de vol le matin.

ACTIVITÉ 7 *Prendre un autre moyen de transport* Lisez les remarques qui suggèrent des problèmes de voyage et proposez un autre moyen de transport en utilisant le verbe **prendre**.

> **Modèle:**   Le vol de mon père est déjà parti et il n'y a plus de vols aujourd'hui.
> Pas de problème. Il prend le train !

1. Mes sœurs proposent de venir me voir mais il n'y a plus de places de train et elles n'ont pas assez d'argent pour un billet d'avion.
2. Il y a une grève° dans tous les systèmes de transport en France. J'ai besoin d'aller à Paris.   *strike*
3. Il n'y a plus de places dans l'avion et nous devons aller à Bordeaux aujourd'hui.
4. Dommage pour toi et pour moi, tout est pris, pris, pris. Comment allons-nous à la montagne pour faire du ski ?
5. Pour le vol de six heures il y a toujours des places, mais c'est très tôt pour ma mère !

ACTIVITÉ 8 *Est-on content ?* Votre professeur va lire des conversations entre un agent d'Air France et un voyageur. Dans chaque cas, indiquez si le voyageur va être content et expliquez pourquoi ou pourquoi pas.

	Content ?	Pas content ?	Pourquoi (pas) ?
Voyageur Nº 1	_____	_____	_____
Voyageur Nº 2	_____	_____	_____
Voyageur Nº 3	_____	_____	_____
Voyageur Nº 4	_____	_____	_____
Voyageur Nº 5	_____	_____	_____

ACTIVITÉ 9 *À l'agence de voyages* Avec un(e) camarade de classe, jouez les rôles suivants. Un(e) client(e) demande des renseignements sur les vols Avignon–Paris. Un(e) agent(e) d'Air France répond en utilisant l'horaire et le / la client(e) choisit un vol et une date.

Départ de Avignon				
Vers Paris				
1 - - - 5 - -	0720	0830	W	AF7471
1 - - - - - -	0720	0830	W	AF7471
- 2 3 4 5 - -	0720	0830	W	AF7471
- - - - - 6 -	0750	0900	W	AF7473

1 = lundi,   2 = mardi, etc ;   w = l'aéroport Orly Ouest à Paris

Modèle: CLIENT(E): Y a-t-il un vol pour Paris le mardi matin ?
AGENT(E): Oui, monsieur, à 7h20. Il arrive à Orly Ouest à 8h30.
CLIENT(E): C'est bon. Deux places, s'il vous plaît, pour le mardi 4 novembre.

ACTIVITÉ 10 *N'exagérez pas !* Utilisez un mot de chaque colonne pour exagérer une généralisation. Un(e) camarade de classe dit s'il (si elle) est d'accord ou pas d'accord et pourquoi.

Modèle: les trains français / rapide(s)

A: Tous les trains français sont rapides.

B: C'est vrai. Tu as raison. En fait, j'ai pris plusieurs trains rapides l'été dernier.
ou:
N'exagère pas ! Il y a des trains français lents.

Choses	Attributs
le TGV	confortable(s)
la première classe	terrible(s)
la voiture fumeurs	lent(e)(s)
les agences de voyages	cher(s) / chère(s)
les voyages organisés	pris(e)(s)
les vols transatlantiques	pratique(s)

ACTIVITÉ 11 *Désolé(e)* Faites ce jeu de rôle avec un(e) camarade de classe.
Le / La client(e) téléphone à une agence de voyages le 2 décembre pour un voyage
à Noël. Le / La client(e) commence par une demande très précise, mais sa demande
devient de moins en moins précise quand l'agent(e) explique qu'il n'y a plus rien.

Modèle:	AGENT(E):	Agence Beauvoyage, bonjour.
	CLIENT(E):	Bonjour, madame. Je voudrais arranger un voyage pour Noël. J'ai besoin de...
	AGENT(E):	Pour ce Noël-ci, madame ? Je regrette mais...

Vocabulaire essentiel

avantages et désavantages

cher / chère	*expensive*
complet / complète	*full*
confortable	*comfortable*
lent(e)	*slow*
le meilleur / la meilleure	*the best*
le moins	*the least*
le plus	*the most*
pratique	*practical*
pressé(e)	*in a hurry*
rapide	*fast*

billets

un aller	*a one-way ticket*
(un aller simple)	
un aller-retour	*a round-trip ticket*
(un aller et retour)	
le billet	*ticket*
la destination	*destination*
le prix	*price*

horaire

à l'heure	*on time*
l'arrivée *(f)*	*arrival*
le départ	*departure*
en avance	*early*

transport

la place	*seat*
le rapide	*express train*

le TGV (le train à grande vitesse)	*high-speed train*
la voiture	*train car*
la voiture fumeurs	*smoking car*
la voiture non-fumeurs	*non-smoking car*
le vol	*flight*

autres expressions utiles

alors	*then, so, thus*
chaque	*each*
l'endroit *(m)*	*place*
même	*even; same*
le moyen	*means, way*
ne... plus	*no longer*
pourriez-vous	*could you*
presque	*almost*
sans	*without*
tout / toute / tous / toutes	*all, each, every*
(je) voudrais / (vous) voudriez	*(I / you) would like*
le voyageur / la voyageuse	*traveler*

autres verbes

donner	*to give (conj. like **parler**)*
prendre	*to take (conj. like **comprendre**)*
répéter	*to repeat (conj. like **préférer**)*
réserver	*to reserve (conj. like **parler**)*
suggérer	*to suggest (conj. like **préférer**)*
vérifier	*to verify (conj. like **parler**)*

Prononciation **La lettre** *r*

The letter **r** in French is almost never silent, even at the end of a word. The only exceptions are with the combination **er,** which is pronounced [e] when it is the ending for an infinitive verb form (**arriv*er*, donn*er***), an adjective ending in **-ier** (**prem*ier*, dern*ier***), or a noun (**romanc*ier*, pap*ier***).

To pronounce a good French [R], keep the tip of your tongue down near your lower front teeth, raise the back of your tongue as when you say [u], and blow the air softly through the passage between the back of your tongue and the back of the roof of your mouth. The slight friction noise you produce is the French [R].

Practice by first saying [gu gu gu] and feel where your tongue touches your palate when you make your [g]. Then say [gu Ru gu Ru], with a very slight friction for your [R]s. Now try [ga ga ga] and [ga Ra ga Ra]. Make sure you keep the tip of your tongue down against your lower front teeth for each [R].

ACTIVITÉ 12 *Le TGV* Pronounce good French [R]s while reading this description of the TGV.

Le TGV est un tRain extRêmement Rapide :
il peut faiRe plus de tRois cents kilomètRes à l'heuRe.
AloRs, c'est tRès pRatique pouR les gRands voyages et pouR les gens pRessés.
C'est aussi un tRain tRès confoRtable.
Bien sûR, c'est un peu plus cheR,
mais pas vRaiment tRès cheR.

Expansion **Écouter**

> *Stratégie* Utilisez la nature du texte et son sujet pour deviner le sens des mots nouveaux.

Especially when listening, you can use your knowledge of the type of text to deduce the meaning of new words.

Avant d'écouter *Deux publicités*

Lisez ces publicités pour les forfaits de voyage. D'après le contexte, déterminez le sens des mots en italique.

1. Vous voulez aller au Canada ? Vous *rêvez* du vieux Québec et des *chutes* du Niagara ? Essayez donc nos *voyages organisés.*
2. Vous voulez des *vacances* tranquilles ? Essayez un *séjour* dans une *ferme,* chez des agriculteurs. Nous vous garantissons du repos à la campagne et vous serez *accueillis* comme des amis.

En écoutant

Écoutez deux descriptions des vacances idéales proposées par des agences de voyages, et encerclez, parmi les choix donnés, les mots utilisés pour « vendre » ces vacances.

Publicité 1 : Circuits au Canada

1. voyages pas très chers / voyages à ne jamais oublier / choix de beaux voyages
2. l'autocar climatisé / le train à grande vitesse / la voiture personnelle
3. des sites magnifiques / la fameuse hospitalité canadienne / des hôtels modernes

Publicité 2 : Accueil à la ferme

4. le bon air de campagne / les beaux paysages / les animaux tranquilles
5. la possibilité de connaître des animaux / le plaisir de vivre dans la nature / le bon accueil des fermiers
6. prix intéressants / prix étudiants / prix réduit pour les enfants

Après avoir écouté

Publicité 1 : Circuits au Canada

1. « Organitours », qu'est-ce que c'est ?
2. Est-ce qu'on propose des voyages individuels ?
3. Quels sont les moyens de transport ?
4. À quels plaisirs est-ce que cette publicité veut faire rêver le public ?

Publicité 2 : Accueil à la ferme

1. Quelle expression dans le texte fait référence au mot « accueil » dans le titre ?
2. À quelle sorte de public est-ce que cette publicité s'adresse particulièrement ?
3. Quelles images pourraient accompagner cette publicité à la télévision ?
4. Qu'est-ce qui est suggéré à la fin ?

À vous la parole

En groupes de trois ou quatre, discutez des voyages organisés que vous avez faits. Quels sont les avantages et les désavantages de voyages en groupe ?

Point de départ **Lire**

DOSSIER 3

In this Dossier, you will learn about these grammatical features

➤ the irregular verbs **connaître, savoir, and dire**

➤ ordinal numbers

➤ the complements of **dire**

Stratégie Utilisez les titres et sous-titres pour anticiper le message.

In formula pieces, like commercial ads, you can often use subheads to predict what information will be covered.

Avant de lire *Publicité : Martinique séjour*

Les mots de la colonne de gauche sont des sous-titres tirés d'une publicité pour un hôtel club en Martinique. Les mots de la colonne de droite représentent ce que l'hôtel club a à offrir. Reliez chaque sous-titre à l'offre qui lui correspond.

1. Situation
2. Qualités générales
3. Chambres
4. Loisirs et sports gratuits°
5. Sports avec participation°

a. piscine, plage
b. à 2 kilomètres de l'aéroport
c. ski nautique, promenades en bateau
d. moderne, plusieurs restaurants, boutiques *free*
e. avec balcon et vue, air climatisé *fee*

En lisant

Sous quels sous-titres de la publicité à la page 248 se trouvent les renseignements suivants ?

Renseignements   **Sous-titres**

1. L'hôtel la Batelière se trouve à 2 kilomètres de Fort-de-France. _____

2. L'hôtel offre les activités payantes suivantes : ski nautique et plongée. _____

3. Les chambres sont confortables et climatisées. _____

4. C'est un grand hôtel de 200 chambres. _____

5. L'hôtel a une plage où vous pouvez faire de la planche à voile. _____

Après avoir lu

1. Répondez vrai° ou faux° :   *true / false*
   a. Cet hôtel est situé en Europe.   V   F
   b. C'est un très petit hôtel en ville.   V   F
   c. C'est un hôtel moderne.   V   F
   d. Cet hôtel est idéal pour les gens qui aiment les sports d'hiver. V   F

2. Décrivez les activités qu'on peut faire pendant des vacances à la Batelière.

With this **Dossier:**

CD-ROM (E5)
Échanges
Comment le dire

DVD (Track 12)
Situation : À l'hôtel

ACTIVITIES MANUAL (E5D3)
Activités écrites
Activités de laboratoire (avec enregistrement)
Activités pour DVD Situation : À l'hôtel

BOOK COMPANION SITE (E5)
www.wiley.com/college/ magnan

MARTINIQUE
SEJOUR

Fort-de-France, capitale très animée de la Martinique, n'est qu'à deux kilomètres de la Batelière.
Vous apprécierez ses marchés, boutiques, restaurants, promenades en bord de mer, parc tropical de la Place de la Savane, point de départ des navettes-bateaux pour la Pointe du Bout et l'Anse à l'Ane.

9 jours PARIS/PARIS à partir de **945 €**

LA BATELIÈRE ☺☺☺

Situation
A Schœlcher, au lieu-dit La Batelière, à 10 km de l'aéroport et 2 km de Fort-de-France, au milieu d'un jardin de 6 hectares surplombant la mer.

Portrait
Bel établissement de 3 étages, comportant 200 chambres,
• plusieurs restaurants, dont l'un au bord de la piscine, bar intérieur, snack bar de plage,
• boutiques, salon de coiffure, service location de voitures, bureau d'excursions, service de secrétariat.

Les chambres
Confortables, toutes avec balcon et vue sur mer,
• climatisation, téléphone international direct, télévision et DVD, émissions américaines par satellite,
• salle de bains et W.C.

Loisirs et sports gratuits
• petite plage de sable aménagée, belle piscine d'eau douce, initiation à la plongée en piscine,
• tennis le jour (6 courts),
• planches à voile.

Sports avec participation
• tennis le soir,
• ski nautique, plongée, promenades en mer.

Prix du voyage de 9 jours (7 nuits sur place) sur vols AIR FRANCE, au départ de Paris, Bordeaux*, Lyon*, Marseille*, Mulhouse*, Toulouse*, Lille* et Nantes. Supplément aérien pour départ Mulhouse samedi : 34 €.

À vous la parole

Est-ce que vous voudriez passer une semaine en Martinique ? dans cet hôtel ? Pourquoi ou pourquoi pas ?

L'essentiel

Pour choisir son hôtel

ÉCHANGE 1   *L'Hôtel Saint-Christophe*

ANNE: Tu connais un petit hôtel à Paris ?

PAUL: Je connais l'Hôtel Saint-Christophe. C'est pas mal. Les chambres sont moyennes mais confortables.

ANNE: Tu connais les prix, à peu près ?

PAUL: Je ne sais pas exactement, mais je sais que les prix sont raisonnables. Et je connais bien les propriétaires. Je peux te donner leur adresse et leur numéro de téléphone.

> ### Observez
>
> 1. Which two words in this conversation correspond to the English word *know*? What other English expression might you use as an equivalent for **connais** in the sentence **je connais bien les propriétaires**? (5.9)
> 2. The distinction between **connaître** and **savoir** can often be made grammatically. What type of word (noun? verb?) always appears after **connaître**? (5.9)
> 3. Which verb is used with **que** + clause? (5.9)

Verbes				
connaître	je	connais	nous	connaissons
(to know, to be familiar /	tu	connais	vous	connaissez
acquainted with)	il / elle / on	connaît	ils / elles	connaissent
	j'ai	connu		
savoir	je	sais	nous	savons
(to know, to know	tu	sais	vous	savez
how, to know that)	il / elle / on	sait	ils / elles	savent
	j'ai	su		

EXPRESSIONS UTILES   *chambres d'hôtel et prix*

les chambres sont	grandes	avec salle de bain	les prix sont	raisonnables
	moyennes	des grands lits		modérés
	minuscules	des lits à une personne		moyens
	confortables	des belles vues		trop élevés

ACTIVITÉ 1 *Renseignements complémentaires* Votre camarade de classe et vous avez des renseignements différents sur le même hôtel. Ne regardez pas les renseignements de votre camarade de classe. En utilisant les verbes **savoir** et **connaître,** posez des questions pour compléter votre liste.

	La personne A	La personne B
Nom de l'hôtel	Hôtel de la Gare	_____
Adresse	_____	115, avenue des Pins
Numéro de téléphone	_____	03.88.63.44.05
Prix des chambres	60€ par personne	_____

ACTIVITÉ 2 *Choix d'hôtels* Complétez cette petite conversation par le verbe qui convient, **savoir** ou **connaître**.

MARC: _____-tu le nom d'un bon petit hôtel à Versailles ?

PAULINE: Je _____ un bon hôtel à Paris, mais rien à Versailles. On peut rester à Paris et prendre le RER jusqu'à Versailles.

MARC: Mais tu _____ que je n'aime pas les transports publics. Je préfère rester dans le coin et aller au château à pied.

PAULINE: D'accord, mais ça va coûter plus cher.

MARC: Tu _____ les prix des chambres de l'hôtel à Paris ?

PAULINE: Oui, pour nous, ça ne va pas être très cher, parce que je _____ les propriétaires.

MARC: Je change mon opinion. Prenons cet hôtel à Paris !

ACTIVITÉ 3 *Décrire des hôtels* D'après vos connaissances, décrivez le type d'hôtel indiqué et demandez à vos camarades s'ils sont d'accord.

Modèle: Un hôtel quatre étoiles
                Je pense qu'un hôtel quatre étoiles a des grandes chambres confortables avec des belles vues mais que les prix sont trop élevés pour moi.

1. un hôtel une étoile
2. un hôtel deux étoiles
3. un hôtel trois étoiles
4. un vieux et petit hôtel à proximité de la gare
5. un hôtel de luxe qui donne sur la mer

> **Observez**
> 1. Which numbers here indicate relative order (*first, second*, etc.)? These are called ordinal numbers (5.10)
> 2. Which ordinal number ends in a different way from the others? (5.10)

ÉCHANGE 2   *Quel étage ?*

ANNE:	J'ai réservé au nom de Jourdan. Une chambre pour une personne, avec une douche, si c'est possible.
LA RÉCEPTIONNISTE:	Oui, madame. Vous avez la chambre 11 au premier étage.
ANNE:	Y a-t-il un ascenseur ?
LA RÉCEPTIONNISTE:	Oui, madame.
ANNE:	Alors, je préfère une chambre au deuxième ou au troisième, s'il vous plaît.
LA RÉCEPTIONNISTE:	Bien, madame, et vous restez jusqu'à quand ?
ANNE:	Jusqu'au 10. Trois nuits.

EXPRESSIONS UTILES *détails sur l'hotel*

Y a-t-il... ?

un ascenseur

une baignoire

des chambres non-fumeurs

une douche

des chambres accessibles
aux personnes à mobilité
réduite

l'air conditionné /
la climatisation
(la clime)

ACTIVITÉ 4 *Vos préférences* Quels éléments désirez-vous dans un hôtel ?
Classez les éléments suivants de 1 (l'élément le plus désiré) à 6 (l'élément le moins
désiré).

_____ une chambre avec balcon
_____ une chambre non-fumeurs
_____ une baignoire
_____ une douche
_____ l'ascenseur
_____ la climatisation

APERÇUS CULTURELS

Quel étage ?

En France et dans la plupart des pays francophones, on dit « le rez-de-chaussée » (littéralement « au
niveau de la rue ») pour ce que les habitants des États-Unis appellent *the first floor*. Il faut monter un
étage pour aller au premier, deux étages pour aller au deuxième, etc. On peut dire « au premier »
ou « au premier étage ».

❯ Combien d'étages y a-t-il là où vous habitez ? À quel étage habitez-vous ?

ACTIVITÉ 5 *Réservez une chambre* Jouez les rôles d'un(e) touriste et d'un(e) employé(e) d'hôtel. Le / La touriste demande une chambre pour les dates et avec les détails indiqués. L'employé(e) répond qu'il y a une chambre pour ces dates, mais pas exactement ce que le / la touriste a demandé. Le / La touriste décide de prendre la chambre ou non.

Modèle: 4 personnes, avec une baignoire et une douche, 8–13 juin

TOURISTE: Avez-vous une chambre pour quatre personnes, avec baignoire et douche du 8 au 13 juin ?
EMPLOYÉ(E): J'ai une chambre du 8 au 13 juin, mais elle n'a pas de douche.
TOURISTE: Pas de douche. Je ne la prends pas.
            ou:
            Pas de douche. Ça va. Je la prends.

1. 4 personnes, avec climatisation, avec douche, 19–23 août
2. 1 personne, non-fumeurs, avec baignoire, 2 septembre
3. 2 personnes, grande chambre fumeurs, 10–15 mars
4. 6 personnes, prix modéré, accessible aux personnes à mobilité réduite, 30 avril–2 mai

ACTIVITÉ 6 *Football* D'après ce tableau, donnez les classements des équipes de football, le nombre de matchs gagnés et le nombre de points.

Modèle: Lyon est au premier rang avec 68 points et 19 matchs gagnés.

CLASSEMENT	Pts	TOTAL						
		MATCHES				BUTS		
		J.	G.	N.	P.	p.	c.	diff.
1. Lyon	68	38	19	11	8	63	41	+22
2. Monaco	67	38	19	10	9	66	33	+33
3. Marseille	65	38	19	8	11	41	36	+5
4. Bordeaux	64	38	18	10	10	57	36	+21
5. Sochaux	64	38	17	13	8	46	31	+15
6. Auxerre	64	38	18	10	10	38	29	+9
7. Guingamp	62	38	19	5	14	59	46	+13
8. Lens	57	38	14	15	9	43	31	+12
9. Nantes	56	38	16	8	14	37	39	-2
10. Nice	55	38	13	16	9	39	31	+8
11. Paris-SG	54	38	14	12	12	47	36	+11
12. Bastia	47	38	12	11	15	40	48	-8
13. Strasbourg	45	38	11	12	15	40	54	-14
14. Lille	42	38	10	12	16	29	44	-15
15. Rennes	40	38	10	10	18	35	45	-10
16. Montpellier	40	38	10	10	18	37	54	-17
17. AC Ajaccio	39	38	9	12	17	29	49	-20
18. Le Havre	38	38	10	8	20	27	47	-20
19. Sedan	36	38	9	9	20	41	59	-18
20. Troyes	31	38	7	10	21	23	48	-25

J = joué
G = gagné
N = nul
P = perdu

ACTIVITÉ 7 *Pas d'ascenseur !* Jouez les rôles d'un(e) employé(e) d'hôtel qui offre une chambre et d'un(e) touriste qui décide de la prendre ou de ne pas la prendre.

Modèle: la chambre 52 au 5ᵉ

EMPLOYÉ(E):   Je peux vous donner la chambre 52 au cinquième.
TOURISTE: Y a-t-il un ascenseur ?
EMPLOYÉ(E):   Non, je regrette, c'est un vieil hôtel, monsieur / madame.
TOURISTE: Pas d'ascenseur ! Cinq étages à monter ! Ça non, donnez-moi une chambre au premier.
ou:
Ça va. J'ai besoin d'exercice.

1. la chambre 23 au 2ᵉ
2. la chambre 136 au 13ᵉ
3. la chambre 202 au 20ᵉ
4. la chambre 64 au 6ᵉ
5. la chambre 145 au 14ᵉ

Exprimer le mécontentement ou la satisfaction

ÉCHANGE 3   *À la réception d'un hôtel*

PAUL: Bonjour, madame, une réservation au nom de Poirot, s'il vous plaît.
LA RÉCEPTIONNISTE: Je regrette, monsieur, mais nous n'avons pas de réservation au nom de Poirot... et l'hôtel est complet.
PAUL: Mais, c'est inexcusable ! Nous avons réservé deux mois à l'avance et quand nous arrivons, vous n'avez pas notre réservation et l'hôtel est complet !
LA RÉCEPTIONNISTE: Je peux vous dire que nous sommes vraiment désolés.
PAUL: Et moi, madame, je vous dis que nous, nous sommes furieux !

> **Observez**
> What word is used after the verb **dire** when it is followed by a sentence or clause (a subject and verb)? **(5.11.a)**

Verbe				
dire *(to say, to tell)*	je	dis	nous	disons
	tu	dis	vous	dites
	il / elle / on	dit	ils / elles	disent
	j'ai	dit		

EXPRESSIONS UTILES   *réactions*

mécontentement

C'est   inexcusable.
    bien ennuyeux.
    très gênant.

Je suis   furieux / furieuse.
    bien ennuyé(e).
    très déçu(e).

satisfaction

Tout a été très bien.
Je suis satisfait(e) de cet hôtel.

ACTIVITÉ 8 *Qu'est-ce que tu dis ?* Travaillez avec un(e) camarade de classe. La personne A dit une exagération et la personne B exprime sa surprise. La personne A insiste.

> **Modèle:**   Tous les Français ont une moustache.
>
> A: Tous les Français ont une moustache.
>
> B: Qu'est-ce que tu dis ?
>
> A: Je dis que tous les Français ont une moustache.
>
> B: Voyons, tu exagères un peu !

1. Il neige toujours à Honolulu.
2. Il y a 53 musées à Cicely en Alaska.
3. Toutes les plages sont belles.
4. J'ai lu trois gros livres hier soir.
5. Ma Cadillac a 150 ans.
6. Tous les Japonais parlent anglais.

ACTIVITÉ 9 *Dites que vous n'êtes pas satisfait(e)* Travaillez à deux. Une personne rapporte ce qu'une autre personne dit. L'autre exprime son mécontentement.

> **Modèle:**   ta sœur : tu es idiot(e)
>
> A: Ta sœur dit que tu es idiot(e).
>
> B: C'est inexcusable, ça !

1. le prof : vous avez un F
2. l'agent : tout est pris
3. l'employé(e) : le train est déjà parti
4. ton / ta camarade de chambre : tu ne veux plus habiter avec lui / elle
5. le président : il va augmenter les taxes d'importation

Vocabulaire essentiel

exprimer sa réaction

furieux / furieuse	*furious*
gênant(e)	*upsetting, irritating*
inexcusable	*inexcusable*
satisfait(e)	*satisfied*

hôtel

l'adresse (*f*)	*address*
l'air (*m*) conditionné	*air conditioning*
l'ascenseur (*m*)	*elevator*
la baignoire	*bathtub*
des chambres accessibles aux personnes à mobilité réduite	*handicapped-accessible rooms*
la climatisation (la clime)	*air conditioning*
la douche	*shower*
l'étage (*m*)	*floor*
l'hôtel (*m*)	*hotel*
le lit	*bed*
minuscule	*tiny*

le numéro	*number*
le / la propriétaire	*owner*
la salle de bains	*bathroom*
le téléphone	*telephone*
la vue	*view*

prix

élevé(e)	*high*
modéré(e)	*moderate*
raisonnable	*reasonable*

réactions

déçu(e)	*disappointed*
ennuyé(e)	*annoyed*
ennuyeux / ennuyeuse	*annoying*

réservations

à l'avance	*in advance*
la nuit	*night*
la réservation	*reservation*

continued on next page

continued from previous page

autres expressions utiles		savoir				to know
à peu près	*approximately*		je	sais	nous	savons
exactement	*exactly*		tu	sais	vous	savez
jusqu'à	*until, up to*	il / elle / on	sait		ils / elles	savent
vraiment	*really*		j'ai	su		

autres verbes			dire				to say, to tell
connaître	*to know, to be familiar /*			je	dis	nous	disons
	acquainted with			tu	dis	vous	dites
	je connais	nous connaissons	il / elle / on	dit		ils / elles	disent
	tu connais	vous connaissez		j'ai	dit		
	il / elle / on connaît	ils / elles connaissent					
	j'ai connu						

Prononciation **Revenons au [R]**

The French [R] varies slightly according to its position in a word or sentence.

1. When [R] comes before a vowel or between two vowels, it should be pronounced with very light friction.

   Robert   Revenez   gaRage   suggéRer

2. When [R] comes before another consonant, it should have as much friction as a final [R].

   meR-ci   paR-tons   soR-tez   paR-lez   leuR   sœuR

3. When [R] follows a vowel at the end of a word, you must be careful to give it enough friction. Keep the tip of your tongue down: If you raise the tip of your tongue, that will change the quality of the preceding vowel.

   ma sœuR   une heuRe   il soRt   il est moRt   un baR   il paRt

ACTIVITÉ 10 « *Le grand voyageur* » Read this poem, paying attention to your [R]s. Do not stop between words.

> Je suis le voyageur suprême,
> En train, en car, bateau et même°   *even*
> À pied.
> Haute montagne et bord de mer,
> J'ai bien fait le tour de la terre
> Trois fois.
> Et pour hôtel, le firmament !
> Mais le Plaza, une fois par an
> Tout° seul.   *all, entirely*

Expansion **Discuter**

> *Stratégie* Identifiez d'abord vos arguments, et ensuite organisez vos arguments selon leur importance relative.

To persuade someone to make a certain choice, it is useful to identify advantages of this choice in terms of their relative importance for that decision.

Avant de discuter *Choisir un hôtel*

Mettez-vous en quatre groupes.

1. les agents de voyage qui représentent le Château de Rosay
2. les agents de voyage qui représentent le Château de Montvillargenne
3. les agents de voyage qui représentent les Ursulines
4. les touristes

Chaque groupe d'agents identifie l'élément le plus positif de son hôtel et les activités qu'il offre en les classant selon leur importance relative. Les touristes discutent de ce qu'ils recherchent dans un hôtel et de ce qu'ils veulent faire pendant leurs vacances.

Discuter

Les trois groupes d'agents se déplacent dans la salle de classe pour former trois agences de voyages. Les touristes se divisent en trois petits groupes, et chaque petit groupe de touristes visite à tour de rôle chaque agence de voyages. Chaque groupe d'agents recommande son hôtel à tous les touristes. Après avoir visité toutes les agences de voyages, les touristes se réunissent de nouveau pour choisir un seul hôtel pour leurs vacances.

Château de Rosay   **Rosay-sur-Lieure**

27790 Rosay-sur-Lieure
Tél. : 02.32.49.66.51 (sur place)
Fax : 02.32.49.70.77

M. Norbert Castellane
Ouvert toute l'année
23 chambres dont 4 suites de 50 € à 120 €
(S.T.C.)
Petit déjeuner : 6 €

Séminaires, réceptions et manifestations culturelles. Edifié au début du XVIIe siècle, ce château privé est au cœur d'une région riche en témoins d'un passé historique et artistique. Les souvenirs de Michelet, Flaubert, Maupassant y sont toujours familiers. A 100 km de Paris, découvrez un monde qui vit autrement, dans un cadre forestier et une ambiance romantique.

Demeure historique en forêt de Lyons

 non   non   4 km

non   oui   oui

non   oui   4 km

  oui   oui   25 km

Gouvieux   Château de Montvillargenne

A proximité de la forêt de Chantilly

Avenue François Mathet, 60270 Gouvieux
Téléphone : 03.44.57.05.14 - 03.44.57.59.04
Fax : 03.44.57.28.97

M. Salas, directeur. Mme Guay, direc. com.
Ouvert toute l'année
180 chambres 65 €. (S.T.C)
Petit déjeuner : 7 €
Menus : 22 €, 40 € à la carte
1/2 pension 87 €, pension 105 €.

Château Hôtel Restaurant gastronomique, 180 chambres équipées avec bain, toilettes privées, téléphone direct. Télévision avec 13 chaînes internationales. Tennis, piscine couverte, sauna, parc de 6 ha, piano bar cocktail, salle de culture physique.

www.chateaudemontvillargenne.com

Les Ursulines
Autun

14, rue de Rivault
71400 Autun
Tél. : 03.85.86.58.58
Fax : 03.85.86.23.07
Michel Grellet

Ouvert toute l'année
35 chambres
53.36 €/89.94 €
8 appts/suites
80.80 €/125.01 €
Petit déj. 9.15 €
Menu(s)
14.48 €/60.22 €
Carte 51.83 €
1/2 pension
73.94 €/139.49 €

XVIIe

TV oui / P oui / oui / 8 ch.
oui / 1 ch. / 1 km / 1 km

En plein cœur de la vieille ville, la grâce d'un couvent du XVIIe avec ses jardins à la française dominant les remparts romains. Chambres calmes, restaurant gastronomique, petit déjeuner servi dans l'ancienne chapelle. Vue imprenable sur les monts du Morvan. Lieu propice à l'écriture et à la réflexion.

email : ursulines@chateauxhotels.com   www.chateauxhotels.com/ursulines

Après avoir discuté
Les touristes expliquent leur choix d'hôtel à la classe.

DOSSIER 4

In this Dossier, you will learn about these grammatical features

> ➤ compound prepositions expressing location and relationships between places

> ➤ the second-person forms of the imperative

> ➤ **dire** + de + infinitive

> ➤ **il faut** + a noun or an infinitive

Point de depart **Écouter**

> *Stratégie* Utilisez les images pour vous aider à suivre une conversation.

Visual images such as maps can help you follow a conversation about a place or a relationship between places.

Avant d'écouter *Connaissez-vous Vichy ?*

Illustre station thermale,° Vichy est une ville de séjour° située dans le centre de la France. Avant d'écouter des conversations entre des personnes à Vichy, étudiez le plan de la ville.

water spa resort / vacation

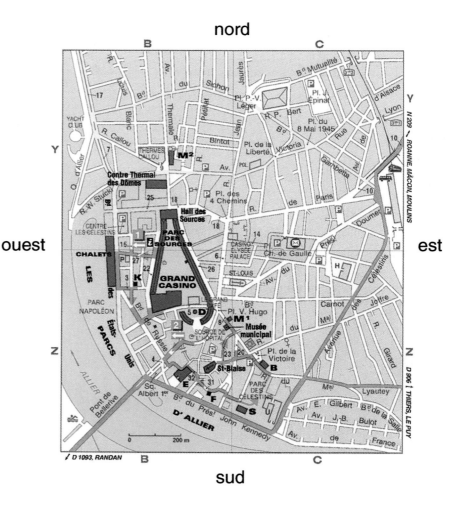

nord

ouest

est

sud

1. Sur le plan, identifiez les mots qui indiquent une voie,°   *road, thoroughfare*
leur abréviation et leur équivalent en anglais.

Voie	Abréviation	Équivalent en anglais
a. _____	_____	_____
b. _____	_____	_____
c. _____	_____	_____

2. Regardez l'endroit qui s'appelle **Pl. Charles de Gaulle.** L'abbréviation **Pl.**
indique **place,** qui n'est pas l'équivalent du mot *place* en anglais. D'après sa
forme et sa situation sur le plan, qu'est-ce que c'est qu'**une place ?**

3. Utilisez le plan et les points cardinaux (nord, sud, est, ouest) pour indiquer si
les renseignements suivants sont **vrais** ou **faux.**
   a. Le pont de Bellerive est au nord de la ville.   V   F
   b. Vous êtes au nord de la ville. Vous prenez la rue Jean-Jaurès
      pour aller à l'église St-Blaise.   V   F
   c. L'avenue des Célestins traverse la ville d'est en ouest.   V   F
   d. Vous êtes à l'ouest de la ville au Centre Thermal des Dômes.
      Vous suivez l'avenue Thermale pour aller au parc des Sources.   V   F

En écoutant

🔘 🔊   Vous allez entendre trois conversations entre des personnes différentes
qui sont à Vichy. Avant d'écouter les conversations, lisez les descriptions qui
indiquent où les personnes se trouvent dans la ville et indiquez leur position sur le
plan, page 258, (utilisez les bâtiments, les avenues, etc.). Ensuite, en écoutant,
indiquez si les phrases sont vraies ou fausses.

CONVERSATION 1 Cette conversation a lieu devant **le Grand Casino.**

1. L'homme cherche l'établissement thermal.   V   F
2. L'homme connaît bien Vichy.   V   F
3. La femme explique où est l'établissement thermal.   V   F

CONVERSATION 2 Deux femmes se rencontrent dans la **rue du Maréchal
Lyautey.**

1. La deuxième femme va à la fac.   V   F
2. La première femme demande comment aller à la place
   de la Victoire.   V   F
3. La deuxième femme habite dans le quartier du parc
   des Célestins.   V   F

CONVERSATION 3 Les personnes qui parlent sont près du parking de la **gare,
avenue du Président Doumer,** dans le **nord-est de la ville.**

1. Le premier homme veut aller à Clermont.   V   F
2. L'homme qui pose les questions est en voiture.   V   F
3. La ville qu'il cherche est immédiatement après le pont
   de Bellerive.   V   F

Après avoir écouté

Laquelle des trois personnes est le plus près° de sa destination ?   *near*

À vous la parole

Dans quelles circonstances utilisez-vous le plan d'une ville ? Ce plan de Vichy, est-ce que vous le trouvez facile ou difficile à utiliser ? Pourquoi ?

L'essentiel

Pour situer les endroits

ÉCHANGE 1 *Dans la rue*

HOMME: Excusez-moi, madame. Je cherche la poste.

FEMME: La poste est sur l'avenue de l'Europe, à côté de la banque et en face du lycée.

HOMME: Mais je ne sais pas où est la banque. Pourriez-vous me montrer la banque sur le plan ?

EXPRESSIONS UTILES *situation dans l'espace*

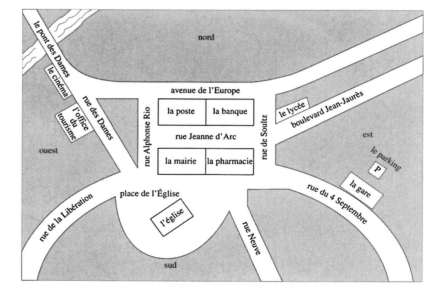

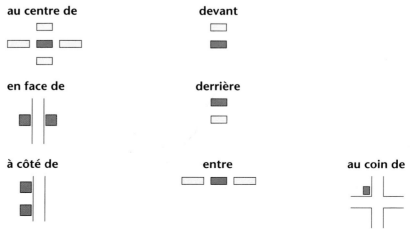

> **Observez**
>
> 1. Which expressions that describe a location include **de**? (5.12)
> 2. What happens when an expression that includes **de** is followed by the definite article **le**? What do you think happens when such an expression is followed by the definite article **les**? (5.12)

ACTIVITÉ 1 *Situez des bâtiments* Regardez le plan à la page 260 et indiquez la position respective des endroits.

> **Modèle:**   la poste / la mairie
> La poste est en face de la mairie.

1. l'église / la place
2. la banque / la pharmacie
3. le lycée / la rue de Soultz et le boulevard Jean-Jaurès
4. la gare / le parking
5. le cinéma / l'office du tourisme et le pont des Dames

ACTIVITÉ 2 *Où allez-vous ?* Expliquez où vous allez pour faire les activités suivantes.

> **Modèle:**   pour envoyer une lettre ou un paquet
> Mais je vais à la poste, bien sûr.

1. pour chercher de l'argent
2. pour voir un bon film
3. pour prendre le train
4. pour préparer vos vacances
5. pour vous marier
6. pour des médicaments quand vous êtes malade
7. pour vos cours si vous avez seize ans

Pour expliquer un itinéraire

ÉCHANGE 2   *Quelle rue ?*

ADOLESCENT: Pardon, monsieur. Dites-moi s'il vous plaît, quelle rue est-ce que je prends d'ici pour aller à la gare ?

HOMME: C'est très facile : suivez la rue de la Libération, traversez la place de l'Église, prenez la rue de Soultz à gauche, et puis tournez à droite sur le boulevard Jean-Jaurès.

ADOLESCENT: Vous m'avez dit de tourner à gauche sur le boulevard Jean-Jaurès ?

HOMME: Non, non, à droite.

ADOLESCENT: Merci, monsieur.

> ▸ **Observez**
> 1. Look at the expressions **dites-moi, suivez la rue, traversez la place, prenez la rue, tournez à droite.** What is the purpose of these expressions here? **(5.13)**
> 2. What pronoun is used after **dites** to express the idea *tell me*? **(5.13.b)**
> 3. When **dire** is followed by an infinitive, what word goes before the infinitive? **(5.11.b)**

APERÇUS CULTURELS

Plan de ville

La majorité des petites villes de province en France ont un plan similaire : une grande place au centre, en général la place de l'Église, avec la mairie et la poste tout près°. Les rues sont réparties de façon irrégulière. Les rues ont souvent des noms donnés en souvenir° d'événements historiques (par exemple, la libération de la France à la fin de la Deuxième Guerre mondiale) ou des noms de personnes célèbres au niveau national (Jeanne d'Arc) ou local (Alphonse Rio). En France, il n'y a pas de rues, d'avenues ou de boulevards avec un numéro au lieu d'°un nom.

nearby

en... *in memory*

au lieu... *instead*

▸ Comment est-ce que votre ville est organisée ? Quels sont les noms de rue typiques chez vous ?

EXPRESSIONS UTILES *endroits, bâtiments et voies*

Où est la gare ?

Prenez / Suivez cette rue.
ce boulevard.
cette avenue.

Allez tout droit   jusqu'au parking.
jusqu'à la place.
jusqu'à l'église.
jusqu'au lycée.

Tournez à gauche / à droite   dans la rue.
sur le boulevard.
sur l'avenue.

Traversez la place.
Passez le pont.
C'est là, tout de suite après le pont.
C'est là, à votre gauche / à votre droite.
C'est dans la rue... / C'est sur l'avenue... / C'est sur le boulevard...
Ce n'est pas par ici, c'est par là.

ACTIVITÉ 3 *Signalisation routière* En Europe et en Afrique francophone, la circulation des véhicules est réglée par une série de panneaux. Dites ce que chaque panneau indique.

> **Possibilités:**   faire attention à, ne pas tourner à, aller lentement, aller tout droit

1.   3.   5.

2.   4.   6.

ACTIVITÉ 4 *Pas d'accord !* Travaillez par trois. En suivant le modèle, la personne A demande comment aller au bâtiment indiqué. La personne B dit comment y aller, mais la personne C contredit ce que la personne B suggère.

> **Modèle:**   mairie / tourner à droite / tourner à gauche
>
> A: Dis-moi comment trouver la mairie, s'il te plaît.
>
> B: C'est facile à trouver. Tourne à droite ici.
>
> C: Mais non, tourne à gauche.

1. la poste / suivre la rue de Soultz / prendre la rue Neuve
2. la bibliothèque / continuer jusqu'à la gare / aller jusqu'à la place
3. le lycée / passer le pont / traverser la place
4. l'office du tourisme / tourner dans la rue du 4 septembre / tourner sur l'avenue Charles de Gaulle

ACTIVITÉ 5 *Ton camarade te dit de faire quelque chose !* En groupe de trois, la personne A donne un ordre à la personne C. Ensuite, la personne B répète cet ordre à la personne C et la personne C répond. Répétez l'exercice à tour de rôle.

Modèle: aller / à / le tableau noir°   tableau... *blackboard*

         A (*à C*): Va au tableau noir.

         B (*à C*): A te dit d'aller au tableau noir.

     C (*à A et B*): J'y vais.
               ou:
           Non, je ne veux pas y aller.

1. rester   en face de   le tableau noir
2. aller   à côté de   la porte°   *door*
3. aller   devant   les étudiants
4. aller   derrière   le professeur
5. rester   entre... et...   le tableau noir / la porte

ÉCHANGE 3   *Près ou loin ?*

A: La gare, c'est loin d'ici ?
B: Non, c'est tout près, mais il faut traverser le pont.
A: Il faut combien de temps pour y arriver ?
B: Euh... je ne sais pas... Ça prend peut-être trois ou quatre minutes à pied.

> **Observez**
> 1. What does **il faut** mean? **(5.14)**
> 2. What two types of word follow it here? **(5.14)**

EXPRESSIONS UTILES *distances*

C'est à cent mètres, près de la poste.
C'est assez loin ; ça prend dix minutes en bus.
C'est tout près ; il faut deux minutes à pied.
Ce n'est pas trop loin ; il faut quelques minutes en vélo.
C'est à deux kilomètres ; il faut passer le pont.

ACTIVITÉ 6 *Où faut-il aller ?* Travaillez par deux. La personne A utilise les phrases suivantes pour dire ce qu'il lui faut et pourquoi. La personne B suggère à la personne A où il faut aller.

Modèle: J'ai besoin de vitamines.

         A: J'ai besoin de vitamines. Je suis fatigué(e), fatigué(e).

         B: Ah, il faut aller à la pharmacie.

1. J'ai besoin d'une bonne note à mon contrôle demain.
2. J'ai besoin de voir d'autres paysages.
3. J'ai besoin de prendre le train pour Aix-en-Provence.
4. J'ai besoin de sortir.
5. J'ai besoin de prendre une douche.
6. J'ai besoin d'argent.

ACTIVITÉ 7 *C'est près d'ici ?* Regardez ce plan de
Québec. Vous êtes au coin de la rue St-Louis et de la rue
d'Auteuil (au centre du plan où il y a une calèche°).
Demandez si vous êtes près des bâtiments indiqués.
Votre camarade de classe regarde le plan et répond.

horse-drawn carriage

Modèle: le restaurant la Petite Italie (n° 9)

A: Pardon, monsieur, pouvez-vous me dire si le restaurant la Petite
Italie est près d'ici ?

B: Oui, oui. C'est tout près, rue St-Louis, en face du Bureau
Tourisme.

1. la Citadelle (n° 4)   4. le Château Bellevue (n° 8)
2. le Manège militaire (n° 3)   5. les Tours Feuille d'érable (n° 12)
3. le Château Frontenac (n° 6)   6. le Parlement (n° 10)

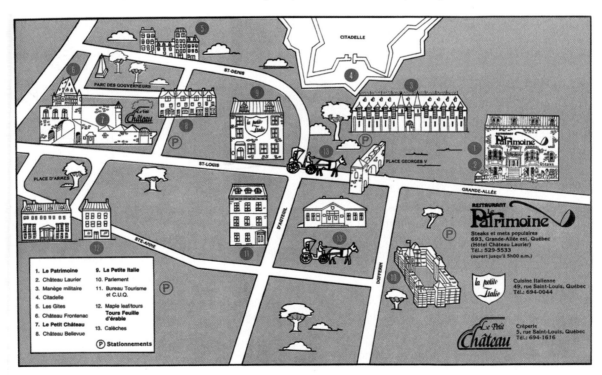

ACTIVITÉ 8 *Trouvez le restaurant* Regardez le plan de Québec de
l'Activité 7. Vous êtes au numéro 11 (le Bureau Tourisme dans la rue d'Auteuil), et
vous demandez où on peut trouver un bon restaurant. Écoutez les indications que
votre professeur va lire et suivez-les sur le plan. À quel restaurant arrivez-vous ?

ACTIVITÉ 9 *Où faut-il aller ?* D'après ces photos, dites où il faut aller pour satisfaire les désirs suivants.

Québec en hiver

Le musée d'Orsay à Paris

Le port à Saint-Barthélemy

La plage près de Rabat

1. Pendant mes vacances, je veux voir des tableaux impressionnistes.
2. Cet hiver, je veux faire du sport.
3. Je veux être au soleil et j'aime nager.
4. Je parle arabe et français et je veux explorer le monde.

Vocabulaire essentiel

adresses
l'avenue *(f)*	*avenue*
le boulevard	*boulevard*
la rue	*street*

distances
loin (de)	*far (from)*
le kilomètre	*kilometer*
le mètre	*meter*
près (de)	*near (to)*
tout près	*very close, nearby*

endroits et bâtiments
la banque	*bank*
le cinéma	*movie theater*
la gare	*train station*
le lycée	*high school*
la mairie	*town hall*
l'office *(m)* du tourisme	*tourist bureau*
le parking	*parking lot*
la pharmacie	*pharmacy*
la place	*city square*
le pont	*bridge*
la poste	*post office*

situations dans l'espace
à côté de	*beside, next to*
à droite (de)	*to the right (of)*
à gauche (de)	*to the left (of)*
au centre (de)	*in the middle (of)*
au coin (de)	*on the corner (of)*
derrière	*behind*
devant	*in front of*
en face de	*across from*
est	*east*
ici	*here*
là	*there*
nord	*north*
ouest	*west*
sud	*south*

autres expressions utiles
il faut	*it is necessary*
par ici, par là	*this way, that way*
le plan	*map*
tout de suite	*right away*
tout droit	*straight ahead*

autres verbes
montrer	*to show (conj. like **parler**)*
tourner	*to turn (conj. like **parler**)*
traverser	*to cross (conj. like **parler**)*

Prononciation L'intonation pour faire une suggestion ou donner un ordre

A sentence with a verb in the imperative form has a falling intonation, with the last syllable being quite low. In fact, the lower you go, the more curt and imperative you sound.

Tournez à gauche.   Donne-moi ton livre.

When you use the non-imperative form of the verb (with the pronoun **tu** or **vous**) to advise or suggest, you also use a falling intonation.

Vous traversez le parc.   Tu me téléphones ce soir.

ACTIVITÉ 10 *Questions et suggestions* Jouez cette conversation avec un(e) camarade de classe. Faites attention à votre intonation pour distinguer les questions et les suggestions.

A: Le parc des sports, c'est par où ?
B: Allez tout droit, madame / monsieur.
A: Il ne faut pas tourner ?
B: Vous ne tournez pas, vous allez tout droit, tout droit.
A: Il faut traverser le pont ?
B: Oui, traversez le pont et restez à gauche. Vous allez voir le parc des sports à
   cent mètres après le pont.

ACTIVITÉ 11 *Les rues historiques en poésie* Ce poème nomme des rues de Paris. D'abord, avec un partenaire, lisez le poème, et n'oubliez pas de faire attention à vos *r*. Après, suivez le modèle pour discuter où vous pouvez commémorer les événements historiques donnés, et faites attention à l'intonation.

Comptine pour l'an (deux) mille

—Jacques Roubaud

impasse des DEUX anges
rue des TROIS sœurs
rue des QUATRE fils
rue des CINQ diamantaires°   *diamond dealers*

rue des SEPT arpents°   *acres*
rue du HUIT mai 1945

place du DIX-HUIT juin 1940

place du VINGT-CINQ août 1944

place du VINGT-NEUF juillet

place du dix-huit juin 1940

place du vingt-cinq août 1944

rue du huit mai 1945

Paris, Paris, tes édiles°   *city officials*
ne savent pas compter jusqu'à 2000

> **Modèle:**   les insurrections à Paris les 27, 28, 29 juillet
>
> A: Je veux commémorer les insurrections à Paris les 27, 28,
>   29 juillet.
>
> B: Va à la place du vingt-neuf juillet, évidemment.

1. l'appel du Général de Gaulle à la résistance contre l'occupation nazie depuis
   l'Angleterre en 1940
2. la libération de Paris en 1944 après quatre années d'occupation
3. la fin officielle de la Deuxième Guerre mondiale en Europe en 1945

Expansion **Écrire**

> *Stratégie* Commencez par vous poser des questions sur les détails de votre sujet.

To make a description come alive, you need many details. Ask yourself detailed questions about a scene before you describe it.

L'Omnibus (1864), Honoré Daumier, (1808–1879), French.

Avant d'écrire *Mon Voyage*

Imaginez que vous êtes un des voyageurs du tableau de Daumier. Répondez aux questions suivantes du point de vue de cette personne.

1. Où suis-je ?
2. Qui est avec moi ?
3. Comment sont ces personnes ?
4. Quels sont mes sentiments et réactions à ce moment-là ?

Écrire

1. Imaginez que vous êtes le voyageur que vous avez choisi. Dans un paragraphe, écrivez tout ce que vous voyez (la scène et les autres voyageurs) et racontez vos sentiments et vos réactions pendant le voyage dans l'omnibus.
2. Travaillez à deux. Lisez vos descriptions et suggérez des détails à ajouter pour rendre vos descriptions plus précises et intéressantes.

Après avoir écrit

Relisez votre paragraphe et considérez si (s')...

1. le texte inclut les détails suggérés par les questions **Avant d'écrire.**
2. les sujets et les verbes s'accordent.
3. il y a assez d'adjectifs descriptifs et s'ils s'accordent avec leur nom.
4. le tout est cohérent.

À vous la parole

En vous basant sur votre paragraphe, racontez votre voyage à vos camarades de classe. Ne dites pas qui vous êtes. Vos camarades de classe doivent deviner quel voyageur vous êtes.

Grammaire 5

5.1 The preposition *pour*

a. *Pour* + **noun.** The preposition **pour** is used before a noun or pronoun to express destination, anticipated duration, or purpose.

> Elle est partie **pour** Paris.
> Ce livre est **pour** toi.
> Il va partir **pour** trois jours.
> Il part **pour** ses affaires.

In all these cases, **pour** conveys much the same meaning as *for* in English.

b. *Pour* + **infinitive.** Unlike *for* in English, **pour** is also used before an infinitive to express a goal or an intention.

> Il voyage **pour** voir le monde.

In this case, **pour** conveys the same meaning as *in order to*.

5.2 Names of countries: articles, genders, and prepositions

a. **Articles and genders with names of countries.** In English, an article is seldom used with the name of a country *(I visited France)*; the name *the United States* is a notable exception. In French, however, the definite article is nearly always used (**j'ai visité la France**), except for the country **Israël**, with islands that are also countries, and with some prepositions, such as **en**, which are used with verbs such as **aller: Je vais en France.**

The gender of names of countries follows predictable patterns:

> ❯ Country names ending in **e** are generally feminine (**la France, l'Espagne**). **Le Mexique** is an exception.

> ❯ Country names with endings other than **e** are masculine (**le Sénégal, Israël**).

> ❯ Country names ending in **s** are plural (**les États-Unis, les Pays-Bas**).

b. **Prepositions with names of countries.** To indicate which country you are going *to* or what is happening *in* a particular country, you use the preposition **en** or **à**. In this context, **en** and **à** mean both *to* and *in*. You decide which to use according to the gender of the country and whether the name of the country begins with a vowel or a consonant. Remember that **à** contracts with the definite articles **le** and **les** that follow it: **à + le → au ; à + les → aux.**

Prépositions avec les noms de pays			
nom de pays	**féminin**	**masculin**	**pluriel (m / f)**
qui commence par une voyelle	en Amérique	en Israël	aux États-Unis
qui commence par une consonne	en France	au Canada	aux Pays-Bas

5.3   The pronoun *y*

a. **Use and form.** You already know that a verb can have a direct object complement:

> Je vais visiter **le Canada.**

You have also learned (**Grammaire 3.10**) that to avoid repetition, you can use a pronoun complement instead of a noun:

> Je vais **le** visiter.

In this **Ensemble,** you are working with verbs that have a complement indicating destination or location. You can use the pronoun y instead of the preposition + place.

> Je vais **au Canada.** → J'**y** vais.

Unlike the direct object pronouns, which have four forms (**l', le, la, les**), y has only one form, whatever the gender or number of the noun it refers to.

Le pronom *y*	
Je vais **au Canada.**	J'y vais.
Je vais **en Espagne.**	J'y vais.
Je vais **chez Pauline.**	J'y vais.
Je vais **dans le magasin.**	J'y vais.

b. **Placement.** The placement of the pronoun y follows the same rules as the direct object (see **Grammaire 3.10** and **4.1.e**).

Position des compléments		
	complément d'objet direct	**y**
présent		
affirmatif	Je le vois.	J'y vais.
négatif	Je ne le vois pas.	Je n'y vais pas.
passé composé		
affirmatif	Je l'ai vu(e).	J'y suis allé(e).
négatif	Je ne l'ai pas vu(e).	Je n'y suis pas allé(e).
avec infinitif	Je vais le voir.	Je vais y aller.

Because y is a vowel, **je** becomes **j'** and **ne** becomes **n'** before it. Also, unlike direct object pronouns, there is no agreement between y and the past participle in the **passé composé,** even if the noun y refers to is feminine or plural.

> Paul a visité la France. → Il l'a visitée.
> Paul est allé en France. → Il y est allé.

5.4   Prepositions with modes of transportation

Most words expressing modes of transportation (**train, car, avion, voiture, autocar, autobus, vélo**) are usually used with the preposition **en**. The expression **à pied,** *on foot,* is an exception. Some of the modes of transportation that use **en** can also use other prepositions: **par le train, à vélo.** These are older, less common usages that are being replaced today by a generalized use of **en.**

Prépositions et transport	
J'y vais en car	
en avion	
en voiture	
en train	(par le train)
en vélo	(à vélo)
à pied	

5.5   Superlative forms with adjectives

When you want to state that a person, thing, or idea is *the most* or *the least* among several people, things, or ideas, you use a superlative form with an adjective.

a. **Form.** As in English, the superlative is formed in French by using a definite article with a comparative term plus an adjective. Both the definite article and the adjective must agree with the noun they describe.

Le superlatif des adjectifs				
	article défini + (accord)	comparatif + (invariable)	adjectif + (accord)	nom
en anglais	the	most / least	beautiful	train
en français	le	plus / moins	beau	train
	la	plus / moins	belle	ville
	les	plus / moins	beaux	enfants

b. **Placement.** As you know, in French, some adjectives precede the noun (**C'est une vieille femme**), but most adjectives follow the noun (**C'est une femme intelligente**). The superlative form goes wherever the adjective is normally placed. When the adjective follows the noun, the definite article appears twice, once before the noun and once before the comparative term.

Position des adjectifs au superlatif				
adjectif avant le nom				
article défini +	*comparatif* +	*adjectif* +	*nom*	
la	plus	grande	ville	
adjectif après le nom				
article +	*nom* +	*article* +	*comparatif* +	*adjectif*
la	ville	la	plus	intéressante

c. **An irregular superlative.** The adjective **bon** has an irregular form for *best* but not for *worst*.

Meilleur / Moins bon		
	anglais *best*	**anglais** *worst*
masculin	le meilleur livre	le moins bon livre
féminin	la meilleure maison	la moins bonne maison
pluriel	les meilleur(e)s ami(e)s	les moins bon(ne)s ami(e)s

5.6   The indirect object pronouns *me, te, nous, vous*

Indirect object pronouns are often used with verbs of communication, such as **demander** and **suggérer,** and with verbs of exchange, such as **donner.** These are verbs that are followed in French by **à** before the noun naming the person or people involved in the communication or exchange.

> Je vais demander la réponse **à Michelle.**
> Je vais suggérer **à mon ami** de prendre le train.

Indirect objects indicate *of whom, from whom,* or *to whom* someone is asking for or suggesting information, or *to whom* something is given.

> Je **vous** demande la réponse.   *I am asking **you** for the answer.*
> Je **te** suggère de prendre le train.   *I suggest to **you** to take the train.*

a. **Form.** The indirect object pronouns for the first and second persons, singular and plural, are identical to the direct object pronouns.

Résumé des pronoms		
sujet	**complément d'objet direct**	**complément d'objet indirect**
je	me	me
tu	te	te
nous	nous	nous
vous	vous	vous
il	le	*taught in Ensemble 6*
elle	la	*taught in Ensemble 6*
ils	les	*taught in Ensemble 6*
elles	les	*taught in Ensemble 6*

b. **Placement.** Indirect object pronouns take the same position in relation to the verb as direct object pronouns.

Résumé des positions des pronoms compléments d'objet		
	objet direct	**objet indirect**
présent		
affirmatif	il **me** voit	il **me** parle
négatif	il ne **me** voit pas	il ne **me** parle pas
passé composé		
affirmatif	il **m'**a vu(e)	il **m'**a parlé
négatif	il ne **m'**a pas vu(e)	il ne **m'**a pas parlé
avec infinitif	il va **me** voir	il va **me** parler

With the **passé composé**, the past participle does not agree with the indirect object pronoun, even if the pronoun refers to a woman or several people.

5.7 Accents in *-er* verbs

Like **préférer**, **suggérer**, and **répéter** are **-er** verbs with an **e accent aigu** (é pronounced [e]) in the syllable before the **-er** of the infinitive. When a conjugated form of the verb has an unpronounced ending (such as the third-person plural verb ending **ent**), the next to the last **e** is spelled with an **accent grave** and is pronounced [ε], as in **mère**.

Les accents avec les verbes *suggérer, répéter* et *préférer*					
	suggérer		**répéter**		**préférer**
présent	je suggère	je répète	je préfère
	tu suggères	tu répètes	tu préfères
	il / elle / on suggère	il / elle / on répète	il / elle / on préfère
	nous suggérons	nous répétons	nous préférons
	vous suggérez	vous répétez	vous préférez
	ils / elles suggèrent	ils / elles répètent	ils / elles préfèrent
passé composé	j'ai suggéré	j'ai répété	j'ai préféré

5.8 *Tout* as adjective and pronoun

Tout is a word that can mean *all, each, entire, every,* or *everything,* depending on the context. It is used in the idiomatic expression **tout le monde** (*everyone;* literally, *all the world*). Grammatically, it can function as an adjective and as a pronoun.

a. *Tout* **as adjective.** As an adjective, **tout** agrees in gender and number with the noun. It must be followed by an article, a possessive adjective, or a demonstrative adjective before the noun it qualifies.

> Est-ce que **tout le** monde parle anglais ?
> J'ai mangé **tout un** paquet de chocolat.
> J'ai visité **toute la** ville.
> **Tous ces** médecins sont riches.
> J'ai rencontré **toutes ses** sœurs.

Tout comme adjectif				
	tout	+ article	+	_nom_
masculin singulier	tout	le	livre	_(the entire book)_
féminin singulier	toute	la	France	_(all of France)_
masculin pluriel	tous	les	garçons	_(all of the boys)_
féminin pluriel	toutes	les	places	_(all of the seats)_

b. **_Tout_ as pronoun.** When used as a masculine singular pronoun, **tout** is the equivalent of _everything_ and does not require a specific noun antecedent. It can be either the subject or the complement of the verb. Its form never varies.

Tout comme pronom		
sujet	Tout est pris.	_(Everything is taken.)_
objet direct	Il sait tout.	_(He knows everything.)_

5.9 _Connaître_ and _savoir_

French has two words with different meanings to express the various meanings covered by the single English verb _to know_. The distinction between them is based primarily on the structure of the sentence in which they occur.

a. **Connaître** is always used with a direct object noun or pronoun _(to be familiar with)_.

> Je **connais** un bon **hôtel**.
> **Connaît-il** bien **Monsieur Leblanc ?** — Oui, il **le connaît**.

Connaître is used with most nouns. When the noun expresses intellectual or practical knowledge, **savoir** may be found as well. However, the use of **savoir** with nouns is diminishing. When in doubt about which verb to use with a noun, **connaître** is the safer choice.

> Je **connais** (**sais**) le prix des chambres.
> Je **connais** (**sais**) le nom d'un bon hôtel.

The **i** in **connaître** has an **accent circonflexe** when followed by a **t**.

b. **Savoir** is always used:

> ❯ alone _(to know)_.

>> Je ne **sais** pas.

> ❯ with infinitives _(to know how)_.

>> Je **sais nager**.
>> Mes amis **savent** bien **parler** français.

> ❯ with **que** plus a clause _(to know that)_.

>> Je **sais que** Paris est la capitale de la France.
>> Ils **savent qu'**il faut étudier.

Savoir may be used with some nouns that express intellectual or practical knowledge _(to know)_.

> Je **sais ma leçon**.
> Il **sait la date** de la Révolution française.

5.10 Ordinal numbers

Like English, French has two types of numbers. Cardinal numbers (**les nombres cardinaux**) express a quantity (**Cet hôtel a *cinq* étages**). Ordinal numbers (**les nombres ordinaux**) express ranking within an ordered series (**C'est le *cinquième* étage**).

Except for **premier(s) / première(s)**, all ordinal numbers are formed by adding **ième** to the cardinal number. Note, however, that:

> ❯ the final **e** is deleted in **quatre, trente**, etc: **quatrième**

> ❯ a **u** is added to **cinq** : **cinquième**

> ❯ **f** becomes **v** in **neuf : neuvième**

Nombres cardinaux	Nombres ordinaux
un	premier / première
deux	deuxième
trois	troisième
quatre	quatrième
cinq	cinquième
neuf	neuvième
dix	dixième
vingt et un	vingt et unième
trente	trentième

5.11 Complements of *dire*

As a communication verb, **dire** can be followed by four types of words.

1. a direct object

   Il a dit **son opinion.**

2. an indirect object

   Il a dit « oui » **à Marie.**

3. an infinitive preceded by **de**

   Elle m'a dit **de venir.**

4. a clause (subject + verb) preceded by **que**

   On m'a dit **que tu es malade.**

a. ***Dire + de + infinitive.*** When **dire** is followed by an infinitive, the preposition **de** must be used between **dire** and the infinitive.

Le verbe *dire* suivi de la préposition *de* + infinitif		
dire	préposition *de*	infinitif
Je vous dis	de	faire ces exercices.
Il m'a dit	de	réserver à l'avance.

b. *Dire + que +* **clause.** When a sentence with **dire** is followed by another sentence (subject + verb) reporting what is said, the two sentences (called *clauses*) must be joined by the conjunction (joining word) **que** to form a complex sentence.

Le verbe *dire* suivi de *que* + sujet + verbe		
dire	conjonction *que*	sujet + verbe
On dit	que	vous voulez partir.
Je vous dis	que	je suis malade !

Note that the conjunction **que** is required in French, whereas the conjunction *that* is often omitted in English: *He tells me (that) he is sick.*

5.12 Compound prepositions with *de*

The following are compound prepositions of location that end with **de** :

au centre de	à gauche de
en face de	à droite de
au coin de	à côté de

In these expressions, as with other uses of the preposition **de, de** combines with the definite articles **le** and **les.**

de + le → du	Le lycée est à côté **du** cinéma.
de + les → des	Le professeur est en face **des** étudiants.

but:

de la	C'est à côté **de la** gare.
de l'	C'est à côté **de l'**église.

5.13 The imperative

a. **Affirmative and negative forms.** One way to tell someone what to do is to use the imperative. Just as in English, the imperative is formed by using the *you* form of the present tense of the verb without the subject pronoun (*you make a right turn → make a right turn*). Because there are two forms of *you* in French, **vous** and **tu,** the imperative can be formed with either. However, note that all **-er** verbs and **avoir** do not have the final **s** in the **tu** form of the imperative.

Les verbes à l'impératif		
verbes en -er		
parler	parle ! parlez lentement !	ne parle pas ! ne parlez pas lentement !
aller	va là-bas ! allez là-bas !	ne va pas là-bas ! n'allez pas là-bas !
autres verbes		
sortir	sors ! sortez !	ne sors pas ! ne sortez pas !
avoir	aie de la patience ! ayez pitié de moi !	n'aie pas peur ! n'ayez pas pitié de moi !
être	sois calme ! soyez patients !	ne sois pas agité(e) ! ne soyez pas impatients !

b. **Used with object pronouns.**

1. **Negative.** With a negative imperative, the object pronoun (direct object, indirect object, or **y**) is in its normal place in the sentence in front of the verb.

> La télé... **ne la regarde pas** ce soir, il n'y a rien d'intéressant.
> Au restaurant Poisson rouge... mais **n'y va pas**, ça n'est pas bon.

2. **Affirmative.** With an affirmative imperative, the object pronoun (direct object, indirect object, or **y**) comes after the verb and is connected to it by a hyphen.

> Le roman de Zola, mais oui, **lis-le** !
> Tu peux aller en Europe cet été... alors, **vas-y** !

Note that the final **s** of the **tu** form of **aller** is used here because it is followed by **y**.

The object pronouns **moi** and **toi** are used instead of **me** and **te** respectively in the affirmative imperative.

> **Dites-moi** que vous allez venir !
> Je n'aime pas mon nom : **appelle-moi** Michel.

5.14 *Il faut*

Il faut expresses the notions of *it is necessary, one must, you have to*. It can be followed by either a noun or an infinitive. Its subject is always **il**. The **il** of **il faut** is impersonal, as in **il neige, il fait beau**.

> Il faut dix minutes à pied pour aller à la bibliothèque.
> *It takes ten minutes on foot to go to the library. (You have to give yourself ten minutes to go to the library on foot.)*

> Il faut tourner à droite au coin.
> *You have to turn right at the corner.*

In the negative, **il ne faut pas** expresses an interdiction: *don't, you must not*. It does not mean *it's not necessary* or *you do not have to*.

> Il ne faut pas manquer les cours.
> *One must not miss class.*

* *

Verbes irréguliers: *connaître, dire* et *savoir*

connaître *(to know, to be familiar / acquainted with)*			
je	connais	nous	connaissons
tu	connais	vous	connaissez
il / elle / on	connaît	ils / elles	connaissent
j'ai	connu		

savoir *(to know)*			
je	sais	nous	savons
tu	sais	vous	savez
il / elle / on	sait	ils / elles	savent
j'ai	su		

dire *(to say / tell)*			
je	dis	nous	disons
tu	dis	vous	dites
il / elle / on	dit	ils / elles	disent
j'ai	dit		

Ouverture culturelle

Paris et les Régions

La pyramide du Louvre, Paris

La Corse

Le château de Josselin, en Bretagne

Paris

ACTIVITÉ 1 *Carte d'identité de Paris* Capitale de la France depuis plus de mille ans, Paris est le centre gouvernemental, économique et artistique de la France. Littéralement et figurativement, « toutes les routes mènent à Paris. » Lisez le tableau suivant avant de répondre aux questions de la page 282.

Superficie la ville de Paris : 104 km² ; la région parisienne : 12 000 km².

Population la ville de Paris : 2,15 millions d'habitants ; la région parisienne : 11 millions.

Gouvernement La ville est divisée en vingt arrondissements° administratifs, mais il y a aussi des quartiers, chacun° avec son caractère particulier, tels que° le Quartier Latin, fréquenté par les étudiants ; le quartier de la Bastille avec ses restaurants, cafés et l'Opéra de Paris ; le Marais, un quartier historique avec une présence juive importante où les gens aiment faire les magasins le dimanche ; et Montmartre, avec ses cabarets et ses peintres, surtout pour les touristes.

districts
each
tels... such as

With this **Ouverture culturelle**:

CD-ROM
WWW : Les Régions
DVD (Track 13)
    Vignette culturelle : L'île de la Martinique

ACTIVITIES MANUAL
    Activités pour DVD
        Vignette culturelle :
        L'île de la Martinique

BOOK COMPANION SITE
    www.wiley.com/college/magnan

Dans le Marais à Paris

Économie Paris est le siège du gouvernement de la France et son plus grand centre économique. Une bonne partie des banques ont leur centre administratif à Paris où il y a aussi beaucoup d'industries (mode, électronique, transport), des maisons d'édition et des studios de télévision et de cinéma. Le tourisme international est aussi une grande source de revenus pour la ville de Paris.

Histoire et monuments On trouve à Paris des monuments qui rappellent l'histoire de cette ville-capitale. De l'époque gallo-romaine il reste les thermes de Lutèce au musée de Cluny. Du Moyen Âge il y a des cathédrales dont° les plus célèbres sont *of which* Notre-Dame de Paris et la Sainte-Chapelle. De la Renaissance, on trouve un grand nombre de palais. Les plus riches monuments de Paris révèlent l'art classique (la colonnade du musée du Louvre, l'Hôtel des Invalides). Du dix-neuvième siècle, il y a l'Arc de Triomphe, commencé sous le règne de Napoléon Ier et dont la construction a duré trente ans (1806–1836) et la première grande structure en métal : la Tour Eiffel de 300 mètres (1889). Des époques plus récentes, il y a le Centre Pompidou terminé en 1976, l'Arche de la Défense et les pyramides du Louvre, tous achevés en 1989.

Le Centre Pompidou (Beaubourg) et son arrêt de métro

Musées d'art Le Louvre (ancien palais royal où se trouvent des collections d'art depuis° l'antiquité jusqu'au dix-neuvième siècle) : *starting with* le musée national d'art moderne (dans le très moderne Centre Georges-Pompidou) ; le musée d'Orsay (dans une ancienne gare qui abrite° des collections d'art du dix-neuvième siècle y compris *houses, lit.* des tableaux impressionnistes, qui montrent le paysage parisien). *shelters*

1. Comparez Paris à une grande ville que vous connaissez : sa superficie, sa population, ses monuments, son rôle dans le pays.
2. Nommez un quartier de Paris et indiquez son caractère particulier.
3. Nommez quatre monuments à Paris et la période de leur construction.
4. Si vous allez à Paris, quel musée ou monument allez-vous visiter ?

Un bassin dans le jardin des Tuileries et le Louvre

ACTIVITÉ 2 *Paris romantique* Lisez ce poème de Gérard de Nerval (1808–1855) et répondez aux questions.

Le coucher du soleil

Quand le soleil du soir parcourt° les Tuileries	*goes over*
Et verse l'incendie° aux vitres° du château	verse... *pours fire / windows*
Je suis la Grande allée et ses deux pièces d'eau	
Tout plongé dans mes rêveries	
Et de là, mes amis, c'est un coup d'oeil fort beau	
De voir, lorsqu'alentour° la nuit répand son voile°	lorsqu'... *when all about /*
Le coucher du soleil, riche et mouvant tableau	répand... *spreads its veil*
Encadré° dans l'Arc de l'Étoile.	*framed*

1. Le poète fait sa promenade à quel moment de la journée ?
2. Le poète se trouve dans quel jardin ?
3. Pour le poète Paris est...
    a. une œuvre d'art.
    b. une ville dangereuse.
    Quels mots suggèrent cette comparaison ?
4. Il termine sa promenade à quel monument et à quel moment de la journée ?
    Trouvez la photo de ce monument parmi les photos de l'**Activité 4.**

ACTIVITÉ 3 *Explorons les musées de Paris*

1. D'après la *Carte des Monuments & Musées de Paris,* trouvez les trois musées suivants, indiquez dans quel arrondissement chaque musée se trouve et nommez deux monuments près de chaque musée.

Musée	*Arrondissement*	*Monuments*
Musée du Louvre	_____	_____
Musée national d'art moderne	_____	_____
Musée d'Orsay	_____	_____

Musées:
1. Musée du Louvre 2. Musée des Arts Décoratifs / Musée des Arts de la Mode et du Textile 3. Musée de l'Orangerie 4. Galerie Nationale du Jeu de Paume 5. Musées National des Techniques et des Arts et Métiers 6. Musée de la Chasse et de la Nature 7. Musée National Picasso 8. Musée de la Serrurerie / Musée Bricard 9. Musée Carnavalet 10. Musée national d'Art moderne-Centre Georges Pompidou 11. Maison de Victor Hugo 12. Muséum National d'Histoire Naturelle 13. L'Institut du Monde Arabe 14. Musée National du Moyen-Age ; Thermes de Cluny 15. Musée de la Monnaie 16. Musée d'Orsay 17. Musée Auguste Rodin 18. Palais de la Découverte 19. Galeries Nationales du Grand Palais 20. Musée du Petit Palais 21. Cité des Sciences et de l'Industrie

Monuments:
1. Notre Dame 2. Conciergerie 3. Palais Royal 4. St. Eustache 5. Arc de Triomphe de la Carrousel 6. Place Vendôme 7. Bourse 8. Hôtel de Ville 9. Place de la Bastille 10. Opéra de la Bastille 11. Panthéon 12. Palais de Luxembourg 13. Sénat 14. L'Institut de France 15. Assemblée Nationale 16. Hôtel National des Invalides 17. Tour Eiffel 18. Arc de Triomphe 19. La Madeleine 20. Place de la Concorde 21. Opéra Garnier 22. La Grande Arche de la Défense 23. Basilique du Sacré Cœur

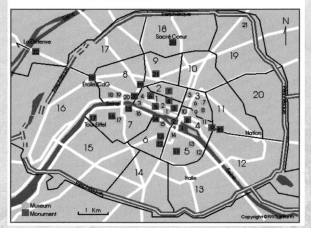

Carte des Monuments & Musées de Paris

2. Maintenant, « visitez » le musée que vous préférez sur le Web, et répondez aux questions suivantes.
   a. Quelle est l'adresse de votre site ?
   b. Quel tableau ou objet d'art vous a particulièrement intéressé(e) ? Pourquoi ?

ACTIVITÉ 4 *Paris à travers l'histoire*

1. Identifiez la photo à la page 285 qui correspond à chaque site de Paris.

_____ La cathédrale de Notre-Dame, datant de 1250, est la plus ancienne cathédrale de Paris.

_____ Le Pont Neuf est le plus vieux pont de Paris, achevé en 1604.

_____ L'Hôtel national des Invalides a été construit au dix-septième siècle pour loger des invalides ou des vieillards sans fortune qui avaient servi dans l'armée. Le tombeau de Napoléon se trouve dans son Église du Dôme depuis 1861.

_____ L'Arc de Triomphe, le plus grand ensemble de sculpture française du dix-neuvième siècle, a été construit par Napoléon pour célébrer ses victoires militaires.

_____ La Géode, le cinéma OMNIMAX, se trouve dans le Parc de la Villette. Ce parc, construit en 1985, est le plus vaste espace vert de Paris.

_____ L'Arche de la Défense, avec ses 35 étages, a été achevée en 1989 sous la présidence de François Mitterrand pour commémorer le bicentenaire de la Révolution française.

A.

B.

C.

D.

E.

F.

2. Quels sites ont une histoire militaire ? une histoire religieuse ?
3. Quels sites représentent la modernité de Paris ?

ACTIVITÉ 5 *Trois tableaux de Paris* Regardez attentivement
ces tableaux° et répondez aux questions.   *paintings*

La Place du Théâtre Français, 1895, Camille Pissarro,
French, 1830–1903.

Femme et enfant au balcon, 1872, Berthe Morisot,
French, 1841–1895.

Bal au Moulin de la Galette, 1876, Pierre-Auguste
Renoir, French, 1841–1919.

1. Quel temps fait-il dans chaque tableau ?
2. Dans quel(s) tableau(x) est-ce que le point de vue du spectateur
   est situé près de la scène ? loin de la scène ?
3. Par conséquent, dans quel tableau est-ce qu'on voit mieux° les   *better*
   Parisiens ? la ville de Paris ?
4. Quels sont les aspects de la vie parisienne montrés dans chaque
   tableau ?
5. Quelle est l'impression générale de chaque tableau ? des trois
   ensemble ?

Les Régions

Si on peut dire que Paris est « le cœur° » de la France, ce sont bien   *heart*
les régions de province qui produisent « le sang° » qui circule pour   *blood*
nourrir le pays.

En France métropolitaine, il y a 22 régions reconnues par le
gouvernement français ; par exemple, l'Alsace ou la Provence.
La France est le plus grand pays de l'Europe de l'Ouest. Elle a une
géographie et un climat très variés, ce qui produit une vaste variété
de produits, par exemple de fromages et de vin.°   *wines*
Une région est
une zone avec des caractéristiques communes. Dans une région,
le peuple partage des valeurs, une histoire, des traditions et un
mode de vie. Du fait de sa situation
géographique et de son climat,
chaque région a ses propres
produits agricoles et une cuisine
typique qui la distinguent des autres
régions. Il y a aussi souvent
un accent linguistique en commun
qui se distingue des accents
des habitants des autres régions.
Bref, une région est un lieu
d'identité commune qui se
différencie de l'identité de toute
autre région. La diversité des
régions contribue à la grande
beauté et à la richesse culturelle
de la France.

LES 22 RÉGIONS MÉTROPOLITAINES

ACTIVITÉ 6 *Les Régions* Regardez la carte de la France. Sur la carte, huit des vingt-deux régions métropolitaines sont indiquées. Utilisez le nom des régions et l'information donnée dans les légendes des photos pour associer chaque image avec une région.

1.

L'Armor : le pays de la mer ; La Pointe du Raz
Région : _____
Pourquoi situez-vous cette image ici ?

2.

Colmar, ville d'influence allemande
Région : _____
Pourquoi situez-vous cette image ici ?

3.

Les plages du Débarquement pendant la Deuxième Guerre mondiale
Région : _____
Pourquoi situez-vous cette image ici ?

4.

La plage à Saint Raphaël
Région : _____
Pourquoi situez-vous cette image ici ?

5.

Chenonceaux, un des beaux châteaux dans la vallée de la Loire
Région : _____
Pourquoi situez-vous cette image ici ?

6.

Ville de Montbonnot et le massif de la Chartreuse
Région : _____
Pourquoi situez-vous cette image ici ?

7.

Le château Latour et ses vignobles près de Bordeaux
Région : _____
Pourquoi situez-vous cette image ici ?

8.

Ajaccio, ville natale de Napoléon 1er
Région : _____
Pourquoi situez-vous cette image ici ?

ACTIVITÉ 7 *Gastronomie régionale* En France, chaque région a ses propres spécialités gastronomiques. Lisez les descriptions suivantes de spécialités régionales et associez-les avec des plats° ou des produits. *dish, meal*

> **Modèle:**   Spécialité régionale : À marée basse,° il est facile   marée...
> de trouver des fruits de mer qui sont un des délices *low tide*
> de la Bretagne.
>
> Plat ou produit : __a__ *Ce sont des coquilles Saint-Jacques.*

Spécialités régionales

____ 1. Cette soupe de poisson est le plat traditionnel des pêcheurs de la Méditerranée.

____ 2. C'est un type de quiche faite principalement à base d'oignons et qui est une spécialité alsacienne.

____ 3. En Normandie, on fabrique cet alcool très fort, à base de pommes° et qui se boit° surtout comme *apples / se... is* digestif après le dîner. *drunk*

____ 4. Il s'agit d'un condiment jaune qui est un produit de Dijon en Bourgogne.

____ 5. De la région de Nice, cette salade est souvent composée de tomates, de haricots verts, de thon° *tuna* et d'olives.

____ 6. Originaire de la Savoie, une région près de la Suisse, ce bol de fromage fondu est un plat favori en hiver.

____ 7. La majorité des régions françaises produisent du vin, mais ce produit alcoolisé vient d'une région unique dont il porte le nom.

Plats ou produits

a. les coquilles Saint-Jacques
b. la tarte à l'oignon
c. la fondue
d. la bouillabaisse
e. le Calvados
f. la moutarde
g. la salade niçoise

ACTIVITÉ 8 *La Corse et sa langue* La Corse, une des îles de la Méditerranée, est une région française où on parle français et souvent aussi la langue corse. Le corse est un dialecte toscan (langue romane) subdivisé en deux dialectes principaux. Lisez les définitions suivantes en corse. Identifiez le mot corse et le mot français qui correspondent à chaque définition.

Mots en corse : *babbu, mammone, casa, famiglia, bonghjornu*

Mots en français : bonjour, grand-mère, famille, maison, père

Définition en corse	Mot en corse	Mot en français
1. *Mamma di u babbu o di a mamma*	_____	_____
2. *Omu chì hà ingeneratu un figliolu o una figliola*	_____	_____
3. *Gruppu fundamentale di a sucietà umana custituitu da i genitori è i figlioli*	_____	_____
4. *Custruzzione à usu d'abitazione per una o parechje famiglie*	_____	_____
5. *Salutu augurale chì si dà di matinata è in corsu di a ghjurnata*	_____	_____

Nom de rue en corse et en français

La citadelle et un bateau de pêche à Bonifacio

Petit village corse dominant la mer

Roches de granit rouge près de Portu

ACTIVITÉ 9 *La Guadeloupe, région d'outre-mer* Dans l'Atlantique, en bordure de la Mer des Caraïbes, la Guadeloupe est un Département depuis 1946 et une Région depuis 1974. Son rapport avec la France date de la période coloniale (du dix-septième au vingtième siècles). La Guadeloupe reflète aujourd'hui le mélange d'une administration française et d'une vie créole.

En groupes de trois, considérez les aspects suivants. Quels aspects représentent, en général, le côté français de la Guadeloupe et quels aspects représentent son côté créole ?

le système scolaire	la poste
les festivals	la musique Zouk
les panneaux de signalisation routière	la cuisine°
la langue créole	la langue française
l'architecture créole	l'architecture coloniale

how food is prepared

La mairie à Moule, en Guadeloupe

Une école à Moule, en Guadeloupe

ACTIVITÉ 10 *Explorons une région française sur internet* Visitez le site Web d'une région de France en tapant le nom d'une région dans la boîte marquée « recherche » d'un moteur de recherche comme Yahoo.fr, Nomade.fr ou Google.fr. Nous suggérons les régions suivantes : l'Alsace, l'Aquitaine, la Bourgogne, la Bretagne, la Franche-Comté, les Pays-de-la-Loire ou la Provence.

　　Ensuite, choisissez une partie du site Web qui vous intéresse et notez trois observations qui vous semblent importantes.

Région : _____

Adresse internet : _____

Observations :

1. _____
2. _____
3. _____

Album Vilmorin, 1879

ENSEMBLE **6**

Manger et boire

> ❯ talking about what people eat and drink at various meals; offering, accepting, and refusing food and beverages

> ❯ talking about restaurant and menu choices; ordering, evaluating, and paying for a restaurant meal

> ❯ discussing dietary constraints; comparing people's actions and appearance

> ❯ choosing a store to buy food and specifying different quantities

Point de départ **Lire**

Stratégie Reconnaissez les présupposés culturels.

Look for the underlying cultural assumptions in a text and recognize how they may be different from your own.

Avant de lire « *Préface* » : *Le nouveau livre de cuisine*

1. Dans chaque paire entourez la phrase qui reflète le mieux vos présupposés en ce qui concerne la cuisine française.

   a. C'est très cher.   C'est bon marché.
   b. Les portions sont grandes.   Les portions sont petites.
   c. La préparation est compliquée.   La préparation est simple.
   d. C'est bon pour la santé.   C'est mauvais pour la santé.
   e. C'est un travail d'homme.   C'est l'affaire des femmes.

2. Comparez vos présupposés avec ceux d'un(e) camarade de classe et expliquez ce qui a influencé vos présupposés (un voyage en France, des films, des restaurants français aux États-Unis, le journal, l'opinion d'autres personnes, etc.).

En lisant

Entourez les noms dans le premier paragraphe et les adjectifs dans le deuxième paragraphe qui identifient des qualités de la cuisine française.

« *Préface* » : *Le nouveau livre de cuisine*

—Blanche Caramel

« Bien manger » , « Savoir boire » constituent un art éminemment français. Dans tous les pays du monde, les cuisiniers formés dans nos écoles font apprécier° la saveur et la diversité de nos préparations culinaires. De plus, les jugements de nos gastronomes font autorité dans un domaine où la France a un prestige incontestable. Il faut cependant reconnaître que les maîtresses de maison ont également contribué à établir la réputation de la cuisine française.

    Nos provinces offrent des trésors de recettes qui varient selon les produits régionaux, les saisons, les goûts et les habitudes des familles. La cuisine familiale des différentes régions de France est une cuisine honnête, simple, qui ne demande pas d'ingrédients rares et coûteux mais des produits de qualité, frais et judicieusement associés.° C'est une cuisine savoureuse et gaie, qui associe harmonieusement les couleurs, les consistances, les goûts et les arômes.

font... make one appreciate

combined

Après avoir lu

1. Quels aspects de la cuisine française sont mentionnés au premier paragraphe ?
2. Quels groupes de personnes contribuent à la réputation de cette cuisine ?
3. Dans le deuxième paragraphe, quels adjectifs décrivent la cuisine familiale ?
4. Quels aspects de la cuisine française sont mis en valeur dans ce texte ?

À vous la parole

Avec des camarades de classe, comparez le portrait de la cuisine française présenté dans ce texte avec vos présupposés.

Un chef et son associé dans un grand restaurant

Une maîtresse de maison dans sa cuisine

L'essentiel

Parler de ce qu'on mange et boit aux différents repas

  ### ÉCHANGE 1   *À table !*

MARI: Le dîner est prêt, à table !
FEMME: J'arrive ! Qu'est-ce qu'on mange aujourd'hui ?
MARI: Un poulet rôti avec du riz.
FEMME: Et comme boisson ?
MARI: On va boire du vin rouge.

❯ **Observez**

Which article is used here to express the idea of *one*? Which is used to express the idea of *some, a portion of,* or *a helping of*? (**6.1.a, b, c**)

Verbes				
boire *(to drink)*	je	bois	nous	buvons
	tu	bois	vous	buvez
	il / elle / on	boit	ils / elles	boivent
	j'ai	bu		

 **EXPRESSIONS UTILES** *repas*

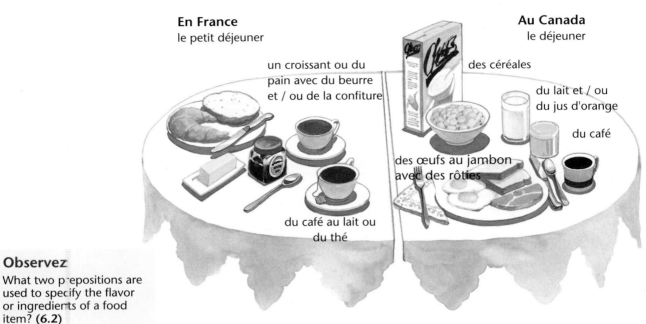

En France
le petit déjeuner

Au Canada
le déjeuner

un croissant ou du
pain avec du beurre
et / ou de la confiture

des céréales

du lait et / ou
du jus d'orange

du café

des œufs au jambon
avec des rôties

du café au lait ou
du thé

> **Observez**
What two prepositions are
used to specify the flavor
or ingredients of a food
item? **(6.2)**

du vin rouge ou blanc
et / ou de l'eau minérale

de la tarte aux
pommes

de la glace à la vanille

du coca-cola
ou de la bière

du fromage

des crudités

des petits pois

des chips

un sandwich
au poulet

du poulet rôti avec
des frites

En France
le déjeuner

Au Canada
le dîner

En France
le dîner

du vin et / ou
de l'eau

des fruits

du fromage

de la salade verte

une omelette aux pommes de terre

de la soupe de légumes

Au Canada
le souper

du gâteau au chocolat

du vin ou du café ou du thé

des haricots verts

de la salade de tomates

du poisson avec du riz

ACTIVITÉ 1 *Que manger ? Que boire ?* Proposez des choses à manger et à boire en utilisant le vocabulaire dans les **Expressions utiles.**

> **Modèle:**   des ingrédients pour un sandwich
> du pain, du beurre, du poulet, du fromage, des tomates

1. des boissons alcoolisées
2. des boissons non-alcoolisées
3. des desserts
4. des légumes
5. des ingrédients pour une omelette

ACTIVITÉ 2 *Qu'est-ce qu'on boit ?* Indiquez ce que chaque personne boit.

> **Modèle:**   Le professeur aime les fruits.
> Il boit du jus d'orange.

1. Les étudiants ont besoin de caféine.
2. Ma camarade de chambre et moi aimons les boissons non-alcoolisées.
3. Je suis allergique au lait.
4. Mes amis français n'aiment pas la bière.
5. Mon père aime les boissons chaudes, mais il n'aime pas le café.

ACTIVITÉ 3 *À chacun ses préférences* Travaillez avec un(e) camarade de classe. La personne A demande à la personne B si elle veut manger ou boire la chose indiquée. La personne B répond en donnant une raison pour sa réponse. Puis, changez de rôle.

> **Modèle:**   un sandwich au jambon
>
> A: Veux-tu un sandwich au jambon ?
>
> B: Oui, s'il te plaît. J'aime bien le jambon.
> *ou:*
> Non. Je n'aime pas le jambon. Je préfère un sandwich au poulet.

1. une omelette aux pommes de terre
2. de la glace à la vanille
3. du jus de tomate
4. de la soupe de poisson
5. une salade de haricots verts
6. de la tarte au fruit de la passion

APERÇUS CULTURELS

Les repas en famille

Le « Français moyen » prend 80% de ses repas à la maison et passe deux heures par jour à table. Les repas sont des moments importants dans la vie familiale pour échanger les nouvelles de la journée et prendre des décisions. Cependant, pour prendre en compte les activités des différents membres de la famille, les repas ont lieu de moins en moins à heure fixe et, par conséquent, les parents et les enfants ne mangent plus toujours ensemble. Un tiers° des Français rentre toujours déjeuner à la maison, mais dans les grandes villes on a de plus en plus tendance à déjeuner n'importe où : lieu de travail, restaurant, voiture, transports en commun, espaces publics.

third

Une famille française à table

❯ Quelles ressemblances et différences voyez-vous entre les repas chez vous et les repas à la française ?

❯ **Observez**

1. In the sentence **Prends de la viande et passe le plat**, why is **viande** preceded by **de la** and **plat** by **le**? (6.1.d)
2. You already know that the indefinite article becomes **de** in a negative sentence. What happens to the partitive article in a negative sentence? (6.1.e)

 ÉCHANGE 2   *À table en famille*

PÈRE: J'ai très faim ! Nicole, passe-moi le pain.

MÈRE: Et moi, j'ai soif. Nicole, passe-moi la carafe d'eau, s'il te plaît. Et puis prends de la viande et passe le plat à ton père.

[Un peu plus tard.]

NICOLE: Maman, je peux prendre du fromage ?

MÈRE: Mais oui. Et toi, papa, tu veux du dessert ?

PÈRE: Non merci, pas de dessert pour moi.

EXPRESSIONS UTILES *vaisselle*

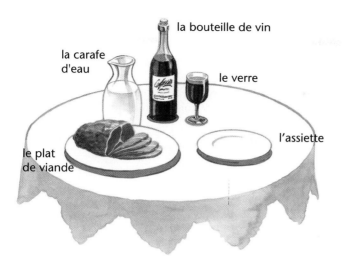

ACTIVITÉ 4 *Passe-moi…* Imaginez que vous êtes à table. Demandez qu'on vous passe l'objet approprié selon les indications.

> **Modèle:** Je voudrais du fromage.
> Passe-moi le plat de fromage, s'il te plaît.

1. Je voudrais du vin.
2. Je voudrais de la viande.
3. Je voudrais de l'eau.
4. Je voudrais te donner de la salade.
5. Je voudrais te donner du vin.

ACTIVITÉ 5 *Que prenez-vous ?* Répondez par des phrases complètes en faisant attention aux articles partitifs.

1. Que prenez-vous à midi quand vous avez très faim ?
2. Qu'est-ce que vous ne mangez pas le soir ?
3. Qu'est-ce que vous buvez quand vous avez très soif ?
4. Qu'est-ce que vous buvez quand il fait chaud ?
5. Qu'est-ce que vous ne buvez pas le matin ?

ACTIVITÉ 6 *Tu aimes… ?* Circulez parmi vos camarades de classe et demandez si chaque camarade aime certaines choses à manger ou à boire. Vos camarades vont indiquer s'ils prennent souvent cet aliment ou cette boisson et pourquoi.

> **Modèle:** A: Est-ce que tu aimes le jus d'orange ?
> B: Oui, je prends souvent du jus d'orange. J'aime bien ça.
> *ou*:
> Non, je ne prends jamais de jus d'orange. Je préfère le jus de tomate.

Offrir à manger et accepter ou refuser

ÉCHANGE 3   *Repas avec un invité*

MAÎTRESSE DE MAISON: Je vous donne un peu de sauce ?

INVITÉ: Avec plaisir. Votre sauce est vraiment délicieuse.

[Un peu plus tard]

MAÎTRESSE DE MAISON: Encore un peu de gâteau ?

INVITÉ: Merci, cette fois je suis obligé de refuser.

EXPRESSIONS UTILES   *à table*

offrir

Je vous donne...

Voulez-vous du / de la / des... ?

Encore un peu de... ?

Vous reprenez du / de la / des... ?

accepter

Avec plaisir. C'est vraiment délicieux.

Volontiers, c'est très bon.

(Oui), s'il vous plaît.

refuser

Merci, pas pour l'instant.

Non merci, je n'ai vraiment plus faim.

Merci, cette fois je suis obligé(e) de refuser.

APERÇUS CULTURELS

Accepter ou refuser à table

À table, la réponse « merci » ou « non merci » avec une intonation descendante signifie qu'on ne veut pas prendre ou reprendre quelque chose à boire ou à manger. Et quand on refuse, il est fréquent d'ajouter un compliment ou une explication. Pour accepter, on ne dit pas « oui merci », mais on confirme son « oui » en ajoutant « s'il vous plaît », « volontiers », « avec plaisir », « c'est très bon », etc. Pour indiquer que vous ne voulez plus manger, dites « j'ai bien mangé ».

> Dans ce contexte, quelle est la différence entre l'emploi de « merci » en français et « *thank you* » en anglais ?

ACTIVITÉ 7 *Oui, un peu...* Travaillez par deux. La personne A offre quelque chose et la personne B indique qu'elle voudrait seulement un peu de cette chose.

Modèle: beurre

A: Je te donne du beurre ?

B: Oui, s'il te plaît... un peu de beurre.

1. confiture   4. salade
2. riz   5. fromage
3. sauce   6. gâteau

ACTIVITÉ 8 *Tu veux... ?* Avec un(e) camarade de classe, jouez cette scène entre deux personnes à table. La personne A offre deux choses ; la personne B accepte la première et refuse la deuxième.

Modèle: viande / avec... sauce

A: Tu veux encore de la viande ?

B: Volontiers, c'est très bon.

A: Avec de la sauce ?

B: Merci, pas pour l'instant.

1. pain / avec... beurre
2. gâteau / avec... glace
3. fromage / avec... fruits
4. viande / avec... pommes de terre
5. riz / avec... sauce
6. croissant / avec... confiture

Vocabulaire essentiel

choses à boire

la bière	*beer*
la boisson	*beverage*
le café	*coffee*
le coca-cola	*Coca-Cola*
l'eau *(f)* (les eaux) (minérale)	*(mineral) water*
le jus	*juice*
le lait	*milk*
le thé	*tea*
le vin	*wine*

choses à manger

le beurre	*butter*
les céréales *(f pl)*	*cereal*
les chips *(f pl)*	*potato chips*
le chocolat	*chocolate*
la confiture	*jam*
le croissant	*croissant (roll)*
les crudités *(f pl)*	*cut-up raw vegetables*
le dessert	*dessert*
les frites *(f pl)*	*French fries*
le fromage	*cheese*
le fruit	*fruit*
le gâteau (les gâteaux)	*cake*
la glace	*ice cream*
les haricots verts *(m pl)*	*green beans*
le jambon	*ham*
le légume	*vegetable*
la pomme	*apple*
l'œuf *(m)*	*egg*
l'omelette *(f)*	*omelet*
l'orange *(f)*	*orange*
le pain	*bread*

les petits pois *(m pl)*	*peas*
la pomme de terre (les pommes de terre)	*potato*
le poulet	*chicken*
le riz	*rice*
la rôtie	*thick-cut toast common in Quebec*
la salade	*salad*
le sandwich	*sandwich*
la sauce	*sauce, gravy*
la soupe	*soup*
la tarte	*pie*
la tomate	*tomato*
la vanille	*vanilla*
la viande	*meat*

repas

le déjeuner	*lunch (France), breakfast (Canada)*
le dîner	*dinner (France), lunch (Canada)*
le petit déjeuner	*breakfast (France)*
le souper	*supper (evening meal in Quebec)*

vaisselle

l'assiette *(f)*	*plate*
la bouteille	*bottle*
la carafe	*carafe*
le plat	*platter, dish, or type of food*
le verre	*glass*

continued on next page

continued from previous page

autres expressions utiles	
à table !	*come and eat!*
avoir faim	*to be hungry*
avoir soif	*to be thirsty*
blanc(he)	*white*
délicieux / délicieuse	*delicious*
encore un peu de	*a little more (of)*
obligé(e)	*obliged*
pas pour l'instant	*not for the moment*
un peu (de)	*a little (bit of)*
prêt(e)	*ready*
rôti(e)	*roast(ed)*

rouge	*red*
vert(e)	*green*

autres verbes

boire   *to drink*

je bois	nous buvons
tu bois	vous buvez
il / elle / on boit	ils / elles boivent
j'ai bu	

refuser	*to refuse (conj. like **parler**)*
reprendre	*to take more of (conj. like **prendre**)*

Prononciation **La lettre *s***

The French letter **s** is pronounced either [s] (**salade, passé**) or [z] (**cuisine**), depending on the position of the **s** in the word and whether the word is spelled with one **s** or two.

1. **ss** is always [s]:

   poisson   aussi   croissant

2. **s** is always [s] at the beginning of a word:

   sauce   soupe   sandwich

3. **s** is usually [s] between a written consonant and a vowel or between a vowel and a written consonant:

   danse   personne   poste   valse

4. **s** is usually [z] between two vowels:

   plaisir   refuser   chose

5. **s** is generally silent at the end of a word:

   repa$s$ petit$s$ poi$s$ ju$s$

6. When you make a **liaison,** however, the **s** is always [z]:

   des_œufs

7. There are a few words where a final **s** is pronounced [s]:

   un bus, un fils

ACTIVITÉ 9 *Ne confondez pas [s] et [z]* D'abord, répétez les paires de mots après votre professeur.

[s]	[z]
1. un dessert	un désert
2. deux sœurs	deux heures
3. du poisson	du poison
4. ils sont fins	ils ont faim

Ensuite, avec un(e) camarade de classe et tour à tour, posez les questions et répondez logiquement avec un de ces mots.

> **Modèle:**   A: La crème au chocolat, c'est un fromage ?
>
> B: Non, c'est un dessert.

1. Le filet de sole, c'est du poulet ?
2. On va manger à dix heures ?
3. Est-ce que les enfants veulent manger ?
4. L'arsenic, c'est bon à manger ?
5. Comment sont ces fromages ?
6. Le Sahara, c'est un dessert ?

Expansion **Lire**

> *Stratégie* Parcourez un texte scientifique pour trouver des mots familiers.

Use the similarity between scientific terms in French and English to get the gist of a French text.

Avant de lire *Comment est évalué un OGM°avant sa mise sur le marché*

Parcourez le petit texte qui suit en entourant les termes « scientifiques » qui ressemblent à des mots anglais. Ensuite répondez aux questions.

Organisme Génétiquement Modifié

L'analyse des risques pour la santé et l'environnement est l'élément fondamental et préalable à toute autorisation de mise sur le marché d'OGM. Elle est fondée sur des éléments scientifiques pertinents et pluridisciplinaires et est confiée à des comités d'experts indépendants.

1. Quelle sorte d'analyse va-t-on faire ?
2. Selon le texte, qui va faire cette analyse ?

En lisant

Entourez les termes « scientifiques » qui ressemblent à des mots anglais.

Comment est évalué un OGM avant sa mise sur le marché

En France, l'analyse des risques liés à la dissémination d'un OGM dans l'environnement est réalisée° par la Commission du Génie Biomoléculaire (CGB) pour les questions environnementales et par l'Agence Française de Sécurité Sanitaire des Aliments (AFSSA) pour les aspects alimentaires. L'évaluation est effectuée au cas par cas et tient compte° de nombreux éléments dont° la nature du transgène, des conditions et de la zone d'utilisation de l'OGM, et de l'usage qui en sera fait° (alimentaire, industriel ou autre).

carried out

tient... takes into account / including

qui... which will be made of it

En fonction de ces éléments, sont évalués différents types de risques :

❯ la stabilité de la construction génétique

❯ le risque toxique : par exemple évaluer la toxicité des nouvelles protéines présentes dans la plante

❯ le risque alimentaire pour l'homme et l'animal : par exemple évaluer l'équivalence en substance de l'OGM avec le produit de référence traditionnel

❯ le risque allergique : par exemple comparaison des nouvelles protéines avec les allergènes connus

❯ le risque écologique : par exemple évaluer le potentiel de prolifération dans l'écosystème de l'OGM et ses conséquences éventuelles

Après avoir lu

1. Quelles expressions dans le premier paragraphe ressemblent à des mots scientifiques anglais ?
2. Ce texte parle de deux groupes responsables pour l'analyse des risques des OGM en ce qui concerne la santé et l'environnement. Quel groupe examine les questions alimentaires ? Quel groupe évalue les risques des cas environnementaux ?
3. Quels sont les cinq types de risques qui sont évalués ?

À vous la parole

Travaillez par deux. À votre avis, quel est le risque le plus grave qui est discuté dans ce texte ? Pourquoi ?

Manifestion au Québec contre les OGM

DOSSIER 2

In this Dossier, you will
learn about these
grammatical features

➤ the first-person
plural form of the
imperative

➤ the conjugation of
-ir / -iss verbs like
choisir

Point de départ **Écouter**

Stratégie Utilisez les mots que vous comprenez pour deviner le sens d'un mot nouveau.

You can often guess the meaning of unfamiliar words based on clues in the text provided by the words that you do know.

🔘 Avant d'écouter *L'omelette*

Écoutez les phrases suivantes qui parlent d'une scène dans un café de campagne. Devinez le sens des expressions en caractères gras et entourez les autres mots qui vous ont aidé(e) à déterminer le sens de ces expressions.

1. **se cache :** Le criminel ne veut pas que la police le trouve. Alors il **se cache** à la campagne.
2. **lard :** Vous voulez du **lard** dans votre omelette ? Non, merci, je ne mange jamais de porc.
3. **inconnu :** La jeune femme ne connaît pas l'homme. Elle est troublée par cet **inconnu**.

🔘 En écoutant

L'omelette

—d'après Colette

Devinez le sens des trois mots suivants à partir des mots que vous comprenez.

Mots inconnus	Mots compris	Équivalents anglais
1. l'argent	prix, payer	_____
2. sale	désordre, barbe de trois jours	_____
3. les gendarmes	police	_____

Après avoir écouté

1. Décrivez Pierre Lagnier.
2. Qu'est-ce que la femme lui propose d'abord ?
3. Qu'est-ce qu'il demande ensuite ?
4. Pourquoi est-ce que la femme est surprise ?
5. Pourquoi est-ce que Pierre n'a pas mangé son omelette ?

À vous la parole

Travaillez avec un(e) camarade de classe pour jouer les rôles de la femme du café et du gendarme à qui elle téléphone pour décrire l'apparence et le comportement de l'inconnu.

With this **Dossier:**

AUDIO CD (Tracks 16, 17)
Point de départ :
    L'omelette (16)
Expansion : À la cantine (17)

CD-ROM (E6)
Échanges
C'est comme ça !
Comment le dire
Mise-en-scène

DVD (Track 15)
Situation : Au restaurant

ACTIVITIES MANUAL
    (E6D2)
Activités écrites
Activités de laboratoire
Activités pour DVD
    Situation : Au restaurant

BOOK COMPANION
    SITE (E6)
www.wiley.com/
    college/magnan

L'essentiel

Parler du choix d'un restaurant ou d'une sorte de repas

ÉCHANGE 1   *Allons au restaurant ?*

FEMME: Qu'est-ce que nous mangeons ce soir ?

MARI: Euh... Il n'y a rien au frigo et je n'ai pas envie de faire la cuisine. On va au restaurant ?

FEMME: Oui, mais où ? Au MacDo ?

MARI: Tu sais bien que je n'aime pas les fast-foods. Allons plutôt au bistro du coin. J'ai envie de manger un bifteck et des frites.

FEMME: D'accord, allons-y.

EXPRESSIONS UTILES   *restaurants*

un café	un fast-food
un bistro	un resto-U
une brasserie	un restaurant italien / marocain / vietnamien
une crêperie	

Un fast-food à Rouen

Une crêperie à Collonges la Rouge

Les cafés, les fast-foods et les restaurants

Les cafés, souvent avec une terrasse et toujours avec un bar, jouent un rôle important dans le monde francophone. Simples ou luxueux, ce sont traditionnellement des lieux fréquentés par des gens de tous les milieux sociaux. On va au café pour boire quelque chose, discuter, lire le journal, faire des affaires ou des rencontres. On peut aussi y manger des sandwichs, des salades et des gâteaux. Aujourd'hui les fast-foods de style américain font concurrence aux cafés pour les repas rapides, particulièrement pour les jeunes, mais ils ne peuvent pas égaler l'atmosphère particulière de chaque café. Pour un repas plus abondant, on va au bistro ou au restaurant. Les bistros et les restaurants varient énormément selon leur ambiance, la sorte de cuisine qu'ils offrent, la qualité de leurs plats et leurs prix. Bref, chacun trouve quelque chose à son goût et selon son budget.

Un fast-food en Dordogne

Terrasse d'un café à Paris

Un restaurant marocain à Marrakech

> Que pensez-vous des fast-foods ? Pourquoi ?

ACTIVITÉ 1 *Au restaurant* Indiquez le plat / la boisson qu'on ne trouve pas d'habitude dans chaque sorte de restaurant.

1. Un fast-food : du café, du coca, du vin
2. Un restaurant italien : une salade, un croissant, du fromage
3. Une crêperie : des chips, des œufs, du jambon
4. Un bistro : du poulet, de la soupe, des céréales

ACTIVITÉ 2 *Où allez-vous dîner ?* Travaillez avec un(e) camarade de classe. À tour de rôle, suggérez un type de restaurant pour chaque occasion indiquée.

> **Modèle:**   Vous sortez de votre dernier cours l'après-midi.
> Allons au café.

1. Vous sortez avec des amis un samedi soir, après un match de football.
2. C'est votre anniversaire.
3. Vous déjeunez entre deux cours.
4. Vous dînez avec des amis avant d'aller au cinéma un vendredi soir.
5. C'est la Saint-Valentin (le 14 février).

ÉCHANGE 2   *Un menu ou à la carte ?*

A: Tu as regardé le menu ?
B: Oui, nous avons un beau choix. Qu'est-ce que tu veux ?
A: Moi, j'ai envie de prendre le menu à vingt euros. Et toi ?
B: Ça ne me dit rien. Je vais prendre quelque chose à la carte.

EXPRESSIONS UTILES   *réactions*

Ça me convient.
Ça me plaît.
Ça ne me dit pas grand-chose.
Ça ne me dit rien.

ACTIVITÉ 3 *Ça vous plaît ?* Indiquez si chaque plat / boisson vous plaît ou pas.

> **Modèle:**   le sandwich au jambon
> Ça ne me dit rien.

1. le poisson avec du riz   4. le lait
2. les crudités   5. les petits pois
3. le gâteau au chocolat   6. les omelettes

La carte et les menus

En France, les restaurants offrent des repas complets à différents prix qu'on appelle des « menus ». Si vous prenez un menu, vous choisissez un plat dans chaque catégorie (entrée, plat principal, etc.). Les menus ont en général des prix avantageux. Si vous ne voulez pas un des menus, vous commandez « à la carte » (c'est un peu plus cher) et vous choisissez librement à partir d'une liste de plats variés. Dans les deux cas, les prix sont toujours « service compris » dans la France métropolitaine. Il n'est donc pas nécessaire de laisser un pourboire,° mais on peut donner quelques euros au serveur ou à la serveuse quand on a été satisfait du service.

tip

❯ Quels sont les avantages / désavantages de prendre un menu ?

Commander, apprécier et payer un repas au restaurant

 ÉCHANGE 3 *Choisir ce qu'on mange*

SERVEUR: Vous avez choisi ?

PAUL: Oui, deux menus à vingt euros.

SERVEUR: Comme entrée pour madame ?

ANNE: Les crudités, s'il vous plaît.

SERVEUR: Comme plat principal ?

ANNE: Le poulet... avec les frites, s'il vous plaît.

Verbe				
choisir (*to choose*)	je	choisis	nous	choisissons
	tu	choisis	vous	choisissez
	il / elle / on	choisit	ils / elles	choisissent
	j'ai	choisi		

EXPRESSIONS UTILES *menu*

▸ **Observez**

1. Why is the definite article used instead of the partitive when the woman gives her order? **(6.1.d)**
2. What other verbs do you know with past participles like **choisi**? **(6.5)** Note that **partir** and **sortir** follow a different conjugation pattern than **choisir**.

Menu à 20 euros

Nos entrées
crudités
ou assiette de charcuterie

Nos plats du jour
poulet à la crème
ou rôti de bœuf
avec frites ou haricots verts

Nos fromages
Nos desserts
mousse au chocolat
ou tarte aux pommes

service compris 15%

ACTIVITÉ 4 *Qu'est-ce qu'on choisit ?*   Indiquez ce que ces personnes choisissent dans les menus suivants, selon leurs préférences.

| **Modèle:** | Tanina aime les fruits. |
| | Elle choisit la tarte aux pommes. |

1. Ahmed aime les pommes de terre.
2. Christine et Chantal aiment le jambon.
3. Ma camarade de chambre et moi aimons la viande.
4. J'aime le chocolat.
5. Ma mère aime le poisson.
6. Mon frère et moi aimons les légumes.

ACTIVITÉ 5 *Que choisir ?*   Lisez chaque menu de l'**Activité 4** et entourez le plat que vous préférez dans chaque catégorie. Ensuite, travaillez en groupes de trois et jouez des rôles : le serveur ou la serveuse dans un restaurant et deux client(e)s. Chaque client(e) choisit un des deux menus et le serveur / la serveuse demande à l'un(e) et à l'autre de préciser chaque plat.

ÉCHANGE 4   *C'est bon ?*

A: Le rôti est bon ?

B: Je le trouve un peu trop cuit. Et ton poulet ?

A: Très bon et la sauce est parfaite.

EXPRESSIONS UTILES *appréciations*

Le vin est médiocre / très bon.
La viande est trop cuite / tendre.
Les hors-d'œuvre sont trop salés / savoureux.
La sauce est trop épicée / parfaite.
Le poisson a mauvais goût / bon goût.
Le service est mauvais / excellent.

ACTIVITÉ 6 *Qu'en pensez-vous ?* Faites une phrase avec un élément de chaque colonne.

Modèle: Le café est médiocre.

le café	avoir	trop salé(e)(s)
le poulet	être	bon goût
la soupe		très tendre(s)
les chips		trop épicé(e)(s)
le rôti de bœuf		médiocre(s)
la sauce		parfait(e)(s)

ACTIVITÉ 7 *Êtes-vous satisfait(e) ?* Dites comment vous avez trouvé votre repas à ce restaurant St-Hubert au Québec. D'abord complétez la carte commentaires, et ensuite basez vos remarques sur votre évaluation.

Modèle: A: Comment avez-vous trouvé le poulet ?

B: Je l'ai trouvé excellent, bien cuit et chaud, et j'ai trouvé la portion assez bonne.

ÉCHANGE 5 *Payer au restaurant*

CLIENT: L'addition, s'il vous plaît.
SERVEUR: Voici, monsieur.
CLIENT: Vous prenez les chèques personnels ?
SERVEUR: Non, désolé, monsieur. Nous acceptons seulement les cartes de crédit et, bien sûr, le paiement en espèces.

EXPRESSIONS UTILES *modes de paiement*

Vous prenez   les cartes de crédit ?
            les chèques de voyage ?
            les chèques personnels ?
            les dollars ?
Nous préférons le paiement en espèces.
Vous avez la monnaie de cent euros ?

ACTIVITÉ 8 *Comment payer ?* Quel mode de paiement choisissez-vous d'habitude ?

     Modèle: dans un restaurant en Italie
                       les chèques de voyage

1. dans un fast-food   3. dans un café
2. dans un restaurant de luxe   4. dans votre restaurant préféré

ACTIVITÉ 9 *L'addition, s'il vous plaît* Avec un(e) camarade de classe, jouez une scène entre un(e) client(e) et un serveur / une serveuse. Le client / La cliente regarde seulement la colonne de gauche et propose un mode de paiement. Le serveur / La serveuse regarde seulement la colonne de droite et indique les modes de paiement acceptables.

	Modes de paiement proposés	Modes de paiement acceptables
Modèle:	cartes de crédit	chèques de voyage
	chèques de voyage	paiement en espèces

CLIENT: L'addition, s'il vous plaît.
SERVEUR: Voici, monsieur.
CLIENT: Vous prenez les cartes de crédit ?
SERVEUR: Je regrette, monsieur. Nous prenons seulement les chèques de voyage
ou le paiement en espèces.
CLIENT: Ah bon. J'ai des chèques de voyage.

Modes de paiement proposés	Modes de paiement acceptables
1. dollars carte VISA	1. carte VISA chèques de voyage
2. chèques de voyage en dollars cartes de crédit	2. cartes de crédit chèques de voyage en euros
3. chèques personnels chèques de voyage	3. chèques de voyage cartes de crédit
4. chèques personnels carte American Express	4. carte American Express paiement en espèces

Vocabulaire essentiel

cartes et menus

la carte	menu
l'entrée (f)	first course
les hors-d'œuvre (m pl)	appetizers
le menu	set menu with limited choices, fixed-price meal
service compris	tip included

choses à manger

le bifteck	steak
la charcuterie	cooked pork products
la crème	cream
la mousse	mousse
le rôti (de bœuf)	roast (beef)

modes de paiement

la carte de crédit	credit card
le chèque (de voyage)	(traveler's) check
le dollar	dollar
la monnaie	change
le paiement en espèces	payment in cash

réactions et appréciations

avoir bon / mauvais goût	to taste good / bad
ça me convient	that suits me fine
ça me plaît	I like that
ça ne me dit pas grand-chose	that doesn't do much for me
ça ne me dit rien	that does nothing for me
parfait(e)	perfect
savoureux / savoureuse	tasty
tendre	tender

restaurants

le bistro	café, small restaurant
la brasserie	bar-restaurant
le café	café
la crêperie	restaurant specializing in crêpes
le fast-food	fast-food restaurant
le resto-U	university cafeteria

autres expressions utiles

l'addition (f)	check, bill (in a restaurant)
le choix	choice
comme	as
cuit(e)	cooked
épicé(e)	spicy
faire la cuisine	to cook
le frigo	refrigerator
personnel(le)	personal
plutôt	rather
salé(e)	salty
vietnamien(ne)	Vietnamese
voici	here is / are

autres verbes

accepter	to accept (conj. like **parler**)
choisir	to choose

je	choisis	nous	choisissons
tu	choisis	vous	choisissez
il / elle / on	choisit	ils / elles	choisissent
j'ai	choisi		

Prononciation **Les lettres *j* et *g***

In French, **j** is always pronounced [ʒ]:

  je jus jouer jamais déjà

The French [ʒ] sounds like the middle consonant in the English words *pleasure* and *measure;* it is different from the English *j* in words like *jam* or *jog.*

 In French, **g** can be pronounced [g] (**élégant**) or [ʒ] (**géologie**), depending on which vowel follows.

1. **g** is always [g] before **a**, **o**, and **u**
    gâteau frigo légume guide
2. **g** is always [ʒ] before **e**, **i**, and **y**
    mangeons girafe gymnase

ACTIVITÉ 10 *Comment dit-on... ?* Avec un(e) camarade de classe et tour à tour, demandez l'équivalent français de chaque mot anglais. Dans vos réponses, épelez lettre par lettre les mots français.

  Modèle: (anglais) *garage* / (français) garage

     A: Comment dit-on « *garage* » en français ?

     B: On dit « *garage* » : G-A-R-A-G-E

1. *George* / Georges
2. *judgment* / jugement
3. *pajamas* / pyjama
4. *origin* / origine
5. *margarine* / margarine
6. *geology* / géologie

Expansion **Écouter**

> *Stratégie* Utilisez les mots qui riment pour comprendre une chanson.

In all languages, songs can be difficult to understand. Use the rhyme scheme to guess how key words are spelled, and then use that spelling hint to help figure out the meaning through context.

Avant d'écouter *À la cantine*

Écoutez les deux vers suivants d'une chanson humoristique qui parle de la cantine d'une école française. Utilisez la rime pour deviner le mot qui manque dans le texte.

Je n'aime pas manger à la cantine,
Parce que la cuisine n'y est pas _____ .

◉ ◎ En écoutant

Écrivez dans les blancs les mots que vous entendez. Utilisez la rime pour vous aider.

À la cantine

Nous aimons manger à la cantine.
Même si c'est de la mauvaise _____,
On voit les copains et les copines,
Et on peut faire de belles combines.°   *pranks*

Si on nous sert de la _____,
On en met sur tous les murs,
Pour faire de très jolies _____.
Oui, on s'amuse à coup sûr.

Nous aimons surtout le poulet,
Avec des frites ça nous _____ ;
On les met dans les oreilles,
Et parfois même dans le _____.

À la cantine même si on a _____,
On fait des boules avec le pain,
Et on les lance° vers les _____,   *throws*
Qui trouvent ça très bien.

Et si on apporte des tartines,°   *slices of bread with spread*
On les lance vers les _____,
Qui font toujours de mauvaises _____ ;
Oui, on s'amuse à la cantine.

Après avoir écouté

1. Devinez le sens des mots que vous avez écrits en écoutant.
2. Qu'est-ce qu'on mange dans cette cantine ?
3. Comment est la discipline dans cette cantine ? Donnez des exemples.
4. Pourquoi est-ce que l'adolescent aime manger à la cantine ?

À vous la parole

Travaillez par deux pour comparer vos expériences à la cantine de votre école avec la description de la cantine dans la chanson.

DOSSIER 3

In this Dossier, you will learn about these grammatical features

> the indirect object pronouns **lui** and **leur**

> the prepositions **sans** and **avec**

> the comparison of adjectives, adverbs, verbs, and nouns

> the conjugation of **-re** verbs

With this **Dossier:**

CD-ROM (E6)
Échanges
Comment le dire
ACTIVITIES MANUAL (E6D3)
Activités écrites
Activités de laboratoire (avec enregistrement)
BOOK COMPANION SITE (E6)
www.wiley.com/college/magnan

Point de départ **Lire**

Stratégie Trouvez les oppositions pour comprendre les effets comiques.

Comic texts are often based on opposing opinions.

Avant de lire *Quel régime pour un malade imaginaire ?*

Vous allez lire un texte qui met en question les mérites de certains aliments° pour créer un effet comique. Avant de commencer votre lecture, indiquez votre opinion des aliments dans le tableau qui suit.

foods

1. Que pensez-vous de ces aliments ? (Mettez des X dans ce tableau.)

	rôti de bœuf	salade	fruit	fromage	gâteau
a très bon goût					
a peu de goût					
est riche en calories					
est pauvre en calories					

2. Quels aliments recommandez-vous à quelqu'un qui a des troubles digestifs ?

En lisant

Molière (1622–1673) est célèbre pour ses comédies où il satirise souvent les médecins et la médecine. Dans « *Le Malade imaginaire* » (1673), Argan est un homme qui pense qu'il est très malade. Sa servante, Toinette, est fatiguée de l'entendre se plaindre de sa santé.° Un jour, elle se déguise en médecin et lui donne une consultation.

se... complain about his health

En lisant cet extrait, entourez les aliments suggérés par le médecin et soulignez les aliments proposés par Toinette.

Quel régime pour un malade imaginaire ?

—d'après Molière

TOINETTE:	Que vous ordonne votre médecin pour votre nourriture ?
ARGAN:	Il m'ordonne de la soupe de légumes.
TOINETTE:	Ignorant !
ARGAN:	Du poulet.
TOINETTE:	Ignorant !
ARGAN:	Du veau.° *veal*
TOINETTE:	Ignorant !
ARGAN:	De la salade verte.

TOINETTE:	Ignorant !
ARGAN:	Des œufs frais.
TOINETTE:	Ignorant !
ARGAN:	Et le soir des petits pruneaux.°
TOINETTE:	Ignorant !
ARGAN:	Et aussi de boire mon vin avec de l'eau.
TOINETTE:	Ignorant ! Ignorant ! Ignorant ! Il faut boire votre vin pur ; et pour votre santé, il faut manger du bon gros bœuf, du bon gros porc, du bon fromage de Hollande, du riz bien gras et des gâteaux. Votre médecin est une bête. Je vais revenir vous voir de temps en temps, quand je passerai dans° votre ville.
ARGAN:	Je vous remercie infiniment.

prunes

passerai... *pass through*

Après avoir lu

1. D'après le titre de cette comédie, Argan est-il vraiment malade ?
2. Comparez les aliments suggérés par le médecin et les aliments suggérés par Toinette. Quelles différences trouvez-vous entre les deux régimes ?
3. Quel est l'effet de ces différences ?

À vous la parole

Discutez avec un(e) camarade de classe. Préférez-vous le régime suggéré par le médecin ou par Toinette ? Pourquoi ?

L'essentiel

Parler des contraintes de régime

ÉCHANGE 1 *Pas de viande pour le fils Chamberlin*

MARI:	Qu'est-ce que tu fais pour les Chamberlin ce soir ?
FEMME:	Je vais leur donner des petits biftecks avec des frites.
MARI:	Mais leur fils est végétarien !
FEMME:	Je sais bien, et je vais lui donner une omelette. J'ai téléphoné à Madame Chamberlin et elle m'a dit qu'il adore ça.

> **Observez**
>
> 1. To whom is the woman planning to serve steak? To whom is she going to serve an omelette? **(6.6)**
> 2. Do the pronouns **lui** and **leur** indicate direct or indirect objects? Which is singular? plural? **(6.6)**

EXPRESSIONS UTILES *contraintes de régime*

être végétarien(ne)	avoir du cholestérol
être diabétique	avoir besoin de maigrir
être allergique (à...)	avoir besoin de grossir / prendre des kilos

ACTIVITÉ 1 *Que manger ?* Suggérez un plat pour chaque situation dans les **Expressions utiles**.

Modèle: avoir besoin de grossir
du gâteau au chocolat

ACTIVITÉ 2 *Que faire pour les invités ?* Vous avez invité des amis à dîner. Ils ont tous des contraintes de régime ou des goûts particuliers. Suivez le modèle pour dire ce que vous allez leur préparer.

> **Modèle:**   Anne / être végétarienne
>   Anne est végétarienne. Je vais lui faire une omelette au fromage.

1. les Rocher / suivre un régime pour maigrir
2. les enfants Sorel / détester le poisson
3. Madame Deguy / ne pas manger de viande
4. Paul / avoir du cholestérol
5. Martine / être diabétique

ÉCHANGE 2   *Pour être en forme*

> **Observez**
>
> 1. When Alain says **il ne faut pas boire d'alcools** why is **de** used? **(6.1.e)**
> 2. In addition to the partitive, what expressions are used in this conversation to express quantity? **(6.3)**
> 3. Is there an article after the preposition **sans**? **(6.7)**

BENOÎT: Mes parents me disent que je mange mal. Vous êtes d'accord ?

ALAIN: Euh... oui, peut-être. Si tu veux être en forme, il faut boire de l'eau minérale et il ne faut pas boire d'alcools.

JACQUES: Et il faut manger beaucoup de fruits, de légumes frais et de salades et peu de pain et de pâtisserie. Et bien sûr, il ne faut pas manger trop de charcuterie ou de viande grasse.

MOUNIRA: Oui, et il faut boire le café sans sucre et sans crème et manger quelquefois les viandes sans sauce. Et aussi, il faut choisir le lait et le yaourt allégés ou maigres.

BENOÎT: Oui, d'accord... mais si on mange comme ça, où est le plaisir ?

ACTIVITÉ 3 *Quel régime ?* Indiquez l'expression qui ne convient pas dans chaque cas.

1. Si on a du cholestérol, il ne faut pas manger trop de...
        fromage   charcuterie   légumes verts

2. Si on veut être en forme, il faut manger peu de...
        viande grasse   yaourt maigre   pain

3. Si on est diabétique, il ne faut pas manger beaucoup de...
        salade   sucre   pâtisserie

4. Si on ne veut pas prendre de kilos, il faut boire beaucoup d(e)...
        coca allégé   eau minérale   bière

APERÇUS CULTURELS

La nouvelle cuisine et les produits allégés

Les Français aiment bien manger, mais ils veulent aussi « être en forme » et « avoir la ligne ». Aujourd'hui la nouvelle cuisine, plus légère, moins riche en beurre, sauces et calories que la cuisine traditionnelle, a fait des adeptes dans les familles et les restaurants. On trouve dans les magasins des produits allégés en graisse et sucre (on dit aussi « light »), particulièrement des boissons et des produits laitiers : sodas, beurre, fromages, yaourts.

> Quels produits allégés préférez-vous ?

ACTIVITÉ 4 *Que faut-il faire ?* Complétez les phrases suivantes en utilisant **avec** ou **sans** suivi d'une expression logique. Attention à l'emploi de l'article.

1. Si on est diabétique, il faut prendre son café...
2. Si on veut prendre des kilos, il faut manger son poulet...
3. Si on a du cholestérol, il faut manger son pain...
4. Si on veut grossir, il faut manger son gâteau...

Faire des comparaisons

ÉCHANGE 3   *Avoir la ligne*

M. BERTRAND: Tu es mince, toi. Tu suis un régime ?

M. ROLAND: Non, mais je mange moins qu'avant et je fais plus de sport. Si on veut avoir la ligne, il faut faire autant de sport que possible.

M. BERTRAND: C'est vrai. Si on ne veut pas être trop rond, il faut être actif. Pourtant, il ne faut pas exagérer.

M. ROLAND: Tu as raison, mais tout le monde n'est pas aussi raisonnable que toi et moi !

> **Observez**
> 1. Which expressions are used to make comparisons? **(6.8.a, b)**
> 2. In these comparisons, what does the word **que** mean? **(6.8.a)**
> 3. What type of pronoun follows **que** in a comparison? **(6.8.c)**

EXPRESSIONS UTILES   *la ligne*

avoir la ligne
être mince / maigre
être gros(se) / rond(e)

ACTIVITÉ 5 *Évolution des aliments consommés* Comparez les quantités d'aliments consommées par personne et par an en France en 1980 et en 2001.

	1980	**2001**	
pain	81 kg	57 kg	
fromage	14 kg	19 kg	
légumes	70 kg	92 kg	
bœuf	16 kg	15 kg	
poulet	14 kg	24 kg	
pommes de terre	96 kg	68 kg	
sucre	20 kg	8 kg	

Modèle: Les Français mangent moins de pain maintenant qu'avant.
Les Français mangent plus de fromage maintenant qu'avant.

ACTIVITÉ 6 *Comparaisons* Travaillez avec un(e) camarade de classe. Pour chaque paire de noms, faites quatre types de comparaisons où le mot comparé est (A) un adjectif, (B) un adverbe, (C) un verbe et (D) un nom.

> **Modèle:**   les enfants / les adolescents
>
> A: Les enfants sont **moins âgés que** les adolescents.
>
> B: Les enfants mangent **moins rapidement que** les adolescents.
>
> C: Les adolescents **lisent plus que** les enfants.
>
> D: Les adolescents boivent **plus de coca-cola que** les enfants.

1. les Français / les Américains
2. les chats / les chiens
3. les hommes / les femmes

ÉCHANGE 4   *Christian a maigri*

ANDRÉ: Eh dis donc, Christian, tu as maigri, toi.

CHRISTIAN: Eh oui, j'ai perdu dix livres.

ANDRÉ: Et moi, j'ai grossi. J'ai pris quinze livres. Qu'est-ce que tu as fait pour maigrir ?

CHRISTIAN: J'ai changé de régime : je mange moins et je fais plus d'exercice !

Verbe					
perdre *(to lose)*	je	perds		nous	perdons
	tu	perds		vous	perdez
	il / elle / on	perd		ils / elles	perdent
	j'ai	perdu			

> **Observez**
>
> 1. Note that the verbs **maigrir** and **grossir** are conjugated like **choisir**. How would you say *They are getting thin*? **(6.5)**
> 2. Would you expect the infinitive form of **j'ai perdu** to have the same ending as **maigrir** and **grossir**? Why or why not? **(6.9)**

ACTIVITÉ 7 *Gardez la ligne !* Complétez les phrases suivantes. Donnez plusieurs possibilités pour chaque phrase.

> **Modèle:**   Si on ne mange pas assez...
>
> on maigrit.
>
> *ou:*
>
> on perd des kilos.

1. Si on boit beaucoup de bière...
2. Quand nous mangeons beaucoup de desserts...
3. Quand les enfants ne boivent pas de lait...
4. Si tu as des problèmes digestifs...
5. Quand vous ne faites pas d'exercice...
6. Quand je voyage...

ACTIVITÉ 8 *Modifiez les recettes* Vous avez les contraintes de régime indiquées. Comment faut-il modifier ces recettes ?

Pouding au riz (recette de La Nouvelle-Orléans)
1 tasse (250 ml.) de riz
3 tasses (750 ml.) de crème
2 tasses (500 ml.) de lait
2 c. à thé (10 ml.) de vanille
5 jaunes d'œufs
¼ c. à thé (2,5 g.) de sel

Couscous Simple (recette sénégalaise)	
viande: 600 g	manioc°: 300 g
couscous: 500 g	pommes de terre: 300 g
oignons verts: 100 g	carottes: 220 g
tomates: 250 g	concentré de tomate: 100 g
choux°: 400 g	huile: 4 c. à soupe
navets°: 300 g	eau: 1 litre
courgettes°: 300 g	

cassava

cabbage
turnips
zucchini

Modèle: Vous voulez être en forme.

Il faut faire le pouding au riz avec seulement deux ou trois œufs et du lait ou de la crème allégée.

Il faut faire le couscous avec du poulet et moins d'huile. Pour les légumes, pas de problème.

1. Vous avez besoin de grossir.
2. Vous avez du cholestérol.
3. Vous êtes allergique aux tomates et au lait.
4. Vous êtes végétarien(ne).
5. Vous êtes diabétique.
6. Vous voulez perdre des kilos.

Du pouding au riz garni de raisins secs

Un couscous

Le vin et les autres boissons

Chez un marchand de vin

En France, dans l'imaginaire collectif, le vin
— et surtout le vin rouge, qui représente
73% de la consommation française — est
« bon pour la santé ». Ne dit-on pas
« À votre santé » quand on trinque° avec
quelqu'un ? Le vin a la réputation d'aider à
la digestion et de donner de la force quand
on est fatigué et du calme quand on est
nerveux, à condition bien sûr de le boire
avec modération. Cependant, pour la
plupart des Français, le vin est un produit festif plutôt que quotidien : seulement 24% des Français
en boivent tous les jours. En fait, les Français boivent deux fois plus d'eau minérale que de vin : 146
litres par personne par an contre 63. Quant à la bière, elle devient de plus en plus populaire mais
elle est rarement servie avec les repas. Et les Français ne prennent pas de café avec leur déjeuner ou
dîner... seulement après.

clinks glasses

❯ En général, qu'est-ce que les gens de votre région boivent avec le dîner ?

Vocabulaire essentiel

choses à boire et à manger

l'alcool	(m) alcohol, drink consisting of or containing hard liquor
la pâtisserie	pastry
le sucre	sugar
le yaourt	yogurt

contraintes de régime

allergique	allergic
avoir du cholestérol	to have high cholesterol
diabétique	diabetic
le régime	diet
suivre un régime	to be on a diet
le / la végétarien(ne)	vegetarian

expressions de comparaison

aussi	as
autant (de)	as much, as many
moins (de)	less, fewer

expressions de quantité

le kilo	kilogram
la livre	pound (Canada), half kilogram (France)
trop (de)	too much, too many

la ligne

avoir la ligne	to have a good figure
en forme	in shape
grossir	to gain weight (conj. like **choisir**)
maigre	skinny, low-calorie (food)
maigrir	to lose weight (conj. like **choisir**)
prendre... kilos / livres	to gain . . . kilos / pounds
rond(e)	round, plump

autres expressions utiles

allégé(e)	light (low-calorie)
gras(se)	fatty
pourtant	nevertheless

autres verbes

changer (de)	to change (conj. like **nager**)
perdre	to lose

je	perds	nous	perdons
tu	perds	vous	perdez
il / elle / on	perd	ils / elles	perdent
j'ai	perdu		

téléphoner (à)	to phone (conj. like **parler**)

Prononciation **Les lettres c et ç**

1. At the beginning or in the middle of a word, the letter **c** can be pronounced [k] as in **café** or [s] as in **cinéma**, depending on the letter that follows it.

   a. **c** is always [k] before a consonant other than **h**.

      climat   crème

      Exception: **ch** is pronounced [ʃ], as in **chanson** and **chercher**.

   b. **c** is always [k] before **a, o, u**.

      carte   confiture   cuisine

      Exception: The **c** in **second(e)** is pronounced [g].

   c. **c** is always [s] before **e, i**, and **y**.

      céréales   ici   bicyclette

   d. **ç** is always [s] and is used only before **a, o**, and **u**.

      ça   leçon   déçu

2. At the end of a word, the letter **c**, like the other consonants in the word **CaReFuL**, is generally pronounced.

   parc   choc   chic

   In these cases, it is pronounced [k].

   Exception: In some words, the final **c** is silent.

   porc   estomac   blanc

3. The French sound [k] is not followed by a puff of air, as is the English sound [k].

   confiture   chic

ACTIVITÉ 9 *N'aspirez pas vos [k]*   Avec un(e) camarade de classe, faites des petites conversations en utilisant les questions et les réponses suggérées entre parenthèses.

> **Modèle:**   Je pars en voyage. (quand / à quatre heures)
>
> A: Je pars en voyage.
>
> B: Quand ?
>
> A: Aujourd'hui à quatre heures.
>
> B: Quand ? ? ?

1. J'ai rencontré un vieil ami. (qui / Confucius)
2. Je vais aller au Cameroun. (comment / en car)
3. Je voudrais de la confiture. (de quoi / de carottes)
4. Peux-tu me donner quelques dollars ? (combien / quatre cents)
5. Je n'ai pas fini mes devoirs. (pourquoi / pas compris les questions)

Expansion **Écrire**

> *Stratégie* Pour soutenir un point de vue, définissez les termes clés et faites une liste d'exemples.

When writing to express a point of view, it is important to define key terms and to support your argument with pertinent examples.

Avant d'écrire *Bien manger*

On dit souvent que les Américains ne mangent pas bien, mais est-ce vrai ?

1. À votre avis, que veut dire « bien manger » ? Est-ce une question...

   de qualité ? _____

   de quantité ? _____

   de variété ? _____

   de santé ? _____

   de plaisir ? _____

2. Si on est quelqu'un qui « mange bien », faites une liste de choses...

   qu'on prend : _____

   qu'on boit : _____

   qu'on fait : _____

3. Est-ce que vous mangez bien ? Comparez vos habitudes alimentaires avec l'art de bien manger que vous avez défini dans les questions précédentes.

Écrire

Écrivez un paragraphe pour exprimer votre opinion sur l'idée que les Américains ne mangent pas bien. D'abord expliquez votre définition de « bien manger » et ensuite décrivez votre cas particulier par rapport à cette définition.

Après avoir écrit

Relisez votre paragraphe pour vérifier que vous avez...

1. utilisé les articles appropriés et des expressions de quantité.
2. arrangé vos phrases de façon logique.
3. commencé par une phrase d'introduction et terminé par une phrase de conclusion.

À vous la parole

En groupes, lisez vos paragraphes à haute voix. Chaque membre du groupe dit s'il est d'accord ou pas d'accord, et pourquoi.

Point de départ Écouter

> *Stratégie* Utilisez la séquence des événements pour comprendre la structure d'une histoire.

You can often rely on words indicating sequence to help you follow the plot of a story.

Avant d'écouter *Le riz et l'herbe*° grass

Dans le conte folklorique vietnamien que vous allez écouter, plusieurs mots clés indiquent la structure de l'histoire.

| un jour | d'abord | puis | ensuite | mais | |
| après cela | enfin | voilà pourquoi° | | | *that's why* |

1. Lequel de ces mots pourrait° indiquer le début de la partie   *might*
   centrale de l'histoire ?
2. Quel mot pourrait introduire une action problématique ou inattendue ?
3. Quel mot pourrait indiquer le résultat de cette action ?

En écoutant

Dans quel ordre (1–4) est-ce que Ngoc Hoang a fait ces actions ?

_____ Il a envoyé son officier sur la terre.

_____ Il a créé le riz et l'herbe.

_____ Il a fait les animaux et les hommes.

_____ Il a puni son officier.

Après avoir écouté

1. L'officier a fait quelle grave erreur ?
2. Quel problème de nourriture est posé dans ce conte ?
3. D'après cette histoire, quel est l'aliment de base au Viêt Nam ?

À vous la parole

Discutez avec un(e) camarade de classe. D'après vous, y a-t-il un aliment de base aux États-Unis ? Si oui, pourquoi est-ce que cet aliment est important ? Si non, pourquoi pas ?

DOSSIER 4

In this Dossier, you will learn about these grammatical features

› the use of **si** to give affirmative answers to negative questions

› the object pronoun **en**

With this **Dossier:**

AUDIO CD (**Track 18**)
Point de départ : Le riz et l'herbe

CD-ROM (E6)
Échanges
Comment le dire

DVD (**Tracks 16, 17**)
Situation : Faire les courses (16)
Vignette culturelle : Le marché de la rue Mouffetard (17)

ACTIVITIES MANUAL (E6D4)
Activités écrites et Rédaction
Activités de laboratoire
Activités pour DVD
    Situation : Faire les courses
    Vignette culturelle : Le marché de la rue Mouffetard

BOOK COMPANION SITE (E6)
www.wiley.com/college/ magnan

L'essentiel

Choisir un magasin d'alimentation

 ÉCHANGE 1   *Qu'est-ce qu'il faut ?*

FEMME: Tu peux aller faire les courses ce matin ?

MARI: Mais oui, qu'est-ce qu'il faut ?

FEMME: Va chez le marchand de vin et prends du vin rouge.

MARI: C'est tout ?

FEMME: Non, va aussi à la charcuterie et prends du jambon, s'il te plaît.

EXPRESSIONS UTILES   *magasins d'alimentation*

Va...

à la boulangerie	à la boucherie	à l'épicerie
à la pâtisserie	à la charcuterie	au supermarché
		au marché

chez le marchand / la marchande de fruits / de légumes

chez le marchand / la marchande de vin

Une boulangerie à Paris

Une charcuterie à Annecy

Un marché en Provence

Une épicerie à Paris

APERÇUS CULTURELS

Les magasins d'alimentation

Entre 1966 et 1994 les Français ont fait de plus en plus leurs courses dans les grands magasins libre-service comme Leclerc, Carrefour et Intermarché, et par conséquent le nombre de petites épiceries a diminué de 84% et le nombre de boucheries de 71%. Cependant, depuis 1994 les supermarchés et les hypermarchés perdent° des parts de marché au profit° des magasins spécialisés et des commerces de proximité qui offrent à leurs clients un service plus attentif et plus personnalisé. De plus, les marchés en plein air, avec leurs fleurs, leurs fruits et légumes et autres produits alimentaires, ont toujours beaucoup de clients parce que dans les petites villes aussi bien que dans les quartiers des grandes villes, le jour du marché est l'occasion de se rencontrer et d'échanger les dernières nouvelles.

perdent... have been losing market share to

▶ Quels sont les avantages / les désavantages de faire les courses dans un supermarché ?

ACTIVITÉ 1 *Qu'est-ce qu'on y achète ?* Quels produits peut-on acheter dans ces magasins ?

1. à la pâtisserie
2. à l'épicerie
3. à la boucherie
4. à la boulangerie
5. à la charcuterie

ACTIVITÉ 2 *Je ne sais pas où c'est !* À tour de rôle, demandez à un(e) camarade de classe d'aller prendre quelque chose dans un de ces magasins. Votre camarade de classe va vous demander où est le magasin.

Modèle: rôti

   A: Va à la boucherie et prends un rôti pour ce soir.

   B: Je ne sais pas où c'est.

   A: C'est à côté de la boulangerie.

1. pain
2. bifteck
3. sucre
4. jambon
5. gâteau au chocolat
6. café
7. petits pois
8. croissants
9. bouteille de vin rouge

Préciser une quantité

ÉCHANGE 2   *À l'épicerie*

MARCHANDE: Bonjour, Madame Duplessis, qu'est-ce qu'il vous faut ?

CLIENTE: Un kilo de pommes, une livre de haricots, une laitue, deux boîtes de petits pois, un paquet de café et quatre tranches de jambon.

MARCHANDE: Vous ne voulez pas de lait aujourd'hui ?

CLIENTE: Si, un litre, s'il vous plaît.

EXPRESSIONS UTILES   *quantités*

un kilo de...	une bouteille de...	une douzaine de...
une livre de...	un paquet de...	une tranche de...
un litre de...	une boîte de...	200 grammes de...

> **Observez**
> 1. What preposition is used with expressions of quantity? Is there an article used with the noun that follows? (6.3)
> 2. What word does the customer use instead of **oui** to indicate *yes*? Is the preceding question affirmative or negative? (6.10)

ACTIVITÉ 3 *Quel produit... ?* Pour chaque expression de quantité, indiquez un produit qui convient.

> **Modèle:**   une bouteille
>   une bouteille de vin

1. un litre
2. une douzaine
3. une boîte
4. un paquet
5. une tranche
6. un kilo

ACTIVITÉ 4 *Quelle quantité... ?* Travaillez avec un(e) camarade de classe. La personne A demande si la personne B ne veut pas le produit indiqué. La personne B répond « si » en indiquant une quantité qui convient.

> **Modèle:**   oranges
>
>   A: Ne voulez-vous pas d'oranges ?
>
>   B: Si, je veux un kilo d'oranges.

1. jambon
2. œufs
3. lait
4. café
5. eau minérale
6. haricots verts

> **Observez**
> 1. What pronoun is used to replace a noun preceded by an indefinite article or a number? (6.11.a)
> 2. Where in the sentence is this pronoun located? (6.11.b)

ÉCHANGE 3   *À la boulangerie-pâtisserie*

CLIENT: Une baguette, s'il vous plaît.

BOULANGÈRE: Désolée, je n'en ai plus.

CLIENT: Alors donnez-moi un pain et huit croissants.

BOULANGÈRE: Je regrette, il y en a seulement six.

CLIENT: Ça ne fait rien, je les prends. Et des tartes aux fraises.

BOULANGÈRE: Vous venez trop tard, monsieur, il n'y en a plus.

ACTIVITÉ 5 *Il n'y en a plus !* Avec un(e) camarade de classe, jouez cette scène dans une épicerie. Le client / La cliente demande des ingrédients pour faire des plats différents. Le marchand / La marchande n'a plus de ces produits.

> **Modèle:**   une salade de fruits
>
> CLIENT(E):   Avez-vous des pommes aujourd'hui ?
> MARCHAND(E):   Des pommes ? Je regrette ; il n'y en a plus.
> CLIENT(E):   Alors, avez-vous... ?

1. une salade de fruits
2. une soupe de légumes
3. des sandwichs
4. une omelette
5. une quiche
6. un couscous

ACTIVITÉ 6 *Combien... ?* Répondez aux questions suivantes selon le modèle.

> **Modèle:**   Combien de boîtes de coca buvez-vous chaque semaine ?
>
> J'en bois dix.
>   *ou:*
> Je n'en bois pas.

1. Combien de boissons allégées buvez-vous chaque jour ?
2. Combien de repas prenez-vous chaque jour ?
3. Combien de desserts prenez-vous chaque semaine ?
4. Combien de pommes mangez-vous chaque semaine ?
5. Combien de boulangeries y a-t-il dans votre ville ?
6. Combien de restaurants français y a-t-il dans votre ville ?

ÉCHANGE 4   *Chez la marchande de fruits et légumes*

> CLIENT: Vous avez des fraises ?
> MARCHANDE: Il y en a là-bas avec les surgelés.
> CLIENT: Ma femme n'aime pas les surgelés. Donnez-moi des oranges.
> MARCHANDE: Vous en voulez combien ?
> CLIENT: J'en veux un kilo.
> MARCHANDE: Et quoi d'autre ?
> CLIENT: C'est tout, merci.

> **❯ Observez**
>
> In the expression **j'en veux un kilo**, to what does the pronoun **en** refer? **(6.11.a)**

ACTIVITÉ 7 *Mais tu exagères !* Avec un(e) camarade de classe, discutez de ce que vous mangez. Exagérez un peu en indiquant les quantités.

Produits	Quantités
pommes de terre	...tranche(s) de
œufs	...paquet(s) de
beurre	...boîte(s) de
jambon	...douzaine(s) de
fromage	...kilo(s) de
petits pois	...livre(s) de

> **Modèle:**   A: Tu aimes les pommes de terre ?
>
> B: Mais oui, j'en mange un kilo tous les jours.
>
> A: Tu manges un kilo de pommes de terre tous les jours ? C'est pas vrai !
>
> B: Si, si, c'est vrai.

ACTIVITÉ 8 *Vous en voulez combien ?* Avec un(e) camarade de classe, jouez les rôles d'un(e) marchand(e) et d'un(e) client(e) à l'épicerie. Précisez le produit, le nombre désiré, la quantité désirée, et demandez le prix.

3,80€

BANANIA
La boîte de 1,3 kg
Le kg : 2,90€

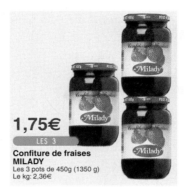

1,75€   LES 3

Confiture de fraises MILADY
Les 3 pots de 450g (1350 g)
Le kg : 2,36€

6,50€   + 1 GRATUIT

Café moulu REGAL Jacques VABRE
Les 3 paquets de 250 g
+ 1 paquet gratuit (1000 g)
Le kg: 8,60€ 6,50€

3,50€

Camembert BRIDEL 45% M.G.
Le lot de 2 camemberts de 250 g (500 g)
Origine France - Le kg : 7€

5,60€

Yaourts aux fruits YOPLAIT
Le 16 pots de 125 g

3,70€   LES 48

48 œufs frais moyens
Origine France

1,60€

Vin de table français* Duc de Chantecroix rouge 12% vol. ou blanc 11,5% vol.
La bouteille de 75 cl
Le litre : 2,13€

3,10€   LES 6

Lait UHT demi-écrémé
Les 6 bouteilles de 1 litre
Origine France
Le litre : 0,52€

3,60€   LES 3

Pur jus d'orange BAHIA
Les 3 bocaux de 1 litre
Le litre : 1,20€

2,12€   Le kg

Quart avant avec épaule, côtes échines
Porcs issus de l'élevage français

Vocabulaire essentiel

choses à manger

la baguette	*loaf of French bread*
la fraise	*strawberry*
la laitue	*lettuce*
les surgelés *(m pl)*	*frozen foods*

magasins d'alimentation

la boucherie	*butcher shop*
la boulangerie	*bakery*
la charcuterie	*pork butcher's shop, delicatessen*
l'épicerie *(f)*	*grocery store*
le / la marchand(e) de fruits / de légumes	*fruit / vegetable merchant*
le / la marchand(e) de vin	*wine merchant*
le marché	*market (esp. open air market)*
la pâtisserie	*pastry shop*
le supermarché	*supermarket*

quantités

la boîte	*can, box*
la douzaine	*dozen*
le gramme	*gram*
le litre	*liter*
le paquet	*packet, package*
la tranche	*slice*

autres expressions utiles

ça ne fait rien	*that doesn't matter*
qu'est-ce qu'il faut ?	*what's needed?*
qu'est-ce qu'il vous faut ?	*what do you need?*
quoi d'autre ?	*what else?*
si	*yes (after a negative remark)*
tard	*late*

Prononciation **La lettre x**

The letter **x** in French can be pronounced [ks] as in **taxi** or [gz] as in **examen,** depending on its position in the word.

1. **x** is [gz] in words beginning with **ex** followed by a vowel:

   exercice   exact   exubérant

2. **x** is [ks] in most other cases:

   expliquer   excellent   Alexandre

3. **x** is usually silent at the end of a word:

   prix   voix   ambitieux

Exceptions:

1. There are a few technical terms in which **x** is pronounced [ks] at the end of a word:

   télex   fax   index

2. Note that **x** is [s] in **six** and **dix** when these words are not followed by a noun or another number.

   Six et six font douze.
   J'en ai dix.

3. Remember that **x** is [z] when you make a **liaison:**

   deux_heures   six_œufs   beaux_enfants

ACTIVITÉ 9 *Attention à vos* X Travaillez avec un(e) camarade de classe. Une personne pose les questions ; l'autre répond en utilisant les suggestions entre parenthèses.

> **Modèle:**   Combien font 6 et 10 ? (16)
> A: Combien font six et dix ?
> B: Six et dix font seize.

1. Qui est Alexandre ? (boxeur extraordinaire)
2. Pourquoi es-tu vexé(e), exactement ? (un D à mon examen)
3. Quel est le prix d'un taxi pour aller à Saint-Prix ? (26 euros)
4. Elles sont bonnes, tes fraises ? (excellentes)
5. Vous voulez combien d'œufs ? (36)

Expansion **Discuter**

> *Stratégie* Choisissez vos critères.

In a discussion involving group decision-making, it is important to agree on the criteria for making the decision.

Avant de discuter *Choisir un restaurant*

Vous allez travailler avec des camarades de classe. Avec votre groupe, déterminez l'importance respective de chacun des critères suivants dans le choix d'un restaurant. (1 = le plus important, 7 = le moins important)

_____ la sorte de cuisine : classique, régionale, internationale, exotique

_____ le prix

_____ l'ambiance

_____ le service

_____ la qualité de la cuisine

_____ les vins

_____ la publicité

Discuter

Toujours dans les mêmes groupes, discutez des six restaurants suivants selon vos critères. Choisissez le restaurant où vous voulez aller dîner ensemble.

Après avoir discuté

Expliquez votre choix à la classe.

LE WESTERN

LE PLUS AMÉRICAIN DES RESTAURANTS PARISIENS

Dans un décor Far West avec un véritable shérif pour maître d'hôtel, Le Western propose une cuisine au goût de l'Amérique. Parmi les classiques du lieu, la célèbre côte de boeuf, les T-bone et sirloin steaks, les spare ribs, sans oublier du côté de l'océan, les gambas grillées. Un choix d'entrées variées, guacamole, beignets de crabe et un chariot de desserts appétissants parmi lesquels les fameux cheesecake, brownies et apple pie complètent la carte du Western.

Hôtel Paris Hilton — 18, av. de Suffren, 15ᵉ — 01 42 73 92 00 — Ouvert tous les jours 12h à 15h et de 19h à 23h

LA CRÉOLE cuisine antillaise

Une des meilleures adresses de Paris pour découvrir la vraie cuisine antillaise. Superbe décor exotique, musique insulaire, et jolies serveuses en tenues locales. Punchs, accras, boudins, langoustes et crabes farcis.

122, bd. du Montparnasse, 14ᵉ — 01 43 20 62 12 — Last service 23h — Ouvert tous les jours — Menu 20 euros · Carte 40 euros — CB AE DC

L'EMBELLIE

Exceptionnel décor du XVe. Dîner aux chandelles. "J'ai volontairement choisi ce lieu historique propice au calme et à la gastronomie, pour vous proposer une cuisine française traditionnelle et vous faire découvrir mes dernières créations culinaires."   Eric Fischer

19, rue des Ursins, 4e — Parking Notre-Dame — 01 46 33 26 29 — Last service 23h — Closed : dimanche/Sunday — Menu déj. 15 euros /Menu 30 euros (apéritif et verre de vin compris) — Carte 45 euros — Repas d'affaires pour 40 pers. — CB., AE., DC., VISA

LE JARDIN

Restaurant d'un genre nouveau à Paris, où la cuisine est élaborée par un nutritionniste qui n'utilise que des produits frais pour restituer toute la saveur naturelle des aliments. Excellent rapport qualité/prix.

100 rue du Bac, 7ᵐᵉ (Bac-St.Geramin. — 01 42 22 81 56 — Last service 21h30 — Fermé le dimanche — Menus 10 et 15 euros — CB

RESTAURANT MUSICAL ET GASTRONOMIQUE

Restaurant musical, dans un décor rayonnant et typique du vieux Montmartre. Cuisine traditionnelle dans une ambiance très chaleureuse où France REYNAC, chante et anime chaque soir le dîner spectacle.

Ouvert le soir uniquement

88, rue Lepic, 18ᵉ — 01 42 58 50 72 — Closed mardi — Menu gastronomique 22 euros — Carte 45 euros — AE, CB, EC.

LA CRÊPERIE DES ÉTOILES

Tout près du Palais des Congrès, des hôtels Méridien et Concorde Lafayette, le restaurant de crêpes le plus réputé de Paris. Décor de fresques géantes de la vie du cinéma et du music'hall. Un repas complet dans une galette de sarrazin pour un prix moyen de **10 €**.

20, rue du Débardère, 17ᵐᵉ — 01 45 72 59 39 — Last service 2h du matin — 7/7 - CB

Grammaire 6

6.1 The partitive article

a. **Basic meaning:** *a certain amount of / some.* As its name suggests, the partitive article in French is used to specify a "part" of something. It can be used to talk about concrete objects (**du vin, de la confiture**) as well as about concepts or ideas (**du courage, de la beauté**).

The English equivalents, *some* or *a certain amount of,* are optional and frequently not used. In similar contexts in French, however, the partitive article must be used.

I'll have (some) wine.	Je vais prendre **du** vin.
One must have (some) courage.	Il faut avoir **du** courage.

b. **Forms.** The partitive word **de** combines with the definite articles **le, la, l'** to form the partitive articles. Note that partitive articles resemble the forms of the preposition **de** + the definite articles.

Les articles partitifs	
de + le → du	Je vais prendre **du** pain.
de + la → de la	Il veut **de la** confiture.
de + l' → de l'	Je peux te donner **de l'**eau minérale ?

Note that there is no plural partitive article. The plural indefinite article **des** is, however, often translated as *some* (**Je veux des oranges** / *I want some oranges*), but in this case *some* is the equivalent of *several.*

c. **Indefinite vs. partitive article.** The indefinite article (**un / une / des**) is used with nouns referring to things that can be counted.

un croissant / **des** croissants	*a croissant / several croissants*
une orange / **des** oranges	*an orange / several oranges*
un sandwich / **des** sandwichs	*a sandwich / several sandwiches*

The partitive article is used with singular nouns that refer to things that cannot be counted. Such nouns are called "mass nouns."

du beurre	*some butter*
de la confiture	*some jam*
du poulet	*some chicken*

Some nouns can be used as both countable and mass nouns.

un pain *(a loaf of bread)* vs. du pain *(some bread)*
un camembert *(a whole cheese)* vs. du camembert *(some camembert cheese)*
un café *(a coffee)* vs. du café *(some coffee)*
une salade *(a salad)* vs. de la salade *(some salad)*

d. **Definite vs. partitive article**

L'article défini vs. l'article partitif			
l'article défini (*sens général*)	J'aime *I like*	la	salade. *salad.*
l'article défini (*sens spécifique*)	Passe-moi *Pass me*	la *the*	salade. *salad.*
l'article partitif	Je mange *I eat*	de la *(some)*	salade tous les jours. *salad every day.*

❯ The definite article can be used to talk about something in a general sense.

J'aime le poulet.	*I like chicken (in general).*
Je n'aime pas les légumes et les fruits.	*I don't like fruits and vegetables.*

This contrasts with the partitive, which expresses the notion of a portion.

Je mange souvent du poulet.	*I often eat (some / a certain amount of) chicken.*
Donnez-moi du bœuf avec de la sauce, s'il vous plaît.	*Give me (some) beef with (some) gravy please.*

❯ The definite article can also refer to a specific thing.

Passe-moi **la** viande.	*Pass me the meat.*

This contrasts with the partitive, which refers to "some" of the thing in question.

Donne-moi **de la** viande.	*Give me some meat.*

❯ When ordering in a restaurant, use the definite article to refer to the specific item on the menu.

Je vais prendre **le** poulet rôti.
Nous allons prendre **le** poisson et **les** haricots verts.

When eating at home, use the definite article if you want someone to pass you all of something (i.e., the whole plate or serving dish), and use the partitive if you want someone to pass you some of something.

Passez-moi **le** pain.	*Pass me the loaf (or basket) of bread.*
Passez-moi **du** pain.	*Pass me some (or a piece of) bread.*

e. **Negation of a partitive article.** You already know that after a negative expression, **de** is used instead of the indefinite articles **un, une, des**. This is also true of the partitive articles.

Je bois souvent **de l'**eau. Il ne boit jamais **d'**eau.
Je vais prendre **du** coca-cola parce qu'il n'y a plus **de** lait.
Donnez-moi **de la** confiture, mais je ne veux pas **de** beurre.

6.2 Prepositions *de* and *à* to specify flavor and ingredients

When talking about food and drink, the prepositions **à** and **de** are used to specify a type of food or beverage by its ingredients or flavor. The choice of preposition depends on whether an ingredient is principal or secondary to the food item. To understand the difference between a principal ingredient and a nonprincipal ingredient, consider these two dishes:

> une salade **de** tomates *(a salad consisting of sliced tomatoes only)*
> une salade **aux** tomates *(a green salad garnished with tomatoes)*

a. You use **de** to specify a food item in terms of its main or only ingredient. As with other **nom + *de* + nom** structures, the second noun is used without an article: **la soupe *de* légumes.**

La préposition *de* pour indiquer l'ingrédient principal
Je n'aime pas la soupe **de** poulet, je préfère la soupe **de** légumes. Est-ce que tu préfères le jus **d'**orange ou le jus **de** tomate ?

b. You use **à** to indicate one ingredient among others. Note that the preposition **à** combines with the **le, la, les** preceding the ingredient to become **au, à la, aux.**

La préposition *à* pour indiquer l(es) ingrédient(s) secondaire(s)
Je vais manger une omelette **aux** pommes de terre. Nous voulons des sandwichs **au** fromage. Il adore la glace **à la** vanille.

c. Sometimes both **de** and **à** can be used in the same expression if you want to indicate both the main ingredient and other ingredients / flavorings.

> une soupe **de** poisson **au** safran *(fish soup flavored with saffron)*
> une salade **de** fruits **au** cognac *(fruit salad with some cognac in it)*

6.3 Expressions of quantity

You already know that a noun following **beaucoup de** is used without an article: **Il boit *beaucoup de* lait.** This is true with many expressions that indicate quantity or that specify the "amount" of an item by its container. Note that all of these expressions contain the preposition **de.**

Les expressions de quantité	
trop de *(too much)*	un gramme de *(a gram)*
plus de *(more)*	un kilo de *(a kilogram)*
beaucoup de *(much, a lot)*	une livre de *(a pound, a half kilo)*
autant de *(as much)*	une tranche de *(a slice)*
moins de *(less)*	un paquet de *(a package)*
un peu de *(a little)*	une boîte de *(a box, a can)*
peu de *(few)*	une douzaine de *(a dozen)*
	une carafe de *(a carafe)*
	une bouteille de *(a bottle)*
	un litre de *(a liter)*

6.4   Imperatives corresponding to the *nous* form

a. You already know how to use the imperative to tell one (**tu / vous**) or several (**vous**) people to do something.

> Bois ton lait !
> Allez à la boulangerie et prenez du pain !

The **nous** form of the imperative is the same as the **nous** form of the present tense, but no subject pronoun is used. It is often used to suggest that you and someone else do something together.

L'impératif à la forme « nous »	
Dînons au restaurant ce soir.	*Let's eat in a restaurant tonight.*
Prenons un café ensemble.	*Let's have a coffee together.*
Allons au café à midi.	*Let's go to the café at noon.*
Allons-y !	*Let's get going!*

b. Note that the imperative forms of **être** and **avoir** are irregular.

> **Soyons** patients.
> **Ayons** un peu de courage.

c. To suggest that you and someone else not do something together, use the negative imperative.

> **N'allons pas** au restaurant italien : je n'aime pas les tomates.

6.5   Verbs in *-ir / -iss*

You already know the pattern of present forms for verbs like **sortir** and **partir**. The verbs **choisir** *(to choose)*, **maigrir** *(to lose weight)*, and **grossir** *(to gain weight)* belong to another group of regular -ir verbs called **-ir / -iss** verbs because **-iss** is part of the ending in the present plural forms.

Les verbes *-ir / -iss*		vs.	*-ir*	
choisir (maigrir, grossir) *stem:* chois-			*partir (sortir)* *stem:* par-	
je choisis	nous choisissons		je pars	nous partons
tu choisis	vous choisissez		tu pars	vous partez
il / elle / on choisit	ils / elles choisissent		il / elle / on part	ils / elles partent

The past participle of **-ir / -iss** verbs is formed by dropping the **r** from the infinitive.

choisir → choisi	Il a choisi le menu à 25 euros.
grossir → grossi	Ont-ils grossi ?
maigrir → maigri	Elle a bien maigri.

6.6 Third-person indirect object pronouns

a. Indirect object pronouns replace the preposition à + noun referring to people.

> **Les pronoms indirects à la troisième personne**
>
> Jean-Pierre est riche. Tu peux **lui** demander de l'argent
> (= tu peux demander de l'argent à **Jean-Pierre**).
> Quand mes parents dînent chez moi, je **leur** donne des biftecks
> (= je donne des biftecks à **mes parents**).

When the pronoun refers to one or several *things*, you use **y**. Compare:

> Vous répondez **au professeur.** → Vous **lui** répondez. *(person)*
> Vous répondez **à la lettre.** → Vous **y** répondez. *(thing)*

b. You cannot count on similarities with English to tell you when a verb takes an indirect object, because in English the indirect marker *(to)* is not obligatory.

> *I gave a book to her. / I gave her a book.*

Verbs that often have indirect objects in French are **parler à, téléphoner à, donner à, demander à,** and **répondre à.**

c. Indirect object pronouns also replace the preposition **pour** + a proper noun or a noun referring to a person or persons.

> Je vais faire une omelette **pour ma sœur.** → Je vais **lui** faire une omelette.

d. No distinction is made between feminine and masculine; the context implies the gender.

> **Marie** est végétarienne. Je **lui** donne toujours de la salade.
> **Daniel** aime les œufs. Je **lui** fais souvent une omelette.

e. Note the distinction between singular (**lui** = *to him / her*) and plural (**leur** = *to them*).

> **Sylvie** a du cholestérol. Je ne **lui** donne jamais de beurre.
> **Sylvie et Alice** ont du cholestérol. Je ne **leur** donne jamais de beurre.

f. **Lui** and **leur** have the same position with regard to verbs as other indirect object pronouns, direct object pronouns, and the pronoun **y.**

> Je **lui** téléphone. (Je ne **lui** téléphone pas.)
> Je **lui** ai téléphoné. (Je ne **lui** ai pas téléphoné.)
> Je vais **lui** téléphoner. (Je ne vais pas **lui** téléphoner.)

g. Remember that unlike with direct object pronouns, there is no agreement of the past participle with indirect object pronouns in the **passé composé.**

> Je **les** ai vues et je **leur** ai parlé.

You now know all the indirect object pronouns, as well as all the direct object pronouns. They are summarized in the following chart. Note that four forms (**me, te, nous, vous**) are the same for both direct and indirect object pronouns.

Les pronoms directs et indirects		
direct et indirect	**seulement direct**	**seulement indirect**
me		
te		
	le, la	lui
nous		
vous		
	les	leur

6.7 The use of articles with the prepositions *sans* and *avec*

No partitive article is used with a mass noun preceded by the preposition **sans.**

> Je voudrais du pain **sans** beurre.
> Il va manger son poulet **sans** sauce.

In contrast, after the preposition **avec,** partitive and indefinite articles are used with nouns.

> Je voudrais du pain **avec de la** confiture.
> Elle va manger un sandwich **avec des** chips.

6.8 Comparisons

A comparison involves two things, people, or groups, in contrast to the superlative, which ranks one or several things or people above or below all the others. A comparative sentence always contains **que** before the second element compared.

a. **Comparisons indicating** *more* or *less.* You use **plus... que** to convey the idea of *more than* and **moins... que** to convey the idea of *less than,* regardless of whether a comparison is made through adjectives, adverbs, or nouns.

Les comparaisons avec *plus / moins*	
adjectif (qualité)	Thérèse est **plus grande** que Marie.
adverbe (manière)	Tu parles **moins rapidement** que moi.
nom (quantité)	Les Américains boivent **plus de lait** que les Français.

When making a comparison based on an adjective, remember that the adjective must agree in number and gender with the noun it modifies.

> **La tarte** est plus **cuite** que le gâteau.
> **Les frites** sont plus **salées** que le riz.

As with the superlative, the adjective **bon** has an irregular form, **meilleur,** for the positive comparative. Because **meilleur** is an adjective, it agrees in number and gender with the noun it modifies.

> Les surgelés sont bons, mais les légumes frais sont **meilleurs.**
> La mousse au chocolat est **meilleure** que la glace.

Two types of comparisons can be made through adverbs. In one type, the comparative adverb (**plus** or **moins**) modifies an adverb of manner.

> Un train va **plus rapidement** qu'un car.

In the other type, the comparative adverb modifies the verb directly.

> Je travaille **moins** que lui.

The adverb **bien** has an irregular form for the positive comparative. Because **mieux** is an adverb, it has only one form.

> Jacques chante bien, mais vous chantez **mieux** que lui.

When the comparison involves a noun, the preposition **de** follows **plus** or **moins** and no article is used with the noun that follows.

> Les Japonais mangent **plus de** riz **que** les Anglais.
> Les enfants ont **moins de** patience **que** les adultes.

b. **Comparisons to show similarity rather than difference.** When making a comparison that shows how two things are the same, you use different expressions according to the criteria on which the comparison is made.
Comparisons expressed through adjectives or adverbs of manner use the expression **aussi... que** to convey the idea of *as.* Comparisons expressed through nouns or through adverbs modifying a verb directly use the expression **autant... que** to convey the idea of *as much as.* Remember that the preposition **de** follows **autant** when the comparison involves a noun and that no article is used with the noun that follows **autant de.**

Les comparaisons avec *aussi / autant*	
adjectif	Les frites sont **aussi salées que** les chips.
adverbe	Les cars vont **aussi rapidement que** les voitures.
verbe	Les filles **travaillent autant que** les garçons.
nom	Nous mangeons **autant de légumes que** nos amis.

c. **Use of stressed pronouns in comparisons.** The word **que** in a comparison can be followed by a noun or a pronoun. If it is followed by a pronoun, you use a stressed pronoun.

> Je suis plus jeune que **toi.**
> Ils mangent moins rapidement que **nous.**
> Nous mangeons moins qu'**eux.**

6.9   Verbs ending in *-re*

The verb **perdre** belongs to a group of verbs whose infinitives end in **-re** and that follow a regular pattern of conjugation. The verb **répondre** is also part of this group.

Je perds tout.   **Je réponds** à sa lettre.
Vous perdez des kilos ?   **Répondez** à la question.

Les verbes en *-re*			
perdre *(to lose)*		**répondre** *(to answer)*	
je perds — nous perdons		je réponds — nous répondons	
tu perds — vous perdez		tu réponds — vous répondez	
il / elle / on perd — ils / elles perdent		il / elle / on répond — ils / elles répondent	

The past participle of **-re** verbs is formed by dropping the final **re** from the infinitive and adding **u.**

perdre → perdu   Elles ont perdu des kilos.
répondre → répondu   Il a répondu à la question.

6.10 Affirmative *si*

To say *yes* in response to a negative question or statement, **si** is used rather than **oui.** Because **si** expresses a contradiction, it is often preceded by **mais** for emphasis.

A: Vous n'avez pas de fraises aujourd'hui ?
B: **Si,** nous avons des fraises.
              ou:
Mais si, nous avons des fraises.

6.11 The pronoun *en*

a. **Usage.** The object pronoun **en** indicates quantity. In English, the equivalent of **en** (*of them* or *of it*) is often not expressed. In French **en** cannot be omitted.

   J'**en** voudrais trois. *I'd like three (of them).*

En replaces nouns in two basic contexts:

❯ When nouns are preceded by numbers (**un, deux, trois...**) or indefinite articles (**un, une, des**).

   A: Vous avez **trois frères** ?   A: Je voudrais **une baguette.**
   B: Oui, j'**en** ai **trois.**   B: Je regrette, il n'y **en** a plus.

❯ When nouns are preceded by partitive articles (**du, de la, de l'**) or by expressions of quantity. When an expression of quantity is used in a sentence with **en,** there is no **de** after the expression.

   A: Tu veux **du pain** ?   A: Vous voulez **un kilo** de fraises ?
   B: Merci, j'**en** ai déjà pris.   B: Non, j'**en** veux une livre.

b. **Position.** The pronoun **en** goes in the same location in a sentence as other types of object pronouns in all tenses.

La place du pronom *en*	
le présent	Elle n'**en** veut pas.
le passé composé	J'**en** ai bu.
l'impératif	Bois-**en**. N'**en** buvez pas.
avec un infinitif	Il va **en** prendre.

Note that in an affirmative imperative sentence, there is an **s** at the end of the second person singular form of the verb when the verb is followed by **en**.

> Donne-lui du pain.
> Donnes-en à ton frère.

c. **Agreement.** In the **passé composé,** there is no agreement of the past participle with **en**.

> Elle a mangé trois pommes. → Elle **en** a **mangé** trois.

d. **Summary of object pronouns.** The following examples summarize what various object pronouns refer to.

> ❯ **Direct objects:** a person or thing when there is no preposition between the verb and the noun.
>
>> J'aime **ce roman.** → Je l'aime.
>
> ❯ **Indirect objects: à** + a noun referring to a person
>
>> J'ai parlé **à mon frère.** → Je **lui** ai parlé.
>
> ❯ **The pronoun *y*: à** or another preposition of location + a noun referring to a place.
>
>> Je vais **à la plage** tous les jours. → J'**y** vais tous les jours.
>
> ❯ **The pronoun *en*:** a noun expressing a number or quantity.
>
>> Il a pris **des petits pois.** → Il **en** a pris.
>> Il a **trois sœurs.** → Il **en** a trois.

All object pronouns are located in the same position with respect to the verb.

Position des pronoms compléments		
	affirmatif	**négatif**
présent	Je l'écoute.	Je ne l'écoute pas.
passé composé	Elles **en** ont mangé.	Elles n'**en** ont pas mangé.
impératif	Prends-**en**.	N'**en** prends pas.
avec infinitif	Nous allons **lui** parler.	Nous n'allons pas **lui** parler.

* *

Verbe irrégulier: *boire*

boire *(to drink)*			
je	bois	nous	buvons
tu	bois	vous	buvez
il / elle / on	boit	ils / elles	boivent
j'ai	bu		

49 . le stress

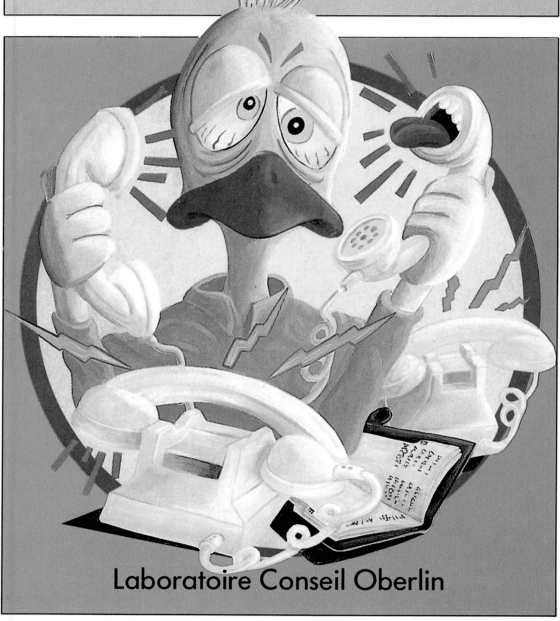

Laboratoire Conseil Oberlin

Fiche santé, réalisée par le Laboratoire Conseil Oberlin,
laboratoire de médicaments familiaux.

ENSEMBLE 7

Corps et santé

> - talking about one's health: fitness and sleep habits; identifying parts of the body

> - talking about sleep problems; describing daily activities

> - expressing pain, fear, obligation; talking about sickness: symptoms, diagnosis, treatment

> - expressing pain, sympathy, and reassurance; indicating a sequence

Point de départ **Écouter**

Stratégie Faites attention à la prononciation des mots anglais utilisés en français.

Pay close attention to words taken from one language and used in another, because their pronunciation will change, making them difficult to recognize.

William Shakespeare's play *King Henry V* (1600) revolves around Henry's victory over the French at the battle of Agincourt in northern France (1415) and his subsequent marriage to Katharine de Valois, daughter of the French king, Charles VI. The scene you will hear (excerpted from Act III, Scene IV) is written in French in the original play. In this scene, Katharine talks with Alice, her lady-in-waiting, (who is also French), about the pronunciation of certain English words.

Avant d'écouter *Leçon de français en Angleterre*

—d'après William Shakespeare

1. Votre professeur va prononcer les mots français suivants. Écoutez et puis dites les mots anglais qui correspondent. Quelles sont les différences entre la prononciation française et la prononciation anglaise ?
   a. migraine   b. garage   c. exploit   d. raisins   e. déjà vu

2. Maintenant, votre professeur va prononcer des mots anglais qui ont été incorporés dans la langue française. Comment est-ce que la prononciation de ces mots en français est différente de leur prononciation en anglais ?
   a. le stress   b. un hot-dog   c. les cow-boys   d. un look

En écoutant

Écrivez les mots anglais mentionnés par Alice à côté de leur équivalent français.

1. la main / _____   4. le bras / _____
2. les doigts / _____   5. le coude / _____
3. les ongles / _____   6. le cou / _____

Après avoir écouté

1. Qui pose les questions ? Pourquoi ?
2. À quoi est-ce que tous les mots anglais font référence ?
   a. aux choses à manger   c. aux moyens de transport
   b. aux parties du corps   d. aux animaux
3. Quel est le ton de cette scène : sérieux ? comique ? Pourquoi ?

À vous la parole

Notre titre pour cet extrait est *Leçon de français en Angleterre*. En discutant avec des camarades de classe, imaginez d'autres titres pour cette scène. Ensuite, comparez vos titres avec les titres des autres groupes.

L'essentiel

Parler de la santé : la forme et le sommeil

 ÉCHANGE 1 *La forme ou pas la forme*

André: Salut, Monique. Tu vas bien ?

Monique: Ça va, merci, je suis en pleine forme depuis que je fais du jogging tous les jours. Et toi ?

André: Moi, je n'ai pas d'énergie depuis une semaine.

EXPRESSIONS UTILES   *la forme*

Je suis en pleine forme.
Je suis en forme.

Je suis crevé(e). (*argot*)
Je n'ai pas d'énergie.

ACTIVITÉ 1 *Comment vas-tu ?* Circulez parmi vos camarades de classe pour leur demander comment ils vont. Ensuite, précisez la durée de leur condition.

Modèle: A: Comment vas-tu ?

B: Je suis crevé(e).

A: Ah oui ? Depuis combien de temps ?

B: Je suis crevé(e) depuis trois jours. Et toi ?

A: Moi, je suis en pleine forme.

ACTIVITÉ 2 *Depuis combien de temps ?* Avec un(e) camarade de classe, discutez depuis combien de temps vous faites les choses indiquées.

Modèle: étudier le français

A: Depuis combien de temps est-ce que tu étudies le français ?

B: J'étudie le français depuis... Et toi ?

A: Moi, j'étudie le français depuis...

1. habiter dans cette ville
2. savoir nager
3. avoir une carte de crédit
4. suivre des cours à la fac
5. connaître ton / ta meilleur(e) ami(e)

› Observez

1. In expressions like **je m'appel e,** the subject pronoun and object pronoun refer to the same person. Find four verb phrases in **Échange 2** that have this structure. **(7.2.a)**

2. In these verb phrases, the object pronoun is called a reflexive pronoun. Where does it go in relation to the verb? **(7.2.b)**

ÉCHANGE 2   *Insomnie*

FATIMA: Ahmed, tu n'as pas l'air en forme. Tu te sens mal ?

AHMED: Oui, je dors mal depuis quelques jours. Quand je me couche, je ne peux pas m'endormir. Et si je m'endors, je me réveille cinq minutes après. Et alors, le matin je me réveille avec difficulté parce que je suis toujours très fatigué.

FATIMA: Moi, j'ai de la chance. Je m'endors toujours facilement.

EXPRESSIONS UTILES   *le sommeil*

Je me sens mal.

Je dors mal.

Je me couche.

Je m'endors.

Je me réveille.

ACTIVITÉ 3 *Chez vous* Répondez à ces questions.

Chez vous (ou dans votre famille), qui...

1. se couche tard le week-end ?
2. se réveille le premier / la première ?
3. se sent mal le lundi matin ?
4. s'endort le plus facilement ?
5. dort le plus ?

ACTIVITÉ 4 *Dormir ou pas ?* Pour chaque action de la colonne de gauche, trouvez une explication possible dans la colonne de droite. Mettez la lettre de cette explication à côté de l'action correspondante.

Modèle: __f__ se coucher après minuit

_____ se réveiller à six heures du matin   a. avoir un examen
_____ s'endormir facilement   b. boire beaucoup de café
_____ se coucher à huit heures du soir   c. sortir avec des amis
_____ se réveiller après midi   d. être malade
_____ s'endormir avec difficulté   e. faire chaud
_____ se coucher après minuit   f. avoir beaucoup de travail
                                                   g. pleuvoir

Maintenant, faites des phrases complètes en utilisant un élément de chaque colonne.

Modèle: Je me couche après minuit quand j'ai beaucoup de travail.

ACTIVITÉ 5 *Loto* Circulez parmi vos camarades de classe et posez-leur des questions selon les indications données. Quand quelqu'un répond « oui », écrivez son nom dans la case. L'étudiant(e) qui est le premier / la première à avoir au moins un nom dans quatre cases (horizontalement, verticalement ou en diagonale) est le / la champion(ne).

Trouvez quelqu'un qui...

L	O	T	O
dort souvent en classe	boit du lait chaud pour s'endormir	s'endort avec difficulté	se réveille après midi le samedi
est à la fac depuis 4 ans	a beaucoup d'énergie	se réveille toujours à la même heure	dort mal quand il fait chaud
lit pour s'endormir	dort bien en général	regarde la télévision pour s'endormir	est crevé(e) aujourd'hui
se sent bien aujourd'hui	se réveille avant 7 heures le samedi	dort mal depuis qu'il / elle est à la fac	boit du café pour se réveiller

Identifier les parties du corps

ÉCHANGE 3   *Au musée*

DAVID: Qu'est-ce que tu penses de cette statue de Giacometti ?
NICOLAS: Je ne l'aime pas. Les jambes sont trop longues et minces, et la tête est trop petite. Je préfère les corps solides des statues de Rodin.

EXPRESSIONS UTILES *parties du corps*

le corps   la tête

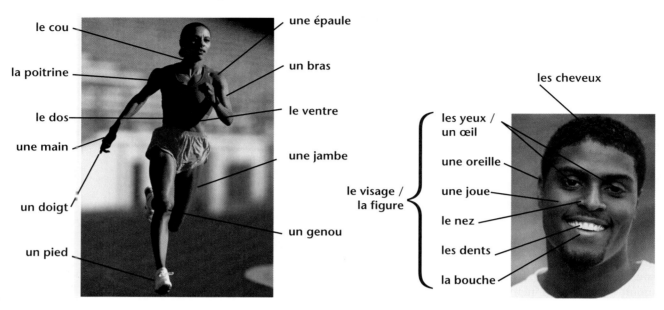

le cou

la poitrine

le dos

une main

un doigt

un pied

une épaule

un bras

le ventre

une jambe

un genou

les cheveux

les yeux /
un œil

une oreille

le visage /
la figure

une joue

le nez

les dents

la bouche

Le corps humain au sens figuré

Les parties du corps humain sont utilisées dans beaucoup d'expressions figurées.
Certaines expressions ressemblent à des expressions en anglais :

avoir bon nez   *to have a keen sense of smell; to be shrewd*
perdre la tête   *to lose one's head, to panic*

D'autres n'existent pas en anglais mais sont faciles à comprendre :

dormir sur ses deux oreilles   *to sleep peacefully*
tomber sur le dos de quelqu'un   *arrive unexpectedly*

Et d'autres enfin ont un sens différent de l'expression anglaise qui leur ressemble :

avoir les dents longues   *être ambitieux*
en avoir par dessus° la tête   *to be totally fed up*   par . . . *above*

▶ Décrivez-vous et décrivez les membres de votre famille en utilisant certaines
  de ces expressions figurées.

ACTIVITÉ 6 *Décrivez les personnages* Le « test du bonhomme » permet aux psychologues de suivre le développement mental d'un enfant. Voici plusieurs dessins faits par des enfants âgés de trois à dix ans. Décrivez-les en disant quelles parties du corps chaque dessin inclut ou n'inclut pas. Si possible, dites si le dessin représente une fille ou un garçon.

Modèle: À cinq ans, l'enfant a fait un dessin unisexe avec une tête, un ventre et des jambes, mais sans oreilles, sans cheveux, sans cou et sans bras.

1. 3 ans   2. 4 ans   3. 5 ans   4. 6 ans   5. 8 ans   6. 10 ans

Quelques gestes bien français

Les Français ont la réputation de faire beaucoup de gestes avec les mains. Ce n'est pas le cas de tous les Français, et en général les hommes ont tendance à faire des gestes plus larges que les femmes. Les gestes suivants sont fréquents.

1. Tu es fou / folle !   **2. Quelle catastrophe !**   **3. Attention !**

❯ Quels gestes faites-vous quand vous parlez ?

ACTIVITÉ 7 *Créatures extraterrestres* Travaillez en groupes de trois. D'abord, chaque personne dessine une créature extraterrestre sans montrer son dessin aux autres. Ensuite, à tour de rôle, chaque personne décrit sa créature aux autres membres du groupe, qui essaient de la dessiner d'après la description. Enfin, comparez les trois dessins de chaque créature.

ÉCHANGE 4   *Pour prendre une photo*

BENOÎT: Je vais faire une photo de vous trois. Amélie, lève-toi. Tu vas te mettre entre Paul et Jean. Jean, mets ton bras sur l'épaule d'Amélie. Paul, ne te mets pas si loin des autres et tourne-toi un peu vers Amélie.

PAUL: Ça va comme ça ?

BENOÎT: Oui, oui. Attention ! Ne bougez pas !

Verbe					
mettre *(to put)*	je	mets	nous	mettons	
	tu	mets	vous	mettez	
	il / elle / on	met	ils / elles	mettent	
	j'ai	mis			

> **Observez**
>
> 1. In affirmative commands, where does the reflexive pronoun go in relation to the verb? in negative commands? **(7.2.c)**
> 2. What is the reflexive pronoun for the subject **tu** in an affirmative imperative sentence? **(7.2.c)**
> 3. Where does the reflexive pronoun go in relation to the verb in an infinitive construction such as the **futur proche**? **(7.2.d)**

> **Observez**
>
> What spelling variation do you notice between the infinitive **se lever** and its conjugated form **lève-toi** ? **(7.3)**

EXPRESSIONS UTILES   *mouvements*

se mettre	se lever	rester assis(e)
mettre le bras...	lever le bras gauche / droit	changer de place
se mettre debout	se tourner	bouger

ACTIVITÉ 8 *Mets-toi debout !* Travaillez avec un(e) camarade de classe. La personne A dit à la personne B de faire quelque chose ; la personne B dit qu'il / elle ne veut pas le faire.

> **Modèle:**   A: Mets-toi debout.
>
> B: Je ne veux pas me mettre debout.

1. se lever
2. se tourner
3. lever le bras

4. rester assis(e)
5. changer de place
6. se mettre à côté du professeur

ACTIVITÉ 9 *Pour faire une photo* Travaillez en groupes de quatre. À tour de rôle, arrangez les trois autres pour une photo.

Vocabulaire essentiel

la forme

crevé(e)	*(argot) exhausted*
en forme	*in shape*
en pleine forme	*in great shape*
l'énergie *(f)*	*energy*
se sentir	*to feel (conj. like **s'endormir**)*

mouvements

bouger	*to move (conj. like **nager**)*
changer de place	*to change places, to move (conj. like **nager**)*
lever	*to raise*
mettre	*to put (in)*

je	mets	nous	mettons
tu	mets	vous	mettez
il / elle / on	met	ils / elles	mettent
j'ai	mis		

se mettre	*to put oneself (somewhere)*
se mettre debout	*to stand up*
se tourner	*to turn oneself (conj. like **se coucher**)*

parties du corps

le bras	*arm*
le corps	*body*
le cou	*neck*
la dent	*tooth*
le doigt	*finger*
l'épaule *(f)*	*shoulder*
la figure	*face*
le genou *(pl* genoux)	*knee*
la jambe	*leg*
la joue	*cheek*
la main	*hand*
l'oreille *(f)*	*ear*
la poitrine	*chest*
la tête	*head*

le ventre	*stomach*
le visage	*face*

le sommeil

se coucher	*to go to bed*

je	me couche	nous	nous couchons
tu	te couches	vous	vous couchez
il / elle / on	se couche	ils / elles	se couchent
je	me suis couché(e)		

dormir	*to sleep (conj. like **partir**)*
s'endormir	*to fall asleep*

je	m'endors	nous	nous endormons
tu	t'endors	vous	vous endormez
il / elle / on	s'endort	ils / elles	s'endorment
je	me suis endormi(e)		

se lever	*to get up*

je	me lève	nous	nous levons
tu	te lèves	vous	vous levez
il / elle / on	se lève	ils / elles	se lèvent
je	me suis levé(e)		

se réveiller	*to wake (oneself) up (conj. like **se coucher**)*

autres expressions utiles

assis(e)	*seated*
avoir de la chance	*to be lucky*
attention !	*look out!, listen up!*
depuis (que)	*since*
la difficulté	*difficulty*
droit(e)	*right*
facilement	*easily*
faire / prendre une photo	*to take a photo*
quelques	*a few*
si	*so*
solide	*solid*
statue	*statue*

Prononciation **La détente des consonnes finales**

In French, pronounced consonants at the end of a sentence or clause (that is, before a pause in the speech chain) are released forcefully. In English, you can say *Give me your cup* without releasing the final *p* (that is, without parting your lips once you have closed them for the beginning of your *p*). In French, however, pronounced consonants before a pause must be fully released. To do so, open your mouth and let the air flow out with a slight mute **e** sound ([ə]), even if the word is not spelled with a final **e**.

Tu es en for**me** ?   Ils sor**tent**.   Elle se sent ma**l**.

ACTIVITÉ 10 *Attention aux consonnes* Avec un(e) camarade de classe et à tour de rôle, posez des questions et répondez en utilisant les expressions données. Articulez bien vos consonnes en fin de phrase.

> **Modèle:**   Tu vas bien ce soir ? (se sentir mal)
>
> A: Tu vas bien ce soir ?
> B: Non, je me sens mal.

1. Tu veux sortir ? (dormir)
2. Tu te couches ? (se lever)
3. Tu es malade ? (en pleine forme)
4. Tes amis restent ? (partir)
5. Je me tourne vers Paul ? (vers Émile)
6. Les enfants se réveillent ? (s'endormir)

Expansion **Lire**

> *Stratégie* Considérez les associations figurées liées aux mots.

Words can suggest associations that go far beyond their literal meanings. The word *heart,* for example, names an organ in the chest that pumps blood, but it can also suggest both *courage* and *affection.* It is important to go beyond literal meanings and think of possible figurative associations in order to understand the full message of a text.

Avant de lire *Un jour, tu apprendras*

1. À votre avis, quelles associations sont suggérées par les parties du corps suivantes ?

   a. la tête _____

   b. les mains _____

   c. le bras _____

   d. les yeux _____

2. Pour vous, que symbolise « le sang° » ?   *blood*

   _____

3. Devinez le sens de ces expressions qui incluent le mot « sang » :

   a. garder son sang-froid _____

   b. avoir du sang sur les mains _____

   c. être de sang royal _____

   d. un cheval pur-sang _____

   e. nous sommes du même sang _____

En lisant

En lisant le poème, entourez tous les noms qui indiquent des parties du corps.

Un jour, tu apprendras

—Francis Bebey

à Marcel Bebey-Eyidi, Jr.

Un jour, tu apprendras°	*will learn*
Que tu as la peau° noire, et les dents blanches,	*skin*
Et des mains à la paume blanche,	
et la langue° rose	*tongue*
Et les cheveux aussi crépus°	*frizzy*
Que les lianes° de la forêt vierge.	*vines*

Ne dis rien.

Mais si jamais tu apprends	
Que tu as du sang rouge dans les veines,	
Alors, éclate de rire,°	éclate... *burst out laughing*
Frappe tes mains l'une contre l'autre,	
Montre-toi fou° de joie	*crazy*
À cette nouvelle inattendue.°	nouvelle... *unexpected news*
Puis cet instant de gaîté feinte° passé,	*feigned*
Prends ton air sérieux	
Et demande autour de toi :	

« Du sang rouge dans mes veines,	
Cela vous suffit-il pour vous faire croire°	*believe*
Que je suis un homme ?	
La chèvre° de mon père a, elle aussi,	*goat*
Du sang rouge dans ses veines. »	

Et puis, dis-leur que tu t'en moques.°	tu... *you couldn't care less*
Car° tu sais, ils n'ont rien compris	*Because*
À la farce créatrice qui donna°	*gave*
Du sang rouge à l'animal et à l'homme,	
Mais oublia° totalement de donner	*forgot*
Une tête d'homme à la chèvre de ton père.	

Vis et travaille.	
Alors, tu seras° un homme.	*will be*

Après avoir lu

1. Quel semble être le rapport entre le narrateur (la personne qui parle au début du poème) et la personne à qui il parle ?
2. Quelles choses est-ce que le « tu » va apprendre au sujet de son corps ? Selon le narrateur, est-ce que ces choses sont importantes ?
3. Le poème suggère quelle(s) association(s) pour le sang ? pour la tête ? Avez-vous fait les mêmes associations ?

À vous la parole

Trouvez deux verbes dans le poème qui expriment, selon le narrateur, ce qui est le plus important dans l'identité d'un homme. Êtes-vous d'accord ? Quels autres verbes voudriez-vous suggérer ?

Francis Bebey en concert à New York

Point de départ **Lire**

> *Stratégie* Utilisez le format du texte pour anticiper le sens des mots nouveaux.

Certain types of texts follow predictable formats. Recognizing the format can help you guess words you do not know.

Avant de lire *Test Stress : En avoir ou pas*

Dans les tests de personnalité, chaque question propose une série de réponses tirées du même contexte mais avec des variations de sens spécifique. Considérez le test suivant, extrait du magazine *Réponse à tout : Santé*.

1. Dans la première question, regardez la réponse « c », le mot **marmotte**. Puisque **chien** fait partie de la réponse « a » et **hamster** figure dans la réponse « b », est-ce que **marmotte** est un animal, un légume ou un minéral ?
2. Selon les verbes et les adverbes dans les réponses à la première question, est-ce qu'une **marmotte** dort mieux qu'un hamster ? mieux qu'un chien ?

En lisant

Pour chaque question dans le *Test Stress,* entourez la réponse qui convient le mieux à votre expérience personnelle.

Test Stress : En avoir ou pas

1. Pour le sommeil, vous êtes un(e)...
   a. chien : vous êtes réveillé(e) par un tout petit bruit°   *noise*
   b. hamster : vous tournez en rond toute la nuit, ou presque
   c. marmotte : vous dormez bien « sur vos deux oreilles »

2. Votre loisir préféré c'est...
   a. un sport de compétition
   b. la musique hard-rock
   c. le yoga, la lecture ou la peinture

3. Vous faites des repas...
   a. à toute vitesse
   b. de café et de cigarettes
   c. diététiques et réguliers

4. Vous avez déjà eu...
   a. quelques problèmes d'estomac
   b. un ulcère authentifié
   c. rien de tout cela : votre estomac est « en béton° »   *concrete*

5. Pour vous reconnaître, ce n'est pas difficile...
   a. vous êtes noyé(e) dans une tasse° de café bien noir   noyé(e)... *drowned*
   b. vous êtes caché(e) dans un nuage de fumée de cigarette   *in a cup*
   c. vous chantez à mi-voix du matin au soir

6. Votre agenda est...
   a. chargé°   *full*
   b. débordé
   c. organisé

STOP : C'est l'heure de vérité

Comptez vos « a », vos « b » et vos « c ».

Vous avez un maximum de « a »

Attention : Sans être un parfait candidat aux maladies du stress, vous devez améliorer° votre hygiène de vie : *to improve* organisez-vous mieux afin de profiter de quelques moments de détente° (repas réguliers, activité en *relaxation* plein air) ; et, dans tous les cas, n'hésitez pas à rendre une petite visite à votre médecin afin de faire vérifier votre tension artérielle,° par exemple.   tension. . . *blood pressure*

Vous avez un maximum de « b »

OUÏE !!! Vous cumulez les facteurs de risque et votre mode de vie n'a rien d'idéal pour vos artères. Il est certainement possible d'améliorer votre qualité de vie (moins de cigarettes, moins de médicaments anti-stress, par exemple). Parlez-en à votre médecin.

Vous avez un maximum de « c »

Bravo, votre mode de vie est un exemple ou presque ! Vous vous accommodez très bien de la vie moderne, ce qui ne doit pas vous empêcher° de rendre une petite visite annuelle à *to prevent* votre médecin préféré.

Après avoir lu

1. Utilisez le format du test pour deviner le sens des mots suivants selon le contexte de chaque question.

Question n°...	Mot	Sens probable (en anglais)
2	loisir	_____
5	caché	_____
6	débordé	_____

2. Quelle réponse (a, b ou c) indique le maximum de stress ? le minimum de stress ?

3. Selon les résultats de ce test, souffrez-vous du stress ?

À vous la parole

Discutez avec des camarades de classe : Qu'est-ce que le texte suggère pour réduire le stress ? Que pensez-vous de ces suggestions ?

L'essentiel

Parler de son sommeil

 ÉCHANGE 1 *J'ai fait un cauchemar*

MARI: Tu as bien dormi ?

FEMME: Pas très bien. J'ai fait un cauchemar et je me suis réveillée au milieu de la nuit. Et toi ?

MARI: Moi, je ne me suis pas réveillé, mais j'ai encore sommeil.

EXPRESSIONS UTILES *sommeil*

J'ai trop chaud.

J'ai trop froid.

J'ai sommeil.

J'ai fait un cauchemar.

J'ai fait un beau rêve.

ACTIVITÉ 1 *Votre sommeil* Travaillez avec un(e) camarade de classe. À tour de rôle posez les questions suivantes et répondez-y.

1. À quelle heure est-ce que tu t'es couché(e) hier soir ?
2. As-tu bien dormi ?
3. As-tu fait un cauchemar ?
4. À quelle heure est-ce que tu t'es réveillé(e) ce matin ?
5. As-tu sommeil ce matin ?

Faire sa toilette

ÉCHANGE 2 *Lave-toi les mains !*

▶ **Observez**

1. Which auxiliary verb is used with pronominal verbs conjugated in the **passé composé**? **(7.2.e)**
2. What distinguishes the past participle when the subject of the verb is a woman ? **(7.2.e)**
3. What is the infinitive of the verb in the expression **j'ai encore sommeil** *(I'm still sleepy)*? How does this contrast with English? **(7.4.a)**

EXPRESSIONS UTILES   *routine quotidienne*

je fais ma toilette
je prends un bain / une douche
je me coiffe
je me rase
je me lave la tête / les mains / la figure
je me fais un shampooing
je me brosse les dents

ACTIVITÉ 2 *Quel ordre ?*   D'abord, mettez les activités suivantes dans un ordre logique.

> **Modèle:**   ___3___ se coiffer / ___2___ se faire un shampooing / ___1___ se réveiller

1. _____ se coucher / _____ bien dormir / _____ s'endormir
2. _____ se brosser les dents / _____ se laver les mains / _____ prendre le petit déjeuner
3. _____ prendre une douche / _____ se coucher / _____ avoir chaud
4. _____ se coiffer / _____ prendre un bain / _____ sortir
5. _____ faire un beau rêve / _____ s'endormir / _____ avoir sommeil

Maintenant, faites des phrases complètes au passé.

> **Modèle:**   Je me suis réveillé(e), je me suis fait un shampooing et je me suis coiffé(e).

ACTIVITÉ 3 *Les choses de la vie quotidienne*   Faites des phrases logiques en utilisant un élément de chaque colonne.

> **Modèle:**   Je me rase tous les jours.

se coucher à trois heures du matin	plus d'une fois par° jour	*per*
se laver les dents	tous les jours	
se faire un shampooing	deux fois par semaine	
prendre une douche	une fois par mois	
se raser	tous les six mois	
se coiffer	une fois par an	
prendre un bain	jamais	

A: Tu te réveilles souvent à cinq heures du matin ?
B: Pas souvent... une fois par an peut-être.

ÉCHANGE 3   *Les mains sales*

MAMAN: Tu t'es lavé les mains ?
LUC: Ah... oui, maman.
MAMAN: Fais voir... Fais voir. Mais non, tu as les mains sales !
LUC: Mais maman, il n'y a plus de savon...

EXPRESSIONS UTILES *articles de toilette*

le papier hygiénique / le papier toilette

le déodorant

le savon

une brosse à cheveux

un peigne

une serviette

une brosse à dents

un rasoir

le dentifrice

un gant de toilette

ACTIVITÉ 4 *Articles de toilette* Identifiez l'article de toilette associé avec chaque marque et dites ce que vous faites avec cet article de toilette.

Modèle: Dial
                Dial, c'est un savon. Je me lave la figure avec le savon Dial.

1. Crest
2. Gillette
3. Oral B

4. Herbal Essences
5. Lever
6. Sure

ACTIVITÉ 5 *Quel article de toilette ?* De quoi a-t-on besoin quand on fait les activités suivantes ?

Modèle: se raser
                Quand on se rase, on a besoin d'un rasoir.

1. se faire un shampooing
2. se laver les dents
3. prendre un bain

4. se laver les mains
5. se coiffer

ACTIVITÉ 6 *Fais ta toilette !* Travaillez avec un(e) camarade de classe. La personne A choisit une des images suivantes et pose une question appropriée. La personne B dit qu'elle n'a pas l'article de toilette nécessaire.

Modèle: A: Tu t'es lavé la figure ?

B: Mais non, je n'ai pas de savon.

1.

2.

3.

4.

> **Observez**
>
> 1. What verb is used to express the amount of time spent doing something? **(7.5)**
> 2. What preposition is used before the infinitive indicating what is being done? **(7.5)**

ÉCHANGE 4 *Dépêche-toi !*

FEMME: Combien de temps vas-tu mettre à faire ta toilette ?
MARI: Une demi-heure.
FEMME: Dépêche-toi un peu ! Je suis pressée, moi !

EXPRESSIONS UTILES *le temps*

Je mets	une seconde	à me coiffer.
	une minute	à me laver les dents.
	une demi-heure	à prendre un bain.
	trois quarts d'heure	à faire ma toilette.

ACTIVITÉ 7 *Combien de temps ?* À tour de rôle, dites combien de temps vous mettez d'habitude à faire une partie de votre toilette. La personne A commence. La personne B se compare avec la personne A et ensuite dit combien de temps elle met à faire une autre partie de sa toilette. La personne C se compare avec la personne B et continue la conversation de la même manière et ainsi de suite.

Modèle: A: Je mets une demi-heure à me faire un shampooing.

B: Je mets moins de temps que ça à me faire un shampooing. Et je mets trois minutes à me brosser les dents.

C: Moi aussi, je mets trois minutes à me brosser les dents. Et je mets...

ACTIVITÉ 8 *Questions / réponses* Travaillez avec un(e) camarade de classe. La personne A pose une question à partir d'un des verbes de la liste de la colonne A ; la personne B répond d'une façon logique à partir d'une des indications de la colonne B.

Modèle: se réveiller / à sept heures

A: Tu t'es réveillé(e) à quelle heure ce matin ?

B: Je me suis réveillé(e) à sept heures.

A	**B**
se réveiller	avant minuit
se coucher	trop de café
s'endormir	à sept heures
bien dormir	une demi-heure
mettre à faire sa toilette	un nouveau dentifrice
se brosser les dents	un cauchemar

Faire sa toilette et aller aux toilettes

« Faire sa toilette » veut dire « se laver, se coiffer, se préparer » . « Aller aux toilettes » veut dire autre chose. Ne confondez pas non plus « la salle de bains » et « les toilettes » , qu'on appelle aussi « les cabinets » ou « les W.-C. » . Dans la majorité des maisons françaises, les cabinets ne sont pas dans la salle de bains, mais dans une petite pièce séparée. En famille, on dit en général « les cabinets » . Les mots « toilettes » et « W.-C. » (on prononce « W-C » ou « V-C ») sont surtout utilisés pour parler des cabinets publics, indiqués par « Hommes (Messieurs) » ou « Femmes (Dames) » . Mais attention : en France dans les petits cafés et restaurants, les hommes et les femmes utilisent souvent les mêmes W.-C.

❯ Quelles expressions sont utilisées dans votre pays / région pour parler des toilettes ?

Vocabulaire essentiel

articles de toilette

la brosse	*brush*
la brosse à cheveux	*hairbrush*
la brosse à dents	*toothbrush*
le dentifrice	*toothpaste*
le déodorant	*deodorant*
le gant de toilette	*washcloth*
le papier hygiénique / le papier toilette	*toilet paper*
le peigne	*comb*
le rasoir	*razor*
le savon	*soap*
la serviette	*towel*
le shampooing	*shampoo*

routine quotidienne

le bain	*bath*
se brosser...	*to brush one's . . . (conj. like **se coucher**)*
se coiffer	*to do one's hair (conj. like **se coucher**)*
faire sa toilette	*to get washed and groomed*
se faire un shampooing	*to shampoo one's hair*
se laver	*to wash oneself (conj. like **se coucher**)*
se laver...	*to wash one's. . .*
propre	*clean*

se raser	*to shave (conj. like **se coucher**)*
sale	*dirty*

le sommeil

avoir sommeil	*to be sleepy*
faire un cauchemar / un rêve	*to have a nightmare / a dream*
le cauchemar	*nightmare*
le rêve	*dream*

le temps

la demi-heure	*half hour*
mettre du temps à faire quelque chose	*to spend time doing something*
le quart d'heure	*quarter of an hour*
la seconde	*second*
trois quarts *(m pl)* d'heure	*three quarters of an hour*

autres expressions utiles

au milieu de	*in the middle of*
avoir chaud	*to be hot*
avoir froid	*to be cold*
fais voir	*let me see*

autres verbes

se dépêcher	*to hurry (conj. like **se coucher**)*

Prononciation Le rythme et les syllabes

1. You already know that the rhythm of a French sentence differs from the rhythm of an English sentence because in French you do not stop between words, except at the end of a clause or sentence. Another difference is that the speech chain is divided into syllables in a different way in French than it is in English. To understand the different ways of dividing the speech chain, you need to understand the difference between open and closed syllables.

2. A syllable is composed of one single vowel sound. When a syllable ends with a vowel sound, it is called an *open syllable* (**syllabe ouverte**), because the mouth is more or less open. When a syllable ends with a consonant sound, it is called a *closed syllable* (**syllabe fermée**), because the mouth is more closed than for an open syllable. The following sentence has ten syllables. The open syllables are in boldface.

Cette statue a des épaules magnifiques.

Cette-sta-tu-a-de-sé-paules-ma-gni-fiques.

Because of silent final consonants and **liaisons,** a syllable can be open, even if it ends with one or several written consonants. For example, the following sentence has only open syllables.

Mes‿amis ont froid.
[me-za-mi-ɔ̃-frwa]

3. English tends to have a majority of closed syllables and French a majority of open syllables because, in French, syllable breaks come before consonants, not after. Compare the syllable breaks in these English and French words.

cous-in	**cou-sin**
pol-i-tics	**po-li-tique**
vis-i-ble	**vi-si-ble**

4. In French, when one pronounced consonant follows another, the syllable break is between them.

par-tir   res-ter

ACTIVITÉ 9 *Exagérez vos coupes syllabiques* D'abord, trouvez les divisions syllabiques dans ces questions et réponses. Ensuite, trouvez la réponse qui convient à chaque question. Puis, travaillez avec un(e) camarade de classe et tour à tour, posez les questions et répondez-y en exagérant vos divisions syllabiques.

Modèle: Qui est-ce que tu as rencontré ?   Qui-e-sque-tu-as-ren-con-tré ?
                 Ton ami martiniquais.   To-na-mi-mar-ti-ni-quais.

1. Qu'est-ce que tu as perdu ?   a. Vraiment excellent.
2. Avez-vous fini votre toilette ?   b. Oui, terrible et horrible.
3. Comment est ce shampooing ?   c. Mon dentifrice.
4. Où est ma brosse à dents ?   d. Encore une minute.
5. Tu as fait un cauchemar ?   e. Toi et tes histoires de brosses !

Expansion **Écouter**

Stratégie Devinez le sens des mots nouveaux à partir du contexte.

In familiar contexts, you can rely on words you already understand to guess the meaning of new words.

Avant d'écouter *Produits de beauté*
Utilisez vos connaissances des articles de toilette et des produits de beauté pour deviner les équivalents anglais des mots soulignés dans les extraits de publicités qui suivent.

1. Les produits Ambre Solaire protègent votre <u>peau</u> des mauvais effets du soleil.
2. Pour mettre en valeur la beauté de votre bouche, le rouge à <u>lèvres</u> Lancôme vous propose une nouvelle gamme de couleurs.
3. La lotion <u>hydratante</u> Hydrix préserve la jeunesse de votre visage.

En écoutant

Vous allez entendre quatre publicités pour des articles de toilette ou des produits de beauté. En écoutant, prenez des notes dans le tableau suivant.

Partie du corps	Public	Type de produit	Effets du produit
1. _____	_____	_____	_____
2. _____	_____	_____	_____
3. _____	_____	_____	_____
4. _____	_____	_____	_____

Après avoir écouté

1. D'après le contexte, quel est le sens de chaque mot souligné ?
   a. Pour protéger vos <u>gencives</u> des attaques du tartre et de la plaque dentaire...
   b. Les <u>rayons</u> ultra-violets B peuvent être dangereux...
   c. C'est une crème légère, <u>non-grasse</u>...
2. Quels produits sont destinés aux femmes ? aux hommes ? aux deux sexes ?
3. Quelle partie du corps est mentionnée dans le plus grand nombre de publicités ?
4. Quelles publicités insistent sur les effets positifs du produit pour la santé ?

À vous la parole

1. Quelle publicité préférez-vous ? Pourquoi ?
2. Travaillez par trois. À tour de rôle, essayez de persuader les autres membres de votre groupe de choisir le produit décrit dans la publicité que vous avez préférée.

Point de départ **Écouter**

> *Stratégie* Utilisez vos connaissances des maladies et du vocabulaire médical en anglais pour comprendre le discours médical en français.

Use your knowledge of medical terms in English to understand French conversations involving health problems.

Avant d'écouter *Radio Santé*

Dans les listes suivantes, entourez les symptômes et les traitements les plus probables pour chaque situation. Vous pouvez entourer plus d'une possibilité.

1. Vous avez trop mangé et avez une petite indigestion.

   Symptômes :   mal à l'estomac
                        vomissements
                        paralysie

   Traitement :   aspirine
                        bicarbonate de soude
                        hospitalisation

2. Vous avez une pneumonie.

   Symptômes :   fièvre
                        congestion pulmonaire
                        diarrhée

   Traitement :   antibiotique
                        antihistaminique
                        vaccin

💿 En écoutant

Vous allez entendre deux conversations entre un médecin qui a une émission à la radio et deux personnes qui lui téléphonent pour des conseils. Vous allez entendre chaque conversation deux fois. En écoutant, faites une liste des mots français que vous entendez qui ressemblent à des termes médicaux en anglais.

Après avoir écouté

1. Quel est le problème ?

   a. Première conversation _____

   _____

   b. Deuxième conversation _____

   _____

2. Quels sont les conseils° du docteur ?   *advice*

   a. Première conversation _____

   _____

   b. Deuxième conversation _____

   _____

DOSSIER 3

In this Dossier, you will learn about these grammatical features

- more expressions with **avoir**
- the irregular verb **devoir**
- the interrogative expressions **qu'est-ce qui** and **qu'est-ce que**
- the conjugation of verbs like **ouvrir**

With this **Dossier:**

AUDIO CD (**Track 21**)
Point de départ : Radio Santé

CD-ROM (**E7**)
**Échanges
C'est comme ça !
Comment le dire**

DVD (**Track 19**)
Situation : Chez le médecin

ACTIVITIES MANUAL (**E7D3**)
**Activités écrites
Activités de laboratoire (avec enregistrement)
Activités pour DVD
  Situation : Chez le médecin**

BOOK COMPANION SITE (**E7**)
www.wiley.com/college/magnan

À vous la parole

Travaillez par deux. Quels sont les avantages et les désavantages de consulter un médecin à la radio ? L'avez-vous jamais fait ? Pouvez-vous envisager de le faire ? Si oui, dans quelles circonstances ? Si non, pourquoi pas ?

L'essentiel

Exprimer la douleur, la peur et l'obligation

> **Observez**
>
> Which two expressions using **avoir** occur in this exchange? Which expression seems to involve body parts / organs? **(7.4)**

ÉCHANGE 1   *J'ai peur*

JACQUES: Salut, Marie. Ça va ?

MARIE: Non, pas du tout. J'ai mal à la gorge.

JACQUES: Oh, ma pauvre. Tu es allée chez le médecin ?

MARIE: Je dois y aller demain. Et j'ai peur d'y aller.

JACQUES: Tu as peur du médecin ? Moi, j'ai peur du dentiste. Mais on doit aller le voir !

Verbe				
devoir *(to have to /*	je	dois	nous	devons
to plan to)	tu	dois	vous	devez
	il / elle / on	doit	ils / elles	doivent
	j'ai	dû		

EXPRESSIONS UTILES   *organes*

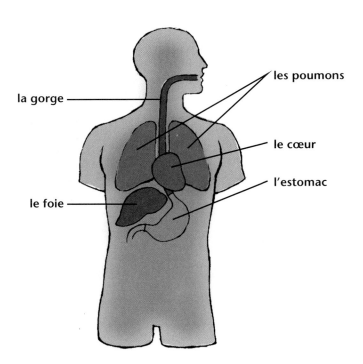

la gorge — les poumons — le cœur — l'estomac — le foie

ACTIVITÉ 1 *Les organes* Complétez les phrases suivantes avec le nom d'un organe. N'oubliez pas les articles.

1. Si on boit trop d'alcool, c'est mauvais pour _____.
2. Pour protéger _____ il faut faire de l'exercice tous les jours.
3. Fumer des cigarettes crée des risques pour _____.
4. Si on mange des plats trop épicés, on a mal à _____.
5. Si on a mal à _____ on ne peut pas chanter.

ACTIVITÉ 2 *Obligations et projets* Circulez parmi vos camarades de classe en leur posant des questions sur ce qu'ils doivent faire.

> **Modèle:**   se coucher avant minuit ce soir
>
> A: Dois-tu te coucher avant minuit ce soir ?
>
> B: Oui, je dois me coucher avant minuit ce soir.
>
> *ou:*
>
> Non, je n'ai pas besoin de me coucher avant minuit ce soir.

1. préparer un examen
2. boire du café pour se réveiller
3. aller à la bibliothèque ce soir
4. se lever avant huit heures demain matin
5. travailler pendant le week-end
6. aller chez le dentiste avant la fin° du mois   *end*

Parler de ses symptômes et de ses maladies

 ÉCHANGE 2   *Chez le médecin*

LE DOCTEUR: Eh bien, monsieur, qu'est-ce qui ne va pas ?
LE PATIENT: J'ai mal à la gorge et j'ai du mal à avaler.

EXPRESSIONS UTILES   *symptômes*

J'ai mal	à la gorge.	J'ai du mal	à avaler.
	à la tête.		à marcher.
	au cœur.		à dormir.
	à l'estomac.		à respirer.
J'ai une douleur	au cou.	J'ai la diarrhée.	
	au cœur.	J'ai de la fièvre.	
	à la poitrine.		de la température.
	aux poumons.	J'ai une toux. / Je tousse.	

> **Observez**
>
> 1. What interrogative expression is used to ask *what* is wrong? (7.6)
> 2. What is the difference in meaning between the two expressions **avoir mal à** and **avoir du mal à**? (7.4.b)

ACTIVITÉ 3 *J'ai du mal à...* Faites des phrases logiques en utilisant un élément de chaque colonne.

> **Modèle:**   avoir du mal à manger / avoir mal au cœur
> J'ai du mal à manger quand j'ai mal au cœur.

A	**B**
avoir du mal à dormir	avoir mal au pied
avoir du mal à marcher	avoir mal à la gorge
avoir du mal à manger	avoir mal à la tête
avoir du mal à parler	avoir mal aux yeux
avoir du mal à lire	avoir mal aux dents

ÉCHANGE 3   *La grippe*

> MME MARTIN: Ah, bonjour, Madame Gauthier. Vous allez mieux ?
> MME GAUTHIER: Oui, merci, un peu mieux.
> MME MARTIN: Mais qu'est-ce que vous avez eu comme maladie ?
> MME GAUTHIER: J'ai eu la grippe.
> MME MARTIN: J'espère que vous allez être vite guérie.

EXPRESSIONS UTILES   *maladies*

J'ai...

une crise de foie	un gros rhume	une bronchite
une intoxication alimentaire	la grippe	une angine
une hépatite	une infection	

ACTIVITÉ 4 *Quelle partie du corps ?* Quelle partie du corps ou quel organe associez-vous avec chacune de ces maladies ?

> **Modèle:**   une toux
> les poumons

1. une angine
2. une hépatite
3. une intoxication alimentaire
4. un gros rhume
5. une crise de foie
6. une bronchite

> **Observez**
> 1. What interrogative expression is used here to ask what illness Madame Gauthier had? Why is it used instead of **qu'est-ce qui**, which you saw in **Échange 2**? (7.6)

APERÇUS CULTURELS

Le foie et le cœur

La « crise de foie » donne l'impression d'être la maladie nationale en France. Les Français ont-ils tous le foie fragile ? Pas nécessairement. En réalité, une crise de foie est une indigestion plus ou moins grave — en général quand on a trop mangé ou trop bu — qui implique surtout l'estomac. Par contre, l'hépatite et la cyrrhose sont des vraies maladies du foie. De même, ne confondez pas « j'ai mal au cœur » (j'ai la nausée / j'ai envie de vomir) et « j'ai une douleur au cœur / j'ai une maladie de cœur », des problèmes cardiaques qui peuvent être graves.

> Avez-vous eu récemment une crise de foie ? Si oui, dans quelles circonstances ?

ACTIVITÉ 5 *Symptômes* Trouvez les symptômes de la colonne de droite qui correspondent aux états physiques ou psychologiques de la colonne de gauche.

Modèle: ___e___ avoir peur

_____ avoir peur	a. avoir une petite douleur à l'estomac
_____ avoir une angine	b. avoir du mal à respirer
_____ être fatigué(e)	c. avoir envie de se coucher
_____ avoir un gros rhume	d. avoir mal à la gorge
_____ avoir une bronchite	e. trembler
_____ avoir une crise de foie	f. tousser

Ensuite, faites des phrases logiques en utilisant un élément de chaque colonne.

Modèle: Quand on a peur, on tremble.

Pour faire un diagnostic et donner un traitement

ÉCHANGE 4 *J'ai mal à la gorge*

ANDRÉ: J'ai mal à la gorge ; j'ai du mal à avaler. Je souffre depuis trois jours.

LE DOCTEUR: Vous avez mal à la gorge ? Ouvrez la bouche et dites « Ah... » C'est très rouge. Vous avez peut-être une infection. Je vais vous faire une analyse mais, avant, je vais vous donner tout de suite des médicaments pour calmer la douleur.

> **Observez**
>
> The verbs **souffrir** and **ouvrir** have infinitives that end in **-ir.** How are their conjugations different from those of **partir** and **maigrir**? (7.7)

Verbe				
souffrir *(to suffer)*	je	souffre	nous	souffrons
	tu	souffres	vous	souffrez
	il / elle / on	souffre	ils / elles	souffrent
	j'ai	souffert		

Verbe				
ouvrir *(to open)*	j'	ouvre	nous	ouvrons
	tu	ouvres	vous	ouvrez
	il / elle / on	ouvre	ils / elles	ouvrent
	j'ai	ouvert		

EXPRESSIONS UTILES *chez le médecin*

diagnostics

Le médecin vous fait un examen général.
                              une analyse de sang.

Vous passez une radio.
                      un examen général.

traitements

Le médecin vous donne un médicament
                                    un antibiotique.

Le médecin vous fait une piqûre.
Vous allez prendre un somnifère.
                            un antihistaminique.
                            de l'aspirine.

ACTIVITÉ 6 *Et alors ?* Faites un commentaire logique en utilisant le verbe entre parenthèses.

> **Modèle:**   Votre cours commence dans deux minutes. (partir)
> Je pars tout de suite.

1. J'ai une angine. (souffrir)
2. Daniel suit un régime. (maigrir)
3. Nous sommes toujours fatigués. (dormir mal)
4. Ils ont soif. (ouvrir la bouteille)
5. Tu n'as pas de devoirs ce soir. (sortir)

ACTIVITÉ 7 *Remèdes* Expliquez ce que vous faites quand vous souffrez des problèmes de santé suivants.

> **Modèle:**   avoir un gros rhume
> Quand j'ai un gros rhume, je prends un antihistaminique.

1. avoir mal à la tête
2. avoir de la température
3. souffrir d'allergies

4. ne pas pouvoir dormir
5. avoir une angine
6. souffrir d'une maladie inconnue°   *unknown*

ACTIVITÉ 8 *Proposer un traitement* Avec un(e) camarade de classe, jouez les rôles d'un(e) malade et d'un médecin. Le médecin pose trois ou quatre questions avant de proposer un traitement.

> **Modèle:**   ne pas bien dormir
>
> LE MALADE: Je ne dors pas bien. Qu'est-ce que je dois faire ?
>
> LE MÉDECIN: Souffrez-vous de stress ? *(Le / La malade répond.)*
> Prenez-vous des antihistaminiques ? *(Le / La malade répond.)*
> Avez-vous mal quelque part ? *(Le / La malade répond.)*
> Alors, dans ce cas... *(Le médecin propose un traitement.)*

1. ne pas digérer° les aliments gras   *digest*
2. avoir souvent mal au cœur
3. avoir des douleurs à la poitrine
4. oublier souvent des choses importantes
5. avoir très peu d'énergie

APERÇUS CULTURELS

 # La santé et la médecine alternative

Les Français sont très préoccupés par leur santé. En France, il existe un système très avancé de médecine traditionnelle qui est couvert par les assurances maladie de la sécurité sociale. Un Français sur trois opte aussi pour une forme de médecine parallèle appelée « alternative » , « douce » ou « naturelle » , qui se présente sous des formes variées (par exemple l'homéopathie, l'acuponcture, etc.). Fondée à la fois sur des remèdes populaires et des innovations internationales, la médecine alternative est également remboursée, en partie, par les assurances maladie du système de la sécurité sociale

> ❯ À votre avis est-ce que la médecine alternative doit être remboursée par les assurances ? Pourquoi ou pourquoi pas ?

Vocabulaire essentiel

diagnostics

l'analyse (f)	*test*
l'examen (m) général	*checkup*
faire une analyse / un examen	*to give a medical test checkup*
passer une radio	*to have an X-ray (conj. like **parler**)*
la radio	*X-ray*

maladies

l'angine (f)	*strep throat (France), angina (Canada)*
la bronchite	*bronchitis*
la crise de foie	*liver or stomach ailment*
la grippe	*flu*
l'hépatite (f)	*hepatitis*
l'infection (f)	*infection*
l'intoxication (f) alimentaire	*food poisoning*
la maladie	*illness*
le rhume	*cold*

organes

le cœur	*heart*
l'estomac (m)	*stomach*
le foie	*liver*
la gorge	*throat*
les poumons (m pl)	*lungs*
le sang	*blood*

symptômes

avoir mal à...	*to have a pain / to have an ache in one's . . .*
avoir mal au cœur	*to be nauseated*
la diarrhée	*diarrhea*
la douleur	*pain*
la fièvre	*fever*
la toux	*cough*

traitements

l'antibiotique (m)	*antibiotic*
l'antihistaminique (m)	*antihistamine*
l'aspirine (f)	*aspirin*
le médicament	*medication*
la piqûre	*shot*
le somnifère	*sleeping pill*

autres expressions utiles

avoir du mal à...	*to have trouble . . .*
avoir peur (de)	*to be afraid (of)*
le / la dentiste	*dentist*
guéri(e)	*cured*
ma / mon pauvre	*you poor thing*
pour	*in order to*
qu'est-ce qui	*what*
qu'est-ce qui ne va pas ?	*what's wrong?*
vite	*quickly*

autres verbes

avaler	*to swallow (conj. like **parler**)*
calmer	*to calm (conj. like **parler**)*
devoir	*to have to*

je	dois	nous	devons
tu	dois	vous	devez
il / elle / on	doit	ils / elles	doivent
j'ai	dû		

espérer	*to hope (conj. like **préférer**)*
marcher	*to walk (conj. like **parler**)*
ouvrir	*to open*

j'	ouvre	nous	ouvrons
tu	ouvres	vous	ouvrez
il / elle / on	ouvre	ils / elles	ouvrent
j'ai	ouvert		

respirer	*to breathe (conj. like **parler**)*
souffrir	*to suffer (conj. like **ouvrir**)*
tousser	*to cough (conj. like **parler**)*

Prononciation **Les graphies *eu* et *œu* pour les sons [ø] et [œ]**

The sequences of letters **eu** and **œu** can each represent two slightly different vowel sounds depending on whether they occur in an open or closed syllable. Remember that open syllables end in pronounced vowels and closed syllables end in pronounced consonants.

1. [ø] in an open syllable:

   un p**eu**   elle p**eu**t   d**eu**x   des **œu**fs   h**eu**-r**eu**x [ø] has no equivalent in English. To make this sound, put your tongue near the bottom of your front teeth and round your lips. Be careful not to confuse this sound with [u] or [y]:

veux = [vø]   vous = [vu]   vu = [vy]

Exception: the past participle of **avoir** (**j'ai eu**) is always pronounced [y] like the letter **u**, as in **tu**.

2. [œ] in a closed syllable:

elles peuvent   seul   jeune   un œuf   le cœur   la sœur

The sound [œ] is quite close to the vowel sound in the English words *but* and *luck*. To make this vowel sound, start from the position for [ø], keep your lips rounded, and open your mouth a bit more.

Exceptions:

❭ **eu** is pronounced [ø] in a syllable closed by the letter **s** pronounced as [z]:

il est h**eu**-r**eu**x [ø-Rø], elle est h**eu**-r**eu**se [ø-Røz]

❭ Although **œil** is not spelled with the letters **eu**, it is pronounced [œj].

ACTIVITÉ 9 *Questions et réponses* Travaillez avec un(e) camarade de classe. Une personne pose les questions ; l'autre répond en utilisant les suggestions entre parenthèses. Attention à la prononciation des sons [œ] et [ø].

Modèle: Tes frères veulent venir ? (Oui, mais ma sœur ne...)

A: Tes frères veulent venir ?

B: Oui, mais ma sœur ne veut pas.

1. Ta sœur peut nager ? (Oui, mais mes frères ne...)
2. Tu veux deux œufs ? (Euh, je préfère un seul...)
3. Vous avez mal aux yeux ? (À l'... gauche seulement)
4. Dominique Pia, c'est un chanteur ? (Non, c'est une...)
5. Madame Jussieu est docteur ? (Oui, et c'est un excellent...)

Expansion **Écrire**

Stratégie Distinguez le sens littéral du sens figuré.

In writing, as in reading, it is important to determine whether a word is to be understood literally (when it appears with its usual meaning) or figuratively (when it is used with a different meaning). Authors often use words figuratively to create associations or to express certain opinions indirectly.

Avant d'écrire *Mon pays : malade ou en pleine forme ?*

Lisez la bande dessinée qui suit en notant la manière dont le célèbre dessinateur humoristique Wolinski juxtapose la langue littérale et la langue figurée. Puis répondez aux questions.

monsieur,

se soigne *takes care of oneself*
le laisse crever *lets it croak*
ronge *gnaws at*
était *was*
ver *worm*

gendre *son-in-law*
plombier *plumber*
sera *will be*
se fier à *trust*
cacher *hide*

1. Quelle sorte de vocabulaire est-ce que les deux hommes ont en commun ?

2. Quel homme (le grand ou le petit) utilise ce vocabulaire littéralement, dans un contexte personnel ?

3. L'autre homme utilise ce vocabulaire différemment. Dans quel contexte ?

4. Maintenant, expliquez ce que ces expressions figurées concernant la santé d'un pays pourraient suggérer au sujet de son économie, de sa structure sociale, des rapports entre ses habitants, etc.

   a. Au sens figuré, qu'est-ce qui est suggéré quand un pays a
   mal au dos ? <u>Il y a trop de taxes, trop de travail</u>. une crise de foie ? _____

   mal à la tête ? _____ une douleur au cœur ? _____

   b. Au sens figuré, qu'est-ce qui est suggéré quand un pays a le
   dos solide ? <u>Tout le monde est en forme, on travaille ensemble.</u> une bonne digestion ? _____

   la tête lucide ? _____ le cœur solide ? _____

Écrire

Écrivez un paragraphe de cinquante mots où vous indiquez si votre pays est
« malade » ou « en pleine forme » . Si vous voulez, regardez les timbres-poste
pour vous donner des idées. Utilisez des expressions que vous avez étudiées dans
ce dossier dans un sens figuré pour parler des maladies, des symptômes, des
diagnostics et des traitements. Votre pays va-t-il « mourir » ou « guérir » ?

Modèle: Mon pays est malade. Il a mal au dos parce qu'il y
a trop d'impôts.° Tout le monde doit beaucoup   *taxes*
travailler et on n'a pas assez de temps libre...

Après avoir écrit

Relisez votre paragraphe pour vérifier que vous avez...

1. utilisé d'une manière figurée des expressions qui parlent de la santé et de la
   maladie.
2. donné des exemples spécifiques.
3. commencé par une phrase pour introduire le sujet et terminé par une phrase
   de conclusion.

À vous la parole

1. Travaillez par trois ou quatre. Échangez et lisez vos paragraphes. Choisissez-
   en un comme sujet de débat.
2. Le débat : Deux groupes vont travailler ensemble. Un groupe va expliquer
   pourquoi le pays est malade tandis que l'autre groupe va dire le contraire.
   Essayez de convaincre l'autre groupe que votre groupe a raison.

Point de départ **Lire**

Stratégie Utilisez la similarité des mots scientifiques en français et en anglais pour comprendre un texte scientifique en français.

Because scientific terms are often similar in French and English, you can frequently guess the meaning of French words in scientific texts by referring to their English equivalents.

Avant de lire *Après le sida, quoi ?*

Ce petit texte biographique décrit un chercheur médical français. Parcourez-le en cherchant les mots français de la liste suivante. Ensuite, écrivez les mots anglais qui y correspondent.

Luc Montagnier. (1932–) A découvert le virus du sida° en 1983. *AIDS*
A publié de nombreuses communications sur la réplication des virus. Dirige actuellement le département « Sida et rétrovirus » de l'Institut Pasteur.

Mot Français	Mot anglais
a découvert	_____
le virus	_____
la réplication	_____
l'institut	_____

En lisant

En lisant, entourez les termes scientifiques qui ressemblent à des mots anglais.

Luc Montagnier

With this **Dossier:**

CD-ROM (E7)
Échanges
Comment le dire
ACTIVITIES MANUAL (E7D4)
Activités écrites et Rédaction
Activités de laboratoire
BOOK COMPANION SITE (E7)
www.wiley.com/college/ magnan

Après le sida, quoi ?

—Interview avec Luc Montagnier

Le Nouvel Observateur: Il y a un siècle, on mourait de tuberculose, il y a six siècles, de la peste.° Aujourd'hui, on *plague* meurt du cancer, des maladies cardio-vasculaires ou du sida. Qu'est-ce qui fait qu'une maladie naît, vit et meurt ?

Luc Montagnier: Quand une maladie disparaît, une autre apparaît. C'est la théorie de la pathocénose : des maladies nouvelles peuvent venir remplacer celles° qui ont disparu. *those*

N.O: On peut donc imaginer que d'autres épidémies nous guettent°...

nous... *are waiting to get us*

L.M: Oui... Mais il faut le répéter : le danger ne vient pas toujours de nouveaux adversaires. Il peut venir des variantes de virus connus, qui peuvent brusquement devenir pathogènes. Et il y a le problème posé par l'irruption de germes résistants aux antibiotiques. On voit ainsi apparaître chez les malades du sida des bacilles de la tuberculose résistants à tous les antibiotiques connus. Cela est particulièrement alarmant.

N.O: Il y a l'espoir du vaccin...

L.M: Certes, mais même quand il sera au point,° comment le donner à tous les gens qui en auront besoin° ? Il faudrait créer des structures et changer les mentalités.

au... *perfected*
en... *will need it*

N.O: On a pourtant réussi à éradiquer la variole,° grâce au vaccin...

smallpox

L.M: Oui, c'est un succès. Mais pour le sida, il faudra un effort bien supérieur. Contre la variole on est vacciné une fois pour la vie. Contre le sida, je crains qu'il ne faille° répéter la vaccination, peut-être tous les ans... On se heurte° à un problème quasiment insoluble : comment mettre toute la population de la planète au même niveau médical ? C'est peut-être possible pour un milliard d'individus, mais pour dix milliards ? Pour vaincre° le sida, de même que° le choléra ou la tuberculose, dans les pays pauvres, et même chez nous, dans le quart monde° de nos villes modernes, il faudra d'abord avoir vaincu les conditions économiques, démographiques et sanitaires qui favorisent leur propagation.

je... *I fear it will be necessary /*
se... *comes up against*

conquer / de... *as well as*
le... *the fourth world*

Après avoir lu

1. À partir des ressemblances entre les deux langues, donnez l'équivalent anglais de ces termes français.

   a. la théorie _____   d. une épidémie _____

   b. pathogène _____   e. le vaccin _____

   c. germes _____   f. sanitaire _____

2. Trouvez cinq ou six autres mots dans le texte qui ressemblent à des mots anglais.
3. Selon Luc Montagnier, peut-on imaginer des nouvelles épidémies ?
4. En ce qui concerne le sida, quelle est la solution médicale envisagée par Montagnier ?
5. Même si on trouve une solution médicale au sida, quels sont les autres problèmes à surmonter ?

À vous la parole

Discutez avec des camarades de classe. Qui doit payer les recherches médicales :
les entreprises pharmacologiques ? les gouvernements nationaux ? les
organisations internationales telles que l'Organisation des Nations unies (ONU) ?
Pourquoi ?

L'essentiel

Pour exprimer la douleur

 ÉCHANGE 1   *Aïe ! Aïe !*

PAPA: Qu'est-ce que tu as, Maryse ? Qu'est-ce qui s'est passé ?
MARYSE: Je suis tombée et je me suis blessée. Je saigne ! Aïe ! Aïe ! Ça fait mal !

EXPRESSIONS UTILES   *douleur*

Aïe !	Je me suis blessé(e).	Je saigne.
Ouïe !	Je me suis brûlé(e).	
Ça (me) fait mal !	Je me suis coupé(e).	

ACTIVITÉ 1 *Qu'est-ce qui s'est passé ?*   Imaginez que vous êtes la
personne dans chaque image et dites ce qui s'est passé.

> **Modèle:**   Je me suis coupé.

1.    2.    3.    4.

> **Observez**
>
> What auxiliary verb is used
> with **se blesser** in the
> **passé composé**? With
> which word does its past
> participle agree? **(7.2.e)**

ACTIVITÉ 2 *Aïe !* Travaillez avec un(e) camarade de classe pour jouer les rôles d'un(e) enfant qui s'est blessé(e) et de son parent.

Modèle: L'ENFANT: Aïe !

                    LE PARENT: Qu'est-ce qui s'est passé ?

                    L'ENFANT: Je me suis coupé(e).

Pour exprimer la sympathie et le réconfort

ÉCHANGE 2   *Accident de vélo*

DANIEL: Papa, Maman, je suis tombé de mon vélo et je suis sûr que je me suis cassé le bras. Aïe ! Ça fait mal ! Je dois aller à l'hôpital ?

PAPA: Oh, mon pauvre petit !

MAMAN: Ne t'inquiète pas, Daniel. Ça n'a pas l'air grave. On va aller à la pharmacie.

> **Observez**
>
> What is the direct object of the sentence **je me suis cassé le bras**? Would the spelling of the past participle be different if the subject of the sentence were a woman? **(7.2.e)**

EXPRESSIONS UTILES   *réactions et suggestions*

expressions de sympathie	expressions de réconfort
Mon Dieu !	Ne t'inquiète pas.
Quelle horreur !	Rassure-toi.
Pauvre ami(e) !	Reste calme.
Mon pauvre enfant !	Ça va passer.
Je suis désolé(e) pour vous.	Ça n'a pas l'air grave.
Vous avez toute ma sympathie.	

ACTIVITÉ 3 *Quelle réponse ?* Pour chacune des situations suivantes, indiquez les deux réactions les plus appropriées.

1. Je suis tombé et je ne peux pas bouger.
   a. Mon Dieu !
   b. Reste calme.
   c. Ça n'a pas l'air grave.

2. Je souffre d'une hépatite.
   a. Mon pauvre ami(e).
   b. Ça va passer.
   c. Je suis désolé(e) pour toi.

3. Je me suis coupé le doigt, mais ça ne saigne pas.
   a. Quelle horreur !
   b. Rassure-toi.
   c. Ne t'inquiète pas.

La pharmacie

En France et en Europe continentale en général, les pharmacies sont bien différentes des drug-stores américains. La pharmacie est un petit magasin indépendant où on trouve principalement des médicaments, et aussi des produits de beauté ou pour la santé. N'allez donc pas à la pharmacie si vous voulez un journal, du papier à lettres ou du coca-cola.

Le rôle du pharmacien ou de la pharmacienne (il y a autant de femmes docteurs en pharmacie que d'hommes) est différent aussi. On va à la pharmacie demander un conseil pour des choses qui ne sont pas graves — mal de tête, indigestion, petites blessures, brûlures, « bobos » — et les pharmaciens sont autorisés à donner des petits soins° comme désinfecter et panser.° Ils peuvent aussi faire des prises de sang et des piqûres. La pharmacie joue donc un grand rôle dans la vie des Français et on y va souvent avant de consulter un docteur. Les pharmaciens sont les commerçants et les conseillers médicaux les plus aimés en France.

petits... minor first aid / to bandage

Une pharmacienne

Une pharmacie à Nantes

❯ Est-ce que vous avez consulté un pharmacien ? Dans quelles circonstances ?

ACTIVITÉ 4 *Rassurez-vous* Travaillez avec un(e) camarade de classe. La personne A demande à la personne B ce qu'elle a ; la personne B dit comment elle s'est fait mal et ce qu'elle a ; la personne A la rassure. Variez vos réponses et faites attention aux temps des verbes.

Modèle: se couper / saigner

A: Qu'est-ce que tu as ?

B: Je me suis coupé le doigt et je saigne.

A: Ne t'inquiète pas. Ça n'a pas l'air grave.

1. avoir un accident de travail / avoir mal au dos
2. tomber de son vélo / se casser le bras
3. boire du café chaud / se brûler la bouche
4. tomber dans la rue / saigner
5. tousser beaucoup / avoir mal à la poitrine
6. avoir un gros rhume / avoir du mal à respirer

ACTIVITÉ 5 *Quelle réaction ?* Travaillez avec un(e) camarade de classe pour discuter les situations indiquées.

> Modèle: un accident de travail
>
> A: Qu'est-ce qui s'est passé ?
>
> B: J'ai eu un accident de travail et après j'ai eu mal au dos.
>
> A: Pauvre ami(e).

1. une intoxication alimentaire
2. un accident de voiture
3. une bronchite
4. un accident de bicyclette
5. un gros rhume
6. un accident à la piscine

Pour indiquer une séquence

ÉCHANGE 3   *À la pharmacie*

› **Observez**

What expression is used before an infinitive to indicate that one action happens before another? (7.8)

CLIENTE: Je voudrais une crème antiseptique parce que ma fille s'est coupé le doigt. Et j'ai aussi ces ordonnances.

PHARMACIEN: Voici la crème et vos médicaments. Prenez deux de ces pilules bleues avec chaque repas et prenez un de ces petits comprimés blancs tous les soirs avant de vous coucher. Désirez-vous autre chose ?

CLIENTE: Oui, un rouge à lèvres, s'il vous plaît.

EXPRESSIONS UTILES *médicaments et autres produits*

avec ordonnance	**sans ordonnance**
les pilules	les produits de beauté
les comprimés	le rouge à lèvres
	la crème antiseptique
	la crème solaire
	le dentifrice

ACTIVITÉ 6 *Donne-lui...* Travaillez avec un(e) camarade de classe. Lisez ces phrases et dites ce qu'on doit donner à chaque personne.

> Modèle: Hervé part en vacances en Martinique.
> Donne-lui de la crème solaire.

1. Benoît s'est coupé le pied.
2. Sylvie a du mal à avaler les comprimés.
3. Sara sort ce soir à une fête très élégante.
4. Simon n'aime pas les piqûres de pénicilline.
5. Mireille va passer le week-end à la plage.

ACTIVITÉ 7 *La journée de Mathilde* Regardez l'ordre chronologique des différentes activités de Mathilde. Dites tout ce qu'elle a fait en utilisant l'expression **avant de.**

Modèle:	8h00	avoir un examen médical
	9h00	faire de l'aérobic

Mathilde a eu un examen médical avant de faire de l'aérobic.

9h25	se laver les cheveux
9h40	aller à la fac
10h00	passer une heure au laboratoire de langues
13h30	déjeuner à la cantine
13h45	prendre des pilules pour l'indigestion
14h15	aller à la pharmacie pour chercher un nouveau rouge à lèvres
15h50	mettre de la crème solaire
16h00	jouer au foot avec des amies
19h30	tomber de son vélo

ACTIVITÉ 8 *Votre journée* Racontez ce que vous avez fait hier en utilisant cinq expressions avec **avant de**

Vocabulaire essentiel

accidents

se blesser	to hurt oneself, hurt one's . . . (conj. like *se coucher*)
se brûler	to burn oneself, burn one's . . . (conj. like *se coucher*)
se casser	to break one's . . . (conj. like *se coucher*)
se couper	to cut oneself, to cut one's . . . (conj. like *se coucher*)

douleur

aïe	ouch
ça fait mal	that / it hurts
ouïe	ouch

médicaments

le comprimé	tablet
la crème antiseptique	antiseptic cream
l'ordonnance (f)	prescription
la pilule	pill

produits de beauté

la crème solaire	suntan lotion
le produit de beauté	beauty product
le rouge à lèvres	lipstick

sympathie

mon Dieu	my God; oh, dear God
pauvre	poor, unfortunate
quelle horreur	how awful
la sympathie	sympathy

autres expressions utiles

avant de (+ infinitif)	before (doing something)
ça va passer	it will go away
grave	serious
le repas	meal
sûr(e)	sure

autres verbes

désirer	to want (conj. like *parler*)
s'inquiéter	to worry (conj. like *se coucher* with accent variations)
se passer	to happen (conj. like *se coucher*)
se rassurer	to put one's mind at ease (conj. like *se coucher*)
saigner	to bleed (conj. like *parler*)

Prononciation **Encore [ø] et [œ]**

 1. Do not confuse [ø] and [y]. For both of these sounds, round your lips and bring your tongue forward. But for [y], keep your tongue high and your mouth fairly closed, whereas for [ø], lower your jaw and put the tip of your tongue close to the bottom of your front teeth.

   eu / œu = [ø] :   des jeux   il pleut   c'est vieux
   u = [y] :   du jus   il a plu   c'est vu

2. Pay special attention when you pronounce [œ] before [R]. The tip of your tongue must be forward for [œ], but the back of your tongue is toward the back of your mouth for [R]. Because the tip of your tongue must be near your bottom teeth for both sounds, it will help if you practice saying words like **beurre, leur, cœur,** with the tip of your tongue actually resting on your bottom teeth.

3. When pronouncing [œ] before [j] in words such as **œil** and **feuille** *(leaf)*, keep your tongue forward to avoid saying [ɔj] (as in *boy*) instead of [œj].

ACTIVITÉ 9 *Devinettes* Avec un(e) camarade de classe, trouvez les réponses aux devinettes suivantes. Pour vous aider : tous les mots que vous devez deviner se terminent par [ø], [y], [œR] ou [œj].

   Modèle: Ils sont longs ou courts, bruns ou blonds.
                     Les cheveux.

1. Le cyclope en a un seul.
2. Les oiseaux en font, les mammifères n'en font pas.
3. Le contraire de « moins » .
4. Ils jouent dans les pièces de théâtre et les films.
5. Plus que « bien » dans une comparaison.
6. Le contraire de « jeune » .

Expansion **Discuter**

> *Stratégie* Établissez des catégories pour vous aider à organiser vos idées.

To make a clear oral presentation or to have a logical discussion, it is useful to divide your topic into categories. These categories will help you focus and organize your thoughts.

Avant de discuter *Chez le médecin*

Avec un(e) camarade de classe, faites une liste d'expressions qu'on pourrait utiliser pour parler de la grippe et d'une angine. Écrivez-les dans le tableau suivant, selon les catégories indiquées.

	la grippe	une angine
causes	_____	_____
symptômes	_____	_____
durée	_____	_____
diagnostic	_____	_____
traitement	_____	_____

Discuter

Avec un(e) camarade de classe, jouez les rôles du / de la malade et du médecin.
Le / La malade présente ses symptômes, leur durée et des causes probables. Le
médecin pose des questions, propose des examens pour diagnostiquer la maladie et
prescrit un traitement. Ensuite, changez de rôles et répétez l'activité en parlant de
l'autre maladie.

Après avoir discuté

Racontez à la classe vos expériences la dernière fois que vous avez eu une de ces
maladies, en parlant des causes, des symptômes, de la durée, du diagnostic et du
traitement.

Centre médical à Québec

Grammaire 7

7.1 Present-tense verbs with *depuis* and *depuis que*

To express the time of an action begun in the past but continuing into the present, French uses **depuis** or **depuis que** followed by a verb in the present tense.

> ❯ **Depuis** is a preposition, followed by a time expression.

> Je suis en pleine forme **depuis deux semaines.**

> ❯ **Depuis que** is a conjunction, followed by a clause (part of a sentence having a subject and a conjugated verb).

> Je suis en pleine forme **depuis que je suis ce régime.**

Note that to express such a notion of time in English, one uses a past tense (*I have been sick for three days* or *Paul has had a lot of energy since he has been jogging*).

L'emploi de *depuis* et *depuis que*
proposition principale au présent + *depuis* + expression de temps
Je suis en forme **depuis** quelques mois. *I have been in shape for several months.*
proposition principale au présent + *depuis que* + proposition au présent
Elle **a** beaucoup d'énergie **depuis qu**'elle **fait** de la natation. *She has had lots of energy since she has been swimming.*

7.2 Pronominal verbs

a. **Basic meaning.** With a pronominal verb, both the subject pronoun (or noun) and the object pronoun (in this case, called a reflexive pronoun) refer to the same grammatical person.

Je me couche à six heures. *(I go to bed at six o'clock.)*	**Nous nous** couchons à six heures.
Tu te couches à six heures.	**Vous vous** couchez à six heures.
Il / Elle / On se couche à six heures.	**Ils / Elles se** couchent à six heures.

The reflexive structure exists in English in expressions like *He puts himself to bed* or *I see myself in the mirror.* However, in English this reflexive relationship is often unstated, as in *He goes to bed* or *I wash (myself) in the sink* or *We get (ourselves) up at 5:00 in the morning.* In French, the reflexive pronoun cannot be omitted when referring to a reflexive action or state.

Now, contrast the use of the verb **laver** with its pronominal form, **se laver.**

Renée lave sa voiture. (Renée la lave.)
Renée se lave.

In the first case, Renée is the subject doing the action; her car receives the action. In the second case, Renée both performs and receives the action.

b. **Reflexive pronouns.** Unlike English, where the reflexive pronoun goes after the verb *(I saw myself)*, in French, the reflexive pronoun goes directly before the verb.

> Je **me** couche avant minuit.
> Nous **nous** réveillons avant huit heures.
> Ils ne **s'**endorment jamais avant minuit.

Reflexive pronouns are identical in form to direct and indirect object pronouns except in the third person, singular and plural.

Les pronoms objets			
sujet	**objet réfléchi**	**objet direct**	**objet indirect**
je	me	me	me
tu	te	te	te
il / elle / on	se	le / la	lui
nous	nous	nous	nous
vous	vous	vous	vous
ils / elles	se	les	leur

c. **The imperative form with pronominal verbs.** As you know, the imperative form is used to give a command or make a suggestion; it consists of the **tu, nous,** or **vous** present-tense form of the verb used without an expressed subject pronoun. Note, however, that the reflexive pronoun is not absent in the imperative. For an affirmative imperative, the reflexive pronoun is placed after the verb. If the reflexive pronoun refers to **tu,** the form **toi** is used after the verb.

> Levons-**nous.**
> Mettez-**vous** ici.
> Couche-**toi.**

In a negative imperative, however, the reflexive pronoun remains directly before the verb.

> Ne **vous** inquiétez pas.
> Ne **te** couche pas maintenant.

La forme et la position des pronoms réfléchis		
l'indicatif	**l'impératif affirmatif**	**l'impératif négatif**
Tu **te** lèves.	Lève-**toi** !	Ne **te** lève pas !
Vous **vous** levez.	Levez-**vous** !	Ne **vous** levez pas !
Nous **nous** levons.	Levons-**nous** !	Ne **nous** levons pas !

d. **The infinitive of pronominal verbs.** When a sentence has a pronominal verb in the infinitive, the reflexive pronoun refers to the same person as the subject of the conjugated verb and goes directly before the infinitive.

> **Tu** dois **te** laver les mains.
> **Nous** allons **nous** coucher maintenant.

In a dictionary the infinitive of a pronominal verb is always listed with **se: se lever, s'endormir** but alphabetized according to the first letter of the verb.

e. **The *passé composé* of pronominal verbs.** In the **passé composé**, all pronominal verbs are conjugated with **être**. The past participle of a pronominal verb agrees in number and gender with a preceding direct object, which, in most cases, is the reflexive pronoun that corresponds to the subject.

Quelques verbes pronominaux au passé composé	
Je me **suis** levé(e).	Je **ne** me suis **pas** levé(e).
Tu t'**es** couché(e).	Tu **ne** t'es **pas** couché(e).
Il s'**est** endormi.	Il **ne** s'est **pas** endormi.
Elle s'**est** lavée.	Elle **ne** s'est **pas** lavée.
Nous nous **sommes** réveillé(e)s.	Nous **ne** nous sommes **pas** réveillé(e)s.
Vous vous **êtes** coiffé(e)(s).	Vous **ne** vous êtes **pas** coiffé(e)(s).
Ils se **sont** couchés.	Ils **ne** se sont **pas** couchés.
Elles se **sont** endormies.	Elles **ne** se sont **pas** endormies.

In some cases, however, the direct object is not the reflexive pronoun but rather a noun following the verb. In these cases, there is no agreement between the noun object and the past participle.

Quand le pronom réfléchi n'est pas le complément d'objet direct
Janine s'est brossé **les dents**.
Pierre et Bruno se sont lavé **les mains**.

f. **Parts of the body with pronominal verbs.** In French, many actions involving parts of the body are expressed with reflexive verbs such as **se laver** and **se casser**. In such cases, the noun denoting the body part is preceded by a definite article. This differs from English, which uses possessive adjectives when talking about actions involving parts of the body: *Wash your hands!* or *She washed her face.*

L'article défini avec les parties du corps
Elles se sont lavé **les** mains.
Je me suis coupé **le** doigt.
Il s'est cassé **la** jambe.

7.3 Spelling variations in verbs conjugated like *lever*

You already know that for verbs like **préférer**, the spelling of the stem varies depending on whether or not there is an unpronounced ending that follows: The é of the infinitive is è in the **je, tu, il / elle / on**, and **ils / elles** forms.

préférer *(to prefer)*	je	préfère	nous	préférons
	tu	préfères	vous	préférez
	il / elle / on	préfère	ils / elles	préfèrent

Verbs like **lever** (**se lever**) have similar spelling variations when the stem is followed by an unpronounced ending. These verbs have no accent in the infinitive, but when a conjugated form ends in an unpronounced syllable, the next to the last e is spelled with an **accent grave**.

Variations d'orthographe pour les verbes comme *se lever*	
l'infinitif	se lever
le présent	je me lève
	tu te lèves
	il / elle / on se lève
	nous nous levons
	vous vous levez
	ils / elles se lèvent
l'impératif	lève-toi !
	levez-vous !
	levons-nous !
le participe passé	levé

7.4   More expressions with *avoir*

a. The expressions **avoir sommeil** *(to be sleepy),* **avoir chaud** *(to be hot),* **avoir froid** *(to be cold),* and **avoir peur de** *(to be afraid of)* contrast with English, in which the verb *to be* is used to express these various sensations. Note that **avoir peur de** can be followed by either a noun or an infinitive.

D'autres expressions avec *avoir*	
Il a trop chaud.	*He is too hot.*
J'ai vraiment froid.	*I'm really cold.*
Ils ont sommeil.	*They are sleepy.*
J'ai peur du médecin.	*I'm afraid of the doctor.*
J'ai peur de voyager en avion.	*I'm afraid to travel by plane.*

b. The expression **avoir mal à** is used with a noun designating a part of the body to express physical pain. The expression **avoir du mal à** is used with an infinitive to express difficulty in doing something.

Avoir mal à / Avoir du mal à
avoir mal + *à* + nom (partie du corps) = la douleur J'ai mal au ventre. *I have a pain in the stomach / a stomachache.* *avoir du mal* + *à* + infinitif = la difficulté J'ai du mal à respirer. *I'm having trouble breathing.*

7.5 *Mettre du temps à* + an infinitive

In English, we often say that it *takes* a certain amount of time to do something, that we *spend* a certain amount of time doing something, or that we *put* a certain amount of time into doing something. In French, these ideas are expressed with the verb **mettre**.

Mettre du temps à + l'infinitif				
sujet + *mettre* +		**période du temps** + *à* +		**l'infinitif**
On	met	deux heures	à	déjeuner.
Tu	as mis	une demi-heure	à	faire ta toilette.
Il	va mettre	cinq minutes	à	prendre sa douche.

7.6 Questions with *qu'est-ce qui* and *qu'est-ce que*

When you want to ask *what* is happening or *what* someone is doing, you can formulate your question with **qu'est-ce qui** or **qu'est-ce que**.

❯ **Qu'est-ce qui** is used as the subject of a sentence, as in **Qu'est-ce qui ne va pas ?** *(What is wrong?)*. It is followed by a verb in the third-person singular.

❯ **Qu'est-ce que** is used as the direct object when the sentence already has a subject, as in **Qu'est-ce que tu as mangé ?** *(What did you eat?)*. It is followed by a noun or pronoun subject.

Les questions avec *qu'est-ce qui* et *qu'est-ce que*	
Qu'est-ce qui + **verbe**	
Qu'est-ce qui **donne des cauchemars ?**	*What causes nightmares?*
Qu'est-ce qui **s'est passé ?**	*What happened?*
Qu'est-ce que + **sujet** + **verbe**	
Qu'est-ce qu'**il a mangé ?**	*What did he eat?*
Qu'est-ce que **nous allons faire ?**	*What are we going to do?*

7.7 *-ir* verbs like *ouvrir*

You have already learned the forms of two types of -ir verbs: those conjugated like **partir** and those conjugated like **choisir**. Verbs like **ouvrir** and **souffrir** are conjugated in a third way, with endings in the present tense like those of **-er** verbs.

Je **souffre** de la gorge.
Ouvrez la bouche.

To form the past participle of verbs like **ouvrir** and **souffrir**, drop the **-rir** and add **-ert**.

> Il a beaucoup **souffert**.
> Elle a **ouvert** le livre.

Les trois groupes de verbes en *-ir*						
infinitif		ouvrir		partir		choisir
présent	j'	ouvre	je	pars	je	choisis
	tu	ouvres	tu	pars	tu	choisis
	il	ouvre	elle	part	on	choisit
	nous	ouvrons	nous	partons	nous	choisissons
	vous	ouvrez	vous	partez	vous	choisissez
	ils	ouvrent	elles	partent	ils	choisissent
passé composé	j'ai	ouvert	je suis	parti(e)	j'ai	choisi

7.8 *Avant de* + the infinitive

The compound preposition **avant de** is used to indicate that one action happens or should happen before another action. Although **avant** and **avant de** both mean *before*, they are not interchangeable. **Avant** is always followed by a noun or stressed pronoun; **avant de** is always followed by an infinitive, which may be preceded by an object pronoun.

Avant vs. *avant de*		
proposition principale + *avant* + nom / pronom		
Je me suis réveillé(e)	**avant**	cinq heures.
Elle est rentrée	**avant**	moi.
proposition principale + *avant de* (+ pronom) + infinitif		
J'ai bu une bière	**avant de**	manger.
J'ai pris mes pilules	**avant de**	me coucher.

* *

Verbes irréguliers: *devoir* et *mettre*

devoir *(to have to / to plan to)*				**mettre *(to put)***			
je	dois	nous	devons	je	mets	nous	mettons
tu	dois	vous	devez	tu	mets	vous	mettez
il / elle / on	doit	ils / elles	doivent	il / elle / on	met	ils / elles	mettent
j'ai	dû			j'ai	mis		

Ouverture culturelle
Le français en Amérique du Nord

**La rue du Trésor,
à Québec**

Le Château Laurier, à Ottawa

Un bayou en Louisiane

le Québec

la Louisiane

With this Ouverture culturelle:

CD-ROM
   WWW : L'Amérique

DVD (Tracks 20, 21, 22)
   Vignette culturelle :
   Visite à la ville
   de Québec (20)
   Vignette culturelle :
   Le festival d'été de
   Québec (21)
   Vignette culturelle :
   Concerts à Québec (22)

ACTIVITIES MANUAL
   Activités pour DVD
      Vignette culturelle :
      Visite à la ville de
      Québec
      Vignette culturelle :
      Le festival d'été de
      Québec
      Vignette culturelle :
      Concerts à Québec

ACTIVITÉ 1 *Qu'est-ce que vous savez du français en Amérique du Nord ?* La présence française est considérable en Amérique du Nord. Au Canada, par exemple, il y a 8 000 000 d'habitants d'origine française dont° 5 500 000 au Québec, 1 500 000 en Ontario et plus de 300 000 au Nouveau-Brunswick. De même, il y a de nombreux francophones aux États-Unis, surtout dans la Nouvelle-Angleterre et en Louisiane. Avant d'examiner deux de ces régions francophones de l'Amérique du Nord, indiquez ce que vous en savez déjà en marquant V (vrai) ou F (faux).

of which

1. _____ Le mot anglais « cajun » vient du mot français « cage », qui signifie une prison.
2. _____ Les membres de l'équipe de hockey des Canadiens de Montréal s'appellent les « habs » parce qu'ils représentent les « habitants » d'origine française au Canada.
3. _____ L'état de « Louisiana » a été nommé en l'honneur de Louis XIV, roi de France de 1643 à 1715.
4. _____ En termes de population, Montréal est la deuxième ville francophone du monde.
5. _____ Le cadien° et le créole sont identiques.

Cajun

**Le Château Frontenac
à Québec**

La Place Jacques-Cartier à Montréal

Le Québec

ACTIVITÉ 2 *Carte d'identité du Québec* Lisez le tableau suivant avant de répondre aux questions de la page 397.

Population 6 896 000 habitants (comparé à 60 millions pour la France), dont plus de 5 500 000 francophones

Superficie 1 567 200 km^2 (comparé à 550 000 km^2 en France)

Capitale Québec (645 000 habitants). Fondée par le colonisateur français Samuel de Champlain en 1608, la ville de Québec a la plus vieille rue et la plus vieille église de l'Amérique du Nord, aussi bien que le Château Frontenac, célèbre hôtel de luxe.

Autres villes principales Montréal (3 100 000 habitants, deuxième ville francophone du monde), Hull, Trois-Rivières

Langue officielle le français

Gouvernement Le Québec fait partie de la Confédération canadienne depuis 1867 mais reste indépendant dans son gouvernement provincial, avec une assemblée nationale et un premier ministre responsable de l'administration des lois.

Le Québec : pays riche en ressources naturelles

Économie PIB (produit intérieur brut) 10 527 euros (US$9 395 ; CAN$8 130) par habitant ; la qualité de vie au Québec est la neuvième de tous les pays du monde grâce aux ressources naturelles de cette province.

Plats traditionnels la tourtière,° les fèves au lard,° la tarte au sucre d'érable°   *meat pie* / *fèves...* *baked beans* / *maple*

Fête la Saint-Jean, le 24 juin (on danse dans les rues le soir et on allume des feux de joie.°)   *feux... bonfires*

Devise Je me souviens.°   *Je... I remember*

Héritage français Découvert pour la France par Jacques Cartier en 1534, le Québec est un territoire français jusqu'à la défaite du général Montcalm par les armées anglaises du général Wolfe à la bataille des plaines d'Abraham, tout près de la ville de Québec, en 1759. Par le Traité de Paris de 1763, la France cède le Canada à l'Angleterre, mais les Québécois français, « les habitants », gardent certains droits, tels que l'emploi de leur langue, assurés par l'Acte de Québec signé en 1774. Quand les Québécois disent « Je me souviens », ils pensent à leur héritage, leur histoire, leur langue, leur lutte contre la majorité anglophone.

1. Comparez la population et la superficie du Québec avec celles de la France. Où est-ce qu'il y a la plus grande densité de population ?
2. Qui a découvert la province du Québec pour la France ? Qui a fondé la ville de Québec ?
3. Que signifie la devise du Québec ? Quels souvenirs sont importants ?
4. D'après ce que vous avez lu et ce que vous savez en général, comment peut-on décrire le rapport entre le Québec et le reste du Canada ? entre les Canadiens francophones et anglophones ?

ACTIVITÉ 3 *L'histoire du Québec*

La fresque des Québécois, qui se trouve dans la ville de Québec, dépeint certains personnages importants de l'histoire du Québec. D'abord, essayez de trouver le portrait à la page 398 qui correspond au personnage.

La fresque des Québécois

1. _____ Jacques Cartier (1491–1557) a découvert le Québec pour la France en 1534.
2. _____ Felix Leclerc (1914–1988) est père de la chanson québécoise.
3. _____ Alphonse Desjardins (1854–1920) a fondé la première caisse° populaire.
4. _____ Thaïs Lacoste-Frémont (1886–1963) a lutté pour les droits des femmes.
5. _____ Louis Jolliet (1645–1700) a découvert le fleuve Mississippi pour la France en 1672.
6. _____ Gabrielle Roy (1909–1983) est femme de lettres canadienne.

bank

A.

B.

C.

D.

E.

F.

Ensuite, travaillez avec des camarades de classe pour faire (ou imaginer) une fresque des États-Unis. Quels personnages y mettez-vous ? Pourquoi ?

ACTIVITÉ 4 *La «parlure» québécoise* Essayez de relier le mot québécois à son équivalent en français de France.

Au Québec	En France	
1. bienvenue	a. au revoir ou bonjour	
2. avoir du fun	b. de rien	
3. magasiner	c. le week-end	
4. la fin de semaine	d. faire les achats°	*purchases*
5. bonjour	e. bien s'amuser	

ACTIVITÉ 5 *Une chanson québécoise* Lisez cet extrait tiré d'une chanson du chanteur et poète québécois Gilles Vigneault (1928–) et répondez aux questions.

Le pays de ces gens

Les gens de ce pays	
Ce sont gens d'aventure	
Gens de papier, de bois°	*wood(s)*
Et gens d'imprimerie°	*printing*
Gens de mer, et de vent	
Et gens de pêcheries	
Gens de danse, et de chants	
Et de dire et d'écrire	
Et faiseurs de musique	
Gens de jeux, gens de sports	
Usant de leurs saisons	
Gens d'accueil,° bras ouverts	*welcome*
Venus d'ailleurs° eux-mêmes	*elsewhere*
Dans les bateaux° du temps	*boats*
Les gens de ce pays	
Ce sont gens de bâtir°	*building*
Ce sont gens d'aujourd'hui	
À fabriquer demain.	

1. Regardez la liste suivante. Trouvez trois adjectifs qui s'appliquent aux Québécois dépeints par Vigneault. Citez des vers précis pour justifier vos réponses.

   Possibilités : actif, aimable, ambitieux, amusant, dynamique, frivole, impatient, intelligent, modéré, passif, sérieux, sincère, sportif, timide

Adjectif	Vers pour justifier
a. _____	_____
b. _____	_____
c. _____	_____

2. Faites le portrait général des Québécois d'après ce poème.
3. Faites le portrait général des gens de votre région.

La Louisiane

ACTIVITÉ 6 *Carte d'identité de la Louisiane* Lisez le tableau suivant avant de répondre aux questions de la page 402.

Population 4 295 477 habitants, dont plus de 250 000 francophones

Superficie 125 674 km²

Capitale Bâton Rouge (220 394 habitants)

Autre ville principale La Nouvelle-Orléans (557 927 habitants)

Bâton Rouge au bord du Mississippi

Le Vieux Carré à la Nouvelle-Orléans

Langues parlées l'anglais et le français (bilinguisme officiel depuis 1968)

Économie PIB (produit intérieur brut) 6 700 euros ($5 980) par habitant

L'Acadiana se compose de vingt-deux paroisses° acadiennes francophones   *parishes*

Ville capitale de l'Acadiana Lafayette

Autres villes principales de l'Acadiana Breaux Bridge, Eunice, St. Martinville, Houma, Thibodaux

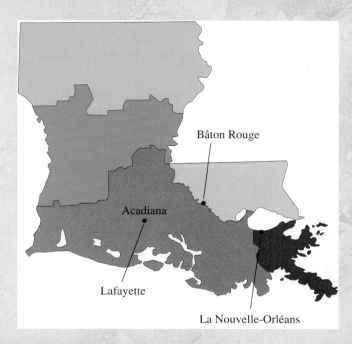

Bâton Rouge

Acadiana

Lafayette

La Nouvelle-Orléans

Plats traditionnels l'étouffée,° le gombo,° le jambalaya,° le boudin,° les crêpes, les écrevisses°

steamed dish / soup or stew with okra / spicy rice dish with shrimp, oysters, ham, or chicken / spicy sausage / crawfish

Marchande de jambalaya aux Festivals Acadiens à Lafayette

Amateurs d'écrevisses à Catahoula

Zachary Richard, chanteur cadien, au centre-ville de Lafayette

Marc Savoy, musicien cadien, sous un grand chêne

La musique Connue pour ses chansons folkloriques, ses ballades et son rythme (le Zydeco), la musique « acadienne » exprime à la fois la marginalisation et la joie de vivre (« laisser les bons temps rouler »).

Fête le Mardi gras (grand défilé, bals masqués et dîners pour fêter le jour avant le commencement du Carême°)

Lent

Héritage français Occupée au nom de la France par Robert Cavelier de la Salle en 1682, et baptisée en l'honneur de Louis XIV, la Louisiane a été vendue aux États-Unis par Napoléon Bonaparte en 1803. Elle est peuplée de Français, de créoles — des noirs, des blancs et des métis venus d'Afrique et de Saint-Domingue (Haïti) — et surtout d'Acadiens ou « Cadiens » (*Cajuns* en anglais) — déportés (dans « Le Grand Dérangement ») ou réfugiés de l'Acadie (aujourd'hui Le Nouveau-Brunswick et La Nouvelle-Écosse) au dix-huitième siècle.

Devise Les francophones essaient° de ne pas perdre leur héritage français menacé par la majorité anglophone en se disant « Lâche pas la patate » (« N'abandonne pas ton héritage culturel », littéralement, « *Don't drop the potato* »).

try to

1. Calculez la densité de population de la Louisiane et comparez-la avec celle du Québec.
2. Quel est le pourcentage de francophones parmi les habitants de la Louisiane ?
3. Comment est-ce que les Louisianais célèbrent le Mardi gras ?
4. Quelles sont les origines des différents habitants francophones de la Louisiane ?
5. Quelle est la signification de la devise de la Louisiane ?

ACTIVITÉ 7 *Héritage français en Louisiane* L'heritage français de la Louisiane se révèle par des noms français et des traditions acadiennes aussi bien que par l'architecture acadienne et coloniale. Regardez les photos suivantes et répondez aux questions.

1. À côté de chaque titre, mettez le numéro de la photo qui semble y correspondre.

   a. _____ Musiciens de rue à Lafayette
   b. _____ Panneau indicateur des rues à la Nouvelle-Orléans
   c. _____ Défilé du Mardi gras à Eunice
   d. _____ Église de St. Martin de Tours, à St. Martinville

2. Quels aspects de l'héritage français voyez-vous dans ces photos ?
3. Quelles traces de la présence française pouvez-vous trouver dans votre région ? aux États-Unis en général ?

1.

3.

2.

4.

ACTIVITÉ 8 *Le cadien* Essayez de trouver le sens en anglais de ces mots cadiens.

Mot cadien	Équivalent en anglais
1. la patate	a. *Shrove Tuesday, literally "fat" Tuesday*
2. le Zydeco	b. *soup or stew made with okra*
3. le bourbon	c. *sweet potato*
4. le Mardi gras	d. *type of music, from* **haricots**
5. le gombo	e. *whiskey named for French royal family*

ACTIVITÉ 9 *Les Français de Louisiane* Lisez le texte suivant écrit par le Louisianais Émile DesMarais vers 1980 et répondez aux questions.

Apologie° du peuple français de Louisiane

                                              Defense

Oui, il y a des Français d'Amérique. Il y en aura toujours. Et nous, Français de Louisiane, nous sommes une branche de cet arbre. Nous sommes de cette race qui ne sait pas mourir.

Quel est donc le mystère de ce peuple que nous sommes, ce peuple issu de maints° endroits si différents et si   *many*
dissemblables ? ... Mais Noirs et Blancs, riches et pauvres, maîtres et esclaves,° nobles et paysans, nous sommes venus et   *slaves*
nous sommes restés.

À pied, à cheval, à bord de grands vaisseaux° ou de frêles   *boats*
barques,° traversant la mer ou descendant le Mississippi, nous   *small boats*
sommes venus.

Colon,° coureur de bois,° habitant, aventurier, pêcheur,   *colonist /*
homme de ville, homme de campagne, nous sommes venus.   *coureur...*
   trapper

Des terres gigantesques du nord aux hivers interminables de neige et de froidure, chassés de l'Acadie qui n'était plus nôtre, nous sommes venus.

De la douce France déchirée par des révolutions sanglantes,   *fuyant...*
fuyant l'ombre° de la guillotine, nous sommes venus.   *fleeing the*
   shadow /
De l'Afrique, enchaînés, accablés de chagrin,° nous   *accablés...*
sommes venus. Des mers chaudes du sud, des Antilles, de l'île   *burdened by*
Saint-Domingue, fuyant la révolution et la mort, nous sommes   *grief*
venus.

Quittant l'oppression du vieux monde pour une nouvelle vie d'espoir° et de liberté, nous sommes venus et nous sommes   *hope*
restés.

Français, Créoles, Acadiens, Noirs, quelles privations n'avons-nous pas endurées pour atteindre° cette terre promise ?   *reach*

Ici, ensemble, devant la majesté du continent, nous avons engendré un nouveau peuple prenant possession d'un nouveau pays.

1. De quelles régions différentes est-ce que les gens qui ont peuplé la Louisiane sont venus ? Citez les phrases qui parlent...
   des ancêtres acadiens : _____
   des ancêtres français : _____
   des ancêtres africains : _____
2. En quoi cette histoire de la Louisiane est-elle unique ? En quoi est-ce qu'elle correspond à l'histoire des États-Unis en général ?
3. Voyez-vous des parallèles qui existent aujourd'hui entre la Louisiane et l'ensemble des États-Unis ? Lesquels ?

« Laissez les bons temps rouler » au « Rendez-vous des Cajuns », émission de radio et de télévision

ACTIVITÉ 10 *Explorons une région francophone d'Amérique sur internet* Visitez le site Web d'une région francophone d'Amérique du Nord en utilisant notre site Web pour le CD-ROM ou bien en tapant le nom d'une région dans la boîte marquée « recherche » d'un moteur de recherche comme Google.fr, Yahoo.fr ou Nomade.fr. Nous suggérons les régions suivantes : le Manitoba, le Nouveau-Brunswick, l'Ontario, le Québec ou Saint-Pierre-et-Miquelon.

Ensuite, choisissez une catégorie comme « attractions spéciales » sur le site Web de l'Ontario (qui est présenté ici). Cliquez sur une rubrique comme « sports et loisirs » et notez trois observations qui vous semblent intéressantes.

Région : _____

Adresse internet : _____

Observations : _____

_____

_____

SITE TOURISTIQUE OFFICIEL DU
New Nouveau Brunswick
CANADA

CLIQUEZ ICI POUR
SAVOIR OÙ RESTER
AU NOUVEAU-BRUNSWICK

Merveilles naturelles | Villes | Mon coin du N.-B. | ▶ Choses à faire | ▶ Routes panoramiques | **Attractions**

recherche _____ ● allez

Recherche avancée

Industrie des voyages Médias touristiques Météo Marées À propos du N.-B. English
Accueil

Cliquez ici pour plus d'information
● CONTACTEZ-NOUS   ● CARTE
● AGENDA   ● GUIDES

Merveilles naturelles
Baie de Fundy
Dunes et plages de découverte
Rivières et cours d'eau intérieurs
Appalaches

Littoral
Fruits de mer
Observation des baleines
Faune
Plages de baignade
Phares
Îles

Culture
Mosaïque culturelle
Culture acadienne
Galeries
Sites patrimoniaux et musées

L'hiver au Nouveau-Brunswick... PLEIN de promesses!

Cliquez ici pour commander

Extravacances du jour et escapades

Concours et promotions

Nouveautés

PLEIN de neige, des milliers de kilomètres de sentiers de motoneige et de pistes de ski entretenus, une foule d'activités intérieures et extérieures... voilà de quoi chasser les p'tits blues du froid et de la grisaille!

● Forfaits d'escapades hivernales
● Forfaits de motoneige
● Villes
● Attractions
● Festivals

Tirée du livre *Le chandail de hockey* © 1984,
Sheldon Cohen : illustration publiée aux
Livres Toundra.

ENSEMBLE 8

Mémoire et souvenirs

- ❯ describing people and talking about habitual situations or repeated actions in the past

- ❯ telling stories in the past; expressing reactions in the past

- ❯ distinguishing ongoing from interrupting actions in the past; making suggestions

- ❯ reporting what was heard or said; stating causes and results

Point de départ **Écouter**

> *Stratégie* Concentrez-vous sur les mots clés et leurs associations.

When listening to a song or poem, it is important to focus on key words and their associations.

Avant d'écouter *Il y avait un jardin*

Voici quelques mots clés d'une chanson intitulée *Il y avait un jardin*. Quelles associations est-ce qu'elles évoquent pour vous ?

1. un jardin	3. un fruit défendu°	*forbidden*
2. la planète Terre°	4. les grands-parents	*Earth*

🔘 En écoutant

Il y avait un jardin

—Georges Moustaki

Écoutez la chanson couplet par couplet en répondant aux questions.

Couplet 1: Qu'est-ce que c'était que ce jardin ?
Couplet 2: Quels deux mots suggèrent la présence d'êtres humains ?
Couplet 3: Quels étaient les produits du jardin ?
Couplet 4: Qui étaient les habitants de ce jardin ?
Couplet 5: Comment étaient les portes° de la maison ?   *doors*

Après avoir écouté

1. Quel jardin particulier est-ce que les mots « paradis » et « fruit défendu » évoquent ?
2. Décrivez l'apparence du jardin dans la chanson.
3. Comment savez-vous que le jardin n'est pas accessible au narrateur ?

À vous la parole

Pour vous, est-il important de conserver ou de retrouver ce « jardin » ? Pourquoi ou pourquoi pas ?

L'essentiel

Pour décrire quelqu'un au passé

ÉCHANGE 1   *Quand tu étais petit*

FILS: Dis-moi, maman, tu étais comment quand tu étais petite ?
MÈRE: Moi ? J'étais sage comme tout... une enfant facile.
FILS: Et ton premier instituteur ?
MÈRE: Lui, il était gentil et indulgent.

EXPRESSIONS UTILES   *âge et caractère*

Dans mon enfance...	j'étais	heureux (heureuse) /
ma jeunesse...		malheureux (malheureuse).
Quand j'étais petit(e)...		sage / méchant(e).
enfant...	j'étais	un(e) enfant facile / difficile.
adolescent(e)...		
(plus) jeune...		
moins vieux / vieille...		
moins âgé(e)...		

Mon instituteur / institutrice était   sévère / indulgent(e).
austère / drôle.
autoritaire / doux (douce).
désagréable / gentil(le).
vache *(argot)* / super sympa *(argot)*.
nerveux (nerveuse) / tranquille.

> **Observez**
1. The verb **être** is used here in a tense called the *imperfect*. Does the imperfect refer to the present, the future, or the past? **(8.1)**
2. Is the imperfect used here to recount an event or to describe a state? **(8.1)**
3. In the imperfect, what ending is used with verb forms whose subject is **je**? with verb forms whose subject is **il**? **(8.1.a)**

APERÇUS CULTURELS

Enfance et jeunesse

En français, on fait clairement la distinction entre « la jeunesse » et « l'enfance ». On ne dit pas « quand j'étais jeune » pour parler de son enfance, on dit « quand j'étais enfant », ou « quand j'étais petit(e) ». De même, « une jeune fille » fait référence à une adolescente ou à une jeune femme pas mariée, mais ne s'emploie pas pour parler d'une « petite fille », expression qui est réservée pour une enfant. Finalement, l'âge est une chose relative, et beaucoup de gens se considèrent comme toujours « jeunes » quand ils ont cinquante ans et plus. Donc, pour parler d'une période de leur vie passée, ils disent « quand j'étais plus jeune », ce qui implique qu'ils ne se considèrent pas encore comme « une personne âgée ».

> Pour vous, quel âge définit la transition de « jeune » à « âgé » ?

ACTIVITÉ 1 *Mais non !* Répondez à chaque question en disant le contraire.

Modèle: Quand votre père était enfant, il était méchant ?
Mais non, il était sage !

1. Quand vous étiez adolescents, vous étiez difficiles ?
2. Dans leur enfance, tes frères et sœurs étaient-ils sages ?
3. Quand votre grand-mère était plus jeune, elle était malheureuse ?
4. Votre premier instituteur, était-il drôle ?
5. Votre première institutrice, était-elle nerveuse ?
6. En général, vos instituteurs étaient-ils désagréables ?

Institutrice au Québec

ACTIVITÉ 2 *Quand nous étions plus jeunes* Travaillez avec un(e) camarade de classe. Imaginez que votre camarade et vous avez cinquante ans. La personne A demande à la personne B comment elle était à différents moments de sa vie. Ensuite, changez de rôles.

    Moments de la vie : petit(e), enfant, adolescent(e), jeune, moins âgé(e)

    Modèle: A: Étais-tu sage quand tu étais petit(e) ?

                       B: Oui, j'étais toujours très sage.

Pour parler des situations habituelles et des actions répétées dans le passé

> **Observez**
>
> 1. Does the imperfect express isolated actions or habitual actions in the past? (8.1)
> 2. When referring to a person, would you say **je m'en souviens** or **je me souviens d'elle**? (8.2)

ÉCHANGE 2   *Souvenirs d'école*

    ANNE: Tu te souviens de Monsieur Pernod, notre instituteur ?

MONIQUE: Oui ! Je me souviens de lui ! Il nous grondait souvent.

    ANNE: Oui, il se mettait en colère quand nous ne savions pas nos leçons. Tu te souviens de ses lunettes ?

MONIQUE: Non. Tu t'en souviens, toi ? Tu as une bonne mémoire...

La devise du Québec en fleurs devant le Manège militaire à Québec

---

Les faux amis

Les mots anglais *memory* et *souvenir* viennent du français, mais on les utilise différemment dans les deux langues, comme l'indique ce tableau.

	Capacité mentale	Image mentale	Objet concret
français	la mémoire	un souvenir des souvenirs	un souvenir des souvenirs
anglais	*memory*	*a memory* *memories*	*a souvenir* *souvenirs*

Des paires de mots comme « la mémoire » et *memory* sont appelés « faux amis » parce qu'ils se ressemblent mais n'ont pas exactement le même sens.

> Votre mémoire est-elle bonne ? Pensez à votre enfance : Quel est votre meilleur souvenir ?

EXPRESSIONS UTILES *souvenirs d'école*

Ce cours, je m'en souviens bien.
Mon instituteur / institutrice, je me souviens bien de lui / d'elle.
                          j'ai un bon / mauvais souvenir de lui / d'elle.
                          il / elle nous grondait.
                                    punissait.
                                  se mettait en colère.
Nous ne savions pas toujours nos leçons.
Nous faisions des fautes / erreurs de grammaire.

ACTIVITÉ 3 *À l'âge de treize ans* Circulez parmi vos camarades de classe et posez-leur des questions selon les indications données. Quand quelqu'un répond « oui », écrivez son nom dans la case. L'étudiant(e) qui est le premier / la première à avoir des noms dans quatre cases (horizontalement, verticalement ou en diagonale) est le / la champion(ne).

Trouvez quelqu'un qui, à l'âge de treize ans, ...

L	O	T	O
avait un chien	était heureux	sortait tous les soirs	buvait du café
était sage	parlait français	habitait aux USA	jouait au hockey
aimait le lait	dormait bien	allait souvent au cinéma	se mettait facilement en colère
savait nager	détestait les légumes	suivait un régime	se réveillait à 6h le samedi

ACTIVITÉ 4 *Quand j'étais enfant* Décrivez-vous à l'âge de dix ans : vos traits de caractère, vos traits physiques, vos préférences, vos habitudes.

Vos traits	**Vos préférences**	**Vos habitudes**
j'étais...	j'aimais...	je faisais...
j'avais...	je pensais que...	j'allais...

ACTIVITÉ 5 *Souvenirs* Travaillez avec un(e) camarade de classe. À tour de rôle, posez-vous des questions au sujet de quelques souvenirs. Dans vos réponses, élaborez avec un bref commentaire.

Modèles: A: Tu te souviens de ta première institutrice ?

B: Mais oui, je me souviens bien d'elle. Elle s'appelait Madame Spencer et elle était gentille mais autoritaire.

A: Tu te souviens de ton cinquième anniversaire ?

B: Non, je ne m'en souviens pas du tout. Mais pour mon septième anniversaire, il y avait un gros gâteau au chocolat.

1. votre premier instituteur / première institutrice
2. votre dix-huitième anniversaire
3. votre premier / première ami(e)
4. votre premier héros / première héroïne
5. votre dernier jour au lycée
6. votre premier jour à la fac

> **Observez**

1. The words **qui, que, où** are used here as relative pronouns, to link two parts (clauses) of a sentence. Which is used as the subject of a clause? **(8.3)**
2. You already know that the adjective **quel** can be used when asking a question: **Quel film avez-vous vu hier ?** What is its function here? **(8.4)**

ÉCHANGE 3   *Les belles vacances*

ÉDITH: Tu te souviens bien des vacances que tu passais quand tu étais enfant ?
SÉBASTIEN: Ah, oui... Quand nous étions enfants, nous passions toujours nos vacances à la campagne, dans un village qui est près du Saguenay. Mes grands-parents y avaient une maison que nous aimions beaucoup. Il y avait un grand jardin où nous jouions avec nos cousins. Et il y avait Grand-mère qui nous racontait des histoires. Et quelles histoires ! Nous riions, nous pleurions. C'étaient des histoires que je sais encore par cœur aujourd'hui.
ÉDITH: Quelles belles vacances !

Verbe				
rire *(to laugh)*	je	ris	nous	rions
	tu	ris	vous	riez
il / elle / on	rit	ils / elles	rient
	j'ai	ri		

EXPRESSIONS UTILES   *à la campagne*

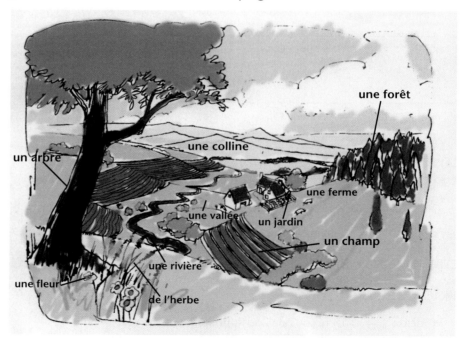

une forêt
une colline
un arbre
une ferme
une vallée
un jardin
un champ
une rivière
une fleur
de l'herbe

ACTIVITÉ 6 *La campagne* D'abord, complétez ces phrases par un mot des **Expressions utiles**. N'oubliez pas d'ajouter des articles si c'est nécessaire. Ensuite, faites un commentaire sur la chose nommée par ce mot en utilisant **quel**.

> **Modèle:**   Ma grand-mère cultive des légumes dans <u>un jardin</u>. Quel beau jardin !

1. On trouve des poissons dans _____ .

2. Mes _____ préférées sont les roses et les tulipes.

3. Monsieur McDonald est agriculteur ; il habite _____.

4. Les séquoias sont les plus grands _____.

5. Je suis trop fatigué pour monter _____ avec toi.

6. Il y a beaucoup de beaux châteaux dans _____ de la Loire.

ACTIVITÉ 7 Qui, que *ou* où *?* Terminez chaque phrase par le pronom relatif qui convient.

1. Est-ce que tu connais quelqu'un _____ habite dans une ferme ?

2. 1682 est l'année _____ La Salle a occupé la Louisiane.

3. Les pins et les cèdres sont des arbres _____ j'aime bien.

4. Jacques Cartier est un homme _____ a exploré l'Amérique du Nord.

5. Je ne me souviens pas du jour _____ Marie est allée à la campagne.

6. Regarde les fleurs _____ Dany m'a données.

ACTIVITÉ 8 *Devinez le nom de la ville* Décrivez une de ces villes en trois phrases. Utilisez des propositions relatives qui commencent par **qui, que** et **où**. Ensuite, demandez à vos camarades de deviner le nom de la ville.

> **Modèle:**   New York
> C'est une ville qui a beaucoup de théâtres.
> C'est la ville américaine que les Français préfèrent.
> C'est la ville où il y a la statue de la Liberté.

La Nouvelle-Orléans	Washington	Nashville
Paris	Toronto	Rome

ACTIVITÉ 9 *Rire* Répondez aux questions suivantes.

1. Dans votre famille, qui rit le plus ? le moins ?
2. Est-ce que vous riez quelquefois dans votre cours de français ? Pourquoi ?
3. Est-ce que votre camarade de chambre trouve comiques les mêmes choses que vous ? Dans quelles circonstances est-ce que vous riez ensemble ?
4. Est-ce que vous avez ri ou pleuré à la fin du dernier film que vous avez vu ? Pourquoi ?
5. Quand vous aviez treize ans, est-ce que vous riiez plus ou moins que maintenant ? Pourquoi ?

ACTIVITÉ 10 *Souvenirs de vacances* Imaginez que vous passiez vos vacances dans ces endroits. Décrivez chaque endroit et les vacances que vous y passiez pendant votre jeunesse.

Modèle: Nous passions nos vacances chez mon oncle qui habitait un petit village en Bourgogne. Derrière sa maison il y avait des champs où nous jouions quand il faisait beau. Je n'aimais pas les serpents qu'on trouvait dans la forêt.

Château la Rocheport en Bourgogne

1. Québec

2. Saint-Malo

3. Gorges de l'Ardèche

Vocabulaire essentiel

âge

l'adolescent(e) *(m, f)*	*teenager*
âgé(e)	*old*
l'enfance *(f)*	*childhood*
la jeunesse	*youth*

la campagne

l'arbre *(m)*	*tree*
le champ	*field*
la colline	*hill*
la ferme	*farm*
la fleur	*flower*
la forêt	*forest*
l'herbe *(f)*	*grass*
le jardin	*garden*
la rivière	*river*
la vallée	*valley*
le village	*village*

caractère

austère	*stern, somber*
autoritaire	*authoritarian*
doux / douce	*pleasant*
drôle	*funny*
gentil(le)	*nice*
heureux / heureuse	*happy*
indulgent(e)	*lenient*
malheureux / malheureuse	*unhappy*
méchant(e)	*mean*
nerveux / nerveuse	*nervous*
sage	*wise, well-behaved*

sévère	*strict*
sympa *(invariable) (argot)*	*nice*
tranquille	*calm*
vache *(argot)*	*nasty*

l'école

l'erreur *(f)*	*error*
la faute	*error*
la grammaire	*grammar*
savoir par cœur	*to know by heart*

mémoire et souvenirs

la mémoire	*memory (the capacity to remember)*
le souvenir	*memory (something remembered)*
se souvenir de	*to remember (conj. like venir)*

autres expressions utiles

comme tout	*as can / could be*
il fallait	*it was necessary*
se mettre en colère	*to get angry*
les vacances *(f pl)*	*vacation*

autres verbes

gronder	*to scold (conj. like parler)*
pleurer	*to cry (conj. like parler)*
punir	*to punish (conj. like choisir)*
raconter	*to tell (conj. like parler)*
rire	*to laugh*

je	ris	nous	rions
tu	ris	vous	riez
il / elle / on	rit	ils / elles	rient
j'ai	ri		

Prononciation L'intonation des phrases exclamatives avec *Quel... !*

You know that in declarative sentences, your voice goes down at the end of the sentence.

J'ai passé des vacances très agréables.

When you have an exclamation beginning with **quel,** you always start your sentence with a high pitch on **quel;** then your voice either goes up or down depending on the placement of adjectives in the sentence and whether you want to imply admiration, criticism, or distress.

1. When the noun following **quel** is preceded by an adjective, your voice goes further up on the first syllable of the adjective and then goes down.

   Quelles belles vacances !

   Quelle jolie maison !

2. When the noun after **quel** is followed by an adjective, your voice gradually goes down after **quel** but goes up again on the last syllable of the adjective.

Quelles vacances agréables !

Quel film idiot !

3. When there is no adjective to qualify the noun that follows **quel,** your voice goes up on the last syllable of the noun when your exclamation expresses admiration.

Quelle idée ! Quel courage ! Quel professeur !

However, your voice goes down on the last syllable of the noun when your exclamation expresses criticism or distress.

Quelle idée ! (bizarre !) Quelle horreur !

ACTIVITÉ 10 *Exclamez-vous !* Avec un(e) camarade de classe et à tour de rôle, dites les phrases suivantes et répondez par l'exclamation qui convient le mieux.

La personne A	La personne B
1. Un de mes amis est mort dans un accident.	a. Quelle énergie !
2. Tu as visité le musée du Louvre ?	b. Ah, quel livre passionnant !
3. Je lis le roman *Notre-Dame de Paris*.	c. Ah, quelle ville agréable !
4. Nous sommes allés à San Francisco.	d. Oui, quel beau musée !
5. Mes frères n'acceptent pas mes arguments.	e. Quelle horreur !
6. Je vais monter la Tour Eiffel à pied.	f. Quels imbéciles !

Expansion **Lire**

Stratégie Pour comprendre les expériences racontées dans une histoire, pensez à vos propres expériences dans le même contexte.

Thinking of how your own past experiences are similar to or different from those recounted in a story can help you understand the effect of certain events on the characters in the story.

Avant de lire *Le temps*

Pensez à comment vous avez imaginé ou vécu « le temps » quand vous étiez plus jeune.

1. Quelle image visuelle représentait le mieux votre idée du temps ?
   a. une rivière   b. une corde   c. un cercle
2. Quand vous aviez cinq ans, quels étaient les moments les plus importants de votre journée ?
3. Quand vous pensez à votre enfance, pensez-vous surtout à la variété ou la répétition ? Donnez-en un exemple.

En lisant

Le roman *Les Yeux Baissés* (1991) décrit les expériences d'une jeune fille marocaine qui a quitté son village à l'âge de onze ans pour s'installer en France avec sa famille. En lisant cet extrait, soulignez les phrases où la narratrice décrit le temps par une image visuelle.

Le temps

—Tahar Ben Jelloun

Je continuais à faire des fautes en écrivant mais je lisais correctement. Mon handicap majeur était l'utilisation des temps.° J'étais fâchée avec la concordance des temps. Je n'arrivais pas à distinguer toutes ces nuances du passé dans une langue que j'aimais mais qui ne m'aimait pas. Je butais contre l'imparfait, le passé simple° — simplicité tout illusoire — et le passé composé. Pour tout simplifier, je réduisais l'ensemble au présent, ce qui était absurde.

Je repensais alors au village, aux journées identiques où il ne se passait rien. Ces journées vides, s'étiraient° comme une corde entre deux arbres. Le temps, c'était cette ligne droite, marquée au début, au milieu et à l'autre bout par trois nœuds,° trois moments où il se passait quelque chose : les états du soleil. La vie était ces trois moments où il fallait penser à sortir les bêtes, manger au moment où le soleil est au-dessus de la tête, rentrer les bêtes quand il se couchait.

Mon passé était vraiment simple, fait de répétition, sans surprise. En arrivant en France, j'ai su° que la fameuse corde était une suite de nœuds serrés° les uns aux autres, et que peu de gens avaient le loisir de s'arrêter sous l'arbre.

Je connaissais par cœur les conjugaisons des verbes « être » et « avoir » , mais je me trompais° tout le temps quand il s'agissait° de les utiliser dans une longue phrase. J'ai compris qu'il fallait se détacher complètement du pays natal... je savais que le jour où je ne mélangerais plus° les temps, j'aurais réellement quitté le village.

verb tenses

passé... *literary tense used like the* **passé composé**

stretched out

knots

ai... discovered

squeezed together

je... I was mistaken / il... it was a question of je... I would no longer mix up

Après avoir lu

1. Comment était la vie de la jeune fille au Maroc ?
2. Par quelle image visuelle décrit-elle son expérience du temps au Maroc ?
3. Comment est-ce que cette image évolue après son arrivée en France ?
4. À votre avis, pourquoi a-t-elle des difficultés avec l'emploi des différents temps du passé en français ?
5. Selon la jeune fille, que doit-elle faire pour résoudre ces difficultés ?

À vous la parole

Travaillez par trois pour discuter des questions suivantes. Ensuite, partagez vos idées avec les autres membres de la classe.

À votre avis, est-ce qu'on change un peu son identité quand on apprend à parler une nouvelle langue ? Si non, pourquoi pas ? Si oui, comment ? Donnez-en un exemple.

Point de départ **Lire**

Stratégie Faites des associations avec les mots clés.

Making associations based on key words in a story or its title will help you understand its context and themes.

Avant de lire *Le chandail° de hockey (I)*   *jersey, sweater*
L'histoire d'une abominable feuille d'erable sur la glace

Dans cet **Ensemble** vous allez lire un conte, divisé en deux parties dont la première se trouve ici. Dans ce conte il s'agit d'un souvenir d'enfance. Avant de commencer votre lecture, pensez à ce que le titre suggère, surtout à vos associations avec les mots clés.

1. Qu'est-ce que vous associez avec les mots suivants ?

    chandail
    feuille d'érable°   feuille... *maple leaf*
    abominable
    la glace°   *ice*

2. Utilisez vos associations pour deviner le sujet du conte.

En lisant

En lisant cette première partie de l'histoire, soulignez les expressions qui semblent confirmer les associations que vous avez faites avec les mots du titre.

Le chandail de hockey (I)
L'histoire d'une abominable feuille d'érable sur la glace

—Roch Carrier (1979)

Les hivers de mon enfance étaient des saisons longues, longues. Nous vivions en trois lieux° : l'école, l'église et la   *places*
patinoire° ; mais la vraie vie était sur la patinoire. Les vrais   *skating rink*
combats se gagnaient° sur la patinoire. La vraie force   se... *were won*
apparaissait° sur la patinoire. Les vrais chefs se manifestaient   *appeared*
sur la patinoire. L'école était une sorte de punition.° Les   *punishment*
parents ont toujours envie de punir les enfants et l'école était
leur façon la plus naturelle de nous punir. De plus, l'école était
un endroit° tranquille où l'on pouvait préparer les prochaines   *place*
parties de hockey, dessiner les prochaines stratégies. Quant à°   Quant... *As for*
l'église, nous trouvions là le repos de Dieu : on y oubliait
l'école et l'on rêvait à° la prochaine partie de hockey.   rêvait... *dreamed about*
À travers nos rêveries, il nous arrivait de réciter une prière :
c'était pour demander à Dieu de nous aider° à jouer aussi   *to help*
bien que Maurice Richard.

    Tous, nous portions le même costume que lui, ce costume
rouge, blanc, bleu des Canadiens de Montréal, la meilleure

équipe de hockey au monde ; tous, nous peignions nos cheveux
à la manière de Maurice Richard et, pour les tenir° en place, *to hold*
nous utilisions une sorte de colle,° beaucoup de colle. Nous *glue (fig.)*
lacions nos patins à la manière de Maurice Richard, nous
mettions le ruban gommé° sur nos bâtons° à la manière de ruban... *sticky*
Maurice Richard. Nous découpions dans les journaux toutes *tape / hockey*
ses photographies. Vraiment nous savions tout à son sujet. *sticks*

Sur la glace, au coup de sifflet° de l'arbitre,° les deux *whistle / referee*
équipes s'élançaient sur° le disque de caoutchouc° ; nous étions s'élançaient...
cinq Maurice Richard contre cinq autres Maurice Richard à qui *rushed at /*
nous arrachions° le disque ; nous étions dix joueurs qui *rubber / snatched*
portions, avec le même brûlant enthousiasme, l'uniforme des
Canadiens de Montréal. Tous nous arborions° au dos le très *displayed*
célèbre numéro 9.

Après avoir lu

1. Quand est-ce que l'action est située : à quel moment de l'année ? à quel
   moment de la vie du narrateur ? (quand il était enfant ? adulte ?)
2. Où est-ce que l'histoire est située : dans quel pays ? Comment le savez-vous ?
3. Le narrateur appartenait à un groupe. Quelle était la préoccupation
   principale de ce groupe ?
4. Qui était leur héros ? Que faisaient-ils pour l'imiter ?
5. Quelles associations faites par vous avant de lire ont été confirmées,
   complétées ou modifiées dans cette première partie du conte ?

À vous la parole

Travaillez avec un(e) camarade de classe pour discuter de cette question. Ensuite,
partagez vos idées avec le reste de la classe.

Quels héros sont les équivalents de Maurice Richard aux États-Unis en ce
moment ?

APERÇUS CULTURELS

Maurice Richard, le héros du hockey

Le hockey sur glace est le sport par excellence au Canada, et le plus grand joueur de
hockey entre 1942 et 1960 était certainement Maurice Richard, aussi connu sous le
nom de « Rocket » . Il a gagné huit coupes Stanley et est entré au Temple de la
Renommée en 1961. Même après avoir cessé de jouer, Richard est resté un
personnage au Québec. Par exemple, un des grands journaux de Montréal, *La
Presse*, a publié régulièrement des brefs commentaires de Richard sur des questions
politiques et sociales. Quand il est mort en 2000, plus de 115 000 admirateurs sont
venus lui rendre hommage au Centre Molson, et lors de ses funérailles, 2 600
personnes ont rempli la basilique Notre-Dame à Montréal, tandis qu'une grande
foule restait dehors, tant il était admiré et aimé. Un musée lui est consacré près du
Stade Olympique de Montréal, où on peut voir de nombreux chandails, photos et
trophées et un joli dessin animé du conte *Le chandail de hockey*, de Roch Carrier.

❯ À votre avis, qui était l'athlète le plus connu pendant votre jeunesse ?

Maurice Richard avec le trophée nommé en son honneur

L'essentiel

Raconter une histoire

▶ Observez

1. What tense is used here to indicate habitual actions or situations in the past? **(8.1.b)**
2. Which other tense is used to tell what happened at a particular time? What temporal expression indicates this change in tense? **(8.1.b)**

ÉCHANGE 1   *Une fois...*

HÉLÈNE: Que faisais-tu le week-end quand tu avais seize ans ?

DANIELLE: D'habitude je sortais avec mes copines. On allait souvent au cinéma ou on faisait des courses.

HÉLÈNE: Alors, vous étiez des adolescentes très sages !

DANIELLE: Oui... mais une fois, nous sommes allées dans un club très chic. Ce soir-là, nous sommes rentrées très tard, mais nos parents ne l'ont jamais su. Quelle grande aventure !

EXPRESSIONS UTILES   *le temps*

une fois	à cette époque-là
cette fois-là	ce moment-là
un jour	pendant trois jours
matin	semaines
soir	mois
ce jour-là	pendant ce temps-là
matin-là	après cela
soir-là	

ACTIVITÉ 1   *À ce moment-là* D'abord, faites des phrases logiques avec un élément de chaque colonne en utilisant le passé composé.

> **Modèle:**   Une fois nous avons dîné avec des amis.

une fois	je	faire un beau rêve
pendant deux heures	nous	aller à la piscine
ce soir-là	on	lire un roman
à ce moment-là		rentrer très tard
un jour		prendre le bus
cette fois-là		dîner avec des amis

Maintenant, ajoutez une expression à l'imparfait à votre phrase pour indiquer ce que vous faisiez habituellement et pour montrer comment l'action au passé composé a marqué une différence.

> **Modèle:**   D'habitude, nous dînions en famille, mais une fois nous avons dîné avec des amis.

ACTIVITÉ 2 *Aventure de jeunesse* Travaillez avec un(e) camarade de classe. D'abord, mettez chaque verbe entre parenthèses au temps du passé qui convient. Ensuite, complétez l'histoire.

Quand je _____ (être) petit, nous _____ (passer) nos vacances chez mes grands-parents à Montréal. Mais une fois nous _____ (passer) nos vacances au bord du lac des Deux Montagnes. Je me souviens encore de l'odeur du matin sur le lac cet été-là. L'air _____ (être) frais, tout _____ (sentir°) bon, et tout   *smell* me _____ (plaire). Un matin, je _____ (se réveiller) avant le reste de la famille, et je _____ (sortir) seul(e) et ...

ACTIVITÉ 3 *Alibi* Travaillez avec un(e) camarade de classe. La personne A joue le rôle d'un commissaire de police ; à partir des questions de la colonne A, elle imagine les détails d'un crime (sans les révéler à la personne B). La personne B joue le rôle d'un(e) suspect(e) et prépare un alibi à partir des questions de la colonne B. Ensuite, le policier interroge le / la suspect(e) pour évaluer son alibi.

A: Imaginez le crime	**B: Préparez un alibi**	
C'était à quelle heure ?	Où étiez-vous hier soir ?	
C'était où ?	De quelle heure à quelle heure ?	
Qu'est-ce qui s'est passé ?	Comment était cet endroit ?	
Y avait-il des témoins° ?	Qui était avec vous ?	*witnesses*
Qu'est-ce qu'ils ont vu / entendu° ?	Qu'est-ce que vous avez fait / vu / entendu ?	*heard*

ACTIVITÉ 4 *Histoires imaginaires* Travaillez avec un(e) camarade de classe. Chaque personne écrit une brève histoire au présent. Il faut raconter les actions et événements et décrire la situation et les personnages. Ensuite, échangez vos histoires et récrivez l'histoire de votre camarade de classe au passé en utilisant le passé composé et l'imparfait.

ÉCHANGE 2   *Premier amour*

SÉBASTIEN: Est-ce que tu te souviens de ta première petite amie ?

PAUL: Oui, Barbara... elle s'appelait Barbara. Nous nous sommes rencontrés au lycée, dans un cours de chimie. Elle me plaisait et je suis tout de suite tombé amoureux d'elle. J'attendais Barbara tous les jours après les cours et nous allions nous promener ensemble. Nous nous tenions la main et nous nous regardions tendrement. Une fois, au cinéma, j'ai voulu l'embrasser mais elle a refusé. Et puis, deux jours plus tard elle m'a dit : « Mes parents m'ont défendu de sortir avec toi. » Alors, nous nous sommes séparés. J'ai été désespéré pendant trois jours, et le quatrième, j'ai trouvé une autre petite amie. Mais je n'ai jamais oublié Barbara...

> **Observez**
>
> 1. Look at the verb phrase **j'attendais Barbara** and think of its English equivalent. Is English a reliable indication of whether or not this French verb is followed by a preposition? **(8.5)**
> 2. **Nous nous regardions** is an example of a pronominal verb used reciprocally rather than reflexively. What do you think it means? **(8.6)**

Verbe				
plaire (à) *(to please)*	je	plais	nous	plaisons
	tu	plais	vous	plaisez
	il / elle / on	plaît	ils / elles	plaisent
	j'ai	plu		

EXPRESSIONS UTILES *rapports personnels*

amitié

rencontrer quelqu'un
s'entendre bien avec quelqu'un
devenir ami(e)s
sortir avec quelqu'un / avec des amis
flirter avec quelqu'un

amour

tomber amoureux(euse) de quelqu'un
se tenir la main
se regarder tendrement
s'embrasser
s'aimer
se fiancer
se marier

disputes

se disputer
se séparer
oublier / s'oublier
se réconcilier

Elles s'entendent bien.   **Ils s'embrassent.**   **Ils se disputent.**

ACTIVITÉ 5 *Dans ta vie* Travaillez par deux. À tour de rôle, posez-vous les questions suivantes. Ensuite, dites à la classe une des réponses de votre camarade.

1. Quand as-tu rencontré ton meilleur ami / ta meilleure amie ?
2. As-tu oublié le nom de ton premier ami / ta première amie ?
3. En quelle année tes parents se sont-ils mariés ?
4. As-tu des frères ou des sœurs qui sont marié(e)s ou fiancé(e)s ?
5. Est-ce que tes parents et toi, vous vous disputez souvent ?
6. Est-ce que tes frères ou tes sœurs et toi, vous vous entendez bien ?

APERÇUS CULTURELS

Sortir avec quelqu'un

En français, il n'y a pas d'équivalent exact pour les expressions américaines *to date someone, to go on a date* et *my date.* On dit : « Avoir rendez-vous avec quelqu'un », « sortir avec quelqu'un », « fréquenter quelqu'un », et quand on parle de la personne avec qui on sort on dit « la personne avec qui je sors », « mon ami(e) », « mon / ma petit(e) ami(e) », « mon copain / ma copine ».

❯ Quand vous étiez au lycée, sortiez-vous d'habitude avec une personne ou avec un groupe d'ami(e)s ? Et maintenant ?

ACTIVITÉ 6 *Ça te plaît ?* Répondez à ces questions en utilisant le verbe **plaire.**

Modèle: Est-ce que vous aimez l'art impressionniste ?

Oui, l'art impressionniste me plaît.
ou:
Non, l'art impressionniste ne me plaît pas.

1. Est-ce que vous aimez la musique classique ?
2. Est-ce que vos parents aiment la musique rap ?
3. Est-ce que votre professeur aime les devoirs mal préparés ?
4. Est-ce que votre camarade de chambre et vous aimez votre résidence universitaire ?
5. Est-ce que les enfants aiment les dessins animés ?

ACTIVITÉ 7 *Avec ou sans préposition ?* D'abord complétez le tableau suivant en séparant les verbes de la liste en deux groupes : ceux qui sont suivis d'une préposition et ceux qui sont suivis directement d'un objet direct.

Possibilités: attendre, chercher, défendre, demander, écouter, payer, regarder, se souvenir

Avec préposition	Sans préposition
_____	_____
_____	_____
_____	_____
_____	_____
_____	_____

Ensuite, écrivez des questions, en utilisant cinq verbes de la liste. Attention à l'emploi des prépositions.

1. _____
2. _____
3. _____
4. _____
5. _____

Enfin, travaillez avec un(e) camarade de classe. Posez-vous les questions que vous avez écrites.

Exprimer ses réactions émotionnelles à un moment précis

 ÉCHANGE 3 *Rupture*

FRANÇOIS: Tu ne sors plus avec Jean-Luc ?
ISABELLE: Non, et il sort maintenant avec Sylvie.
FRANÇOIS: Tu n'as pas l'air triste !
ISABELLE: Oh ! Le jour où nous nous sommes séparés, j'ai été déçue, mais maintenant je fréquente Marc et il me plaît encore plus.

> **Observez**
>
> Why does Isabelle say **j'ai été déçue** rather than **j'étais déçue?** (8.1.b)

EXPRESSIONS UTILES   *réactions émotionnelles*

J'ai été   déçu(e) / ravi(e).
　　　　　triste / joyeux (joyeuse).
　　　　　furieux (furieuse) / content(e).
　　　　　désespéré(e) / consolé(e).

ACTIVITÉ 8 *Quelle réaction ?* Indiquez une réaction appropriée pour chaque circonstance.

　　　Modèle:　　　Sylvie a eu un F à son examen.
　　　　　　　　　　　Elle a été déçue.

1. Maxine a une nouvelle voiture de sport.
2. Serge a retrouvé son chien perdu.
3. Tanina a gagné 5 000 euros.
4. Audrey ne peut plus trouver son livre de français.
5. Jacques a un examen dans cinq minutes, et il n'a pas encore commencé à étudier.

ACTIVITÉ 9 *Imaginez les circonstances* Ce poème de Jacques Prévert est un récit qui présente une série d'actions. D'abord, lisez-le en soulignant tous les verbes au passé composé. Ensuite, répondez aux questions pour expliquer les circonstances en utilisant l'imparfait. Finalement, racontez à la classe votre version en prose de cette histoire.

Déjeuner du matin	Questions à considérer	
1 Il a mis le café	1. Vous êtes le « je » du poème.	
2 Dans la tasse°	Qui est le « il » ? Où étiez-vous ensemble ce matin-là ?	*cup*
3 Il a mis le lait		
4 Dans la tasse de café		
5 Il a mis le sucre	2. Pourquoi a-t-il mis du sucre dans son café ?	
6 Dans le café au lait		
7 Avec la petite cuiller°		*spoon*
8 Il a tourné		
9 Il a bu le café au lait		
10 Et il a reposé la tasse		
11 Sans me parler		
12 Il a allumé		
13 Une cigarette	3. Est-ce que la fumée vous irritait ?	
14 Il a fait des ronds		
15 Avec la fumée		
16 Il a mis les cendres°		*ashes*
17 Dans le cendrier		
18 Sans me parler		
19 Sans me regarder	4. Est-ce que vous le regardiez ?	
20 Il s'est levé		
21 Il a mis		
22 Son chapeau° sur sa tête		*hat*
23 Il a mis		
24 Son manteau° de pluie		*coat*
25 Parce qu'il pleuvait		
26 Et il est parti	5. Pourquoi est-il parti ?	
27 Sous la pluie		
28 Sans une parole		
29 Sans me regarder		

30 Et moi j'ai pris
31 Ma tête dans ma main
32 Et j'ai pleuré.   6. Pourquoi avez-vous pleuré ?
                                       —All Éditions Gallimard

ACTIVITÉ 10 *Histoires personnelles* Interviewez un(e) camarade de classe
pour connaître « son histoire » . Choisissez un des sujets suivants et posez les
questions suggérées à votre camarade. Ensuite, racontez l'histoire de votre
camarade à la classe.

Sujets possibles	Questions possibles
une grande peur	Où étais-tu ?
une grande déception	Comment étais-tu ?
une petite aventure comique	Qu'est-ce qui s'est passé ? Et après ?
	Quelles ont été tes réactions ?
	Finalement, comment ça a fini ?

Vocabulaire essentiel

rapports personnels : amitié

le copain / la copine	*friend/boy friend/ girl friend*
flirter	*to flirt (conj. like* **parler**)
fréquenter	*to go (out) with (conj. like* **parler**)
(se) rencontrer	*to meet (conj. like* **se coucher**)

rapports personnels : amour

(s')embrasser	*to kiss (conj. like* **se coucher**)
se fiancer	*to get engaged (conj. like* **se coucher**, *but with spelling variation like* **commencer**)
se marier	*to get married (conj. like* **se coucher**)
le / la petit(e) ami(e)	*boyfriend / girlfriend*
tendrement	*tenderly*
tomber amoureux / amoureuse (de)	*to fall in love (with) (conj. like* **parler**, *but with* **être** *in the* **passé composé**)

rapports personnels : disputes

se disputer	*to argue (conj. like* **se coucher**)
(se) réconcilier	*to be reconciled (conj. like* **se coucher**)
se séparer	*to break up (**conj.** like* **se coucher**)

réactions émotionnelles

consolé(e)	*consoled*
content(e)	*happy*
désespéré(e)	*in despair*
joyeux / joyeuse	*joyful, joyous*

ravi(e)	*thrilled*
triste	*sad*

le temps

ce (jour)-là	*that (day)*
l'époque *(f)*	*(time) period*
le moment	*moment*

autres expressions utiles

cela	*that*
d'habitude	*usually*

autres verbes

attendre	*to wait (for) (conj. like* **perdre**)
défendre	*to forbid (conj. like* **perdre**)
s'entendre (avec)	*to get along (with)*

je m'entends	nous nous entendons
tu t'entends	vous vous entendez
il / elle / on s'entend	ils / elles s'entendent
je me suis entendu(e)	

plaire (à)   *to please*

je plais	nous plaisons
tu plais	vous plaisez
il / elle / on plaît	ils / elles plaisent
j'ai plu	

se promener   *to go for a walk (conj. like* **se lever**)

tenir   *to hold*

je tiens	nous tenons
tu tiens	vous tenez
il / elle / on tient	ils / elles tiennent
j'ai tenu	

Prononciation **La semi-voyelle [j]**

The French sound [j] resembles the first sound in English words like *you* and *yellow.*

les yeux   bien   nous étions   fille

The sound [j] corresponds to the following spellings.

1. **i** followed by a vowel:

   passionné   hier   vous aimiez

2. **il** preceded by a vowel (end of word only):

   travail   soleil   œil

3. **ill** followed by a vowel:

   travaillons   fille   gentille

   Exceptions: **ill** = [il] in ville, village, mille, tranquille

4. **y** followed by a vowel or between two vowels:

   les yeux   voyage   payer

ACTIVITÉ 11 *Quand nous étions enfants et maintenant* Avec un(e) camarade de classe, dites tour à tour les phrases suggérées et les réponses. Employez le sujet « nous » comme dans le modèle.

> **Modèle:**   à cinq ans... aller au cirque / aller au théâtre
>
> A: À cinq ans, nous allions au cirque.
>
> B: Oui, et maintenant, nous allons au théâtre.

1. l'année dernière... jouer au football / jouer au tennis
2. il y a deux ans... manger à la cantine du lycée / manger chez McDonald
3. à vingt ans... faire du sport / regarder la télé
4. hier soir... être en colère / se sentir calmes
5. à quinze ans... dire « Super ! » / dire « Excellent ! »
6. à treize ans... aimer les feuilletons / aimer le journal télévisé

Expansion **Écrire**

> *Stratégie* Pour organiser votre texte, posez-vous des questions avant d'écrire.

Before writing, it is useful to organize your thoughts by formulating the relevant questions that your written work should address.

Avant d'écrire *Le chandail de hockey : Votre continuation*

Imaginez une suite pour *Le chandail de hockey : L'histoire d'une abominable feuille d'érable sur la glace.* D'abord, considérez les questions suivantes :

1. **Qui** sont les personnages que vous allez mettre en scène ?
   (le jeune narrateur ? les autres garçons ? Maurice Richard ?
   un nouveau personage ?)
2. **Quand** situez-vous l'action ? (ce jour-là ? le jour après ?
   au printemps ? quelques années plus tard ?)
3. **Où** situez-vous l'action ? (à l'école ? à l'église ? à la patinoire ?
   chez le jeune garçon ? autre part° ?)
4. **Qu'est-ce qui** s'est passé ? (Imaginez ce que les personnages
   ont fait et dit.)
5. **Pourquoi** ? (Trouvez des raisons pour les actions des personnages.)
6. **Avec quel résultat ?**

autre...
elsewhere

Ensuite, à partir de vos réponses aux questions, écrivez des phrases au passé, en les mettant dans la colonne appropriée dans le tableau qui suit.

Ce qu'on faisait / comment c'était	Ce qu'on a fait / ce qui s'est passé
_____	_____
_____	_____
_____	_____
_____	_____
_____	_____
_____	_____

Écrire

En utilisant les phrases que vous avez écrites, écrivez une suite pour *Le chandail de hockey : L'histoire d'une abominable feuille d'érable sur la glace.* Vous pouvez ajouter des détails pour rendre votre histoire plus intéressante et plus cohérente. Faites attention à l'emploi du passé composé et de l'imparfait.

Après avoir écrit

Relisez votre version du conte et vérifiez si vous avez...

1. répondu aux questions dans l'activité **Avant d'écrire.**
2. commencé par une phrase qui relie ce que vous avez écrit au début du conte.
3. terminé par une phrase qui indique clairement la fin de l'histoire.
4. utilisé le passé composé pour parler des choses qui se sont passées / des choses qu'on a faites et l'imparfait pour parler de comment c'était / de ce qu'on faisait.

À vous la parole

Travaillez par trois. À tour de rôle, lisez vos versions du conte. Ensuite, choisissez ensemble les meilleurs éléments de chaque version pour créer une histoire composite. Lisez cette histoire composite à la classe. Soyez prêts à expliquer pourquoi vous avez continué et terminé le conte de cette façon (valeur dramatique ? raison culturelle ? expérience personnelle ?)

DOSSIER 3

In this Dossier, you will learn about these grammatical features

▸ the use of the **imparfait** and the **passé composé** to distinguish between ongoing and intervening actions in the past

▸ the negative expressions ne... **rien** and ne... **personne**

▸ the use of **si** + the imperfect to make a suggestion

With this Dossier:

AUDIO CD (Track 23)
Expansion : Contes de fées

CD-ROM (E8)
Échanges
Comment le dire
Mise-en-scène

ACTIVITIES MANUAL (E8D3)
Activités écrites
Activités de laboratoire (avec enregistrement)

BOOK COMPANION SITE (E8)
www.wiley.com/college/ magnan

Point de départ **Lire**

Stratégie Pensez aux oppositions possibles pour anticiper les conflits dans un conte.

Short stories often depict differences, even conflicts, between people, places, ideas, or ways of doing things. Recognizing the opposing elements that might create these conflicts can help you anticipate the story's development.

Avant de lire *Le chandail de hockey (II)*

Pensez à la situation établie au début du conte *Le chandail de hockey* et imaginez des oppositions que l'auteur pourrait introduire.

	Éléments établis au début	vs.	Oppositions possibles
Modèle:	l'église, l'école, la patinoire	vs.	*la maison*
	tous les jours	vs.	_____
	des jeunes garçons	vs.	_____
	la langue française	vs.	_____
	l'uniforme des Canadiens de Montréal	vs.	_____
	faire partie d'un groupe	vs.	_____

En lisant

En lisant la deuxième partie de l'histoire, comparez les oppositions que vous avez imaginées avec celles qui se présentent dans le conte.

Le chandail de hockey (II) (extraits)

—Roch Carrier

Un jour, mon chandail des Canadiens de Montréal était devenu° trop étroit° ; puis il était déchiré° ici et là, troué. Ma mère me dit : « Avec ce vieux chandail, tu vas nous faire passer pour pauvres ! » Elle fit° ce qu'elle faisait chaque fois que nous avions besoin de vêtements.° Elle commença à feuilleter° le catalogue que la compagnie Eaton nous envoyait° par la poste chaque année. Ma mère était fière.° Elle n'a jamais voulu nous habiller° au magasin général ; seule pouvait nous convenir° la dernière mode du catalogue Eaton. Ma mère n'aimait pas les formules de commande° incluses dans le catalogue ; elles étaient écrites en anglais et elle n'y comprenait rien. Pour commander mon chandail de hockey, elle fit ce qu'elle faisait d'habitude ; elle prit° son papier à lettres et elle écrivit de sa douce calligraphie d'institutrice : « Cher Monsieur Eaton [...] »

Monsieur Eaton répondit rapidement à la lettre de ma mère. Deux semaines plus tard, nous recevions° le chandail.

était... *had become / tight / torn / did*

clothing
to leaf through /
*used to send /
proud / to dress
to suit*

formules... *order forms*

took

received

Ce jour-là, j'eus° l'une des plus grandes déceptions° de ma vie ! Je peux dire que j'ai, ce jour-là, connu une très grande tristesse. Au lieu du° chandail bleu, blanc, rouge des Canadiens de Montréal, M. Eaton nous avait envoyé un chandail bleu et blanc, avec la feuille d'érable au devant, le chandail des Maple Leafs de Toronto. [...]

    Je fus° donc obligé de porter le chandail des Maple Leafs. Quand j'arrivai à la patinoire avec ce chandail, tous les Maurice Richard en bleu, blanc, rouge s'approchèrent un à un pour regarder ça. Au coup de sifflet de l'arbitre,° je partis prendre mon poste habituel.[...] Le chef d'équipe vint° me dire d'attendre ; il aurait besoin de moi à la défense, plus tard. À la troisième période, je n'avais pas encore joué ; un des joueurs de défense reçut° un coup de bâton sur le nez, il saignait ; je sautai sur la glace : mon heure était venue ! L'arbitre siffla ; il m'infligea° une punition. Il prétendait° que j'avais sauté sur la glace quand il y avait encore cinq joueurs. C'en était trop ! C'était trop injuste !

    C'est de la persécution ! C'est à cause de mon chandail bleu ! Je frappai° mon bâton sur la glace si fort qu'il se brisa.° Soulagé,° je me penchai° pour ramasser les débris. Me relevant, je vis le jeune vicaire,° en patins, devant moi : Mon enfant, ce n'est pas parce que tu as un petit chandail neuf des Maple Leafs de Toronto, au contraire des autres, que tu vas nous faire la loi.° Un bon jeune homme ne se met pas en colère.° Enlève° tes patins et va à l'église demander pardon à Dieu.

    Avec mon chandail des Maple Leafs de Toronto, je me rendis° à l'église, je priai Dieu ; je lui demandai qu'il envoie au plus vite des mites° qui viendraient dévorer mon chandail des Maple Leafs de Toronto.

had / disappointments
Au... Instead of the

was

Au... When the referee's whistle blew / came

received

imposed / claimed

hit / se... broke / Relieved / me... bent over / priest

faire... lay down the law / ne... doesn't get angry / Take off me... went moths

Après avoir lu

1. Comment est-ce que la personnalité et les habitudes de la mère contribuent aux problèmes du jeune garçon ?
2. Quels mots du titre (« Le chandail de hockey ») et du sous-titre (« L'histoire d'une abominable feuille d'érable sur la glace ») ont une importance évidente dans cette partie du conte ?
3. Quel est le rapport entre le jeune garçon et ses amis à la fin du conte ?
4. Le jeune vicaire voit que le jeune garçon est en colère. Quelle explication donne-t-il à cette colère ? A-t-il raison ?

À vous la parole

Travaillez par deux pour discuter des questions suivantes.
Avez-vous jamais eu une déception comme la déception qui est racontée par le narrateur ? dans quelles circonstances ?
Ensuite, partagez vos expériences avec le reste de la classe.

L'essentiel

Pour distinguer ce qui se passait de ce qui s'est passé

▶ **Observez**
1. In Marc's second sentence, which verb tense is used for an ongoing action and which tense is used for the new action that intervenes? (8.1.b)
2. Is the expression **nous nous sommes insultés** reflexive or reciprocal? (8.6)

ÉCHANGE 1 *Une dispute*

CHARLES: Tu t'entends bien avec ton camarade de chambre ?

MARC: D'habitude, oui, mais hier soir, nous nous sommes disputés. Il regardait la télévision quand je suis rentré. J'avais du travail à faire, alors je lui ai demandé de baisser le son : il a refusé. Je lui ai dit « Égoïste ! » et il m'a appelé « Imbécile ! » . Nous nous sommes insultés et menacés pendant cinq minutes et nous nous sommes presque battus. À la fin, j'ai gagné : il est sorti et j'ai pu travailler tranquillement !

ACTIVITÉ 1 *Dispute* D'abord, choisissez six verbes de la liste pour raconter une dispute (réelle ou imaginaire) entre vous et une autre personne. Ensuite, écrivez-les dans un ordre logique en utilisant le passé composé.

> **Modèle:** se séparer
> Nous nous sommes séparés.

Possibilités:

se battre	s'insulter	se regarder
se disputer	se menacer	se séparer
s'embrasser	se parler	se téléphoner

Finalement, complétez l'histoire de votre dispute en ajoutant des détails sur les personnes et les circonstances. Utilisez l'imparfait.

> **Modèle:** Il était trop désagréable, alors nous nous sommes séparés.

ACTIVITÉ 2 *Au moment où* Complétez les phrases en indiquant pour chacune un événement qui interrompt le déroulement de l'action.

1. Je dormais quand...
2. Mon / Ma camarade de chambre écoutait la radio au moment où...
3. Nous dînions quand...
4. Je rentrais chez moi quand...
5. Mes amis sortaient du cinéma quand...
6. Nous étions dans la classe de français au moment où...

ACTIVITÉ 3 *Une journée difficile !* Imaginez l'histoire d'une journée difficile à partir des circonstances et des événements suggérés. Utilisez les temps du passé qui conviennent pour bien raconter chaque incident : le signe - - - indique l'imparfait.

L'histoire commence : J'ai eu une journée très difficile.

Vous continuez...

Modèle: Ce matin, au moment où
------------------ je / traverser la rue Peyronnet ----------------,
je / avoir un petit accident de voiture.

   Ce matin, au moment où je traversais la rue Peyronnet,
j'ai eu un petit accident de voiture.

1. ------------------ le téléphone / sonner° déjà ------------------   *to ring*
         quand je / arriver au bureau°   *office*

2. Pendant que ------------------ je / parler au client ------------------
                   Madame Lemoine / entrer dans mon bureau

3.   elle / dire que
------------------ elle / m'attendre depuis 8 heures ----------------

4. -------------------- je / être nerveux --------------------
   quand elle / me demander d'aller voir Monsieur Béluc

5.   je / entrer dans le bureau de Monsieur Béluc
   et je / voir que
   -------------------- il / ne pas avoir l'air content --------------------

6. -------------------- je / être déjà en retard dans mon travail --------------------
   mais il / me donner cinquante dossiers à lire

Conclusion : Alors, voilà pourquoi je suis crevé ce soir.

> ❯ **Observez**
>
> In the sentence that begins **Quand je suis arrivé**, which verb indicates the on-going action? Which verbs indicate intervening actions? (8.1.b)

> ❯ **Observez**
>
> 1. Which expression refers to a person: **quelque chose** or **quelqu'un**? (8.7)
> 2. Which expression is the negative equivalent of **quelqu'un**? of **quelque chose**? (8.7)
> 3. Do the expressions **rien** and **personne** always occur in the same place in relation to the verb of a sentence? (8.7)

ÉCHANGE 2   *Réunion inutile*

NICOLAS: Qu'est-ce qui s'est passé à la réunion des Verts hier ?
LIONEL: Vraiment, rien ne s'est passé. Quand je suis arrivé on se disputait et quand je suis parti on se disputait. Nous n'avons rien décidé.
NICOLAS: Zut alors ! Et il y avait des gens que tu connaissais ?
LIONEL: Non, je n'ai reconnu personne. J'ai vraiment perdu mon temps à cette réunion.

EXPRESSIONS UTILES   *négations*

Qu'est-ce qui s'est passé ?	Rien ne s'est passé.
Vous avez fait quelque chose ?	Non, nous n'avons rien fait.
Quelqu'un a proposé une solution ?	Non, personne n'a proposé de solution.
Tu as vu quelqu'un ?	Non, je n'ai vu personne.

ACTIVITÉ 4 *Personne ou rien ?* Mettez ces phrases au négatif.

1. J'attends quelqu'un.
2. Quelque chose me plaît.
3. Quelqu'un arrive.
4. J'ai oublié quelque chose.
5. Nous avons vu quelqu'un.
6. Nous regardons quelque chose.

ACTIVITÉ 5 *Le témoin inutile* Travaillez avec un(e) camarade de classe. À tour de rôle, jouez un policier qui pose des questions et un témoin qui ne sait rien.

> **Modèle:**   POLICIER: Qu'est-ce que vous faisiez à huit heures ?
> TÉMOIN: Je ne faisais rien.

1. Qui était là avec vous ?
2. Qu'est-ce que vous avez vu ?
3. Qui avez-vous vu ?
4. Avez-vous entendu quelque chose ?
5. Qu'est-ce que vous avez fait ?
6. À quoi avez-vous pensé ?

ACTIVITÉ 6 *Une journée trop tranquille* Jouez les rôles suivants avec un(e) camarade de classe : un homme / une femme d'affaires interroge son / sa secrétaire sur ce qui s'est passé au bureau pendant son absence et le / la secrétaire répond avec « rien » ou « personne ».

> **Modèle:**   téléphoner
> HOMME / FEMME D'AFFAIRES: Qui a téléphoné ?
> SECRÉTAIRE: Personne n'a téléphoné.

1. venir dans mon bureau
2. faire
3. lire
4. voir
5. se passer
6. entendre

Pour faire une suggestion

 ÉCHANGE 3   *Que faire ce soir ?*

MONIQUE: Je suis libre ce soir. Toi aussi ?
SÉBASTIEN: Oui, pourquoi ?
MONIQUE: Si nous allions au cinéma ?
SÉBASTIEN: Oui. Mais... je n'ai pas assez d'argent.
MONIQUE: Dans ce cas-là, je t'invite !
SÉBASTIEN: D'accord, on y va !

> **Observez**
> What verb tense is used after **si** to make a suggestion? **(8.1.c)**

ACTIVITÉ 7 *Si on... ?* Lisez ces ordres et puis changez-les en suggestions.

> **Modèle:**   Allons au café.
> Si on allait au café ?

1. Partons tout de suite.
2. Viens avec moi.
3. Faites attention.
4. Écoutons cette chanson.
5. Rentrez avant minuit.
6. Attends-moi.

ACTIVITÉ 8 *Situations et suggestions* D'abord, réfléchissez à ces situations et faites ensuite autant de suggestions que possible aux personnes indiquées.

> Modèle: Votre ami n'a pas beaucoup d'argent et veut sortir avec sa petite amie.
>
> *Vous lui dites :*   Si vous faisiez une promenade ?
> *ou:*
> Si tu lui suggérais de t'inviter chez elle ?

1. Votre copain a une heure de libre et vous lui proposez de faire quelque chose ensemble.
2. Votre père vient vous voir et veut visiter la ville.
3. Votre camarade de chambre a un examen demain et il / elle n'a pas encore commencé à se préparer.
4. Vous avez insulté votre femme / mari et maintenant vous voulez vous excuser.
5. Votre ami(e) veut perdre des kilos et vous demande vos suggestions.

Maintenant, travaillez avec un(e) camarade de classe pour faire des jeux de rôles basés sur les situations précédentes.

> Modèle: A: Je veux sortir avec mon / ma petit(e) ami(e), mais je n'ai pas beaucoup d'argent.
>
> B: Si vous faisiez une promenade ?
>
> A: Mais il pleut, et il / elle n'est pas en forme.
>
> B: Alors, si tu lui suggérais de t'inviter chez lui / elle ?
>
> A: Mais son / sa camarade de chambre se couche à dix heures.

> **Observez**
>
> In the remark **Si on fermait la fenêtre ?**, why is the verb in the imperfect? (8.1.c)

ÉCHANGE 4   *Question de confort*

PASCALE: J'ai très froid. Si on fermait la fenêtre ?
  SERGE: Mais non... on a besoin d'air frais pour bien dormir. L'air frais purifie les poumons. L'air frais aide à la digestion. L'air frais...
PASCALE: Arrête... tu m'embêtes avec tes histoires d'air frais. Il fait froid et je vais fermer la fenêtre !

EXPRESSIONS UTILES   *impatience*

j'en ai assez	tu m'ennuies	Arrête !
j'en ai marre *(argot)*	tu m'embêtes *(familier)*	Laisse-moi tranquille !
j'en ai ras le bol *(argot)*	tu me casses les pieds *(argot)*	Fiche-moi la paix ! *(argot)*

ACTIVITÉ 9 *Que répondre ?* Exprimez votre impatience selon chaque situation indiquée. Variez les expressions que vous utilisez.

> Modèle: Vous voulez étudier et votre petite sœur refuse de baisser le son de la radio.
>
> *Vous lui dites :* Tu m'embêtes !

1. Votre camarade de chambre écoute la même chanson depuis des heures.
2. Votre sœur pense toujours à elle et seulement à elle.

3. Votre petit frère vous pose constamment la question « Pourquoi ? ».
4. Quelqu'un que vous ne connaissez pas vous suit dans la rue pour vous demander vingt-cinq euros.
5. Un(e) camarade de classe pense toujours que vous avez tort.
6. Votre camarade de chambre a perdu votre livre de français.

ACTIVITÉ 10 *Impatience* Travaillez avec un(e) camarade de classe. La personne A va faire une suggestion selon la situation indiquée et la personne B va réagir à la suggestion avec impatience.

> Modèle: Il y a un examen demain.
>
> A: Si nous passions toute la nuit à la bibliothèque ?
>
> B: Tu m'embêtes avec tes suggestions.

1. Vous avez chaud.
2. Il y a un documentaire à la télévision.
3. C'est l'anniversaire d'un de vos amis.
4. Il va neiger demain.
5. Il y a un examen oral cette semaine.
6. Vous avez faim.

APERÇUS CULTURELS

Gestes qui expriment des sentiments

Comme supplément aux mots, on peut exprimer ses sentiments par des expressions faciales et par le ton de la voix : voix plus forte que d'habitude, exclamations, articulation et intonation exagérées. On peut aussi renforcer ce qu'on dit par des gestes.

Pour exprimer son autorité : « Croyez-moi, j'ai raison ! »

Pour exprimer son impatience : « J'en ai ras le bol ! »

Pour exprimer son indifférence : « Je m'en moque totalement ! »

Pour calmer quelqu'un : « Mais voyons, calme-toi un peu. »

▶ Quel(s) geste(s) est-ce que vous utilisez pour exprimer votre impatience ? pour calmer quelqu'un ?

Vocabulaire essentiel

dispute

(se) battre *to fight (one another)*

je	bats	nous	battons
tu	bats	vous	battez
il / elle / on	bat	ils / elles	battent
j'ai	battu		
je me suis	battu(e)		

égoïste	*egotistical, selfish*
gagner	*to win (conj. like **parler**)*
imbécile	*idiotic, idiot*
(s')insulter	*to insult (one another) (conj. like **parler** but also pronominal)*
(se) menacer	*to threaten (one another) (conj. like **commencer** but also pronominal)*

impatience

arrêter	*to stop*
assez	*enough*
en avoir assez	*to have had enough*
en avoir marre *(argot)*	*to have had it*
en avoir ras le bol *(argot)*	*to be fed up*
fiche-moi la paix *(argot)*	*get lost*
laisse-moi tranquille	*leave me alone*
tu me casses les pieds *(argot)*	*you are a pain in the neck*

tu m'embêtes *(familier)*	*you are bugging me*
tu m'ennuies	*you are bothering me*
zut	*darn*

autres expressions utiles

l'air *(m)*	*air*
dans ce cas-là	*in that case*
la digestion	*digestion*
la fenêtre	*window*
la fin	*the end*
frais / fraîche	*fresh*
ne... personne	*no one*
la réunion	*meeting*
la solution	*solution*
le son	*sound*
tranquillement	*calmly*

autres verbes

aider	*to help (conj. like **parler**)*
appeler	*to call (conj. like **s'appeler** but not pronominal)*
baisser	*to lower (conj. like **parler**)*
fermer	*to close (conj. like **parler**)*
proposer	*to propose (conj. like **parler**)*
purifier	*to purify (conj. like **parler**)*
reconnaître	*to recognize (conj. like **connaître**)*

Prononciation **Révisons le *e* fermé [e] et ouvert [ɛ]**

1. As you learned in **Ensemble 3,** the spellings é and **ez** correspond to the sound [e]. The spelling é occurs at the end of the past participle of **-er** verbs in the **passé composé.**

   Je l'ai regardé et je lui ai demandé son nom.

   The spelling **ez** occurs at the end of the **vous** forms of all verbs in the **imparfait** and of most in the **présent.**

   Vous aviez bien raison.
   Vous avez bien raison.

   To pronounce a good [e], keep your mouth fairly closed.

2. The letter combinations **ais**, **ait**, and **aient**, found in the **imparfait** endings, correspond to the sound [ɛ]. These spellings occur at the end of all singular forms of the **imparfait** and in the **ils / elles** plural forms.

   j'all**ais**   tu ven**ais**   elle parl**ait**   ils mange**aient**

   To pronounce a good [ɛ], open your mouth a bit more than for [e].

3. For both [e] and [ɛ], keep your tongue and lips in a fixed position in order to avoid gliding as you might do in English in words like *say, alley,* or *Dorothy.*

ACTIVITÉ 11 *Imparfait et passé composé* Avec un(e) camarade de classe et à tour de rôle, posez-vous les questions suivantes. Utilisez les expressions entre parenthèses dans vos réponses. Faites bien attention à la différence de prononciation entre [e] et [ɛ].

   Modèle: Tu es allé(e) au cinéma hier, comment c'était ? (intéressant / y avoir beaucoup de monde)

   A: Tu es allé(e) au cinéma hier, comment c'**é**tait ?

   B: C'**é**tait intéressant et il y av**ait** beaucoup de monde.

1. Quel temps faisait-il ce matin ? (pleuvoir quand / arriver à la fac)
2. Pourquoi as-tu mangé tout mon pain ? (parce que / avoir faim)
3. Qu'est-ce que vous avez fait en classe ? (rien / prof être absent)
4. Qu'est-ce que vous avez fait dimanche dernier ? (visiter un musée parce que / neiger)
5. Qui as-tu rencontré à la réunion ? (ne pas aller à la réunion / être malade)

La boutique « Marché de souvenirs » à Montréal

Expansion Écouter

> *Stratégie* Identifiez le temps des verbes pour savoir à quel moment l'action commence dans un conte.

Fairy tales, and many other types of stories, generally set the scene and give a certain amount of background about the situation and the characters before the action begins. Knowing the differences in usage between the **imparfait** and the **passé composé** can help you recognize when the action starts.

Avant d'écouter *Contes de fées*

Lisez le début du conte de fées *Le Petit Poucet.*°

Il était une fois° un homme et une femme qui avaient sept enfants, sept garçons. Ces gens étaient si pauvres qu'ils ne pouvaient plus nourrir leurs enfants. Un jour, le plus jeune des garçons, qui était très, très petit, a entendu ses parents dire qu'ils étaient obligés de se séparer de leurs enfants, qu'ils allaient les emmener° dans la forêt et les y abandonner...

Petit... *Tom Thumb*

Il... *Once upon a time*

to take

1. L'aventure du *Petit Poucet* commence par quel événement ?
2. Le verbe qui annonce cette action est à quel temps ?
3. Les autres verbes sont à quel temps ? Pourquoi ?

En écoutant

Vous allez entendre le début de trois contes de fées que vous connaissez bien. En écoutant, complétez le tableau suivant.

	Personnages	Arrière-plan / Situation initiale	Première action / Premier événement
Conte 1	_____	_____	_____
Conte 2	_____	_____	_____
Conte 3	_____	_____	_____

Après avoir écouté

1. Dans ces trois contes, quel temps indique le début de l'action ?
2. Quel est le titre anglais de chacun de ces trois contes ?

   Conte 1 : _____

   Conte 2 : _____

   Conte 3 : _____

À vous la parole

À votre avis, est-ce que les contes de fées sont appropriés pour les enfants ? Pourquoi ou pourquoi pas ? Sont-ils trop violents ? trop sexistes ? trop peu réalistes ?

Point de départ **Écouter**

> *Stratégie* Utilisez les mots que vous connaissez déjà pour comprendre les mots nouveaux de la même famille.

Knowing one word from a word family can help you understand other words from the same family.

Avant d'écouter *Le réchauffement°* *climatique mondial*

warming

Lisez le début de cette interview télévisée avec un climatologue. À côté de chaque mot que vous connaissez déjà, écrivez le mot nouveau de la même famille et essayez de deviner son sens en anglais.

TÉLÉJOURNALISTE: Bonsoir, mesdames et messieurs. Notre invité ce soir est Monsieur le professeur Hervé Dareau de l'Université de Genève, qui vient de participer à une conférence sur le changement climatique, organisée par L'Organisation des Nations unies à Milan. Monsieur Dareau, quels changements climatiques est-ce qu'on prévoit pour l'Europe de l'Ouest dans les années à venir ?

	Mot connu	Mot nouveau	Sens du mot nouveau
Modèle:	le journaliste	téléjournaliste	TV journalist
	inviter	_____	_____
	changer	_____	_____
	climat	_____	_____
	voir	_____	_____

💿 En écoutant

Maintenant, écoutez l'interview avec le climatologue. À côté de chaque mot connu, marquez l'expression nouvelle que vous entendez.

Mot connu	Expression nouvelle	
le monde	_____ mondial	_____ mondialisation
la glace	_____ le glacier	_____ la coque de glace
	_____ la fonte de glace	_____ la mer de glace
froid	_____ la froideur	_____ refroidir
	_____ le refroidissement	_____ la froideur
doux	_____ la douceur	_____ doucement
connaître	_____ la connaissance	_____ reconnaissent (ils)

DOSSIER 4

In this Dossier, you will learn about these grammatical features

> the use of the imperfect to report what was heard or said

> the irregular verb **croire**

> various ways of expressing causality

> spelling variations with verbs like **jeter** and **essayer**

With this **Dossier:**

AUDIO CD (**Track 24**)
Point de départ : Le réchauffement climatique mondial

CD-ROM (E8)
Échanges
C'est comme ça !
Comment le dire

ACTIVITIES MANUAL (E8D4)
Activités écrites et Rédaction
Activités de laboratoire

BOOK COMPANION SITE (E8)
www.wiley.com/college/magnan

Après avoir écouté

1. Essayez de deviner le sens de chaque expression nouvelle que vous avez marquée.
2. Comment peut-on expliquer le paradoxe que le réchauffement climatique mondial va produire un refroidissement du climat en Europe ?
3. Cette baisse de température va avoir un effet négatif sur quels aspects de la vie en Europe ?
4. Quel est l'obstacle principal aux mesures radicales envisagées par les experts ?

À vous la parole

À votre avis, est-ce que le réchauffement climatique pose un risque très grave ? Quels changements climatiques est-ce qu'on a notés dans votre région / votre pays ? Si ces changements continuent, quels problèmes vont se présenter ?

L'essentiel

Pour rapporter indirectement ce qu'on a dit ou entendu dire

▶ **Observez**

1. What tense is used here for verbs of communication (**dire, entendre, etc.**)? (**8.1.d**)
2. What tense is used here after the word **que** following verbs of communication? (**8.1.d**)

ÉCHANGE 1   *Vrai ou pas vrai ?*

DAVID: On m'a dit que tu ne travaillais plus chez Renault. C'est vrai ?
CORALIE: C'est entièrement faux... au moins pour le moment. Mais tu sais, j'ai entendu dire qu'on allait fermer l'usine de Nantes.
DAVID: C'est incroyable ça...

EXPRESSIONS UTILES   *rapports et réactions*
ce qu'on a entendu dire

J'ai entendu dire	que tu ne travaillais plus dans cette usine.
On m'a dit	qu'on allait fermer cette usine.
	que tu cherchais un nouveau job.
	qu'il y avait trop de pollution dans cette région.

jugements de vérité et de vraisemblance

C'est entièrement faux.	J'ai du mal à te croire.
Ce n'est pas tout à fait exact.	C'est incroyable.
C'est pas vrai. *(familier)*	Oui, c'est vrai.

ACTIVITÉ 1 *C'est vrai ?* Utilisez une des **Expressions utiles** pour réagir à ces phrases.

1. À Marseille, il neige souvent en été.
2. Il y a 49 états américains.
3. Les Français fabriquent 400 sortes de fromage.
4. Noël, c'est le 25 décembre.
5. Aujourd'hui, les Français ne s'entendent pas bien avec les Allemands.
6. Mon lapin parle italien.

ACTIVITÉ 2 *On m'a dit...* Rapportez les faits suivants au passé en expliquant comment vous les avez appris.

> **Modèle:**   Sylvie se lave les dents cinq fois par jour.
> On m'a dit que Sylvie se lavait les dents cinq fois par jour.
> *ou:*
> J'ai entendu dire que Sylvie se lavait les dents cinq fois par jour.

1. Caroline n'étudie jamais à la bibliothèque.
2. Amélie et Bruno ne regardent jamais la télévision.
3. Les Bertin ne font rien le dimanche.
4. Daniel ne mange plus de viande.
5. Sara cherche un nouveau job.
6. Stéphane et Simon s'entendent bien avec le professeur.

ACTIVITÉ 3 *Surprise et doute* Travaillez avec un(e) camarade de classe. La personne A rapporte les faits suivants en disant comment elle les a appris. La personne B exprime sa réaction à cette nouvelle et explique sa réaction. Variez les expressions que vous utilisez.

> **Modèle:**   On va avoir un contrôle ce vendredi.
>
> A: J'ai entendu dire qu'on allait avoir un contrôle ce vendredi.
>
> B: J'ai du mal à te croire. Nous avons eu un contrôle mardi.

1. Le chien du prof sait parler français.
2. Tu jouais au tennis quand tu avais deux ans.
3. Le travail était plus facile quand il n'y avait pas d'ordinateurs.
4. On va fermer la fac de lettres.
5. L'air est pur à Paris.

Pour exprimer les causes et les conséquences

 ÉCHANGE 2   *Deux points de vue différents*

M. L'optimiste:	Moi, je crois que le monde a fait des progrès.
M. Le pessimiste:	Le monde a changé, c'est vrai. Mais est-ce que nous vivons mieux aujourd'hui ?
M. L'optimiste:	Oui, bien sûr. Autrefois, les gens ne vivaient pas vieux, il fallait des semaines pour faire le voyage de Paris à New York et il n'y avait pas d'ordinateurs. Grâce à la science et à la technologie, la vie d'aujourd'hui est plus sûre et plus facile.
M. Le pessimiste:	Mais dans le temps, les gens étaient plus relaxes parce que la vie était plus simple. Et puis, aujourd'hui tout est pollué à cause des déchets industriels.

> **Observez**
>
> 1. Which three expressions are used in **Échange 2** to express causality? **(8.8.a,b)**
> 2. Which two expressions of causality are followed by nouns? What structure follows the other expression of causality? **(8.8.a,b)**

Verbes				
croire (*to believe*)	je	crois	nous	croyons
	tu	crois	vous	croyez
	il / elle / on	croit	ils / elles	croient
	j'ai	cru		

▶ Observez

1. Is **Grâce à** or **À cause de** used to present the cause of a positive outcome? **(8.8.a)**
2. Which of the expressions used here to express causality are followed by a noun? Which is followed by a clause (subject + verb)? **(8.8.b)**
3. The infinitive of the verbal expression **on jette** is **jeter**. What spelling variation do you see between the infinitive and the conjugated form? **(8.9.a)**

EXPRESSIONS UTILES   *écologie et pollution*

Grâce à la technologie, le monde a fait des progrès.
nous pouvons recycler les bouteilles en plastique.

À cause de la pollution, l'air n'est plus pur.
nous ne pouvons plus nager dans certaines rivières.

Il y a de la pollution à cause des déchets industriels.
des fertilisants agricoles.
du gaz carbonique produit par les autos.
de la pluie acide.
parce qu'on jette des tonnes d'ordures.
on gaspille le papier.
on ne respecte plus l'environnement.

Circulation intense sur l'avenue des Champs-Élysées à Paris

ACTIVITÉ 4 *L'écologie* Répondez à ces questions par une des **Expressions utiles.**

1. Quelle sorte de pollution est produite par les autos ?
2. Quelle sorte de pollution menace les grands monuments ?
3. Comment est-ce que les fermes contribuent à la pollution ?
4. Quelle est une conséquence de notre société de consommation ?
5. Qu'est-ce qu'on doit faire avec les bouteilles en plastique ?
6. Comment est-ce que les usines contribuent à la pollution ?

Panneau d'affichage à Montréal

ACTIVITÉ 5 *On croit que...* Répondez à ces questions selon les indications en utilisant le verbe **croire**.

> Modèle: Que pensez-vous de la pollution ? (grand problème)
> Je crois que la pollution est un grand problème.
> *ou:*
> Je crois que la pollution n'est pas un grand problème.

1. Que pensez-vous de la technologie ? (nécessaire)
2. Qu'est-ce que votre professeur pense des ordinateurs ? (utiles)
3. Qu'est-ce que les Américains pensent des progrès ?
   (consequénce de la technologie)
4. Qu'est ce que votre camarade de chambre et vous pensez de la vie
   d'aujourd'hui ? (moins simple)
5. Qu'est-ce que les adultes pensent du monde d'aujourd'hui ? (changé)
6. Que pensez-vous des fertilisants agricoles ? (source de pollution)

ACTIVITÉ 6 Grâce à *ou* à cause de *?* Travaillez avec un(e) camarade de classe. La personne A exprime une perspective positive dans une phrase avec **grâce à** ; la personne B exprime une perspective négative en utilisant **à cause de**.

> Modèle: la technologie
> A: Grâce à la technologie, le monde a fait des progrès.
> B: À cause de la technologie, il y a plus de pollution.

1. la biologie   4. les autos
2. les plastiques   5. les fertilisants agricoles
3. la télévision   6. les ordinateurs

ACTIVITÉ 7 *Pourquoi ?* Une personne pose une question avec « pourquoi » et les autres membres de la classe proposent autant de raisons que possible.

> Modèle: il y a de la pollution
> A: Pourquoi y a-t-il de la pollution ?
> B: Parce que nous gaspillons tout.
> C: À cause de nos déchets.

1. il y a moins de forêts   4. le travail est plus facile
2. l'air est pollué   5. on vit mieux aujourd'hui
3. l'eau n'est plus pure   6. le monde a fait des progrès

Usines au Québec

Tags en France

❯ Observez

1. In Amélie's sentence, which clause (subject + verb) expresses the cause? the consequence? **(8.8.c)**
2. Is the same order of clauses expressing cause and consequence used in Benoît's sentence? in Cyril's? **(3.8.c)**
3. The infinitive of the verbal expression **on essaie** is **essayer.** What spelling variation do you see between the infinitive and the conjugated form? **(8.9.b)**

ÉCHANGE 3   *On gaspille trop*

AMÉLIE: Il y a beaucoup de pollution parce qu'on gaspille le papier à l'école, à la maison, au travail, partout.

BENOÎT: Et comme nous gaspillons le papier, nous sommes obligés de couper plus d'arbres.

CYRIL: Mais puisqu'on essaie de recycler, il y a moins de déchets.

EXPRESSIONS UTILES   *problèmes écologiques*

Il y a beaucoup de pollution parce qu'on gaspille le papier.
                                    on oublie de recycler.

Puisque	les champs sont moins fertiles, on doit utiliser des fertilisants.
	nous avons des ordinateurs, nous gaspillons moins de papier.
Comme	nous gaspillons le papier, nous sommes obligés de couper trop d'arbres.
	on essaie de recycler, il y a moins de déchets.

ACTIVITÉ 8 *Puisque...* Travaillez par trois. La personne A donne une conséquence de la situation indiquée. La personne B transforme cette conséquence en cause et ainsi de suite.

> Modèle: Nous gaspillons le papier.
>
> A: Puisque nous gaspillons le papier, il y a moins d'arbres.
>
> B: Puisque il y a moins d'arbres, l'air est moins pur.
>
> C: Puisque l'air est moins pur, on a du mal à respirer.

1. Nous utilisons trop de fertilisants agricoles.
2. Les voitures produisent du gaz carbonique.
3. Nous mangeons souvent dans des fast-foods.
4. Nous ne recyclons pas toutes nos bouteilles en plastique.
5. On ne respecte pas l'environnement.

ACTIVITÉ 9 *Causes et conséquences* Travaillez avec un(e) camarade de classe pour expliquer les causes et les conséquences de ces problèmes contemporains. La personne A commence par la conséquence suggérée et en explique la cause. Ensuite, la personne B utilise cette même cause pour le début d'une autre phrase, qui donne une conséquence différente.

> Modèle: La terre est polluée.
>
> **Conséquence 1 + Cause 1**
> A: La terre est polluée parce que nous gaspillons le papier.
>
> **Cause 1 + Conséquence 2**
> B: Et puisque nous gaspillons le papier, il y a moins de forêts.

1. L'air n'est plus pur.
2. Il y a moins de poissons dans la mer.
3. La pluie acide est un problème sérieux.
4. Nos rivières sont en danger.
5. On a du mal à respirer dans les grandes villes.

L'écologie et les Verts

Affiche anti-pollution

Les questions d'écologie et de dégradation de l'environnement préoccupent beaucoup les Français. En effet, certaines rivières et plages sont polluées, l'air n'est plus pur dans les grandes villes et les gens sont sensibles à la pollution par le bruit° causée par la circulation automobile. Cependant, depuis quelques années, la France a fait des progrès en matière d'écologie. L'écologie joue aussi un rôle important dans la vie politique, et les questions d'environnement sont présentes dans les programmes de tous les partis. Il y a plusieurs partis politiques pour qui l'écologie est la principale préoccupation : par exemple, les Verts et Génération Écologie. Aux élections européennes de 1999, les Verts ont obtenu 9,7 % des votes.

noise

Panneau d'affichage

▶ À votre avis, quels sont les problèmes écologiques les plus importants dans votre région ? dans votre pays ? dans le monde ?

ACTIVITÉ 10 *Autrefois et aujourd'hui* Comparez la vie de vos parents ou vos grands-parents et votre vie aujourd'hui dans les contextes suivants. N'oubliez pas d'expliquer les causes pour la situation à chaque époque.

Modèle:

1. les moyens de transport
2. l'environnement
3. les modes de communication
4. la santé
5. la vie de tous les jours
6. l'éducation

Vocabulaire essentiel

causes et conséquences

à cause de	*because of*
comme	*since, considering that*
grâce à	*thanks to*
puisque	*since*

écologie

l'environnement *(m)*	*environment*
pur(e)	*pure*
recycler	*to recycle*
	(conj. like **parler***)*

le passé

autrefois	*formerly*
dans le temps	*in the old days*

pollution et problèmes écologiques

acide	*acid*
l'auto *(f)*	*car*
le déchet	*waste*
le fertilisant	*fertilizer*
gaspiller	*to waste*
	(conj. like **parler***)*
le gaz carbonique	*carbon dioxide*
industriel(le)	*industrial*
jeter	*to throw (out)*

je	jette	nous	jetons
tu	jettes	vous	jetez
il / elle / on	jette	ils / elles	jettent
j'ai	jeté		

l'ordure *(f)*	*garbage*
le papier	*paper*
le plastique	*plastic*
la pollution	*pollution*
produit(e)	*produced*
la tonne	*ton*
l'usine *(f)*	*factory*

qualité de vie

relaxe *(familier)*	*relaxed*
simple	*simple*
sûr(e)	*safe*

technologie

l'ordinateur *(m)*	*computer*
la technologie	*technology*

vérité et vraisemblance

exact(e)	*exact, correct*
faux / fausse	*false*
incroyable	*unbelievable*

autres expressions utiles

agricole	*agricultural*
au moins	*at least*
certain(e)	*certain*
entièrement	*entirely*
faire des progrès	*to make progress*
fertile	*fertile*
j'ai entendu dire	*I('ve) heard (it said)*
partout	*everywhere*
la région	*region*

autres verbes

croire	*to believe*

je	crois	nous	croyons
tu	crois	vous	croyez
il / elle / on	croit	ils / elles	croient
j'ai	cru		

essayer	*to try (to)*

j'	essaie	nous	essayons
tu	essaies	vous	essayez
il / elle / on	essaie	ils / elles	essaient
j'ai	essayé		

respecter	*to respect (conj. like* **parler***)*
utiliser	*to use (conj. like* **parler***)*

Prononciation Les liaisons obligatoires et les liaisons interdites

According to the linguistic environment, **liaison** is either required, optional, or forbidden. When used, **liaison** consonants are pronounced as follows:

s, z → [z]	n → [n]	t, d → [t]
des étudiants	un ami	un grand enfant
z	n	t

1. **Liaisons obligatoires. Liaison** must be made in the following cases.

   a. between an article or a possessive or demonstrative adjective and the noun that follows

les autres   mon enfant   ces hôtels
　z　　　　　　　n　　　　　　z

b. between a descriptive adjective and the noun that follows

un petit accident   un grand arbre   des jolies actrices
　　t　　　　　　　　t　　　　　　　　z

c. between a subject or object pronoun and the verb that follows

nous avons   vous étiez   elles arrivent   on les écoute
　z　　　　　z　　　　　　z　　　　　　　z

d. after prepositions and adverbs

en Asie   dans **un** mois   chez elle   très agréable   moins **heureux**
　n　　　　z　　　　　　　z　　　　　z　　　　　　z

e. between an auxiliary verb and the past participle that follows

nous sommes allés   ils sont arrivés   elle est entrée
　　　　z　　　　　　　t　　　　　　　　t

2. **Liaisons interdites.** There are also cases where **liaisons** should never be made.

a. after the conjunction **et**

Je suis sortie avec Paul **et** un de ses amis.
Les trains doivent partir **et** arriver à l'heure.

b. between a singular noun and the verb that follows it

Mon **chat** est gentil.
Ce **vin** était délicieux.

c. after a singular noun when the final consonant of the noun is not pronounced when the word occurs on its own

mont orange   **champ** énorme

d. between an inverted pronoun (**ils, elles**) and a following verb

Ont-**ils** étudié ?
Vont-**elles** arriver ?

e. before words beginning with **h aspiré**

Il croit que mon chien a mangé ses **haricots** !

ACTIVITÉ 11 *Ne faites pas les liaisons interdites* Regardez ce poème et notez les liaisons interdites qui sont indiquées en caractères gras. Ensuite, lisez le poème à haute voix. Faites attention à ne pas vous arrêter entre les voyelles contiguës.

Regarde ce jar**din** étrange
Avec un seul arbre **et u**ne seule fleur.
Regarde ce **champ** immense
Où le print**emps est** toujours présent.
Regarde ce pomm**ier en** fleur
Et où il y a aussi trois fruits.
Regarde ce **mont** orange à l'horizon
Et apprends qu'il suffit de regarder.

Expansion **Discuter**

> *Stratégie* Associez les causes et les conséquences pour développer un argument logique.

When constructing an argument, it is useful to demonstrate cause and effect to illustrate your point of view.

Avant de discuter *Questions écologiques*

Imaginez que vous voulez convaincre quelqu'un que le bruit° est une source importante de pollution. D'abord dressez une liste de trois causes possibles de cette sorte de pollution et de leurs conséquences.

noise

	Causes du bruit	Conséquences du bruit
Modèle:	la musique	on ne peut pas dormir
	1. _____	1. _____
	2. _____	2. _____
	3. _____	3. _____

Maintenant, faites des phrases pour expliquer le lien entre ces causes et effets.

> Modèle: À cause du bruit de la musique, on ne peut pas dormir. Et puisqu'on ne peut pas dormir, on est toujours fatigué.

1. _____

2. _____

3. _____

Discuter

Travaillez avec un(e) camarade de classe pour discuter des notions suivantes. Dans votre discussion, n'oubliez pas d'indiquer les causes et les conséquences de chaque situation.

1. Il y a trop de bruit dans les résidences universitaires.
2. Il y a trop de voitures dans les grandes villes.
3. On ne respecte plus l'environnement.
4. La pollution de l'air pose un danger important.

Après avoir discuté

Choisissez une des notions que vous avez discutées et préparez trois arguments convaincants à présenter à la classe. Les membres de la classe vont voter s'ils sont d'accord ou non avec votre point de vue.

Grammaire 8

8.1 The imperfect tense

You have already learned one past tense in French, the **passé composé** (see **Grammaire 4.1** and **4.4**), which is used to report an action or sequence of actions. Another past tense in French is the **imparfait**, which is typically used for descriptions and to express habitual states and / or behavior in the past.

a. **Form.** To find the **imparfait** stem, drop the **ons** ending from the **nous** form of the present tense of the verb.

> parlons → parl-   choisissons → choisiss-   avons → av-

The only exception is **être**, for which the stem is **ét-.** All verbs use the same endings in the **imparfait.**

Les verbes à l'imparfait					
infinitive *stem*	**parler** **parl(ons)**	**partir** **part(ons)**	**choisir** **choisiss(ons)**	**perdre** **perd(ons)**	**avoir** **av(ons)**	**être** **ét-**
je	parlais	partais	choisissais	perdais	avais	étais
tu	parlais	partais	choisissais	perdais	avais	étais
il / elle / on	parlait	partait	choisissait	perdait	avait	était
nous	parlions	partions	choisissions	perdions	avions	étions
vous	parliez	partiez	choisissiez	perdiez	aviez	étiez
ils / elles	parlaient	partaient	choisissaient	perdaient	avaient	étaient

You will recall that for pronunciation reasons, verbs like **nager** and **commencer** have spelling variations in the present tense because of the **o** in the ending of the **nous** form:

> nager :   nous nageons
> commencer :   nous commençons

These spelling variations also occur in the **imparfait** in forms whose ending begins with **a.**

Les variations d'orthographe à l'imparfait			
verbes comme *nager*		**verbes comme** *commencer*	
je	nageais	je	commençais
tu	nageais	tu	commençais
il / elle / on	nageait	il / elle / on	commençait
nous	nagions	nous	commencions
vous	nagiez	vous	commenciez
ils / elles	nageaient	ils / elles	commençaient

b. *L'imparfait* versus *le passé composé.* Both the **passé composé** and the **imparfait** refer to the past, but they each express a different view of the past. The **passé composé** indicates specifically that an event that happened in the past has been completed. In a story or report, the **passé composé** is used to relate changes, usually individual actions or events or a series of happenings that carry the narration forward. In other words, the **passé composé** tells what took place: It answers the questions **Qu'est-ce qui s'est passé ?** *(What happened?)* and **Qu'est-ce qu'on a fait ?** *(What did one do?)*.

> Hier, il a plu.
> Hier, je suis sortie à midi et suis arrivée à la fac à midi vingt.

In contrast, the **imparfait** is used to relate background elements: It answers the questions **Comment c'était ?** *(What was going on? How was it?)* and **Qu'est-ce qu'on faisait ?** *(What was one doing? What did one use to do?)*.

> Il neigeait et je lisais quand tu es arrivé.
> Quand j'étais petit je regardais souvent la télévision.

Another way of conceiving the difference between the **passé composé** and the **imparfait** is to consider events related in the **passé composé** as the *foreground* or main events of a story, whereas the **imparfait** provides information on the *background*. Consider this photo.

What is happening in the foreground? What is in the background? Imagine you are one of the two people and want to tell about your first kiss in Paris. You would say something like this:

> Nous **étions** en vacances à Paris. Un soir, nous **regardions** le soleil qui **se couchait** sur la ville. Il **faisait** frais. Le ciel **était** rose à l'horizon et nous **nous sentions** heureux. Soudain, nous **nous sommes regardés** et nous **nous sommes embrassés**.

The point of this anecdote is to tell about the kiss, thus the action leading up to the kiss (**nous nous sommes regardés**) and the kiss itself (**nous nous sommes embrassés**) are in the **passé composé**. The rest is background information and mood setting, and, therefore, is in the **imparfait**.

Sometimes two actions in the past are sequential and both carry the narration forward; this is the case with the actions **nous nous sommes regardés** and **nous nous sommes embrassés** in the preceding anecdote. In other cases, one action serves as background to another action that intervenes and carries the narration forward. In such a case, the background action is expressed with the **imparfait** and the intervening action with the **passé composé**.

> Sylvie regardait la télévision quand Paul a téléphoné.

Here the action that carries the narration forward is Paul's telephoning; the fact that Sylvie was watching television at the time is mere background, explaining what was going on.

Actions or states expressed by the **passé composé** are assumed to have occurred at a specific point of time in the past and to have been of a particular duration, even if that duration is fairly long.

> Nous **avons visité** la Suisse en 1988.
> Ce matin, il **a neigé**.
> J'**ai habité** à Trois-Rivières pendant vingt ans.
> Elle **a été** désespérée pendant trois semaines.

Actions or states expressed by the **imparfait** are not necessarily linked to a specific moment in the past and do not imply a marked beginning or end.

> Nous **visitions** la Suisse tous les étés.
> Il **neigeait** ce jour-là et nous avons décidé de rester chez nous.
> J'**habitais** un petit studio.
> Elle **était** vraiment désespérée.
> J'ai entendu dire qu'il **était** amoureux.

Imparfait	Passé composé
1. Background information	Foreground happening(s)
Il pleuvait	quand je suis sorti(e).
Je lisais	quand tu as téléphoné.
2. Habitual action / state with duration not indicated	One or several actions / states that happened at a particular time
D'habitude, notre professeur était toujours à l'heure,	mais ce matin, il est arrivé en retard.
En général, elle était très joyeuse,	mais ce jour-là, elle a été très triste.

c. **Si with a verb in the *imparfait*.**

> Si on **allait** au café à midi ?
> Si tu **venais** chez moi ?

The **imparfait** preceded by **si** can be used to express a suggestion or wish. This construction is equivalent to English expressions that begin with *What if . . . ?* or *How about . . . ?*

d. **Recounting what was heard or said**

> J'**ai entendu dire que** tu ne **travaillais** plus chez France Télécom.
> Il m'**a dit que** ses amis **sortaient** toujours le jeudi soir.

When recounting what someone heard or said, you use a communication verb in the **passé composé** followed by **que** in one clause and the **imparfait** in the other. The action or situation described by the verb in the **imparfait** can refer to either the past or the present.

> Paul a dit : « Mes parents passaient toujours leurs vacances à la campagne. »
> Paul a dit que ses parents passaient toujours leurs vacances à la campagne.

> Marie a dit : « Mes cousins passent leurs vacances à la plage. »
> Marie a dit que ses cousins passaient leurs vacances à la plage.

8.2 The verb *se souvenir de*

The verb **se souvenir de** means *to remember*.

<blockquote>

Je me souviens de ce prof. *I remember this prof.*

Nous nous souvenons de ce cours. *We remember this course.*

</blockquote>

The verb **se souvenir** is always followed by the preposition **de**, which contracts with the definite articles **le** (→ **du**) and **les** (→ **des**).

<blockquote>

Je ne me souviens pas **du** nom de mon premier instituteur.

Je me souviens **des** vacances à la plage.

</blockquote>

To use a pronoun instead of a noun object with **se souvenir de**, use **en** if the noun refers to things, ideas, events, or facts. If the noun refers to a person or persons, use a stressed pronoun (**moi, toi, lui, elle, nous, vous, eux, elles**) after **de**.

Les pronoms avec *se souvenir de*
se souvenir de + **chose / idée / événement / fait**
Elle se souvient de ce jour. → Elle s'**en** souvient. Je ne me souviens pas de son nom. → Je ne m'**en** souviens pas.
se souvenir de + **personne**
Tu te souviens bien de tes amis d'enfance. → Tu te souviens bien **d'eux**. Je ne me souviens pas d'Alice Bouriant. → Je ne me souviens pas **d'elle**.

8.3 Relative clauses and relative pronouns

Nouns can be qualified by an adjective; they can also be qualified by a relative clause, which contains a complete sentence.

<blockquote>

C'est un restaurant **japonais**. *(adjective)*

C'est un restaurant **que nous aimons beaucoup**. *(relative clause)*

</blockquote>

A relative clause begins with a relative pronoun, which refers to a noun stated previously. A relative pronoun thus *relates* and *links* a relative clause to a noun or pronoun in the main clause, allowing you to avoid both repetition and overly simple sentences.

<blockquote>

J'avais **une bicyclette**. Cette **bicyclette** était rouge.

J'avais **une bicyclette** qui était rouge.

</blockquote>

a. **Qui.** The relative pronoun **qui** is used as the *subject* of a relative clause, whether the noun it refers to is a person or a thing, masculine or feminine, singular or plural. The verb that follows **qui** must agree in number with the noun or pronoun **qui** refers to.

<blockquote>

Il a des cousines **qui** parlent allemand.

Elles habitent un appartement **qui** est près de la poste.

C'est vous **qui** avez préparé ce repas ?

</blockquote>

b. **Que.** The relative pronoun **que** is used as the *direct object* of the relative clause, whether the noun it refers to is a person or a thing, masculine or feminine, singular or plural. In English, you can omit the relative pronoun when it is the object in a relative clause: *I received the sweater (that)*

I ordered. In French, however, the relative pronoun must always be used. Note that if the verb in the relative clause is in the **passé composé**, the past participle must agree in gender and number with the noun **que** refers to, because **que** is a preceding direct object.

> Nous avons **un oncle que** nous ne voyons pas souvent.
> Tu n'aimes pas **les fromages que** j'ai choisis ?

c. **Où.** The relative pronoun **où** is used to refer to a noun that indicates a place or a time. Note that when **où** is used to indicate a place, there is an implied preposition.

> Voici un jardin.
> Nous avons joué **dans** ce jardin. → Voici un jardin **où** nous avons joué.
>
> C'était le moment.
> Nous avons eu l'accident. → C'était le moment **où** nous avons eu l'accident.

Note also that whereas in English you can omit the relative pronoun and say *the day (that / when) I arrived in Paris,* in French you must say **le jour *où* je suis arrivé à Paris.**

Les pronoms relatifs *qui, que, où*
Qui est *le sujet* de la proposition relative. Je connais les enfants **qui** jouent dans le jardin. Ils avaient une maison **qui** était près de la rivière.
Que est *l'objet direct* de la proposition relative. Vous avez des amis **que** je ne connais pas. Tu te souviens de l'histoire **que** Marc a racontée hier ?
Où est utilisé pour parler d'*un lieu* ou d'*un moment*. Voici le village **où** j'habitais. Je me souviens de l'année **où** tu es né.

8.4 The exclamatory adjective *quel*

You have already learned that **quel** can be used as an interrogative adjective to ask for the precise identity or nature of something or someone.

> **Quel** film avez-vous vu hier soir ?
> **Quels** sports préférez-vous ?

Quel can also be used in an exclamation, much as we use *what (a)* in English. **Quel**, however, is never followed by an article.

What beautiful children!	Quels beaux enfants !
What a game!	Quel match !

Remember that **quel** must agree in gender and number with the noun it qualifies.

L'adjectif exclamatif *quel*		
	singulier	**pluriel**
masculin	Quel grand champ !	Quels jolis jardins !
féminin	Quelle grande forêt !	Quelles jolies fleurs !

When speaking, if the word (noun or adjective) following **quels / quelles** begins with a vowel or a silent **h,** you must make the **liaison.**

> Quelles aventures !
>   z
>
> Quels horribles accidents !
>   z

8.5   Verbs and the use of prepositions before noun complements

In English, some verbs take prepositions before noun complements *(I was waiting for someone),* whereas others do not *(I was expecting someone).* The same is true in French. However, verbs that have similar meanings in English and French may not be similarly followed by prepositions. Therefore, you must learn the use of prepositions as you learn the verbs.

The memory aid **REDCAP** can help you remember six common French verbs that, unlike their English equivalents, do not have prepositions before their noun objects.

R:	je **regarde** *(look at)* la télé
E:	j'**écoute** *(listen to)* la radio
D:	je **demande** *(ask for)* l'addition
C:	je **cherche** *(look for)* mon chien
A:	j'**attends** *(wait for)* le bus
P:	je **paie** *(pay for)* ton billet

8.6   Reciprocal pronominal verbs

In the plural, some pronominal verbs involve reciprocal actions, where two or more parties act on each other. This structure is equivalent to the English form *We . . . each other.* This meaning differs from reflexive actions, where two or more parties each receive the effect of their own action(s). Generally, the context makes it clear whether the action is reciprocal or reflexive.

Verbes pronominaux au pluriel : Sens réciproque vs. sens réfléchi	
sens réciproque	**sens réfléchi**
Ils se sont rencontrés. *They met each other.*	Ils se sont réveillés. *They woke up.*
Ils se regardaient. *They were looking at each other.*	Ils se regardaient dans la glace. *They were looking at themselves in the mirror.*

As you already know, in the **passé composé,** the past participle of a pronominal verb agrees in gender and number with the object pronoun when it is a direct object. When the object pronoun is an indirect object (relating to a verb that uses **à** before its object, as with **parler**), there is no agreement of the past participle with the object pronoun.

Les accords des verbes réciproques au passé composé	
objet direct	Elles se sont menacées et puis elles se sont battues.
	(menacer quelqu'un, battre quelqu'un)
objet indirect	Ils se sont parlé.
	(parler à quelqu'un)

8.7   Negations with *ne... rien* and *ne... personne*

The negative expressions **ne... rien** and **ne... personne** are equivalent to the English *nothing* and *no one,* respectively.

Les expressions *ne... rien* et *ne... personne*	
affirmatif	**négatif**
quelque chose *(something)*	ne... rien *(nothing)*
tout *(all, everything)*	
quelqu'un *(someone)*	ne... personne *(no one)*
tout le monde *(everyone)*	

As with other pronouns, **rien** and **personne** can be the subject, direct object, or object of a preposition. When **rien** or **personne** is a subject, the verb is always in the singular. Like other negations in French (**ne... pas, ne... jamais,** etc.), the **ne** goes before the verb.

Les négations avec *ne... rien* et *ne... personne*		
	rien	**personne**
sujet	Rien **ne** me plaît.	Personne **ne** me parle.
objet direct	Je **ne** dis **rien.**	Je **ne** vois **personne.**
objet de préposition	Je **ne** pense à **rien.**	Je **n'**ai besoin de **personne.**

The positions of **rien** and **personne** vary according to their function. When they are subjects, they are at the beginning of the sentence and precede the word **ne.** When they are direct objects, they follow the verb. Note that in the **passé composé** when **rien** is a direct object, it comes between the auxiliary verb and the past participle, but when **personne** is a direct object, it comes after the past participle; when **rien** and **personne** are objects of a preposition, they follow the preposition.

Ne... rien et *ne... personne* au passé composé		
	rien	**personne**
sujet	Rien **ne** s'est passé.	Personne **n'**a parlé.
objet direct	Je **n'**ai **rien** vu.	Je **n'**ai vu **personne.**
objet de préposition	Je **n'**ai pensé à **rien.**	Je **n'**ai pensé à **personne.**

8.8   Expressions of causality

a. The prepositions **grâce à** and **à cause de** are both used to express causality. However, **grâce à** is used only for positive consequences, whereas **à cause de** is used to express negative consequences. Note that when a noun following **grâce à** or **à cause de** is preceded by the definite article **le** or **les,** the **à** and the **de** contract with the article.

Grâce à **et** *à cause de*

Grâce à la technologie, il y a moins de pollution.
Grâce aux ordinateurs, le travail est plus facile.
À cause de la pollution, l'air n'est plus pur.
À cause du gaz carbonique produit par les autos, l'air est pollué.

---

b. The conjunction **parce que** is also used to express causality. It can be used to express both negative and positive consequences. **Parce que** is followed by a dependent clause (with subject and verb), whereas **à cause de** and **grâce à** are followed by a noun or a pronoun.

Parce que **vs.** *à cause de / grâce à*

parce que **+ sujet + verbe**

Je dois rester chez moi **parce que** j'ai un gros rhume.

à cause de / grâce à **+ nom**

Je dois rester chez moi **à cause de** mon gros rhume.
Je peux rester chez moi **grâce à** mon ordinateur.

---

c. To express the cause first and the consequence after it, use the conjunction **puisque** or **comme,** followed by a clause, or the preposition **à cause de** or **grâce à,** followed by a noun or pronoun. Note, however, that **parce que** is never used at the beginning of a sentence; in a sentence with **parce que,** the consequence is always expressed before the cause.

La position des expressions de causalité

Puisqu'il fait beau aujourd'hui, nous allons aller à la plage.
Comme il pleuvait, nous n'avons pas voulu sortir.
À cause de la pluie, nous ne sommes pas sortis.
Grâce au beau temps, nous avons pu aller à la plage.
Nous ne sommes pas sortis, **parce qu'**il pleuvait.

8.9   Spelling variations with verbs like *jeter* and *essayer*

a. **Verbs like *jeter*.** Verbs that end in -eter double the **t** in the last pronounced syllable. Note that **s'appeler** follows a similar pattern, doubling the **l** when not followed by a pronounced syllable.

Les variations d'orthographe pour les verbes comme *jeter et s'appeler*			
jeter *(to throw)*		**s'appeler** *(to be called)*	
je	jette	je	m'appelle
tu	jettes	tu	t'appelles
il / elle / on	jette	il / elle / on	s'appelle
nous	jetons	nous	nous appelons
vous	jetez	vous	vous appelez
ils / elles	jettent	ils / elles	s'appellent
j'ai	jeté	je me	suis appelé(e)
je	jetais	je m'	appelais

b. **Verbs like *essayer.*** Verbs that end in **-yer** have an **i** instead of a **y** before the ending whenever that ending does not constitute a pronounced syllable.

Les variations d'orthographe pour les verbes comme *essayer*			
essayer *(to try)*	j' essaie	nous	essayons
	tu essaies	vous	essayez
	il / elle / on essaie	ils / elles	essaient
	j'ai essayé		
	j' essayais		

* *

Verbes irréguliers : *(se) battre, croire, plaire, rire* et *tenir*

(se) battre *(to fight (one another))*			
je	(me) bats	nous	(nous) battons
tu	(te) bats	vous	(vous) battez
il / elle / on	(se) bat	ils / elles	(se) battent
j'ai	battu		
je	me suis battu(e)		

rire *(to laugh)*			
je	ris	nous	rions
tu	ris	vous	riez
il / elle / on	rit	ils / elles	rient
j'ai	ri		

croire *(to believe)*			
je	crois	nous	croyons
tu	crois	vous	croyez
il / elle / on	croit	ils / elles	croient
j'ai	cru		

tenir *(to hold)*			
je	tiens	nous	tenons
tu	tiens	vous	tenez
il / elle / on	tient	ils / elles	tiennent
j'ai	tenu		

plaire (à) *(to please)*			
je	plais	nous	plaisons
tu	plais	vous	plaisez
il / elle / on	plaît	ils / elles	plaisent
j'ai	plu		

Défilé de mode dans une maison de haute couture

ENSEMBLE 9

Modes et vêtements

> talking about clothing and styles; asking to borrow and agreeing to lend

> making distinctions between objects; expressing dissatisfaction and hesitation

> expressing a hypothesis; giving and responding to compliments; expressing indifference

> asking for a refund or exchange; talking about changes; describing an advertisement

With this **Dossier:**

CD-ROM (E9)
Échanges
Petit jeu
Comment le dire

ACTIVITIES MANUAL (E9D1)
Activités écrites
Activités de laboratoire

BOOK COMPANION SITE (E9)
www.wiley.com/college/ magnan

Point de départ **Lire**

> *Stratégie* Consultez le dictionnaire pour bien comprendre le sens d'un mot et son usage.

A detailed dictionary such as *Le Petit Robert*, from which the following entry has been taken, can give you all the meanings of a word as well as the ways in which the word is used in various contexts.

Avant de lire *Le mot « vêtement » , son sens et ses usages*

Trouvez le sens qui correspond à chaque abréviation ou symbole.

Abréviations / Symboles	**Sens**
_____ 1. v.	a. sens figuré : le sens concret est transféré dans un autre domaine
_____ 2. cour.	b. nom masculin
_____ 3. fig.	c. didactique : mot de la langue savante ou technique
_____ 4. didact.	d. verbe
_____ 5. n.m.	e. courant : un sens connu et employé par tout le monde
_____ 6. ⇒	f. voir : renvoie à un autre mot qui est synonyme ou presque
_____ 7. fam.	g. familier : usage de la langue de tous les jours qui pourrait être considéré comme inapproprié dans certaines relations sociales ou dans les textes écrits sérieux

En lisant

En lisant cette définition d'un dictionnaire, trouvez et soulignez quatre abréviations / symboles présents dans la liste précédente. Quel est le sens de chacun ?

Le mot « vêtement »

— *Nouveau Petit Robert de la langue française (1996)*

VÊTEMENT [vɛtmɑ̃] *n. m.* — (*Vestiment* XIᵉ ; de *vêtir,* d'apr. lat. *vestimentum*). **A♦ 1♦** DIDACT. LE VÊTEMENT : Objets fabriqués pour couvrir le corps humain, le cacher, le protéger, le parer (coiffure, chaussures, linge, habits et accessoires). ⇒ **Garderobe.** « *Une petite robe de laine, un tablier, une brassière de futaine, un jupon, un fichu, des bas de laine, des souliers, un vêtement complet pour une fille de huit ans* » (Hugo). **2♦** COUR. LES VÊTEMENTS : ensemble des objets servant à couvrir le corps humain ; habillement (comprenant le linge mais non les chaussures) ; SPÉCIALT. les vêtements de dessus (opposé à *sous-vêtements*). ⇒ **Ajustement, costume, habillement, habit, mise, tenue, toilette ;**

FAM. **Fringues, frusques, nippe.** 3. **sape.** *Les vêtements de qqn* ⇒ **Affaires, effets, garde-robe.** *Vêtements d'homme, de femme, unisexes. Vêtements ridicules* (⇒ **Accoutrement, affublement**). *Vêtements civils, militaires* (⇒ **Uniforme**). *Laver, nettoyer, raccommoder des vêtements.* « *Elle aimait les vêtements de coupe sobre* » (Mart. du G.). « *Deux petits garçons... empêtrés dans leurs vêtements raides* » (Camus). *Vêtements neufs, usés, en loques* (⇒ **Guenille, haillon**). *Vêtements de tous les jours, du dimanche. Vêtements habillés, de ville, de sport, de ski* (⇒ **Tenue**). *Des vêtements légers, chauds, d'hiver, d'été. Vêtements à la mode, démodés. Mettre ses vêtements.* ⇒ **S'habiller, se vêtir.** « *Il nous est aussi nécessaire de cacher notre pensée que de porter des vêtements* » (France). *Vêtements d'occasion.* ⇒ FAM. **fripe.** *Placard, armoire à vêtements.* ⇒ **Penderie ; vestiaire.** *Principaux vêtements :* bas, blouse, blouson, body, bustier, caleçon, cape, caraco, châle, chandail, chapeau, chaussettes, chemise, chemisier, collant, combinaison, corsage, corset, culotte, déshabillé, écharpe, fourrure, gant, gilet, imperméable, jaquette, jogging, jupe*, jupe-culotte, kilt, liquette, maillot, manteau*, paletot, pantalon*, pardessus, parka, peignoir, polo, porte-jarretelles, pull-over, pyjama, robe, salopette, short, slip, socquettes, soutien-gorge, survêtement, sweat-shirt, tablier, tee-shirt, tricot, veste*, veston. *Vêtements assortis.* ⇒ 2. **Complet**, 2. **ensemble, habit, tailleur.** *Vêtements de bébé.* ⇒ **Layette.** — *Vêtements portés dans d'autres pays.* ⇒ **Boubou, burnous, djellaba, gandoura, haïk, kimono, obi, pagne, paréo, poncho, sari.** *Vêtements sacerdotaux.* ⇒ 2. **Aube, chasuble, soutane, surplis.**◊ LE VÊTEMENT *(sing. collect.)* les vêtements. *Fabrication, industrie, commerce du vêtement* (⇒ **Bonneterie, confection, couture,** 1. **mode ; tailleur...**). *Il travaille dans le vêtement.* 3◆ UN VÊTEMENT : une pièce de l'habillement de dessus (SPÉCIALT. manteau, veste). *Un vêtement de demi-saison. Je vais chercher un vêtement et je sors avec vous. Donnez-moi votre vêtement. Vêtement de mascarade* (⇒ **Déguisement**), *de travail* (⇒ **Bleu**), *de soirée* (⇒ **Habit, smoking**). B◆ FIG. Ce qui couvre, cache, pare, protège. ⇒ **Enveloppe, manteau, parure.** « *La forme n'est pas une sorte de* [...] *vêtement plastique d'une pensée* » (R. Huyghe). « *La grâce est le vêtement naturel de la beauté* » (Joubert).

Après avoir lu

1. À quelle catégorie grammaticale appartient le mot « vêtement » ? À quel genre ?
2. Comment est-ce que ce mot se prononce ? Rime-t-il avec « temps » , « lente » ou « mon » ?
3. Donnez un synonyme du mot « vêtement » que vous pouvez utiliser en français avec vos camarades, mais que vous n'utiliseriez pas dans une situation formelle.
4. Suivez les modèles offerts par le dictionnaire pour combiner le nom « vêtement » et les noms et les adjectifs suivants.

Modèles: ski
             vêtement de ski

             chaud
             vêtement chaud

     a. été   c. sport
     b. ridicule   d. élégant

À vous la parole

En consultant la liste « principaux vêtements » dans la partie A♦2 de la définition du dictionnaire, dites à vos camarades ce que vous portez d'habitude...

1. quand il fait froid.
2. quand il fait chaud.
3. pour dormir.
4. avec un jean.

L'essentiel

Parler de ce qu'on porte

> **Observez**
>
> 1. **Laquelle** is an interrogative pronoun. To which noun does it refer? (9 1)
> 2. What do you think the masculine singular form of **laquelle** would be? (9.1)

ÉCHANGE 1   *Que porter ?*

MARI: Qu'est-ce que tu vas mettre pour aller chez les Mercier ce soir ?

FEMME: Une robe... mais je ne sais pas laquelle. Et toi ?

MARI: D'habitude pour sortir je porte une chemise avec une cravate, mais je crois que je vais mettre un col roulé ce soir.

 EXPRESSIONS UTILES   *vêtements*

vêtements unisexes

On porte...

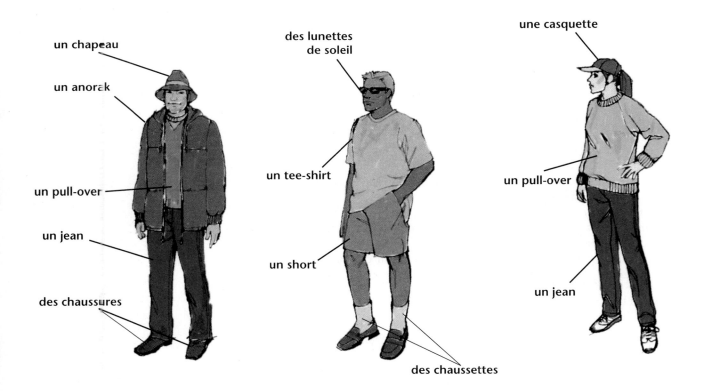

un chapeau

un anorak

un pull-over

un jean

des chaussures

des lunettes de soleil

un tee-shirt

un short

une casquette

un pull-over

un jean

des chaussettes

un col roulé

un imperméable

un pantalon

un col roulé

une veste

une ceinture

un pantalon

un maillot de bain

vêtements de femme

Elle porte...

vêtements d'homme

Il porte...

un manteau

une robe

un collant

une blouse

un tailleur

un sac

une jupe

une cravate

un veston

une chemise

un costume

ACTIVITÉ 1 *Lequel ne convient pas ?* Dans chaque groupe lequel des vêtements ne convient pas ?

1. un imperméable, un pantalon, un maillot de bain
2. une robe, un collant, une cravate
3. un col roulé, un pull-over, un short
4. un tee-shirt, une casquette, un costume
5. une blouse, une jupe, un veston

ACTIVITÉ 2 *Qu'est-ce qu'on porte ?* Travaillez avec un(e) camarade de classe. À tour de rôle, posez-vous les questions suivantes.

1. Qu'est-ce que tu portes pour aller à la piscine ?
2. Qu'est-ce que ton père porte pour aller au travail ?
3. Qu'est-ce que ta mère porte pour sortir le week-end ?
4. Qu'est-ce que ton / ta camarade de chambre porte en général ?
5. Qu'est-ce que les gens de ta région portent en hiver ?

ACTIVITÉ 3 *À votre avis* Travaillez avec un(e) camarade de classe pour parler de vos opinions et préférences.

1. Quels acteurs aimez-vous ? À votre avis, lequel est le plus beau ?
2. Quelles chanteuses aimez-vous ? À votre avis, laquelle a le plus de talent ?
3. Quels cours suivez-vous ce semestre ? Lesquels sont les plus intéressants ?
4. Quelles maladies avez-vous eues ? Lesquelles étaient les plus graves ?
5. Quels vêtements portez-vous aujourd'hui ? Lequel aimez-vous le plus ?

ÉCHANGE 2   *La mode des jeunes*

MME LEROI: Vous savez, je n'aime pas vraiment la mode des jeunes aujourd'hui. Tout le monde porte des vêtements noirs.

MME LEPAGE: Ah, mais c'est le look. Ça ne fait pas original, mais c'est pratique.

EXPRESSIONS UTILES   *le look*

ça fait soigné / négligé.	C'est confortable / gênant.
classique / branché. *(argot)*	pratique / pas pratique.
original / ordinaire.	
mode / vieux jeu.	

APERÇUS CULTURELS

La mode

« La mode » représente les goûts collectifs d'une société à un certain moment : goûts vestimentaires, culinaires, artistiques, intellectuels, linguistiques. Dans tous ces domaines, les modes changent avec le temps. Aujourd'hui, la mode vestimentaire en France est très variée et offre beaucoup de choix : on peut choisir ses vêtements selon ses préférences et son budget. On voit donc à Paris, par exemple, des hommes et des femmes très élégants, très « à la mode » , très BCBG (bon chic, bon genre) et d'autres, les jeunes en particulier, qui sont moins conventionnels, plus décontractés ou qui préfèrent le confort à l'élégance.

clothing-related

❯ Quelles sont les modes vestimentaires de votre université ? les modes culinaires de votre région ? les modes linguistiques de votre génération ?

ACTIVITÉ 4 *C'est le contraire* Dites le contraire de chacune de ces phrases.

1. Cette robe est très classique.
2. Ce costume est vieux jeu.
3. Ce veston est confortable.
4. Ce chapeau est pratique.
5. Cette cravate est ordinaire.
6. Ce pantalon est soigné.

ACTIVITÉ 5 *Votre look* Décrivez votre look en suivant le modèle.

> Modèle: Je porte souvent un costume avec une cravate. Mon look est classique et soigné.

ACTIVITÉ 6 *Le gap des générations* Travaillez avec un(e) camarade de classe. À partir des images suivantes, créez une conversation entre une mère / un père et sa fille / son fils qui discutent de ce que l'adolescent(e) doit porter dans les circonstances données et pourquoi.

La mère / Le père propose les vêtements suivants : Tu dois porter...

La fille / Le fils propose les vêtements suivants : Je préfère porter...

> Modèle: pour aller au théâtre
>
> MÈRE: Tu dois porter une robe parce que ça fait classique.
> FILLE: Je préfère porter un pantalon parce que c'est la mode.

1. pour dîner chez les grands-parents
2. pour aller à un concert
3. pour aller à la fac
4. pour aller à une soirée chez le patron° de la mère / du père   *boss*
5. pour passer une semaine au club Med en Martinique

ACTIVITÉ 7 *Lequel préfères-tu ?* Regardez cette page du catalogue *La Redoute*. Ensuite, avec un(e) camarade de classe, discutez des chapeaux et dites lesquels vous préférez et pourquoi, en suivant le modèle.

Modèle:

A: J'ai besoin d'un nouveau chapeau. Lequel est-ce que tu préfères ?

B: Ça dépend. Tu penses le mettre pour aller où ?

A: C'est pour aller à un bal masqué.°   bal... *costume party*

B: Dans ce cas, je préfère la chapka. C'est très original !

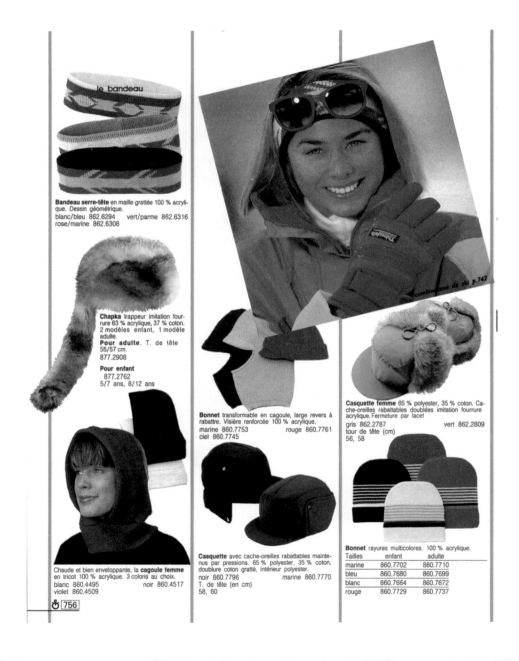

le bandeau

Bandeau serre-tête en maille grattée 100 % acrylique. Dessin géométrique.
blanc/bleu 862.6294   vert/parme 862.6316
rose/marine 862.6308

Chapka trappeur imitation fourrure 63 % acrylique, 37 % coton. 2 modèles enfant, 1 modèle adulte.
Pour adulte. T. de tête 55/57 cm.
877.2908
Pour enfant
877.2762
5/7 ans, 8/12 ans

combinaison de ski p.742

Bonnet transformable en cagoule, large revers à rabattre. Visière renforcée 100 % acrylique.
marine 860.7753   rouge 860.7761
ciel 860.7745

Casquette femme 65 % polyester, 35 % coton. Cache-oreilles rabattables doublées imitation fourrure acrylique. Fermeture par lacet
gris 862.2787   vert 862.2809
tour de tête (cm)
56, 58

Chaude et bien enveloppante, la **cagoule femme** en tricot 100 % acrylique. 3 coloris au choix.
blanc 860.4495   noir 860.4517
violet 860.4509

Casquette avec cache-oreilles rabattables maintenus par pressions. 65 % polyester, 35 % coton, doublure coton gratté, intérieur polyester.
noir 860.7796   marine 860.7770
T. de tête (en cm)
58, 60

Bonnet rayures multicolores. 100 % acrylique.

Tailles	enfant	adulte
marine	860.7702	860.7710
bleu	860.7680	860.7699
blanc	860.7664	860.7672
rouge	860.7729	860.7737

756

Demander à emprunter et accepter de prêter

ÉCHANGE 3   *Qui emprunte doit rendre*

OLIVIER: À qui est cette chemise ?
JULIEN: À moi.
OLIVIER: Tu ne voudrais pas me prêter ta chemise ?
JULIEN: Si, mais... il faudrait la rendre vite et... propre !
OLIVIER: Je te rends toujours les vêtements que je t'emprunte.
JULIEN: Pas toujours. Et puis, tu devrais avoir au moins une chemise à toi.

ACTIVITÉ 8 *C'est à qui ?* Travaillez avec un(e) camarade de classe. À tour de rôle, posez des questions et répondez-y selon les indications.

> **Modèle:**   vélo / mon frère
>
> A: Ce vélo est à toi ?
>
> B: Non, il est à mon frère.

1. casquette / ma sœur
2. livres / mon professeur
3. ceinture / mon cousin
4. lunettes de soleil / mon ami
5. chapeau / ma tante
6. journal / ma camarade de chambre

ACTIVITÉ 9 *Conditions pour réussir* Indiquez ce que ces gens devraient faire pour réussir dans chaque situation.

> **Modèle:**   dans la classe de français / les étudiants
>
> Pour réussir dans la classe de français, les étudiants devraient faire leurs devoirs à la maison, aller voir des films français et lire des journaux français.

1. dans un cours de maths / on
2. dans votre vie personnelle / vous
3. dans une compétition / les athlètes
4. dans la vie en général / je
5. en politique / un candidat
6. dans la famille / les parents

ACTIVITÉ 10 *Tu pourrais me prêter ça ?* À tour de rôle, demandez à un(e) camarade de classe de vous prêter quelque chose d'utile pour chaque situation.

> **Modèle:**   Il pleut.
>
> A: Il pleut ! Tu ne voudrais pas me prêter ton imperméable ?
>
> B: Non, pas cette fois. Tu m'as déjà emprunté un manteau.

1. Vous êtes en retard pour votre cours.
2. Vous avez perdu votre chapeau.
3. Vous avez besoin d'un pull-over.
4. Vous allez jouer au volley.
5. Vous avez invité des amis à déjeuner chez vous.

> **Observez**
>
> 1. What preposition is used here to ask about or indicate possession? **(9.2)**
> 2. The verb in the expression **Tu ne voudrais pas...** *(Wouldn't you like)* is in the conditional. Which other verbs appear to be in the conditional? The endings in the conditional are the same as the endings in which tense that you already know? **(9.3.a)**
> 3. When you use the conditional for a suggestion or request **(Il faudrait la rendre)**, are you being more or less polite than when you use the present indicative **(Il faut la rendre)** or the imperative form **(Rends-la)? (9.3.b)**

Vocabulaire essentiel

le look	
à la mode	*in style*
branché(e) *(argot)*	*"with it"*
classique	*classic*
gênant(e)	*uncomfortable, constricting*
le look	*look (external appearance)*
mode	*fashionable*
la mode	*fashion*
négligé(e)	*casual, sloppy*
original(e)	*original*
soigné(e)	*neat, well-groomed*
les vêtements *(m pl)*	*clothing*
vieux jeu *(invariable)*	*old-fashioned*

vêtements de femme

la blouse	*blouse*
le collant	*tights, pantyhose*
la jupe	*skirt*
le manteau	*coat*
la robe	*dress*
le sac	*purse*
le tailleur	*woman's suit*

vêtements d'homme

la chemise	*shirt*
le costume	*man's suit*
la cravate	*tie*
le veston	*suit jacket*

vêtements unisexes

l'anorak *(m)*	*parka*
la casquette	*cap*

la ceinture	*belt*
le chapeau	*hat*
les chaussettes *(f pl)*	*socks*
les chaussures *(f pl)*	*shoes*
le col roulé	*turtleneck shirt*
l'imperméable *(m)*	*raincoat*
le jean	*jeans*
les lunettes de soleil *(f pl)*	*sunglasses*
le maillot de bain	*bathing suit*
le pantalon	*pants*
le pull(-over)	*pullover sweater*
le short	*shorts*
le sweat-shirt	*sweatshirt*
le tee-shirt	*T-shirt*
la veste	*jacket*

autres expressions utiles

ça fait...	*that's . . .*
tout le monde	*everyone*

autres verbes

emprunter	*to borrow*
	*(conj. like **parler**)*
mettre	*to wear, put on (clothing)*
porter	*to wear (conj. like **parler**)*
prêter	*to lend (conj. like **parler**)*
rendre	*to return (a purchase)*
	*(conj. like **perdre**)*

Prononciation **L'intonation des énumérations**

When you enumerate several items in a series—nouns, adjectives, verbs, numbers, etc.—you have, in French as in English, two possible intonations. The two intonations are interchangeable, but the first is more common.

1. Your voice goes up on the last syllable of each item, except for the last item of the list, for which your voice goes slightly up on the beginning of the word and then down quite low on the last syllable. This intonation is accompanied by a slight pause after each item.

    Je vais mettre un pull-over, / un anorak / et une casquette.

    Les jeans sont pratiques, confortables et très négligés.

2. Your voice goes down on the last syllable of each item, in which case each final syllable is a bit lower than the one in the preceding item, the last one being the very lowest. You also make a slight pause after each item.

Je vais mettre un pull-**o**ver, / un an**o**rak / et une cas**que**tte.

Les jeans sont pra**ti**ques, confor**ta**bles et très négli**gés**.

ACTIVITÉ 11 *Petites listes* Avec un(e) camarade de classe et tour à tour, posez les questions suivantes et répondez avec une énumération d'au moins trois éléments.

1. Qu'est-ce que tu as fait ce matin avant de venir à la fac ?
2. Quels vêtements portais-tu hier soir ?
3. Comment trouves-tu la mode des adolescents aujourd'hui ?
4. Qu'est-ce que tu manges d'habitude au petit déjeuner ?
5. Qu'est-ce que tu vas encore m'emprunter aujourd'hui ?

Expansion **Lire**

> *Stratégie* Identifiez l'idée centrale de chaque paragraphe pour bien suivre l'argument d'un texte.

To follow the argument being made in a text, it is helpful to identify the main idea of each paragraph.

Avant de lire *Les mouvements de mode*

Lisez ce premier paragraphe d'un livre sur la mode.

Prétendant° influencer l'art, la politique, le design, le cinéma, les mœurs,° la musique, l'idéologie et bien sûr l'habillement, toutes les « modes de jeunes » ne sont pas des mouvements dont° l'innovation est seulement musicale ou vestimentaire.	*Claiming to* *customs* *whose*

Choisissez la phrase qui exprime le mieux l'idée principale de ce paragraphe.

a. La mode n'est pas importante pour les jeunes.
b. Le concept de « la mode » n'est pas limité au domaine des vêtements.
c. La mode des jeunes n'a pas d'influence.

En lisant

À la fin de chaque paragraphe, écrivez la lettre de la phrase qui exprime le mieux l'idée principale de ce paragraphe.

a. La mode est influencée aujourd'hui par les jeunes.
b. La mode n'est pas créée par des individus.
c. La mode est une réaction contre la génération précédente.

Les Mouvements de mode

—Hector Obalk, Alain Sorel et Alexandre Pasche

1. Autrefois, un jeune devenait Hippie par réaction contre ses parents, mais l'accélération des mouvements de mode devient telle que° les générations de jeunes ne durent plus qu'une ou deux années. Alors, la traditionnelle réaction contre les parents tend à disparaître devant le besoin imminent de se démarquer de ses aînés : la mode est le moyen par lequel les adolescents voulaient montrer non seulement à leurs parents mais aussi à leurs grands frères qu'ils sont plus « malins° » qu'eux.

telle... such that

clever

   l'idée principale = _____

2. En raison du « baby boom » de l'après-guerre,° de la libération des mœurs familiales, de la naissance d'un puissant milieu étudiant, de la diffusion populaire des postes de radio, etc., l'adolescent a progressivement joué, sur le plan économique, le rôle d'un individu à part. Les moins de vingt-cinq ans ont alors constitué une toute nouvelle clientèle sur le marché du disque, de la presse, du cinéma, du vêtement et même de l'alimentation. C'est ainsi que les modes de jeunes sont nées.

postwar

   l'idée principale = _____

3. La mode n'est dictée par personne. Un publicitaire, un groupe de rock, un styliste ou une entreprise commerciale ne font que° « lancer » une idée qui « marchera° » ou « ne marchera pas » . La mode est créée par ceux° qui la suivent. À l'inverse de l'Art, c'est une création de la masse.

ne... do no more than
will do well
those

   l'idée principale = _____

Après avoir lu

1. Faites une liste des différents domaines influencés par la mode et citez un exemple concret, basé sur votre expérience, pour deux de ces domaines.
2. Selon l'article, pourquoi est-ce que la mode est dominée en partie par les jeunes aujourd'hui ?
3. Selon les auteurs, qui crée la mode ?

À vous la parole

Travaillez par trois pour discuter des questions suivantes. Ensuite, expliquez à la classe les ressemblances et les différences dans vos perspectives personnelles sur la mode.

1. Comment définissez-vous la mode ?
2. Quels sont les plaisirs de suivre la mode ?
3. Quels sont les problèmes posés par la mode ?

Point de départ **Écouter**

> *Stratégie* Pour comprendre une blague, pensez à tous les sens possibles des mots clés.

In French as in English, jokes (**les blagues**) are often based on a single word being used or interpreted in different ways.

Avant d'écouter *Blague : Une chemise lilas*°   *lilac*

Lisez la blague suivante et ensuite entourez le(s) mot(s) clé(s) sur le(s)quel(s) l'effet comique est basé.

PIERRE: As-tu pris un bain ?

PAUL: Non, mais pourquoi ? Il en manque un° ?   *Il... Is one missing?*

Qu'est-ce qu'il y a de surprenant dans la façon dont Paul interprète la question de Pierre ?

 ### En écoutant

Vous allez écouter une conversation entre une cliente et un vendeur qui finit par une blague. En écoutant, entourez dans cette liste les couleurs qui sont mentionnées par la cliente et soulignez les couleurs qui sont mentionnées par le vendeur.

>   blanc   bleu   lilas   olive   rose   rouge   violette

Après avoir écouté

1. Qu'est-ce que la dame demande à voir ?
2. Quelle qualité ne lui plaît pas dans toutes les chemises que le vendeur lui propose ?
3. Quelle idée est-ce que le vendeur a de la couleur lilas ?
4. Qu'est-ce que la dame veut vraiment ?
5. D'où vient l'humour de cette blague ?

À vous la parole

Travaillez avec un(e) camarade de classe pour discuter de cette conversation. Qui a raison : la dame ou le vendeur ?

DOSSIER 2

In this Dossier, you will learn about these grammatical features

> ▸ the use of articles and prepositions with color words

> ▸ the suffixes **-ci** and **-là**

> ▸ demonstrative pronouns

> ▸ the use of the preposition **en** to tell what something is made of

> ▸ **si** *(if)* + present tense to make generalizations

> ▸ the use of **de** before adjectives preceded by **quelque chose** and **rien**

With this **Dossier:**

AUDIO CD (Tracks 25, 26)
Point de départ : Une chemise lilas (25)
Expansion : Le sac (26)

CD-ROM (E9)
Mise-en-scène
Échanges
Comment le dire

ACTIVITIES MANUAL (E9D2)
Activités écrites
Activités de laboratoire

BOOK COMPANION SITE (E9)
www.wiley.com/college/ magnan

L'essentiel

Distinguer un objet d'un autre

 ÉCHANGE 1 *De quelle couleur ?*

VENDEUSE: Vous désirez, madame ?

CLIENTE: Je voudrais voir la jupe que vous avez en vitrine.

VENDEUSE: Laquelle, madame ?

CLIENTE: La bleue, la bleue, là. Vous avez la même jupe en bordeaux ?

VENDEUSE: Non, madame, mais nous en avons une autre. Le bordeaux est à la mode cette année.

CLIENTE: Alors, je voudrais essayer la jupe bleue et la jupe bordeaux.

EXPRESSIONS UTILES   *couleurs*

❯ Observez

1. When the customer in **Échange I** says **la bleue** to what is she referring? When the salesclerk says **le bordeaux,** to what is she referring? **(9.4.a,d)**
2. What word is used to indicate something is available or desired in a certain color? **(9.4.b)**
3. Is there adjective agreement when the customer says **la jupe bleue?** When she says **la jupe bordeaux?** **(9.4.c)**

APERÇUS CULTURELS

Les couleurs parlent

En français comme en anglais, les couleurs prennent parfois une valeur symbolique quand on parle des émotions. Par exemple, l'expression « voir rouge » exprime la colère et on dit « être vert de peur » pour exprimer une grande peur. Si quelqu'un est triste ou déprimé on dit qu'il a « le blues » tandis que quelqu'un qui est très optimiste « voit la vie en rose ».

❯ Quelles ressemblances et quelles différences y a-t-il entre ces expressions et leurs équivalents en anglais ?

ACTIVITÉ 1 *Tu aimes cette couleur ?* Travaillez avec un(e) camarade de classe. La personne A demande si la personne B aime le vêtement sur le dessin et la personne B dit qu'elle préférerait une autre couleur.

Modèle: A: Tu aimes ce manteau gris foncé ?

B: Non, je préférerais un manteau en beige.

1.

2.

3.

4.

5.

6.

ACTIVITÉ 2 *Les goûts et les couleurs* Travaillez avec un(e) camarade de classe. À tour de rôle, indiquez la couleur que vous préférez pour chaque objet. Ensuite, si vous avez maintenant ou si vous aviez autrefois un de ces objets, indiquez la couleur de l'objet que vous possédez ou que vous possédiez.

> **Modèle:** bicyclette
> Pour une bicyclette, je préfère le bleu. Maintenant j'ai une bicyclette verte. Ma première bicyclette était jaune.

1. une voiture
2. une maison
3. un sac
4. une cravate
5. une casquette
6. un imperméable

ÉCHANGE 2   *Quelles chaussures ?*

STÉPHANE: Je vais m'acheter des nouvelles chaussures. Est-ce que tu préfères ces chaussures-ci ou celles-là ?

FRANZ: Celles-ci sont plus élégantes, mais ces chaussures-là sont très pratiques. Moi, je prendrais les deux. On ne peut jamais avoir trop de chaussures.

STÉPHANE: Peut-être, mais dans ce cas-là il faudrait me prêter de l'argent !

EXPRESSIONS UTILES   *chaussures*

> **❯ Observez**
>
> 1. If you were talking about two items, one right next to you and one across the room, which suffix, **-ci** or **-là**, would you use to indicate the one closest to you? **(9.5)**
> 2. What pronoun is used here to replace the expression **Ces chaussures-ci?** What English expression is the equivalent of that word? **(9.5)**

ACTIVITÉ 3 *Quelle sorte de chaussures ?* Dites quelle sorte de chaussures on porte dans les situations indiquées.

> **Modèle:**   On fait du jogging
> Quand on fait du jogging, on porte des tennis.

1. Une femme va à l'opéra.
2. Il neige.
3. On joue au basket.
4. Il fait très chaud.
5. Un homme d'affaires va au bureau.
6. On va rester dans sa chambre.

ACTIVITÉ 4 *Au magasin* Avec un(e) camarade de classe, jouez les rôles d'un(e) client(e) qui demande à voir un vêtement ou des chaussures et un vendeur / une vendeuse qui voudrait préciser lequel / lesquelles.

> **Modèle:**   ce pull-over
>
> CLIENT(E): Je voudrais voir ce pull-over.
> VENDEUR / VENDEUSE: Lequel ? Ce pull-over-ci ou ce pull-over-là ?

1. ce pantalon
2. ces mocassins
3. cette ceinture
4. ces bottes
5. cet anorak
6. ces chapeaux

ACTIVITÉ 5 *Lequel ?* Travaillez avec un(e) camarade de classe. La personne A demande à la personne B lequel des deux vêtements montrés elle préférerait avoir. La personne B indique son choix en donnant ses raisons.

> **Modèle:**

> A: Regarde ces chaussures. Lesquelles voudrais-tu avoir ?
>
> B: Je préférerais celles-là *(en indiquant les chaussures du doigt).* Elles sont à la mode.

1.

3.

2.

4.

Pour exprimer le mécontentement ou l'hésitation

 ÉCHANGE 3   *Dans un magasin de vêtements pour hommes*

▶ Observez

What preposition is used to indicate the fabric something is made of? (9.7)

LA VENDEUSE: Vous voulez essayer ce veston, monsieur ?
CHRISTIAN: Oui, s'il vous plaît.
LA VENDEUSE: En quelle taille, monsieur ?
CHRISTIAN: Je fais du 46.
LA VENDEUSE: Alors, est-ce qu'il vous va ?
CHRISTIAN: Je trouve que les épaules sont un peu larges. Et les manches un peu trop courtes. Non, ça ne me va pas du tout. Vous n'auriez pas un autre modèle à me montrer ? Quelque chose en laine, peut-être ?

EXPRESSIONS UTILES   *mécontentement*

Le pantalon. .

Il est trop long.

La chemise...

Il est trop court.

Elle est trop large.

Elle est trop étroite.

Ça ne me va pas du tout.
C'est pas ça. *(familier)*

Je n'aime pas   le col.
           les boutons.
           les épaules.

Je préférerais   une autre couleur.
           un autre tissu.
           quelque chose   en laine.
                         en coton.
           une robe   à manches courtes / longues.
                   sans manches.

Vous n'auriez pas un autre modèle à me montrer ?
Vous avez le même modèle en 40 ?

ACTIVITÉ 6 *Mais non !* Pour chacun de ces jugements, dites le contraire.

    Modèle: Cette robe vous va bien.
                      Mais non, elle ne me va pas du tout !

1. Ce jean est trop long.
2. Cette veste est trop large.
3. En hiver il faut avoir une robe à manches courtes.
4. Ces chaussures sont trop étroites.
5. Cette cravate est trop courte.
6. En été il faut avoir un costume en laine.

ACTIVITÉ 7 *Ça ne me va pas du tout !* Avec un(e) camarade de classe, jouez les rôles d'un(e) client(e) qui essaie les vêtements montrés dans les images et du vendeur / de la vendeuse qui essaie de le / la convaincre d'acheter ces vêtements.

    Modèle: VENDEUR / VENDEUSE: Cette robe vous va très bien, madame.
                      CLIENTE: Mais, non, elle ne me va pas du tout. Je trouve qu'elle est trop courte et je n'aime pas le tissu.

1.   2.   3.   4.

> **Observez**
>
> 1. The statement **si vous voulez quelque chose d'un peu habillé, il faut un peu de talon** expresses a generalization. What tenses are used for the verbs in this sentence? **(9.8)**
> 2. When the pronouns **quelque chose** and **rien** are modified by an adjective, what word precedes the adjective? Is the adjective masculine or feminine? **(9.9)**

ÉCHANGE 4   *Je vais réfléchir*

CLIENTE: Je voudrais voir des chaussures noires en cuir, monsieur.
VENDEUR: Quelle pointure, madame ?
CLIENTE: Du 38.
VENDEUR: Peut-être celles-ci ?
CLIENTE: Ah non, le talon est trop haut. Je ne pourrais pas marcher avec ça. Vous n'avez rien de plus confortable ?
VENDEUR: Si vous voulez quelque chose d'un peu habillé, il faut un peu de talon, madame.
CLIENTE: Je vais réfléchir. Merci, monsieur.

EXPRESSIONS UTILES   *hésitation*

Je vais réfléchir.
J'ai besoin de réfléchir un peu.
Je n'arrive pas à me décider.
Je vais revenir un peu plus tard.
Vous avez quelque chose de plus...
Vous n'avez rien de...

ACTIVITÉ 8 *Généralisations* Faites des généralisations à propos de ce qu'on porte dans les situations suivantes.

>   Modèle: Il pleut.
>   S'il pleut on porte un imperméable.

1. Il fait du soleil.   4. Il fait très chaud.
2. Il fait très froid.   5. Il fait frais.
3. Il fait du vent.   6. Il neige.

APERÇUS CULTURELS

Tailles et pointures

Les tailles (vêtements)

	Femmes			Hommes	
	France	USA		France	USA
robes, pulls	38	8	costumes	38	36
	40	10		42	38
	44	14		46	40

Les pointures (chaussures)

	Femmes			Hommes	
	France	USA		France	USA
Chaussures	37	6		40	7
	38	7		42	9
	39	8		44	11

> Selon le système français, vous faites quelle taille ? quelle pointure ?

ACTIVITÉ 9 *Qu'est-ce que tu préfères ?* Travaillez avec un(e) camarade de classe. À tour de rôle, posez-vous des questions sur vos préférences vestimentaires.

Modèle: aller au restaurant : soigné / classique

A: Pour aller au restaurant, est-ce que tu préfères quelque chose de soigné ou quelque chose de classique ?
B: Je préfère quelque chose de soigné.

1. aller au concert : classique / branché
2. à la fac : original / ordinaire
3. jouer au tennis : étroit / large
4. à la bibliothèque : soigné / négligé
5. sortir avec des amis : élégant / pratique

ACTIVITÉ 10 *Vous n'avez rien d'autre ?* Avec un(e) camarade de classe, jouez ces rôles : un(e) vendeur / vendeuse montre des vêtements / des chaussures à un(e) client(e). Le / La client(e) dit qu'il / elle n'est pas satisfait(e) : problème de mode, de confort, de couleur, de prix.

Le / La client(e) cherche...

1. quelque chose d'habillé pour un grand bal.
2. quelque chose de pratique, en laine, pour mettre tous les jours.
3. quelque chose de confortable pour les vacances.
4. une robe d'été, à manches courtes, en coton.
5. des vêtements pour le ski.

Vocabulaire essentiel

chaussures

les baskets *(f pl)*	*basketball shoes*
les bottes *(f pl)*	*boots*
les chaussures *(f pl)* à talon	*high-heeled shoes*
les chaussures *(f pl)* plates	*flats*
les moccasins *(m pl)*	*loafers*
les pantoufles *(f pl)*	*slippers*
les sandales *(f pl)*	*sandals*
le talon	*heel*
les tennis *(m pl)*	*tennis shoes*

couleurs

beige	*beige*
bordeaux *(invariable)*	*maroon, burgundy*
clair(e)	*light*
la couleur	*color*
écru(e)	*eggshell, off-white*
foncé(e)	*dark*
gris(e)	*gray*
jaune	*yellow*
marine *(invariable)*	*navy*
marron *(invariable)*	*brown*
parme *(invariable)*	*violet*

style

habillé(e)	*dressy*
haut(e)	*high*
le modèle	*design (style)*
le style	*style*

taille et pointure

étroit(e)	*narrow, tight*
je fais du...	*I take a size . . .*
large	*wide*
la pointure	*(shoe) size*
la taille	*(clothing) size*

tissus

le coton	*cotton*
le cuir	*leather*
la laine	*wool*
le tissu	*fabric*

vêtements

le bouton	*button*
le col	*collar*
la manche	*sleeve*

continued on next page

continued from previous page

autres expressions utiles		**autres verbes**	
ça / il / elle te / me va	*that looks good*	se décider	*to make up one's mind*
très bien	*on you / me*		*(conj. like **se coucher**)*
en	*in*	essayer	*to try (on)*
en vitrine	*in the window*	réfléchir	*to think (conj. like **choisir**)*
je n'arrive pas à	*I can't make up*		
me décider	*my mind*		

Prononciation **Les lettres *o* et *ô*, et les sons [o] et [ɔ]**

 1. Phonetically, the difference between [o] and [ɔ] depends on how much you open your mouth.

   a. The French [o] is different from the English [o], which tends to be followed by a glide (slight [w] sound) as in *toe, grow, also*. In French, the [o] is never glided. To pronounce a French [o], keep your mouth fairly closed, fully round your lips, and be careful not to move your tongue and lips.

   Quel est ce m**o**t ?   C'est tr**o**p gr**o**s.

   b. To pronounce [ɔ], start from the [o] position and open your mouth more than for [o].

   Votre r**o**be est très à la m**o**de.   Sim**o**ne d**o**rt encore.

2. The pronunciation of the letter **o** varies according to the type of syllable in which it occurs.

   a. When the letter **o** occurs in a one-syllable word, or in the last syllable of a word, it is [o] in an open syllable (one that ends with a vowel sound)

   m**o**t   tr**o**p   gr**o**s

   and [ɔ] in a closed syllable (one that ends with a consonant sound).

   r**o**be   m**o**de   catal**o**gue

   b. When the letter **o** occurs in a syllable other than the last one in a word, it is pronounced [ɔ] regardless of whether the syllable is open or closed.

   c**o**mment   imp**o**rtant   **o**rdinaire

Exceptions:

- The letter **o** is pronounced [o] in any type of syllable when it is followed by the sound [z] (the letter **s** between vowels).

   une ch**o**se   c'est r**o**se   J**o**seph   comp**o**sé

- The word **grosse**, the feminine form of **gros** [gro], is pronounced [gros] despite the closed syllable.

- The letter **o** with a circumflex accent (**ô**) is always pronounced [o].

   à c**ô**té   un h**ô**tel   c'est dr**ô**le

ACTIVITÉ 11 *Donnez votre opinion* Avec un(e) camarade de classe, indiquez les [o] et les [ɔ] dans les phrases et expressions suivantes. Ensuite, la personne A lit les phrases de la colonne A et la personne B réagit d'après les mots suggérés de la colonne B.

Modèle:	A	B
	Je vais mettre une robe ce soir.	pas possible
	[ɔ]	[ɔ]

A: Je vais mettre une robe ce soir.

B: C'est pas possible !

A	B
1. Je voudrais un short violet et orange. [] [] []	original []
2. J'adore les gros pulls en coton. [] [] []	à col roulé []
3. J'admire tes grosses bottes. [] []	confortables []
4. Tu ne portes jamais de cravate ? []	horreur de ça []
5. J'ai horreur du rose ! [] []	à la mode []

Expansion **Écouter**

> *Stratégie* Pour suivre une conversation dans un contexte commercial, pensez aux aspects essentiels du produit.

Commercial transactions often revolve around evaluating various aspects of a product. Identifying these variables will help you follow the transaction as it develops.

Avant d'écouter *Le sac*

Imaginez que vous cherchez un nouveau sac pour votre mère dans un grand magasin. Pour chaque aspect du produit, laquelle des possibilités suggérées est-ce que vous choisiriez ?

1. Vous voulez un sac en quelle matière : plastique ? tissu ? cuir ?
2. Vous voulez un sac de quel style : sport ? élégant ? pratique ?
3. Est-ce que le prix est un facteur important pour vous ? Quelle est votre limite ?
4. Vous voulez un sac pour aller avec les chaussures de votre mère. De quelle couleur sont ses chaussures ? Vous voulez un sac de quelle couleur ?

En écoutant

Le sac

—Claude Sarraute (adapté de *Mademoiselle s'il vous plaît*)

Écoutez cette conversation entre une cliente et une vendeuse dans un grand magasin parisien. Encadrez les aspects du produit mentionnés dans chacune des trois premières étapes de la conversation.

Première étape :	couleur	matière	modèle	prix
Deuxième étape :	couleur	matière	modèle	prix
Troisième étape :	couleur	matière	modèle	prix

Après avoir écouté

1. Quelle est la matière du sac que la cliente regarde au début ?
   a. Il est en cuir.
   b. Il est en plastique.
   c. Il est en tissu.
2. Pourquoi est-ce que la cliente est surprise quand elle apprend le prix ?
3. Quelles sont les deux couleurs que la cliente confond ? Quelle est vraiment la couleur du sac qu'elle regarde ? Pourquoi veut-elle un sac de cette couleur-là ?
4. Quelles autres couleurs est-ce que la cliente considère ? Y a-t-il des sacs de ces couleurs ?
5. Finalement, qu'est-ce que la cliente décide ?

À vous la parole

Travaillez par trois pour discuter des questions suivantes.
Que pensez-vous du comportement de la cliente ? Pourquoi ? Que feriez-vous dans la même situation ?

Point de départ **Lire**

> *Stratégie* Pour comprendre les pronoms, il faut identifier leurs antécédents.

It is important to determine the noun to which a pronoun refers, because misinterpreting a pronoun might cause you to misunderstand a text.

Avant de lire *L'Amant*

Lisez l'extrait suivant du roman autobiographique *L'Amant* de Marguerite Duras. Ensuite, écrivez les noms auxquels les pronoms en caractères gras se rapportent. N'oubliez pas qu'en français, les mêmes pronoms sujets (**il, elle, ils, elles**) et objets (**le, la, les**) sont utilisés pour les personnes et les choses.

Je porte une robe de soie° naturelle, **elle** est usée, presque transparente. Avant, **elle** a été une robe de ma mère, un jour **elle** ne l'a plus mise parce qu'elle la trouvait trop claire, elle me l'a donnée.

silk

1. **elle** est usée : _____
2. **elle** a été : _____
3. un jour **elle** : _____
4. ne l'a plus mise : _____

En lisant

Marguerite Duras (1914–1996) est un des écrivains français les plus connus. Son roman autobiographique *L'Amant* (1984), qui a reçu un grand prix littéraire et a été adapté pour le cinéma, raconte l'histoire d'une jeune Française de quinze ans qui vit son premier amour en Indochine. Dans le passage que vous allez lire, la jeune fille se souvient de son look le jour où elle a rencontré l'homme qu'elle allait aimer. Remarquez que la narratrice parle d'elle-même en disant « je » mais aussi « la petite » . En lisant le passage, identifiez l'antécédent de chaque pronom en caractères gras.

L'Amant

—Marguerite Duras

Je porte une robe de soie naturelle, elle est usée, presque transparente. Avant, elle a été une robe de ma mère, un jour elle ne l'a plus mise parce qu'**elle** la trouvait trop claire, elle me l'a donnée. Cette robe est sans manches, très décolletée.° **Elle** est de ce bistre° que prend la soie naturelle à l'usage. C'est une robe dont° je me souviens. Je trouve qu'**elle** me va bien. J'ai mis une ceinture de cuir à la taille,° peut-être une ceinture de mes frères. Je ne me souviens pas des chaussures que je portais ces années-là mais seulement de certaines robes. La plupart du temps je suis pieds nus° en sandales de toile.° Je parle du temps qui a précédé

low-cut
yellowish brown
which, that

waist

pieds... barefoot
canvas

DOSSIER 3

In this Dossier, you will learn about these grammatical features

▸ hypothetical sentences using **si** + **imparfait**

▸ the use of the conditional to express hypothetical results

With this **Dossier:**

CD-ROM (E9)
Échanges
C'est comme ça !
Comment le dire

DVD (Tracks 24, 25)
Situation : Questions de style (24)
Vignette culturelle : Christian Lacroix (25)

ACTIVITIES MANUAL (E9D3)
Activités écrites
Activités de laboratoire (avec enregistrement)
Activités pour DVD Situation : Questions de style
Vignette de culturelle : Christian Lacroix
BOOK COMPANION SITE (E9)
www.wiley.com/college/magnan

le collège de Saigon. À partir de là bien sûr j'ai
toujours mis des chaussures. Ce jour-là je dois porter
cette fameuse paire de talons hauts en lamé or.° Je   lamé... *gold lamé*
ne vois rien d'autre que je pourrais porter ce jour-là,
alors je **les** porte. Soldes soldés° que ma mère m'a   Soldes... *Marked-*
achetés. Je porte ces lamés or pour aller au lycée.   *down sale items*
Je vais au lycée en chaussures du soir ornées de
petits motifs en strass. C'est ma volonté. Je ne me
supporte qu'avec° cette paire de chaussures-là et   ne... *can stand*
encore maintenant je me veux comme ça, ces talons   *myself only with*
hauts sont les premiers de ma vie, **ils** sont beaux, ils
ont éclipsé toutes les chaussures qui **les** ont précédés,
celles pour courir et jouer, plates, de toile blanche.
Ce ne sont pas les chaussures qui font ce qu'il y a
d'insolite,° d'inouï,° ce jour-là, dans la tenue de la   *unusual /*
petite. Ce qu'il y a ce jour-là c'est que la petite porte sur   *unheard of*
la tête un chapeau d'homme aux bords plats, un feutre°   *felt hat*
souple couleur bois de rose° au large ruban noir.   bois... *rosewood*
L'ambiguïté déterminante de l'image, **elle** est dans ce
chapeau.

Après avoir lu

1. Décrivez la robe que la jeune fille porte. D'où vient cette robe ?
2. Quelle sorte de chaussures est-ce que la jeune fille portait d'habitude ?
   Quelle sorte de chaussures est-ce qu'elle porte « ce jour-là » ?
3. Quelle sorte de chapeau est-ce que la petite porte « ce jour-là » ?
   Pourquoi est-il surprenant ?
4. Quel « look » est-ce que la jeune fille cherche à se donner ?

À vous la parole

Travaillez par trois pour discuter des questions suivantes.
Avez-vous jamais eu un vêtement ou un accessoire qui, pour vous, caractérisait
votre « look » ? Lequel ? Quel âge aviez-vous ? Quel effet cherchiez-vous à
produire ?

L'essentiel

Pour exprimer une hypothèse

> ▶ **Observez**
> 1. Which clauses indicate conditions? results? Do these clauses always come in the same order in the sentence? **(9.3.b.2)**
> 2. What word always occurs in the clauses indicating conditions? **(9.3.b.2)**
> 3. Which verb form is used in the clauses indicating conditions? results? **(9.3.b.2)**

 ÉCHANGE 1 *Dilemme*

MARC: Je n'ai rien à me mettre pour aller à cette interview.

JACQUES: Si j'étais toi, je mettrais un costume.

MARC: Bien sûr, mais tu n'aurais pas de costume, si tu étais moi !

JACQUES: Alors, si je n'avais pas de costume, j'en emprunterais un !

MARC: Et qu'est-ce que je porterais comme chemise ? Mes chemises sont
toutes tachées ou déchirées.

EXPRESSIONS UTILES *problèmes*

Je ne peux pas mettre cette robe.

Elle est tachée.   Elle est démodée.

Je ne veux pas porter ce pantalon.

Il est usé.   Il est déchiré.

ACTIVITÉ 1 *Je n'ai rien à me mettre !* Expliquez pourquoi vous ne voudriez pas porter les vêtements que vous voyez sur les images.

1.

2.

3.

4.

ACTIVITÉ 2 *Qu'est-ce que tu mettrais ?* Travaillez avec un(e) camarade de classe. La personne A pose une question hypothétique et la personne B y répond.

Modèle: aller au gymnase

A: Qu'est-ce que tu mettrais si tu allais au gymnase ?

B: Si j'allais au gymnase, je mettrais un short et un tee-shirt.

1. aller au théâtre
2. aller à la plage
3. aller à une interview

4. aller danser
5. aller faire du ski
6. aller jouer au tennis

ACTIVITÉ 3 *Vous avez le choix* Qu'est-ce que vous feriez dans les situations suivantes ?

> Modèle: Si vous passiez un seul jour à Paris...
> Si je passais un seul jour à Paris, je visiterais le Louvre et Notre-Dame.

1. Si votre petit(e) ami(e) vous demandait de vous marier avec lui / elle...
2. Si vous aviez le choix d'habiter dans une résidence avec vos amis ou seul(e) dans un appartement...
3. Si vous étiez invité(e) à une réception à la Maison-Blanche...
4. Si vous aviez seulement deux billets pour un concert et que deux de vos ami(e)s voulaient vous y accompagner...
5. Si un(e) camarade vous suggérait de tricher à un contrôle...

ACTIVITÉ 4 *Hypothèses* Terminez ces phrases d'une façon logique.

> Modèles: Si j'avais un veston trop étroit...
> Si j'avais un veston trop étroit, je ne le mettrais pas.
>
> Je porterais quelque chose d'habillé...
> Je porterais quelque chose d'habillé si j'allais à une interview.

1. Si je portais des chaussures à talon...
2. S'il neigeait...
3. Je mettrais des tennis...
4. Je porterais quelque chose de confortable...
5. Si j'avais un pantalon trop court...
6. Je prêterais une chemise à mon ami...

Pour faire ou répondre à un compliment

ÉCHANGE 2   *Entre femmes*

SYLVIE: Vous avez une très jolie robe.
MARTHE: Oh, c'est une petite robe très simple.
SYLVIE: Mais qui vous va très bien. Vous pourriez me dire où vous l'avez achetée ?
MARTHE: J'achète tous mes vêtements aux Galeries Lafayette.

EXPRESSIONS UTILES   *admiration et réaction*

compliments	réponses
J'aime bien votre chapeau.	Vous trouvez ?
Vous avez une belle jupe.	Oh, vraiment ?
Il te va bien, ce pantalon.	Il n'est pas neuf, tu sais.
Elle vous va bien, cette robe.	Elle n'est pas neuve, vous savez.
Quel beau chapeau !	C'est un chapeau de l'année dernière.
Quelle belle chemise !	C'est une chemise très simple.
Quelle élégance !	Vous êtes très gentil(le) de me dire ça.

> **Observez**
>
> In the expression **vous pourriez me dire...** , is the conditional used to explain the result of a hypothesis or to be polite? **(9.3.b)**

ACTIVITÉ 5 *Quelle réaction ?* Répondez à ces compliments. Variez les expressions que vous utilisez.

1. J'aime bien votre cravate.
2. Quelle belle robe !
3. Elle vous va bien cette veste.
4. Vous avez des lunettes de soleil très originales.
5. Votre look fait très classique.
6. Il vous va bien ce maillot de bain.

ACTIVITÉ 6 *Les compliments* Travaillez avec un(e) camarade de classe. La personne A est la personne qui figure sur les photos ; la personne B est son ami(e). La personne B indique du doigt une photo et fait des compliments à la personne A sur ce qu'elle porte dans cette photo. La personne A répond aux compliments.

ACTIVITÉ 7 *Tu pourrais me dire... ?* Circulez parmi vos camarades de classe et demandez-leur de façon polie où ils / elles ont acheté certains de leurs vêtements.

Modèle: Pourrais-tu me dire où tu as acheté ce pull-over ?
Je l'ai acheté à Target.

Pour exprimer l'indifférence

ÉCHANGE 3   *Question de style*

MME DUPONT: Je trouve que Madame de Méry est toujours très chic, très élégante. Elle s'habille chez les grands couturiers, vous savez.

MME DURAND: Ah, la mode, les belles boutiques de la rue Saint-Honoré... moi, je m'en moque. Et puis, je préfère quand même le style décontracté. Je choisis mes vêtements dans un catalogue, ou peut-être dans un grand magasin.

EXPRESSIONS UTILES   *indifférence*

Je m'en moque. / Je m'en fiche. *(argot)*
Ça m'est égal.
Je n'y fais pas attention.
Je ne m'intéresse pas à ce genre de chose. / Ça ne m'intéresse pas beaucoup.

APERÇUS CULTURELS

Où acheter ses vêtements ?

À Paris comme en province, les magasins de vêtements sont nombreux et divers en prix et en qualité. On peut donc acheter ses vêtements dans un grand magasin comme les Galeries Lafayette où on trouve de tout et à tous les prix, y compris des modèles de grands couturiers° comme Saint Laurent, Chanel, Lacroix. Ou on peut faire son shopping dans des « boutiques » qui sont plus spécialisées : vêtements pour hommes, femmes, enfants, vêtements de sport, lingerie, chaussures, etc. Une boutique est souvent associée avec un style particulier ou une marque.° Notez qu'en français le mot « boutique » ne veut pas nécessairement dire un magasin de luxe. Il y a bien sûr des boutiques de luxe mais aussi d'autres qui vendent des vêtements ordinaires et à des prix modestes. Et le terme « boutique » n'est pas réservé au commerce des vêtements : il y a des boutiques de vins, de fleurs, de fromages, etc. En ce qui concerne la haute couture, le nombre des grandes maisons de couture parisiennes est limité actuellement, par la loi, à dix-huit. On y crée des collections originales présentées chaque saison (printemps-été et automne-hiver) dans des grands défilés de mode qui fascinent une clientèle internationale.

designers

brand

La boutique Guy Laroche à Paris

Les Galeries Lafayette à Paris

▶ Est-ce que la haute couture vous intéresse ? Pourquoi ou pourquoi pas ?

ACTIVITÉ 8 *Où achetez-vous ça ?* Travaillez avec un(e) camarade de classe. À tour de rôle, dites où vous préférez acheter les choses suivantes et pourquoi.

> **Modèle:** vos pantalons
> Je préfère acheter mes pantalons dans un grand magasin.

1. vos tee-shirts
2. vos robes ou costumes
3. vos tennis / baskets
4. vos jeans
5. vos chapeaux

ACTIVITÉ 9 *Ça m'est égal* Partagez vos opinions sur les sujets suivants avec un(e) camarade de classe. Si votre camarade de classe n'a pas la même opinion que vous, essayez de le / la convaincre que vous avez raison.

> **Modèle:** la sculpture
>
> A: La sculpture... je n'y fais pas attention.
>
> B: Mais moi, je trouve que c'est un art très important.

1. l'écologie
2. la mode
3. le cinéma
4. la politique
5. le sport (comme spectateur / spectatrice)
6. le sport (comme participant[e])

Vocabulaire essentiel

achats

acheter	*to buy (conj. like **lever**)*
la boutique	*shop, boutique*
le catalogue	*catalogue*
le couturier / la couturière	*fashion designer*

indifférence

ça m'est égal	*it doesn't matter to me*
je m'en fiche *(argot)*	*I couldn't care less*
je m'en moque	*I don't give a hoot*

problèmes

déchiré(e)	*torn*
démodé(e)	*old-fashioned, out-of-date*
taché(e)	*stained*
usé(e)	*worn (out)*

style

chic *(invariable)*	*stylish*
décontracté(e)	*relaxed*
l'élégance *(f)*	*elegance*
le genre	*type*
neuf / neuve	*brand new*

autres expressions utiles

faire attention (à)	*to pay attention (to)*
l'interview *(f)*	*interview*
quand même	*anyway*

autres verbes

s'habiller	*to dress oneself (like **se coucher**)*
intéresser	*to interest (conj. like **parler**)*
s'intéresser à	*to be interested in (conj. like **se coucher**)*

Prononciation **Les séquences de lettres au et eau, et le son [o]**

The sequences **au** and **eau** are pronounced [o] in all positions within a word.

eau   chap**eau**   journ**au**x   j**au**ne   **au**tomne   ch**au**ssures

Exception: The name **Paul** is pronounced [pɔl].

ACTIVITÉ 10 *Qu'est-ce que je mets avec... ?* Travaillez avec un(e) camarade de classe. À tour de rôle, posez-vous des questions et répondez-y d'après le modèle. Distinguez bien les [o] des [ɔ].

> **Modèle:**   chemise mauve / cravate rose
>
> A: Qu'est-ce que je devrais mettre avec ma chemise mauve ?
>
> B: Tu devrais mettre ta cravate rose.

1. baskets jaunes / chaussettes violettes
2. pantalon olive / chaussures mauves
3. costume bordeaux / chemise violette
4. manteau orange / chapeau jaune
5. chapeau abricot / anorak rose

Expansion **Discuter**

> *Stratégie* Recherchez un sujet pour vous aider à formuler ou à soutenir vos propres idées.

Encyclopedic dictionaries such as *Le Petit Larousse* provide basic, concise information on a wide range of topics. Such information is useful when you are looking for information to support your opinions about a topic.

Avant de discuter *Défilé de mode*

Lisez les trois extraits d'encyclopédie suivants qui présentent des couturiers français bien connus. Ensuite, travaillez avec deux camarades de classe. Chacun(e) va faire un petit résumé d'un des extraits avant de discuter des questions suivantes.

1. Parmi les styles de ces couturiers, lequel préférez-vous et pourquoi ?
2. Si vous aviez l'occasion de parler à un de ces couturiers, quelles questions lui poseriez-vous ? Faites une liste de deux ou trois questions.

Saint Laurent, Yves
Couturier français (né : Oran, Algérie, 1936). Merveilleux coloriste, il a donné une interprétation originale du vêtement quotidien en créant des vêtements faciles à porter qu'on peut « sophistiquer » d'un bijou. Il est connu surtout pour son manteau court, son tailleur-pantalon et son smoking° pour les femmes.

tuxedo

Yves Saint Laurent

Tailleur-pantalon Yves Saint Laurent

Chanel, Gabrielle Chasnel (dite Coco)
Couturière française (née : Saumur, 1883 ; morte : Paris, 1971). Elle a donné à la mode un tour nouveau en prenant pour règle de l'élégance une extrême simplicité. C'est elle qui a inventé le tailleur Chanel, vêtement rendu populaire aux États-Unis par Jacqueline Kennedy.

Coco Chanel

Tailleurs Chanel

Lacroix, Christian

Couturier français (né : Arles, 1951). Ses références au passé teintées d'humour et d'extravagance et ses couleurs éclatantes définissent son originalité et son modernisme et le situent aux antipodes de la haute couture classique.

Christian Lacroix

Robe Christian Lacroix

Discuter

En groupes de quatre vous allez imaginer et présenter une collection de mode. Chaque personne va jouer un des rôles suivants :

1. le couturier / la couturière
2. un(e) journaliste
3. le commentateur / la commentatrice qui présente la collection
4. un mannequin°   *model*

Dans chaque groupe, le couturier / la couturière décrit sa collection en général au / à la journaliste qui lui pose des questions.

> **Questions à considérer :**
>
> Comment caractériseriez-vous votre collection ?
> Pour quelle clientèle faites-vous vos vêtements ?
> D'où viennent vos idées ?
> Quels projets avez-vous pour l'avenir ?

Le mannequin décrit les vêtements qu'il va porter au commentateur / à la commentatrice qui exprime des jugements.

> **Aspects à considérer :**
>
> Description du vêtement (style, tissu, couleur, détails)
> Qui porterait ce vêtement ? quand ? où ?
> Quelle impression ferait ce vêtement ?

Après avoir discuté

Montez un défilé de mode qui présente la collection de votre couturier / couturière à la classe. Après votre défilé, présentez une interview avec le couturier / la couturière.

Point de départ **Écouter**

> *Stratégie* Examinez le contexte pour comprendre les expressions figurées.

In French, as in English, there are numerous figurative expressions based on the names of articles of clothing. The context in which you hear such expressions will help you guess their meaning.

Avant d'écouter *Expressions figurées*

Lisez le paragraphe suivant et ensuite choisissez la meilleure définition pour l'expression figurée *marcher à côté de ses pompes.*°   *shoes (slang)*

> Je suis sorti avec Madeleine hier soir. Quelle histoire ! Nous devions nous rencontrer devant le théâtre à 7h45. Quand le concert a commencé à 8h... pas de Madeleine. J'ai dû l'attendre parce qu'elle avait les billets. Enfin elle est arrivée — presqu'une heure en retard. Pendant le concert, elle a parlé constamment ; les gens assis près de nous ont été très irrités. Enfin, elle a perdu son sac, soit dans le théâtre, soit° dans le café où nous sommes allés après le concert.   *soit... soit...*
> Voilà une femme qui marche à côté de ses pompes.   *either . . . or*

« Marcher à côté de ses pompes » signifie...
  a. avoir beaucoup d'influence.
  b. être distrait, ne pas savoir ce qu'on fait.
  c. avoir beaucoup d'énergie.
  d. être agréable.

En écoutant

Vous allez entendre trois mini-conversations. Utilisez le contexte pour deviner le sens de l'expression figurée qui termine chaque conversation.

1. L'expression « Il a une double casquette » veut dire :
   a. Il ne peut pas prendre une décision.
   b. Il a plusieurs responsabilités.
   c. Il est très obstiné.

2. L'expression « C'est une autre paire de manches » veut dire :
   a. Relève tes manches pour mieux travailler.
   b. Il s'agit d'une chose très différente.
   c. Je suis capable de faire des choses difficiles.

3. L'expression « Chapeau ! » veut dire :
   a. C'est impossible !
   b. Quelle surprise !
   c. Bravo ! Compliments !

DOSSIER 4

In this Dossier, you will learn about these grammatical features

> the use of embedded relative clauses

> the preposition **en** to indicate the substance an object is made of

> different uses of the verb **changer**

With this **Dossier:**

AUDIO CD (**Track 27**)
Point de départ :
  Expressions figurées

CD-ROM (E9)
Échanges
Comment le dire

ACTIVITIES MANUAL
  (E9D4)
Activités écrites et
  Rédaction
Activités de laboratoire

BOOK COMPANION
  SITE (E9)
www.wiley.com/college/
  magnan

Après avoir écouté

Première conversation :

1. Dans quel(s) service(s) travaille Monsieur Leclerc ?
2. Pourquoi est-il toujours pressé ?

Deuxième conversation :

1. Qu'est-ce que l'homme demande d'abord ? et ensuite ? et finalement ?
2. Est-ce que la femme accepte de tout faire ?

Troisième conversation :

1. La femme a trouvé une solution à quelle sorte de problème ?
2. Pourquoi est-elle contente ?

À vous la parole

Travaillez avec un(e) camarade de classe. Pensez à d'autres situations où on pourrait utiliser chacune des trois expressions figurées et ensuite préparez une petite conversation qui contient une de ces expressions.

L'essentiel

Pour demander à rendre ou à échanger un achat

> **Observez**
> 1. What word is the direct object of **vous vendez?** (9.10)
> 2. What is the subject of **ne sont pas?** (9.10)

ÉCHANGE 1   *Dans un magasin de vêtements pour hommes*

CLIENT: Madame, les chemises que vous vendez ne sont pas de bonne qualité. Je les ai lavées et elles ont rétréci !

VENDEUSE: Je regrette, monsieur. Si vous voulez les rendre, on va vous rembourser.

EXPRESSIONS UTILES   *réclamations*

J'ai une réclamation à faire.

Ce(t) / cette...   n'est pas de bonne qualité.
                a un défaut.
                a rétréci.

Je voudrais rendre ce(t) / cette / ces...
Est-ce que je peux échanger ce(t) / cette / ces... ?
Pouvez-vous me rembourser ?

ACTIVITÉ 1 *Qui, que, où ?* Complétez chacune de ces phrases par un pronom relatif.

1. La boutique _____ elle a acheté cette robe est dans la rue de Rivoli.

2. Le pantalon _____ j'ai acheté est trop court.

3. Le vendeur _____ m'a vendu cette cravate avait une barbe.

4. Le jour _____ j'ai visité le Louvre je portais un tailleur bleu marine.

5. La chemise _____ j'ai rendue n'était pas de bonne qualité.

6. Le chapeau _____ m'allait le mieux était trop cher.

ACTIVITÉ 2 *Imaginez le reste* Complétez ces phrases de façon logique.

> **Modèle:** La vendeuse qui... avait un accent anglais.
> La vendeuse qui m'a vendu ce sac avait un accent anglais.

1. Les chaussures que... n'étaient pas très confortables.
2. Le pull-over qui... n'est pas de bonne qualité.
3. Le magasin où... est dans la rue de Rivoli.
4. Le client qui... préférait le rouge.
5. Le jour où... je ne portais pas mes bottes.
6. La chemise que... a rétréci.

ACTIVITÉ 3 *Réclamations* Avec un(e) camarade de classe, jouez les rôles d'un(e) client(e) qui fait une réclamation et d'un vendeur / une vendeuse qui s'excuse et / ou offre une solution.

> **Modèle:** La cliente n'aime pas la montre qu'elle a achetée.
>
> CLIENTE: Monsieur, cette montre que vous m'avez vendue n'est pas de bonne qualité. Je l'ai depuis deux jours et elle n'est plus à l'heure !
>
> VENDEUR: Ne vous inquiétez pas, madame. Nous pouvons l'échanger.

1. La cliente a lavé son tee-shirt en coton et il a rétréci.
2. Le client a découvert que son pantalon neuf est taché.
3. La cliente a acheté une chemise pour son mari mais elle est trop large.
4. Quand la cliente a porté ses nouvelles chaussures pour la première fois, elle a perdu un talon.
5. La femme du client lui a acheté une chemise parme et il déteste cette couleur.

ÉCHANGE 2   *Dans une bijouterie*

CLIENTE: J'ai acheté cette montre en acier inoxydable comme cadeau d'anniversaire pour mon mari, mais il préférerait quelque chose en or. Est-ce que je peux l'échanger ?

BIJOUTIER: Oui, madame. Nous avons le même modèle en or.

> ❯ **Observez**
> What preposition is used to indicate the substance a piece of jewelry or any object is made of? **(9.7)**

EXPRESSIONS UTILES *bijoux*

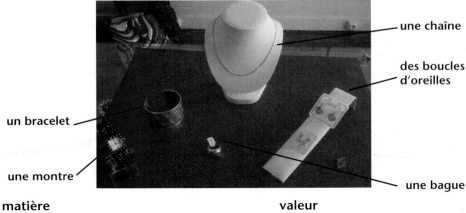

une chaîne

des boucles
d'oreilles

un bracelet

une montre

une bague

matière

C'est un bijou   en acier inoxydable (en inox).
en or.
en argent.
en diamant.
en cuir.

valeur

J'ai acheté un bijou   précieux.
de valeur.
de fantaisie.
sans valeur.
en toc.

ACTIVITÉ 4 *Je regrette* Travaillez avec un(e) camarade de classe. La personne A est un(e) client(e) qui voudrait échanger un bijou. La personne B est un vendeur / une vendeuse qui explique que ce n'est pas possible.

Modèle: chaîne / en or / en argent

A: Est-ce que je pourrais échanger cette chaîne ?

B: Oui, madame.

A: Avez-vous des chaînes en or ?

B: Non, madame. Nous avons seulement des chaînes en argent. Mais si vous vouliez la rendre, nous pourrions vous rembourser.

1. bracelet / en argent / en cuir
2. boucles d'oreilles / de valeur / en toc
3. montre / en or / en acier inoxydable
4. bague / en diamant / en toc
5. chaîne / en acier inoxydable / en argent
6. boucles d'oreilles / de fantaisie / de valeur

ACTIVITÉ 5 *C'est quoi ça ?* Posez des devinettes à vos camarades de classe. Chaque objet à deviner doit être un bijou, un accessoire ou un vêtement. Mentionnez les caractéristiques suivantes :

> où et quand on le porte
> la matière (le tissu ou le métal)
> la partie du corps sur laquelle on le porte
> les détails de cet objet (ex. chaussures / talons ; chemises / cols)

Modèle: A: C'est utile pour savoir l'heure. On porte cet objet sur le bras. C'est en or.

B: C'est une montre ?

ACTIVITÉ 6 *À chaque époque son style* Choisissez un des styles suivants et décrivez les vêtements, bijoux et accessoires montrés sur l'image. Avec quelle époque est-ce que vous associez ce style ? Avez-vous jamais porté ce style de vêtement ? Portez-vous ce style de vêtement aujourd'hui ? Pourquoi ou pourquoi pas ?

1.

3.

2.

4.

Pour parler de changements

ÉCHANGE 3   *Que mettre ce soir ?*

DOMINIQUE: Tu vas te changer pour aller chez les Martin ce soir ?

PAUL: Je vais mettre une chemise propre et changer de chaussures. Et toi ?

DOMINIQUE: Oui, le temps a changé. Il fait plus froid que ce matin, et je vais mettre quelque chose de plus chaud.

> **Observez**
> 1. In which sentence does the verb **changer** indicate a general change? **(9.11.a)**
> 2. What preposition is used after the verb **changer** to indicate a specific change of clothing? **(9.11.b)**
> 3. In which sentence is the verb changer used reflexively? What is being changed? **(9.11.c)**

ACTIVITÉ 7 *Se changer ou pas ?* Dites si ces personnes devraient se changer (et si « oui » , comment) selon les activités indiquées.

>   **Modèle:**   Marc porte un sweat-shirt et un pantalon déchiré. Il va dîner dans un restaurant avec sa grand-mère.
>   Il devrait se changer. Il devrait changer de pantalon.

1. Marie porte un maillot de bain. Elle va faire du ski.
2. Sylvie porte une jupe orange et une blouse rouge. Elle va à une interview.
3. Daniel porte une cravate tachée. Il sort avec sa nouvelle petite amie.
4. Bruno porte un jean et des bottes. Il va à la plage.
5. Karine porte une robe longue et des chaussures à talon. Elle va à la fac.

ACTIVITÉ 8 *Si je changeais...* Faites ce jeu en chaîne. Chaque personne reprend la deuxième partie de la phrase de la personne précédente et la complète.

>   **Modèle:**   A: Si j'allais à la fac, je changerais de chaussures.
>
>   B: Si je changeais de chaussures, je mettrais des bottes.
>
>   C: Si je mettais des bottes, je...

Pour décrire une publicité

ÉCHANGE 4   *Qu'est-ce qu'on vend ?*

FLORENCE: Oh, regarde cette publicité ! Le petit chien est adorable.
LISE: Mais ce n'est pas le chien que tu vas acheter ! Quelles sont les qualités du produit ? Le chien est au centre de l'image, mais le texte à droite est si petit qu'on ne peut pas le lire.

EXPRESSIONS UTILES   *publicité*
éléments

mise en page

ici / là	en haut / en bas
devant / derrière	entre
au premier plan / à l'arrière-plan	au centre
à droite / à gauche	

ACTIVITÉ 9 *Mais non* Travaillez avec un(e) camarade de classe. La personne A demande où quelque chose est situé dans la publicité des **Expressions utiles**. La personne B regarde la publicité et répond.

> **Modèle:**   l'image du produit / au centre
>
> A: Est-ce que l'image du produit est au centre de la publicité ?
>
> B: Non, l'image du produit est à gauche.

1. l'image du chien / à droite
2. le slogan / en haut
3. le texte / au centre
4. l'image du produit / à l'arrière-plan
5. le nom du fabricant / à gauche
6. le nom de la marque / entre l'image du chien et l'image du produit

ACTIVITÉ 10 *Qu'est-ce qui est vendu ?* Décrivez les trois publicités suivantes : le contexte pour la présentation du produit, le produit, la marque, le langage utilisé pour présenter le produit, le slogan, la mise en page (où les différents éléments de la publicité sont situés), les couleurs.

Vocabulaire essentiel

bijoux	
la bague	*ring*
le bijou	*jewel, piece of jewelry*
les boucles *(f pl)*	
d'oreilles	*earrings*
le bracelet	*bracelet*
le cadeau	*gift*
la chaîne	*chain*

bijoux : matière	
l'acier *(m)* inoxydable	*stainless steel*
(inox)	
l'argent *(m)*	*silver*
le diamant	*diamond*
l'or *(m)*	*gold*

bijoux : valeur	
le bijou de fantaisie	*novelty jewelry*
le bijou de valeur	*valuable jewelry*
le bijou en toc *(argot)*	*imitation jewelry*
précieux / précieuse	*precious*
la valeur	*value*

publicités : éléments	
l'avantage *(m)*	*advantage*
le fabricant	*manufacturer*

l'image *(f)*	*picture, image*
la marque	*brand*
le produit	*product*
la publicité	*ad*
la qualité	*quality*
le slogan	*slogan*

publicités : mise en page	
l'arrière-plan *(m)*	*background*
en bas	*below*
en haut	*above*
le premier plan	*foreground*

réclamations	
le défaut	*defect*
échanger	*to exchange*
	*(conj. like **nager**)*
la réclamation	*complaint*
rembourser	*to reimburse*
	*(conj. like **parler**)*
rétrécir	*to shrink (conj. like **choisir**)*

autres verbes	
changer (de)	*to change (conj. like **nager**)*
se changer	*to change one's clothes*
vendre	*to sell (conj. like **perdre**)*

Prononciation **Ne vous arrêtez pas entre un nom et la proposition relative qui le qualifie**

The function of a relative clause is similar to that of an adjective: to qualify a noun. In speaking, just as you do not stop between a noun and the adjective that qualifies it, do not stop between a noun and the relative clause that follows it.

> C'est un manteau **élégant**.
> Regardez le manteau **que j'ai acheté**.

When the relative clause is embedded within a sentence (as opposed to being at the end of the sentence), let your intonation go up slightly at the end of the relative clause and make a slight pause between the relative clause and the rest of the sentence.

> Le manteau **que vous portez** / me plaît beaucoup.

> Les gens **qui suivent la mode** / ne sont pas toujours élégants.

Activité 11 Tout est relatif Complétez les phrases par les pronoms relatifs
qui conviennent et, avec un(e) camarade de classe, dites ces phrases à tour de rôle.

1. Je n'aime pas les gens _____ parlent trop.

2. Les chaussures _____ vous m'avez vendues me font mal aux pieds.

3. J'ai vu une publicité _____ avait un slogan génial.

4. Pour mes chemises, la marque _____ je préfère, c'est Dior.

5. La cravate _____ vous portez est très élégante.

Expansion **Écrire**

> *Stratégie* Pour créer une publicité, trouvez d'abord la qualité ou l'attribut
> que vous voulez « vendre » .

Many advertising campaigns are based on the implication that when people
purchase a product they acquire not only the product but the qualities that the
product represents or suggests. For example, certain ads for breakfast cereal
suggest that if you eat a particular cereal, not only will you have a tasty or
nutritious morning meal, you will also be as strong as the tiger or the athlete
featured in the ad.

Avant d'écrire *Composez une publicité*

Regardez encore une fois les publicités de l'**Activité 10** aux pages 499–500
et décidez quelle(s) qualité(s) de la liste suivante chaque publicité essaie de
« vendre » .

la qualité	la tradition	
le luxe	l'innocence	
le confort	le succès°	*success*
la prudence	l'efficacité°	*efficiency*
le prestige	l'amitié	
l'élégance	l'amour	
la durabilité	l'exotisme	
l'aventure	le mystère	

1. le cognac Courvoisier _____

_____

2. Levi's jeans 518 _____

_____

3. parfums Paloma Picasso _____

_____

Écrire

Choisissez une des photos ici ou à la page suivante comme support d'une publicité que vous allez composer pour vendre un vêtement.

1. Quelle qualité de la liste précédente voulez-vous mettre en valeur ?
2. À quel groupe (jeunes / personnes âgées ; hommes / femmes ; sportifs / intellectuels, etc.) voulez-vous vendre votre produit ?
3. Inventez un nom de marque et / ou de fabricant.
4. Inventez un slogan
5. Écrivez un texte pour décrire les vêtements sur l'image et pour convaincre le public de les acheter.

Après avoir écrit

Relisez votre publicité pour vérifier qu'elle...

1. indique le nom de la marque et / ou du fabricant.
2. a un slogan et un texte.
3. attire l'attention du lecteur sur la qualité ou l'attribut que vous voulez associer au produit.
4. s'adresse au groupe auquel vous voulez vendre le produit.

À vous la parole

Travaillez avec vos camarades de classe qui ont utilisé la même image que vous dans leurs publicités. Expliquez vos choix en ce qui concerne les qualités mises en valeur, le public visé, le nom de marque et le slogan.

Grammaire 9

9.1   The interrogative pronoun *lequel*

Lequel is an interrogative pronoun that is used to distinguish between two or more items of the same type; it corresponds to the English *which (one)*. **Lequel** is used instead of the adjective **quel** and a noun.

> Tu as vu ces deux chapeaux ?   **Quel chapeau** est le plus joli ?
> Tu as vu ces deux chapeaux ?   **Lequel** est le plus joli ?

Lequel agrees in number and gender with the noun it represents.

Le pronom interrogatif *lequel*		
	masculin	**féminin**
singulier	lequel	laquelle
pluriel	lesquels	lesquelles

9.2   The expression *être à*

You already know how to indicate possession by using the preposition **de** (**Tu connais le mari *de* Janine ?**) and by using possessive adjectives (**Où est *ton* sac ?**). You can also indicate possession by using the expression **être à** followed by a noun or a stressed pronoun.

> Ce sac **est à** Danielle.
> Ces chaussures **sont à** lui.

To ask to whom something belongs, use the expression **à qui** + **être**.

> **À qui est** cette robe ?
> **À qui sont** ces chaussettes ?

9.3   The conditional

a. **Form.** To conjugate the present conditional of most verbs, use the infinitive as the stem and add the endings used to conjugate the imperfect. Note that for -**re** verbs, you drop the **e** at the end of the infinitive before adding the endings.

Le présent du conditionnel des verbes réguliers		
parler	**choisir**	**perdre**
je parlerais	je choisirais	je perdrais
tu parlerais	tu choisirais	tu perdrais
il / elle / on parlerait	il / elle / on choisirait	il / elle / on perdrait
nous parlerions	nous choisirions	nous perdrions
vous parleriez	vous choisiriez	vous perdriez
ils / elles parleraient	ils / elles choisiraient	ils / elles perdraient

A few verbs have *irregular stems* but regular endings in the conditional.

Le présent du conditionnel des verbes irréguliers

aller	j'**ir**ais	pouvoir	je **pourr**ais
avoir	j'**aur**ais	savoir	je **saur**ais
devoir	je **devr**ais	venir	je **viendr**ais
être	je **ser**ais	voir	je **verr**ais
faire	je **fer**ais	vouloir	je **voudr**ais
falloir	il **faudr**ait		

Note that there are also spelling variations in the conditional involving accents, double consonants, and two stems.

Les variations d'orthographe au conditionnel

	avec accent	avec consonne double	avec deux possibilités
je	me lèverais	jetterais	essaierais / essayerais
tu	te lèverais	jetterais	essaierais / essayerais
il / elle / on	se lèverait	jetterait	essaierait / essayerait
nous	nous lèverions	jetterions	essaierions / essayerions
vous	vous lèveriez	jetteriez	essaieriez / essayeriez
ils / elles	se lèveraient	jetteraient	essaieraient / essayeraient

Unlike in the present indicative, in the present conditional there is no variation for verbs like **préférer**; all forms keep the acute accent that is in the infinitive.

b. Use

1. The conditional is sometimes used as a mark of politeness—a way of softening a request or of making an indirect command.

> Pourriez-vous me montrer ces chaussures en noir ? *(Could you . . . ?)*
> Je voudrais voir ce pull vert. *(I would like . . .)*
> Tu devrais essayer une autre robe. *(You should . . .)*

2. The conditional is also used in certain sentences expressing hypothetical conditions and results. Such sentences have two clauses: a *condition clause* (**si** + subject + verb in the imperfect) and a *result clause* (subject + verb in the conditional). Note that either clause can go first.

> J'irais voir ce film, si j'avais le temps.
> Si j'avais le temps, j'irais voir ce film.

> Si elle savait ton numéro, elle te téléphonerait.
> Elle te téléphonerait, si elle savait ton numéro.

9.4   Colors: adjectives and nouns

a. When you use a noun to express color, it is always a masculine noun.

> Je n'aime pas **le vert**.
> **Le bleu** est très à la mode.

b. To indicate that something is available or desired in a certain color, use the preposition **en** and the color noun. There is no article before the noun.

> Avez-vous cette robe **en noir** ?

c. When you use an adjective to express color, it generally agrees in gender and number with the noun it qualifies.

    un pantalon **blanc**   une chemise **bleue**

    des chapeaux **noirs**   des jupes **rouges**

However, when a color adjective has been derived from the name of a thing or a place (**orange, chocolat, marron, marine, bordeaux, parme**), it does not vary in gender or number.

    un pantalon **chocolat**   une chemise **marron**   des jupes **orange**

In addition, when any color adjective is modified by the expression **clair** *(light)* or **foncé** *(dark),* it does not vary in gender or number.

    un pantalon **bleu clair**   une robe **bleu clair**   des jupes **bleu foncé**

d. When the noun that the color adjective modifies has been previously identified, sometimes the noun can be dropped, in which case the article is retained and the adjective follows the rules of agreement as if the noun were there.

    Tu préfères quel pantalon ? **Le blanc.**

    Tu aimes quelle chemise ? **La bleue.**

    Tu vas porter quelles chaussures ? **Les noires.**

This use of the definite article + color adjective is equivalent to English expressions such as *the white one* and *the black ones.*

9.5 The suffixes *-ci* and *-là*

To distinguish between two or more items of the same type qualified by demonstrative adjectives (**ce, cet, cette, ces**), you can add the suffixes -ci and -là to the nouns that name the items. The suffix -ci (which comes from **ici**) indicates that an item is relatively near to the speaker. The suffix -là (which comes from the adverb **là**) indicates that something is farther away. These suffixes can accompany any noun, singular or plural, masculine or feminine, and are always attached to the noun by a hyphen. They are not obligatory and are used only in situations when you point something out.

    Cette chemise-**ci** est trop grande pour moi.

    Je n'aime pas ce veston-**là**.

9.6 Demonstrative pronouns

A demonstrative pronoun is used to replace a noun modified by a demonstrative adjective.

    Je ne veux pas **cette jupe-là,**   *I don't want that skirt,*
    je vais prendre **celle-ci.**   *I'm going to take this one.*

Demonstrative pronouns reflect the gender and number of the nouns they represent.

Les pronoms démonstratifs				
	masculin		féminin	
	adjectif	pronom	adjectif	pronom
singulier *pluriel*	ce pantalon-ci ces chapeaux-là	celui-ci ceux-là	cette robe-là ces jupes-ci	celle-là celles-ci

A demonstrative pronoun is often used as the answer to a question formed with the interrogative pronoun **lequel** (9.1).

> **Lequel** est-ce que tu préfères ? — Je préfère **celui-ci.**

> **Lesquelles** est-ce que tu vas prendre ? — **Celles-là.**

Demonstrative pronouns are equivalent to the English pronouns *this (one)* or *that (one)*, *these (ones)*, or *those (ones)*.

celui-ci / celle-ci	*this (one)*	ceux-ci / celles-ci	*these (ones)*
celui-là / celle-là	*that (one)*	ceux-là / celles-là	*those (ones)*

9.7   The preposition *en* with nouns of substance

To tell what substance something is made of, you use the preposition **en**. Note that there is no article before the noun indicating substance when it follows **en**.

> J'aime bien cette jupe **en laine.**

> Vous cherchez une montre **en inox** ou **en argent** ?

9.8   *Si* (If) + the present tense in sentences expressing generalizations

In sentences with **si** *(if)* that express commonplace truths or generalizations rather than true hypothetical conditions and results, you use the present tense in both clauses.

> Si vous **voulez** quelque chose d'élégant, il **faut** un peu de talon.

> Si on **porte** du noir, ça **fait** classique mais un peu triste.

9.9   *Quelque chose* and *rien* qualified by an adjective

When the pronouns **quelque chose** and **rien** are followed by an adjective that modifies them, the masculine singular form of the adjective is always used. The preposition **de** must precede the adjective.

> Elle cherche **quelque chose de pratique.**

> Je voudrais **quelque chose de confortable.**

> Nous n'avons **rien** fait **d'intéressant** ce week-end.

> Je n'ai **rien** vu **de beau** dans ce magasin.

If the adjective is modified by an adverb such as **très** or **moins**, the **de** precedes the adverb.

> Ils ont vu **quelque chose de très comique.**
>
> Je voudrais **quelque chose de plus classique.**
>
> Vous n'avez **rien de moins cher** ?
>
> Il n'a **rien de très pratique.**

9.10 An embedded relative clause

You have already studied relative clauses that come at the end of a sentence.

> Je voudrais voir la jupe **que vous avez en vitrine.**
>
> Essayez le pantalon **qui est sur la table.**

In these cases, the relative clause follows the main clause because the noun that the relative clause qualifies comes at the end of the main clause. However, when the relative clause describes a noun that comes earlier in the main clause, it must still come directly after that noun. The relative clause is thus embedded within the main clause.

> Les <u>chaussures</u> **que je préfère** <u>coûtent</u> trop cher pour moi.
>
> Les <u>pantalons</u> **qui sont très larges** <u>ne me plaisent pas</u>.

Remember that even though the subject and verb of the main clause are separated by the relative clause, they must still agree.

9.11 Different uses of the verb *changer*

The verb **changer** is used in different ways according to the context of the sentence.

a. To express a general change, **changer** is used without a complement.

> La mode **change** tous les ans.

b. To indicate a specific change, **changer** is followed by the preposition **de** and a complement.

> Je vais **changer de chemise** puisque celle-ci est tachée.

c. To indicate a complete change of clothing, **changer** is used reflexively.

> Je vais **me changer** avant de sortir ce soir.

Ouverture culturelle
Le français en Afrique

Un marché aux fleurs, Dakar, Sénégal

Au pied des dunes de l'erg Chebbi, dans le Sahara marocain

ACTIVITÉ 1 *Qu'est-ce que vous savez des pays francophones de l'Afrique ?* À partir du dix-neuvième siècle, la France a eu des vastes colonies en Afrique. Malgré l'indépendance des anciennes colonies françaises réalisée dans les années 1960, il reste aujourd'hui une présence française marquée en Afrique : une vingtaine de pays, où la langue française joue encore un rôle important, restent rattachés à la France par des échanges économiques et des rapports diplomatiques. Les plus grandes régions francophones sont en Afrique du Nord (le Maghreb), où est situé le Maroc, et en Afrique occidentale (l'Afrique « noire »), où se trouve le Sénégal. Avant d'examiner ces deux pays, indiquez ce que vous savez déjà à leur sujet en marquant V (vrai) ou F (faux).

1. _____ Casablanca, site du célèbre film de Bogart, est une ville du Maroc.
2. _____ Le Sénégal est une démocratie.
3. _____ Le Maroc est un pays à majorité chrétienne.°   *Christian*
4. _____ La capitale du Sénégal est Dakar.
5. _____ « La négritude » est une forme d'esclavage.°   *slavery*

With this Ouverture culturelle:

CD-ROM
WWW : L'Afrique

DVD (Track 26)
Vignette culturelle :
    L'Afrique francophone

ACTIVITIES MANUAL
Activités pour DVD :
    L'Afrique francophone

Le Maroc

ACTIVITÉ 2 *Carte d'identité du Maroc* Lisez le tableau suivant avant de répondre aux questions.

Population 32 209 100 habitants (comparée à 60 424 200 pour la France), dont 5 000 000 francophones

Superficie 710 850 km² (comparée à 550 000 km² pour la France)

Capitale Rabat (1 400 000 habitants)

Autres villes principales Casablanca (2 600 000 habitants), Tanger, Marrakech, Meknès, Fès

Langues parlées L'arabe est la langue officielle, mais 35 % de la population parle berbère ; le français, compris par une bonne partie des Marocains, est utilisé dans les secteurs économique, diplomatique et scientifique.

La ville de Rabat, vue de la mer

Une rue de Marrakech

Religion L'islam est la religion officielle de l'État, avec une tolérance pour les autres religions ; le nom « Islam » signifie soumission à la volonté de Dieu, Allah, dont le prophète vénéré est Mahomet (Mohammed), qui a transmis la parole de Dieu aux fidèles,° les musulmans,° dans le texte du Coran. La mosquée avec son minaret° est un élément familier du paysage marocain.

faithful ones / Muslims / tower

La mosquée de Kairouyine à Fès

Un minaret à Erfoud

Gouvernement Monarchie héréditaire et constitutionnelle ; le roi Mohammed VI, descendant direct du prophète Mahomet, est le chef spirituel et temporel du pays. Il gouverne en accord avec un parlement, élu directement par le peuple et comptant, aux élections de 2003, 29 partis politiques.

Économie PIB (produit intérieur brut) 3 450 euros par habitant ; le Maroc produit et exporte des phosphates, des tapis° et textiles, des ouvrages en cuir et en bois,° souvent vendus dans les « souks » (marchés).

rugs wood

Une teinturerie à Fès

Plats traditionnels le couscous, le kabob, le méchoui,° *barbecue*
l'harrira,° la pastilla,° le tajine,° les cornes de gazelle,° *thick soup / pigeon*
le thé à la menthe° *pie / stew / cornes…*
almond-filled pastry
crescents / thé…
mint tea

Fêtes Parmi les nombreuses fêtes religieuses, « Eid-Seghir »
marque la fin du mois du Ramadan, période pendant
laquelle on ne doit ni manger, ni boire, ni fumer du lever
au coucher du soleil° : c'est une fête familiale qui *du lever… from*
commence par un petit déjeuner, suivi de la prière à la *sunrise to sunset*
mosquée et d'un déjeuner copieux, en général un
couscous et des gâteaux.

Devise « Si vous aidez Dieu il vous aidera » apparaît sur
le blason° du pays. *coat of arms*

Rapport avec la France Devenu protectorat français en 1912, après des siècles
d'indépendance sous plusieurs dynasties prestigieuses, le Maroc accède à
l'indépendance en 1956, sous le roi Mohammed V, père du monarque Hassan II
et grand-père du monarque actuel, Mohammed VI.

Culture : la musique La civilisation très ancienne du Maroc
est marquée par l'influence des Berbères (les premiers
habitants), des Juifs, des Romains, des Arabes et, plus
récemment, des Espagnols et des Français. Cette diversité se
reflète dans la musique, qui fait partie intégrale de la vie
marocaine : la voix du muezzin qui appelle les fidèles à la
prière° ; la musique « andalouse » , qui rappelle le flamenco *prayer*
espagnol ; le gnaoua, caractérisé par le rythme des tambours ;
le chaabi, musique traditionnelle que l'on entend jouer dans
les rues ; le malhoune, musique populaire reprise dans les
années 1970, incorporant des thèmes politiques ; le raï (=
opinion), musique contemporaine des jeunes, qui évoque des
thèmes modernes.

1. Dans quels contextes est-ce que le français est utilisé au Maroc ?
2. Quels exemples de l'importance de l'islam au Maroc pouvez-vous citer ?
3. Identifiez le contexte culturel de trois formes de musique trouvées au
   Maroc.

ACTIVITÉ 3 *La musique et l'héritage marocain* Lisez le passage suivant,
écrit par la chanteuse contemporaine Sapho. Ensuite, répondez aux questions.

Vivre au Maroc

J'ai vécu au Maroc durant les vingt premières années de ma
vie. Les souvenirs que je garde de ce temps-là sont d'abord
ceux de mon enfance marocaine passée dans un beau et
doux climat. Le Maroc est un pays de senteurs,° de couleurs *smells*
extraordinaires, de gentillesse extrême, et en même temps,
d'une irrésistible sensualité…

Quelques années plus tard, j'ai redécouvert ce sentiment
d'harmonie dans mon adolescence et dans mes amitiés. Je
suis juive.° Mes amis étaient marocains ou français, arabes ou *Jewish*

juifs. Nous nous rendions visite, nous célébrions les mêmes fêtes : nous formions une belle mosaïque, riche, vivante et tolérante...

Lorsque je suis arrivée en France, j'ai emporté avec moi tous ces sentiments marocains, mais ils se sont embrouillés° et enfouis° dans mon inconscient. J'avais une culture française et le français était ma langue maternelle, j'étais attirée par la musique rock avec tout ce qu'elle implique de rébellion contre mon entourage.° J'ai enregistré° deux albums.

muddled
buried

surroundings /
recorded

Puis un jour, quelque chose de surprenant m'arriva et décida de toute ma carrière. Je suis allée à un concert de musique arabe. Habitée par une nostalgie et une émotion intense, j'ai eu des larmes° aux yeux et j'ai adoré cette musique qui revenait en moi — musique folklorique, musique andalouse, les gnaouas, les jajoukas...

tears

Le mélange° de sons qui avaient formé ma sensibilité musicale m'inondait° à nouveau. J'ai alors compris que mon développement personnel tenait en ce point précis, en l'assimilation de ma culture arabe. À partir de ce moment-là, j'ai eu une approche différente de mon travail qui remporta un succès immédiat. Aujourd'hui, toute ma musique évoque le Maroc.

mixture
flooded

Je ressens° le besoin de retrouver mes racines.° Ma famille ne se trouve plus à Marrakech, mais j'ai une maison là-bas qui me rappelle mon enfance et la fraîcheur intérieure des maisons marocaines. Pendant longtemps, j'étais considérée comme une touriste et je devais rappeler à chaque personne que je chantais en arabe pour être acceptée. Ce n'était pas facile et la victoire fut lente. Aujourd'hui, j'ai reconquis° le Maroc.

feel / roots

reconquered

1. Sapho aime quels aspects du paysage marocain ?
2. Quelles qualités apprécie-t-elle chez les Marocains ?
3. Comment est-ce que sa musique a évolué ? Pourquoi ?
4. Quel est maintenant son rapport avec le Maroc ?
5. Quel est le rôle de la musique dans votre vie ?

ACTIVITÉ 4 *« Ce spectacle »* Lisez cette chanson de Sapho avant de répondre aux questions. Notez que la chanson commence par un passage en arabe basé sur le motif traditionnel « El Atlal » dans lequel le poète regarde un endroit qui évoque un souvenir ou une pensée. Ici le spectacle du soleil sur la mer évoque le peuple marocain.

CD de Sapho

Ce spectacle

Ce spectacle est pour tous
Le soleil sort de l'eau
Il y retourne

Rubis° qui endiable° le jour   *ruby / bedevils*
Qui soumet la marée° du rouge   *tide*
Ce spectacle est pour tous
Majesté sur la mer
Caresse du silence et d'un dieu°   *god*
Ce que tu es ne compte guère°   *ne... hardly counts*
à mes yeux
l'eau afflue° mieux   *flows*

Ce spectacle est pour tous
Le soleil sort de l'eau
Il y retourne

Heureux ou mortifiés
Miséreux ou magnats magnifiés
Ce spectacle est pour tous
Fous° d'amour ou calculassiers°   *crazy / calculating*
Poètes ou pauvres banquiers°   *bankers*
Ce spectacle est pour tous
Même les mendiants° y ont droit   *beggars*
Les voyous° ont des places de choix   *hoodlums*
Les motards,° les mal embouchés°   *bikers* / mal... *foul-mouthed*
Les connards° et les casse-pieds°   *fools* (fam.) / *pains-in-the-neck* (fam.)
Ce spectacle est pour tous

1. À quels moments du jour est-ce que le soleil semble sortir de l'eau et y retourner ? De quelle couleur est le ciel à ces moments-là ? Quelles traces de cette couleur voyez-vous dans cette chanson ?

2. Au début de la dernière partie de la chanson, quelles sortes de personnes sont mises en contraste par l'usage du mot « ou » ?

3. Quelles sortes de personnes sont mentionnées à la fin du poème ? « Ce spectacle est pour tous », mais surtout pour quelles sortes de personnes : les gens privilégiés par la société ou les « marginaux » ?

4. Quels aspects physiques et culturels décrits dans les deux premiers paragraphes de « Vivre au Maroc » (pages 513–514) se retrouvent dans cette chanson ?

ACTIVITÉ 5 *Mosaïque du Maroc* Le Maroc est un pays d'une grande diversité physique et culturelle.

1. Quels aspects typiques du Maroc voyez-vous dans les images suivantes : la religion, la tradition, la communauté, l'artisanat, la nature, les couleurs vives ?
2. Quels exemples de contrastes et de diversité voyez-vous dans certaines images et entre certaines images ?
3. Lequel de ces endroits aimeriez-vous visiter ? Pourquoi ?

La casbah d'Ouarzazate

a. _____

Une oasis devant les dunes d'erg Chebbi

d. _____

La place devant la Grande Mosquée de Casablanca

b. _____

La maison d'un marabout dans un village dans le désert

e. _____

Un vendeur de tapis offrant le thé à la menthe dans un souk

c. _____

Une plage près de Rabat

f. _____

Le Sénégal

ACTIVITÉ 6 *Carte d'identité du Sénégal* Lisez le tableau suivant avant de répondre aux questions.

Population 10 852 150 habitants (comparée à 60 424 200 pour la France), dont 760 000 francophones

Superficie 196 200 km² (comparée à 550 000 km² pour la France)

Capitale Dakar (1 500 000 habitants), située en face de l'île de Gorée, autrefois grand centre du commerce des esclaves°   *slaves*
entre l'Europe et les Amériques.

Vue panoramique de Dakar

Festival du jazz à Saint-Louis

Autre ville principale Saint-Louis (l'ancienne capitale)

Langues Le français est la langue officielle, utilisée dans l'administration et l'enseignement, mais il y a six autres langues « nationales », parmi lesquelles le wolof qui est le plus parlé.

Gouvernement Une république parlementaire dont le premier président, un des architectes de l'indépendance de son pays en 1960, a été Léopold Sédar Senghor. Senghor est le fondateur du Parti socialiste sénégalais. Il a été une des forces de la francophonie et un des chefs du mouvement de la « négritude ». Senghor a démissionné° en 1981 en faveur   *stepped down*
du premier ministre, Abdou Diouf, remplacé par Abdoulaye Wade en 2000. Le Sénégal est un des premiers états africains à avoir adopté une démocratie pluraliste où plusieurs partis politiques sont représentés ; le Chef de l'État et les 120 députés de l'Assemblée nationale sont élus au suffrage universel direct.

Économie PIB (produit intérieur brut) 1 400 euros par habitant (comparé à 14 628 pour la France) ; pour diversifier l'économie, dominée auparavant par l'arachide,° le pays investit, avec ses voisins, dans l'utilisation du fleuve° Sénégal pour la production d'énergie électrique, l'irrigation et le développement agricole (maïs,° mil,° légumes).

peanut
river

corn / millet

L'extraction du sel au lac Rose

Plats traditionnels le bassi-salété,° le poulet yassa,° le tieboudienne,° le mafé°

couscous / chicken stew
fish dish with rice / stew with peanut sauce

Fêtes Comme les Marocains, la plupart des Sénégalais pratiquent la religion de l'islam ; les fêtes musulmanes sont célébrées en famille, mais il y a aussi une grande fête nationale, le jour de l'indépendance (le 4 avril), où on déploie le drapeau et joue de la kora, instrument à cordes,° fait à partir d'une gourde.

strings

L'hymne national Écrit par Léopold Sédar Senghor, l'hymne national a pour titre *Pincez tous vos koras ; frappez les balafons,*° ce qui fait allusion à des instruments de musique.

Pincez... Pluck your koras; strike the balafons

Rapports avec la France À la suite d'une présence constante de la France depuis le dix-septième siècle, le Sénégal déclare son indépendance en 1960.

Culture : la littérature Comme dans tous les pays francophones de l'Afrique, la littérature sénégalaise (principalement écrite en français) reflète le rapport problématique entre la culture française, imposée par le colonialisme, et la culture africaine traditionnelle. Dans les années trente, trois étudiants noirs à Paris — le Sénégalais Léopold Sédar Senghor, le Martiniquais Aimé Césaire et le Guyanais Léon-Gontran Damas — ont fondé le mouvement de « la négritude », qui exprime la révolte contre la domination culturelle des blancs, tout en affirmant « l'ensemble des valeurs du monde noir ». La négritude s'exprime souvent dans la poésie africaine francophone ; on note aussi la richesse du théâtre et des contes sénégalais, qui

Toumani Diabaté joue de la kora

sont surtout d'origine populaire et orale. Les thèmes principaux des diverses formes de la littérature sénégalaise reflètent les « valeurs du monde noir » : le respect des ancêtres, la sagesse de la tradition, l'importance de la nature, les animaux, la musique, la danse, le spiritualisme, l'amour, la fraternité et la liberté.

1. Dans quels contextes est-ce que le français est utilisé au Sénégal ?
2. Quelles sortes de fêtes caractérisent la vie sénégalaise ?
3. Quelles sont les valeurs et thèmes du mouvement de « la négritude » ?

ACTIVITÉ 7 *Le conte africain* La tradition orale joue un rôle important dans la continuité et la transmission de la culture africaine. Souvent racontés par un « griot », un conteur qui représente la sagesse populaire, les contes sont en général sous forme de fables, avec des animaux comme personnages. Lisez cette version de *La belle histoire de Leuk-le-lièvre,* transcrite en français par Léopold Sédar Senghor, avant de répondre aux questions.

Une griotte sénégalaise

Le plus jeune animal

— Léopold Sédar Senghor et Abdoulaye Sadji

C'est au temps où les animaux de la brousse° aiment à se réunir pour causer et discuter de leurs affaires.   *bush*

Certain jour ils se rassemblent sous l'arbre des palabres° pour désigner le plus jeune animal. Oncle *Gaïndé-le-lion* préside la séance.   *conversations*

On connaît le plus fort de tous les animaux : c'est Gaïndé-le-lion, roi de la brousse. On connaît le plus vieux : c'est *Mame-Gnèye-l'éléphant.* On connaît aussi le plus malhonnête et le moins intelligent : c'est *Bouki-l'hyène.* Mais on ne connaît pas le plus intelligent. Tout le monde veut passer pour le plus intelligent de tous les animaux. Oncle Gaïndé-le-lion dit : « Si nous connaissons le plus jeune d'entre nous, nous connaîtrons en même temps le plus intelligent. »

Alors ceux qui croient être les plus jeunes lèvent la main, pour demander à dire la date ou l'époque de leur naissance.

« Moi, je suis née l'année de la grande sécheresse,° c'est-à-dire il y a trois ans », déclare la Biche.   *drought*

« Moi, je suis né il y a trois lunes », affirme le Chacal en dressant ses oreilles pointues.

« Et moi, dit le Singe en se grattant, tenez, je viens de naître. »

Tout le monde applaudit, et le Singe se croit vainqueur° lorsqu'une voix crie du haut d'un arbre : « Attention ! Je vais naître. Un peu de place pour me recevoir. »   *winner*

Et *Leuk-le-lièvre,*° lâchant la branche à laquelle il s'est accroché, tombe au milieu des animaux étonnés.   *hare*

Tout le monde reconnaît que Leuk-le-lièvre est en effet le plus jeune, puisqu'il vient de naître au milieu de la discussion. Donc il est reconnu en même temps comme le plus intelligent.

Oncle Gaïndé-le-lion se lève et s'approche de Leuk-le-lièvre : « Je te proclame le plus intelligent des animaux, lui

dit-il. Tu as réussi à nous prouver que tu es le plus jeune.
Tu n'es peut-être pas vraiment le plus jeune, mais ton
intelligence est supérieure à celle des autres. »

1. Identifiez l'animal qui est...
   a. le plus fort
   b. le plus vieux
   c. le plus malhonnête
2. Quels sont les trois animaux qui prétendent être les plus jeunes ?
3. Selon Gaïndé-le-lion, quelle autre qualité aura le plus jeune ? Cherche-t-il vraiment le plus jeune ou le plus intelligent ?
4. Comment sait-on que Leuk-le-lièvre est le plus intelligent, même s'il n'est pas le plus jeune ?
5. Quels contes ou films américains / européens connaissez-vous où les personnages sont des animaux ? En quoi ce conte sénégalais vous semble-t-il different ?
6. Quels sont les aspects africains de ce conte ? Quels autres aspects sont plus universels ?

ACTIVITÉ 8 *Images du Sénégal* Le Sénégal est un pays de grande activité physique et culturelle.

1. Quels aspects typiques de la vie au Sénégal voyez-vous dans les images suivantes : la religion, la tradition, la communauté, la famille, la nature, les arts ?
2. Quels aspects communs voyez-vous entre certaines images ?
3. À laquelle de ces activités aimeriez-vous participer ? Pourquoi ?

Un griot

Duel de danse et de tambour

Pêcheurs à la plage de Saly

Festival de Touba, à Magal

Puits de village à Cayor

Vente de poissons à Kayar

ACTIVITÉ 9 *Explorons un pays francophone d'Afrique sur internet*
Visitez le site Web d'un pays francophone d'Afrique en utilisant notre site Web
pour le CD-ROM ou bien en tapant le nom d'un pays dans la boîte marquée
« recherche » d'un moteur de recherche comme Yahoo.fr, Nomade.fr ou
Google.fr. Nous suggérons les pays suivants : Maghreb (le Maroc, la Tunisie,
l'Algérie) ; Afrique sub-saharienne (le Sénégal, le Bénin, le Cameroun, la
Côte-d'Ivoire, la Mauritanie, le Mali, le Togo ; Îles (Madagascar).

    Ensuite, choisissez une catégorie comme « la culture » sur le site Web de la
Tunisie qui est présenté ici, cliquez sur une sous-catégorie comme « le cinema »
ou « les sites » , et notez trois observations qui vous semblent intéressantes.

Pays _____

Adresse internet _____

Observations _____
_____
_____

Une maison au Québec

Une maison en Guadeloupe

Des immeubles à Paris

Qualité de vie

> ❯ **talking about future plans and dreams**

> ❯ **expressing obligations and desires; offering help and accepting or refusing it**

> ❯ **stating complaints about social and political problems; expressing need, desire, sentiment, and subjective judgment**

> ❯ **discussing social problems; making predictions and hypotheses**

With this Dossier:

CD-ROM (E10)
Échanges
Petit jeu
Comment le dire

ACTIVITIES MANUAL (E10D1)
Activités écrites
Activités de laboratoire

BOOK COMPANION SITE (E10)
www.wiley.com/college/magnan

Point de départ **Lire**

> *Stratégie* Utilisez le contexte pour comprendre le sens des formes abrégées.

Certain texts, such as want ads, whose space is at a premium, use abbreviations to convey a lot of information in a small space. You can use the context of ads and your knowledge of French vocabulary to guess the meaning of many of these abbreviations.

Avant de lire *Logements à vendre*

Devinez le sens de ces formes abrégées tirées de quelques petites annonces immobilières.°   *housing*

1. pour décrire l'appartement
   a. 3 ch.
   b. 2e ét.
   c. SDB

2. pour décrire l'immeuble
   a. const. mod.
   b. asc.
   c. gar.

En lisant

Lisez ces petites annonces en entourant toutes les formes abrégées.

Région Carnac : maison de style contemp. en exc. état, salon de 25m², 4 ch., salle de bains, WC, sur un terrain de 1000 m². Px 375 000 euros.
Vannes Le Bondon : studio au 3e ét., surf. 20 m², entrée, séjour avec coin kitchenette équipée, SDB, WC. Px 52 000 euros.
Près de la Gacilly : maison ind. neuve, au rez-de-chaussée : salon, cuis., 1 ch. et gar. À l'ét. 4 ch. et bains. Jardin 350 m². Px 293 000 euros.
Ambon : maison de constr. trad., salon de 36 m², 3 ch. dont 1 en RDC, SDB, WC, terrain de 730 m². Px 218 000 euros.
Orion : penthouse, vue grandiose, 3 ch. avec bains, 188 m², asc., double gar. Px 2 112 000 euros.

Après avoir lu

1. D'après le contexte, qu'est-ce que ces formes abrégées représentent ?
   a. maison ind.
   b. RDC
   c. px.
   d. cuis.
   e. const. trad.
2. Quel logement coûte le plus cher ?
3. Lequel a le plus de chambres ?
4. Quelles sont les différences entre la maison « Région Carnac » et la maison « Ambon » ?

5. Quel logement serait idéal pour un fonctionnaire célibataire ? pour une avocate, son mari qui est journaliste et leur fille qui n'ont pas le temps de s'occuper d'un terrain ? Pourquoi ?

À vous la parole

Travaillez par trois. Expliquez à vos camarades lequel de ces logements vous voudriez acheter et pourquoi.

L'essentiel

Pour parler de vos projets et de vos rêves

ÉCHANGE 1 *Déménagement*

RACHID: C'est vrai que vous allez quitter Paris ?

SAYED: Oui, nous allons nous installer à Orléans.

RACHID: Ah, vous avez déjà trouvé un logement ?

SAYED: Non, mais ça ne sera pas difficile.

RACHID: Vous cherchez une maison ?

SAYED: Pas tout de suite. Pour commencer, nous allons louer un appartement et plus tard, nous achèterons une maison.

RACHID: Et vous allez déménager bientôt ?

SAYED: Non, non, nous ne partirons pas avant l'été.

EXPRESSIONS UTILES *logements*

chercher un logement dans le centre
                                en banlieue

louer un deux-pièces dans un grand immeuble moderne

acheter une maison avec un jardin
              un appartement de grand standing dans un immeuble rénové

s'installer dans une maison de banlieue
              dans un petit studio meublé
              à la campagne

déménager

❯ Observez

1. You already know how to talk about the future using the **futur proche**. Which verbs in **Échange 1** are conjugated in the **futur proche**? (3.4)
2. Which three verbs in **Échange 1** refer to the future but are not conjugated in the **futur proche**? The tense used with these three verbs is called **le futur simple**. (10.1.a)
3. The stem of the verbs conjugated in the **futur simple** is like the stem of what other form? (10.1.b)

APERÇUS CULTURELS

Le logement en France

Les différentes sortes de logement en France varient selon deux critères : le revenu° des familles ou individus et la taille des villes. À Paris, il y a très peu de maisons individuelles et presque tout le monde habite en appartement. Par contre, dans la banlieue parisienne, on trouve à la fois des grands immeubles à appartements multiples et des villas avec des jardins. La situation est similaire dans les grandes villes comme Lyon, Marseille et Bordeaux. Dans les villages et petites villes, les maisons individuelles prédominent. Aujourd'hui, 60 % des Français sont propriétaires de leur logement.

income

▸ Dans votre ville, quelle sorte de logement prédomine — les maisons individuelles ou les appartements ?

ACTIVITÉ 1 *As-tu l'intention de... ?* Travaillez avec un(e) camarade de classe. La personne A demande si la personne B a l'intention de faire certaines choses. La personne B répond selon les indications en utilisant le futur simple.

> **Modèle:**   déménager cet été / en automne
>
> A: As-tu l'intention de déménager cet été ?
>
> B: Non, je déménagerai en automne.

1. chercher un logement dans le centre / en banlieue
2. louer un studio / une maison avec un jardin
3. s'installer dans un appartement de banlieue / une maison à la campagne
4. acheter un deux-pièces / un petit studio
5. chercher un appartement dans un immeuble moderne / un immeuble rénové
6. acheter un appartement de grand standing / une petite maison

ACTIVITÉ 2 *Mes projets* Parlez avec un(e) camarade de classe. La personne A dit ce qu'elle fera au moment indiqué. La personne B donne sa réaction et explique ce qu'elle fera elle-même.

> **Modèle:**   A: Ce week-end, j'irai à Chicago avec mon ami.
>
> B: Quelle chance° ! Moi, je resterai ici pour travailler.   *luck*

1. ce week-end   4. cet été
2. ce soir   5. l'année prochaine
3. la semaine prochaine   6. demain

ÉCHANGE 2   *Quelle sorte de quartier ?*

CLÉO: Tout est arrangé. Nous déménagerons le mois prochain.
AGNÈS: Vous habiterez dans quelle sorte de quartier à Aix ?
CLÉO: Au centre, mais dans une rue calme, où il y a peu de circulation.
AGNÈS: Vous aurez un appartement de grand standing ?
CLÉO: Oh, pas le luxe, mais c'est moderne, propre et bien ensoleillé. Et le loyer n'est pas trop exorbitant !

EXPRESSIONS UTILES   *qualités et prix*

le quartier	l'aspect général	le prix du loyer
calme / bruyant	traditionnel / moderne	exorbitant
avec peu / beaucoup de circulation	vieux / neuf	modéré
au centre / en banlieue	grand / minuscule	peu cher
	propre / sale	
	ensoleillé / sombre	

ACTIVITÉ 3 *C'est le contraire* Dites le contraire de chacun de ces jugements.

> **Modèle:**   Ce quartier est calme.
> Mais non, ce quartier est bruyant.

1. Cet appartement est ensoleillé.
2. Le loyer est peu cher.
3. Ce deux-pièces est grand.
4. Les Français préfèrent les maisons neuves.
5. Ce quartier est propre.
6. Les Parisiens adorent le style traditionnel.

ACTIVITÉ 4 *Loto !* Circulez et posez des questions à vos camarades de classe selon les indications données. Quand quelqu'un répond « oui », écrivez son nom dans la case. L'étudiant(e) qui est le premier / la première à avoir des noms dans quatre cases (horizontalement, verticalement ou en diagonale) est le champion / la championne.

Trouvez quelqu'un qui...

L	O	T	O
habite un quartier calme	a une chambre ensoleillée	préfère les maisons de style traditionnel	a un loyer modéré
préfère les maisons de style moderne	paie un loyer exorbitant	habite un studio	habite dans une rue bruyante
a une chambre minuscule	habite un immeuble propre	habite en banlieue	a une grande cuisine
a un jardin	habite une rue avec beaucoup de circulation	habite dans un appartement sombre	habite dans un vieil immeuble

ACTIVITÉ 5 *À l'agence immobilière* Avec un(e) camarade de classe, jouez les rôles d'un agent immobilier et d'un(e) client(e) au Québec. Le / La client(e) explique ce qu'il / elle veut (quartier, prix, genre de logement, ambiance) et l'agent essaie de déterminer lequel des logements sur sa liste convient le mieux aux désirs du client / de la cliente.

À LOUER
Av. des Pins O. 4400 $ nég., occupation immédiate, tout meublé, chauffage et stat., 220 pi^2, plafond 12 pi, planchers bois franc, à voir !

À LOUER
Courcelette Outrement, 3500 $/mois nég., occupation immédiate, semi-détaché, 4+1 ch., 2 s/bains, planchers bois franc, rangement + jardin.

À VENDRE
Cott. charmant, maison en pierres, foyer au bois, pl. bois franc, grand jardin, 3+1 ch., sur Portland, à voir !

À VENDRE
MONT-TREMBLANT, visite libre dim. 14h-16h, av. des Cerfs, charmante maison sur le golf avec vue, 5 ch., 659 000 $.

> **Observez**
> 1. Are Daniel and Dominique talking about the past, the present, or the future? **(10.1.a)**
> 2. There are two clauses in the first sentence. Are the verbs in these clauses in the same tense or in different tenses? Would this also be the case in English? **(10.1.c)**

ÉCHANGE 3   *Rêves*

DANIEL: Moi, quand je serai riche, j'aurai une belle maison avec trois chambres, un garage et un grand jardin. Il y aura un étage et un grenier.

DOMINIQUE: Et moi, quand je serai riche, j'aurai un appartement avec tout le confort moderne. J'y mettrai des meubles modernes dans toutes les pièces et beaucoup de tableaux dans le salon.

EXPRESSIONS UTILES   *plan de maison*

pièces

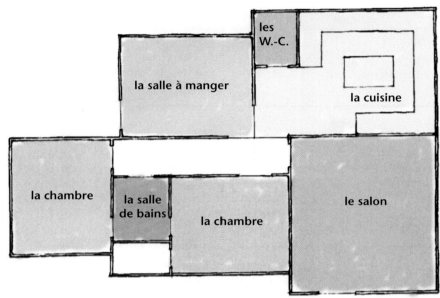

meubles

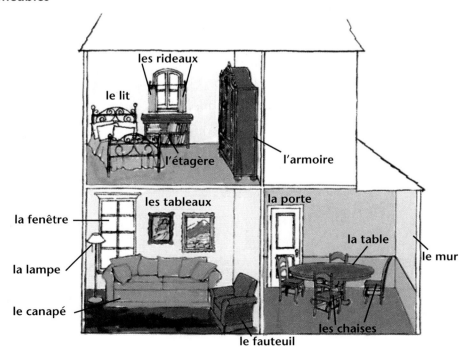

ACTIVITÉ 6 *Chez moi* Dessinez le plan de votre maison / appartement ou de celle / celui de vos parents. Écrivez le nom de chaque pièce. Ensuite, décrivez le plan à un(e) camarade de classe qui va essayer de le dessiner. Comparez le dessin de votre camarade avec votre plan.

ACTIVITÉ 7 *Où placer les meubles ?* Travaillez avec un(e) camarade de classe. La personne A regarde le plan et décrit où sont situés les meubles. La personne B dessine le même plan sans regarder le dessin dans le livre.

 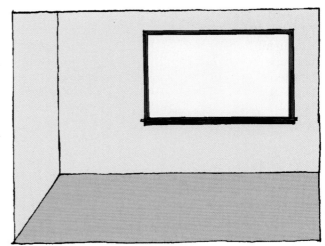

ACTIVITÉ 8 *Quand tu auras trente ans* Travaillez avec un(e) camarade de classe. La personne A pose une question selon les indications données sur la vie de la personne B quand elle aura trente ans et la personne B répond.

> **Modèle:**   faire dans la vie
>
> A: Que feras-tu dans la vie quand tu auras trente ans ?
>
> B: Je serai avocate.

1. habiter
2. être marié(e)
3. avoir des enfants
4. porter au travail
5. faire pendant les vacances

ACTIVITÉ 9 *Ma vie future* Terminez ces phrases de façon logique.

1. Quand j'aurai soixante-cinq ans...
2. Quand j'inviterai mes amis...
3. Quand je voyagerai...
4. Quand je ne serai plus étudiant(e)...
5. Quand j'achèterai une maison...

ACTIVITÉ 10 *Voyages futurs en France* Travaillez avec un(e) camarade de classe. Vous voulez aller en France cet été. À tour de rôle, dites ce que vous ferez et ce que vous verrez quand vous serez en France.

Vocabulaire essentiel

logements

le deux-pièces	*two-room apartment*
l'immeuble *(m)*	*apartment building*
le logement	*housing, accommodation, lodging*
le studio	*studio (apartment)*

meubles

l'armoire *(f)*	*wardrobe*
le canapé	*couch*
l'étagère *(f)*	*shelf, set of shelves*
le fauteuil	*armchair*
la lampe	*lamp*
le meuble	*piece of furniture*
le rideau	*curtain*
la table	*table*
le tableau	*painting*

pièces

la chambre	*bedroom*
la cuisine	*kitchen*
le garage	*garage*
le grenier	*attic*
la pièce	*room*
la salle à manger	*dining room*
le salon	*living room*
les W.-C. *(m pl)*	*water closet, toilet*

prix

exorbitant(e)	*exorbitant, pricey*
le loyer	*rent*

qualités

bruyant(e)	*noisy*
la circulation	*automobile traffic*
le confort	*comfort*
de grand standing	*luxury*
ensoleillé(e)	*sunny*
le luxe	*luxury*
meublé(e)	*furnished*
rénové(e)	*renovated*
sombre	*dark*
traditionnel(le)	*traditional*

quartiers

la banlieue	*suburb*
le centre	*center*
le quartier	*neighborhood*

autres expressions utiles

le mur	*wall*
la porte	*door*
riche	*rich*

autres verbes

déménager	*to move (from one lodging to another) (conj. like **nager**)*
s'installer	*to settle in (conj. like **se coucher**)*
quitter	*to leave (conj. like **parler**)*

Prononciation N'aspirez pas les [t]

1. The sound [t] corresponds in French to the letters **t, tt,** and **th,** as well as to **d** when part of a **liaison.**

   une **t**able   in**t**éressan**t**e   ils me**tt**ent   au **th**éâtre   un gran**d**_hôtel

2. To pronounce a good French [t], put the tip of your tongue against the back of your front teeth and release it quickly without letting out a big puff of air. It is particularly important to avoid this puff of air when the [t] is at the beginning of a word.

3. At the end of a word, the letter **t** is usually not pronounced, as you will remember. There are a few exceptions: **sept, huit, à l'est, à l'ouest,** and words ending with **ct** such as **correct** and **contact.** Please also note that the **t** in **vingt** is pronounced when **vingt** is followed by another digit : vingt-deux.

ACTIVITÉ 11 *Tu déménages ?* Dans la conversation suivante, soulignez les « t » qui se prononcent et barrez ceux qui ne se prononcent pas. Ensuite, lisez la conversation avec un(e) camarade de classe.

Modèle: A: C'est vrai que tu vas t'installer à Toulouse ?

B: Oui, mais pas tout de suite !

A: Quand est-ce que tu vas déménager ?
B: J'ai trouvé un petit appartement très chouette. Je m'y installerai quand il
      sera libre, le 28 septembre.
A: C'est un appartement meublé ?
B: Non, non, il faut que j'achète tout : des lits, des meubles et des tableaux.
A: Tu n'as pas l'air très enthousiaste.
B: C'est-à-dire... ça va coûter cher, tout ça !

Expansion **Écrire**

> *Stratégie* Imitez le style d'un autre écrivain pour varier votre style.

In order to vary your writing and to develop appropriate styles for different types of writing, it is useful to imitate other authors' techniques.

Avant d'écrire *Poème à la Perec*

1. Lisez le petit poème qui suit et ensuite considérez ces questions pour
   apprécier les techniques utilisées par l'auteur pour créer un style particulier.
   a. Quelle sorte de mot (nom, infinitif, verbe conjugué, adjectif) est-ce que
      l'auteur utilise le plus souvent ?
   b. Quelle est la différence entre les deux premières lignes et le reste du poème ?
   c. Quel est le rapport entre les mots « inventorier » , « ranger » , « classer » ,
      «trier » ?
   d. Quel préfixe se trouve très fréquemment dans les mots de ce poème ?
   e. Que suggère ce préfixe ? Quel est son rapport avec le message du poème ?

Déménager

—Georges Perec

Quitter un appartement. Vider les lieux.°   Vider... *to vacate*
Décamper. Faire place nette. Débarrasser le plancher.   *the premises*
    Inventorier ranger classer trier
    Éliminer jeter fourguer°   *to unload*
    Casser
    Brûler
    Descendre desceller déclouer° dévisser°   *to remove nails /*
décrocher   *to unscrew*
    Débrancher° détacher couper tirer démonter   *to unplug*
    Rouler
    Empaqueter° emballer sangler nouer empiler   *to wrap up*

rassembler entasser ficeler envelopper protéger
recouvrir entourer serrer

Enlever° porter soulever	*to take away*
Balayer°	*to sweep*
Fermer	
Partir	

2. Choisissez dix mots pris dans au moins six vers différents. Utilisez ces mots pour raconter en prose l'histoire de ce déménagement. Écrivez cette histoire au futur et indiquez des détails, en particulier donnez des sujets et des compléments aux verbes.

> **Modèle:**   Je quitterai mon appartement. J'inventorierai mes livres. Je jetterai toutes les vieilles lettres de mon petit ami / ma petite amie...

3. Considérez les différences entre la version poétique de Perec et votre version en prose. Laquelle est plus claire ? plus émouvante ? plus universelle ?

Écrire

Un autre préfixe très fréquent est **re- / ré-** ; son sens est le contraire du préfixe **de- / dé-**. En utilisant au moins six des mots suivants, faites un poème qui imite le style de celui de Perec. Le sujet de votre poème sera : s'installer dans un nouvel appartement.

rattacher	recharger	refaire	relever	réorganiser
réarranger	réchauffer	regrouper	remettre	reproduire
rebrancher	redresser	réinstaller	remonter	retrouver

Après avoir écrit

Relisez votre poème pour vérifier que vous avez...

1. utilisé au moins six verbes de la liste.
2. arrangé les infinitifs que vous avez choisis dans un ordre logique pour suggérer les étapes d'une installation dans un nouvel appartement.
3. imité le style et la structure du poème de Perec.

À vous la parole

Travaillez par trois. À tour de rôle, lisez votre poème aux autres membres du groupe. Discutez ensemble quel poème est le plus universel / le plus original / le plus émouvant / le plus comique.

Point de départ **Écouter**

DOSSIER 2

In this Dossier, you will learn about these grammatical features

> the forms of the present subjunctive for regular **-er**, **-ir**, and **-ir** / **-iss** verbs

> the forms of the present subjunctive for the irregular verbs **aller** and **faire**

> the use of the subjunctive after expressions of need and desire

Stratégie Notez les répétitions pour faciliter votre compréhension d'un poème ou d'une chanson.

In oral texts such as poems and songs, meaning is often reinforced by the repetition of certain key expressions. Focusing on these repeated expressions will help you understand the message of the text.

Avant d'écouter *Terre d'amour*

Lisez ces quatre vers extraits de «Terre d'amour », une chanson folklorique canadienne. Ensuite, essayez de deviner quelles expressions des deux premiers vers devraient se trouver dans les blancs des deux autres vers.

La terre j'en ferai une maison habitée d'amour,

De fleurs, de paix, de feux de joie° veillés par les colombes° ;   feux... *bonfires /*

_____ _____ apprendra ma chanson, gage d'harmonie,   *doves*

_____ _____ j'en ferai _____ _____ où nous sommes réunis.

💿 En écoutant

Vous allez écouter les paroles de cette chanson deux fois. La première fois, essayez de remplir les blancs avec les mots qui se répètent. La deuxième fois, vérifiez ce que vous avez écrit.

Terre d'amour

La terre j'en ferai une maison habitée d'amour,

De fleurs, de paix, de feux de joie veillés par les colombes ;

_____ _____ apprendra ma chanson, gage d'harmonie,

_____ _____ _____ _____ _____ _____ où nous sommes réunis.

D'un océan à l'autre nous marcherons vers notre horizon,

Enracinés tout comme les arbres dans la fraternité ;

_____ _____ éclatera en° _____ _____ _____,   *éclatera... will*

_____ _____ sera notre _____ _____ _____ _____ _____.   *burst into*

_____ _____, voilà ce que nous offrons,

_____ _____ _____ _____ _____ _____ vivons,

_____ _____, tu montes à l'_____.

With this **Dossier:**

AUDIO CD (**Tracks 28, 29**)
Point de départ : Terre d'amour (28)
Expansion : Publicités (29)

CD-ROM (**E10**)
Échanges
Comment le dire

DVD (**Track 27**)
Situation : Faire le ménage

ACTIVITIES MANUAL (**E10D2**)
Activités écrites
Activités de laboratoire
Activités pour DVD
   Situation : Faire le ménage

BOOK COMPANION SITE (**E10**)
www.wiley.com/college/ magnan

Après avoir écouté

1. Combien de fois les deux mots du titre sont-ils répétés ensemble dans le même vers ?
2. Combien de fois est-ce que la terre est comparée à une maison ? Que suggère cette comparaison ? (Quelles qualités sont associées à une maison ?)
3. Combien de verbes sont au futur ? Quel temps est utilisé dans la dernière phrase ? Quel est le sens de ce changement de temps ?

À vous la parole

Travaillez par trois pour discuter de ces questions.

1. Est-ce que l'image de la terre et de l'avenir proposée par cette chanson est positive ou négative ? Pourquoi ?
2. Êtes-vous d'accord avec cette vision ? Pourquoi ou pourquoi pas ?

L'essentiel

Pour parler des obligations et des désirs

ÉCHANGE 1 *Aidez-moi un peu*

MÈRE: Dites donc, les enfants, il faut que vous m'aidiez un peu aujourd'hui !
FILLE: Ah ? Qu'est-ce qu'il faut faire ?
MÈRE: Il faut que nous rangions le garage.
FILLE: Je voudrais bien, mais c'est impossible. Il faut que j'aille chez le dentiste.
FILS: C'est impossible pour moi aussi. Je dois finir mes devoirs et après ça, il faut que je sorte.
MÈRE: Sortir ? Non, non, non. Tu feras tes devoirs et ensuite tu m'aideras à ranger le garage.

EXPRESSIONS UTILES   *tâches ménagères*

faire	le ménage	ranger
	la vaisselle	nettoyer
	la lessive	passer l'aspirateur
	son lit	

ACTIVITÉ 1 *Faire le ménage* Dites si vous faites les tâches suivantes et si oui, dans quelles circonstances et combien de fois par jour / par semaine.

> **Modèle:**   la vaisselle
>
> Je fais la vaisselle tous les soirs après le dîner.
> *ou:*
> Je ne fais jamais la vaisselle.

1. passer l'aspirateur
2. ranger le garage
3. faire mon lit
4. faire la lessive
5. ranger ma chambre
6. nettoyer la salle de bains

▶ Observez

1. When **il faut** is followed by a clause *(subject + verb)*, what word links them? **(10.2.a)**
2. The verb in a clause following **il faut** is in a form called *the present subjunctive*. Like the indicative, the subjunctive is a verbal mood. What differences in stem and / or ending do you notice between the present subjunctive forms of the verbs **aider, ranger, aller,** and **sortir** as they appear here and their corresponding present indicative forms? **(10.2.b,c)**

ACTIVITÉ 2 *Il faut que...* Travaillez avec deux camarades de classe. La personne A joue le rôle d'un parent qui explique à ses enfants ce qu'il faut qu'ils fassent. La personne B et la personne C jouent le rôle des enfants qui expliquent pourquoi ils / elles ne peuvent pas faire ce que dit leur parent.

Modèle: m'aider

        PARENT: Il faut que vous m'aidiez.

        ENFANT 1: Je voudrais bien mais je dois...

        ENFANT 2: Je ne peux pas, je dois...

1. ranger vos chambres
2. passer l'aspirateur
3. nettoyer la cuisine
4. s'endormir tout de suite
5. aller au marché
6. se changer

ACTIVITÉ 3 *Obligations* Travaillez avec un(e) camarade de classe. La personne A demande s'il faut qu'ils / elles fassent quelque chose et la personne B répond que oui.

Modèle: ranger notre chambre

        A: Faut-il que nous rangions notre chambre ?

        B: Oui, il faut que tout le monde range sa chambre.

1. recycler les sacs en plastique
2. écouter le professeur
3. dormir au moins huit heures
4. choisir ses cours pour l'année prochaine
5. se brosser les dents trois fois par jour
6. aller chez le dentiste

ÉCHANGE 2   *Qui va faire la lessive ?*

    ADOLESCENT: Tu veux que je fasse la lessive ce matin ? Mais c'est impossible. Je ne l'ai jamais faite, et puis...

        MÈRE: Mais c'est pas très compliqué : on met le linge dans le lave-linge, puis on le met dans le séchoir et c'est vite fini.

> **Observez**
>   1. What verb in this conversation is followed by the subjunctive? **(10.2.a)**
>   2. What is the infinitive of **je fasse**? **(10.2.c)**

EXPRESSIONS UTILES   *équipement ménager*

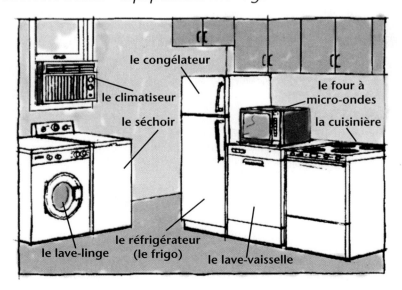

le congélateur

le climatiseur

le séchoir

le four à micro-ondes

la cuisinière

le lave-linge

le réfrigérateur (le frigo)

le lave-vaisselle

ACTIVITÉ 4 *Où sont les appareils ?* Travaillez avec un(e) camarade de classe. La personne A regarde le plan de la cuisine et décrit la position des appareils. La personne B dessine le plan sans regarder le plan dans le livre.

ACTIVITÉ 5 *Tout le confort* Avec un(e) camarade de classe, discutez de l'équipement essentiel dans un appartement.

> **Modèle:** A: Il faut avoir un climatiseur.
>
> B: Mais non, quand il fait chaud, on peut ouvrir la fenêtre.

ACTIVITÉ 6 *Je veux que...* Avec un(e) camarade de classe, jouez les rôles d'un père / d'une mère et d'un(e) enfant.

> **Modèle:** ranger ta chambre
>
> PÈRE / MÈRE: Je veux que tu ranges ta chambre.
>
> ENFANT: Mais, je ne veux pas ranger ma chambre.
>
> PÈRE / MÈRE: Tant pis, tu rangeras ta chambre quand même !

1. passer l'aspirateur
2. rentrer avant minuit
3. faire la lessive
4. se coucher avant onze heures
5. partir avec la famille pendant les vacances
6. aller acheter une baguette

APERÇUS CULTURELS

Équipement électroménager

Le nombre de ménages en France munis d'équipement électroménager a beaucoup augmenté pendant le dernier quart du vingtième siècle. En 2000 plus de 90% des ménages avaient un réfrigérateur et un lave-linge et plus de la moitié un congélateur et un four à micro-ondes. Seul le séchoir est encore peu répandu à cause de sa forte consommation d'électricité. Quant aux petits appareils ménagers, les plus populaires sont les aspirateurs, les cafetières et les grille-pain.

▶ À votre avis, quel appareil est indispensable ? Pourquoi ?

Proposer, accepter et refuser de l'aide

ÉCHANGE 3   *Donner un coup de main*

KORALIE: Dis-moi, est-ce que je peux te donner un coup de main ?
MALIKA: Oui, avec plaisir... tu peux nettoyer la salle de bains.

EXPRESSIONS UTILES   *l'aide*

offres

Je pourrais vous aider ?
Je peux te donner un coup de main ?
Vous voulez que je fasse quelque chose pour vous ?

réactions

Oui, avec plaisir.   Merci, ce n'est pas la peine.
Vous êtes très aimable.   C'est très gentil mais ça va comme ça.

ACTIVITÉ 7 *Un coup de main* Circulez parmi vos camarades de classe, et proposez-leur de les aider à faire le ménage. Ils peuvent accepter ou refuser.

> **Modèle:**   A: Je peux te donner un coup de main ?
>
>   B: Tu es très aimable. Oui, tu pourrais passer l'aspirateur.
>   *ou:*
>   Merci, ce n'est pas la peine. Ça va comme ça.

ACTIVITÉ 8 *Je pourrais t'aider ?* Travaillez avec un(e) camarade de classe. La personne A dit ce qu'elle doit faire. La personne B offre de l'aider et la personne A accepte en indiquant ce que la personne B pourrait faire.

> **Modèle:**   faire la lessive
>
>   A: Il faut que je fasse la lessive.
>
>   B: Je pourrais t'aider ?
>
>   A: Tu es très aimable. Tu pourrais mettre ton linge sale dans le lave-linge.

1. faire le ménage   4. préparer le dîner
2. ranger le garage   5. nettoyer le salon
3. faire la vaisselle   6. faire les courses

ÉCHANGE 4   *Drôle de gadget !*

NICOLE: Qu'est-ce que c'est que ce truc-là ?
MME DESCHAMPS: Ah ça, tu vois, c'est un nouveau gadget ; c'est pour couper les légumes en tranches. Tu mets la pomme de terre dedans, tu appuies sur le bouton comme ça et la pomme de terre est coupée en tranches.
NICOLE: Drôle de gadget ! Je peux l'essayer ?

EXPRESSIONS UTILES *trucs, gadgets et appareils*

Qu'est-ce que c'est que ce truc-là ?   C'est un gadget qui permet de couper les légumes.

C'est un appareil pour éplucher les légumes.

À quoi ça sert ?   C'est un truc qui sert à couper le pain en tranches.

Ça sert à ouvrir les bouteilles.

ACTIVITÉ 9 *À quoi servent ces gadgets ?* Modifiez ces définitions en utilisant l'expression entre parenthèses.

> **Modèle:**   C'est un gadget pour couper les légumes en tranches (permettre)
> C'est un gadget qui permet de couper les légumes.

1. C'est un truc qui permet de couper les légumes. (servir)
2. C'est un appareil qui sert à ouvrir les bouteilles. (pour)
3. C'est un gadget pour couper le pain en tranches. (servir)
4. C'est un truc qui sert à éplucher les fruits. (permettre)
5. C'est un appareil qui permet de couper les pommes en tranches. (pour)
6. C'est un gadget pour ouvrir les boîtes. (permettre)

ACTIVITÉ 10 *Qu'est-ce que c'est ?* Regardez les images et décrivez la fonction des objets. Lesquels aimeriez-vous utiliser ?

> **Modèle:**

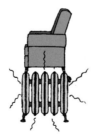

C'est un fauteuil avec un appareil qui vous permet d'avoir chaud tout l'hiver.

1.

3.

2.

4.

Vocabulaire essentiel

équipement ménager

l'appareil *(m)*	*device, appliance*
l'aspirateur *(m)*	*vacuum cleaner*
le climatiseur	*air conditioner*
le congélateur	*freezer*
la cuisinière	*stove*
le four à micro-ondes	*microwave oven*
le gadget	*gadget*
le lave-linge *(invariable)*	*washing machine*
le lave-vaisselle *(invariable)*	*dishwasher*
le réfrigérateur (le frigo)	*refrigerator*
le séchoir	*dryer*
le truc	*contraption, thingamajig*

tâches ménagères

éplucher	*to peel (conj. like **parler**)*
faire la lessive	*to do the laundry*
faire la vaisselle	*to do the dishes*
faire le ménage	*to do the housecleaning*
le linge	*laundry*
nettoyer	*to clean (conj. like **essayer** in present)*

passer l'aspirateur	*to vacuum (conj. like **parler**)*
ranger	*to straighten up (conj. like **nager**)*

autres expressions utiles

à quoi ça sert ?	*what is that used for?*
ce n'est pas la peine	*it's not worth the trouble*
compliqué(e)	*complicated*
dedans	*inside*
donner un coup de main	*to give "a hand" (to help out)*
drôle de...	*strange . . .*
impossible	*impossible*
voilà	*there, there is / are*

autres verbes

appuyer	*to press, to lean on (conj. like **nettoyer** in present)*
permettre (de)	*to permit (to) (conj. like **mettre**)*
servir (à)	*to be used (for) (conj. like **partir** but: **j'ai servi**)*

Prononciation **N'aspirez pas vos [p]**

Like [t] and [k], the sound [p] in French is not pronounced with a puff of air. To avoid this puff of air, pronounce your [p] sounds rapidly, with less force than in English. The sound [p] always corresponds to the letter **p** or **pp**.

une **p**ièce   le **p**ain   je m'a**pp**elle

ACTIVITÉ 11 *Questions de logement* D'abord, lisez les questions et choisissez la réponse de la liste qui convient le mieux à chaque question. Puis, travaillez avec un(e) camarade de classe. La personne A pose une question. La personne B répond avec la réponse qui convient.

1. Dans quel quartier habiterez-vous ?
2. Quel genre d'appartement chercherez-vous ?
3. Combien de pièces aurez-vous ?
4. Quel genre de décoration choisirez-vous ?
5. Quel genre de cuisine aurez-vous ?

Réponses possibles :

a. Nous mettrons des tableaux partout, partout.
b. Nous choisirons un quartier aussi calme que possible.
c. Nous aurons besoin de quatre pièces, sans compter la cuisine.
d. Nous aurons une cuisine avec beaucoup de petits gadgets.
e. Nous achèterons un grand appartement avec tout le confort.

Expansion Écouter

> *Stratégie* Devinez le sujet d'une publicité d'après les attributs mentionnés.

In order to be striking, ads are often suggestive rather than explicit. In such cases, you can zero in on the product involved by focusing on the attributes mentioned in the ad.

Avant d'écouter *Publicités*

Pour chacun des slogans suivants, devinez le produit qu'il décrit. Soulignez les mots du slogan qui vous ont aidé(e) à identifier le produit.

Slogans :

1. _____ Le Froid a sa nouvelle dimension
2. _____ Construire, agrandir, rénover. Le bon partenaire
3. _____ Les nouveaux plaisirs de l'eau

Produits :

a. Cabines de douche Duscholux
b. Réfrigérateurs-congélateurs Bosch
c. Maisons SIC. Entreprise générale du bâtiment

En écoutant

Vous allez écouter trois publicités pour des objets de ménage. En écoutant, écrivez quelques attributs qui sont mentionnés pour chaque objet.

1. _____
2. _____
3. _____

Après avoir écouté

À partir des attributs que vous avez entendus, devinez le type d'objet qui est le sujet de chaque publicité.

1. _____
2. _____
3. _____

À vous la parole

Travaillez par trois. Choisissez un produit et préparez une petite publicité à partir de ses attributs. Lisez votre publicité aux autres étudiants de la classe et demandez-leur de deviner le produit d'après les attributs que vous avez indiqués.

Point de départ **Écouter**

DOSSIER 3

In this Dossier, you will learn about these grammatical features

▸ the irregular verb **se plaindre**

▸ the subjunctive forms of **avoir, être, pouvoir, prendre**

▸ the subjunctive forms of regular **-re** verbs

▸ the use of the subjunctive to express doubt, sentiment, or subjective judgments

> *Stratégie* Devinez le sens des sigles d'après le contexte.

Thinking about the context of a conversation can help you guess the words represented in an acronym (**un sigle**).

Avant d'écouter *Aide au logement*

Les Français utilisent souvent des sigles pour parler des entreprises, des organisations et des services gouvernementaux. Les sigles suivants désignent des allocations de logement et les organismes qui les distribuent. À partir de ce contexte, devinez le mot de la liste qui manque dans le nom de chaque service ou organisme.

loyer	logement	libération
allocations	accumulations	associations
social	solide	sage

1. ALS : allocation logement à caractère _____
2. APL : aide personnalisée au _____
3. HLM : habitation à _____ modéré
4. CAF : caisse d' _____ familiales

  ### En écoutant

Écrivez tous les sigles dans l'ordre où vous les entendez.

1. _____   3.   _____

2. _____   4.   _____

Après avoir écouté

1. Quel genre de logement est-ce que le jeune homme voudrait obtenir ?
2. Quelles sont les conditions pour un tel logement ? Peut-il obtenir un logement de ce genre ?
3. Est-ce que le jeune homme peut avoir une APL ? Pourquoi ou pourquoi pas ?
4. Quelle allocation est-ce que le jeune homme peut probablement obtenir ? À quelles conditions ?
5. Qu'est-ce que cette conversation vous suggère sur le système d'aide au logement en France ?

À vous la parole

Travaillez par trois pour comparer le système d'aide au logement esquissé dans cette conversation avec le système de votre état / pays.

With this **Dossier:**

AUDIO CD (**Track 30**)
Point de départ : Aide au logement

CD-ROM (E10)
Mise-en-scène
Échanges
Comment le dire

ACTIVITIES MANUAL (E10D3)
Activités écrites
Activités de laboratoire (avec enregistrement)

BOOK COMPANION SITE (E10)
www.wiley.com/college/ magnan

Un groupe de HLM

L'essentiel

Pour se plaindre

> **Observez**
> 1. What subjunctive form of **être** do you see in this **Échange**? (10.2.c)
> 2. What subjunctive form of **avoir** do you see in this **Échange**? (10.2.c)

ÉCHANGE 1 *La crise économique*

M. GABRIOT: Je ne vous comprends pas du tout. Nous habitons un pays riche. Le niveau de vie est très élevé, mais vous vous plaignez de tout.

M. CHABOT: Mais il y a une crise économique, vous savez. Je voudrais que la vie soit moins chère, et surtout qu'il y ait moins de chômage. Je m'inquiète de l'avenir et de la situation de mes enfants.

Verbe				
se plaindre	je	me plains	nous	nous plaignons
(to complain)	tu	te plains	vous	vous plaignez
	il / elle / on	se plaint	ils / elles	se plaignent
	je	me suis plaint(e)		

EXPRESSIONS UTILES *société et économie*

le niveau de vie   la couverture sociale   les pauvres
le pouvoir d'achat   les assurances maladie   les sans-abri
le salaire   les pensions de retraite   le chômage / les chômeurs
la crise économique   les allocations de chômage

ACTIVITE 1 *La situation économique* Indiquez la lettre du mot qui correspond à chaque définition.

a. le salaire   d. les chômeurs
b. les sans-abri   e. le pouvoir d'achat
c. les pensions de retraite   f. le niveau de vie

1. _____ mesure des conditions d'existence d'un individu ou d'un groupe
2. _____ ceux qui n'ont pas de logement
3. _____ rémunération du travail qu'on fait
4. _____ somme reçue par des gens âgés qui ne travaillent plus
5. _____ capacité de se procurer des nécessités ou des objets désirés
6. _____ ceux qui voudraient travailler mais qui n'ont pas de travail

APERÇUS CULTURELS

La couverture sociale

Le terme « couverture° sociale » inclut tous les avantages dont bénéficient les Français grâce au système de la sécurité sociale, y compris l'assurance maladie ; les congés° de maternité ; les pensions de retraite ; l'aide aux personnes âgées ; l'aide aux personnes à revenu modeste pour le logement et l'éducation des enfants ; les indemnités de chômage. Notez que la loi française exige aussi des congés payés de quatre à six semaines par an. La sécurité sociale couvre toute la population, y compris les résidents étrangers. Le budget de la sécurité sociale est en partie payé par les contributions des employés et des employeurs, mais il coûte aussi à l'État français des millions d'euros par an.

blanket, coverage
leaves

> À votre avis, lesquels de ces services sont les plus importants ?

ACTIVITÉ 2 *Je voudrais que...* Travaillez avec un(e) camarade de classe. La personne A pose une question selon les indications ; la personne B répond qu'elle voudrait que ce soit le cas.

> **Modèle:**   tes parents sont indulgents
>
> A: Est-ce que tes parents sont indulgents ?
>
> B: Non, mais je voudrais qu'ils soient indulgents !

1. le professeur est patient
2. ton ami et toi êtes en bonne forme
3. tes amis sont toujours à l'heure
4. ta maison a beaucoup de fenêtres
5. tes amis et toi avez des bonnes notes
6. tes amis ont beaucoup d'énergie

ACTIVITÉ 3 *De quoi se plaignent-ils ?* Indiquez de quoi se plaignent ces personnes.

> **Modèle:**   le professeur
> Le professeur se plaint des étudiants qui trichent.

1. les sans-abri
2. les chômeurs
3. les personnes âgées
4. vous
5. moi
6. mes amis et moi

ÉCHANGE 2 *Deux points de vue*

MME FERRY: C'est vrai qu'il y a certains problèmes économiques... mais je ne crois pas que la situation soit trop grave. En fait, je suis sûre qu'il y aura bientôt une augmentation du niveau de vie chez nous.

MME LAMBERT: Mais la crise économique est mondiale, et je doute qu'on puisse trouver facilement des solutions. Moi, je crois qu'il y aura plutôt une baisse du pouvoir d'achat.

> **▸ Observez**
> 1. What verb forms are used after expressions of certainty? after expressions of doubt? **(10.2.d)**
> 2. What subjunctive form of **pouvoir** do you see in this **Échange**? **(10.2.c)**

Des membres du SamusocialdeParis offrent de l'aide à des sans-abri

EXPRESSIONS UTILES   *conviction ou incertitude*

expressions de certitude

C'est vrai	qu'	il y a certains problèmes économiques.
C'est sûr	qu'	il y a beaucoup de nouveaux pauvres.
C'est certain	que	les salaires sont assez élevés.
Je pense	qu'	il y a trop de chômage.
Je crois	qu'	il y aura une baisse du pouvoir d'achat.
Je trouve	que	le niveau de vie dans ce pays est élevé.
Je suis sûr(e)	qu'	il y aura une augmentation du niveau de vie.

expressions de doute

Je doute	qu'	on puisse trouver facilement des solutions.
Je ne crois pas	que	la situation soit trop grave.
Je ne pense pas	que	la couverture sociale soit complète.
Ce n'est pas sûr	que	les pensions de retraite soient suffisantes.
Je ne suis pas sûr(e)	qu'	il y ait une crise économique.

ACTIVITÉ 4 *Je doute que...* Dites que vous doutez de ce qui est indiqué dans ces phrases.

> **Modèle:**   On peut trouver une solution.
> Je doute qu'on puisse trouver une solution.

1. La situation peut être plus grave.
2. Ces gens peuvent facilement trouver un logement.
3. Ce chômeur peut trouver un job.
4. Les personnes âgées peuvent vivre sans les pensions de retraite.
5. Nous pouvons nous plaindre de la situation.
6. Vous pouvez vivre avec ce salaire.

ACTIVITÉ 5 *Certitude ou doute ?* Dites le contraire de chacune de ces phrases en utilisant l'expression entre parenthèses.

> **Modèle:**   C'est sûr que la couverture sociale est complète. (Ce n'est pas sûr...)
> Ce n'est pas sûr que la couverture sociale soit complète.

1. Nous pensons que la vie est chère. (Nous ne pensons pas...)
2. Je doute que les assurances maladie soient suffisantes. (Je crois...)
3. Ce n'est pas certain qu'il y ait beaucoup de sans-abri dans notre ville. (C'est certain...)
4. C'est sûr que la société fait des progrès. (Ce n'est pas sûr...)
5. Nous croyons qu'il y a peu de chômage aux États-Unis. (Nous ne croyons pas...)
6. Je ne pense pas que les salaires soient trop élevés. (Je pense que...)

ACTIVITÉ 6 *Que pensez-vous ?* Travaillez avec un(e) camarade de classe. La personne A fait une observation sur le sujet donné et la personne B dit si elle est d'accord ou pas.

> **Modèle:**   les salaires des jeunes
>
> A: Je crois que les salaires des jeunes sont suffisants.
>
> B: Et moi, je ne crois pas que les salaires des jeunes soient suffisants.

1. la couverture sociale
2. le chômage
3. le niveau de vie

4. une crise économique mondiale
5. les pensions de retraite
6. le pouvoir d'achat

Pour exprimer un besoin, un désir, un sentiment ou un jugement personnel

 ÉCHANGE 3   *Trouver du travail*

JANINE: Alors, Paul, ton fils a trouvé du travail ?
PAUL: Non, rien, toujours rien.
JANINE: C'est dommage qu'il ne puisse rien trouver.
PAUL: Nous regrettons qu'il soit dans cette situation et nous avons peur qu'il perde espoir.
JANINE: Il a toujours son allocation de chômage ?
PAUL: Oui, mais ce n'est pas suffisant pour vivre. C'est une honte que notre société ne soit pas capable de donner du travail à tout le monde ! Je voudrais que le gouvernement prenne des initiatives et que les chefs d'entreprises promettent moins et fassent davantage.

> **Observez**
>
> 1. You have already seen the subjunctive used after expressions such as **je veux**, **il faut**, and **je doute**. What expressions here are followed by the subjunctive? **(10.2.e)**
> 2. What are the subjunctive forms of **perdre**? **(10.2.b)**
> 3. What is the infinitive of the subjunctive form **prenne**? **(10.2.c)**

EXPRESSIONS UTILES   *opinions*

Il faut / faudrait	que	les allocations soient suffisantes.
Il est nécessaire	qu'	on promette moins et fasse davantage.
Je veux / voudrais	que	le gouvernement prenne des initiatives.
Je préfère / préférerais	que	le chômage soit moins répandu.
C'est dommage	qu'	il ne puisse rien trouver.
C'est choquant	qu'	il y ait tant de chômage.
C'est une honte	qu'	on ne soit pas capable de trouver une solution.
Je regrette	qu'	il y ait tant de sans-abri.
Je trouve normal	qu'	il y ait une allocation de chômage.
J'ai peur	qu'	il perde espoir.
C'est bien	qu'	il y ait des assurances maladie.
Il est désirable	que	les chefs d'entreprises fassent davantage.

Une manifestation pour le droit de retraite à taux plein à 60 ans

ACTIVITÉ 7 *Il faut que...* Travaillez avec un(e) camarade de classe. La personne A demande si quelqu'un doit faire quelque chose ; la personne B répond en uilisant **il faut que...**

> **Modèle:** prendre l'avion (je)
>
> A: Est-ce que je dois prendre l'avion ?
>
> B: Oui, il faut que tu prennes l'avion.

1. rendre ce pantalon (tu)
2. prendre des initiatives (le gouvernement)
3. attendre nos amis jusqu'à midi (nous)
4. prendre moins de café (nos amis)
5. répondre à toutes les questions du professeur (je)
6. s'entendre avec mes parents (ma sœur)

ACTIVITÉ 8 *C'est choquant ?* Exprimez un jugement sur chaque situation.

> **Modèle:** Le niveau de vie en France est élevé.
> Je trouve normal que le niveau de vie en France soit élevé.

1. Il y a beaucoup de chômage dans les pays européens.
2. Les pensions de retraite sont suffisantes.
3. Le gouvernement ne peut pas trouver de solution à la crise économique.
4. Les chômeurs perdent souvent espoir.
5. Les villes ne font pas assez pour les sans-abri.
6. Le chômage n'est pas très répandu.

ACTIVITÉ 9 *Qu'en penses-tu ?* Circulez parmi vos camarades et demandez-leur ce qu'ils pensent de la société contemporaine et ce qu'ils voudraient changer.

> **Modèle:** A: Qu'est-ce que tu penses de la société contemporaine ?
>
> B: Je regrette qu'il y ait tant de sans-abri.
>
> A: Qu'est-ce que tu voudrais changer dans la société ?
>
> B: Je voudrais que le gouvernement prenne plus d'initiatives.

ACTIVITÉ 10 *Jeu de rôles* Avec un(e) camarade de classe, choisissez une des situations suivantes. La personne A joue un des rôles suggérés et la personne B joue l'autre rôle.

1. Un sans-abri demande de l'argent à quelqu'un qui ne comprend pas sa situation.
2. Un chômeur se plaint de sa situation à sa femme.
3. Une personne très optimiste parle avec une personne qui se plaint de tout.
4. Une femme de cinquante ans qui s'inquiète de la situation financière de ses parents parle avec une amie.

Vocabulaire essentiel

opinion

choquant(e)	*shocking*
désirable	*desirable*
la honte	*shame*
nécessaire	*necessary*
normal(e)	*usual, normal, natural*

situation économique

l'augmentation *(f)*	*increase*
la baisse	*drop, lowering*
le chef	*the head, boss*
la crise	*crisis*
économique	*pertaining to economics, economical*
l'entreprise *(f)*	*business*
l'initiative *(f)*	*initiative*
le niveau de vie	*standard of living*
le pouvoir d'achat	*purchasing power*
le salaire	*salary*
la situation	*situation*

société : problèmes

le chômage	*unemployment*
le chômeur / la chômeuse	*unemployed man / woman*
le pauvre	*poor person*
le sans-abri (les sans-abri)	*homeless person (people)*

société : services

l'allocation *(f)*	*benefit, payment*
les assurances *(f pl)* maladie	*health insurance*
la couverture sociale	*social security benefits*
la pension de retraite	*retirement pension*

autres expressions utiles

l'avenir *(m)*	*future*
capable	*capable*
complet / complète	*complete, comprehensive*
davantage	*more*
en fait	*in fact*
le gouvernement	*government*
répandu(e)	*widespread, frequent*
la société	*society*
suffisant(e)	*sufficient*
tant de	*so many / so much*

autres verbes

douter	*to doubt (conj. like **parler**)*
perdre espoir	*to lose hope*
se plaindre	*to complain*

je	me plains	nous	nous plaignons
tu	te plains	vous	vous plaignez
il / elle / on	se plaint	ils / elles	se plaignent
je	me suis plaint(e)		

promettre	*to promise (conj. like **mettre**)*

Prononciation **Pas de liaison et pas d'élision avec le *h* aspiré**

 You will remember that **liaisons** are never made in these circumstances:

1. between a singular noun and a following verb or adjective

   la forê*t* est près du village
   c'est un cha*t* intelligent

2. after **et**

   un chat e*t* un chien

3. before some words beginning with the letter **h**

   j'adore le*s* haricots

French words beginning with the letter **h** sound as if their first letter were a vowel because the initial **h** is not pronounced. Most of these words require

liaison with the final consonant of the word that precedes them and elision of a preceding vowel.

    six_heures   mes_habitudes   l'hôtel   l'homme

However, a small number of words have an initial **h** called an **h aspiré**. These words are generally marked with an asterisk in the dictionary (***haricot**) and must be memorized when you encounter them. The **h aspiré** is not pronounced (the sound [h] does not exist in French), but it prevents **liaison** with a preceding consonant or elision of a preceding vowel.

    le haricot   des hors-d'œuvre   en haut   la honte   la Hollande

When you say a word with an initial **h aspiré,** do not stop between the last vowel of the preceding word and the first vowel sound of the word beginning with the **h aspiré.**

ACTIVITÉ 11 *Devinettes* Travaillez avec un(e) camarade de classe. D'abord, lisez les devinettes et trouvez la réponse qui convient à chacune. Ensuite, à tour de rôle, lisez chaque devinette avec sa réponse à haute voix.

Devinettes

1. Le pays au nord de la Belgique et à l'ouest de l'Allemagne.
2. Quand on les mange frais, ils sont longs et verts ; quand on les mange secs, ils sont petits et ovales, blancs, rouges ou noirs.
3. Le contraire de « en bas ».
4. Le sentiment provoqué par un déshonneur humiliant.
5. Ce qu'on mange au début d'un bon repas.

Réponses

a. des hors-d'œuvre   d. en haut
b. les haricots   e. la honte
c. la Hollande

Expansion **Lire**

> *Stratégie* Lisez la première phrase de chaque paragraphe pour comprendre l'idée générale d'un récit.

Reading the first sentence of each paragraph in a story will give you an idea of the story's general outline and main idea. Having a sense of the main idea in the story will help you understand the details as the story unfolds.

Avant de lire « *Oh, le pauvre malheureux !* »

Lisez la première phrase de chaque paragraphe dans l'histoire suivante et ensuite répondez à ces questions.

1. Qui est le personnage principal ?
2. Dans quel pays est-il ?
3. Qu'est-ce qu'il est en train de faire quand quelqu'un d'autre arrive ?
4. Qu'est-ce que cette personne lui donne ?
5. Quelle est la réaction initiale du personnage principal ?
6. Qu'est-ce que le personnage principal décide de faire à la fin ?

« Oh, le pauvre malheureux ! »

—Marie Féraud

Si Bachir fit connaissance avec la France à l'âge de soixante-treize ans. Il arrivait tout droit d'un gros village saharien... Si Bachir était venu faire soigner° ses yeux. Il passa donc plusieurs mois chez son fils établi à Roubaix...

    Si Bachir aimait philosopher. Et quand il philosophait tout seul, il prenait une certaine position : la tête courbée vers le sol,° les yeux fermés, un coude° appuyé sur ses genoux, une main se tenant le front,° l'autre, paume en l'air, posée simplement sur les genoux. Dans cette attitude, Si Bachir pouvait philosopher des heures entières.

    Il réfléchissait depuis un bon moment déjà, quand, sentant que quelqu'un venait de s'arrêter à sa hauteur, Si Bachir ouvrit les yeux. Son regard tomba sur une paire de pantoufles puis, remontant lentement, découvrit une vieille dame qui s'exclamait d'un air de profond pitié :

    « Oh, le pauvre malheureux ! »

    Et de glisser° avec un bon sourire une pièce de vingt centimes dans la main de Si Bachir pétrifié.

    Jamais ! Non, jamais de sa vie, Si Bachir ne ressentit° pareille émotion ! Une tempête lui révolutionna la tête. L'humiliation l'étouffait.° Comment ! Lui, Si Bachir Laamaari, commerçant honorable de Biskra... se faire traiter de « pauvre malheureux ! »!!!

    La pièce de vingt centimes lui brûla la main.

    Il ouvrit la bouche... Aucun son° n'en sortit.

    « Pourquoi tu me fais la charité ? cria en silence Si Bachir. J'ai des sous, j'ai une maison, un commerce, j'ai mes enfants... »

    Mais la voix de sa conscience lui intima de se taire.°

    « Tu es obligé d'accepter la pièce, disait-elle. Tu ne peux pas faire autrement. C'est une vieille femme et elle croit que tu lui demandes la charité. Elle n'a peut-être que ça à donner... Si tu te mets à crier, une autre fois, quand un pauvre malheureux lui demandera vingt centimes, elle va dire : « J'ai donné à l'autre et il a commencé à m'engueuler.° C'est pas la peine de donner à celui-là. »

    « Merci madame, » gémit Si Bachir en ravalant° sa fierté.

    Mais depuis ce jour-là et jusquà son départ, jamais plus Si Bachir ne philosopha devant sa porte.

Glossary:
- faire... *to have treated*
- *ground / elbow*
- *forehead*
- *to slip*
- *felt*
- *was stifling*
- Aucun... *No sound*
- se... *to be silent*
- n'a... *perhaps has only that*
- *to insult*
- *swallowing*

En lisant

Maintenant, lisez toute l'histoire et, en lisant, utilisez ce que vous avez appris en ce qui concerne les aspects principaux de l'histoire pour vous aider à comprendre le reste.

Après avoir lu

1. Pourquoi est-ce que la vieille femme a pensé que Si Bachir demandait la charité ?
2. Pourquoi est-ce que Si Bachir a été humilié quand la femme lui a donné de l'argent ?
3. Pourquoi est-ce que Si Bachir a décidé d'accepter la pièce de vingt centimes ?
4. Dans ce récit, il y a un malentendu entre les personnages. Quelle est la cause de ce malentendu ?

À vous la parole

Travaillez par trois pour discuter des questions suivantes :

1. Que pensez-vous de la décision de Si Bachir d'accepter la pièce de vingt centimes ?
2. Que feriez-vous dans cette situation ?

Point de départ **Lire**

> *Stratégie* Faites attention aux mots répétés pour saisir l'essentiel d'un argument.

When reading a text, look for words that are repeated, since they often reveal the line of thought in an argument.

Avant de lire *Le racisme expliqué à ma fille*

Parcourez ce texte extrait du début du *Racisme expliqué à ma fille*, un essai en forme de dialogue écrit par Tahar Ben Jelloun, un écrivain marocain qui habite en France. Ensuite, répondez aux questions.

— Dis, Papa, c'est quoi le racisme ?

— Le racisme est un comportement° assez répandu, commun   *behavior*
à toutes les sociétés, devenu, hélas !, banal dans certains
pays parce qu'il arrive qu'on ne s'en rende pas compte.° Il   *ne... isn't aware*
consiste à se méfier,° et même à mépriser,° des personnes   *of it / beware of /*
ayant des caractéristiques physiques et culturelles   *scorn*
différentes des nôtres.

    ... Chacun d'entre nous peut avoir, un jour, un mauvais
geste, un mauvais sentiment. On est agacé° par un être qui   *irritated*
ne nous est pas familier, on pense qu'on est mieux que lui,
on a un sentiment soit de supériorité soit d'infériorité par
rapport à lui, on le rejette, on ne veut pas de lui comme
voisin,° encore moins comme ami, simplement parce qu'il   *neighbor*
s'agit de° quelqu'un de différent.   *il... it's a matter*
    of

1. Quel mot se trouve vers la fin de chaque paragraphe ?

   se méfier _____   différent(e)(s) _____

   mépriser _____   supériorité _____

   culturel(le)(s) _____   infériorité _____

2. Quel est le rapport entre ce mot répété et le racisme ?

Tahar Ben Jelloun

DOSSIER 4

In this Dossier, you will learn about these grammatical features

➤ the use of the relative pronouns **ce qui** and **ce que**

➤ two patterns of tenses used in sentences with **si** *(if)*

With this **Dossier:**

CD-ROM (E10)
Échanges
C'est comme ça !
Comment le dire

DVD (**Track 28**)
Situation : Au café

ACTIVITIES MANUAL (E10D4)
Activités écrites et Rédaction
Activités de laboratoire
Activités pour DVD Situation : Au café

BOOK COMPANION SITE (E10)
www.wiley.com/college/ magnan

En lisant

En lisant le reste de l'essai, entourez d'autres exemples du mot clé de la première section, d'autres mots de la même famille et les synonymes de ces mots.

Le racisme expliqué à ma fille

—Tahar Ben Jelloun

— La **différence,** c'est le contraire de la ressemblance, de ce qui est identique. La première différence manifeste est le sexe. Un homme se sent différent d'une femme. Et réciproquement. Quand il s'agit de cette différence-là, il y a, en général, attirance.°   *attraction*

  Par ailleurs, celui qu'on appelle «différent» a une autre couleur de peau° que nous, parle une autre langue,   *skin*
cuisine autrement que nous, a d'autres coutumes, une autre religion, d'autres façons de vivre, de faire la fête, etc. Il y a la différence qui se manifeste par les apparences physiques (la taille, la couleur de la peau, les traits du visage, etc.), et puis il y a la différence du comportement, des mentalités, des croyances,° etc.   *beliefs*

— Alors le raciste n'aime pas les langues, les cuisines, les couleurs qui ne sont pas les siennes ?

— Non, pas tout à fait ; un raciste peut aimer et apprendre d'autres langues parce qu'il en a besoin pour son travail ou ses loisirs,° mais il peut porter un jugement négatif et   *leisure*
injuste sur les peuples qui parlent ces langues. De même, il peut refuser de louer une chambre à un étudiant étranger, vietnamien par exemple, et aimer manger dans des restaurants asiatiques. Le raciste est celui qui pense que tout ce qui est trop différent de lui le menace° dans sa   *threatens*
tranquillité.

— C'est le raciste qui se sent menacé ?

— Oui, car° il a peur de celui qui ne lui ressemble pas.   *because*
Le raciste est quelqu'un qui souffre d'un complexe d'infériorité ou de supériorité. Cela revient au même puisque son comportement, dans un cas comme dans l'autre, sera du mépris.

— Il a peur ?

— L'être humain a besoin d'être rassuré. Il n'aime pas trop ce qui risque de le déranger° dans ses certitudes. Il a tendance   *disrupt*
à se méfier de ce qui est nouveau. Souvent, on a peur de ce qu'on ne connaît pas. On a peur dans l'obscurité, parce qu'on ne voit pas ce qui pourrait nous arriver quand toutes les lumières sont éteintes.° On se sent sans défense   *turned off*
face à l'inconnu.° On imagine des choses horribles. Sans   *unknown*
raison. Ce n'est pas logique. Parfois, il n'y a rien qui justifie la peur, et pourtant on a peur. On a beau° se   On... *It's useless*
raisonner, on réagit comme si une menace° réelle existait.   *threat*
Le racisme n'est pas quelque chose de juste ou de raisonnable.

Après avoir lu

1. Marquez ici les mots dans la section **Avant de lire** (page 551) qui se retrouvent dans le reste du texte. Expliquez le rapport entre chacun de ces mots et le racisme.

   _____ se méfier   _____ différent(e)(s)

   _____ mépriser   _____ supériorité

   _____ culturel(le)(s)   _____ infériorité

2. Lesquels de ces nouveaux mots sont répétés dans cette partie du texte ?

   _____ sexe   _____ étudiant

   _____ autre   _____ menace

   _____ langues   _____ peur

   _____ cuisines   _____ inconnu

   _____ couleurs

3. Quelles sortes de différences sont à la source du racisme ?

4. Selon Ben Jelloun, pourquoi ces différences mènent-elles au racisme ?

À vous la parole

Travaillez par quatre. D'après ce que vous observez dans votre société, êtes-vous d'accord avec l'analyse de Ben Jelloun ? Expliquez votre réponse en donnant des exemples concrets.

L'essentiel

Pour parler des problèmes sociaux

› Observez

Why is the subjunctive (**il y ait**) used here? (10.2.e)

ÉCHANGE 1 *Tant de problèmes*

HÉLÈNE: C'est dommage qu'il y ait tant de pollution aujourd'hui.
MICHEL: Mais, ne t'inquiète pas de ça... il y a d'autres problèmes beaucoup plus
          graves, comme le crime, la drogue, la violence...

EXPRESSIONS UTILES *questions actuelles*

l'environnement : la pollution, les centrales nucléaires, le surpeuplement
l'économie : la baisse du pouvoir d'achat, la pauvreté, l'immigration clandestine
la politique : l'indifférence, les partis politiques multiples, les politiciens peu honnêtes
la santé : le SIDA, la drogue, la violence
la morale et la justice : le crime, la peine de mort, l'intolérance, le racisme

ACTIVITÉ 1 *Quelle sorte de problème ?* Indiquez les deux problèmes dans
chaque liste qui font partie de la même catégorie.

1. la pollution, la violence, le SIDA
2. l'intolérance, les partis politiques multiples, les politiciens peu honnêtes
3. la pauvreté, l'immigration clandestine, l'indifférence
4. la peine de mort, la baisse du pouvoir d'achat, le crime
5. les centrales nucléaires, le surpeuplement, la drogue
6. le racisme, le SIDA, la peine de mort

Appel à l'aide de l'UNICEF

ACTIVITÉ 2 *C'est dommage...* Travaillez avec un(e) camarade de classe. La personne A donne son avis sur un problème et la personne B dit qu'il y a un autre problème plus grave.

Modèle: la baisse du pouvoir d'achat

A: Je regrette qu'il y ait une baisse du pouvoir d'achat.

B: Ne t'inquiète pas de ça... le crime est un problème plus grave.

1. la pollution
2. la drogue
3. l'indifférence
4. les centrales nucléaires
5. les politiciens peu honnêtes
6. le crime

ACTIVITÉ 3 *À l'avenir* Circulez parmi vos camarades en leur demandant leurs prédictions sur la vie aux États-Unis en 2020.

Est-ce qu'il y aura...

	Plus d(e)	Autant d(e)	Moins d(e)
Violence	_____	_____	_____
Intolérance	_____	_____	_____
Drogue	_____	_____	_____
Pollution	_____	_____	_____
Immigration clandestine	_____	_____	_____
Enfants par famille	_____	_____	_____

ACTIVITÉ 4 *Conseil des ministres* Travaillez par quatre. La personne A est le ministre de l'environnement, la personne B est le ministre de la santé, la personne C est le ministre des finances, et la personne D est le ministre de la justice. Choisissez un problème mentionné dans les **Expressions utiles** (page 554) qui correspond à votre ministère et expliquez aux autres ministres pourquoi c'est un problème.

 ÉCHANGE 2   *La peine de mort*

M. Ben-Jamin: Pour moi, ce qui est le plus choquant dans certaines sociétés, c'est la peine de mort. C'est barbare et peu efficace. Il y a sans doute d'autres moyens de combattre le crime.

M. Labarca: Ce que vous dites n'est pas juste, monsieur, et les choses sont plus compliquées que ce que vous pensez et personne ne sait exactement ce qu'il faut faire.

EXPRESSIONS UTILES   *jugements*

Ce qui est le plus choquant, c'est le racisme.
    scandaleux
    dangereux
Ce que vous dites est juste.
     ridicule.
     injuste.
C'est une solution efficace.
     utile.
     barbare.

> **Observez**
> 1. You already know the relative pronouns **qui** and **que.** What type of word follows **qui? que?** (10.3)
> 2. What word precedes the relative pronouns **qui** and **que** here? (10.3)

Affiche anti-racisme

ACTIVITÉ 5 *Ce qui ou ce que... ?* Reformulez chacune de ces phrases, en utilisant ce qui ou ce que.

Modèles: C'est la violence qui augmente.
             Ce qui augmente, c'est la violence.

             C'est la peine de mort que nous trouvons injuste.
             Ce que nous trouvons injuste, c'est la peine de mort.

1. C'est le racisme qui m'inquiète.
2. C'est le crime qui est dangereux.
3. C'est l'intolérance que nous trouvons barbare.
4. C'est l'indifférence que nous trouvons ridicule.
5. C'est le surpeuplement qui est choquant.
6. C'est cette solution que nous trouvons efficace.

ACTIVITÉ 6 *Opinions* Travaillez avec un(e) camarade de classe. La personne A donne une opinion en suivant le modèle et la personne B dit si elle est d'accord ou pas.

Modèle: le plus choquant

            A: Pour moi, ce qui est le plus choquant dans notre société,
               c'est la violence, parce que c'est barbare.

            B: Ce que tu dis est juste.
                         ou:
               Ce que tu dis est ridicule.

1. le plus scandaleux   4. le plus utile
2. le plus dangereux   5. le plus juste
3. le plus difficile   6. le plus barbare

ACTIVITÉ 7 *Qu'en penses-tu ?* Circulez parmi vos camarades de classe. Demandez-leur ce qu'ils pensent de la société et de ses problèmes.

Questions possibles :
Qu'est-ce qui est choquant / dangereux / injuste ?
Qu'est-ce que tu trouves scandaleux / barbare / ridicule ?
Quelles solutions sont efficaces / utiles / justes ?

Le système de gouvernement en France

La France est une république. La vie politique du pays est réglée par une constitution. Le Président de la République, les membres de la Chambre des députés, les membres des Conseils régionaux et les maires des villes et villages sont élus au suffrage universel. Les membres du Sénat sont élus par les Conseillers généraux et les maires. Le Premier ministre est choisi parmi les membres du parti qui a la majorité à la Chambre des députés, même si c'est un parti différent du parti du Président. Le Premier ministre et le Président décident ensemble de la politique nationale et des grandes questions économiques, sociales et diplomatiques.

Il y a de nombreux partis politiques qui représentent une grande variété de tendances. Par exemple, outre les partis « majeurs » du centre, de la gauche et de la droite, on trouve le Parti des Travailleurs et plusieurs partis communistes ainsi que la Nouvelle Action Royaliste, le Parti de la Loi Naturelle et plusieurs partis écologiques. Par conséquent, il est souvent nécessaire d'établir une coalition entre différents partis pour arriver à former un gouvernement (c'est-à-dire, choisir des ministres) et à prendre des décisions gouvernementales.

Affiches électorales

❯ Quelles sont les ressemblances et différences entre le système politique en France et celui de votre pays ?

Faire des prédictions et des hypothèses

ÉCHANGE 3   *En période d'élections*

THIERRY: Qu'est-ce que tu penses des élections ?
MARTINE: Tu sais bien que je ne fais pas de politique.
THIERRY: Mais si tu ne votes pas, tu n'auras pas le droit de te plaindre des résultats.
MARTINE: Et si je vote, mon vote ne servira à rien.
THIERRY: Moi, si je ne votais pas, j'aurais l'impression d'être inutile.
MARTINE: Et moi, si je votais, j'aurais l'impression de perdre mon temps.

EXPRESSIONS UTILES   *suppositions*

les prédictions

Si tu votes, tu auras le droit de te plaindre des résultats.
Si le chômage diminue, tout le monde en bénéficiera.
Si les jeunes ne trouvent pas de travail, ils vont perdre espoir.

les hypothèses

Si je ne votais pas, j'aurais l'impression d'être inutile.
Si le gouvernement augmentait les impôts, les entreprises en souffriraient.
S'il y avait moins de chômage, l'économie irait mieux.

❯ **Observez**

1. What is the meaning of **si** in **Échange 3**? **(10.4)**
2. What tense in the clause that begins with **si** is used with what tense in the other clause? Find two combinations. **(10.4)**

ACTIVITÉ 8 *À mon avis* Terminez les phrases suivantes pour compléter les prédictions.

1. S'il y a plus de centrales nucléaires...
2. Les impôts vont augmenter si...
3. L'intolérance ne sera plus un problème si...
4. S'il y a moins d'immigration clandestine...
5. Il y aura moins de chômage si...

ACTIVITÉ 9 *Que ferais-tu ?* Circulez parmi vos camarades en leur demandant ce qu'ils feraient dans les situations suivantes.

> **Modèle:**   ne pas trouver de travail
>
> A: Que ferais-tu si tu ne trouvais pas de travail ?
>
> B: Si je ne trouvais pas de travail, je perdrais espoir.

1. connaître le Président des États-Unis
2. avoir une centrale nucléaire près de chez toi
3. pouvoir changer le monde
4. être candidat(e) aux élections
5. pouvoir voyager dans le temps

ACTIVITÉ 10 *Les élections* Les partis politiques en France sont très nombreux. Mais tous soutiennent la République et la démocratie. Lisez les programmes de ces partis politiques français et faites des prédictions ou des hypothèses.

> **Modèle:**   Si l'UMP est au pouvoir, il y aura moins de bureaucratie.
> *ou:*
> Si l'UMP était au pouvoir, il y aurait moins de bureaucratie.

l'UMP (l'Union pour un Mouvement Populaire)

contre le contrôle de l'économie par le gouvernement
contre les excès de la bureaucratie

pour la défense des intérêts de la France en Europe
pour la défense des libertés

le Parti socialiste

contre l'absence de solidarité sociale
contre le racisme

pour le progrès social
pour un certain contrôle de l'économie par le gouvernement

le Front National

contre l'immigration

contre les corporations internationales

pour la défense des valeurs morales et familiales traditionnelles
pour l'emploi avec préférence aux citoyens français

le Parti communiste

contre le pouvoir des corporations mondiales
contre les privilèges des riches

pour le contrôle total de l'économie par le gouvernement
pour l'emploi universel

Vocabulaire essentiel

jugements

barbare	*barbaric*
efficace	*effective*
injuste	*unfair*
inutile	*useless*
juste	*fair, right*
scandaleux / scandaleuse	*scandalous*

questions d'économie

l'économie *(f)*	*economy*
l'immigration *(f)*	*immigration*
l'impôt *(m)*	*tax*
la pauvreté	*poverty*

questions d'environnement

la centrale nucléaire	*nuclear power station*
le surpeuplement	*overpopulation*

questions de morale et de justice

le crime	*crime*
le droit	*right (prerogative)*
l'intolérance *(f)*	*intolerance*
la justice	*justice*
la morale	*morality, moral standards*
la peine de mort	*capital punishment*
le racisme	*racism*

questions de politique

l'indifférence *(f)*	*indifference*
le parti politique	*political party*
le / la politicien(ne)	*politician*
la politique	*politics*

questions de santé

la drogue	*drugs*
le SIDA	*AIDS*
la violence	*violence*

autres expressions utiles

clandestin(e)	*secret, illegal*
l'impression *(f)*	*impression*
multiple	*multiple*
le résultat	*result*
sans doute	*no doubt, probably*

autres verbes

augmenter	*to get larger, to increase (conj. like **parler**)*
bénéficier (de)	*to benefit (from) (conj. like **parler**)*
combattre	*to fight against (conj. like **battre**)*
diminuer	*to reduce (conj. like **parler**)*
voter	*to vote (conj. like **parler**)*

Prononciation **Les consonnes géminées**

You already know that in general, a written double consonant is pronounced as a single consonant sound.

une po**mm**e   je m'a**pp**elle   c'est inté**r**essant

There are, however, cases of phonetically double consonants in French, called **consonnes géminées.** They occur when a word ending with a pronounced consonant is followed by another word beginning with the same consonant.

ave**c** **c**ourage   pou**r** **R**obert   Madam**e** **M**artin

To pronounce a good **consonne géminée,** articulate the consonant twice.

ACTIVITÉ 11 *Les consonnes géminées* Travaillez avec un(e) camarade de classe. À tour de rôle, lisez à haute voix ces petites conversations.

1. A: Votre cousine, c'est Madame Moreau ?
   B: Non, c'est Madame Morin.
2. A: Qu'est-ce que nous devons faire ?
   B: Faites tout ce qui est sur la liste.
3. A: Tu vas en vacances avec Colette ?
   B: Non, avec Catherine.
4. A: Tu me passes ça, s'il te plaît ?
   B: Quoi ça ? le truc pour Robert ?
5. A: Il faut que tu mettes ta table devant le lit.
   B: La petite table ou la grande ?

Expansion **Discuter**

> *Stratégie* Citez des exemples concrets pour expliquer et pour justifier vos idées.

In a discussion, it is helpful to cite specific examples to back up your ideas. This is especially true when the issues you are discussing are general in nature, as with the theoretical principles underlying legal and moral issues.

Avant de discuter *Les droits de l'homme*

L'article premier de la *Déclaration des droits de l'homme et du citoyen* dit :
« Les hommes naissent et demeurent libres et égaux en droits ; les distinctions sociales ne peuvent être fondées que sur l'utilité commune. » (Autrement dit, les citoyens ne sont pas tout à fait libres et égaux.)

1. Pensez à des exemples concrets (d'aujourd'hui ou du passé) de « distinctions sociales » basées sur les catégories suivantes.

   Modèle: l'âge   Il faut avoir 21 ans pour boire de l'alcool.

   a. le sexe   _____

   b. la race   _____

   c. la nationalité _____

   d. la criminalité _____

   e. les capacités   _____

   f. le langage   _____

2. Quels genres d'« utilité commune » expliquent ces distinctions ?

Discuter

Selon l'Article IV de la *Déclaration des droits de l'homme et du citoyen*, « La liberté consiste à pouvoir faire tout ce qui ne nuit° pas à autrui. » (Autrement dit, on est libre de faire tout ce qui ne limite pas la liberté des autres.)

affect negatively

    Avec un(e) camarade de classe, discutez de ce principe général par rapport à *un ou deux* des problèmes suivants. Dans votre discussion, citez des exemples concrets basés sur des événements récents pour justifier votre opinion.

1. le service militaire obligatoire
2. le droit de fumer
3. l'âge minimum pour boire de l'alcool
4. le droit de porter des signes religieux ostensibles°   *visible to all*
5. le droit de porter des armes
6. la peine de mort

Après avoir discuté

Travaillez par trois de sorte que chaque groupe contienne des personnes qui ont discuté des problèmes différents. Partagez vos conclusions en les soutenant par des exemples concrets.

Grammaire 10

10.1 Simple future tense

a. **Use.** In addition to the **futur proche**, which you already know, there is another future tense, **le futur simple**. Similar to its usage in English, the **futur simple** indicates a future time that is less immediate than the **futur proche**.

Le futur proche vs. le futur simple	
futur proche	**futur simple**
Je vais acheter une maison au printemps. *I'm going to buy a house this spring.*	J'achèterai une maison dans quelques années. *I will buy a house in a few years.*

b. **Form.** To form the **futur simple,** use the same stem as for the conditional. For regular verbs, this stem is the infinitive (without the final **e** for **-re** verbs). Irregular verbs have irregular conditional stems and use these same stems for the **futur simple.** Add the endings shown in the following chart.

Les terminaisons du futur simple			
je	partir**ai**	nous	partir**ons**
tu	partir**as**	vous	partir**ez**
il / elle / on	partir**a**	ils / elles	partir**ont**

The following chart will remind you of the stems of high-frequency irregular verbs.

Le radical des verbes irréguliers au futur simple	
aller : ir- (j'**ir**ai)	prendre : prendr- (je **prendr**ai)
avoir : aur- (j'**aur**ai)	pouvoir : pourr- (je **pourr**ai)
devoir : devr- (je **devr**ai)	savoir : saur- (je **saur**ai)
dire : dir- (je **dir**ai)	venir : viendr- (je **viendr**ai)
être : ser- (je **ser**ai)	voir : verr- (je **verr**ai)
faire : fer- (je **fer**ai)	vouloir : voudr- (je **voudr**ai)
falloir : faudr- (il **faudr**a)	

Note that, just as in the conditional, there are spelling variations in the **futur simple** for verbs like **se lever** (je me **lèverai**), **jeter** (je **jetterai**), and **essayer** (j'**essaierai** or j'**essayerai**), but not for verbs like **préférer** (je **préférerai**).

c. **With the conjunction *quand*.** There is one construction involving future time that is different in French than it is in English: In French, when a sentence composed of two clauses includes **quand,** the same time frame is used in both clauses. Thus, if the future is used in one clause, it must also be used in the other. This is not the case in English, where the present can be used in one clause and the future in the other.

Le futur dans les phrases avec *quand*

Quand tu **seras** riche, tu **auras** une belle maison.
*When you **are** rich, you **will have** a beautiful house.*

Anne **fera** des longues promenades quand elle **sera** en vacances.
*Anne **will** take long walks when she **is** on vacation.*

10.2 The subjunctive mood

The conjugated verb forms you have learned so far have been in one of three moods: the indicative (**le présent, le passé composé, l'imparfait, le futur proche, le futur simple**), the imperative (commands), or the conditional. Now you will learn a new mood, the subjunctive (**le subjonctif**).

a. **Basic usage.** When certain French verbs and expressions are followed by a clause *(subject + verb),* the verb in the following clause must be in the subjunctive. Two of the most common of these are **il faut** and **vouloir.**

Il faut que vous m'aidiez.
Elle veut que nous l'aidions.

L'infinitif vs. le subjonctif

l'infinitif (le même sujet)
Je veux ranger ma chambre !   (**Je veux** / **je** range ma chambre)   Vous voulez faire la lessive.   (**Vous** voulez / **vous** faites la lessive)
le subjonctif (des sujets différents)
Je veux que + **vous** rangiez vos chambres.   Il faut que + **Karine** fasse la lessive.

When the subjunctive is used in a clause following **que,** that clause always has a different subject from that of the main clause. If there is no change in subject, the main verb is followed by an infinitive.

Remember that the **il** in **il faut** is impersonal and is thus not the same as **il** representing a person or object. When **il faut** is used with an infinitive, it refers to a generalization rather than to a specific case.

Il faut faire la vaisselle tous les jours. *(generalization)*
Il faut que je fasse la vaisselle ce soir. *(specific case)*

b. **Formation of the subjunctive.** To find the subjunctive stem of regular verbs, drop the -**ent** ending from the **ils / elles** form of the indicative present tense. The subjunctive endings are the same for all types of regular verbs. Note that for some verbs and some forms (namely, -**er** verbs in the **je, tu, il / elle / on, ils / elles** forms), there is no difference in either spelling or pronunciation between the subjunctive and indicative forms.

Les verbes réguliers au subjonctif		-er	-ir	-ir / -iss	-re
infinitif					
radical	(ils)	**parl**ent	**part**ent	**choisiss**ent	**perd**ent
terminaisons	je	parl**e**	part**e**	choiss**e**	perd**e**
	tu	parl**es**	part**es**	choiss**es**	perd**es**
	il / elle / on	parl**e**	part**e**	choiss**e**	perd**e**
	nous	parl**ions**	part**ions**	choiss**ions**	perd**ions**
	vous	parl**iez**	part**iez**	choiss**iez**	perd**iez**
	ils / elles	parl**ent**	part**ent**	choiss**ent**	perd**ent**

c. **Verbs with irregular forms in the subjunctive.** There are also verbs with irregular subjunctive stems. Note that some verbs have two stems (one for **je, tu, il / elle / on, ils / elles** and another for **nous, vous**). Irregular verbs (except for **avoir** and **être**) take the same endings in the subjunctive as regular verbs.

Les verbes irréguliers au subjonctif	avoir	être	aller	faire	pouvoir	prendre
j(e)	aie	sois	aille	fasse	puisse	prenne
tu	aies	sois	ailles	fasses	puisses	prennes
il / elle / on	ait	soit	aille	fasse	puisse	prenne
nous	ayons	soyons	allions	fassions	puissions	prenions
vous	ayez	soyez	alliez	fassiez	puissiez	preniez
ils / elles	aient	soient	aillent	fassent	puissent	prennent

The subjunctive forms of all irregular verbs used in *Paroles* can be found in the verb charts in the appendix.

d. **Subjunctive with expressions of doubt or uncertainty.** Verbs or expressions that indicate doubt or uncertainty are followed by clauses whose verb is in the subjunctive. Note that these expressions are often in the negative form (**je ne crois pas qu'il ait raison**); in the affirmative, such verbs would not indicate doubt and thus would not take the subjunctive (**je crois qu'il a raison**).

Expressions de doute (suivies par le subjonctif)	vs.	Expressions de certitude (suivies par l'indicatif)
douter		trouver
ne pas croire		croire
ne pas penser		penser
ne pas être sûr(e) / vrai(e) / certain(e)		être sûr(e) / vrai(e) / certain(e)

e. **Subjunctive to express necessity, desire, feelings, or a subjective judgment.**
When expressions indicating necessity, desire, personal feelings, and
subjective judgments are followed by a clause, the verb in the following
clause is in the subjunctive.

Cas d'emploi du subjonctif	
besoin	Il faut que le gouvernement fasse quelque chose.
désir	Je voudrais qu'il y ait moins de chômage.
sentiment	Je regrette qu'elle ne puisse rien trouver.
jugement	C'est choquant que les assurances maladie ne soient pas suffisantes.

Expressions suivies par le subjonctif	
pour exprimer un besoin	**pour exprimer un désir**
il faut / faudrait il est nécessaire	je veux / voudrais je préfère / préférerais
pour exprimer un sentiment	**pour exprimer un jugement personnel**
je regrette j'ai peur	je trouve normal c'est dommage c'est choquant c'est une honte

10.3 Relative pronouns *ce qui* and *ce que*

You already know that the use of the relative pronouns **qui** and **que** is related to
their grammatical function in the sentence.

> ❯ **Qui** acts as a subject and thus is usually followed by a verb.

> ❯ **Que** is a direct object and thus is usually followed by a subject + a verb.

This same distinction in usage holds for **ce qui** and **ce que**, both of which are
usually translated as *what*. You use the **ce** when there is no antecedent for **qui** or
que in the sentence.

Les pronoms relatifs *qui / que* et *ce qui / ce que*	
avec antécédent	**sans antécédent**
C'est **ce jardin que** j'aime. C'est **la musique rock qui** m'ennuie.	**Ce que** j'aime, c'est ce jardin. **Ce qui** m'ennuie, c'est la musique rock.

10.4 *Si* clauses

To make a prediction or hypothesis, you can use a sequence of two clauses in which one clause contains the word **si** *(if)*. The clause containing **si** indicates a type of condition (**la condition**) and the other clause indicates what will or might happen if that condition is met (**le résultat**). These clauses follow a certain pattern of tenses in French.

Les temps dans les prédictions et les hypothèses avec *si*	
proposition avec *si*	**proposition qui indique le résultat**
le présent Si je sais la réponse,	*le futur* je lèverai la main / je vais lever la main.
l'imparfait Si je savais la réponse,	*le conditionnel* je lèverais la main.

Note that the order of the two clauses can be reversed without changing the tense required within each clause or the meaning of the sentence.

> S'il ne pleut pas, nous irons à la plage.
> Nous irons à la plage, s'il ne pleut pas.

> S'il avait un maillot de bain, il irait à la piscine.
> Il irait à la piscine, s'il avait un maillot de bain.

Remember, also, that if you are making a generalization rather than a prediction, a clause with *si* + **présent** is followed by a clause with a verb in the present tense.

> Si on vote, on n'a pas l'impression d'être inutile.

* *

Verbe irrégulier : *se plaindre*

se plaindre *(to complain)*			
je	me plains	nous	nous plaignons
tu	te plains	vous	vous plaignez
il / elle / on	se plaint	ils / elles	se plaignent
je	me suis plaint(e)		

Auxiliary Verbs

Infinitif		Présent	Passé composé	Imparfait	Futur	Impératif	Conditionnel	Subjonctif
avoir	j'	ai	ai eu	avais	aurai		aurais	aie
	tu	as	as eu	avais	auras	aie	aurais	aies
	il / elle / on	a	a eu	avait	aura		aurait	ait
	nous	avons	avons eu	avions	aurons	ayons	aurions	ayons
	vous	avez	avez eu	aviez	aurez	ayez	auriez	ayez
	ils / elles	ont	ont eu	avaient	auront		auraient	aient
être	je / j'	suis	ai été	étais	serai		serais	sois
	tu	es	as été	étais	seras	sois	serais	sois
	il / elle / on	est	a été	était	sera		serait	soit
	nous	sommes	avons été	étions	serons	soyons	serions	soyons
	vous	êtes	avez été	étiez	serez	soyez	seriez	soyez
	ils / elles	sont	ont été	étaient	seront		seraient	soient

Across the Indicatif columns: Présent, Passé composé, Imparfait, Futur.

Regular Verbs

Infinitif		Présent	Passé composé	Imparfait	Futur	Impératif	Conditionnel	Subjonctif
-ER *parler*	je / j'	parle	ai parlé	parlais	parlerai		parlerais	parle
	tu	parles	as parlé	parlais	parleras	parle	parlerais	parles
	il / elle / on	parle	a parlé	parlait	parlera		parlerait	parle
	nous	parlons	avons parlé	parlions	parlerons	parlons	parlerions	parlions
	vous	parlez	avez parlé	parliez	parlerez	parlez	parleriez	parliez
	ils / elles	parlent	ont parlé	parlaient	parleront		parleraient	parlent
-IR *partir*	je	pars	suis parti(e)	partais	partirai		partirais	parte
	tu	pars	es parti(e)	partais	partiras	pars	partirais	partes
	il / elle / on	part	est parti(e)	partait	partira		partirait	parte
	nous	partons	sommes parti(e)s	partions	partirons	partons	partirions	partions
	vous	partez	êtes parti(e)(s)	partiez	partirez	partez	partiriez	partiez
	ils / elles	partent	sont parti(e)s	partaient	partiront		partiraient	partent

Across the Indicatif columns: Présent, Passé composé, Imparfait, Futur.

Regular Verbs continued on the following page

Regular Verbs

Infinitif	Indicatif — Présent	Indicatif — Passé composé	Indicatif — Imparfait	Indicatif — Futur	Impératif	Conditionnel	Subjonctif
-IR / -ISS *choisir*							
je / j'	choisis	ai choisi	choisissais	choisirai		choisirais	choisisse
tu	choisis	as choisi	choisissais	choisiras	choisis	choisirais	choisisses
il / elle / on	choisit	a choisi	choisissait	choisira		choisirait	choisisse
nous	choisissons	avons choisi	choisissions	choisirons	choisissons	choisirions	choisissions
vous	choisissez	avez choisi	choisissiez	choisirez	choisissez	choisiriez	choisissiez
ils / elles	choisissent	ont choisi	choisissaient	choisiront		choisiraient	choisissent
-IR *ouvrir*							
j'	ouvre	ai ouvert	ouvrais	ouvrirai		ouvrirais	ouvre
tu	ouvres	as ouvert	ouvrais	ouvriras	ouvre	ouvrirais	ouvres
il / elle / on	ouvre	a ouvert	ouvrait	ouvrira		ouvrirait	ouvre
nous	ouvrons	avons ouvert	ouvrions	ouvrirons	ouvrions	ouvririons	ouvrions
vous	ouvrez	avez ouvert	ouvriez	ouvrirez	ouvriez	ouvririez	ouvriez
ils / elles	ouvrent	ont ouvert	ouvraient	ouvriront		ouvriraient	ouvrent
-RE *perdre*							
je / j'	perds	ai perdu	perdais	perdrai		perdrais	perde
tu	perds	as perdu	perdais	perdras	perds	perdrais	perdes
il / elle / on	perd	a perdu	perdait	perdra		perdrait	perde
nous	perdons	avons perdu	perdions	perdrons	perdons	perdrions	perdions
vous	perdez	avez perdu	perdiez	perdrez	perdez	perdriez	perdiez
ils / elles	perdent	ont perdu	perdaient	perdront		perdraient	perdent

Verbs with Spelling Variations

Infinitif		Indicatif				Impératif	Conditionnel	Subjonctif
		Présent	Passé composé	Imparfait	Futur			
s'appeler								
	je	m'appelle	me suis appelé(e)	m'appelais	m'appellerai		m'appellerais	m'appelle
	tu	t'appelles	t'es appelé(e)	t'appelais	t'appelleras	appelle-toi	t'appellerais	t'appelles
	il / elle / on	s'appelle	s'est appelé(e)	s'appelait	s'appellera		s'appellerait	s'appelle
	nous	nous appelons	nous sommes appelé(e)s	nous appelions	nous appellerons	appelons-nous	nous appellerions	nous appelions
	vous	vous appelez	vous êtes appelé(e)(s)	vous appeliez	vous appellerez	appelez-vous	vous appelleriez	vous appeliez
	ils / elles	s'appellent	se sont appelé(e)s	s'appelaient	s'appelleront		s'appelleraient	s'appellent
commencer								
	je / j'	commence	ai commencé	commençais	commencerai		commencerais	commence
	tu	commences	as commencé	commençais	commenceras	commence	commencerais	commences
	il / elle / on	commence	a commencé	commençait	commencera	commençons	commencerait	commence
	nous	commençons	avons commencé	commencions	commencerons	commencez	commencerions	commencions
	vous	commencez	avez commencé	commenciez	commencerez		commenceriez	commenciez
	ils / elles	commencent	ont commencé	commençaient	commenceront		commenceraient	commencent
essayer								
	j'	essaie	ai essayé	essayais	essaierai / essayerai		essaierais / essayerais	essaie
	tu	essaies	as essayé	essayais	essaieras / essayeras	essaie	essaierais / essayerais	essaies
	il / elle / on	essaie	a essayé	essayait	essaiera / essayera		essaierait / essayerait	essaie
	nous	essayons	avons essayé	essayions	essaierons / essayerons	essayons	essaierions / essayerions	essayions
	vous	essayez	avez essayé	essayiez	essaierez / essayerez	essayez	essaieriez / essayeriez	essayiez
	ils / elles	essaient	ont essayé	essayaient	essaieront / essayeront		essaieraient / essayeraient	essaient

Verbs with Spelling Variations continued on the following page

Verbs with Spelling Variations

Infinitif		Indicatif				Impératif	Conditionnel	Subjonctif
		Présent	Passé composé	Imparfait	Futur			
jeter	je / j'	jette	ai jeté	jetais	jetterai		jetterais	jette
	tu	jettes	as jeté	jetais	jetteras	jette	jetterais	jettes
	il / elle / on	jette	a jeté	jetait	jettera		jetterait	jette
	nous	jetons	avons jeté	jetions	jetterons	jetons	jetterions	jetions
	vous	jetez	avez jeté	jetiez	jetterez	jetez	jetteriez	jetiez
	ils / elles	jettent	ont jeté	jetaient	jetteront		jetteraient	jettent
lever	je / j'	lève	ai levé	levais	lèverai		lèverais	lève
	tu	lèves	as levé	levais	lèveras	lève	lèverais	lèves
	il / elle / on	lève	a levé	levait	lèvera		lèverait	lève
	nous	levons	avons levé	levions	lèverons	levons	lèverions	levions
	vous	levez	avez levé	leviez	lèverez	levez	lèveriez	leviez
	ils / elles	lèvent	ont levé	levaient	lèveront		lèveraient	lèvent
nager	je / j'	nage	ai nagé	nageais	nagerai		nagerais	nage
	tu	nages	as nagé	nageais	nageras	nage	nagerais	nages
	il / elle / on	nage	a nagé	nageait	nagera		nagerait	nage
	nous	nageons	avons nagé	nagions	nagerons	nageons	nagerions	nagions
	vous	nagez	avez nagé	nagiez	nagerez	nagez	nageriez	nagiez
	ils / elles	nagent	ont nagé	nageaient	nageront		nageraient	nagent
préférer	je / j'	préfère	ai préféré	préférais	préférerai		préférerais	préfère
	tu	préfères	as préféré	préférais	préféreras	préfère	préférerais	préfères
	il / elle / on	préfère	a préféré	préférait	préférera		préférerait	préfère
	nous	préférons	avons préféré	préférions	préférerons	préférons	préférerions	préférions
	vous	préférez	avez préféré	préfériez	préférerez	préférez	préféreriez	préfériez
	ils / elles	préfèrent	ont préféré	préféraient	préféreront		préféreraient	préfèrent

Pronominal Verbs

Infinitif	Présent	Passé composé	Imparfait	Futur	Impératif	Conditionnel	Subjonctif
se coucher							
je	me couche	me suis couché(e)	me couchais	me coucherai		me coucherais	me couche
tu	te couches	t'es couché(e)	te couchais	te coucheras	couche-toi	te coucherais	te couches
il / elle / on	se couche	s'est couché(e)	se couchait	se couchera		se coucherait	se couche
nous	nous couchons	nous sommes couché(e)s	nous couchions	nous coucherons	couchons-nous	nous coucherions	nous couchions
vous	vous couchez	vous êtes couché(e)(s)	vous couchiez	vous coucherez	couchez-vous	vous coucheriez	vous couchiez
ils / elles	se couchent	se sont couché(e)s	se couchaient	se coucheront		se coucheraient	se couchent
s'endormir							
je	m'endors	me suis endormi(e)	m'endormais	m'endormirai		m'endormirais	m'endorme
tu	t'endors	t'es endormi(e)	t'endormais	t'endormiras	endors-toi	t'endormirais	t'endormes
il / elle / on	s'endort	s'est endormi(e)	s'endormait	s'endormira		s'endormirait	s'endorme
nous	nous endormons	nous sommes endormi(e)s	nous endormions	nous endormirons	endormons-nous	nous endormirions	nous endormions
vous	vous endormez	vous êtes endormi(e)(s)	vous endormiez	vous endormirez	endormez-vous	vous endormiriez	vous endormiez
ils / elles	s'endorment	sont endormi(e)s	s'endormaient	s'endormiront		s'endormiraient	s'endorment
s'entendre							
je	m'entends	me suis entendu(e)	m'entendais	m'entendrai		m'entendrais	m'entende
tu	t'entends	t'es entendu(e)	t'entendais	t'entendras	entends-toi	t'entendrais	t'entendes
il / elle / on	s'entend	s'est entendu(e)	s'entendait	s'entendra		s'entendrait	s'entende
nous	nous entendons	nous sommes entendu(e)s	nous entendions	nous entendrons	entendons-nous	nous entendrions	nous entendions
vous	vous entendez	vous êtes entendu(e)(s)	vous entendiez	vous entendrez	entendez-vous	vous entendriez	vous entendiez
ils / elles	s'entendent	se sont entendu(e)s	s'entendaient	s'entendront		s'entendraient	s'entendent

Indicatif spans Présent, Passé composé, Imparfait, and Futur.

Irregular Verbs

aller

Infinitif: aller	Indicatif — Présent	Indicatif — Passé composé	Indicatif — Imparfait	Indicatif — Futur	Impératif	Conditionnel	Subjonctif
je / j'	vais	suis allé(e)	allais	irai		irais	aille
tu	vas	es allé(e)	allais	iras	va	irais	ailles
il / elle / on	va	est allé(e)	allait	ira		irait	aille
nous	allons	sommes allé(e)s	allions	irons	allons	irions	allions
vous	allez	êtes allé(e)(s)	alliez	irez	allez	iriez	alliez
ils / elles	vont	sont allé(e)s	allaient	iront		iraient	aillent

battre (combattre)

Infinitif: battre (combattre)	Indicatif — Présent	Indicatif — Passé composé	Indicatif — Imparfait	Indicatif — Futur	Impératif	Conditionnel	Subjonctif
je / j'	bats	ai battu	battais	battrai		battrais	batte
tu	bats	as battu	battais	battras	bats	battrais	battes
il / elle / on	bat	a battu	battait	battra		battrait	batte
nous	battons	avons battu	battions	battrons	battons	battrions	battions
vous	battez	avez battu	battiez	battrez	battez	battriez	battiez
ils / elles	battent	ont battu	battaient	battront		battraient	battent

boire

Infinitif: boire	Indicatif — Présent	Indicatif — Passé composé	Indicatif — Imparfait	Indicatif — Futur	Impératif	Conditionnel	Subjonctif
je / j'	bois	ai bu	buvais	boirai		boirais	boive
tu	bois	as bu	buvais	boiras	bois	boirais	boives
il / elle / on	boit	a bu	buvait	boira		boirait	boive
nous	buvons	avons bu	buvions	boirons	buvons	boirions	buvions
vous	buvez	avez bu	buviez	boirez	buvez	boiriez	buviez
ils / elles	boivent	ont bu	buvaient	boiront		boiraient	boivent

comprendre (prendre, reprendre)

Infinitif: comprendre (prendre, reprendre)	Indicatif — Présent	Indicatif — Passé composé	Indicatif — Imparfait	Indicatif — Futur	Impératif	Conditionnel	Subjonctif
je / j'	comprends	ai compris	comprenais	comprendrai		comprendrais	comprenne
tu	comprends	as compris	comprenais	comprendras	comprends	comprendrais	comprennes
il / elle / on	comprend	a compris	comprenait	comprendra		comprendrait	comprenne
nous	comprenons	avons compris	comprenions	comprendrons	comprenons	comprendrions	comprenions
vous	comprenez	avez compris	compreniez	comprendrez	comprenez	comprendriez	compreniez
ils / elles	comprennent	ont compris	comprenaient	comprendront		comprendraient	comprennent

connaître (reconnaître)

Infinitif: connaître (reconnaître)	Indicatif — Présent	Indicatif — Passé composé	Indicatif — Imparfait	Indicatif — Futur	Impératif	Conditionnel	Subjonctif
je / j'	connais	ai connu	connaissais	connaîtrai		connaîtrais	connaisse
tu	connais	as connu	connaissais	connaîtras	connais	connaîtrais	connaisses
il / elle / on	connaît	a connu	connaissait	connaîtra		connaîtrait	connaisse
nous	connaissons	avons connu	connaissions	connaîtrons	connaissons	connaîtrions	connaissions
vous	connaissez	avez connu	connaissiez	connaîtrez	connaissez	connaîtriez	connaissiez
ils / elles	connaissent	ont connu	connaissaient	connaîtront		connaîtraient	connaissent

Irregular Verbs

Infinitif		Présent	Passé composé	Imparfait	Futur	Impératif	Conditionnel	Subjonctif
				Indicatif				
croire	je / j'	crois	ai cru	croyais	croirai		croirais	croie
	tu	crois	as cru	croyais	croiras	crois	croirais	croies
	il / elle / on	croit	a cru	croyait	croira		croirait	croie
	nous	croyons	avons cru	croyions	croirons	croyons	croirions	croyions
	vous	croyez	avez cru	croyiez	croirez	croyez	croiriez	croyiez
	ils / elles	croient	ont cru	croyaient	croiront		croiraient	croient
devoir	je / j'	dois	ai dû	devais	devrai		devrais	doive
	tu	dois	as dû	devais	devras	dois	devrais	doives
	il / elle / on	doit	a dû	devait	devra		devrait	doive
	nous	devons	avons dû	devions	devrons	devons	devrions	devions
	vous	devez	avez dû	deviez	devrez	devez	devriez	deviez
	ils / elles	doivent	ont dû	devaient	devront		devraient	doivent
dire	je / j'	dis	ai dit	disais	dirai		dirais	dise
	tu	dis	as dit	disais	diras	dis	dirais	dises
	il / elle / on	dit	a dit	disait	dira		dirait	dise
	nous	disons	avons dit	disions	dirons	disons	dirions	disions
	vous	dites	avez dit	disiez	direz	dites	diriez	disiez
	ils / elles	disent	ont dit	disaient	diront		diraient	disent
faire	je / j'	fais	ai fait	faisais	ferai		ferais	fasse
	tu	fais	as fait	faisais	feras	fais	ferais	fasses
	il / elle / on	fait	a fait	faisait	fera		ferait	fasse
	nous	faisons	avons fait	faisions	ferons	faisons	ferions	fassions
	vous	faites	avez fait	faisiez	ferez	faites	feriez	fassiez
	ils / elles	font	ont fait	faisaient	feront		feraient	fassent

Irregular Verbs

Infinitif		Présent	Indicatif Passé composé	Imparfait	Futur	Impératif	Conditionnel	Subjonctif
falloir	il	faut	a fallu	fallait	faudra		faudrait	faille
lire	je / j'	lis	ai lu	lisais	lirai		lirais	lise
	tu	lis	as lu	lisais	liras	lis	lirais	lises
	il / elle / on	lit	a lu	lisait	lira		lirait	lise
	nous	lisons	avons lu	lisions	lirons	lisons	lirions	lisions
	vous	lisez	avez lu	lisiez	lirez	lisez	liriez	lisiez
	ils / elles	lisent	ont lu	lisaient	liront		liraient	lisent
mettre *(permettre)*	je	mets	ai mis	mettais	mettrai		mettrais	mette
	tu	mets	as mis	mettais	mettras	mets	mettrais	mettes
	il / elle / on	met	a mis	mettait	mettra		mettrait	mette
	nous	mettons	avons mis	mettions	mettrons	mettons	mettrions	mettions
	vous	mettez	avez mis	mettiez	mettrez	mettez	mettriez	mettiez
	ils / elles	mettent	ont mis	mettaient	mettront		mettraient	mettent
se plaindre	je	me plains	me suis plaint(e)	me plaignais	me plaindrai		me plaindrais	me plaigne
	tu	te plains	t'es plaint(e)	te plaignais	te plaindras	plains-toi	te plaindrais	te plaignes
	il / elle / on	se plaint	s'est plaint(e)	se plaignait	se plaindra		se plaindrait	se plaigne
	nous	nous plaignons	nous sommes plaint(e)s	nous plaignions	nous plaindrons	plaignons-nous	nous plaindrions	nous plaignions
	vous	vous plaignez	vous êtes plaint(e)(s)	vous plaigniez	vous plaindrez	plaignez-vous	vous plaindriez	vous plaigniez
	ils / elles	se plaignent	se sont plaint(e)s	se plaignaient	se plaindront		se plaindraient	se plaignent
plaire	je / j'	plais	ai plu	plaisais	plairai		plairais	plaise
	tu	plais	as plu	plaisais	plairas	plais	plairais	plaises
	il / elle / on	plaît	a plu	plaisait	plaira		plairait	plaise
	nous	plaisons	avons plu	plaisions	plairons	plaisons	plairions	plaisions
	vous	plaisez	avez plu	plaisiez	plairez	plaisez	plairiez	plaisiez
	ils / elles	plaisent	ont plu	plaisaient	plairont		plairaient	plaisent

Irregular Verbs

Infinitif			Indicatif				Impératif	Conditionnel	Subjonctif
		Présent	**Passé composé**	**Imparfait**	**Futur**			
pleuvoir	il	pleut	a plu	pleuvait	pleuvra		pleuvrait	pleuve
pouvoir	je / j'	peux	ai pu	pouvais	pourrai		pourrais	puisse
	tu	peux	as pu	pouvais	pourras		pourrais	puisses
	il / elle / on	peut	a pu	pouvait	pourra		pourrait	puisse
	nous	pouvons	avons pu	pouvions	pourrons		pourrions	puissions
	vous	pouvez	avez pu	pouviez	pourrez		pourriez	puissiez
	ils / elles	peuvent	ont pu	pouvaient	pourront		pourraient	puissent
rire	je / j'	ris	ai ri	riais	rirai		rirais	rie
	tu	ris	as ri	riais	riras	ris	rirais	ries
	il / elle / on	rit	a ri	riait	rira		rirait	rie
	nous	rions	avons ri	riions	rirons	rions	ririons	riions
	vous	riez	avez ri	riiez	rirez	riez	ririez	riiez
	ils / elles	rient	ont ri	riaient	riront		riraient	rient
savoir	je / j'	sais	ai su	savais	saurai		saurais	sache
	tu	sais	as su	savais	sauras		saurais	saches
	il / elle / on	sait	a su	savait	saura	sache	saurait	sache
	nous	savons	avons su	savions	saurons	sachons	saurions	sachions
	vous	savez	avez su	saviez	saurez	sachez	sauriez	sachiez
	ils / elles	savent	ont su	savaient	sauront		sauraient	sachent
suivre	je / j'	suis	ai suivi	suivais	suivrai		suivrais	suive
	tu	suis	as suivi	suivais	suivras	suis	suivrais	suives
	il / elle / on	suit	a suivi	suivait	suivra		suivrait	suive
	nous	suivons	avons suivi	suivions	suivrons	suivons	suivrions	suivions
	vous	suivez	avez suivi	suiviez	suivrez	suivez	suivriez	suiviez
	ils / elles	suivent	ont suivi	suivaient	suivront		suivraient	suivent

Irregular Verbs

Infinitif		Indicatif				Impératif	Conditionnel	Subjonctif
		Présent	Passé composé	Imparfait	Futur			
tenir	je / j'	tiens	ai tenu	tenais	tiendrai		tiendrais	tienne
	tu	tiens	as tenu	tenais	tiendras	tiens	tiendrais	tiennes
	il / elle / on	tient	a tenu	tenait	tiendra		tiendrait	tienne
	nous	tenons	avons tenu	tenions	tiendrons	tenons	tiendrions	tenions
	vous	tenez	avez tenu	teniez	tiendrez	tenez	tiendriez	teniez
	ils / elles	tiennent	ont tenu	tenaient	tiendront		tiendraient	tiennent
venir (*devenir, revenir, se souvenir de*)	je	viens	suis venu(e)	venais	viendrai		viendrais	vienne
	tu	viens	es venu(e)	venais	viendras	viens	viendrais	viennes
	il / elle / on	vient	est venu(e)	venait	viendra		viendrait	vienne
	nous	venons	sommes venu(e)s	venions	viendrons	venons	viendrions	venions
	vous	venez	êtes venu(e)(s)	veniez	viendrez	venez	viendriez	veniez
	ils / elles	viennent	sont venu(e)s	venaient	viendront		viendraient	viennent
vivre	je / j'	vis	ai vécu	vivais	vivrai		vivrais	vive
	tu	vis	as vécu	vivais	vivras	vis	vivrais	vives
	il / elle / on	vit	a vécu	vivait	vivra		vivrait	vive
	nous	vivons	avons vécu	vivions	vivrons	vivons	vivrions	vivions
	vous	vivez	avez vécu	viviez	vivrez	vivez	vivriez	viviez
	ils / elles	vivent	ont vécu	vivaient	vivront		vivraient	vivent
voir	je / j'	vois	ai vu	voyais	verrai		verrais	voie
	tu	vois	as vu	voyais	verras	vois	verrais	voies
	il / elle / on	voit	a vu	voyait	verra		verrait	voie
	nous	voyons	avons vu	voyions	verrons	voyons	verrions	voyions
	vous	voyez	avez vu	voyiez	verrez	voyez	verriez	voyiez
	ils / elles	voient	ont vu	voyaient	verront		verraient	voient
vouloir	je / j'	veux	ai voulu	voulais	voudrai		voudrais	veuille
	tu	veux	as voulu	voulais	voudras	veuille	voudrais	veuilles
	il / elle / on	veut	a voulu	voulait	voudra		voudrait	veuille
	nous	voulons	avons voulu	voulions	voudrons	veuillons	voudrions	voulions
	vous	voulez	avez voulu	vouliez	voudrez	veuillez	voudriez	vouliez
	ils / elles	veulent	ont voulu	voulaient	voudront		voudraient	veuillent

Glossaire : français / anglais

à in, at E1.D3
à bientôt see you soon E1.D1
à cause de because of E8.D4
à côté de beside, next to E5.D4
à demain see you tomorrow E1.D1
à droite de to the right of E5.D4
à gauche de to the left of E5.D4
à la to the DP
à la mode in style E9.D1
à l'avance in advance E5.D3
à l'heure on time E5.D2
à peu près approximately E5.D3
à pied on foot
à quoi ça sert ? what is that used for? E10.D2
à table ! come and eat! E6.D1
accepter to accept E6.D2
accessible accessible E5.D3
accident *m* accident E4.D1
acheter to buy E9.D3
acide acid E8.D4
acier *m* **inoxydable (inox)** stainless steel E9.D4
acteur / actrice *m, f* actor, actress E1.D4
actif (active) active E2.D4
activité *f* activity E2.D4
addition *f* check, bill (*in a restaurant*) E6.D2
adolescent(e) *m, f* teenager E8.D1
adorable cute E2.D3
adorer to like a lot, to adore E2.D3
adresse *f* address E5.D3
aérobic *m,* aerobics E3.D1
affaires *f pl* business E5.D1
âge *m* age E2.D3
âgé(e) old E4.D2
agenda *m* schedule E3.D2
agréable nice DP E2.D2
agricole agricultural E8.D4
agriculteur / agricultrice *m, f* farmer E1.D4
ah ah (*exclamation*) DP
aider to help E8.D3
aïe ouch E7.D4
aimable friendly E2.D4
aimer to like E2.D3
air *m* air E8.D3
air *m* **conditionné** air conditioning E5.D3
alcool *m* alcohol, drink containing hard liquor E6.D3

algèbre *m,* algebra E4.D4
algérien(ne) *m,f* Algerian E1.D3
allégé(e) light (low calorie) E6.D3
Allemagne *f* Germany E5.D1
allemand *m* German (*language*) E1.D3; **allemand(e)** German (*nationality*) E1.D3
aller to go (*idiomatic use to talk about health*) E1.D2, E1.D4
aller-retour (aller et retour) *m* round-trip ticket E5.D2
aller (simple) *m* one-way ticket E5.D2
allergique allergic E6.D3
allocation *f* benefit, payment E10.D3
alors so, thus E1.D3; then E5.D2
ambitieux / ambitieuse ambitious E2.D4
américain(e) American (*nationality*) E1.D3
ami(e) *m, f* friend E1.D4
amour *m,* love E4.D1
amusant(e) funny E4.D3
an *m* year E2.D3
analyse *f* (medical) test E7.D3
ancien(ne) former, long-time E4.D1
angine *f* (*France*) strep throat, (*Canada*) angina E7.D3
anglais *m* English (*language*) E1.D3; **anglais(e)** English (*nationality*) E1.D3
Angleterre *f* England E5.D1
animal *m* **domestique** (*pl* **animaux domestiques**) pet E2.D2
année *f* year E4.D1
anniversaire *m* birthday E4.D2
anorak *m* parka E9.D1
antibiotique *m* antibiotic E7.D3
antihistaminique *m* antihistamine E7.D3
août August E3.D4
appareil *m* device, appliance E10.D2
appartement *m* apartment E2.D1
appeler to call E8.D3
s'appeler to be called E1.D1
appuyer to press, to lean on E10.D2
après after E3.D2
après-midi *m* afternoon E3.D1
arbre *m* tree E8.D1
argent *m* money E1.D4; silver E9.D4
armoire *f* wardrobe E10.D1
arrêter (*v. imper.*) to stop E8.D3

arrière **plan** *m* background E9.D4
arrivée *f* arrival E5.D2
arriver to arrive E3.D2
art *m* art E4.D4
ascenseur *m* elevator E5.D3
aspirateur *m* vacuum cleaner E10.D2
aspirine *f* aspirin E7.D3
assez rather E1.D2; **assez (de)** enough E8.D3
assiette *f* plate E6.D1
assis(e) seated E7.D1
assurances *f pl* **maladie** health insurance E10.D3
attacher to attach E4.D1
attendre to wait for E8.D2
attention ! look out!, listen up! E7.D1
au centre (de) in the middle (of) E5.D4
au coin de on the corner of E5.D4
au milieu (de) in the middle (of) E7.D2
au moins at least E8.D4
au revoir good-bye E1.D1
augmentation *f* increase E10.D3
augmenter to get larger, to increase E10.D4
aujourd'hui today E1.D2
aussi also E1.D3; as E6.D3
austère stern, somber E8.D1
autant (de) as much, as many E6.D3
auto *f* car E8.D4
automne *m* fall E3.D4
autoritaire authoritarian E8.D1
autre other E2.D4
autre chose something else E5.D1
autrefois formerly E8.D4
avaler to swallow E7.D3
avant before E3.D2; **avant de (+ infinitif)** before (doing something) E7.D4
avantage *m* advantage E9.D4
avec with E2.D1
avenir *m* future E10.D3
avenue *f* avenue E5.D4
averse *f* sudden shower E3.D4
avion *m* plane E5.D1
avocat(e) *m,f* lawyer E1.D4
avoir to have E1.D4
avoir besoin de to need to E3.D1
avoir bon goût to taste good E6.D2

avoir bonne mine to have a healthy look E2.D4
avoir chaud to be hot E7.D2
avoir de la chance to be lucky E7.D1
avoir du cholestérol to have high cholesterol E6.D3
avoir du mal à... to have trouble ... E7.D3
avoir envie de to want to E3.D1
avoir faim to be hungry E6.D1
avoir froid to be cold E7.D2
avoir l'air to have the appearance of, to look E2.D4
avoir la ligne to have a good figure E6.D3
avoir mal à... to have a pain in one's ..., to have a ... ache E7.D3
avoir mal au cœur to be nauseated E7.D3
avoir mauvais goût to taste bad E6.D2
avoir peur (de) to be afraid (of) E7.D3
avoir raison to be right E2.D4
avoir soif to be thirsty E6.D1
avoir sommeil to be sleepy E7.D2
avoir tort to be wrong E4.D3
avril April E3.D4
bac *m baccalaureat exam in France* E4.D4
bague *f* ring E9.D4
baguette *f loaf of French bread* E6.D4
baignoire *f* bathtub E5.D3
bain *m* bath E7.D2
baisse *f* drop, lowering E10.D3
baisser to lower E8.D3
bande *f* **dessinée (BD)** comic strip, *(pl)* comics E3.D1
banlieue *f* suburb E10.D1
banque *f* bank E5.D4
barbare barbaric E10.D4
barbe *f* beard; **la barbe** *exclamation to indicate boredom* E2.D3
basket(-ball) *m* basketball E3.D3
baskets *f pl* basketball shoes E9.D2
(se) battre to fight (one another) E8.D3
bateau *m* boat E3.D1
beau (bel, belle [beaux, belles]) beautiful, good-looking E2.D3
beau-frère *(pl* **beaux-frères)** *m* brother-in-law E2.D1
beau-père *(pl* **beaux-pères)** *m* stepfather, father-in-law E2.D1
beaucoup (de) a lot (of) E1.D4
beige beige E9.D2

Belgique *f* Belgium E5.D1
belle beautiful DP
belle-mère *(pl* belles-mères) *f* stepmother, mother-in-law E2.D1
belle-sœur *(pl* belles-sœurs) *f* sister-in-law E2.D1
bénéficier (de) to benefit (from) E10.D4
bête stupid E2.D4
beurre *m* butter E6.D1
bibliothèque *f* library E3.D1
bicyclette *f* bicycle E4.D1
bien well DP E1.D2
bien sûr certainly E1.D3
bière *f* beer E6.D1
bifteck *m* steak E6.D2
bijou *m* jewel, piece of jewelry E9.D4
    bijou de fantaisie novelty jewelry E9.D4
    bijou de valeur valuable jewelry E9.D4
    bijou en toc *(argot)* imitation jewelry E9.D4
billet *m* ticket E5.D2
biologie *f* biology E4.D4
bistro *m* café, small restaurant E6.D2
blanc(he) white E6.D1
se blesser (...) to hurt oneself, to hurt one's ... E7.D4
bleu(e) blue E2.D3
blond(e) blond E2.D3
blouse *f* blouse E9.D1
boire to drink E6.D1
boisson *f* drink E6.D1
boîte *f* can, box E6.D4
bon(ne) good E2.D3
bonjour hello, *(Canada)* good-bye E1.D1
bordeaux maroon, burgundy E9.D2
bottes *f pl* boots E9.D2
bouche *f* mouth E2.D3
boucherie *f* butcher shop E6.D4
boucles d'oreilles *f pl* earrings E9.D4
bouger to move E7.D1
boulangerie *f* bakery E6.D4
boulevard *m* boulevard E5.D4
bouteille *f* bottle E6.D1
boutique *f* shop, boutique E9.D3
bouton *m* button E9.D2
bracelet *m* bracelet E9.D4
branché(e) *(argot)* with it E9.D1
bras *m* arm E7.D1
brasserie *f* bar-restaurant E6.D2
bricolage *m* tinkering, handiwork E2.D4
bricoler to do handiwork, to tinker E2.D4

bronchite *f* bronchitis E7.D3
brosse *f* brush E7.D2
    brosse à cheveux hairbrush E7.D2
    brosse à dents toothbrush E7.D2
se brosser... to brush one's ... E7.D2
se brûler (...) to burn oneself, to burn one's ... E7.D4
brun(e) brown E2.D3
bruyant(e) noisy E10.D1
bus *m bus for travel within a city* E5.D1
ça that E2.D3
    ça dépend it depends E3.D1
    ça fait... that's ... E9.D1
    ça fait mal that / it hurts E7.D4
    ça me convient that suits me fine E6.D2
    ça me plaît I like that E6.D2
    ça va très bien that looks good on you / me E9.D2
    ça m'est égal it doesn't matter to me E9.D3
    ça ne fait rien that doesn't matter E6.D4
    ça ne me dit pas grand-chose that doesn't do much for me E6.D2
    ça ne me dit rien that does nothing for me E6.D2
    ça va I'm feeling fine, things are going well E1.D2
    ça va passer it will go away E7.D4
cadeau *m* gift E4.D2
café *m* coffee E6.D1; café E6.D2
calcul *m* calculus E4.D4
calme calm E2.D4
calmer to calm E7.D3
camarade *m, f* friend E2.D2
campagne *f* country E3.D3
Canada *m* Canada E4.D2
canadien(ne) Canadian *(nationality)* E1.D3
canapé *m* couch E10.D1
capable capable E10.D3
car *m* interurban bus E5.D1
carafe *f* carafe E6.D1
carte *f* card E3.D1; menu E6.D2
carte de crédit credit card E6.D2
casquette *f* cap E9.D1
se casser... to break one's ... E7.D4
catalogue *m* catalogue E9.D3
cathédrale *f* cathedral E5.D1
cauchemar *m* nightmare E7.D2
ce / cet / cette this, that E1.D2
ce (jour)-là that (day) E8.D2
ce n'est pas la peine it's not worth the trouble E10.D2

ce sont   they're E1.D1
ceinture   f belt E9.D1
cela   that E8.D2
célibat   m single life E2.D2
célibataire   m, f single person E2.D2
cent   one hundred E1.D4
centrale f **nucléaire**   nuclear power station E10.D4
centre   m center E10.D1
céréales   f pl cereal E6.D1
certain(e)   certain E8.D4
ces   these, those E1.D2
c'est   it's, that's DP; he is, she is E1.D1
c'est ça   that's right DP
chaîne   f chain E9.D4
chambre   f room E2.D2; bedroom E10.D1
champ   m field E8.D1
changer (de)   to change E6.D3
se changer   to change one's clothes E9.D4
changer de place   to change places, to move E7.D1
chanson   f song E4.D1
chanteur / chanteuse   m, f singer E1.D4
chapeau   m hat E9.D1
chaque   each E5.D2
charcuterie   f cooked pork products E6.D2; pork butcher's shop, delicatessen E6.D4
charmant(e)   charming E2.D4
chasse   f hunting E3.D3
chat   m cat E2.D2
château (pl **châteaux**)   m castle E5.D1
chaud   hot E3.D4
chaussettes   f pl socks E9.D1
chaussures   f pl shoes E9.D1
chaussures à talon   f pl high-heeled shoes E9.D2
chaussures plates   f pl flats (flat shoes) E9.D2
chef   m the head (of a group), boss E10.D3
chemise   f shirt E9.D1
chèque (de voyage)   m (traveler's) check E6.D2
cher (chère)   expensive E5.D2
chercher   to look for E2.D3
cheveux   m pl hair E2.D3
chez   at / in / to the home, office, or shop of E2.D1
chic   (invar.) stylish E9.D3
chien   m dog E2.D2
chimie   f chemistry E4.D4
Chine   f China E5.D1
chinois(e)   m, f Chinese E1.D3
chips   f pl potato chips E6.D1

chocolat   m chocolate E6.D1
choisir   to choose E6.D2
choix   m choice E6.D2
chômage   m unemployment E10.D3
chômeur / chômeuse   m, f unemployed man / woman E10.D3
choquant(e)   shocking E10.D3
cinéma   m movies E3.D1; movie theater E5.D4
ciné   m movies E3.D1
cinq   five E1.D1
cinquante   fifty E1.D4
circulation   f automobile traffic E10.D1
clair(e)   light E9.D2
clandestin(e)   secret; illegal E10.D4
classe   f class E4.D4
classique   classic E9.D1
climatisation   f air conditioning E5.D3
climatiseur   m air conditioner E10.D2
clime   f air conditioning E5.D3
club   m nightclub E3.D3
coca-cola   m Coca-Cola E6.D1
cœur   m heart E7.D3
se coiffer   to do one's hair E7.D2
col   m collar E9.D2
  col roulé   turtleneck shirt E9.D1
collant   m tights, pantyhose E9.D1
colline   f hill E8.D1
colocataire   m, f room / rental mate E2.D2
combattre   to fight against E10.D4
combien de   how many E2.D1
comédie   f comedy E4.D3
comme   like E2.D3; as E6.D2; since, considering that E8.D4
  comme ci comme ça   so-so E1.D2
  comme tout   as can / could be E8.D1
commencer   to begin E3.D2
comment ?   what? DP
  comment allez-vous ?   how are you? E1.D2
  comment ça va ?   how's it going? E1.D2
  comment dit-on... en français ?   how do you say . . . in French? DP
  comment vas-tu ?   how are you? E1.D2
  comment vous appelez-vous ?   what is your name? E1.D1
commerçant / commerçante   m, f shopkeeper E1.D4
compagnon (compagne)   m, f partner E2.D2
complet (complète)   full E5.D2; complete, comprehensive E10.D3
compliqué(e)   complicated E10.D2
comprendre   to understand E4.D4

comprimé   m tablet E7.D4
concert   m concert E3.D3
confiture   f jam E6.D1
confort   m comfort E10.D1
confortable   comfortable E5.D2
congélateur   m freezer E10.D2
connaître   to know, to be familiar / acquainted with E5.D3
consolé(e)   consoled E8.D2
conte de fées   fairytale E4.D3
content(e)   happy E8.D2
continuer (à + infinitif)   to continue (to do something) E4.D2
contrôle   m quiz E4.D4
cool   (invar.) fun, cool E2.D2
copain / copine   m,f friend / boy(girl)friend E2.D2
corps   m body E7.D1
costume   m man's suit E9.D1
coton   m cotton E9.D2
cou   m neck E7.D1
se coucher   to go to bed E7.D1
couleur   f color E9.D2
coup m **de main**   "a hand" (to help out) E10.D1
se couper (...)   to cut oneself, to cut one's . . . E7.D4
cours   m course, class E3.D2
court(e)   short E2.D3
cousin / cousine   m, f cousin E2.D1
coûter   to cost E4.D2
couturier / couturière   m, f fashion designer E9.D3
couverture f **sociale**   social security benefits E10.D3
cravate   f tie E9.D1
crème   f cream E6.D2
  crème antiseptique   antiseptic cream E7.D4
  crème solaire   suntan lotion E7.D4
crêperie   f restaurant specializing in crêpes E6.D2
crevé(e)   (argot) exhausted E7.D1
crime   m crime E10.D4
crise   f crisis E10.D3
  crise de foie   liver or stomach ailment E7.D3
croire   to believe E8.D4
croissant   m croissant (roll) E6.D1
crudités   f pl cut-up raw vegetables E6.D1
cuir   m leather E9.D2
cuisine   f kitchen E10.D1
cuisinière   f stove E10.D2
cuit(e)   cooked E6.D2
d'abord   first E4.D1
d'accord   OK, agreed E2.D2

d'environ   around E3.D4
d'habitude   usually E8.D2
d'où   from where E1.D3
dame   *f* woman, lady E1.D2
dangereux (dangereuse)   dangerous DP
dans   in E1.D4
   dans ce cas-à   in that case E8.D3
   dans le temps   in the old days E8.D4
danse   *f* dance E2.D4
danser   to dance E2.D4
danseur / danseuse   *m, f* dancer E1.D4
date   *f* date E4.D2
davantage   more E10.D3
de (d')   from DP, E1.D3
de grand standing   luxury E10.D1
décembre   December E3.D4
déchet   *m* waste E8.D4
déchiré(e)   torn E9.D3
décider   to decide E5.D1
   se décider   to make up one's mind E9.D2
décontracté(e)   relaxed E9.D3
déçu(e)   disappointed E5.D3
dedans   inside E10.D2
défaut   *m* defect E9.D4
défendre   to forbid E8.D2
degré   *m* degree E3.D4
déjà   already E5.D1
déjeuner   (*v.*) (*France*) to have lunch, (*Canada*) breakfast E3.D2
déjeuner   *m* (*France*) lunch, (*Canada*) breakfast E6.D1
délicieux (délicieuse)   delicious E6.D1
demain   tomorrow E3.D1
demander   to ask E4.D1
déménager   to move (*from one lodging to another*) E10.D1
demi(e)   half E3.D2
   demi-frère (*pl* demi-frères)   *m* half / step-brother E2.D1
   demi-heure   *f* half-hour E7.D2
   demi-sœur (*pl* demi-sœurs)   *f* half / step-sister E2.D1
démodé(e)   old-fashioned, out-of-date E9.D3
dent   *f* tooth E7.D1
dentifrice   *m* toothpaste E7.D2
dentiste   *m* dentist E7.D3
déodorant   *m* deodorant E7.D2
départ   *m* departure E5.D2
se dépêcher   to hurry E7.D2
dépenser   to spend E5.D1
depuis (que)   since E7.D1
dernier (dernière)   last E4.D1
derrière   behind E5.D4
des   some E1.D3

désagréable   unpleasant E1.D4
descendu   (past participle of **descendre**) went down E4.D2
désespéré(e)   in despair E8.D2
désirable   desirable E10.D3
désirer   to want E7.D4
désolé(e)   sorry E3.D3
dessert   *m* dessert E6.D1
dessin   *m* animé   cartoon E4.D3
destination   *f* destination E5.D2
détester   to dislike E2.D3
deux   two E1.D1
   deux par deux   two by two DP
   deux-pièces   *m* two-room apartment E10.D1
deuxième   second E4.D2
devant   in front of E5.D4
devenir   to become E4.D2
devoir   to have to, to plan to E7.D3
devoirs   *m pl* assignments, homework E4.D1
diabétique   diabetic E6.D3
diamant   *m* diamond E9.D4
diarrhée   *f* diarrhea E7.D3
différent(e)   different E4.D4
difficile   difficult E2.D2
difficulté   *f* difficulty E7.D1
digestion   *f* digestion E8.D3
dimanche   *m* Sunday E3.D3
diminuer   to reduce E10.D4
dîner   (*v.*) (*France*) to have dinner, (*Canada*) to have lunch E3.D2
dîner   *m* (*France*) dinner, (*Canada*) lunch E6.D1
diplôme   *m* diploma E4.D4
dire   to say, to tell E5.D3
discothèque   *f nightclub for dancing* E3.D3
discret (discrète)   discreet, private E4.D2
se disputer   to argue E8.D2
dites   (*v. imper.*) say DP
divorce   *m* divorce E2.D2
divorcé(e)   divorced, divorced person E2.D2
dix   ten E1.D1
   dix-huit   eighteen E1.D1
   dix-neuf   nineteen E1.D1
documentaire   *m* documentary E4.D3
doigt   *m* finger E7.D1
dollar   *m* dollar E6.D2
dommage, c'est dommage   that's too bad E3.D3
donner   to give E5.D2
dormir   to sleep E7.D1
dos   *m* back E4.D1
d'où   from where E1.D3

douche   *f* shower E5.D3
douleur   *f* pain E7.D3
douter   to doubt E10.D3
doux (douce)   pleasant E8.D1
douzaine   *f* dozen E6.D4
douze   twelve E1.D1
drame   *m* drama E4.D3
drogue   *f* drugs E10.D4
droit   *m* law E4.D4; right (prerogative) E10.D4
droit(e)   right E7.D1
drôle   funny E8.D1
drôle de...   strange . . . E10.D2
DVD   *m* DVD E4.D.3
dynamique   dynamic, vivacious E2.D4
eau (minérale)   *f* (mineral) water E6.D1
échanger   to exchange E9.D4
échecs   *m pl* chess E3.D1
éclaircie   *f* clearing E3.D4
économie   *f* economics E4.D4; economy E10.D4
économique   pertaining to economics, economical E10.D3
écouter   to listen to E3.D1
écoutez   (*v. imper.*) listen DP
écrire   to write E4.D2
écru(e)   egg-shell (color), off-white E9.D2
efficace   effective E10.D4
église   *f* church E3.D1
égoïste   egotistical, selfish E8.D3
élégance   *f* elegance E9.D3
élégant(e)   elegant E2.D4
élevé(e)   high E5.D3
elle   she, it E1.D1; her E1.D2
elles   they E1.D1; them E1.D2
embrasser   to kiss E8.D2
émission   *f* TV show E4.D3
emprunter   to borrow E9.D1
en   in E9.D2
   en avance   early E5.D2
   en avoir assez   to have had enough E8.D3
   en avoir marre   to have had it E8.D3
   en avoir ras le bol   to be fed up E8.D3
   en bas   below E9.D4
   en face de   across from E5.D4
   en fait   in fact E10.D3
   en forme   in shape E6.D3
   en général   in general E3.D1
   en haut   above E9.D4
   en pleine forme   in great shape E7.D1

en retard late E4.D1

en vitrine in the window E9.D2

enchanté(e) delighted to meet you DP

encore still E2.D1

encore un peu de... a little more (of) . . . E6.D1

s'endormir to fall asleep E7.D1

endroit *m* place E5.D2

énergie *f* energy E7.D1

enfance *f* childhood E8.D1

enfant *m, f* child E2.D1

enfin finally E4.D1

ennuyé(e) annoyed E5.D3

ennuyeux (ennuyeuse) boring E2.D4; annoying E5.D3

ensemble together E2.D3

ensoleillé(e) sunny E10.D1

ensuite then E4.D1

s'entendre (avec) to get along (with) E8.D2

entendu understood E3.D3

entièrement entirely E8.D4

entre between E3.D2

entrée *f* first course E6.D2

entreprise *f* business E10.D3

entrer to enter E4.D2

environnement *m* environment E8.D4

épaule *f* shoulder E7.D1

épicé(e) spicy E6.D2

épicerie *f* grocery store E6.D4

éplucher to peel E10.D2

époque *f* (time) period E8.D2

époux / épouse (*pl* époux) *m, f* spouse(s) E2.D1

erreur *f* error E8.D1

Espagne *f* Spain E5.D1

espagnol *m* Spanish (*language*) E1.D3; espagnol(e) Spanish (*nationality*) E1.D3

espérer (*conj. like* préférer) to hope E7.D3

essayer (de) to try (to) E8.D2; to try (on) E9.D2

est east E5.D4

estomac *m* stomach E7.D3

et and DP, E1.D1

et quart quarter past the hour E3.D2

étage *m* floor E5.D3

étagère *f* shelf, set of shelves E10.D1

États-Unis *m pl* United States E5.D1

été *m* summer E3.D4

être to be DP, E1.D1

être d'accord to agree E2.D2

étroit(e) narrow; tight E9.D2

études *f pl* studies E4.D1

étudiant / étudiante student E1.D2

étudier to study E4.D2

euh... um . . . E4.D1

euro *m* euro E4.D2

Europe *f* Europe E4.D2

eux them E1.D2

évidemment evidently E2.D4

excuse-moi (excusez-moi) excuse me E4.D1

ex-femme (*pl* ex-femmes) *f* former wife E2.D1

ex-mari (*pl* ex-maris) *m* former husband E2.D1

exact(e) exact, correct E8.D4

exactement exactly E5.D3

exagérer to exaggerate E2.D4

examen *m* test E4.D4

examen *m* **général** check-up E7.D3

excellent(e) excellent E4.D3

exercice *m* exercise E4.D1

exorbitant(e) exorbitant, pricey E10.D1

fabricant *m* manufacturer E9.D4

fac (faculté) *f* university (campus) E3.D1

facile easy E2.D2

facilement easily E7.D1

faire to do E3.D1

faire attention (à) to pay attention (to) E9.D3

faire des courses to go shopping E3.D1

faire des progrès to make progress E8.D4

faire la cuisine to cook E6.D2

faire la lessive to do (the) laundry E10.D2

faire la vaisselle to do (the) dishes E10.D2

faire le ménage to do the housecleaning E10.D2

faire les magasins to go shopping E3.D1

faire sa toilette to get washed and groomed E7.D2

faire un cauchemar to have a nightmare E7.D2

faire un rêve to have a dream E7.D2

se faire un shampooing to shampoo one's hair E7.D2

faire une analyse / un examen to give a medical test / checkup E7.D3

faire une photo to take a photo E7.D1

fais voir let me see E7.D2

faites (vous faites) you do (*nonfamiliar plural*) E1.D4

famille *f* family E1.D4

fantastique fantastic E2.D2

fast-food *m* fast-food restaurant E6.D2

fatigué(e) tired E1.D4

faute *f* error E8.D1

fauteuil *m* armchair E10.D1

faux (fausse) false E8.D4

félicitations congratulations E4.D4

femme *f* woman E1.D2; wife E2.D1

femme au foyer housewife E1.D4

femme d'affaires businesswoman E1.D4

fenêtre *f* window E8.D3

ferme *f* farm E8.D1

fermer to close E8.D3

fermez (*v. imper.*) close DP

fertile fertile E8.D4

fertilisant *m* fertilizer E8.D4

feuilleton *m* TV series, soap opera E4.D3

février February E3.D4

fiancé(e) engaged, fiancé(e) E2.D2

se fiancer to get engaged E8.D2

fiche-moi la paix (*argot*) get lost E8.D3

fier (fière) proud E4.D4

fièvre *f* fever E7.D3

figure *f* face E7.D1

fille *f* daughter E2.D1

film *m* film, movie E3.D2

film d'aventures adventure film E4.D3

film de guerre war film E4.D3

film d'horreur horror film E4.D3

film de science-fiction science-fiction film E4.D3

film policier detective film E4.D3

fils *m* son E2.D1

fin *f* end E8.D3

fleur *f* flower E8.D1

flirter to flirt E8.D2

foie *m* liver E7.D3

fois *f* time (*as occurrence in a series*) E3.D3

foncé(e) dark E9.D2

fonctionnaire *m, f* government employee E1.D4

football *m* soccer E3.D1

forêt *f* forest E8.D1

formidable wonderful E4.D3

four *m* **à micro-ondes** microwave oven E10.D2

frais (fraîche) cool E3.D4; fresh E8.D3

fraise *f* strawberry E6.D4

français *m* French (*language*) E1.D3; français(e) French (*nationality*) E1.D3

France *f* France E4.D2

francophone Francophone (French-speaking) E4.D2
fréquenter to go (out) with E8.D2
frère *m* brother E1.D4
frigo *m* refrigerator E6.D2
frites *f pl* French fries E6.D1
frivole frivolous E2.D4
froid cold E3.D4
fromage *m* cheese E6.D1
fruit *m* fruit E6.D1
furieux (furieuse) furious E5.D3
gadget *m* gadget E10.D2
gagner to win E8.D3
galère (la galère) (*argot*) awful, difficult E2.D2
gant de toilette *m* washcloth E7.D2
garage *m* garage E10.D1
gare *f* train station E5.D4
gaspiller to waste E8.D4
gâteau *m* cake E6.D1
gauche left E5.D4
gaz *m* carbonique carbon dioxide E8.D4
gênant(e) upsetting, irritating E5.D3; uncomfortable, constricting E9.D1
génial(e) (*pl* géniaux) fun, amusing E2.D2
genou *m* knee E7.D1
genre *m* type E9.D3
gens *m pl* people E5.D1
gentil(le) nice E8.D1
géographie *f* geography E4.D4
géométrie *m* geometry E4.D4
glace *f* ice cream E6.D1
gorge *f* throat E7.D3
gouvernement *m* government E10.D3
grâce à thanks to E8.D4
grammaire *f* grammar E8.D1
gramme *m* gram E6.D4
grand(e) big DP; tall E2.D3
grand-mère (*pl* grands-mères) *f* grandmother E2.D1
grand-père (*pl* grands-pères) *m* grandfather E2.D1
grands-parents *m pl* grandparents E2.D1
gras(se) fatty E6.D3
grave serious E7.D4
grec *m* Greek (*language*) E4.D4
grenier *m* attic E10.D1
grippe *f* flu E7.D3
gris(e) gray E9.D2
gronder to scold E8.D1
gros(se) big; fat E2.D3
grossir to gain weight E6.D3
guéri(e) cured E7.D3
guerre *f* war E4.D2

gymnase *m* gymnasium E3.D3
habillé(e) dressy E9.D2
s'habiller to dress oneself E9.D3
habiter to live E1.D3
haïtien(ne) Haitian (*nationality*) E1.D3
haricots *m pl* **verts** green beans E6.D1
haut(e) high E9.D2
hein ? huh? DP
hépatite *f* hepatitis E7.D3
herbe *f* grass E8.D1
heure *f* hour, time, o'clock E3.D2
heureux (heureuse) happy E8.D1
hier yesterday E4.D1
histoire *f* history E3.D2; story E4.D3
hiver *m* winter E3.D4
homme *m* man E1.D2
  homme au foyer househusband E1.D4
  homme d'affaires businessman E1.D4
  homme politique politician E4.D2
honnête honest E2.D4
honte *f* shame E10.D3
hôpital *m* hospital E4.D2
horrible horrible E2.D2
hors-d'œuvre (*invar.*) appetizer(s) E6.D2
hôtel *m* hotel E5.D3
huit eight E1.D1
humide humid E3.D4
hyène *f* hyena E4.D1
ici here E5.D4
idée *f* idea E2.D2
idiot(e) idiotic E2.D2
il he, it E1.D1
il fallait it was necessary E8.D1
il faut it is necessary E5.D4
il gèle it is freezing E3.D4
il neige it is snowing E3.D4
il pleut it is raining E3.D4
il y a there is / there are E2.D1
ils they E1.D1
image *f* picture, image E9.D4
imbécile idiotic, idiot E8.D3
immeuble *m* apartment building E10.D1
immigration *f* immigration E10.D4
impatient(e) impatient E2.D4
imperméable *m* raincoat E9.D1
impossible impossible E10.D2
impôt *m* tax E10.D4
impression *f* impression E10.D4
incroyable unbelievable E8.D4
indifférence *f* indifference E10.D4
indulgent(e) lenient E8.D1
industriel(le) industrial E8.D4

inexcusable inexcusable E5.D3
infection *f* infection E7.D3
informaticien(ne) *m, f* computer specialist E1.D4
informatique *f* computer science E4.D4
ingénieur *m* engineer E1.D4
initiative *f* initiative E10.D3
injuste unfair E10.D4
s'inquiéter to worry E7.D4
s'installer to settle in E10.D1
instituteur / institutrice *m, f* grade school teacher E4.D2
(s')insulter to insult (one another) E8.D3
intelligent(e) intelligent E2.D4
intéressant(e) interesting E2.D4
intéresser to interest; s'intéresser à to be interested in E9.D3
interview *f* interview E9.D3
intolérance *f* intolerance E10.D4
intoxication *f* **alimentaire** food poisoning E7.D3
inutile useless E10.D4
inviter (à) to invite (to) E3.D3
Israël *m* Israel E5.D1
Italie *f* Italy E5.D1
italien *m* Italian (*language*) E1.D3; **italien(ne)** Italian (*nationality*) E1.D3
j'ai entendu dire I('ve) heard (it said) E8.D4
jamais ever E3.D1; **ne... jamais** never E3.D1
jambe *f* leg E7.D1
jambon *m* ham E6.D1
janvier January E3.D4
Japon *m* Japan E5.D1
japonais *m* Japanese (*language*) E1.D3; **japonais(e)** Japanese (*nationality*) E1.D3
jardin *m* garden E8.D1
jaune yellow E9.D2
je I DP
  je fais du... I take a size . . . E9.D2
  je m'en fiche (*argot*) I couldn't care less E9.D3
  je m'en moque I don't give a hoot E9.D3
  je n'ai pas compris I did not understand DP
  je n'arrive pas à me décider I can't make up my mind E9.D2
  je ne sais pas I don't know E2.D3
  je veux bien I would really like to E3.D3
jean *m* jeans E9.D1

jeter   to throw (out) E8.D4
jeu   (*pl* jeux) *m* game E4.D3
jeudi   *m* Thursday E3.D3
jeune   young E2.D3
jeunesse   *f* youth E8.D1
job   *m* job E4.D1
jogging   *m* jogging E3.D1
joli(e)   pretty E2.D3
joue   *f* cheek E7.D1
jouer   to play E3.D1
jour   *m* day E4.D2
journal (*pl* journaux)   *m* newspaper
    E3.D1; news show(s) E4.D3
journaliste   *m, f* journalist E1.D4
joyeux (joyeuse)   joyful, joyous E8.D2
juillet   July E3.D4
juin   June E3.D4
jupe   *f* skirt E9.D1
jus   *m* juice E6.D1
jusqu'à   until, up to E5.D3
juste   fair, right E10.D4
justice   *f* justice E10.D4
kayak   *m* kayak E3.D1
kilo   *m* kilogram E6.D3
kilomètre   *m* kilometer E5.D4
la (l')   (*direct object pron.*) her, it
    E2.D4
là   there E5.D4
là-bas   there (over there) E2.D2
laboratoire   *m* laboratory E3.D2
lac   *m* lake E3.D3
laid(e)   ugly DP
laine   *f* wool E9.D2
laisse-moi tranquille   leave me alone
    E8.D3
lait   *m* milk E6.D1
laitue   *f* lettuce E6.D4
lampe   *f* lamp E10.D1
langue   *f* language E3.D2
langue *f* étrangère   foreign language
    E4.D4
lapin   *m* rabbit E2.D2
large   wide E9.D2
latin   *m* Latin E4.D4
lave-linge   (*m invar.*) washing machine
    E10.D2
lave-vaisselle   (*m invar.*) dishwasher
    E10.D2
se laver   to wash oneself, to wash one's
    . . . E7.D2
le (l')   (*direct object pron.*) him, it
    E2.D4
le / la meilleur(e)   best E5.D2
le moins   the least E5.D2
le plus   the most E5.D2
leçon   *f* lesson E4.D4
légume   *m* vegetable E6.D1

lent(e)   slow E5.D2
lentement   slowly DP
les   (*direct object pron.*) them E2.D4
lettres   *f pl* letters E4.D4
lettres classiques   *f pl* classics E4.D2
leur(s)   their E2.D1
lever   to raise E7.D1
se lever   to get up E7.D1
libérer   to liberate E4.D1
libre   free E2.D2
linge   *m* laundry E10.D2
lire   to read E3.D1
lit   *m* bed E5.D3
litre   *m* liter E6.D4
littérature   *f* literature E4.D4
livre   *m* book DP; *f* (*Canada*) pound,
    (*France*) half-kilo E6.D3
logement   *m* housing, accommodation,
    lodging E10.D1
loin (de)   far (from) E5.D4
long(ue)   long E2.D3
look   *m* look (*external appearance*)
    E9.D1
louer   to rent E4.D3
loyer   *m* rent E10.D1
lui   him E1.D2
lundi   *m* Monday E3.D3
lunettes   *f pl* eyeglasses E2.D3
lunettes de soleil   *f pl* sunglasses E9.D1
luxe   *m* luxury E10.D1
lycée   *m* high school E5.D4
ma / mon / mes   my E1.D4
ma pauvre   you poor thing E7.D3
madame (mesdames)   ma'am; Mrs. DP,
    E1.D1
mademoiselle (mesdemoiselles)   Miss
    E1.D1
magasin   *m* store E4.D3; department
    store E9.D3
magazine   *m* magazine E3.D1;
    documentary-type program E4.D3
magnifique   magnificent DP
mai   May E3.D4
maigre   skinny, low calorie (food)
    E6.D3
maigrir   to lose weight E6.D3
maillot *m* de bain   bathing suit
    E9.D1
main   *f* hand E7.D1
maintenant   now E1.D3
mairie   *f* town hall E5.D4
mais   but E1.D4
maison   *f* house E2.D1
mal   poorly E1.D2
malade   sick E1.D4
maladie   *f* illness E7.D3
malheureux (malheureuse)   unhappy

E8.D1
manche   *f* sleeve E9.D2
manger   to eat E4.D1
Manitoba   *m* Manitoba E4.D2
manquer   to miss E4.D4
manteau   *m* coat E9.D1
marchand / marchande *m, f* de fruits /
    de légumes / de vin   fruit / vegetable /
    wine merchant E6.D4
marché   *m* market (*esp.* open air
    market) E6.D4
marcher   to walk E7.D3
mardi   *m* Tuesday E3.D3
mari   *m* husband E2.D1
mariage   *m* marriage E2.D2
marié(e)   married E2.D2
se marier   to get married E8.D2
marine   (*invar.*) navy E9.D2
Maroc   *m* Morocco E5.D1
marocain(e)   *m, f* Moroccan E1.D3
marque   *f* brand E9.D4
marron   (*invar.*) brown E9.D2
mars   March E3.D4
match   *m* game E3.D1
mathématiques (maths)   *f pl*
    mathematics, math E4.D4
matin   *m* morning E3.D1
mauvais(e)   bad E2.D3
me   me E3.D3
méchant(e)   mean E2.D4
médecin   *m* doctor E1.D4
médicament   *m* medication E7.D3
médiocre   mediocre E4.D3
même   same E2.D1; even E5.D2
mémoire   *f* memory (*the capacity to
    remember*) E8.D1
(se) menacer   to threaten (one another)
    E8.D3
menu   *m* set menu with limited
    choices, fixed-price meal E6.D2
mer   *f* sea E5.D1
merci   thank you E1.D2
mercredi   *m* Wednesday E3.D3
mère   *f* mother E1.D4
météo   *f* weather, weather forecast
    E4.D3
mètre   *m* meter E5.D4
mettre   to put (in) E7.D1; to wear, to
    put on (*clothing*) E9.D1
    mettre du temps à faire quelque
    chose   to spend time doing
    something E7.D2
    se mettre   to put oneself somewhere
    E7.D1
    se mettre debout   to stand up E7.D1
    se mettre en colère   to get angry
    E8.D1

meuble *m* piece of furniture E10.D1
meublé(e) furnished E10.D1
mexicain(e) Mexican (*nationality*) E1.D3
Mexique *m* Mexico E5.D1
midi *m* noon E3.D2
mille thousand E4.D2
million *m* million E4.D2
mince slim E2.D3
mine *f* appearance E2.D4
minuit *m* midnight E3.D2
minuscule tiny E5.D3
minute *f* minute E3.D2
mobilité réduite reduced mobility / handicapped E5.D3
mocassins *m pl* loafers E9.D2
moche awful E4.D3
mode fashionable E9.D1
mode *f* fashion E9.D1
modèle *m* design (style) E9.D2
modéré(e) moderate E5.D3
moi me E1.D2
moins minus, fewer E3.D2
moins (de) less E6.D3
le moins the least E5.D2
mois *m* month E3.D4
moment *m* moment E8.D2
mon my E1.D1
    mon Dieu my God, oh dear God E7.D4
monde *m* world E5.D1
mondial(e) world E4.D2; worldwide E10.D3
monnaie *f* change E6.D2
monsieur (messieurs) sir, Mr. DP, E1.D1; man E1.D2
montagne *f* mountain E5.D1
monter to go up E4.D2
montre *f* watch E3.D2
montrer to show E5.D4
monument *m* monument E5.D1
morale *f* morality, moral standards E10.D4
mort(e) dead E2.D1
mousse *f* mousse E6.D2
moustache *f* mustache E2.D3
moyen(ne) average E2.D3
moyen *m* means E5.D2
multiple multiple E10.D4
mur *m* wall E10.D1
musée *m* museum E3.D1
musique *f* music E4.D3
nager to swim E2.D4
natation *f* swimming E2.D4
ne... jamais never E3.D1
ne... pas not E1.D2
ne... personne no one E8.D3

ne... plus no longer E5.D2
ne... rien nothing E3.D1
né(e) (*past participle of* **naître**) born E4.D2
nécessaire necessary E10.D3
négligé(e) casual; sloppy E9.D1
neige *f* snow E3.D4
neiger to snow E3.D4
    il neige it is snowing E3.D4
nerveux (nerveuse) nervous E8.D1
nettoyer to clean E10.D2
neuf nine E1.D1
neuf (neuve) brand new E9.D3
nez *m* nose E2.D3
niveau de vie *m* standard of living E10.D3
noir(e) black E2.D3
nom *m* name, last name E1.D1
non no DP, E1.D2
non plus (moi non plus) (me) neither E3.D1
nord north E5.D4
normal usual, normal, natural E10.D3
note *f* grade E4.D4
notre (nos) our E2.D1
nous us E3.D3
nouveau (nouvel, nouvelle, [nouveaux, nouvelles]) new E2.D3
novembre November E3.D4
nuage *m* cloud E3.D4
nuit *f* night E5.D3
nul(le) extremely bad E4.D3
numéro *m* number E5.D3
obligatoire obligatory, required E4.D4
obligé(e) obliged E6.D1
occupé(e) busy E1.D4
octobre October E3.D4
œil *m* eye; **mon œil !** *exclamation of disbelief* E2.D3
œuf *m* egg E6.D1
office *m* **du tourisme** bureau of tourism E5.D4
oiseau (*pl* oiseaux) *m* bird E2.D2
omelette *f* omelette E6.D1
on one / we / you / they E3.D3
oncle *m* uncle E2.D1
onze eleven E1.D1
opéra *m* opera E3.D1
or *m* gold E9.D4
orage *m* storm E3.D4
orange *f* orange E6.D1
ordinaire ordinary DP
ordinateur *m* computer E8.D4
ordonnance *f* prescription E7.D4
ordure *f* garbage E8.D4
oreille *f* ear E7.D1

original(e) original E9.D1
où where E1.D3
oublier to forget E4.D1
ouest west E5.D4
oui yes DP
ouïe ouch E7.D4
ouvrir to open E7.D3
ouvrez (*v. imper.*) open DP
page *f* page DP
paiement *m* **en espèces** payment in cash E6.D2
pain *m* bread E6.D1
pantalon *m* pants E9.D1
pantoufles *f pl* slippers E9.D2
papier *m* paper E8.D4
papier *m* **hygiénique / toilette** toilet paper E7.D2
paquet *m* packet, package E6.D4
par ici this way E5.D4
par là that way E5.D4
parc *m* park E3.D3
parce que because E2.D4
pardon excuse me DP, E3.D2
parent (*pl* parents) *m* parent, relative E2.D1
paresseux (paresseuse) lazy E2.D4
parfait(e) perfect E6.D2
parfois sometimes E3.D1
parking *m* parking lot E5.D4
parler to speak E1.D3
parlez (*v. imper.*) speak DP
parme (*invar.*) violet E9.D2
parti *m* **politique** political party E10.D4
participer to participate E4.D4
partir to leave E3.D2
partout everywhere E8.D4
pas du tout not at all E1.D3
pas mal not bad E1.D2
pas pour l'instant not for the moment E6.D1
passer to pass (*time*), to spend (*time*) E4.D2; to pass by, E5.D4
    se passer to happen E7.D4
    passer l'aspirateur to vacuum E10.D2
    passer une radio to have an X-ray E7.D3
passif (passive) passive E2.D4
passionnant(e) gripping E4.D3
patient(e) patient E2.D4
patinage *m* skating E2.D4
patiner to skate E2.D4
pâtisserie *f* pastry E6.D3; pastry shop E6.D4
pauvre poor, unfortunate E7.D4
pauvre *m* poor person E10.D3

pauvreté *f* poverty E10.D4

pays *m* country E5.D1

paysage *m* landscape E5.D1

Pays-Bas *m pl* Netherlands E5.D1

pêche *f* fishing E3.D3

peigne *m* comb E7.D2

peine *f* **de mort** capital punishment E10.D4

pendant for, during E4.D1

penser to think E2.D2

pension *f* **de retraite** retirement pension E10.D3

perdre to lose E6.D3

perdre espoir to lose hope E10.D3

perdu(e) lost E4.D1

père *m* father E1.D4

permettez-moi de me présenter allow me to introduce myself E1.D3

permettez-moi de vous présenter allow me to introduce you to one another, me to introduce . . . to you E1.D3

permettre (de) to permit (to) E10.D2

personne *f* person

personnes *f pl* people E1.D2

personnel(le) personal E6.D2

petit(e) small DP, E2.D3

petit ami / petite amie boyfriend / girlfriend E8.D2

petit déjeuner *m* (*France*) breakfast E6.D1

petit-fils (*pl* petits-fils) *m* grandson(s) E2.D1

petite *f* little girl E1.D1

petite-fille (*pl* petites-filles) granddaughter E2.D1

petits-enfants *m pl* grandchildren E2.D1

petits pois *m pl* peas E6.D1

peu little E1.D3

un peu (de) a little bit (of) E6.D1

Peul *m* Peul (*a member of a semi-nomadic African people*) E4.D1

peut-être perhaps E3.D3

pharmacie *f* pharmacy E5.D4

philosophie *f* philosophy E4.D4

photo *f* photo E2.D3

physique *f* physics E4.D4

pièce *f* room E10.D1

pied *m* foot E5.D1

pilule *f* pill E7.D4

piqûre *f* shot E7.D3

piscine *f* pool E3.D3

place *f* seat E5.D2; city square E5.D4

plage *f* beach E3.D3

se plaindre to complain E10.D3

plaire (à) to please E8.D2

plaisir *m* pleasure E3.D3

plan *m* map E5.D4

planche *f* **à voile** sailboard E3.D3

plastique *m* plastic E8.D4

plat *m* platter, dish or type of food E6.D1

pleurer to cry E8.D1

pleuvoir to rain E3.D4

il pleut it is raining E3.D4

pluie *f* rain E3.D4

plus (de) more DP

le plus the most E5.D2

plusieurs several E4.D4

plutôt rather E6.D2

poème *m* poem E3.D1

poésie *f* poetry E4.D2

poète *m* poet E4.D2

pointure *f* (*shoe*) size E9.D2

poisson *m* fish E2.D2

poitrine *f* chest E7.D1

politicien(ne) *m, f* politician E10.D4

politique *f* politics E10.D4

pollué(e) polluted DP

pollution *f* pollution E8.D4

pomme *f* apple E6.D1

pomme *f* **de terre** potato E6.D1

pont *m* bridge E5.D4

porte *f* door E10.D1

porter to wear E9.D1

portugais(e) *m, f* Portuguese E1.D3

possible possible E3.D3

poste *f* post office E5.D4

poulet *m* chicken E6.D1

poumons *m pl* lungs E7.D3

pour for E2.D2; in order to E7.D3

pourquoi why E2.D4

pourriez-vous could you E5.D2

pourtant nevertheless E6.D3

pouvoir to be able to E3.D3

pouvoir *m* **d'achat** purchasing power E10.D3

pratique practical E5.D2

précieux (précieuse) precious E9.D4

préférer to prefer E2.D3

premier (première) first E4.D2

premier plan *m* foreground E9.D4

prendre to take E5.D2

prendre... kilos / livres to gain . . . kilos / pounds E6.D3

prénom *m* first name E1.D1

préparer to prepare, to do E4.D4

près (de) near E5.D4

président *m* president E4.D2

presque almost E5.D2

pressé(e) to be in a hurry E5.D2

prêt(e) ready E6.D1

prêter to lend E9.D1

printemps *m* spring E3.D4

pris(e) busy (literally, "taken") E3.D3

prix *m* price E5.D2

problème *m* problem E1.D4

prochain(e) next E3.D1

produit(e) produced E8.D4

produit *m* product E9.D4

produit de beauté beauty product E7.D4

professeur (prof) *m* high school teacher, college professor E1.D2

profession *f* profession E1.D4

programme *m* TV schedule, program E4.D3

promenade walk E3.D3

promenade en vélo bike ride E3.D3

se promener to go for a walk E8.D2

promettre to promise E10.D3

proposer to propose E8.D3

propre clean E7.D2

propriétaire *m, f* owner E5.D3

psychologie *f* psychology E4.D4

publicité *f* ad E9.D4

publier to publish E4.D2

puis then E4.D2

puisque since E8.D4

pull(-over) *m* pullover sweater E9.D1

punir to punish E8.D1

pur(e) pure E8.D4

purifier to purify E8.D3

qualité *f* quality E9.D4

quand when E3.D3

quand même anyway E9.D3

quarante forty E1.D4

quart quarter (hour) E3.D2

quart *m* **d'heure** quarter of an hour E7.D2

quartier *m* neighborhood E10.D1

quatorze fourteen E1.D1

quatre four E1.D1

quatre-vingt-dix ninety E1.D4

quatre-vingts eighty E1.D4

que that, what E2.D2

quel(le) what E1.D4; which E2.D3

quelle horreur how awful E7.D4

quelque chose something E3.D3

quelquefois sometimes E3.D1

quelques a few E7.D1

quelqu'un someone E2.D2

qu'est-ce que what E3.D1

qu'est-ce qu'il faut ? what's needed? E6.D4

qu'est-ce qu'il vous faut ? what do you need? E6.D4

qu'est-ce que tu as / qu'est-ce qu' il a ? what's wrong with you / him? E1.D4

qu'est-ce que vous faites dans la vie ?

what do you do for a living? E1.D4
qu'est-ce que what E7.D3
qu'est-ce qui ne va pas ? what's wrong? E7.D3
question *f* question E4.D1
qui who E1.D2
quinze fifteen E1.D1
quitter to leave E10.D1
quoi ? what? DP
quoi d'autre ? what else? E6.D4
racisme *m* racism E10.D4
raconter to tell E8.D1
radio *f* radio E3.D1; X-ray E7.D3
raison *f* reason E5.D1
raisonnable reasonable E5.D3
ranger to straighten up E10.D2
rapide *m* express train E5.D2; fast E5.D2
rarement rarely E3.D1
se raser to shave E7.D2
rasoir *m* razor E7.D2
se rassurer to put one's mind at ease E7.D4
ravi(e) thrilled E8.D2
récemment recently E4.D3
réclamation *f* complaint E9.D4
(se) réconcilier to be reconciled E8.D2
reconnaître to recognize E8.D3
recycler to recycle E8.D4
réfléchir to think E9.D2
réfrigérateur *m* refrigerator E10.D2
refuser to refuse E6.D1
regarder to look at E3.D1
regardez (v. imper.) look DP
régime *m* diet E6.D3
région *f* region E8.D4
regretter to regret, to be sorry E3.D2
relaxe relaxed E8.D4
remarquable remarkable E4.D2
rembourser to reimburse E9.D4
rencontrer to meet unexpectedly E4.D1
(se) rencontrer to meet (one another) E8.D2
rendez-vous *m* meeting E3.D3
rendre to return a purchase E9.D1
rénové(e) renovated E10.D1
rentrer to return home E3.D2
répandu(e) wide-spread; frequent E10.D3
repas *m* meal E7.D4
répéter to repeat E5.D2
répétez (v. imper.) repeat DP
répondez (v. imper.) answer DP
reprendre to take more of E6.D1
réservation *f* reservation E5.D3
réserver to reserve E5.D2

résidence *f* universitaire dormitory E2.D1
respecter to respect E8.D4
respirer to breathe E7.D3
restaurant *m* restaurant E3.D3
rester to remain, stay E4.D2
resto-U *m* university cafeteria E6.D2
résultat *m* result E10.D4
retourner to return E4.D2
rétrécir to shrink E9.D4
retrouver to meet E3.D3
réunion *f* meeting E8.D3
rêve *m* dream E7.D2
réveil *m* alarm clock E4.D1
se réveiller to wake (oneself) up E7.D1
revenir to come back E4.D2
réviser to review E4.D4
rhume *m* cold E7.D3
riche rich E10.D1
rideau *m* curtain E10.D1
ridicule ridiculous E2.D2
rien nothing E3.D1
rire to laugh E8.D1
rivière *f* river E8.D1
riz *m* rice E6.D1
robe *f* dress E9.D1
roman *m* novel E3.D1
romancier / romancière *m, f* novelist E4.D2
rond(e) round, plump E6.D3
rôti (de bœuf) *m* roast (beef) E6.D2
rôti(e) roast(ed) E6.D1
rôtie *f* thick-cut toast common in Quebec E6.D1
rouge red E6.D1
rouge *m* à lèvres lipstick E7.D4
roux / rousse redheaded man / woman E2.D3; roux (rousse) red E2.D3
rue *f* street E5.D4
sac *m* purse E9.D1
sa, son, ses his / her / its E2.D1
sage well-behaved E8.D1
saigner to bleed E7.D4
sais (je) (I) know E1.D2
saison *f* season E3.D4
salade *f* salad E6.D1
salaire *m* salary E10.D3
sale dirty E7.D2
salé(e) salty E6.D2
salle *f* à manger dining room E10.D1
salle *f* de bains bathroom E5.D3
salon *m* living room E10.D1
salut hi, bye E1.D1
samedi *m* Saturday E3.D3
sandales *f pl* sandals E9.D2
sandwich *m* sandwich E6.D1
sang *m* blood E7.D3

sans without E5.D2
sans-abri (*m invar.*) homeless person E10.D3
sans doute undoubtedly E10.D4
sans intérêt without interest E4.D3
santé *f* health E1.D4
satisfait(e) satisfied E5.D3
sauce *f* sauce, gravy E6.D1
savoir to know E5.D3
savoir par cœur to know by heart E8.D1
savon *m* soap E7.D2
savoureux (savoureuse) tasty E6.D2
scandaleux (scandaleuse) scandalous E10.D4
sciences *f pl* science E4.D4
sciences humaines *f pl* social sciences E4.D4
séchoir *m* dryer E10.D2
seconde *f* second E7.D2
secrétaire *m, f* secretary E1.D4
seize sixteen E1.D1
semaine *f* week E4.D1
semestre *m* semester E4.D4
Sénégal *m* Senegal E4.D2
sénégalais(e) Senegalese (*nationality*) E1.D3
se sentir to feel E7.D1
se séparer to break up E8.D2
sept seven E1.D1
septembre September E3.D4
série *f* series E4.D3
sérieux (sérieuse) serious E2.D4
serpent *m* snake E2.D2
service compris tip included E6.D2
serviette *f* towel E7.D2
servir (à) to be used for E10.D2
seul(e) alone E2.D2
seulement only E3.D4
sévère strict E8.D1
shampooing *m* shampoo E7.D2
short *m* shorts E9.D1
si if E3.D4; yes (*after a negative remark*) E6.D4; so E7.D1
s'il te plaît please (*familiar*) E3.D2
s'il vous plaît please (*nonfamiliar or plural*) DP
SIDA *m* AIDS E10.D4
simple simple E8.D4
sincère sincere E2.D4
situation *f* situation E10.D3
six six E1.D1
skate *m* skateboard E3.D1
ski *m* ski E2.D4
skier to ski E2.D4
slogan *m* slogan E9.D4
société *f* society E10.D3

sociologie *f* sociology E4.D4

sœur *f* sister E1.D4

soigné(e) neat, well-groomed E9.D1

soir *m* evening E3.D1

soixante sixty E1.D4

soixante-dix seventy E1.D4

soleil *m* sun E3.D4

solide E7.D1

solution *f* solution E8.D3

sombre dark E10.D1

somnifère *m* sleeping pill E7.D3

son *m* sound E8.D3

sonner to ring E4.D1

sorte *f* sort, type E4.D3

sortir to go outside, to go out socially E3.D4

souffrir to suffer E7.D3

soupe *f* soup E6.D1

souper *m* supper (*evening meal in Québec*) E6.D1

souvenir *m* memory (*something remembered*) E8.D1

se souvenir de to remember E8.D1

souvent often E3.D1

splendide splendid DP

sport *m* sport E2.D4

sportif (sportive) athletic E2.D4

statue *f* statue E7.D1

studio *m* studio (apartment) E10.D1

style *m* style E9.D2

sucre *m* sugar E6.D3

sud south E5.D4

suffisant(e) sufficient E10.D3

suggérer to suggest E5.D2

Suisse *f* Switzerland E5.D1

suivre to follow, to take (*a class*) E4.D4

suivre un régime to be on a diet E6.D3

super super E2.D2

supermarché *m* supermarket E6.D4

sur on E4.D1

sûr(e) sure E7.D4; safe E8.D4

surgelés *m pl* frozen foods E6.D4

surpeuplement *m* overpopulation E10.D4

surtout especially E3.D4

sweatshirt *m* sweatshirt E9.D1

sympa (*argot*) nice E8.D1

sympathie *f* sympathy E7.D4

sympathique nice E2.D4

ta / ton / tes your (*familiar*) E1.D4

table *f* table E10.D1

tableau *m* painting E10.D1

taché(e) stained E9.D3

taille *f* (body) size E2.D3; (clothing) size E9.D2

tailleur *m* woman's suit E9.D1

talon *m* heel E9.D2

tant (de) so many, so much E10.D3

tante *f* aunt E2.D1

tard late E3.D2

tarte *f* pie E6.D1

te you (*familiar singular*) E3.D3

technologie *f* technology E8.D4

tee-shirt *m* T-shirt E9.D1

télé *f* TV, television E3.D1

téléphone *m* telephone E5.D3

téléphoner (à) to phone E4.D1

téléshopping *m* shopping channel E4.D3

télévision *f* TV, television E3.D1

température *f* temperature E3.D4

temps *m* weather, time E3.D4

tendre tender E6.D2

tendrement tenderly E8.D2

tenir to hold E8.D2

tennis *m* tennis E3.D1; *f pl* tennis shoes E9.D2

terrible terrible E2.D2

tête *f* head E7.D1

tévé *f* TV, television E3.D1

texte *m* text E4.D1

TGV *m* high-speed train E5.D2

thé *m* tea E6.D1

théâtre *m* theater E3.D3

thriller *m* thriller E4.D3

tiens hey (*expresses mild surprise*) E2.D4

timide shy E2.D4

tissu *m* fabric E9.D2

toi you (*familiar*) E1.D2

tomate *f* tomato E6.D1

tomber to fall E4.D2

tomber amoureux (amoureuse) (de) to fall in love (with) E8.D2

ton your E1.D1

tonne *f* ton E8.D4

toujours still, always E1.D4

tourner to turn E5.D4

se tourner to turn oneself E7.D1

tousser to cough E7.D3

tout (toute, [tous, toutes]) all, each, every, E5.D2

tout à fait completely E4.D3

tout de suite right away E5.D4

tout droit straight ahead E5.D4

tout le monde everyone E9.D1

tout près very close, nearby E5.D4

toux *f* cough E7.D3

traditionnel(le) traditional E10.D1

train *m* train E3.D2

train à grande vitesse *m* high-speed train E5.D2

tranche *f* slice E6.D4

tranquille calm E8.D1

tranquillement calmly E8.D3

travail *m* work E1.D4

travailler to work E2.D4

travaillez (*v. imper.*) work DP

traverser to cross E5.D4

treize thirteen E1.D1

trente thirty E1.D4

très very E1.D2

tricher to cheat E4.D4

trimestre *m* quarter (*academic term*) E4.D4

triste sad E4.D1

trois three E1.D1

trois quarts *m pl* d'heure three quarters of an hour E7.D2

trop too E3.D2; trop (de) too much, too many E6.D3

trouver to find, to consider E2.D2

truc *m* contraption, thingamajig E10.D2

tu me casses les pieds (*argot*) you're a pain in the neck E8.D3

tu m'embêtes (*argot*) you're bugging me E8.D3

tu m'ennuies you're bothering me E8.D3

tunisien(ne) Tunisian (*nationality*) E1.D3

un a(n) DP, E1.D2.; one E1.D1

un peu a little E1.D3

une a(n) E1.D3

union *f* union E2.D2

union libre *f* living together E2.D2

unique only E2.D1

université *f* university E3.D1

usé(e) worn (out) E9.D3

usine *f* factory E8.D4

utile useful E4.D4

utiliser to use E8.D4

vacances *f pl* vacation E8.D1

vache (*argot*) nasty E8.D1

valeur *f* value E9.D4

vallée *f* valley E8.D1

vanille *f* vanilla E6.D1

végétarien(ne) *m, f* vegetarian E6.D3

vélo *m* bike E3.D3

vendre to sell E9.D4

vendredi *m* Friday E3.D3

venir to come E4.D2

vent *m* wind E3.D4

ventre *m* stomach E7.D1

vérifier to verify E5.D2

verre *m* glass E6.D1

vers toward, around E3.D2

vert(e) green E2.D3

veste *f* jacket E9.D1

veston *m* suit jacket E9.D1

vêtements *m pl* clothing E9.D1

viande *f* meat E6.D1

vidéo *f* video E4.D3

vie *f* life E1.D4

vietnamien(ne) Vietnamese E6.D2

vieux (vieil, vieille, [vieux, vieilles]) old E2.D3

vieux jeu (*invar.*) old-fashioned E9.D1

village *m* village E8.D1

ville *f* city DP

vin *m* wine E6.D1

vingt twenty E1.D1

violence *f* violence E10.D4

visage *m* face E7.D1

visiter to visit E5.D1

vite quickly E7.D3

vivre to live E2.D2

voici here is, here are E6.D2

voilà there, there is, there are E10.D2

voir to see E4.D3

voiture *f* car E4.D1; train car E5.D2

voiture *f* **fumeurs** smoking car E5.D2

voiture *f* **non-fumeurs** nonsmoking car E5.D2

vol *m* flight E5.D2

volley *m* volleyball E3.D3

volontiers with pleasure E3.D3

vos / votre your (*nonfamiliar*) DP, E1.D1

voter to vote E10.D4

voudrais (je) / voudriez (vous) would like E5.D2

vouloir to want (to) E3.D3

vous you (*nonfamiliar*) DP

voyage *m* voyage E2.D4

voyager to travel E2.D4

voyageur / voyageuse *m f* traveler E5.D2

voyons ! come on!, let's see now! E2.D4; let's see E4.D3

vrai(e) true E2.D3

vraiment really E5.D3

vue *f* view E5.D3

W.-C. *m pl* water closet, lavatory, toilet E10.D1

week-end *m* weekend E3.D1

western *m* western E4.D3

y there E5.D1

yaourt *m* yogurt E6.D3

yeux *m pl* eyes E2.D3

zéro zero E1.D1

zut darn E8.D3

Glossaire : anglais / français

a(n) un E1.D1, E1.D3; une, DP, E1.D3

a few quelques E7.D1

"a hand" (to help out) coup *m* de main E10.D2

a little (bit of) un peu (de) E1.D3, E6.D1

a little more (of) . . . encore un peu (de)... E6.D1

a lot beaucoup (de) E1.D4

above en haut E9.D4

accept accepter (*conj. like* **parler**) E6.D2

accessible accessible E5.D3

accident accident *m* E4.D1

accommodation logement *m* E10.D1

acid acide E8.D4

across from en face de E5.D4

active actif (active) E2.D4

activity activité *f* E2.D4

actor / actress acteur *m* / actrice *f* E1.D4

ad publicité *f* E9.D4

address adresse *f* E5.D3

adore adorer (*conj. like* **parler**) E2.D3

advantage avantage *m* E9.D4

adventure film film *m* d'aventures E4.D3

aerobics aérobic *m* E3.D1

after après E3.D2

afternoon après-midi *m* E3.D1

age âge *m* E2.D3

agree être d'accord E2.D2

agreed d'accord E2.D2

agricultural agricole E8.D4

ah (*exclamation*) ah DP

AIDS SIDA *m* E10.D4

air air *m* E8.D3

air conditioner climatiseur *m* E10.D2

air conditioning air conditionné *m* climatisation (clime) *f* E5.D3

alarm clock réveil *m* E4.D1

alcohol alcool *m* E6.D3

algebra algèbre *m* E4.D4

Algerian algérien(ne) *m, f* E1.D3

all tout (toute, [tous, toutes]) E5.D2

allergic allergique E6.D3

allow me to introduce myself permettez-moi de me présenter E1.D3

allow me to introduce . . . to you permettez-moi de vous présenter...

E1.D3

allow me to introduce you to one another permettez-moi de vous présenter E1.D3

almost presque E5.D2

alone seul(e) E2.D2

already déjà E5.D1

also aussi E1.D3

always toujours E1.D4

ambitious ambitieux (ambitieuse) E2.D4

American (*nationality*) américain(e) E1.D3

amusing génial(e) (géniaux) E2.D2

and et DP, E1.D1

angina (*Canada*) angine *f* E7.D3

annoyed ennuyé(e) E5.D3

annoying ennuyeux (ennuyeuse) E5.D3

answer (*v. imper.*) répondez DP

antibiotic antibiotique *m* E7.D3

antihistamine antihistaminique *m* E7.D3

antiseptic cream crème *f* antiseptique E7.D4

anyway quand même E9.D3

apartment appartement *m* E2.D1

apartment building immeuble *m* E10.D1

appearance mine *f* E2.D4

appetizers hors-d'œuvre *m* (*invar.*) E6.D2

apple pomme *f* E6.D1

appliance appareil *m* E10.D2

approximately à peu près E5.D3

April avril E3.D4

argue se disputer (*conj. like* **se coucher**) E8.D2

arm bras *m* E7.D1

armchair fauteuil *m* E10.D1

around vers E3.D2; d'environ E3.D4

arrival arrivée *f* E5.D2

arrive arriver (*conj. like* **parler**) E3.D2

art art *m* E4.D4

as comme E6.D2; aussi E6.D3

as can (could be) comme tout E8.D1

as many autant (de) E6.D3

as much autant (de) E6.D3

ask demander (*conj. like* **parler**) E4.D1

aspirin aspirine *f* E7.D3

assignments devoirs *m pl* E4.D1

at à E1.D3

at the home, office, or shop of chez E2.D1

at least au moins E8.D4

athletic sportif (sportive) E2.D4

attach attacher (*conj. like* **parler**) E4.D1

attic grenier *m* E10.D1

audiocassette cassette *f* E4.D3

August août E3.D4

aunt tante *f* E2.D1

authoritarian autoritaire E8.D1

avenue avenue *f* E5.D4

average moyen(ne) E2.D3

awful la galère (*argot*) E2.D2; moche E4.D3

baccalaureat exam (*France*) bac *m* E4.D4

back dos *m* E4.D1

background arrière plan *m* E9.D4

bad mauvais(e) E2.D3

bakery boulangerie *f* E6.D4

bank banque *f* E5.D4

bar-restaurant brasserie *f* E6.D2

barbaric barbare E10.D4

basketball basket(-ball) *m* E3.D3

basketball shoes baskets *f pl* E9.D2

bath bain *m* E7.D2

bathing suit maillot *m* de bain E9.D1

bathroom salle *f* de bains E5.D3

bathtub baignoire *f* E5.D3

be être DP, E1.D1

be able to pouvoir E3.D3

be acquainted with connaître E5.D3

be afraid avoir peur E7.D3

be called s'appeler E1.D1

be cold avoir froid E7.D2

be familiar with connaître E5.D3

be fed up en avoir ras le bol (*argot*) E8.D3

be hot avoir chaud E7.D2

be hungry avoir faim E6.D1

be interested in s'intéresser à (*conj. like* **se coucher**) E9.D3

be lucky avoir de la chance E7.D1

be nauseated avoir mal au cœur E7.D3

be on a diet suivre un régime E6.D3

be right avoir raison E2.D4

be reconciled (se) réconcilier E8.D2

be sleepy avoir sommeil E7.D2

be sorry regretter (*conj. like* **parler**) E9.D4

be thirsty avoir soif E6.D1

be used for servir à (*conj. like* **partir**) E10.D2

be wrong avoir tort E4.D3

beach plage *f* E3.D3

beard barbe *f* E2.D3

beautiful beau (bel, belle, [beaux, belles]) DP, E2.D3

beauty product produit *m* de beauté E7.D4

because parce que E2.D4; comme E7.D4

because (of) à cause de E8.D4

become devenir (*conj. like* **venir**) E4.D2

bed lit *m* E5.D3

bedroom chambre *f* E10.D1

beer bière *f* E6.D1

before avant E3.D2

before (doing something) avant de (+ infinitif) E7.D4

begin commencer (*conj. like* **parler** *with spelling variation*) E3.D2

behind derrière E5.D4

beige beige E9.D2

Belgium Belgique *f* E5.D1

believe croire E8.D4

below en bas E9.D4

belt ceinture *f* E9.D1

benefit allocation *f* E10.D3; (*v.*) bénéficier (de) (*conj. like* **parler**) E10.D4

beside à côté de E5.D4

best le / la meilleur(e) E5.D2

between entre E3.D2

bicycle bicyclette *f* E4.D1

big grand(e) DP; gros(se) E2.D3

bike vélo *m* E3.D3

bike ride promenade *f* en vélo E3.D3

bill (*in a restaurant*) addition *f* E6.D2

biology biologie *f* E4.D4

bird oiseau *m* (*pl* oiseaux) E2.D2

birthday anniversaire *m* E4.D2

black noir(e) E2.D3

bleed saigner (*conj. like* **parler**) E7.D4

blond blond(e) E2.D3

blood sang *m* E7.D3

blouse blouse *f* E9.D1

blue bleu(e) E2.D3

boat bateau *m* E3.D1

body corps *m* E7.D1

book livre *m* DP

boots bottes *f pl* E9.D2

boring ennuyeux (ennuyeuse) E2.D4

born né(e) (*past participle of* **naître**) E4.D2

borrow emprunter (*conj. like* **parler**) E9.D1

boss chef *m* E10.D3

bottle bouteille *f* E6.D1

boulevard boulevard *m* E5.D4

boutique boutique *f* E9.D3

box boîte *f* E6.D4

boyfriend petit ami *m* E8.D2; copain *m* E2.D2

bracelet bracelet *m* E9.D4

brand marque *f* E9.D4

bread pain *m* E6.D1

break one's . . . se casser... (*conj. like* **se coucher**) E7.D4

break up (*v.*) se séparer (*conj. like* **se coucher**) E8.D2

breakfast (*France*) petit déjeuner *m* E6.D1; (*Canada*) déjeuner *m* E6.D1

breathe respirer (*conj. like* **parler**) E7.D3

bridge pont *m* E5.D4

bronchitis bronchite *f* E7.D3

brother frère *m* E1.D4

brother-in-law beau-frère *m* (*pl* beaux-frères) E2.D1

brown brun(e) E2.D3; marron (*invar.*) E9.D2

brush brosse *f* E7.D2

brush one's . . . se brosser... (*conj. like* **se coucher**) E7.D2

bureau of tourism office *m* de tourisme E5.D4

burgundy bordeaux E9.D2

burn oneself / burn one's . . . se brûler (...) (*conj. like* **se coucher**) E7.D4

bus (*for travel within a city*) bus *m* E5.D1; (*for travel between cities*) car *m* E5.D1

business affaires *f pl* E5.D1; (company) entreprise *f* E10.D3

businessman homme d'affaires *m* E1.D4

businesswoman femme d'affaires *f* E1.D4

busy occupé(e) E1.D4; pris(e) E3.D3

but mais E1.D4

butcher shop boucherie *f* E6.D4

butter beurre *m* E6.D1

button bouton *m* E9.D2

buy acheter (*conj. like* **se lever**) E9.D3

bye salut E1.D1

café café *m* E6.D2

cake gâteau *m* E6.D1

calculus calcul *m* E4.D4

call appeler E8.D3

calm calme E2.D4; tranquille E8.D1; (*v.*) calmer (*conj. like* **parler**) E7.D3

calmly tranquillement E8.D3

can boîte *f* E6.D4

Canada Canada *m* E4.D2

Canadian (*nationality*) canadien(ne) E1.D3

cap casquette *f* E9.D1

capable capable E10.D3

capital punishment peine *f* de mort E10.D4

car voiture *f* E4.D1; auto *f* E8.D4

carafe carafe *f* E6.D1

carbon dioxide gaz *m* carbonique E8.D4

card carte *f* E3.D1

cartoon dessin *m* animé E4.D3

castle château *m* (*pl* châteaux) E5.D1

casual négligé(e) E9.D1

cat chat *m* E2.D2

catalogue catalogue *m* E9.D3

cathedral cathédrale *f* E5.D1

center centre *m* E10.D1

cereal céréales *f pl* E6.D1

certain certain(e) E8.D4

certainly bien sûr E1.D3

chain chaîne *f* E9.D4

change monnaie *f* E6.D2; (*v.*) changer (de) (*conj. like* **nager**) E6.D3

change one's clothes se changer E9.D4

change places changer de place E7.D1

charming charmant(e) E2.D4

cheat tricher (*conj. like* **parler**) E4.D4

check chèque *m* E6.D2; (*in a restaurant*) addition *f* E6.D2

check-up examen *m* général E7.D3

cheek joue *f* E7.D1

cheese fromage *m* E6.D1

chemistry chimie *f* E4.D4

chess échecs *m pl* E3.D1

chest poitrine *f* E7.D1

chicken poulet *m* E6.D1

child enfant *m*, *f* E2.D1

childhood enfance *f* E8.D1

China Chine *f* E5.D1

Chinese chinois(e) *m*, *f* E1.D3

chocolate chocolat *m* E6.D1

choice choix *m* E6.D2

choose choisir E6.D2

church église *f* E3.D1

city ville *f* DP

city square place *f* E5.D4

class cours *m* E3.D2; classe *f* E4.D4

classic classique E9.D1

classics (*academic discipline*) lettres classiques *f pl* E4.D2

clean propre E7.D2; (*v.*) nettoyer (*conj. like* **essayer**) E10.D2

clearing éclaircie *f* E3.D4

close (*v. imper.*) fermez DP; (*v.*) fermer (*conj. like* **parler**) E8.D3

clothing   vêtements *m pl* E9.D1

clothing size   taille *f* E9.D2

cloud   nuage *f* E3.D4

coat   manteau *m* E9.D1

Coca Cola   coca-cola *m* E6.D1

coffee   café *m* E6.D1

cold   (*temperature*) froid E3.D4; (*illness*) rhume *m* E7.D3

collar   col *m* E9.D2

color   couleur *f* E9.D2

comb   peigne *m* E7.D2

come   venir E4.D2

come and eat!   à table ! E6.D1

come back   revenir (*conj. like* **venir**) E4.D2

come on!   voyons ! E2.D4

comedy   comédie *f* E4.D3

comfort   confort *m* E10.D1

comfortable   confortable E5.D2

comic strip   bande *f* dessinée (BD) E3.D1

comics   bande *f* dessinée (BD) E3.D1

complain   se plaindre E10.D3

complaint   réclamation *f* E9.D4

complete   complet (complète) E10.D3

completely   tout à fait E4.D3

complicated   compliqué(e) E10.D2

comprehensive   complet (complète) E10.D3

computer   ordinateur *m* E8.D4

computer science   informatique *f* E4.D4

computer specialist   informaticien(ne) *m, f* E1.D4

concert   concert *m* E3.D3

congratulations   félicitations E4.D4

consider   trouver (*conj. like* **parler**) E2.D2

considering that   comme E8.D4

consoled   consolé(e) E8.D2

constricting   gênant(e) E9.D1

continue   continuer (à) (*conj. like* **parler**) E4.D2

contraption   truc *m* E10.D2

cook   faire la cuisine E6.D2

cooked   cuit(e) E6.D2

cooked pork products   charcuterie *f* E6.D2

cool   cool (fun) E2.D2; frais (fraîche) (cool temperature) E3.D4

correct   exact(e) E8.D4

cost   coûter (*conj. like* **parler**) E4.D2

cotton   coton *m* E9.D2

couch   canapé *m* E10.D1

cough   toux *f* E7.D3; (*v.*) tousser (*conj. like* **parler**) E7.D3

could you   pourriez-vous E5.D2

country   (*countryside*) campagne *f* E3.D3; (*nation*) pays *m*

course   cours *m* E3.D2

cousin   cousin / cousine *m, f* E2.D1

cream   crème *f* E6.D2

credit card   carte *f* de crédit E6.D2

crêpe restaurant   crêperie *f* E6.D2

crime   crime *m* E10.D4

crisis   crise *f* E10.D3

croissant   (*roll*) croissant *m* E6.D1

cross   traverser (*conj. like* **parler**) E5.D4

cry   pleurer (*conj. like* **parler**) E8.D1

cured   guéri(e) E7.D3

curtain   rideau *m* E10.D1

cut oneself / cut one's . . .   se couper (...) (*conj. like* **se coucher**) E7.D4

cut-up raw vegetables   crudités *f pl* E6.D1

cute   adorable E2.D3

dance   danse *f* E2.D4; (*v.*) danser E2.D4

dancer   danseur *m* / danseuse *f* E1.D4

dangerous   dangereux (dangereuse) DP

dark   foncé(e) E9.D2; sombre E10.D1

darn   zut E8.D3

date   date *f* E4.D2

daughter   fille *f* E2.D1

day   jour *m* E4.D2

dead   mort(e) E2.D1

December   décembre E3.D4

decide   décider (*conj. like* **parler**) E5.D1

defect   défaut *m* E9.D4

degree   degré *m* E3.D4

delicatessen   charcuterie *f* E6.D4

delicious   délicieux (délicieuse) E6.D1

delighted to meet you   enchanté(e) DP

dentist   dentiste *m* E7.D3

deodorant   déodorant *m* E7.D2

departure   départ *m* E5.D2

design   (*style*) modèle *m* E9.D2

desirable   désirable E10.D3

dessert   dessert *m* E6.D1

destination   destination *f* E5.D2

detective film   film *m* policier E4.D3

device   appareil *m* E10.D2

diabetic   diabétique E6.D3

diamond   diamant *m* E9.D4

diarrhea   diarrhée *f* E7.D3

diet   régime *m* E6.D3

different   différent(e) E4.D4

difficult   difficile E2.D2; (la) galère E2.D2

difficulty   difficulté *f* E7.D1

digestion   digestion *f* E8.D3

dining room   salle *f* à manger E10.D1

dinner   (*France*) dîner *m* E6.D1

diploma   diplôme *m* E4.D4

dirty   sale E7.D2

disappointed   déçu(e) E5.D3

discrete   discret (discrète) E4.D2

dish (type) of food   plat *m* E6.D1

dishwasher   lave-vaisselle (*m. invar.*) E10.D2

dislike   détester (*conj. like* **parler**) E2.D3

divorce   divorce *m* E2.D2

divorced   divorcé(e) E2.D2

divorced person   divorcé *m* / divorcée *f* E2.D2

do   faire E3.D1

do handiwork   bricoler (*conj. like* **parler**) E2.D4

do one's hair   se coiffer (*conj. like* **se coucher**) E7.D2

do (the) dishes   faire la vaisselle E10.D2

do the housecleaning   faire le ménage E10.D2

do (the) laundry   faire la lessive E10.D2

doctor   médecin *m* E1.D4

documentary   documentaire *m* E4.D3

documentary-type special   magazine *m* E4.D3

dog   chien *m* E2.D2

dollar   dollar *m* E6.D2

door   porte *f* E10.D1

dormitory   résidence *f* universitaire E2.D1

doubt   douter (*conj. like* **parler**) E10.D3

dozen   douzaine *f* E6.D4

drama   drame *m* E4.D3

dream   rêve *m* E7.D2

dress   robe *f* E9.D1; (*v.*) (oneself) s'habiller (*conj. like* **se coucher**) E9.D3

dressy   habillé(e) E9.D2

drink   (*v.*) boire E6.D1; boisson *f* E6.D1; (*containing hard liquor*) alcool *m* E6.D3

drop   baisse *f* E10.D3

drugs   drogue *f* E10.D4

dryer   séchoir *m* E10.D2

during   pendant E4.D1

DVD   *m* DVD E4.D.3

dynamic   dynamique E2.D4

each   chaque, tout E5.D2

ear   oreille *f* E7.D1

early   en avance E5.D2

earrings   boucles *f pl* d'oreilles E9.D4

easily   facilement E7.D1

east   est E5.D4

easy   facile E2.D2

eat   manger (*conj. like* **nager**) E4.D1

economical   économique E10.D3

economic   économique E10.D3
economics   économie f E4.D4
economy   économie f E10.D4
effective   efficace E10.D4
egg   œuf m E6.D1
egg-shell   (color) écru(e) E9.D2
egotistical   égoïste E8.D3
eight   huit E1.D1
eighteen   dix-huit E1.D1
eighty   quatre-vingts E1.D4
elegance   élégance f E9.D3
elegant   élégant(e) E2.D4
elevator   ascenseur m E5.D3
eleven   onze E1.D1
end   fin f E8.D3
energy   énergie f E7.D1
engaged   fiancé(e) E2.D2
engineer   ingénieur m E1.D4
England   Angleterre f E5.D1
English   (language) anglais m E1.D3; (nationality) anglais(e) E1.D3
enough   assez (de) E8.D3
enter   entrer (conj. like parler) E4.D2
entirely   entièrement E8.D4
environment   environnement m E8.D4
error   faute f, erreur f E8.D1
especially   surtout E3.D4
euro   euro E4.D2
Europe   Europe f E4.D2
even   même E5.D2
evening   soir m E3.D1
ever   jamais E3.D1
every   tout E5.D2
everyone   tout le monde E9.D1
everywhere   partout E8.D4
evidently   évidemment E2.D4
exact   exact(e) E8.D4
exactly   exactement E5.D3
exaggerate   exagérer (conj. like préférer) E2.D4
excellent   excellent(e) E4.D3
exchange   échanger (conj. like nager) E9.D4
excuse me   pardon DP, excuse-moi / excusez-moi E4.D1
exercise   exercice m E4.D1
exhausted   crevé(e) (argot) E7.D1
exorbitant   exorbitant(e) E10.D1
expensive   cher (chère) E5.D2
express train   rapide m E5.D2
extremely bad   nul(le) E4.D3
eye   œil m E2.D3
eyeglasses   lunettes f pl E2.D3
eyes   yeux m pl E2.D3
fabric   tissu m E9.D2
face   figure f E7.D1; visage m E7.D1; mine f E2.D4

factory   usine f E8.D4
fair   juste E10.D4
fairytale   conte de fées E4.D3
fall   automne m E3.D4; (v.) tomber E4.D2
fall asleep   s'endormir E7.D1
fall in love (with)   tomber amoureux / amoureuse (de) (conj. like parler) E8.D2
false   faux (fausse) E8.D4
family   famille f E1.D4
fantastic   fantastique E2.D2
far (from)   loin (de) E5.D4
farm   ferme f E8.D1
farmer   agriculteur m / agricultrice f E1.D4
fashion   mode f E9.D1
fashion designer   couturier m / couturière f E9.D3
fashionable   mode E9.D1
fast   rapide E5.D2
fast-food restaurant   fast-food m E6.D2
fat   gros(se) E2.D3
father   père m E1.D4
father-in-law   beau-père m (pl beaux-pères) E2.D1
fatty   gras(se) E6.D3
February   février E3.D4
feel   se sentir (conj. like s'endormir) E7.D1
fertile   fertile E8.D4
fertilizer   fertilisant m E8.D4
fever   fièvre f E7.D3
fewer   moins de E6.D3
fiancé(e)   fiancé(e) E2.D2
field   champ m E8.D1
fifteen   quinze E1.D1
fifty   cinquante E1.D4
fight (one another)   (se) battre E8.D3; (against) combattre (conj. like battre) E10.D4
film   film m E3.D2
finally   enfin E4.D1
find   trouver (conj. like parler) E2.D2
finger   doigt m E7.D1
first   premier (première) E4.D2; d'abord E4.D1
first course   entrée f E6.D2
first name   prénom m E1.D1
fish   poisson m E2.D2
fishing   pêche f E3.D3
five   cinq E1.D1
fixed-price meal   menu m E6.D2
flats   (shoes) chaussures f pl plates E9.D2
flight   vol m E5.D2

flirt   flirter E8.D2
floor   étage m E5.D3
flower   fleur f E8.D1
flu   grippe f E7.D3
follow   suivre E4.D4
food poisoning   intoxication f alimentaire E7.D3
foot   pied m E5.D1
for   pour E2.D2; pendant E4.D1
forbid   défendre (conj. like perdre) E8.D2
foreground   premier plan m E9.D4
foreign language   langue f étrangère E4.D4
forest   forêt f E8.D1
forget   oublier (conj. like parler) E4.D1
former   ancien(ne) E4.D1
former husband   ex-mari m (pl ex-maris) E2.D1
former wife   ex-femme f (pl ex-femmes) E2.D1
formerly   autrefois E8.D4
forty   quarante E1.D4
four   quatre E1.D1
fourteen   quatorze E1.D1
France   France f E4.D2
Francophone (French-speaking)   francophone E4.D2
free   libre E2.D2
freezer   congélateur m E10.D2
French   (language) français m E1.D3; (nationality) français(e) E1.D3
French-speaking   francophone E4.D2
French fries   frites f pl E6.D1
frequent   répandu(e) E10.D3
fresh   frais (fraîche) E8.D3
Friday   vendredi m E3.D3
friend   ami m / amie f E1.D4; camarade m, f E2.D2; copain / copine m, f E2.D2
friendly   aimable E2.D4
frivolous   frivole E2.D4
from   de (d') DP, E1.D3
from where   d'où E1.D3
frozen foods   surgelés m pl E6.D4
fruit   fruit m E6.D1
fruit / vegetable merchant   marchand (m) / marchande (f) de fruits / de légumes E6.D4
full   complet (complète) E5.D2
fun   cool (invar.) E2.D2; génial(e) (géniaux) E2.D2
funny   amusant(e) E4.D3; drôle E8.D1
furious   furieux (furieuse) E5.D3
furnished   meublé(e) E10.D1
future   avenir m E10.D3
gadget   gadget m E10.D2

gain . . . kilos / pounds   prendre...
   kilos / livres E6.D3
gain weight   grossir (*conj. like* **choisir**)
   E6.D3
game   match *m* E3.D1; jeu(x) *m* E4.D3
garage   garage *m* E10.D1
garbage   ordure *f* E8.D4
garden   jardin *m* E8.D1
geography   géographie *f* E4.D4
geometry   géométrie *f* E4.D4
German   (*language*) allemand *m* E1.D3;
   (*nationality*) allemand(e) E1.D3
Germany   Allemagne *f* E5.D1
get along (with)   s'entendre (*avec*)
   E8.D2
get angry   se mettre en colère E8.D1
get engaged   se fiancer (*conj. like* **se**
   coucher) E8.D2
get larger   augmenter (*conj. like* **parler**)
   E10.D4
get lost   (*excl.*) fiche-moi la paix
   (*argot*) E8.D3
get married   se marier (*conj. like* **se**
   coucher) E8.D2
get up   se lever (*conj. like* **se coucher**
   with accent variation) E7.D1
get washed and groomed   faire sa
   toilette E7.D2
gift   cadeau *m* E4.D2
girlfriend   petite amie *f* E8.D2; copine
   f E2.D2
give   donner (*conj. like* **parler**) E5.D2
give a medical test / checkup   faire une
   analyse / un examen E7.D3
glass   verre *m* E6.D1
go   aller E1.D2
go for a walk   se promener (*conj. like*
   se lever) E8.D2
go out socially   sortir (*conj. like* **partir**)
   E3.D4
go (out) with   fréquenter (*conj. like*
   parler) E8.D2
go outside   sortir (*conj. like* **partir**)
   E3.D4
go shopping   faire des courses; faire les
   magasins E3.D1
go to bed   se coucher E7.D1
go up   monter (*conj. like* **parler**) E4.D2
gold   or *m* E9.D4
good   bon(ne) E2.D3
good-bye   au revoir E1.D1; (Canada)
   bonjour E1.D1
good-looking   beau (bel, belle, [beaux,
   belles]) E2.D3
government   gouvernement *m* E10.D3
government employee   fonctionnaire
   m, f E1.D4

grade   note *f* E4.D4
grade school teacher   instituteur *m* /
   institutrice *f* E4.D2
gram   gramme *m* E6.D4
grammar   grammaire *f* E8.D1
grandchildren   petits-enfants *m pl*
   E2.D1
granddaughter   petite-fille *f* (*pl* petites-
   filles) E2.D1
grandfather   grand-père *m* (*pl* grands-
   pères) E2.D1
grandmother   grand-mère *f* (*pl* grands-
   mères) E2.D1
grandparents   grands-parents *m pl*
   E2.D1
grandson   petit-fils *m* (*pl* petits-fils)
   E2.D1
grass   herbe *f* E8.D1
gravy   sauce *f* E6.D1
gray   gris(e) E9.D2
Greek (language)   grec *m* E4.D4
green   vert(e) E2.D3
green beans   haricots verts *m pl* E6.D1
gripping   passionnant(e) E4.D3
grocery store   épicerie *f* E6.D4
gymnasium   gymnase *m* E3.D3
hair   cheveux *m pl* E2.D3
hairbrush   brosse *f* à cheveux E7.D2
Haitian   (*nationality*) haïtien(ne) E1.D3
half   demi(e) E3.D2
half brother   demi-frère *m* (*pl* demi-
   frères) E2.D1
half-hour   demi-heure *f* E7.D2
half-kilo   livre *f* E6.D3
half sister   demi-sœur *f* (*pl* demi-sœurs)
   E2.D1
ham   jambon *m* E6.D1
hand   main *f* E7.D1
handicapped   mobilité réduite E5.D3
handiwork   bricolage *m* E2.D4
happen   se passer (*conj. like* **se**
   coucher) E7.D4
happy   heureux (heureuse) E8.D1;
   content(e) E8.D2
hat   chapeau *m* E9.D1
have   avoir E1.D4
have a . . . ache   avoir mal à... E7.D3
have a dream   faire un rêve E7.D2
have a good figure   avoir la ligne E6.D3
have a nightmare   faire un cauchemar
   E7.D2
have a pain in one's . . .   avoir mal à...
   E7.D3
have an X-ray   passer une radio (*conj.*
   like **parler**) E7.D3
have breakfast   (Canada) déjeuner
   (*conj. like* **parler**) E3.D2

have dinner   (*France*) dîner (*conj. like*
   parler) E3.D2
have had enough   en avoir assez
   E8.D3
have had it   en avoir marre (*argot*)
   E8.D3
have high cholesterol   avoir du
   cholestérol E6.D3
have lunch   (*France*) déjeuner (*conj.*
   like **parler**) E3.D2; (*Canada*) dîner
   (*conj. like* **parler**) E3.D2
have the appearance of   avoir l'air
   E2.D4
have to   devoir E7.D3
have trouble . . .   avoir du mal à...
   E7.D3
he   il E1.D1
he is   c'est, il est E1.D1
head   (*body part*) tête *f* E7.D1; (*of a*
   group) chef *m* E10.D3
health   santé *f* E1.D4
health insurance   assurances *f pl*
   maladie E10.D3
healthy look   bonne mine E2.D4
heart   cœur *m* E7.D3
heel   talon *m* E9.D2
hello   bonjour E1.D1
help   aider (*conj. like* **parler**) E8.D3
hepatitis   hépatite *f* E7.D3
her   (*subject and stressed pron.*) elle
   E1.D2; (*as direct object pron.*) la (l')
   E2.D4
here   ici E5.D4
here are   voici E6.D2
here is   voici E6.D2
hey   (*express mild surprise*) tiens
   E2.D4
hi   salut E1.D1
high   élevé(e) E5.D3; haut(e) E9.D2
high-heeled shoes   chaussures *f pl* à
   talon E9.D2
high school   lycée *m* E5.D4
high school teacher   professeur *m*
   E1.D2
high-speed train   TGV (train à grande
   vitesse) *m* E5.D2
hill   colline *f* E8.D1
him   (*stressed pron.*) lui E1.D2; (*direct*
   object pron.) le (l') E2.D4
history   histoire *f* E3.D2
hold   tenir (*conj. like* **venir**) E8.D2
homeless person   sans-abri (*m. invar.*)
   E10.D3
homework   devoirs *m pl* E4.D1
honest   honnête E2.D4
hope   espérer (*conj. like* **préférer**)
   E7.D3

horrible   horrible E2.D2
horror film   film *m* d'horreur E4.D3
hospital   hôpital *m* E4.D2
hot   chaud E3 D4
hotel   hôtel *m* E5.D3
hour   heure *f* E3.D2
house   maison *f* E2.D1
househusband   homme *m* au foyer
   E1.D4
housewife   femme *f* au foyer E1.D4
housing   logement *m* E10.D1
how are you?   comment vas-tu ?,
   comment allez-vous ? E1.D2
how awful   quelle horreur E7.D4
how do you say . . . in French?
   comment dit-on... en français ? DP
how many   combien de E2.D1
how's it going?   comment ça va ?
   E1.D2
huh?   hein ? DP
humid   humide E3.D4
hunting   chasse *f* E3.D3
hurry   se dépêcher (*conj. like* parler)
   E7.D2
hurt oneself / hurt one's . . .   se blesser
   (...) (*conj. like* se coucher) E7.D4
husband   mari *m* E2.D1
hyena   hyène *f* E4.D1
I   je DP
I can't make up my mind   je n'arrive
   pas à me décider E9.D2
I couldn't care less   je m'en fiche
   E9.D3
I did not understand   je n'ai pas
   compris DP
I don't give a hoot   je m'en moque
   E9.D3
I don't know   je ne sais pas E2.D3
I know   je sais E1.D2
I like that   ça me plaît E6.D2
I'm feeling fine   ça va E1.D2
I take a size . . .   je fais du... E9.D2
I've heard it said   j'ai entendu dire
   E8.D4
I would really like to   je veux bien
   E3.D3
ice cream   glace *f* E6.D1
idea   idée *f* E2.D2
idiot   imbécile E8.D3
idiotic   idiot(e) E2.D2; imbécile E8.D3
if   si E3.D4
illegal   clandestin(e) E10.D4
illness   maladie *f* E7.D3
image   image *f* E9.D4
imitation jewelry   bijou *m* en toc
   (*argot*) E9.D4
immigration   immigration *f* E10.D4

impatient   impatient(e) E2.D4
impossible   impossible E10.D2
impression   impression *f* E10.D4
in   à E1.D3; dans E1.D4; en E9.D2
in a hurry   pressé(e) E5.D2
in advance   à l'avance E5.D3
in despair   désespéré(e) E8.D2
in fact   en fait E10.D3
in front of   devant E5.D4
in general   en général E3.D1
in great shape   en pleine forme E7.D1
in order to   pour E7.D3
in that case   dans ce cas-là E8.D3
in the middle of   au centre de E5.D4;
   au milieu de E7.D2
in the old days   dans le temps E8.D4
in shape   en forme E6.D3
in style   à la mode E9.D1
in the window   en vitrine E9.D2
increase   augmentation *f* E10.D3; (*v.*)
   augmenter (*conj. like* parler) E10.D4
indifference   indifférence *f* E10.D4
industrial   industriel(le) E8.D4
inexcusable   inexcusable E5.D3
infection   infection *f* E7.D3
initiative   initiative *f* E10.D3
inside   dedans E10.D2
insult (one another)   (s') insulter (*conj.
   like* se coucher) E8.D3
intelligent   intelligent(e) E2.D4
interest   intéresser (*conj. like* parler)
   E9.D3
interesting   intéressant(e) E2.D4
interview   interview *f* E9.D3
intolerance   intolérance *f* E10.D4
invite   inviter (*conj. like* parler) E3.D3
irritating   gênant(e) E5.D3
Israel   Israël *m* E5.D1
it   (*subject*) ce, il, elle E1.D1; (*direct
   object pron.*) le, la, l' E2.D4
it depends   ça dépend E3.D1
it doesn't matter to me   ça m'est égal
   E9.D3
it hurts   ça fait mal E7.D4
it is freezing   il gèle (geler) E3.D4
it is necessary   il faut (falloir) E5.D4
it is raining   il pleut (pleuvoir) E3.D4
it is snowing   il neige (neiger) E3.D4
it's   c'est DP, E1.D1
it's not worth the trouble   ce n'est pas
   la peine E10.D2
it was necessary   il fallait (falloir)
   E8.D1
it will go away   ça va passer E7.D4
Italian   (*language*) italien *m* E1.D3;
   (*nationality*) italien(ne) E1.D3
Italy   Italie *f* E5.D1

its   sa / son / ses E2.D1
jacket   veste *f* E9.D1
jam   confiture *f* E6.D1
January   janvier E3.D4
Japan   Japon *m* E5.D1
Japanese   (*language*) japonais *m*
   E1.D3; (*nationality*) japonais(e)
   E1.D3
jeans   jean *m* E9.D1
jewel   bijou *m* E9.D4
job   job *m* E4.D1
jogging   jogging *m* E3.D1
journalist   journaliste *m,f* E1.D4
joyful   joyeux (joyeuse) E8.D2
juice   jus *m* E6.D1
July   juillet E3.D4
June   juin E3.D4
justice   justice *f* E10.D4
kayak   *m* kayak E3.D1
kilogram   kilo *m* E6.D3
kilometer   kilomètre *m* E5.D4
kiss   embrasser (*conj. like* parler)
   E8.D2
kitchen   cuisine *f* E10.D1
knee   genou *m* E7.D1
know   (*be acquainted with*) connaître
   E5.D3; savoir (E5.D3)
know by heart   savoir par cœur E8.D1
laboratory   laboratoire *m* E3.D2
lady   dame *f* E1.D2
lake   lac *m* E3.D3
lamp   lampe *f* E10.D1
landscape   paysage *m* E5.D1
language   langue *f* E3.D2
last   dernier (dernière) E4.D1
last name   nom *m* E1.D1
late   (*adj. invar.*) en retard E4.D1;
   (*adv.*) tard E3.D2
Latin   latin *m* E4.D4
laugh   rire E8.D1
laundry   linge *m* E10.D2
law   droit *m* E4.D4
lawyer   avocat(e) *m, f* E1.D4
lazy   paresseux (paresseuse) E2.D4
lean on   appuyer (*conj. like* essayer)
   E10.D2
leather   cuir *m* E9.D2
leave   partir E3.D2; quitter (*conj. like*
   parler) E10.D1
leave me alone   laisse-moi tranquille
   E8.D3
left   gauche E5.D4
leg   jambe *f* E7.D1
lend   prêter (*conj. like* parler) E9.D1
lenient   indulgent(e) E8.D1
less   moins (de) E6.D3
lesson   leçon *f* E4.D4

let me see   fais voir E7.D2
let's see now!   voyons ! E2.D4
letters   lettres *f pl* E4.D4
lettuce   laitue *f* E6.D4
liberate   libérer (*conj. like* **préférer**) E4.D1
library   bibliothèque *f* E3.D1
life   vie *f* E1.D4
light   clair(e) E9.D2; (*low calorie*) allégé(e) E6.D3
like   (*v.*) aimer E2.D3; (*conj.*) comme E2.D3
like a lot   adorer (*conj. like* **parler**) E2.D3
lipstick   rouge *m* à lèvres E7.D4
listen   (*v. imper.*) écoutez DP; **listen to** écouter (*conj. like* **parler**) E3.D1
listen up!   attention ! E7.D1
liter   litre *m* E6.D4
literature   littérature *f* E4.D4
little   peu E1.D3
little girl   petite *f* E1.D1
live   habiter (*conj. like* **parler**) E1.D3; vivre E2.D2
liver   foie *m* E7.D3
liver ailment   crise *f* de foie E7.D3
living room   salon *m* E10.D1
living together   union *f* libre E2.D2
loaf of French bread   baguette *f* E6.D4
loafers   mocassins *m pl* E9.D2
lodging   logement *m* E10.D1
long   long(ue) E2.D3
long-time   ancien(ne) E4.D1
look   (*v. imper.*) regardez DP; **look (at)** (*v.*) regarder (*conj. like* **parler**) E3.D1; (*appearance*) avoir l'air E2.D4; **look**   look (*external appearance*) *m* E9.D1
look for   chercher (*conj. like* **parler**) E2.D3
look out!   attention ! E7.D1
lose   perdre E6.D3
lose hope   perdre espoir E10.D3
lose weight   maigrir (*conj. like* **choisir**) E6.D3
lost   perdu(e) E4.D1
love   amour m E4.D1
low calorie   (*food*) maigre E6.D3
lower   baisser (*conj. like* **parler**) E8.D3
lowering   baisse *f* E10.D3
lunch   (*France*) déjeuner *m* E6.D1; (*Canada*) dîner *m* E6.D1
luxury   luxe *m* E10.D1; de grand standing E10.D1
ma'am   madame DP, E1.D1

magazine   magazine *m* E3.D1
magnificent   magnifique DP
make progress   faire des progrès E8.D4
make up one's mind   se décider (*conj. like* **se coucher**) E9.D2
man   homme *m* E1.D2; monsieur *m* E1.D2
Manitoba   Manitoba *m* E4.D2
manufacturer   fabricant *m* E9.D4
map   plan *m* E5.D4
March   mars E3.D4
market   (*esp. open air market*) marché *m* E6.D4
maroon   bordeaux E9.D2
marriage   mariage *m* E2.D2
married   marié(e) E2.D2
math   mathématiques (maths) *f pl* E4.D4
May   mai E3.D4
me   (*stressed pron.*) moi E1.D2; (*object pron.*) me E3.D3
meal   repas *m* E7.D4
mean   méchant(e) E2.D4
means   moyen *m* E5.D2
meat   viande *f* E6.D1
medication   médicament *m* E7.D3
mediocre   médiocre E4.D3
meet   retrouver (*conj. like* **parler**) E3.D3; (**unexpectedly**) rencontrer (*conj. like* **parler**) E4.D1; (**one another**) se rencontrer E8.D2
meeting   rendez-vous *m* E3.D3; réunion *f* E8.D3
memory   (*capacity to remember*) mémoire *f* E8.D1; (*something remembered*) souvenir *m* E8.D1
menu   carte *f* E6.D2
meter   mètre *m* E5.D4
Mexican   (*nationality*) mexicain(e) E1.D3
Mexico   Mexique *m* E5.D1
microwave oven   four *m* à micro-ondes E10.D2
midnight   minuit *m* E3.D2
milk   lait *m* E6.D1
million   million *m* E4.D2
mineral water   eau minérale *f* E6.D1
minus   moins E3.D2
minute   minute *f* E3.D2
miss   mademoiselle E1.D1; (*v.*) manquer (*conj. like* **parler**) E4.D4
moderate   modéré(e) E5.D3
moment   moment *m* E8.D2
Monday   lundi *m* E3.D3
money   argent *m* E1.D4
month   mois *m* E3.D4

monument   monument *m* E5.D1
moral standards   morale *f* E10.D4
morality   morale *f* E10.D4
more   plus (de) DP; davantage E10.D3
morning   matin *m* E3.D1
Morocco   Maroc *m* E5.D1
Moroccan   marocain(e) *m, f* E1.D3
mother   mère *f* E1.D4
mother-in-law   belle-mère *f* (*pl* belles-mères) E2.D1
mountain   montagne *f* E5.D1
mousse   mousse *f* E6.D2
mouth   bouche *f* E2.D3
move   bouger (*conj. like* **nager**) E7.D1; changer de place (*conj. like* **nager**) E7.D1; (*from one lodging to another*) déménager (*conj. like* **nager**) E10.D1
movie   film *m* E3.D2
movie theater   cinéma *m* E5.D4
movies   cinéma *m* E3.D1; ciné *m* E3.D1
Mr.   monsieur DP
Mrs.   madame DP, E1.D1
multiple   multiple E10.D4
museum   musée *m* E3.D1
music   musique *f* E4.D4
mustache   moustache *f* E2.D3
my   mon E1.D1; ma / mes E1.D4
my God   mon Dieu E7.D4
name   nom *m* E1.D1
narrow   étroit(e) E9.D2
nasty   vache (*argot*) E8.D1
natural   normal(e) E10.D3
navy   marine E9.D2
near (to)   près (de) E5.D4
nearby   tout près E5.D4
neat   soigné(e) E9.D1
necessary   nécessaire E10.D3
neck   cou *m* E7.D1
need to   avoir besoin de E3.D1
neighborhood   quartier *m* E10.D1
neither (me neither)   (moi) non plus E3.D1
nervous   nerveux (nerveuse) E8.D1
Netherlands   Pays-Bas *m pl* E5.D1
never   ne... jamais E3.D1
nevertheless   pourtant E6.D3
new   nouveau (nouvel, nouvelle, [nouveaux, nouvelles]) E2.D3; **brand new**   neuf (neuve) E9.D3
news show   journal *m* (*pl* journaux) E4.D3
newspaper   journal *m* (*pl* journaux) E3.D1
next   prochain(e) E3.D1
next to   à côté de E5.D4

nice agréable DP, E2.D2; sympathique E2.D4; sympa (argot) E8.D1; gentil(le) E8.D1

night nuit f E3.D3

nightclub discothèque f, E3.D3; club m E3.D3

nightmare cauchemar m E7.D2

nine neuf E1.D1

nineteen dix-neuf E1.D1

ninety quatre-vingt-dix E1.D4

no non DP

no longer ne... plus E5.D2

no one ne... personne E8.D3

noisy bruyant(e) E10.D1

nonsmoking car voiture f non-fumeurs E5.D2

noon midi m E3.D2

normal normal E10.D3

north nord E5.D4

nose nez m E2.D3

not ne... pas E1.D2

not at all pas du tout E1.D3

not bad pas mal E1.D2

not for the moment pas pour l'instant E6.D1

nothing ne... rien E3.D1

novel roman m E3.D1

novelist romancier m / romancière f E4.D2

novelty jewelry bijou m de fantaisie E9.D4

November novembre E3.D4

now maintenant E1.D3

nuclear power station centrale f nucléaire E10.D4

number numéro m E5.D3

obligatory obligatoire E4.D4

obliged obligé(e) E6.D1

o'clock heure E3.D2

October octobre E3.D4

off-white écru(e) E9.D2

often souvent E3.D1

oh, dear God mon Dieu E1.D4.

OK d'accord E2.D2

old âgé(e) E4.D2; vieux (vieil, vieille, [vieux, vieilles]) E2.D3

old-fashioned démodé(e) E9.D3; (invar.) vieux-jeu E9.D1

omelette omelette f E6.D1

on sur E4.D1

on foot à pied E5.D1

on the corner of au coin de E5.D4

on time à l'heure E5.D2

one un(e) E1.D1; on E3.D3

one hundred cent E1.D4

one-way ticket aller (simple) m E5.D2

only (adj.) unique E2.D1; (adv.) seulement E3.D4

open (v. imper.) ouvrez DP; ouvrir E7.D3

opera opéra m E3.D1

orange orange f E6.D1

ordinary ordinaire DP

original original(e) (pl originaux) E9.D1

other autre E2.D4

ouch ouïe E7.D4; aïe E7.D4

our notre / nos E2.D1

out-of-date démodé(e) E9.D3

over there là-bas E2.D2

overpopulation surpeuplement m E10.D4

owner propriétaire m, f E5.D3

package paquet m E6.D4

packet paquet m E6.D4

page page f DP

pain douleur f E7.D3

painting tableau m E10.D1

pants pantalon m E9.D1

pantyhose collant m E9.D1

paper papier m E8.D4

parents parents m pl E2.D1

park parc m E3.D3

parka anorak m E9.D1

parking lot parking m E5.D4

participate participer (conj. like parler) E4.D4

partner compagnon (compagne) m, f E2.D2

pass passer (conj. like parler) E4.D2

passive passif (passive) E2.D4

pastry pâtisserie f E6.D3

pastry shop pâtisserie f E6.D4

patient patient(e) E2.D4

pay attention (to) faire attention (à) E9.D3

payment allocation f E10.D3

payment in cash paiement m en espèces E6.D2

peas petits pois m pl E6.D1

peel éplucher (conj. like parler) E10.D2

people personnes f pl E1.D2; gens m pl E5.D1

perfect parfait(e) E6.D2

perhaps peut-être E3.D3

permit (to) permettre (de) (conj. like mettre) E10.D2

person personne f E1.D2

personal personnel(le) E6.D2

pet animal m domestique (pl animaux domestiques) E2.D2

Peul Peul m E4.D1

pharmacy pharmacie f E5.D4

philosophy philosophie f E4.D4

phone (to) (v.) téléphoner (à) E4.D1

photo photo f E2.D3

physics physique f E4.D4

picture image f E9.D4

pie tarte f E6.D1

piece of furniture meuble m E10.D1

piece of jewelry bijou m E9.D4

pill pilule f E7.D4

place endroit m E5.D2

plan to devoir E7.D3

plane avion m E5.D1

plastic plastique m E8.D4

plate assiette f E6.D1

platter plat m E6.D1

play jouer (conj. like parler) E3.D1

pleasant doux (douce) E8.D1

please (nonfamiliar or plural) s'il vous plaît DP; (familiar) s'il te plaît E3.D2; (v.) plaire (à) E8.D2

pleasure plaisir m E3.D3

plump rond(e) E6.D3

poem poème m E3.D1

poet poète m E4.D2

poetry poésie f E4.D2

political party parti m politique E10.D4

politician homme m politique E4.D2; politicien m / politicienne f E10.D4

politics politique f E10.D4

polluted pollué(e) DP

pollution pollution f E8.D4

pool piscine f E3.D3

poor pauvre E7.D4

poor person pauvre m E10.D3

poorly mal E1.D2

pork butcher's shop charcuterie f E6.D4

Portuguese portugais(e) m, f E1.D3

possible possible E3.D3

post office poste f E5.D4

potato pomme f de terre E6.D1

potato chips chips f pl E6.D1

pound (Canada) livre f E6.D3

poverty pauvreté f E10.D4

practical pratique E5.D2

precious précieux (précieuse) E9.D4

prefer préférer E2.D3

prepare préparer (conj. like parler) E4.D4

prescription ordonnance f E7.D4

president président m E4.D2

press appuyer (conj. like essayer) E10.D2

pretty joli(e) E2.D3

price prix m E5.D2

pricey exorbitant(e) E10.D1

private discret (discrète) E4.D2

problem problème m E1.D4

produced produit(e) E8.D4

product produit *m* E9.D4
profession profession *f* E1.D4
professor professeur (prof) *m* E1.D2
program programme *m* E4.D3
promise promettre (*conj. like* **mettre**) E10.D3
propose proposer (*conj. like* **parler**) E8.D3
proud fier (fière) E4.D4
psychology psychologie *f* E4.D4
publish publier (*conj. like* **parler**) E4.D2
pullover sweater pull-over *m* E9.D1
punish punir (*conj. like* **choisir**) E8.D1
purchasing power pouvoir *m* d'achat E10.D3
pure pur(e) E8.D4
purify purifier (*conj. like* **parler**) E8.D3
purse sac *m* E9.D1
put (in) mettre E7.D1; **(oneself somewhere)** se mettre E7.D1
put on (*clothing*) mettre E9.D1
put one's mind at ease se rassurer (*conj. like* **se coucher**) E7.D4
quality qualité *f* E9.D4
quarter (*hour*) quart *m* E3.D2; (*academic term*) trimestre *m* E4.D4
quarter of an hour quart *m* d'heure E7.D2
quarter past the hour et quart E3.D2
question question *f* E4.D1
quickly vite E7.D3
quiz contrôle *m* E4.D4
rabbit lapin *m* E2.D2
radio radio *f* E3.D1
racism racisme *m* E10.D4
rain (*v.*) pleuvoir E3.D4; pluie *f* E3.D4
raincoat imperméable *m* E9.D1
raise lever (*conj. like* **parler** *with accent variations*) E7.D1
rarely rarement E3.D1
rather assez E1.D2; plutôt E6.D2
razor rasoir *m* E7.D2
read lire E3.D1
ready prêt(e) E6.D1
really vraiment E5.D3
reason raison *f* E5.D1
reasonable raisonnable E5.D3
recently récemment E4.D3
recognize reconnaître (*conj. like* **connaître**) E8.D3
recycle recycler (*conj. like* **parler**) E8.D4
red rouge E6.D1; **(red haired)** roux (rousse) E2.D3
redheaded person roux *m* / rousse *f* E2.D3

reduce diminuer (*conj. like* **parler**) E10.D4
reduced mobility / handicapped mobilité réduite E5.D3
refrigerator frigo *m* E6.D2; réfrigérateur *m* E10.D2
refuse refuser (*conj. like* **parler**) E6.D1
region région *f* E8.D4
regret regretter (*conj. like* **parler**) E3.D2
reimburse rembourser (*conj. like* **parler**) E9.D4
relatives parents *m pl* E2.D1
relaxed relaxe E8.D4; décontracté(e) E9.D3
remain rester (*conj. like* **parler**) E4.D2
remarkable remarquable E4.D2
remember se souvenir de (*conj. like* **venir**) E8.D1
renovated rénové(e) E10.D1
rent (*v.*) louer (*conj. like* **parler**) E4.D3; loyer *m* E10.D1
repeat (*v. imper.*) répétez DP; répéter (*conj. like* **préférer**) E5.D2
required obligatoire E4.D4
reservation réservation *f* E5.D3
reserve réserver (*conj. like* **parler**) E5.D2
respect respecter (*conj. like* **parler**) E8.D4
restaurant restaurant *m* E3.D3
result résultat *m* E10.D4
retirement pension pension *f* de retraite E10.D3
return (*oneself*) retourner (*conj. like* **parler**) E4.D2; (*a purchase or object*) rendre (*conj. like* **perdre**) E9.D1
return home rentrer (*conj. like* **parler**) E3.D2
review réviser (*conj. like* **parler**) E4.D4
rice riz *m* E6.D1
rich riche E10.D1
ridiculous ridicule E2.D2
right (*prep.*) à droite E5.D4; droit(e) E7.D1; (*correct*) juste E10.D4; (*prerogative*) droit *m* E10.D4
right away tout de suite E5.D4
ring (*v.*) sonner (*conj. like* **parler**) E4.D1; bague *f* E9.D4
river rivière *f* E8.D1
roast (beef) rôti (de bœuf) *m* E6.D2
roast(ed) rôti(e) E6.D1
room (*where one sleeps*) chambre *f* E2.D2; (*of a house or apartment*) pièce *f* E10.D1
roommate / rental mate colocataire *m*, *f* E2.D2

round rond(e) E6.D3
round-trip ticket aller-retour (aller et retour) *m* E5.D2
sad triste E4.D1
safe sûr(e) E8.D4
sailboard planche *f* à voile E3.D3
salad salade *f* E6.D1
salary salaire *m* E10.D3
salty salé(e) E6.D2
same même E2.D1
sandals sandales *f pl* E9.D2
sandwich sandwich *m* E6.D1
satisfied satisfait(e) E5.D3
Saturday samedi *m* E3.D3
sauce sauce *f* E6.D1
say (*v. imper.*) dites DP; dire E5.D3
scandalous scandaleux (scandaleuse) E10.D4
schedule agenda *m* E3.D2
science sciences *f pl* E4.D4
science-fiction film film *m* de science-fiction E4.D3
scold gronder (*conj. like* **parler**) E8.D1
sea mer *f* E5.D1
season saison *f* E3.D4
seat place *f* E5.D2
seated assis(e) E7.D1
second (*ordinal number*) deuxième E4.D2; (*unit of time*) seconde *f* E7.D2
secret clandestin(e) E10.D4
secretary secrétaire *m*, *f* E1.D4
see voir E4.D3
see you soon à bientôt E1.D1
see you tomorrow à demain E1.D1
selfish égoïste E8.D3
sell vendre (*conj. like* **perdre**) E9.D4
semester semestre *m* E4.D4
Senegal Sénégal *m* E4.D2
Senegalese (*nationality*) sénégalais(e) E1.D3
September septembre E3.D4
series série *f* E4.D3; (*TV*) feuilleton *m* E4.D3
serious sérieux (sérieuse) E2.D4; grave E7.D4
set of shelves étagère *f* E10.D1
settle in s'installer (*conj. like* **se coucher**) E10.D1
seven sept E1.D1
seventy soixante-dix E1.D4
several plusieurs E4.D4
shame honte *f* E10.D3
shampoo shampooing *m* E7.D2
shampoo one's hair se faire un shampooing E7.D2
shave se raser (*conj. like* **se coucher**) E7.D2

she elle E1.D1

she is c'est, elle est E1.D1

shelf étagère *f* E10.D1

shirt chemise *f* E9.D1

shocking choquant(e) E10.D3

shoes chaussures *f pl* E9.D1

shop boutique *f* E9.D3

shopkeeper commerçant *m* / commerçante *f* E1.D4

shopping faire les magasins E3.D1

shopping channel téléshopping *m* E4.D3

short court(e) E2.D3

shorts short *m* E9.D1

shot piqûre *f* E7.D3

shoulder épaule *f* E7.D1

show montrer (*conj. like* **parler**) E5.D4

shower douche *f* E5.D3

shrink rétrécir (*conj. like* **choisir**) E9.D4

shy timide E2.D4

sick malade E1.D4

silly bête E2.D4

silver argent *m* E9.D4

simple simple E8.D4

since depuis (que) E7.D1; puisque, comme E8.D4

sincere sincère E2.D4

singer chanteur *m* / chanteuse *f* E1.D4

single life célibat *m* E2.D2

single person célibataire *m, f* E2.D2

sir monsieur DP

sister sœur *f* E1.D4

sister-in-law belle-sœur *f* (*pl* belles-sœurs) E2.D1

situation situation *f* E10.D3

six six E1.D1

sixteen seize E1.D1

sixty soixante E1.D4

size (*body or clothing*) taille *f* E2.D3; (*shoe*) pointure *f* E9.D2

skate patiner (*conj. like* **parler**) E2.D4

skateboard skate *m* E3.D1

skating patinage *m* E2.D4

ski ski *m* E2.D4; (*v.*) skier (*conj. like* **parler**) E2.D4

skinny maigre E6.D3

skirt jupe *f* E9.D1

sleep dormir (*conj. like* **partir**) E7.D1

sleeping pill somnifère *m* E7.D3

sleeve manche *f* E9.D2

slice tranche *f* E6.D4

slim mince E2.D3

slippers pantoufles *f pl* E9.D2

slogan slogan *m* E9.D4

sloppy négligé(e) E9.D1

slow lent(e) E5.D2

slowly lentement DP

small petit(e) E2.D3

smoking car voiture *f* fumeurs E5.D2

snake serpent *m* E2.D2

snow (*v.*) neiger E3.D4; neige *f* E3.D4

so alors E1.D3; si E7.D1

so many tant (de) E10.D3

so much tant (de) E10.D3

so-so comme ci comme ça E1.D2

soap savon *m* E7.D2

soap opera feuilleton *m* E4.D3

soccer football *m* E3.D1

social security benefits couverture *f* sociale E10.D3

social sciences sciences *f pl* humaines E4.D4

society société *f* E10.D3

sociology sociologie *f* E4.D4

socks chaussettes *f pl* E9.D1

solid solide E7.D1

solution solution *f* E8.D3

somber austère E8.D1

some des E1.D3

someone quelqu'un E2.D2

something quelque chose E3.D3

something else autre chose E5.D1

sometimes parfois E3.D1; quelquefois E3.D1

son fils *m* E2.D1

song chanson *f* E4.D1

sorry désolé(e) E3.D3

sort sorte *f* E4.D3

sound son *m* E8.D3

soup soupe *f* E6.D1

south sud E5.D4

Spain Espagne *f* E5.D1

Spanish (*language*) espagnol *m* E1.D3; (*nationality*) espagnol(e) E1.D3

speak (*v. imper.*) parlez DP; parler E1.D3

spend (*time*) passer (*conj. like* **parler**) E4.D2; (*money*) dépenser (*conj. like* **parler**) E5.D1

spend time doing something mettre du temps à faire quelque chose E7.D2

spicy épicé(e) E6.D2

splendid splendide DP

sport sport *m* E2.D4

spouse époux *m* / épouse *f* (*pl* époux) E2.D1

spring printemps *m* E3.D4

stained taché(e) E9.D3

stainless steel acier *m* inoxydable (inox) E9.D4

stand up se mettre debout E7.D1

standard of living niveau *m* de vie E10.D3

statue statue *f* E7.D1

stay (remain) rester E4.D2

steak bifteck *m* E6.D2

stepbrother demi-frère *m* (*pl* demi-frères) E2.D1

stepfather beau-père *m* (*pl* beaux-pères) E2.D1

stepmother belle-mère *f* (*pl* belles-mères) E2.D1

stepsister demi-sœur *f* (*pl* demi-sœurs) E2.D1

stern austère E8.D1

still toujours E1.D4; encore E2.D1

stomach ventre *m* E7.D1; estomac *m* E7.D3

stomach ailment crise *f* de foie E7.D3

stop (*v. imper. fam.*) arrêtez E8.D3

store magasin *m* E4.D3

storm orage *m* E3.D4

story histoire *f* E4.D3

stove cuisinière *f* E10.D2

straight ahead tout droit E5.D4

straighten up ranger (*conj. like* **nager**) E10.D2

strange . . . drôle de... E10.D2

strawberry fraise *f* E6.D4

street rue *f* E5.D4

strep throat (*France*) angine *f* E7.D3

strict sévère E8.D1

student étudiant *m* / étudiante *f* E1.D2

studies études *f pl* E4.D1

studio (apartment) studio *m* E10.D1

study étudier (*conj. like* **parler**) E4.D2

stupid bête E2.D4

style style *m* E9.D2

stylish chic (*invar.*) E9.D3

suburb banlieue *f* E10.D1

sudden shower averse *f* E3.D4

suffer souffrir (*conj. like* **ouvrir**) E7.D3

sufficient suffisant(e) E10.D3

sugar sucre *m* E6.D3

suggest suggérer (*conj. like* **préférer**) E5.D2

suit (man's) costume *m* / (woman's) tailleur *m* E9.D1

suit jacket veston *m* E9.D1

summer été *m* E3.D4

sun soleil *m* E3.D4

Sunday dimanche *m* E3.D3

sunglasses lunettes *f pl* de soleil E9.D1

sunny ensoleillé(e) E10.D1

suntan lotion crème *f* solaire E7.D4

super super E2.D2

supermarket supermarché *m* E6.D4

supper (*evening meal in Quebec*) souper *m* E6.D1

sure sûr(e) E7.D4

swallow avaler (*conj. like* **parler**) E7.D3

sweatshirt sweatshirt *m* E9.D1

swim nager (*conj. like* **parler** *with spelling variation*) E2.D4

swimming natation *f* E2.D4

Switzerland Suisse *f* E5.D1

sympathy sympathie *f* E7.D4

T-shirt tee-shirt *m* E9.D1

table table *f* E10.D1

tablet comprimé *m* E7.D4

take prendre (*conj. like* **comprendre**) E5.D2

take a class suivre un cours E4.D4

take a photo faire / prendre une photo E7.D1

take more of reprendre (*conj. like* **comprendre**) E6.D1

tall grand(e) E2.D3

taste bad avoir mauvais goût E6.D2

taste good avoir bon goût E6.D2

tasty savoureux (savoureuse) E6.D2

tax impôt *m* E10.D4

tea thé *m* E6.D1

teacher professeur *m* E1.D2

technology technologie *f* E8.D4

teenager adolescent *m* / adolescente *f* E8.D1

telephone téléphone *m* E5.D3

telephone (to) (*v.*) téléphoner (à) E4.D1

television (TV) télévision (télé, tévé) *f* E3.D1

tell dire E5.D3; raconter (*conj. like* **parler**) E8.D1

temperature température *f* E3.D4

ten dix E1.D1

tender tendre E6.D2

tenderly tendrement E8.D2

tennis tennis *m* E3.D1

tennis shoes tennis *f pl* E9.D2

terrible terrible E2.D2

test examen *m* E4.D4; (*medical*) analyse *f* E7.D3

text texte *m* E4.D1

thank you merci E1.D2

thanks to grâce à E8.D4

that (*adj.*) ce / cet / cette E1.D2; (*conj.*) que E2.D2; (*pron.*) ça E2.D3; (*pron.*) cela E8.D2

that day ce jour-là E8.D2

that does nothing for me ça ne me dit rien E6.D2

that doesn't do much for me ça ne me dit pas grand-chose E6.D2

that doesn't matter ça ne fait rien E6.D4

that hurts ça fait mal E7.D4

that looks good on you / me ça / il / elle te / me va très bien E9.D2

that suits me fine ça me convient E6.D2

that way par là E5.D4

that's . . . c'est DP; ça fait... E9.D1

that's right c'est ça DP

that's too bad dommage, c'est dommage E3.D3

the least le moins E5.D2

the most le plus E5.D2

theater théâtre *m* E3.D3

their leur(s) E2.D1

them (*stressed pron.*) elles / eux E1.D2; (*d.o. pron.*) les E2.D4

then ensuite E4.D1; puis E4.D2; alors E5.D2

there (*pron.*) y E5.D1; (*adv.*) là E5.D4; (*excl.*) voilà E10.D2

there is / are il y a E2.D1; (*prep.*) voilà E10.D2

these ces E1.D2

they ils E1.D1; elles E1.D2; on E3.D3

they're ce sont E1.D1

thingamajig truc *m* E10.D2

things are going well ça va E1.D2

think penser (*conj. like* **parler**) E2.D2; réfléchir (*conj. like* **choisir**) E9.D2

thirteen treize E1.D1

thirty trente E1.D4

this ce / cet / cette E1.D2

this way par ici E5.D4

those ces E1.D2

thousand mille E4.D2

threaten (one another) (se) menacer (*conj. like* **commencer**) E8.D3

three trois E1.D1

three quarters of an hour trois quarts *m pl* d'heure E7.D2

thrilled ravi(e) E8.D2

thriller thriller *m* E4.D3

throat gorge *f* E7.D3

throw out jeter (*conj. like* **parler** *with spelling variations*) E8.D4

Thursday jeudi *m* E3.D3

thus alors E1.D3

ticket billet *m* E5.D2

tie cravate *f* E9.D1

tight étroit(e) E9.D2

tights collant *m* E9.D1

time (*hour*) heure *f* E3.D2; (*occasion*) fois *f* E3.D3; temps *m* E3.D4

time period époque *f* E8.D2

tinker (with) bricoler E2.D4

tinkering bricolage *m* E2.D4

tiny minuscule E5.D3

tip included service compris E6.D2

tired fatigué(e) E1.D4

to the à la DP

to the left of à gauche de E5.D4

to the right of à droite de E5.D4

toast (*thick-cut, common in Quebec*) rôtie *f* E6.D1

today aujourd'hui E1.D2

together ensemble E2.D3

toilet paper papier *m* hygiénique / toilette E7.D2

tomato tomate *f* E6.D1

tomorrow demain E3.D1

ton tonne *f* E8.D4

too trop E3.D2

too many trop (de) E6.D3

too much trop (de) E6.D3

tooth dent *f* E7.D1

toothbrush brosse *f* à dents E7.D2

toothpaste dentifrice *m* E7.D2

torn déchiré(e) E9.D3

toward vers E3.D2

towel serviette *f* E7.D2

town hall mairie *f* E5.D4

traditional traditionnel(le) E10.D1

traffic (*automobile*) circulation *f* E10.D1

train train *m* E3.D2

train car voiture *f* E5.D2

train station gare *f* E5.D4

travel voyager (*conj. like* **nager**) E2.D4

traveler voyageur *m* / voyageuse *f* E5.D2

traveler's check chèque *m* de voyage E6.D2

tree arbre *m* E8.D1

true vrai(e) E2.D3

try to essayer (de) E8.D2; **try on** essayer E9.D2

Tuesday mardi *m* E3.D3

Tunisian (*nationality*) tunisien(ne) E1.D3

turn tourner (*conj. like* **parler**) E5.D4; (*oneself*) se tourner E7.D1

turtleneck shirt col roulé *m* E9.D1

TV schedule programme *m* E4.D3

TV show émission *f* E4.D3

twelve douze E1.D1

twenty vingt E1.D1

two deux E1.D1

two by two deux par deux DP

two-room apartment deux-pièces *m* E10.D1

type sorte *f* E4.D3; genre *m* E9.D3

ugly laid(e) DP

um . . . euh... E4.D1

unbelievable incroyable E8.D4

uncle oncle *m* E2.D1

uncomfortable gênant(e) E9.D1

understand comprendre E4.D4

understood entendu E3.D3

undoubtedly   sans doute E10.D4
unemployed person   chômeur *m* / chômeuse *f* E10.D3
unemployment   chômage *m* E10.D3
unemployment benefit   allocation *f* (de chômage) E10.D3
unfair   injuste E10.D4
unfortunate   pauvre E7.D4
unhappy   malheureux (malheureuse) E8.D1
union   union *f* E2.D2
United States   États-Unis *m pl* E5.D1
university   université *f* E3.D1; (*campus*) fac (faculté) *f* E3.D1
university cafeteria   resto-U *m* E6.D2
unpleasant   désagréable E1.D4
until   jusqu'à E5.D3
up to   jusqu'à E5.D3
upsetting   gênant(e) E5.D3
us   nous E3.D3
use   utiliser E8.D4
useful   utile E8.D4
useless   inutile E10.D4
usual   normal E10.D3
usually   d'habitude E8.D2
vacation   vacances *f pl* E8.D1
vacuum   (*v.*) passer l'aspirateur E10.D2
vacuum cleaner   aspirateur *m* E10.D2
valley   vallée *f* E8.D1
valuable jewelry   bijou *m* de valeur E9.D4
value   valeur *f* E9.D4
vanilla   vanille *f* E6.D1
vegetable   légume *m* E6.D1
vegetarian   végétarien *m* / végétarienne *f* E6.D3
verify   vérifier (*conj. like* **parler**) E5.D2
very   très E1.D2
very close   tout près E5.D4
video   vidéo *f* E4.D3
Vietnamese   vietnamien(ne) E6.D2
view   vue *f* E5.D3
village   village *m* E8.D1
violence   violence *f* E10.D4
violet   parme (*invar.*) E9.D2
visit   visiter (*conj. like* **parler**) E5.D1
vivacious   dynamique E2.D4
volleyball   volley *m* E3.D3
vote   voter (*conj. like* **parler**) E10.D4
voyage   voyage *m* E2.D4
wait for   attendre (*conj. like* **perdre**) E8.D2
wake (oneself) up   se réveiller (*conj. like* **se coucher**) E7.D1
walk   promenade *f* E3.D3; (*v.*) marcher (*conj. like* **parler**) E7.D3
wall   mur *m* E10.D1

want (to)   avoir envie de E3.D1; vouloir E3.D3; désirer (*conj. like* **parler**) E7.D4
war   guerre *f* E4.D2
war film   film *m* de guerre E4.D3
wardrobe   armoire *f* E10.D1
wash (oneself)   se laver (*conj. like* **se coucher**) E7.D2; (*one's . . .*) se laver... E7.D2
washcloth   gant *m* de toilette E7.D2
washing machine   (*m. invar.*) lave-linge E10.D2
waste   (*v.*) gaspiller (*conj. like* **parler**) E8.D4; déchet *m* E8.D4
watch   montre *f* E3.D2
water   eau *f* E6.D1
water closet   W.-C. *m pl* E10.D1
way   moyen *m* E10.D4
we   on, nous E3.D3
wear   porter (*conj. like* **parler**) E9.D1; mettre E9.D1
weather   temps *m* E3.D4; (*forecast*) météo *f* E4.D3
Wednesday   mercredi *m* E3.D3
week   semaine *f* E4.D1
weekend   week-end *m* E3.D1
well   bien DP, E1.D2
well-behaved   sage E8.D1
well-groomed   soigné(e) E9.D1
went down   descendu (*past participle of* **descendre**) E4.D2
west   ouest E5.D4
western   western *m* E4.D3
what?   comment ? quoi ? DP
what   (*int. adj.*) quel(le) E1.D4; que E2.D2; qu'est-ce que E3.D1 (*int. pron.*) qu'est-ce qui E7.D3
what do you do for a living?   qu'est-ce que vous faites dans la vie ? E1.D4
what do you need?   qu'est-ce qu'il vous faut ? E6.D4
what else?   quoi d'autre ? E6.D4
what is that used for?   à quoi ça sert ? E10.D2
what is your name?   comment vous appelez-vous ? E1.D1
what's needed?   qu'est-ce qu'il faut ? E6.D4
what's wrong?   qu'est-ce qui ne va pas ? E7.D3
what's wrong with him?   qu'est-ce qu'il a ? E1.D4
what's wrong with you?   qu'est-ce que tu as ? E1.D4
when   quand E3.D3
where   où E1.D3
which   quel(le) E2.D3
white   blanc(he) E6.D1

who   qui E1.D2
why   pourquoi E2.D4
wide   large E9.D2
wide-spread   répandu(e) E10.D3
wife   femme *f* E2.D1
win   gagner (*conj. like* **parler**) E8.D3
wind   vent *m* E3.D4
window   fenêtre *f* E8.D3
wine   vin *m* E6.D1
wine merchant   marchand (*m*) / marchande (*f*) de vin E6.D4
winter   hiver *m* E3.D4
with   avec E2.D1
with it   branché(e) (*argot*) E9.D1
with pleasure   volontiers E3.D3
without   sans E5.D2
without interest   sans intérêt E4.D3
woman   femme *f* E1.D2; dame *f* E1.D2
wonderful   formidable E4.D3
wool   laine *f* E9.D2
work   (*v. imper.*) travaillez DP; travail *m* E1.D4; (*v.*) travailler (*conj. like* **parler**) E2.D4
world   monde *m* E5.D1; mondial(e) E4.D2
worldwide   mondial(e) E10.D3
worn (out)   usé(e) E9.D3
worry   s'inquiéter (*conj. like* **préférer**) E7.D4
would like (I)   voudrais (je); (**you**) voudriez (vous) E5.D2
write   écrire E4.D2
X-ray   radio *f* E7.D3
year   an *m* E2.D3; année *f* E4.D1
yellow   jaune E9.D2
yes   oui DP; (*after a negative remark*) si E6.D4
yesterday   hier E4.D1
yogurt   yaourt *m* E6.D3
you   vous DP; tu / toi E1.D2; te E3.D3; on E3.D3
you do   (*nonfamiliar plural*) vous faites E1.D4
you poor thing   mon / ma pauvre E7.D3
you're a pain in the neck   tu me casses les pieds E8.D3
you're bothering me   tu m'ennuies E8.D3
you're bugging me   tu m'embêtes (*argot*) E8.D3
young   jeune E2.D3
your   (*nonfamiliar*) votre DP, E1.D1; vos E2.D1; (*fam.*) ton E1.D1, ta / ton / tes E1.D4
youth   jeunesse *f* E8.D1
zero   zéro E1.D1

Index

This index includes major elements appearing in the textbook: speech acts, major thematic units, all verbs (under their infinitives), sounds and pronunciation features, texts used for input material (under title, excluding the article, as well as under the author's name), people and authors who are pictured or whose work is cited (under last name), and paintings (under the title, excluding the article, as well as under the artist's name). Page numbers in italic denote photographs of major locations.

Credits

Photo